东湖年鉴

DONG HU NIAN JIAN

(2019)

《东湖年鉴》编纂委员会 编

方志出版社
Publishing House of Local Records

图书在版编目（CIP）数据

东湖年鉴. 2019 /《东湖年鉴》编纂委员会编. --
北京：方志出版社，2019.11
ISBN 978-7-5144-3980-9

Ⅰ. ①东… Ⅱ. ①东… Ⅲ. ①区（城市）- 南昌 -
2019- 年鉴 Ⅳ. ① Z525.64

中国版本图书馆 CIP 数据核字（2019）第 300550 号

东湖年鉴（2019）

编　　者：《东湖年鉴》编纂委员会
责任编辑：王　娜

出 版 者：方志出版社
地址 北京市朝阳区潘家园东里 9 号（国家方志馆 4 层）
邮编 100021
网址 http://www.fzph.org
发　　行：方志出版社图书经销中心
电话 (010) 67110500
经　　销：各地新华书店
印　　刷：南昌康宇彩色印刷有限公司

开　　本：889×1194　　1/16
印　　张：22
字　　数：660 千字
版　　次：2019 年 11 月第 1 版　　2019 年 11 月第 1 次印刷
印　　数：001 ～ 500 册

ISBN 978-7-5144-3980-9　　定价：239.00 元

《东湖年鉴（2019）》主笔名单

（以姓氏笔画为序）

丁一	丁好	万苹莹	刁鹤	于凡	邓武
邓菁	邓凤玲	邓建平	冯珉	叶华康	白云
刘达	刘淅	刘华明	刘国华	刘智闻	刘慧堂
江莹	江婵	吴佩红	张海	张滨	张宏宇
张淑华	张颖蕾	李翔	李怡璇	李洪涛	杨勇
杨林斌	杨爱武	汪莉	陆丽娜	陈书伟	陈国栋
陈曼灵	陈耀武	周伟	周凯	周菁	周鹭
林如霞	罗婷	郁刚	郑明阳	唐文清	徐薇
徐志朋	徐艳江	涂成	秦越	陶辉	陶华娟
梁国荣	梅春兰	黄帆	黄悦	龚欢欢	喻伟文
温道刚	谢宁	鲁烨	裘洁	熊莹	熊瑛
蔡璐璐	魏海艳				

《东湖年鉴》编纂委员会

主任委员： 刘 闯

副主任委员： 高辉红 贾彧超

委 员： 喻国泰 王 玮 胡洪水 唐铭市 刘光荣
雷 强 胡志强 张 恩 李 婷 童萍如
余 炜 万 勇 万 明 杨 峻 袁 晨
万 华 查秋滚 陈耀武

《东湖年鉴（2019）》编辑人员

主 编： 陈耀武

编 辑： 陈耀武

图片提供： 张 达 邓 鑫

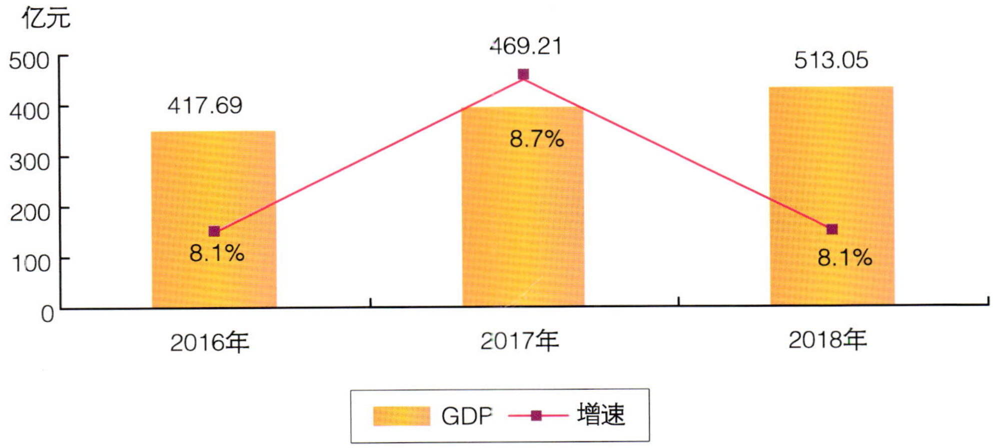

图 1　地区生产总值

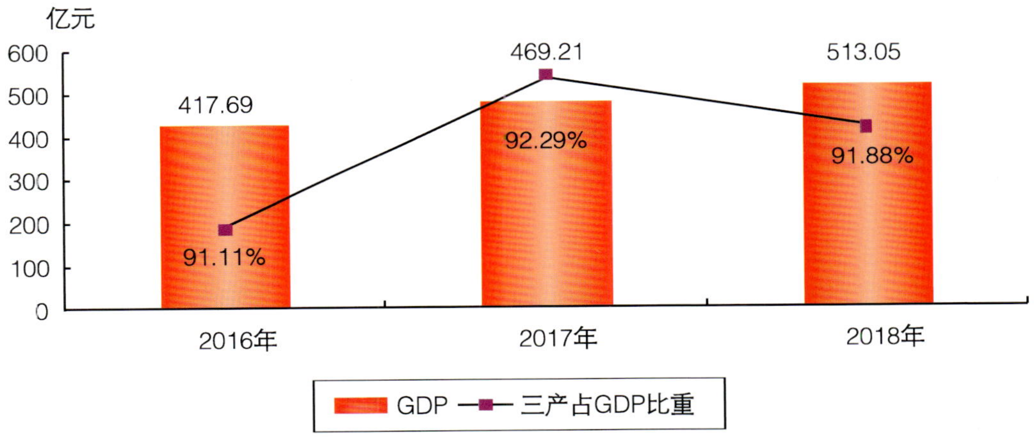

图 2　三次产业占地区生产总值比重

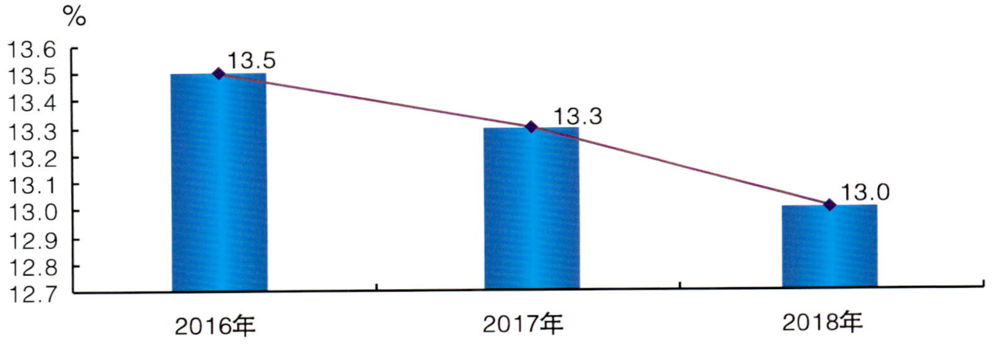

图 3　固定资产投资增速

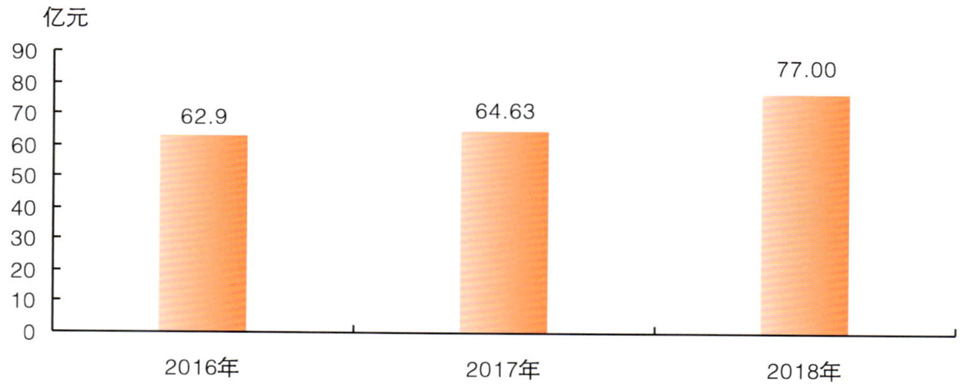

图 4　财政总收入

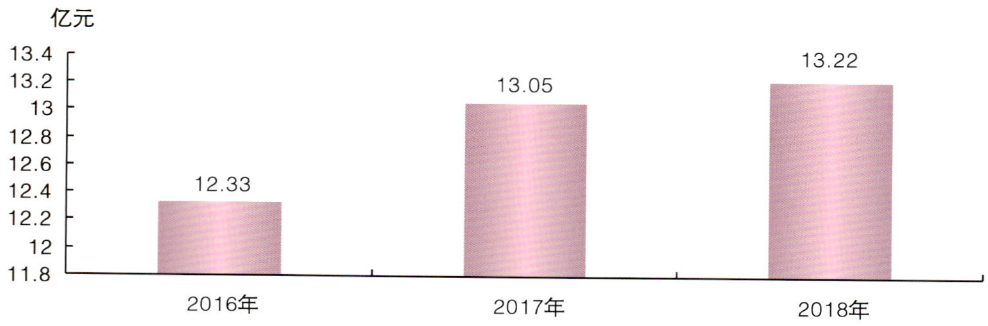

图 5　地方财政收入

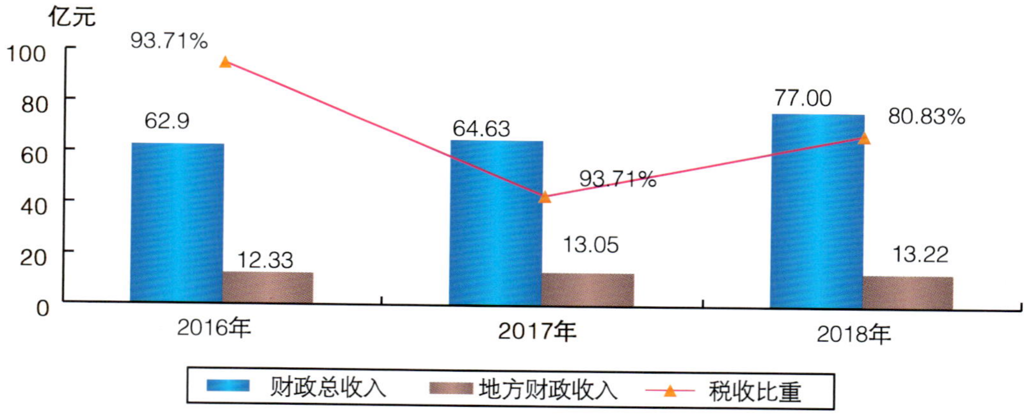

图 6　税收与财政收入比重

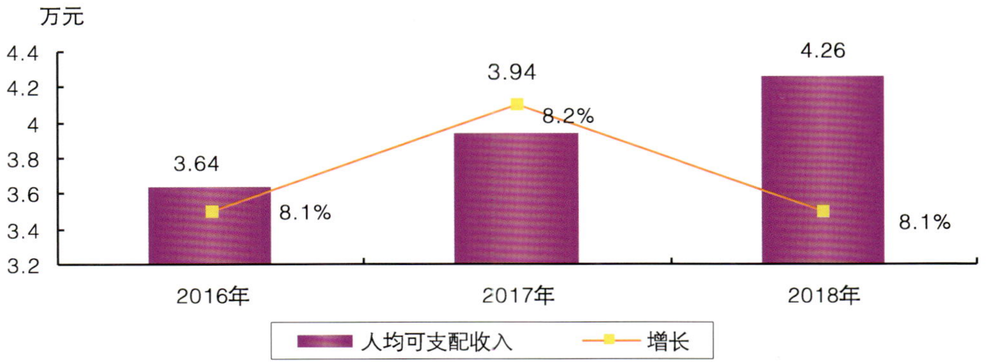

图 7　人均可支配收入及增长

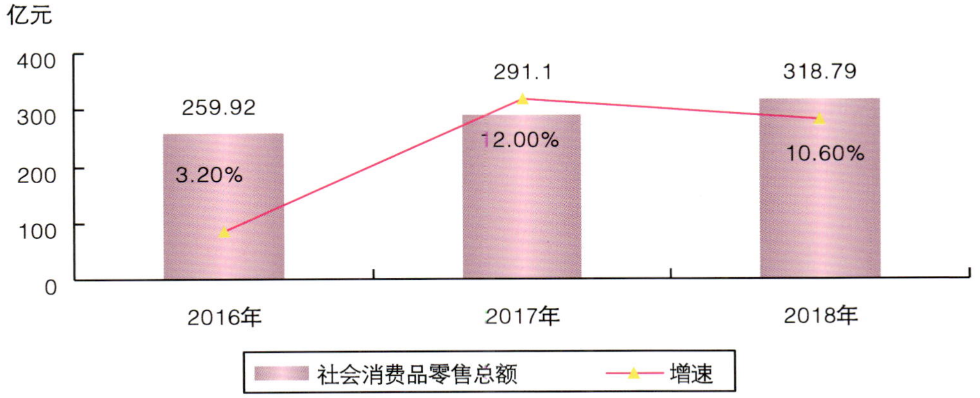

图 8　社会消费品零售总额及增长速度

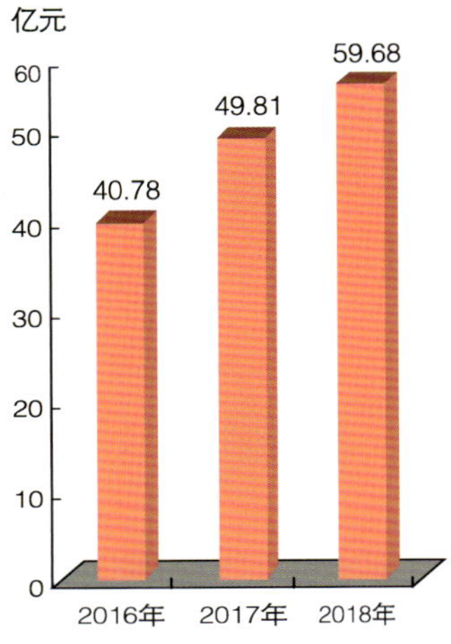

图 9　实际利用内资

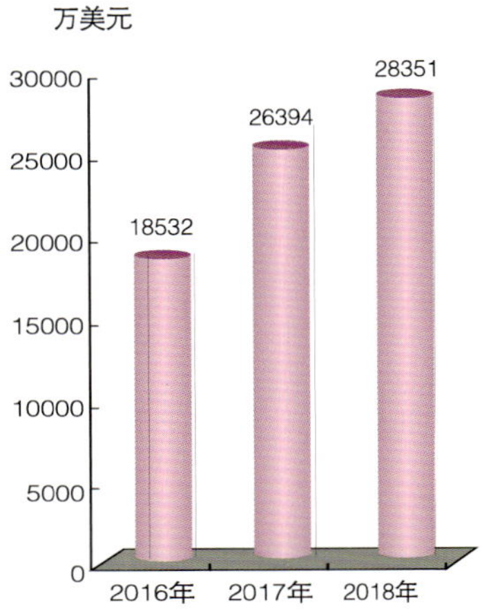

图 10　实际利用外资

2018 年度东湖区获市厅级

获奖单位	奖项名称	颁奖部门
东湖区人民检察院	全国检察宣传先进单位	最高人民检察院
东湖区人民检察院	集体一等功	最高人民检察院
东湖区	国家义务教育质量监测结果应用实验县区	教育部
东湖区教科体局	全国青少年五好小公民主题教育读书活动“红旗飘飘，引我成长”先进集体	教育部
东湖区教科体局	2018 国家义务教育质量监测“县级优秀组织单位”	教育部
东湖区教研中心	全国基础教育信息化应用典型案例	教育部、中央电教馆
东湖区综合服务中心及文化活动中心	2017—2018“国家级节约型公共机构示范单位”荣誉称号	国家发改委、财政部 国家机关事务管理局
公园街道司法所	全国模范司法所	司法部
东湖区蓝天人民调解委员会	全国人民调解先进集体	司法部
彭家桥街道光明社区	全国民主法治示范村（社区）	司法部、民政部
墩子塘街道阳明社区	全国综合减灾示范社区	民政部
南昌市豫章小学大队部	2018 年度全国“优秀少先队集体”	共青团中央、教育部、全国少工委
南昌市豫章小学（二部）敏学中队	全国“优秀动感中队”	全国少工委办公室
南昌市右营街小学翱翔中队	全国“优秀动感中队”	全国少工委办公室
南昌市东湖小学肖华中队	全国“优秀动感中队”	全国少工委办公室
南昌市邮政路小学六（1）中队	全国“优秀动感中队”	全国少工委办公室
南昌市育新学校紫藤中队	全国“优秀动感中队”	全国少工委办公室
东湖公安分局	全国平安医院创建先进集体	国家卫生健康委员会办公厅 中央政法委办公厅等
滕王阁旅游区	国家 AAAAA 级旅游景区	文化和旅游部
东湖区图书馆	国家一级公共图书馆	国家文化和旅游部办公厅
东湖区青蓝少儿京剧社	京剧《天女散花》获第二十二届全国戏曲小梅花集体节目荟萃十佳优秀奖	中国戏剧家协会
东湖区防震减灾局	2018 年度全国防震减灾工作先进单位	中国地震局
东湖区文化广电旅游新闻出版局	小品《“卡门”和谐曲》获第十四届“华东六省一市戏剧小品大赛”金奖	山东省文化厅 华东六省一市戏剧小品大赛组委会
东湖区	2017 年度全省计划生育工作二等奖先进县区	江西省人民政府
东湖区人民检察院	全省先进基层检察院	江西省人民检察院
东湖区人民法院	2018 年度全省法院司法宣传工作成绩突出单位	江西省高级人民法院
东湖区人民法院执行局	2017 年度司法拘留社会矛盾化解工作先进集体	江西省高级人民法院办公室江西省公安厅
东湖区人民法院	2017 年度全省法院信息工作先进单位	江西省高级人民法院办公室

及以上单位表彰一览

获奖单位	奖项名称	颁奖部门
贤士湖管理处	江西省党务技能大赛三等奖	中共江西省委组织部
百花洲街道办事处	第十五届全省党员教育电视片观摩交流评比二等奖	中共江西省委组织部
滕王阁街道办事处	第十五届全省党员教育电视片观摩交流评比二等奖	中共江西省委组织部
东湖区信访局	2018 年度全省信访系统“人民满意窗口”单位	江西省委信访局
东湖区园林所	模范职工小家	江西省总工会
东湖区社区矫正执法大队	江西省工人先锋号	江西省总工会
东湖区	2018 年度全省共青团重点工作推进先进县（市、区）	共青团江西省委
南昌市育新学校	江西省辅导员风采大赛团体一等奖	江西省少工委
南昌市右营街小学	赣陶两地“悦舞新疆”集体舞展示活动三等奖	江西省少工委
东湖区妇联	全省妇联系统宣传思想工作先进单位	江西省妇联
东湖区教科体局	2017 年度全省县（市、区）党政领导干部履行教育职责督导评价“优秀”	中共江西省委组织部、江西省人民政府教育督导委员会办公室
东湖区	全省义务教育优质均衡发展试点区	江西省人民政府教育督导委员会办公室
东湖区教科体局	2017 年度市县科学发展综合考核评价指标“教育发展”考评全省排名第三，全市排名第一	江西省人民政府教育督导委员会办公室
东湖区教科体局	第三十三届江西省青少年科技创新大赛基层优秀组织单位	江西省科协、江西省教育厅、江西省科技厅、江西省环保厅、共青团江西省委、江西省妇联
东湖区教科体局	江西省第四届百县青少年篮球运动会男子组团体一等奖	江西省体育局、江西省教育厅
东湖区教科体局	“中国体育彩票”杯 2018 年江西省第四届百县青少年“五人制”足球运动会团体一等奖	江西省体育局、江西省教育厅
东湖区教科体局	“中国体育彩票”杯 2018 年江西省第四届百县青少年“五人制”足球运动会体育道德风尚奖	江西省体育局、江西省教育厅
东湖区教科体局	2014-2017 年度江西省群众体育先进单位	江西省体育局
东湖区教科体局	江西省百县农耕健身大赛团体总分二等奖	江西省体育局
东湖区	2017 年度全省青少年业余训练十强县区	江西省体育局
东湖区	2015-2018 年江西省县（市、区）竞技体育贡献奖	江西省体育局

2018 年度东湖区获市厅级

获奖单位	奖项名称	颁奖部门
东湖区教科体局	2017 年全省中小学红色文化、绿色文化和古色文化教育先进单位	江西省教育厅
东湖区人民检察院	第三届“江西十大法治事件”	江西省法建办、中共江西省委宣传部、江西省司法厅、江西省普法办
滕王阁街道办事处	全省流动人口基本公共卫生计生服务均等化示范单位	江西省卫生和计划生育委员会
东湖区疾控中心结防科	江西省“十二五”结核病防治工作先进单位	江西省防痨协会
东湖区疾控中心艾防科	艾滋病救治患者文书档案管理优秀奖	江西省艾滋病综合防治示范区管理办公室
东湖区司法局	全省精准法律援助先进单位	江西省司法厅
大院街道院一社区	2017–2018 年度全省“绿色社区 美丽家园”创建活动示范社区	江西省民政厅
墩子塘街道阳明社区	2017–2018 年度全省“绿色社区 美丽家园”创建活动示范社区	江西省民政厅
墩子塘街道右营街社区	全省综合减灾示范社区	江西省减灾委员会、江西省民政厅
董家窑街道锦苑春天社区	全省综合减灾示范社区	江西省减灾委员会、江西省民政厅
墩子塘街道党家巷社区	全省综合减灾示范社区	江西省减灾委员会、江西省民政厅
彭家桥街道文教路北社区	全省综合减灾示范社区	江西省减灾委员会、江西省民政厅
东湖区青蓝京剧社	江西省 2017 年度优秀群众文艺团队	江西省文化厅
豫章 1 号文化科技园	江西省第八批文化产业示范基地	江西省文化厅
东湖区文化广电旅游新闻出版局	《鄱湖韵》荣获庆祝改革开放 40 周年全国广场舞展演——江西省集中展演活动二等奖	中共江西省委宣传部 江西省文化和旅游厅 江西省体育局
东湖区文化广电旅游新闻出版局	《美丽的乡村我的家》荣获“歌唱美好新时代”——江西省庆祝改革开放 40 周年村歌大赛二等奖	中共江西省委宣传部 江西省文化和旅游厅 江西省文学艺术界联合会
东湖区文化广电旅游新闻出版局	《美丽的乡村我的家》荣获“歌唱美好新时代”——江西省庆祝改革开放 40 周年村歌大赛优秀创作奖	中共江西省委宣传部 江西省文化和旅游厅 江西省文学艺术界联合会
东湖区文化广电旅游新闻出版局	摄影作品《奋战》荣获“厉害了，我的国”之江西篇——江西省庆祝改革开放四十周年手机摄影大赛优秀奖	中共江西省委宣传部 江西省文化和旅游厅 江西省文学艺术界联合会
东湖区文化广电旅游新闻出版局	摄影作品《烟花谱青春》荣获“厉害了，我的国”之江西篇——江西省庆祝改革开放四十周年手机摄影大赛二等奖	中共江西省委宣传部 江西省文化和旅游厅 江西省文学艺术界联合会
东湖区史志办公室	《东湖年鉴（2017）》荣获江西省第三届年鉴质量评比二等年鉴	江西省地方志编纂委员会 江西省地方志学会
东湖区	全省公共机构节能达标县区	江西省机关事务管理局
东湖区防震减灾局	2018 年度江西省防震减灾工作先进单位	江西省地震局

及以上单位表彰一览

获奖单位	奖项名称	颁奖部门
墩子塘街道办事处	档案工作规范化管理省三级	江西省档案局
墩子塘街道办事处	“十二五”期间江西省老年体育工作者先进单位	江西省老年体协
墩子塘街道办事处	2013-2017 年南昌市老年体育工作者先进单位	江西省老年体协
董家窑街道紫金城社区	全市先进党组织	中共南昌市委
中共东湖区委宣传部	南昌市第十七届文明单位	中共南昌市委、南昌市人民政府
东湖区人民检察院	南昌市第十七届文明单位	中共南昌市委、南昌市人民政府
东湖区人民法院	南昌市第十七届文明单位	中共南昌市委、南昌市人民政府
东湖区信访局	南昌市第十七届文明单位	中共南昌市委、南昌市人民政府
东湖区总工会	南昌市第十七届文明单位	中共南昌市委、南昌市人民政府
共青团东湖区委	南昌市第十七届文明单位	中共南昌市委、南昌市人民政府
东湖区机构编制委员会办公室	南昌市第十七届文明单位	中共南昌市委、南昌市人民政府
东湖区机关事务管理局	南昌市第十七届文明单位	中共南昌市委、南昌市人民政府
东湖区行政服务中心管委会	南昌市第十七届文明单位	中共南昌市委、南昌市人民政府
东湖区环保局	南昌市第十七届文明单位	中共南昌市委、南昌市人民政府
公园街道办事处	南昌市第十七届文明单位	中共南昌市委、南昌市人民政府
公园街道戴家巷社区	南昌市第十七届文明单位	中共南昌市委、南昌市人民政府
公园街道上营坊社区	南昌市第十七届文明单位	中共南昌市委、南昌市人民政府
墩子塘街道办事处	南昌市第十七届文明单位	中共南昌市委、南昌市人民政府
墩子塘街道阳明社区	南昌市第十七届文明单位	中共南昌市委、南昌市人民政府
墩子塘街道党家巷社区	南昌市第十七届文明单位	中共南昌市委、南昌市人民政府
董家窑街道办事处	南昌市第十七届文明单位	中共南昌市委、南昌市人民政府
董家窑街道豆芽巷社区	南昌市第十七届文明社区	中共南昌市委、南昌市人民政府
董家窑街道南京西路北社区	南昌市第十七届文明社区	中共南昌市委、南昌市人民政府
董家窑街道南京西路南社区	南昌市第十七届文明社区	中共南昌市委、南昌市人民政府
百花洲街道办事处	南昌市第十七届文明社区	中共南昌市委、南昌市人民政府
百花洲街道刘将军庙社区	南昌市第十七届文明社区	中共南昌市委、南昌市人民政府
百花洲街道小金台社区	南昌市第十七届文明社区	中共南昌市委、南昌市人民政府
大院街道公园社区	南昌市第十七届文明单位	中共南昌市委、南昌市人民政府
大院街道院二社区	南昌市第十七届文明单位	中共南昌市委、南昌市人民政府
滕王阁街道办事处	南昌市第十七届文明单位	中共南昌市委、南昌市人民政府
滕王阁街道民巷社区	南昌市第十七届文明单位	中共南昌市委、南昌市人民政府
滕王阁街道上凤凰坡社区	南昌市第十七届文明单位	中共南昌市委、南昌市人民政府
贤士湖管理处	南昌市第十七届文明单位	中共南昌市委、南昌市人民政府
贤士湖管理处长巷村	南昌市 2017—2018 年度文明村镇	中共南昌市委、南昌市人民政府

◆ 2018 年 6 月 26 日，中共江西省委书记刘奇（前左二）深入东湖区“6 · 26”服务中心暨百花洲街道综治中心调研指导禁毒工作

◆ 2018 年 10 月 7 日，中共江西省委副书记、江西省省长易炼红（前左二）到东湖区考察指导工作，省委常委、南昌市委书记殷美根（前左一）随同

◆ 2018 年 11 月 15 日，司法部党组书记、副部长袁曙宏（右二）到东湖区公共法律服务中心调研司法行政工作

◆ 2018 年 8 月 1 日，中共江西省委常委、政法委书记尹建业（前右一）到东湖公安分局八一广场安保指挥部指导工作

◆ 2018 年 6 月 14 日，中共江西省委常委、宣传部部长施小琳（右三）到东湖区光明社区调研精神文明创建工作

◆ 2018 年 6 月 1 日，江西省副省长孙菊生（右二）到东湖区走访慰问少先队员们并一起欢度“六一”国际儿童节

◆ 2018年5月11日，江西省副省长胡强（前左二）到南昌市育新学校观摩该校开展的防灾减灾演练活动

◆ 2018年2月5日，江西省政协副主席李华栋（前左二）到东湖区按摩医院看望慰问干部职工

◆ 2018年4月27日，江西省政协副主席雷元江（右二）到东湖区残疾人之家调研残疾人工作

◆ 2018 年 8 月 20 日，中共南昌市委副书记、南昌市市长刘建洋（左二）到东湖区调研南昌苏宁广场项目建设情况

◆ 2018 年 1 月 15 日，南昌市人大常委会主任陈德寿（右二）到东湖区扬子洲镇调研人大代表联络工作站建设情况

◆ 2018 年 11 月 29 日，南昌市政协主席周关（左三）到东湖区就学习贯彻习近平关于加强和改进人民政协工作重要思想成效开展调研评价活动

◆ 2018 年 7 月 23 日，中共南昌市委常委、市纪委书记、市监委主任吴伟柱（左三）到东湖区调研纪检监察工作

◆ 2018 年 12 月 17 日，中共南昌市委常委、宣传部部长龙和南（右三）到东湖区调研红色记忆展示馆建设情况

◆ 2018 年 5 月 4 日，中共南昌市委常委、政法委书记刘家富（左三）到东湖区公园派出所调研该区“两所一庭两中心”建设情况

◆ 2018 年 5 月 23 日，中共南昌市委常委邱向军（右三）到东湖区扬子洲镇调研农业农村工作

◆ 2018 年 9 月 6 日，中共南昌市委常委、南昌市警备区政委王宗军（左二）到东湖区调研百花洲佑民寺历史文化旅游街区建设情况

◆ 2018 年 5 月 17 日，中共南昌市委常委滕俊峰（左三）到东湖区残疾人托养服务中心走访慰问残疾人

◆ 2018 年 6 月 11 日，东湖区隆重举行南昌苏宁广场暨 2018 年东湖区重大重点项目集中开工（签约）仪式

◆ 2018 年 9 月 12 日，招商东湖意库项目签约仪式在东湖区举行

◆ 2018 年 9 月 19 日，南昌苏宁红孩子母婴用品全国采购中心暨江西零售总部项目签约仪式在东湖区举行

◆ 2018年1月6日，南昌市东湖区监察委员会在东湖区综合服务中心正式挂牌成立

◆ 2018年5月24日，南昌市学习贯彻监察法廉文化小品巡演走进东湖区

◆ 2018年5月22日，东湖区举行全区科级干部学习中共十九大精神轮训班活动

◆ 2018年5月3日，东湖区在南昌市滨江宾馆举办统一战线学习宣传贯彻中共十九大精神培训班

◆ 2018年7月13日，东湖区邀请江西省纪委党风政风监督室专家专题讲解中央八项规定精神有关政策

◆ 2018年7月17日，东湖区举行“火红七月 传诵经典”专题文艺汇演暨《红色家书》诵读比赛决赛

◆ 2018 年 12 月 30 日，东湖区在区综合服务中心一楼大厅举行第一批股份经济合作社授牌仪式

◆ 2018 年 7 月 20 日，国家税务总局南昌市东湖区税务局举行揭牌仪式

◆ 2018 年 11 月 22 日，南昌东湖文化旅游发展有限公司举行揭牌仪式

◆ 2018年3月1日，《经济日报》江西记者站站长赖永锋（右二）到东湖区调研该区经济社会发展情况

◆ 2018年11月9日，《光明日报》总编辑张政（右四）到东湖区光明社区调研社区党建工作

◆ 2018年1月17日，河北省民政厅到东湖区考察刘将军庙社区“时间银行”居家养老服务项目

◆ 2018 年 4 月 2 日，武汉市统计局到东湖区考察学习统计工作

◆ 2018 年 8 月 16 日，九江市浔阳区党政代表团到东湖区开展考察学习活动

◆ 2018 年 10 月 16 日，南昌市西湖区党政代表团到东湖区考察学习居家养老、城市建设、城市管理、老旧社区改造、旅游街区打造等方面工作的经验做法

◆ 2018 年 5 月 11 日，东湖区党政代表团到南昌市西湖区开展学习考察活动

◆ 2018 年 11 月 30 日，东湖区党政代表团赴安义县学习考察。图为代表们察看潦河南岸滨河景观二期工程项目规划

◆ 2018 年 12 月 12 日，国内部分媒体人士齐聚东湖区光明社区，共话南昌文明城市创建。图为媒体人士在光明社区广场合影留念

◆ 2018 年 11 月 30 日，东湖区干部群众举行庆祝改革开放 40 周年文艺汇演活动

◆ 2018 年 10 月 18 日，世界 VR 产业大会“争做文明南昌人 当好大会东道主”传递接力活动在东湖区八一公园百花大舞台举行

◆ 2018 年 2 月 15 日，东湖区在百花洲历史文化街区广场举办“说民俗 展年俗 南昌味道南昌年”大型新春文化庆祝活动

◆ 2018 年 10 月 17 日，南昌市第三届滕王阁九九重阳金婚盛典活动在东湖区举行

◆ 2018 年 6 月 14 日，东湖区在八一公园百花大舞台举办传统民俗活动喜迎端午节。图为居民群众手把手教小学生编香囊

◆ 2018 年 9 月 30 日，东湖区举行洪城创业故事汇决赛

◆ 2018 年 1 月 27 日，东湖区在区综合服务中心一楼大厅隆重举行"时间银行"公益基金爱心募捐活动

◆ 2018 年 3 月 25 日，东湖区在区文化活动中心新闻发布厅举行"时间银行"区校共建签约授牌仪式

◆ 2018 年 7 月 19 日，南昌市"时间银行她力量——垃圾分类姐妹先行"公益项目启动仪式在东湖区文化活动中心新闻发布厅举行

◆ 2018 年 1 月 2 日，政协东湖区第九届委员会第三次会议在区文化活动中心演艺大厅隆重开幕

◆ 2018 年 1 月 3 日，东湖区第十六届人民代表大会第三次会议在区文化活动中心演艺大厅隆重开幕

◆ 2018 年 1 月 19 日，东湖区在区文化活动中心新闻发布厅召开科学技术协会第五次代表大会

◆ 2018 年 1 月 22 日，东湖区在区文化活动中心新闻发布厅举行离退休老干部形势报告会

◆ 2018 年 2 月 11 日，东湖区在区文化活动中心新闻发布厅召开中共南昌市东湖区第十二届纪律检查委员会第三次全体会议

◆ 2018 年 3 月 23 日，东湖区召开全区基层党建工作汇报会

◆ 2018 年 4 月 2 日，东湖区在区文化活动中心演艺大厅召开全区党群工作会议

◆ 2018 年 4 月 8 日，东湖区在区文化活动中心新闻发布厅举行郑小惠事迹报告会

◆ 2018 年 4 月 18 日，南昌市基层老年教育工作流动现场会暨全市老年大学第三次联席会在东湖区召开

◆ 2018 年 5 月 2 日，东湖区第二届“东湖青年五四奖章”颁奖仪式暨践行“三风”青年事迹分享会在区文化活动中心演艺大厅举行

◆ 2018 年 5 月 10 日，东湖区在区政府常务会议室设立分会场组织收听收看全省作风建设工作大会实况，会后进行分组讨论

◆ 2018 年 6 月 4 日，东湖区召开法治东湖建设、普法工作暨“七五”普法中期督导工作动员部署会

◆ 2018 年 7 月 31 日，东湖区在区委常委会议室召开全区机构改革工作会议

◆ 2018 年 8 月 1 日，东湖区召开第四次全国经济普查动员会议

◆ 2018 年 9 月 13 日，东湖区在区政府常务会议室组织收听收看全省县（市、区）委书记座谈会实况

◆ 2018 年 9 月 28 日，东湖区召开“全民清洁家园”大活动部署会议

◆ 2018 年 9 月 30 日，东湖区在区文化活动中心演艺大厅举行学习省委十四届六次全会和市委十一届五次全会精神报告会

◆ 2018 年 11 月 6 日，东湖区在区文化活动中心新闻发布厅召开“五型”政府建设动员部署大会

◆ 2018 年 11 月 19 日，东湖区在区文化活动中心演艺大厅召开深化全国文明城市创建工作动员部署会

◆ 2018 年 11 月 23 日，东湖区召开全区扫黑除恶专项斗争推进大会

◆ 2018 年 12 月 30 日，中共东湖区委十二届六次全体（扩大）会议在区文化活动中心演艺大厅隆重召开

东湖区人大常委会

2018年，东湖区人大常委会坚持以习近平新时代中国特色社会主义思想为指导，坚持党的领导、人民当家作主、依法治国有机统一，始终把贯彻区委重大决策部署作为重中之重，综合运用多种法定监督形式，加大监督力度，促进经济、社会健康发展。对“十三五”规划纲要进展情况进行专题调研，提出深化经济运行精细化分析和预测，坚持改革创新驱动，加快推进重大重点项目建设，围绕优化产业结构，提升发展质效，支持政府把高品质现代服务业作为主攻方向，推动全区经济加快转型升级，促进区政府坚持稳中求进总基调，确保全区“十三五”规划目标任务全面完成。

◆ 2018年6月27日，东湖区人大常委会在区人大常委会会议室举行十六届人大十三次会议

◆ 2018年6月4日，东湖区人大常委会机关党支部组织开展传颂红色家书、传承红色经典活动

◆ 2018年7月13日，东湖区人大常委会组织人大代表专题视察区水环境保护工作情况

◆ 2018年12月21日，东湖区人大常委会机关组织党员干部参观南昌市改革开放四十年图片展

政协东湖区委员会

◆ 2018 年 7 月 3 日，东湖区政协机关开展诵红色家书、促“三风”建设活动

◆ 2018 年 7 月 23 日，东湖区政协举办学习贯彻习近平总书记关于加强和改进人民政协工作重要思想学习研讨会

◆ 2018 年 8 月 8 日，东湖区政协机关到戴家巷社区开展夏季送清凉党员活动日活动

2018 年，东湖区政协在区委的坚强领导和南昌市政协的关心指导下，坚持以习近平新时代中国特色社会主义思想为引领，牢牢把握团结和民主两大主题，认真履行政治协商、民主监督、参政议政职能，在理论武装上促深化，在协商民主上稳推进，在参政议政上善作为，在民主监督上求实效，在自身建设上抓提升，为东湖区新一轮大建设、大发展、大跨越发挥积极作用。

◆ 2018 年 9 月 27 日，东湖区政协召开肃清苏荣案余毒专题民主生活会

◆ 2018 年 12 月 19 日，东湖区政协常委会视察区重大重点项目——上沙窝社区改造项目

中共东湖区纪委（监委）

◆ 2018 年 1 月 5 日，东湖区纪委（监委）新任班子成员集体合影（左起：金栋、李娜、肖迎春、刘光荣、谌卫东、梁霁野、傅子松、张强）

2018 年，东湖区纪检监察机关以习近平新时代中国特色社会主义思想为指导，深入贯彻中共十九大精神，认真落实中央、省、市纪委全会和区委全会部署，增强“四个意识”，坚决维护习近平总书记党中央的核心、全党的核心地位，坚决维护党中央权威和集中统一领导，坚持稳中求进总基调，奋发有为，积极进取，忠诚履行党章和宪法赋予的职责，深化纪检监察体制改革，纵深推进全面从严治党，巩固发展反腐败斗争压倒性态势，一体推进不敢腐、不能腐、不想腐，建设忠诚干净担当的纪检监察干部队伍，推动“廉洁东湖”建设高质量发展，为全区经济社会持续健康发展提供政治保障。

◆ 2018 年 1 月 29 日，东湖区纪委（监委）新入职纪检监察干部举行履职宣誓

◆ 2018 年 5 月 9 日，东湖区纪委（监委）对新提拔、重用的科级干部开展任前集体廉政谈话活动

◆ 2018 年 6 月 29 日，东湖区委常委、区纪委书记、区监委主任刘光荣（右三）督查区重点重大项目推进情况

东湖区人民武装部

◆ 2018 年 5 月 19 日，江西省军区工作组点验东湖区民兵应急连

2018 年，东湖区人民武装工作坚持以习近平总书记讲话为统领，坚决贯彻军委国防动员部、省军区和警备区党委决策部署，深入学习中共十九大精神，努力营造风清气正的政治生态；以“五率”量化考评为抓手，进一步打好征兵工作主动仗；聚焦练兵备战，着力推进军事斗争准备向纵深发展；始终保持安全管理高压态势，牢牢守住安全底线；不断强化地方各级领导的党管武装意识，浓厚党管武装氛围。

◆ 2018 年 3 月 16 日，东湖区人武部组织基干民兵体格检查

◆ 2018 年 2 月 3 日，东湖区人武部组织机关干部到社区参加“清洁家园”劳动

◆ 2018 年 1 月 23 日，东湖区人武部组织开展徒步拉练

◆ 2018 年 4 月 4 日，东湖区人武部召开“2018 年度东湖区民兵整组点验大会”

中共东湖区委办公室

◆ 2018 年 3 月 30 日，东湖区委办公室机关党支部在区委第一会议室召开组织生活会，区领导刘闯（左侧前二）、贾彧超（左侧前三）、陈俊（左侧前一）以普通党员身份出席

2018 年，中共东湖区委办公室在区委的正确领导和市委办公厅的大力指导下，持续深入学习贯彻习近平新时代中国特色社会主义思想和中共十九大精神，在机关党支部的带领下，紧紧围绕全区中心工作，努力做好参谋助手、督促检查、综合协调、后勤保障，积极发挥“坚强前哨，巩固后院”职能，以提升“三服务”水平为目标，推动各项工作取得较好进展，区委办公室荣获 2017—2018 年度市级文明单位和省级文明单位。

◆ 2018 年 6 月 3 日，东湖区委办公室机关党支部开展党员活动日活动，参观小平小道并合影留念

◆ 2018 年，东湖区委办公室坚持每天上班前的学习制度。图为 8 月 29 日干部职工学习《习近平中国特色社会主义思想三十讲》有关章节内容

◆ 2018 年，东湖区委办公室干部到挂点的聆江社区开展文明城市创建宣传活动

东湖区人民政府办公室

◆ 2018 年，东湖区政府办公室机关党支部组织党员到方志敏爱国事迹陈列馆开展活动

2018 年，东湖区政府办公室在区委、区政府的正确领导和市政府办公厅的精心指导下，以习近平新时代中国特色社会主义思想为指导，秉承"严谨高效、运转有序、和谐共事、有战斗力"的工作理念，按照"具备绝对忠诚的特质、弘扬服务大局的特性、培养奉献担当的特长、树立严谨规范的特色、打造廉洁自律的特征、创立健康活泼的特点"的具体要求，紧紧围绕区政府中心工作，协调各方，狠抓落实，各项工作稳步推进、成效显著。

◆ 2018 年，东湖区政府办公室干部到挂点的渊明北路社区开展"全民清洁家园"大活动

◆ 2018 年，东湖区政府办公室干部集中开展学习业知识

中共东湖区委组织部

◆ 2018 年 4 月 18 日，东湖区委组织部举办全区新一届村（社区）"两委"干部业务培训班

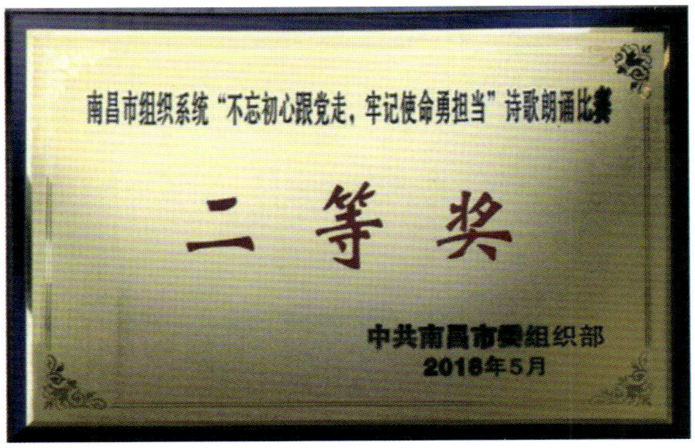

2018 年，中共东湖区委组织部在区委的正确领导和市委组织部的精心指导下，以中共十九大会议精神和习近平新时代中国特色社会主义思想为统领，紧紧围绕全区中心工作，立足全局、结合实际、创新举措、统筹实施，强势推进干部队伍选配、基层党建优化、人才队伍建设等工作，各项工作取得良好成效。

◆ 2018 年 5 月 30 日，东湖区委组织部召开全区人才工作布置会

中共东湖区委宣传部

◆ 2018 年 3 月 6 日，东湖区委宣传部机关党支部在南昌市党章教育馆开展党员学习教育活动

2018 年，中共东湖区委宣传部在区委的正确领导和市委宣传部的关心指导下，持续深入学习、宣传、贯彻中共十九大会议精神，严格落实意识形态工作责任制，主动加强与中央媒体的对接，针对性的持续报送重大新闻热点选题线索及文稿，在全国层面展示东湖区在改革发展中的亮点成绩，全区新闻宣传工作呈现良好态势，为经济社会发展营造了良好舆论氛围。

◆ 2018 年 5 月 18 日，东湖区委宣传部召开保护历史文化建筑课题调研会

◆ 2018 年 6 月 28 日，东湖区委宣传部机关党支部组织干部职工赴上饶集中营开展“品读红色家书 · 追寻先烈足迹”暨“不忘初心 牢记使命”主题教育党日活动

◆ 2019 年 1 月 2 日，东湖区隆重举行南昌记忆展示馆开馆仪式

中共东湖区委统战部

◆ 2018 年 3 月 10 日，民进江西省委会联合东湖总支到东湖区小金台社区开展学雷锋志愿活动

2018 年，中共东湖区委统战部在区委的正确领导和市委统战部的精心指导下，以深入学习贯彻中共十九大精神为主线，坚持以习近平新时代中国特色社会主义思想为指引，坚决贯彻落实《中国共产党统一战线工作条例（试行）》精神和中央、省委、市委和区委关于统一战线工作的各项决策部署，围绕中心、服务大局、凝聚人心、汇聚力量，推动统战工作在新时代实现新发展。

◆ 2018 年 10 月 23—24 日，东湖区委统战部在区文化活动中心新闻发布厅举办全区民族宗教界代表人士培训班

◆ 2018 年 11 月 1 日，东湖区滕王阁街道民巷社区侨胞侨属联谊会暨东湖区留学人员及家属联络站正式成立

◆ 2019 年 4 月 17 日，东湖区委统战部、区工商联组织非公有制经济人士开展“五心”主题教育学习活动

中共东湖区委政法委

◆ 2018 年 2 月 9 日，东湖区委政法委班子成员到区检察院走访慰问政法干警

◆ 2018 年 4 月 20 日，东湖区委政法委召开扫黑除恶专项斗争调度会

◆ 2018 年 5 月 24 日，东湖区委常委、政法委书记胡志强参加政法委机关党支部开展的“诵读红色家书、牢记初心使命”活动

2018 年，在区委、区政府的正确领导和上级政法部门的精心指导下，全区政法战线、政法干警和综治维稳干部以习近平新时代中国特色社会主义思想为指导，认真贯彻落实中央、省、市政法工作会议精神，以努力建设更高水平的平安东湖、法治东湖，不断推进全区社会治理体系和治理能力现代化为总体要求，以提升辖区公众安全感，对政法部门的满意度，和广大人民群众的获得感、幸福感为奋斗目标，发扬攻坚克难，奋勇拼搏的精神，忠诚履职、积极作为，为打造实力东湖、创造活力东湖、塑造魅力东湖提供稳定的社会环境、公正的法治环境和优质的服务环境，确保全区社会大局稳定和经济社会发展，较好完成各项工作任务。

◆ 2018 年 7 月 1 日，东湖区委政法委机关党支部开展迎七一“红歌颂给党”歌咏活动后合影留念

◆ 2018 年 9 月 29 日，东湖区委政法委召开肃清苏荣余毒专题民主生活会

编辑说明

一、《东湖年鉴》是中共东湖区委、东湖区人民政府主办的一部集资料、知识、信息为一体的年度资料性文献，如实记载东湖区经济社会发展情况，由东湖区属各单位、驻区有关单位提供资料。

二、《东湖年鉴(2019)》以马克思列宁主义、毛泽东思想、邓小平理论、“三个代表”重要思想、科学发展观、习近平新时代中国特色社会主义思想为指导，坚持辩证唯物主义和历史唯物主义的立场、观点和方法，着重记载2018年东湖区自然、政治、经济、文化和社会等各方面情况。本卷年鉴中的综合性资料、数据截至2018年年底，因统计口径等原因，有关部门所用个别数据与统计部门提供的数据不尽一致。凡涉及东湖区国民经济和社会发展的主要数据，概以东湖区统计局公布的数据为准。

三、本卷年鉴以“部类”为单元，“部类”设28个：特载，大事记，东湖概览，中国共产党南昌市东湖区委员会，南昌市东湖区人民代表大会常务委员会，南昌市东湖区人民政府，政协南昌市东湖区委员会，群众团体，民主党派，法治，军事，重大项目建设，商贸流通和服务业，开放型经济，非公有制经济，金融业，财政·税务，经济管理与监督，城市建设和管理，社会管理和服务，教育，科学技术，体育，文化·旅游，卫生，镇、街道办事处、管理处概况，人物，重要文献。

四、本卷年鉴以类目、分目、条目组成框架结构，以条目为主要载体。部分条目因内容需要对比时，涉及2018年度之前的情况。所载各部门、各单位文字、彩页、插图等由各有关单位供稿并最后审核确定。

五、本卷年鉴内容层次设置是为了方便分类编辑和读者阅读，并不反映严格的科学分类体系，机关、企事业单位等排序和层次并不表示其地位和规模。

目　　录

特　　载

整装再出发　续写新篇章　在做大做强
　做优大南昌都市圈中展现更大作为 …… (1)
政府工作报告 …… (10)

大事记

1 月 …… (19)
2 月 …… (23)
3 月 …… (27)
4 月 …… (31)
5 月 …… (35)
6 月 …… (40)
7 月 …… (45)
8 月 …… (50)
9 月 …… (55)
10 月 …… (62)
11 月 …… (65)
12 月 …… (71)

东湖概览

综　述 …… (75)
自然环境 …… (76)
　地理位置 …… (76)
　地形地貌 …… (76)
　河流湖泊 …… (76)
　气候 …… (76)
　自然灾害 …… (76)
历史沿革 …… (76)
风景名胜 …… (77)
　概况 …… (77)
　杏花楼(曾名水观音亭) …… (77)
　佑民寺 …… (77)
　滕王阁 …… (78)
　佑民寺钟楼 …… (78)
　钟鼓楼 …… (78)
　状元桥 …… (78)
　洗马池 …… (78)
　贡院(贡院井) …… (78)
　东湖书院 …… (78)
　宁王府 …… (78)
　娄妃墓 …… (79)
　八一公园 …… (79)
　百花洲 …… (79)
　叶挺指挥部旧址 …… (79)
　朱德军官教育团旧址 …… (79)
　贺龙指挥部旧址 …… (79)
　花园角二号 …… (79)
　蒋介石南昌行营 …… (80)
　南昌市民俗博物馆 …… (80)

八一广场与八一起义纪念塔 …………… (80)
江西革命烈士纪念堂 ……………………… (80)
方志敏广场(方志敏爱国事迹陈列馆) ……………………………………………… (80)
江西省博物馆 …………………………… (80)
江西省科技馆 …………………………… (80)
八一大桥 ………………………………… (81)
青山湖风景区 …………………………… (81)
相思林公园 ……………………………… (81)
行政区划 ……………………………… (81)
概况 ……………………………………… (81)
扬子洲镇 ………………………………… (81)
八一桥街办 ……………………………… (81)
豫章街办 ………………………………… (81)
墩子塘街办 ……………………………… (81)
百花洲街办 ……………………………… (81)
公园街办 ………………………………… (81)
大院街办 ………………………………… (81)
董家窑街办 ……………………………… (81)
彭家桥街办 ……………………………… (81)
滕王阁街办 ……………………………… (82)
贤士湖管理处 …………………………… (82)
扬农管理处 ……………………………… (82)
城区环境 ……………………………… (82)
概况 ……………………………………… (82)
生活饮用水 ……………………………… (82)
环境质量主要指标 ……………………… (82)
声环境 …………………………………… (82)
处置固体废弃物 ………………………… (82)
民族·宗教 ……………………………… (82)
概况 ……………………………………… (82)
少数民族与宗教活动场所 ……………… (82)
人口发展状况 ………………………… (82)
概况 ……………………………………… (82)
2018 年东湖区人口及其变动情况
经济运行概述 ………………………… (83)
概况 ……………………………………… (83)
投资规模继续扩大 ……………………… (83)
消费品市场平稳运行 …………………… (83)
服务业涨势平稳 ………………………… (83)
财政收支运行良好 ……………………… (83)
建筑业稳健发展 ………………………… (84)
外向型经济保持稳定 …………………… (84)
居民收入持续增长 ……………………… (84)
城乡居民生活水平 …………………… (84)
概况 ……………………………………… (84)
城市居民生活水平 ……………………… (84)
城镇居民消费情况 ……………………… (84)
2018 年东湖区经济、财政收入人均水平

中国共产党南昌市东湖区委员会

综　述 ……………………………………… (85)
区委重要会议 ………………………… (86)
中共东湖区委十二届五次全体(扩大)会议 ……………………………………… (86)
中共东湖区委十二届六次全体(扩大)会议 ……………………………………… (86)
区委重要决策 ………………………… (86)
概况 ……………………………………… (86)
关于水环境综合治理 …………………… (86)
关于居家养老志愿服务 ………………… (86)
关于殡葬综合改革 ……………………… (87)
关于城镇贫困群众脱贫解困 …………… (87)
关于城市基层党建 ……………………… (87)
关于“三重一大”事项集体决策 ………… (87)
关于污染防治攻坚战 …………………… (87)
区委中心组理论学习 ………………… (87)
概况 ……………………………………… (87)
传承红色基因牢记初心使命专题报告会 ……………………………………………… (87)
党章专题辅导报告会 …………………… (88)
宪法专题辅导 …………………………… (88)
区委常委会专题学习会 ………………… (88)
纪律讲堂活动 …………………………… (89)

弘扬传统文化专题学习会 ……………… (89)
省委、市委全委会精神学习报告会 …… (89)
习近平全面深化改革重要思想学习会 ……………………………………… (90)
纪律检查与行政监察工作 ……………… (90)
概况 ……………………………………… (90)
中共东湖区纪委十二届三次全体会议 ……………………………………… (90)
强化全面从严治党学习 ………………… (90)
拓展教育平台 …………………………… (90)
打造纪检宣传阵地 ……………………… (90)
紧盯“四风”问题 ……………………… (90)
开展监督执纪 …………………………… (91)
开展扫黑除恶专项督查 ………………… (91)
制定审查调查制度 ……………………… (91)
整治作风建设 …………………………… (91)
关注家风建设 …………………………… (91)
开展政治巡察 …………………………… (91)
区监委挂牌成立 ………………………… (91)
巡察机构改革 …………………………… (91)
延伸纪检监察职能 ……………………… (91)
举行新修订的《纪律处分条例》学习会 ……………………………………… (92)
区纪检监察干部监督工作暂行办法 …… (92)
强化自身建设 …………………………… (92)
区委办公室工作 ……………………… (92)
概况 ……………………………………… (92)
信息工作 ………………………………… (92)
督促检查 ………………………………… (92)
调查研究 ………………………………… (92)
文稿起草 ………………………………… (92)
民声通道 ………………………………… (93)
党建工作 ………………………………… (93)
组织工作 ……………………………… (93)
概况 ……………………………………… (93)
中共十九大会议精神轮训班 …………… (93)
干部选拔任免工作 ……………………… (93)
开展干部谈心调研工作 ………………… (93)
建立东湖区干部人才信息库 …………… (93)
开展《红色家书》学习诵读活动 ………… (93)
选派干部参加挂职锻炼 ………………… (93)
公务员年度考核 ………………………… (94)
城市基层党建共同体 …………………… (94)
街道“大工委”、社区“大党委”试点 …… (94)
城市基层党建工作 ……………………… (94)
民主评议党员和不合格党员处置工作 ……………………………………… (94)
基层党组织换届 ………………………… (94)
党员电教片获奖 ………………………… (94)
人才活动周 ……………………………… (94)
人才综合信息库建设 …………………… (94)
宣传工作 ……………………………… (94)
概况 ……………………………………… (94)
理论武装工作 …………………………… (94)
精心采写特色选题 ……………………… (95)
策划特色活动 …………………………… (95)
开展专项对外宣传 ……………………… (95)
构建新闻宣传联动大格局 ……………… (95)
唱响“南昌东湖区发布”新媒体品牌 …… (95)
打造南昌红色记忆展示馆 ……………… (96)
舆情处置 ………………………………… (96)
网信管理 ………………………………… (96)
统一战线工作 ………………………… (96)
概况 ……………………………………… (96)
学习宣传贯彻中共十九大精神 ………… (96)
“五心”主题教育活动 ………………… (97)
党外代表人士队伍建设 ………………… (97)
推进多党合作事业发展 ………………… (97)
促进非公有制经济健康发展 …………… (97)
举办民族宗教界代表人士培训班 ……… (97)
“党建带侨建”活动 …………………… (97)
信访工作 ……………………………… (97)
概况 ……………………………………… (97)
落实信访工作责任制 …………………… (98)
坚持领导接访下访 ……………………… (98)
重点信访事项实行领导包案 …………… (98)

信访矛盾化解攻坚战 …………………… (98)
对台工作 ………………………………… (98)
概况 ……………………………………… (98)
新春活动 ………………………………… (98)
台湾迪克森教育项目落户 ……………… (98)
签约台湾大鲁阁集团 …………………… (98)
台南商会到访东湖区 …………………… (98)
赴台开展经贸交流 ……………………… (99)
老干部工作 ……………………………… (99)
概况 ……………………………………… (99)
老年大学教学成果汇报演出 …………… (99)
全区离退休干部形势报告会 …………… (99)
“时间银行”志愿活动 …………………… (99)
全市基层老年教育工作流动现场会 …… (99)
学习贯彻中共十九大精神专题讲座 …… (99)
市老干部活动中心到东湖区调研 ……… (99)
关心下一代工作调研会 ………………… (99)
《红色家书》朗诵会 ……………………… (99)
扶贫助学资金发放仪式 ……………… (100)
离退休干部参观VR产业基地 ………… (100)
“纪念改革开放40周年”知识竞赛 …… (100)
老年大学提升改造项目基本完工 …… (100)
区直机关党的工作 …………………… (100)
概况 …………………………………… (100)
机关党组织书记和党务干部培训班 … (100)
《红色家书》诵读活动 ………………… (100)
做好“七一”表彰推荐工作 …………… (100)
区直机关系列文体活动 ……………… (100)
党员发展 ……………………………… (101)
区税务局机关党委纳入工委管理 …… (101)
机关党建工作 ………………………… (101)
精神文明建设工作 …………………… (101)
概况 …………………………………… (101)
“全国文明城市”创建工作 …………… (101)
培育精神文明先进典型 ……………… (101)
“三风”+志愿服务活动 ……………… (101)
机构编制工作 ………………………… (102)
概况 …………………………………… (102)
机构编制管理 ………………………… (102)
新一轮机构改革 ……………………… (102)
做好权责清单动态管理 ……………… (102)
军队士官就业安置工作 ……………… (102)
党史与地方志工作 …………………… (102)
概况 …………………………………… (102)
开展党史宣传教育工作 ……………… (103)
坚持做好月度大事记编写和信息上报工作 …………………………………… (103)
编印《东湖大事记(2017)》 …………… (103)
《东湖年鉴(2017)》荣获全省年鉴质量评比二等年鉴 ………………………… (103)
做好省、市年鉴2018卷组稿工作 …… (103)
制定《东湖年鉴(2018)》编纂工作方案 …………………………………… (103)
出版发行《东湖年鉴(2018)》 ………… (103)
抓好史志干部队伍建设 ……………… (103)
积极开展党建工作 …………………… (104)
党校工作 ……………………………… (104)
概况 …………………………………… (104)
中共十九大精神宣讲 ………………… (104)
科级领导干部十九大精神轮训班 …… (104)
党员发展对象培训班 ………………… (104)
不忘初心牢记使命党性锤炼培训 …… (104)
业务能力提升培训 …………………… (104)
《红色家书》诵读活动 ………………… (104)
机关事务管理和接待工作 …………… (105)
概况 …………………………………… (105)
会议接待服务保障工作 ……………… (105)
事业单位公务用车制度改革 ………… (105)
公共机构节能工作 …………………… (105)
节约型公共机构示范单位创建 ……… (105)

南昌市东湖区人民代表大会常务委员会

综　述 ………………………………… (106)

重要会议 ……………………………… (106)
概况 ………………………………………… (106)
区十六届人大三次会议 ……………… (106)
区十六届人大常委会第十次会议 …… (107)
区十六届人大常委会第十一次会议 …… (107)
区十六届人大常委会第十二次会议 …… (107)
区十六届人大常委会第十三次会议 …… (107)
区十六届人大常委会第十四次会议 …… (107)
区十六届人大常委会第十五次会议 …… (107)
区十六届人大常委会第十六次会议 …… (108)
区十六届人大常委会第十七次会议 …… (108)
监督工作 ……………………………… (108)
概况 ………………………………………… (108)
促进文化旅游发展 …………………… (108)
关注医药改革 ………………………… (108)
推进市场监管工作 …………………… (108)
促进民生改善 ………………………… (109)
促进生态文明建设 …………………… (109)
推进法治东湖建设 …………………… (109)
推进民生实事项目人大代表票决制 …… (109)
强化常委会自身建设 ………………… (109)
代表工作 ……………………………… (109)
概况 ………………………………………… (109)
代表联系群众 ………………………… (110)
代表意见建议办理 …………………… (110)
强化代表履职保障 …………………… (110)
人事任免 ……………………………… (110)
概况 ………………………………………… (110)
选举、任免情况 ……………………… (110)

南昌市东湖区人民政府

综　述 ………………………………… (111)
区政府会议 …………………………… (112)
概况 ………………………………………… (112)
区政府常务会议 ……………………… (112)
区政府办公例会 ……………………… (115)
工作会议 ………………………………… (116)
区政府办公室工作 ………………… (128)
概况 ………………………………………… (128)
政务督查督办工作 …………………… (128)
办文办会工作 ………………………… (128)
政务公开和电子政务工作 ………… (128)
应急管理工作 ………………………… (128)
民族宗教工作 ………………………… (129)
加强自身建设 ………………………… (129)
外事・侨务工作 ……………………… (130)
概况 ………………………………………… (130)
因公出国(境)审批 …………………… (130)
对外友好交流合作 …………………… (130)
为侨服务 ………………………………… (130)
信息化建设工作 ……………………… (130)
概况 ………………………………………… (130)
政务网络安全保障 …………………… (130)
政府门户网、政务服务网建设 ………… (130)

政协南昌市东湖区委员会

综　述 ………………………………… (131)
重要会议 ……………………………… (132)
概况 ………………………………………… (132)
政协东湖区第九届委员会第三次会议
…………………………………………… (132)
区政协九届七次常委会议 ………… (132)
区政协九届八次常委会议 ………… (132)
区政协九届九次常委会议 ………… (132)
区政协九届十次常委会议 ………… (132)
区政协九届十一次常委会议 ……… (132)
提案工作 ……………………………… (132)
概况 ………………………………………… (132)
提案办理工作 ………………………… (132)
政协东湖区第九届三次会议优秀提案
一览表
调研视察 ……………………………… (133)

概况 ……………………………………（133）
楼宇经济发展调研 ……………………（133）
环卫工作调研 …………………………（134）
政务服务工作专题调研 ………………（134）
学前教育调研 …………………………（134）
商旅文融合发展调研 …………………（134）
视察城区防汛和内涝处置工作 ………（134）
视察“三风”文化社区（村）建设工作 ……………………………………（134）
市政协领导到东湖开展调研评价活动 ……………………………………（135）
民主监督 ………………………………（135）
概况 ……………………………………（135）
养老服务改革工作视察活动 …………（135）
提案办理 ………………………………（135）
团结联谊 ………………………………（135）
概况 ……………………………………（135）
民主联谊活动 …………………………（135）
“三风”活动 …………………………（135）

群众团体

综 述 ………………………………（136）
职工工作 ………………………………（136）
概况 ……………………………………（136）
基层工会组织建设 ……………………（136）
推进职工服务中心建设 ………………（137）
职工文体活动 …………………………（137）
扩大职工卡普惠活动 …………………（137）
职工维权服务工作 ……………………（137）
帮扶助困工作 …………………………（137）
劳动技能竞赛活动 ……………………（137）
大力弘扬劳模精神 ……………………（138）
青少年工作 ……………………………（138）
概况 ……………………………………（138）
名著小书包爱心捐赠活动 ……………（138）
“时间银行”区校共建模式 …………（138）
五四青年节活动 ………………………（139）
“团的基层组织建设规范年”活动 ……（139）
持续点亮“微心愿” …………………（139）
东湖区少年军校夏令营 ………………（139）
团建带队建 ……………………………（139）
妇女工作 ………………………………（139）
概况 ……………………………………（139）
推进妇女儿童发展服务项目 …………（139）
走访慰问 ………………………………（139）
巾帼志愿服务系列活动 ………………（140）
传递家庭正能量系列活动 ……………（140）
关爱儿童系列活动 ……………………（140）
村（社区）“两委”换届女性成员增加 ……………………………………（140）
归国华侨工作 …………………………（140）
概况 ……………………………………（140）
“暖心助侨聚侨心”活动 ……………（140）
“送法进社区”活动 …………………（140）
民巷社区侨胞侨属联谊会成立 ………（141）
开展新归国人员创新创业调研 ………（141）
“侨企走访月”活动 …………………（141）
组织参加图片摄影大赛 ………………（141）
残疾人工作 ……………………………（141）
概况 ……………………………………（141）
学习宣传贯彻中共十九大精神 ………（141）
打造原生态文化创意画室 ……………（141）
“智慧残联”微信公众号上线 ………（141）
分享残疾预防综合试验区创建经验 ……………………………………（141）
残疾预防综合试验区试点中期评估 ……………………………………（142）
残疾人家庭医生签约工作 ……………（142）
推进残疾人就业帮扶 …………………（142）
举办改革开放 40 周年歌咏比赛 ………（142）
举办《红色家书》诵读比赛 …………（142）
“奋斗中的幸福”专题故事会 ………（142）
第二次全国残疾预防日活动 …………（142）
“爱心桥”系列助残公益项目 ………（142）

科普工作 …… (142)
概况 …… (142)
科协组织改革 …… (143)
食品安全科普活动 …… (143)
“百场科普报告进社区”活动 …… (143)
系列科普活动 …… (143)
送科技进农村活动 …… (143)
红十字会工作 …… (143)
概况 …… (143)
博爱送万家活动 …… (144)
扇绘义卖活动 …… (144)
红十字日纪念活动 …… (144)
组织机关干部开展无偿献血活动 …… (144)
应急救护培训活动 …… (144)
尊老敬老活动 …… (144)
国际志愿者主题活动 …… (144)
工商联工作 …… (144)
概况 …… (144)
组织开展光彩事业活动 …… (145)
开展外出招商活动 …… (145)
主席(会长)会 …… (145)
五届三次执委会 …… (145)
理想信念教育 …… (145)
缔结友好商会 …… (145)
邀请上海非学历机构到区考察 …… (146)
2018 年区工商联第一次常委会 …… (146)
信息宣传工作 …… (146)
会员维权服务 …… (146)
五届四次执委会 …… (146)
参政议政 …… (146)

民主党派

综　述 …… (147)
2018 年东湖区各民主党派基本情况
中国国民党革命委员会南昌市东湖区总支委员会 …… (148)
概况 …… (148)
参政议政 …… (148)
参观民革前辈故居 …… (148)
理论宣讲活动 …… (148)
参观红色教育基地活动 …… (148)
“三风”活动实施方案研究会议 …… (148)
吸收新会员 …… (148)
中国民主同盟南昌市东湖区支部委员会 …… (148)
概况 …… (148)
履行参政议政职能 …… (148)
组织制度建设 …… (148)
开展提高组织凝聚力活动 …… (149)
社会服务活动 …… (149)
岗位建功 …… (149)
中国民主建国会南昌市东湖区总支委员会 …… (149)
概况 …… (149)
履行参政议政职能 …… (149)
自身建设 …… (149)
服务社会 …… (149)
和谐共建 …… (149)
主题活动 …… (149)
中国民主促进会南昌市东湖区总支委员会 …… (149)
概况 …… (149)
履行参政议政职能 …… (150)
直属支部和十中支部人事调整会议 …… (150)
自身建设 …… (150)
迎接民进中央调研 …… (150)
走访慰问活动 …… (150)
“1% 工程”志愿服务 …… (150)
主题读书会 …… (150)
中国农工民主党南昌市东湖区总支委员会 …… (150)
概况 …… (150)
自身建设 …… (150)

全国“两会”精神专题学习会 …………(150)
党员志愿服务站揭牌 …………………(151)
开展“三风”公益活动 …………………(151)
九三学社南昌市东湖区支社 ……………(151)
概况 ……………………………………(151)
自身建设 ………………………………(151)
履行参政议政职能 ……………………(151)
开展社会服务 …………………………(151)
“三风”主题活动 ………………………(151)

法　　治

综　述 ………………………………(152)
政法委及综治 …………………………(152)
概况 ……………………………………(152)
国安工作 ………………………………(152)
邪教防范工作 …………………………(152)
反恐防暴风险化解 ……………………(153)
社会稳定工作 …………………………(153)
社会面管控 ……………………………(153)
综治中心实体化建设 …………………(153)
平安创建 ………………………………(153)
政法综治项目建设 ……………………(154)
政法综治宣传工作 ……………………(154)
司法责任制改革 ………………………(154)
政法工作信息化建设 …………………(154)
社会治理网格化管理 …………………(155)
肇事肇祸精神病人管理服务 …………(155)
扫黑除恶专项斗争 ……………………(155)
法治政府建设 …………………………(155)
概况 ……………………………………(155)
法制工作纳入决策全过程 ……………(155)
行政复议应诉工作 ……………………(155)
规范行政执法行为 ……………………(155)
“案卷评查月活动”活动 ………………(155)
法制服务 ………………………………(155)
依法行政学习培训 ……………………(156)
公　安 …………………………………(156)
概况 ……………………………………(156)
完成各项安保任务 ……………………(156)
维护经济秩序 …………………………(156)
专项行动 ………………………………(156)
屡破现案要案 …………………………(156)
禁毒工作 ………………………………(156)
勤务机制改革 …………………………(157)
融警机制改革 …………………………(157)
智慧警务改革 …………………………(157)
党建带队建 ……………………………(157)
宣传工作 ………………………………(157)
检　察 …………………………………(157)
概况 ……………………………………(157)
党建工作 ………………………………(157)
扫黑除恶专项斗争 ……………………(158)
服务和保障辖区经济社会发展 ………(158)
助力打好“三大攻坚战” ………………(158)
“捕诉合一”工作 ………………………(158)
积极参与社会综合治理 ………………(158)
留守儿童权益保障工作 ………………(159)
提升群众满意度 ………………………(159)
“12309”检察服务中心揭牌 ……………(159)
案件信息公开 …………………………(159)
荣记“集体一等功” ……………………(159)
入选“江西十大法治事件” ……………(159)
法　院 …………………………………(160)
概况 ……………………………………(160)
扫黑除恶专项斗争 ……………………(160)
妥善处理涉军停偿案件 ………………(160)
设立全省首个跨行政区划金融法庭
…………………………………………(160)
依法妥处大案要案 ……………………(160)
案件执行工作 …………………………(160)
审执质效提升工作 ……………………(161)
全面升级诉讼服务中心 ………………(161)
“东湖掌上法院”微信小程序上线 ……(161)
落实司法救助 …………………………(161)

干警队伍建设 ……………………………（161）
自觉接受各方监督 …………………………（161）
司法行政 ……………………………………（162）
概况 ………………………………………（162）
推动重点学法对象全覆盖 ……………（162）
“法律六进”活动全覆盖 ………………（162）
法治文化普及 ……………………………（162）
“一体两翼”社区矫正官试点运行制度
在全省推广 ……………………………（162）
组建“正航”助矫工作室 ………………（162）
人民调解工作 ……………………………（162）
司法所规范化建设 ………………………（163）
仲　裁 ………………………………………（163）
概况 ………………………………………（163）
健全劳动关系三方协调机制 …………（163）
仲裁机构实体化建设 ……………………（163）
仲裁制度建设 ……………………………（163）
劳资双方权益维护工作 ………………（163）

军　事

综　述 ………………………………………（164）
民兵和预备役部队 ………………………（164）
概况 ………………………………………（164）
防汛勘察 …………………………………（164）
征兵工作 …………………………………（164）
枪弹专项清查整治 ………………………（164）
“学、查、训、整”活动………………………（165）
征兵“宣传月”活动 ………………………（165）
征兵形象大使进高校宣传活动 ………（165）
首长机关训练考核 ………………………（165）
扶贫帮困工作 ……………………………（165）
百日安全活动 ……………………………（165）
消防部队 ……………………………………（165）
概况 ………………………………………（165）
年度接处警情况 …………………………（165）
党建工作 …………………………………（166）
消防队伍建设 ……………………………（166）
战斗力建设 ………………………………（166）
消防执法 …………………………………（166）
基层消防能力建设 ………………………（166）
社会火灾防控能力建设 ………………（166）
2018 年东湖区分区域火灾综合情况
2018 年东湖区月季火灾综合情况
人民防空 ……………………………………（168）
概况 ………………………………………（168）
机关党建工作 ……………………………（168）
人防知识宣传教育 ………………………（168）
人防通信警报设施建设 ………………（168）
人防工程的维护管理 ……………………（168）
人防队伍建设 ……………………………（168）

重大项目建设

综　述 ………………………………………（169）
2018 年东湖区重点工程项目一览表
社会事业和民生实事项目 ……………（172）
概况 ………………………………………（172）
安置房建设项目 …………………………（172）
上营坊街头小游园项目 ………………（172）
校园基础设施提升改造项目 …………（172）
城市建设和管理项目 …………………（173）
概况 ………………………………………（173）
百花洲景区提升改造项目 ……………（173）
贤士湖公园提升改造项目 ……………（173）
道路周边立面改造项目 ………………（174）
豆芽巷文化街区综合改造项目 ………（174）
上沙窝精品社区打造项目 ……………（174）
刘将军庙老旧小区改造项目 …………（174）
停车场建设项目 …………………………（174）
排污口截污工程项目 ……………………（175）
贤士湖公园综合改造工程 ……………（175）
胜利路北段综合改造工程 ……………（175）
八一公园景观亮化工程 ………………（175）

建筑外立面景观亮化提升改造工程 ……………………………… (175)

商贸流通和服务业

综　述 …………………………………… (176)
商贸业管理服务 ………………………… (176)
概况 …………………………………… (176)
社会消费品零售情况 ………………… (176)
网络消费持续性增长 ………………… (176)
“老字号”挖掘 ……………………… (177)
成品油市场治理 ……………………… (177)
商贸街及商贸活动 ……………………… (177)
概况 …………………………………… (177)
商业街建设打造 ……………………… (177)
“老字号”不断发展壮大 …………… (177)
胜利路步行街商贸活动 ……………… (177)
组织企业参加商贸活动 ……………… (177)
楼宇(总部)经济 ……………………… (178)
概况 …………………………………… (178)
建立楼宇网格化信息管理机制 ……… (178)
上门开展营商政策宣传 ……………… (178)
投资大厦总部集聚效应初显 ………… (178)
特色楼宇培育 ………………………… (178)
领导挂点帮扶总部楼宇企业 ………… (178)
农贸市场建设 …………………………… (178)
概况 …………………………………… (178)
叠山路农贸市场升级改造工程 ……… (178)
贤士花园智慧农贸市场打造工程 …… (178)
农贸市场管理 ………………………… (179)
平安农贸市场创建活动 ……………… (179)
2018年东湖区主要农贸市场一览表
日用百货经营 …………………………… (180)
概况 …………………………………… (180)
线上线下联动促销 …………………… (180)
2018年东湖区大型商场、超市一览表
旅馆住宿业 ……………………………… (181)
概况 …………………………………… (181)
旅馆住宿业发展状况 ………………… (181)
2018年东湖区主要宾馆旅店一览表
餐饮业 …………………………………… (182)
概况 …………………………………… (182)
餐饮业与互联网技术融合 …………… (182)
2018年东湖区大型餐饮店一览表

开放型经济

综　述 …………………………………… (183)
招商引资 ………………………………… (183)
概况 …………………………………… (183)
重大重点项目集中开工(签约)仪式 ……………………………… (183)
招商东湖意库项目合作签约仪式 …… (183)
苏宁红孩子母婴用品项目签约仪式 ……………………………… (184)
VR产业大会东湖签约12个项目 …… (184)
招才引智工作 ………………………… (184)
2018年东湖区引进重大港澳台商投资项目一览表
2018年东湖区引进重大外商投资项目一览表

非公有制经济

综　述 …………………………………… (186)
个私民营、中小企业服务管理服务 ……… (186)
概况 …………………………………… (186)
压缩非公经济组织设立时间 ………… (186)
精简非公经济组织登记流程 ………… (186)
推行“不见面审批” ………………… (187)
履行“双告知”职责 ………………… (187)
全面推行“多证合一” ……………… (187)
防控非公经济准入诚信风险 ………… (187)

非公经济事中事后监管 ……………… (187)
建设非公经济信用信息系统 ………… (187)
吊销“僵尸户”工作 …………………… (187)

金融业

综　述 ………………………………… (188)
小额贷款公司 ………………………… (188)
概况 ……………………………………… (188)
捷信小额贷款公司 …………………… (188)
邦信小额贷款公司 …………………… (189)
随行付小额网络贷款公司 …………… (189)
担　保 ………………………………… (189)
概况 ……………………………………… (189)
南昌市科技担保有限责任公司 ……… (189)
南昌市个私民营企业信用担保有限责任公司 ……………………………… (190)

财政・税务

综　述 ………………………………… (191)
财　政 ………………………………… (191)
概况 ……………………………………… (191)
税收占比创近五年同期新高 ………… (191)
规范“两业”税收征缴 ………………… (191)
保障民生领域财政资金 ……………… (191)
财政预算绩效管理 …………………… (191)
资金监督检查 ………………………… (191)
政府采购监管 ………………………… (192)
财政投资评审 ………………………… (192)
国库集中支付 ………………………… (192)
税　务 ………………………………… (192)
概况 ……………………………………… (192)
纳税服务 ……………………………… (192)
党建工作 ……………………………… (192)
税收征收管理 ………………………… (193)
稳步推进机构改革工作 ……………… (193)
东湖区税务局挂牌成立 ……………… (193)

经济管理与监督

综　述 ………………………………… (194)
宏观经济管理 ………………………… (194)
概况 ……………………………………… (194)
项目审批立项工作 …………………… (195)
实行“平台之外无审批” ……………… (195)
依法实现“一项一码” ………………… (195)
推进“不见面”审批、一站式服务 ……… (195)
企业资产管理 ………………………… (195)
概况 ……………………………………… (195)
资产监管 ……………………………… (195)
涉区属企业维稳工作 ………………… (195)
经济工作 ……………………………… (195)
职工帮扶 ……………………………… (196)
行政审批 ……………………………… (196)
概况 ……………………………………… (196)
深化“两集中、三到位”改革 …………… (196)
“最多跑一次”改革 …………………… (196)
政务服务网建设 ……………………… (196)
启动错时延时服务工作制 …………… (196)
市场和质量监督管理 ………………… (197)
概况 ……………………………………… (197)
推进网格化监管 ……………………… (197)
消费者维权案件办理 ………………… (197)
品牌商标培育 ………………………… (197)
服务业品牌建设 ……………………… (198)
餐饮服务“洁厨亮灶”工作 …………… (198)
重大活动食品安全保障工作 ………… (198)
食品安全宣传周活动 ………………… (198)
国家食品安全示范城市创建工作 …… (198)
药品药械监管 ………………………… (198)
食品药品检验检测 …………………… (198)
特种设备安全监管 …………………… (198)

打击传销示范点创建工作 …………… (199)
非法集资专项整治活动 ……………… (199)
市场监管执法 ……………………… (199)
安全生产监督管理 ……………………… (199)
概况 ………………………………… (199)
安全生产责任体系建设 ……………… (199)
强化安全基础能力建设 ……………… (199)
安全生产监督管理执法 ……………… (200)
开展“生命至上、安全发展”主题活动 ……………………………… (200)
安全生产文化普及活动 ……………… (200)
重点行业专项整治 …………………… (200)
价格管理 ………………………………… (200)
概况 ………………………………… (200)
价格监管 …………………………… (201)
价格举报 …………………………… (201)
价格服务 …………………………… (201)
统计管理 ………………………………… (201)
概况 ………………………………… (201)
统计预警监测 ……………………… (201)
统计调研分析 ……………………… (202)
优化统计资料 ……………………… (202)
全国第四次经济普查 ………………… (202)
统计干部队伍建设 …………………… (202)
机关党建工作 ……………………… (202)
统计法治建设 ……………………… (202)
审计管理 ………………………………… (202)
概况 ………………………………… (202)
首次开展自然资源资产任中审计 …… (203)
经济责任审计监督 …………………… (203)
政府建设投资项目审计 ……………… (203)
开展财政同级审计 …………………… (203)
重大政策措施落实情况跟踪审计 …… (203)
旧改拆迁成本资金审核 ……………… (203)

城市建设和管理

综　述 ………………………………… (204)
城市建设 ………………………………… (204)
概况 ………………………………… (204)
建筑行业管理 ……………………… (205)
交通运输市场管理 …………………… (205)
燃气安全监管 ……………………… (205)
数字城管运行平台 …………………… (205)
市政设施维护管理 …………………… (205)
城市绿化和管理 ………………………… (205)
概况 ………………………………… (205)
绿化项目 …………………………… (205)
园林绿化养护管理 …………………… (206)
八一公园管理 ……………………… (206)
城市环境保护 …………………………… (206)
概况 ………………………………… (206)
中央第四环保督察“回头看”工作 …… (206)
禁养区整治工作 …………………… (206)
建立土壤环境数据库 ………………… (206)
土壤污染预防工作 …………………… (206)
燃煤锅炉整治工作 …………………… (206)
扬尘污染治理 ……………………… (206)
餐饮油烟治理 ……………………… (206)
赣江东湖段排污口整治 ……………… (206)
固体废物大排查 …………………… (207)
加油站地下油罐更新改造 …………… (207)
城市管理 ………………………………… (207)
概况 ………………………………… (207)
提升智慧城管水平 …………………… (207)
环卫作业机械化 …………………… (207)
垃圾中转站日常管理 ………………… (207)
“马路本色”行动实现全覆盖 ………… (207)
渣土清运管理 ……………………… (207)
推进垃圾分类管理 …………………… (207)
开展“厕所革命” …………………… (208)

垃圾广告专项整治 …………………… (208)
城乡环境综合整治 …………………… (208)
城管行政审批工作 …………………… (208)
党建工作 …………………………… (208)
国土资源管理 ……………………… (209)
概况 ……………………………… (209)
旧城改造土地出让情况 ……………… (209)
耕地保护 …………………………… (209)
用地预审 …………………………… (209)
地籍数据库汇交工作 ………………… (209)
第三次全国国土调查启动 …………… (209)
房地一体调查 ……………………… (209)
农垦系统国有土地确权发证 ………… (209)
党风廉政建设 ……………………… (209)
党建工作 …………………………… (209)
城市房产管理 ……………………… (210)
概况 ……………………………… (210)
党建工作 …………………………… (210)
住房保障工作 ……………………… (210)
房产管理工作 ……………………… (210)
安全生产工作 ……………………… (210)
旧城改造工作 ……………………… (210)
物业管理工作 ……………………… (211)
沟管、化粪池维护管理 ……………… (211)
经济工作 …………………………… (211)
城市交通管理 ……………………… (211)
概况 ……………………………… (211)
打好秩序整治攻坚战 ………………… (211)
“放管服”改革 ……………………… (211)
道路安全隐患排查整改 ……………… (212)
世界 VR 产业大会安保任务 ………… (212)
交通安全宣传 ……………………… (212)
干警队伍建设 ……………………… (212)
2018 东湖区道路交通事故一览表

社会管理和服务

综　述 ……………………………… (213)
人口和计划生育 …………………… (213)
概况 ……………………………… (213)
全面落实计生政策 ………………… (213)
完善考核制约机制 ………………… (213)
强化计划生育基层工作网络 ……… (214)
母婴设施建设 ……………………… (214)
全员人口信息质量管理 …………… (214)
打造婚育综合服务中心 …………… (214)
流动人口基本公共卫生计生服务工作 ……………………………… (214)
孕前优生健康检查 ………………… (214)
人力资源和社会保障 ……………… (214)
概况 ……………………………… (214)
创业担保贷款服务进校园 ………… (215)
职业技能培训和创业培训工作 …… (215)
人才服务工作 ……………………… (215)
做好散工劳务服务工作 …………… (215)
春风行动 …………………………… (215)
职业指导活动 ……………………… (215)
高校毕业生就业服务月活动 ……… (215)
2018 东湖区洪城创业故事汇 ……… (215)
社会保险征缴工作 ………………… (216)
企业退休人员基本养老金调整待遇工作 ……………………………… (216)
机关事业单位养老保险制度改革 … (216)
拓展“互联网＋业务”便民模式 …… (216)
养老保险参保缴费“一站式”服务 … (216)
养老保险实现手机 APP 缴费 ……… (216)
民政事业 …………………………… (216)
概况 ……………………………… (216)
居家养老“时间银行”志愿服务 …… (216)
城镇贫困群众脱贫解困工作 ……… (217)
推进殡葬改革 ……………………… (217)

社会救助 …………………………………（217）
村（居）委会换届选举 ……………………（217）
第二次全国地名普查工作通过验收 ……………………………………（217）
地名普查成果转化 ………………………（217）
民政领域扫黑除恶专项斗争 ……………（218）
福利机构安全管理工作 …………………（218）
优抚安置工作 ……………………………（218）
婚姻家庭辅导服务 ………………………（218）
社会工作人才队伍建设 …………………（218）

教　　育

综　述 ……………………………………（219）
学前教育 …………………………………（219）
概况 ……………………………………（219）
学前教育三年行动计划 …………………（219）
公办幼儿园年审工作 ……………………（220）
普惠性民办幼儿园认定工作 ……………（220）
谌家坊幼儿园项目 ………………………（220）
滕王阁保育院获评省级示范园 …………（220）
幼教跨区教研活动 ………………………（220）
学前教育获奖情况 ………………………（220）
义务教育 …………………………………（220）
概况 ……………………………………（220）
履行教育职责督导评价 …………………（220）
成为国家义务教育质量监测协议区 ……………………………………（221）
蝉联“教育发展”考评第一 ……………（221）
国家义务教育质量监测工作 ……………（221）
“放牛班的春天”夏令营活动 …………（221）
获选义务教育质量监测结果应用实验区 ……………………………………（221）
“一校一品”德育特色展示活动 ………（221）
成立三大教育集团 ………………………（222）
被授予“县级优秀组织单位”荣誉称号 ……………………………………（222）
迎接中小学校责任督学挂牌督导 ………（222）
重庆市教育科学院到东湖考察 …………（222）
东湖区义务教育成果显著 ………………（222）
特殊教育 …………………………………（222）
概况 ……………………………………（222）
第28个“全国助残日”宣传活动 ………（223）
江西省第一届智力残疾人秋季运动会 ……………………………………（223）
东湖区特殊教育成效斐然 ………………（223）
民办教育 …………………………………（223）
概况 ……………………………………（223）
民办学校年审工作 ………………………（223）
招生简章和广告备案工作 ………………（223）
民办学校办学水平督导评估 ……………（223）
清理整顿民办培训机构 …………………（223）
教育教学科研 ……………………………（224）
概况 ……………………………………（224）
举办系列教研业务活动 …………………（224）
承办南昌市相关教育科研活动 …………（224）
“中小学教师网络学习空间创建”培训活动 ……………………………………（224）
做好名师工作室年度考评工作 …………（224）
小学生语言文字素养检测展演活动 ……………………………………（225）
教育信息化工作 …………………………（225）
优秀课展示获奖 …………………………（225）
“华应龙数学名师培养基地”落户东湖区 ……………………………………（225）
区教育学会第十一届三次年会 …………（225）
辖区教育资源 ……………………………（225）
概况 ……………………………………（225）

科学技术

综　述 ……………………………………（226）
科技管理 …………………………………（226）
概况 ……………………………………（226）

高新技术企业培育和认定工作 ……… (226)
完善创新创业机制 ………………… (226)
技术合同认定登记 ………………… (226)
科技活动 ……………………………… (227)
概况 ………………………………… (227)
市领导调研东湖区青少年科普工作 ………………………………… (227)
开展“洪城科创券”宣传推广 ………… (227)
开展企业研发活动统计调查 ………… (227)
青少年科技培训活动 ………………… (227)
开展中小学生专利基础知识讲座 …… (227)
承办南昌市第六届幼儿科技节活动 ………………………………… (227)
科技计划项目验收工作 ……………… (227)
第八届头脑奥林匹克竞赛 …………… (228)
青少年纸飞机选拔赛 ………………… (228)
获评全国基层赛事优秀组织单位 …… (228)
科技活动获奖情况 …………………… (228)
科技成果与奖励 ……………………… (229)
概况 ………………………………… (229)
2018年江西省自然科学奖东湖区获奖项目
2018年江西省科学技术进步奖东湖区获奖项目
知识产权 ……………………………… (230)
概况 ………………………………… (230)
知识产权执法 ………………………… (230)
举行知识产权知识竞赛 ……………… (230)
防震减灾工作 ………………………… (231)
概况 ………………………………… (231)
“5·12”防震减灾科普宣传活动 ……… (231)
“7·28”防震减灾科普宣传活动 ……… (231)
防震减灾知识培训会 ………………… (231)
协助推进人民公园应急避难场所建设 ………………………………… (231)
开展地震VR体验项目“四进”活动 ………………………………… (231)
打造地震宏观观测体系信息化平台 ………………………………… (231)

体　育

综　述 ……………………………… (232)
群众体育 ……………………………… (232)
概况 ………………………………… (232)
开展健身气功进社区活动 …………… (232)
“新时代全民健身动起来”全民健身日活动 ………………………………… (232)
参加南昌市游泳预选赛 ……………… (233)
举办社会体育指导员培训班 ………… (233)
参加南昌市第八届迎新健步走活动 ………………………………… (233)
学校体育 ……………………………… (233)
概况 ………………………………… (233)
2018年东湖区中小学生田径运动会 ………………………………… (233)
中小学生棋类比赛 …………………… (233)
体育、艺术“2+1”展示活动 ………… (233)
参加全市“滕王阁杯”体传校田径比赛 ………………………………… (233)
参加全市“滕王阁杯”体传校乒乓球比赛 ………………………………… (234)
新增2所校园篮球特色学校 ………… (234)
“滕王阁杯”青少年体育系列联赛 …… (234)
开展校园体育活动督查工作 ………… (234)
竞技体育 ……………………………… (234)
概况 ………………………………… (234)
获全省百县青少年足球运动会一等奖 ………………………………… (235)
育新学校教育集团女子篮球队获奖 ………………………………… (235)
东湖区青少年篮球队获男女双冠军 ………………………………… (235)
李诗沣力夺青奥会羽毛球比赛男子单打冠军 ………………………… (235)

"滕王阁杯"青少年体育联赛获奖 …… (235)
辖区体育资源 …………………………… (235)
概况 …………………………………… (235)
2018年东湖区主要运动场馆一览表

文化·旅游

综　述 …………………………………… (237)
文艺创作 …………………………………… (238)
概况 …………………………………… (238)
原创廉文化小品《兄弟》 ……………… (238)
原创小品《"卡门"和谐曲》 …………… (238)
2018年东湖区文艺创作及获奖情况
文化活动 …………………………………… (238)
概况 …………………………………… (238)
元旦文艺会演 ………………………… (238)
江西书画名家东湖新春作品展 ……… (238)
2018年新春免费文化培训班 ……… (239)
第九届"大伯大妈"歌手PK赛 ……… (239)
迎新春系列活动 ……………………… (239)
红色文艺轻骑兵走基层系列巡演 …… (239)
"鸟语花香雷锋季"系列少儿活动 …… (239)
清明追思活动暨豫章诗歌会 ………… (239)
第八届读好书活动 …………………… (239)
庆五一干部职工劳动竞赛 …………… (239)
悦读悦美成长梦服务宣传周活动 …… (240)
欢度端午主题活动 …………………… (240)
"红色家书"诵读交流系列活动 ……… (240)
书画艺术边疆行活动 ………………… (240)
基层文化骨干数字信息培训班 ……… (240)
八一南昌起义暨中国人民解放军建军
91周年纪念活动 …………………… (240)
八一建军节主题系列活动 …………… (240)
暑期免费培训班 ……………………… (240)
悦读悦美成长梦暑期系列少儿活动
…………………………………… (240)
全民诵读系列活动 …………………… (240)
文化和旅游部到东湖区调研文化志愿
服务工作 …………………………… (241)
手机摄影大赛 ………………………… (241)
中秋月少儿活动 ……………………… (241)
中秋暨"三风"文艺晚会 ……………… (241)
"缤纷秋日收获季"系列少儿活动 …… (241)
庆国庆系列活动 ……………………… (241)
"方志敏精神进校园"系列活动 ……… (241)
方志敏广场获评示范基地 …………… (241)
感恩月系列少儿活动 ………………… (241)
基层文化活动示范点授牌 …………… (242)
"情暖冬日·书香童行"系列少儿活动
…………………………………… (242)
"东湖大讲堂"大型公益活动 ………… (242)
方志敏广场多举措促文明创建 ……… (242)
"精神湿地·文化长廊"展览活动 …… (242)
文化市场 …………………………………… (242)
概况 …………………………………… (242)
文化市场专项整治 …………………… (242)
文化市场安全生产大排查行动 ……… (242)
文化市场业主大会 …………………… (243)
出版物市场业主大会 ………………… (243)
中高考期间网吧市场专项治理 ……… (243)
强化网吧暑期管理工作 ……………… (243)
文化娱乐场所安全专项检查 ………… (243)
打字复印店专项整治 ………………… (243)
圣诞期间娱乐场所专项整治行动 …… (243)
"双打"系列活动 ……………………… (243)
"扫黄打非"系列活动 ………………… (243)
校园周边文化市场整治 ……………… (243)
网吧监控软件安装工作 ……………… (244)
文物·博物 ………………………………… (244)
概况 …………………………………… (244)
文物安全保护工作 …………………… (244)
新增两处省级文物保护单位 ………… (244)
文化建筑保护信息化建设 …………… (244)
文物建筑保护性修缮工作 …………… (244)
整理《南昌市东湖区历史文化建筑》

…………………………………………（244）
非物质文化遗产 …………………………（244）
概况 …………………………………………（244）
开展“赣发绣”2018年新春展 …………（244）
开展泥塑体验课 ……………………………（244）
南昌清音传承培训 …………………………（244）
省级非遗项目豫章绣进高校 ……………（244）
开展非遗展示活动 …………………………（245）
开展“文化和自然遗产日”活动 ………（245）
开展豫章绣体验课 …………………………（245）
举办非物质文化遗产知识竞赛 …………（245）
区图书馆公共服务能力建设 ……………（245）
旅游管理与服务 …………………………（245）
概况 …………………………………………（245）
开展文明旅游主题活动 ……………………（245）
春节文化旅游活动 …………………………（246）
开展旅游安全隐患排查 ……………………（246）
“小创客·创益集市”开市 ………………（246）
拍摄东湖区旅游宣传推介片 ……………（246）
第三届滕王阁金婚典范活动 ……………（246）
滕王阁景区晋升为国家AAAAA级……（246）
辖区文化资源 ……………………………（246）
概况 …………………………………………（246）
民间文艺团队蓬勃发展 ……………………（246）
2018年东湖区主要影院、艺术剧院一览表
档案事业 …………………………………（248）
概况 …………………………………………（248）
强化馆库安全管理 …………………………（248）
档案事业统计年报工作 ……………………（248）
民生档案远程共享平台全覆盖 …………（248）
开展社区档案工作调研 ……………………（248）
丰富档案馆藏 ………………………………（248）
档案利用工作 ………………………………（248）
开展档案宣传活动 …………………………（248）
机关档案工作规范化管理 …………………（248）
档案执法检查工作 …………………………（248）

卫　生

综　述 ……………………………………（249）
医政管理 …………………………………（250）
概况 …………………………………………（250）
规范医疗机构执业 …………………………（250）
医疗从业人员管理工作 ……………………（250）
农村卫生服务规范化建设 …………………（250）
医疗从业人员培训 …………………………（250）
社区中医药服务体系建设 …………………（250）
医疗民生工程管理 …………………………（251）
医疗维权事件处理 …………………………（251）
社区卫生服务 ……………………………（251）
概况 …………………………………………（251）
实施基本公共卫生服务项目 ……………（251）
社区公共卫生服务专项资金管理 ………（251）
社区卫生服务机构建设 ……………………（252）
家庭医生责任制 ……………………………（252）
全面落实基本药物制度 ……………………（252）
加强全科医学培训 …………………………（252）
疾病预防控制 ……………………………（252）
概况 …………………………………………（252）
做好国家扩大免疫规划工作 ……………（252）
霍乱监测、食源性疾病监测工作 ………（253）
传染病疫情管理 ……………………………（253）
公共卫生应急处置 …………………………（253）
艾滋病综合防治城市示范区建设 ………（253）
“国家慢性病综合防控示范区”建设
…………………………………………（253）
妇幼卫生保健 ……………………………（253）
概况 …………………………………………（253）
儿童保健管理 ………………………………（254）
免费婚前医学检查 …………………………（254）
卫生行政执法 ……………………………（254）
概况 …………………………………………（254）
卫生监督能力建设 …………………………（254）

卫生投诉举报案件处置 …………………(254)
“双随机、一公开”工作 …………………(254)
医疗机构监管 …………………(254)
二次供水卫生监管 …………………(254)
学校卫生监管 …………………(254)
计划生育综合监管 …………………(254)
做好VR大会公共卫生工作 …………………(254)
卫生计生监督协管服务工作 …………………(254)
专项执法检查 …………………(255)
公共场所卫生监督管理 …………………(255)
爱国卫生运动 …………………(255)
概况 …………………(255)
“爱卫月”活动 …………………(255)
病媒生物防制工作 …………………(255)
开展“烟草和心脏病”主题宣传活动 …………………(255)
健康教育工作 …………………(256)
辖区医疗资源 …………………(256)
概况 …………………(256)
2018年东湖区主要医院一览表

镇、街道办事处、管理处概况

扬子洲镇 …………………(257)
简况 …………………(257)
镇域经济发展 …………………(257)
基层党建工作 …………………(257)
控违工作 …………………(258)
环境综合整治 …………………(258)
法治政府建设 …………………(258)
民生实事 …………………(258)
社会综合治理 …………………(259)
殡葬改革 …………………(259)
农村集体产权制度改革 …………………(259)
2018年扬子洲镇村民委员会一览表
八一桥街道办事处 …………………(260)
简况 …………………(260)
建成街道党建服务中心 …………………(260)
主要经济发展指标 …………………(260)
人民武装工作 …………………(261)
社区微改造 …………………(261)
“书香八一”全民读书系列活动 …………………(261)
市人大代表征求意见座谈会 …………………(261)
赴南昌市党章教育馆参观学习 …………………(261)
2018年八一桥街道社区居委会一览表
豫章街道办事处 …………………(261)
简况 …………………(261)
城市基层党建 …………………(262)
“五型”政府建设 …………………(263)
党风廉政建设 …………………(263)
新时代意识形态工作 …………………(263)
人民武装工作 …………………(263)
法治街道建设 …………………(263)
安全生产工作 …………………(263)
平安街道建设 …………………(264)
社区“两委”换届工作 …………………(264)
文明创建工作 …………………(264)
市领导考察省委北院垃圾分类工作 …………………(264)
市纪委督查街道纪检标准化规范化建设 …………………(264)
江柴社区成立 …………………(264)
街道党建服务中心投入运行 …………………(264)
上沙窝236号老旧庭院改造 …………………(265)
聆江社区建立青年空间 …………………(265)
2018年豫章街道社区居委会一览表
墩子塘街道办事处 …………………(265)
简况 …………………(265)
精神文明创建活动 …………………(266)
“三风”建设 …………………(266)
基层公共文化阵地建设 …………………(266)
“扫黑除恶”专项斗争 …………………(267)
打造“阳明先锋”社区党群服务典范 …………………(267)
开展红色电影展播活动 …………………(267)

举办党员政治生日会 …………………（267）
2018 年墩子塘街道社区居委会一览表
百花洲街道办事处 …………………（268）
简况 ……………………………………（268）
街道党建工作 …………………………（269）
“时间银行”居家养老志愿服务工作 …（269）
“东湖区百花洲街道办事大厅”小程序上线 ……………………………………（269）
党建宣传片《时间银行》获奖 …………（269）
社会治安综合治理工作现场会 ………（269）
上门纳税服务 …………………………（269）
亮化惠民行动 …………………………（270）
2018 年百花洲街道社区居委会一览表
公园街道办事处 ……………………（270）
简况 ……………………………………（270）
打造街道党建服务中心 ………………（271）
打造城市基层党建新品牌 ……………（271）
基层综治中心实体化建设 ……………（271）
环民德路地块二期房屋征收工作 ……（271）
环境综合整治工作 ……………………（271）
2018 年公园街道社区居委会一览表
大院街道办事处 ……………………（272）
简况 ……………………………………（272）
城市基层党建工作联席会议 …………（272）
街道公共法律服务工作站建设 ………（272）
开展《红色家书》诵读活动 ……………（272）
“名著小书包”捐赠活动 ………………（272）
开展社区网络春晚文艺演出活动 ……（273）
垃圾分类示范点建设 …………………（273）
2018 年大院街道社区居委会一览表
董家窑街道办事处 …………………（273）
简况 ……………………………………（273）
佘山家委会移交属地管理 ……………（274）
江纸集团家委会移交属地管理 ………（275）
组建首个“医疗卫生行业城市基层党建联席会” …………………………（275）
成立驻区单位区域化大党委 …………（275）
打造朱湖路“三风”文化街区 …………（275）
打造园林宿舍平安小区 ………………（275）
雷锋精神传承馆开馆 …………………（275）
谭翠兰红色文化馆 ……………………（275）
紫金城社区基层党建 …………………（276）
锦苑春天社区打造廉洁文明社区 ……（276）
科普进社区活动 ………………………（276）
四方画院的十二篇 ……………………（276）
2018 年董家窑街道社区居委会一览表
彭家桥街道办事处 …………………（277）
简况 ……………………………………（277）
“光明红心驿站”建设 …………………（278）
文教路北社区提升基层治理能力 ……（278）
卫生计生工作 …………………………（278）
社会保障服务 …………………………（278）
环境综合整治 …………………………（278）
平安创建 ………………………………（279）
媒体走进光明社区 ……………………（279）
2018 年彭家桥街道社区居委会一览表
滕王阁街道办事处 …………………（280）
简况 ……………………………………（280）
党建工作 ………………………………（280）
“滕阁讲堂”开讲 ………………………（281）
最美滕阁人评选 ………………………（281）
安全生产工作 …………………………（281）
综治宣传工作 …………………………（281）
“三风”进社区成效明显 ………………（281）
群众性精神文明创建活动 ……………（281）
2018 年滕王阁街道社区居委会一览表
贤士湖管理处 ………………………（282）
简况 ……………………………………（282）
“党建＋干部素质提升”工程 …………（283）
探索村集体经济多元化发展 …………（283）
“党建＋文化惠民”工程 ………………（283）
农村集体产权制度改革 ………………（283）
实行“红色物业”品牌 …………………（283）
2018 年贤士湖管理处村民委员会一览表
扬农管理处 …………………………（284）
简况 ……………………………………（284）

加快推进垦区危房改造 …………………(285)
农垦国有土地使用权确权登记发证 …(285)
党员电教片《引领》获奖 ………………(285)
做好防汛抗旱工作 ……………………(285)
探索"01365"基层党员管理模式 ………(285)
创新成立"品孝堂" ……………………(285)
深化心愿交换所实效 …………………(286)
"时间银行"分行运行 …………………(286)
2018 年扬农管理处社区居委会一览表

人　　物

区级领导机构成员名单 ……………………(287)
区直机关各单位(含垂管单位)负责人名单 ……………………………………………(287)
先进个人 ……………………………………(290)
概况 ……………………………………(290)
"五一劳动奖章"获得者 ………………(290)
"三八红旗手" …………………………(290)
2018 年东湖区获省部级及以上单位表彰的先进个人
2018 年东湖区获市厅级单位表彰的先进个人
专业技术人员 ……………………………(293)
概况 ……………………………………(293)
2018 年东湖区晋升为副高级职称人员

重要文献

南昌市东湖区人大常委会工作报告 ……(294)
中国人民政治协商会议南昌市东湖区第九届委员会常务委员会工作报告 ………(297)
东湖区人民法院工作报告 ………………(302)
南昌市东湖区人民检察院工作报告 ……(307)
关于东湖区 2018 年国民经济和社会发展计划执行情况及 2019 年国民经济和社会发展计划草案的报告 …………………(311)
关于东湖区 2018 年财政总预算执行情况和 2019 年财政总预算(草案)的报告 ……………………………………………(315)
东湖区 2018 年国民经济和社会发展统计公报 ……………………………………(321)
2018 年中共东湖区委颁发的文件目录 ……………………………………………(322)
2018 年中共东湖区委颁发的文件目录
2018 年东湖区人民政府颁发的文件目录 ……………………………………………(324)
2018 年东湖区人民政府颁发的文件目录

索　　引

主题索引 ……………………………………(325)

特　　载

整装再出发　续写新篇章
在做大做强做优大南昌都市圈中展现更大作为

——在区委十二届六次全体(扩大)会议上的讲话

中共东湖区委书记　刘　闯

(2018 年 12 月 30 日)

同志们:

这次全会主要任务是:以习近平新时代中国特色社会主义思想为指导,深入学习贯彻中央经济工作会议、省委十四届七次全会、第 84 次省委常委会会议和市委十一届六次全会精神,回顾总结今年以来的工作,研究部署明年及今后一个时期重点工作,动员全区上下整装再出发、续写新篇章,在共绘新时代江西物华天宝人杰地灵新画卷、做大做强做优大南昌都市圈中展现新的更大作为。

下面,受区委常委会委托,我向全会作工作报告。

一、回顾过去,成绩源于实干,拼搏的汗水换来"赶超突围"的光明前景

今年以来,在市委、市政府的坚强领导下,区委团结带领全区广大党员和干部群众,积极应对经济下行压力,统筹推进强产业、兴城市、促改革、扩开放、优生态、惠民生、抓党建等各项工作,经济社会发展呈现"蓄势裂变、加速赶超"的良好势头。

1. 经济发展在量质齐升中行稳向好。一是指标运行逆势而进。预计全年九大主要经济指标有 8 项(GDP、固定资产投资、社会消费品零售总

刘闯在中共东湖区委十二届六次全体(扩大)会议上作报告

额、规上服务业营业收入、财政总收入、地方一般公共预算收入、实际利用外资、实际利用内资）增速完成预定目标，其中GDP、固定资产投资、财政总收入、实际利用外资、实际利用内资等5项指标增速分别超力争目标0.1、1.0、11.6、5.9、0.5个百分点。二是项目建设强势快进。全年共实施60个总投资466.96亿元的重大重点项目，项目投资体量和投资效益均创历史之最，项目开工数量和投资完成体量均为历史同期最高，其中总投资224.9亿元的16个产业建设类项目全部开工，投资85亿元的南昌苏宁广场、20亿元的中金广场、20亿元的江旅都市方舟、5亿元的招商·东湖意库、3亿元的沁庐·旅生活广场等重大项目正强力推进。此外，为加快文创产业发展，成立区文化旅游发展有限公司，并同世界500强企业——招商局集团合力推进东湖意库文化创意园项目。三是产业集聚态势演进。通过持之以恒抓招商、推项目，全区产业层次不断提升、集聚效应更加凸显。预计全年实现服务业增加值491.37亿元，占地区生产总值比重达92.96%，同比提高0.67个百分点。亿元商务楼宇较去年同期增加1栋，楼宇总建筑面积、商务面积分别达到59.3万平方米、44.6万平方米。总体而言，经过两年来不懈努力，全区经济运行实现由一路下滑之势到“L”型走势的重大转变，正朝着“U”型势头稳步向前。在2017年度全省市县科学发展综合考评中，东湖区位列一类县（市、区），得分排名第5，为2013年该考核设置以来首次上榜。

2. *城市面貌在内外兼修中焕然一新。*一是“建”出了新形象。举全区之力投入6.6亿元纵深推进“美丽南昌·幸福家园”环境综合整治，结合全市“一纵一横”2道路建筑立面综合整治工程，全力实施56个“六改”3项目，切实做到了“亮化有亮度、美化有美度、暖心有温度”，基本实现了“两年出形象”阶段性目标。积极响应市委、市政府打造全域旅游的战略部署，启动百花洲历史文化旅游街区提升改造，人文东湖重现豫章古韵风华；滕王阁景区晋升5A级景区，千年古阁重焕现代文明之光；完成豆芽巷、上沙窝等小街巷改造，背街小巷重释老南昌历史记忆。二是“管”出了新模式。全面推进“马路本色”4进社区，形成了立面、地面、道路、社区“四位一体”新模式；率先实施共享单车“路长制”，增设非机动车停放泊位两万余个，得到新华社等中央、省、市媒体广泛关注；引入小黄狗等国内知名智慧垃圾分类系统；率先实行城中村“物业化”管理；基本实现违法建筑“零增长”。依托天网探头和区智慧数字城管中心，构建“东湖智慧交通平台”，交通违法乱象得到有效治理。三是“治”出了新生态。以最严标准扎实推进生态环境治理，认真抓好中央环保督察问题整改，统筹推进“蓝天、碧水、净土”行动。监督主干道各餐饮门店烟道改造、净化设施安装等工作，油烟污染大幅减少；全面落实《水污染防治计划》，实现了玉带河北支长治久清，消灭了劣Ⅴ类水质断面；顺利完成赣江右岸八一桥至二七路排污口截污工程；运用“中西医结合”方式系统治理贤士湖等水体生态，创造了老城区内湖劣质水体治理“新经验”，在全市“总河长”水环境治理现场会上推广，实现了河长制向湖长制延伸和提升。

3. *改革开放在多措并举中深化拓展。*一是改革攻坚“步伐稳”。全年制定的七大领域94项改革任务已按上级要求全面实施。其中，国家税务总局南昌市东湖区税务局挂牌成立，全区事业单位公车改革稳步推进，新一轮机构改革将于明年3月前全面完成。加大“放管服”改革力度，14项实现“一次不跑”，71项实现“只跑一次”；全面梳理区级权力清单，取消80项、调整39项区本级行政权力事项；全面完成农村集体产权制度改革清产核资工作，目前已有14个行政村成立了股份经济合作社。二是开放提升“成效好”。全年注册亿元以上项目24个，立项投资额110亿元。其中10亿元以上项目6个，20亿元以上项目2个。成功举办南昌苏宁红孩子母婴用品全国采购中心暨江西零售总部项目签约仪式，标志着年营收超百亿元的苏宁红孩子母婴用品全国销售结算中心和省级零售总部正式投入运营。成功引进投资20亿元的金投商住地产；促成海学茂、新地商务中心、雄鹰航空、井柚农业、昊川力建设、瀸彩科技等一批亿元以上项目顺利落户。三是非公经济“活力足”。认真落实结构性减税和清费减负政策，积极鼓励金融机构加大对民营企业特别是小微企业信贷扶持，解决企业融资难问题，促进实体经济持续健康发展。江西海印餐饮、科诺信息荣膺“江西省先进非公有制企业”称号，我区获评“全省非公有制经济发展先进区”称号。

4. 民生福祉在普惠共享中持续增进。一是民生“领子”抓得紧。优先保障扶贫解困、教育助学、医疗卫生等各项民生实事。全年预计用于保障和改善民生支出17.6亿元，同比增长10.7%，占地方一般公共预算支出69%。认真对待并妥善办理群众诉求，区委“民声通道”工作作为全省唯一案例，在人民网和江西省委主办、南昌市委承办的2018全国网上群众工作暨网民留言办理年度会议上进行展示。二是民生“里子”做得实。总投资3.32亿元的8大民生工程稳步推进。育新学校紫金分校、天骥小学建设扎实推进，南京路、扬子洲学校等5所校园提升工程有序实施。今年7月，东湖区作为全省唯一县（区）被教育部选定为“首批国家义务教育质量监测结果应用实验区”。区图书馆被评为“国家一级图书馆”，在全省率先实施文化馆、图书馆总分馆制。建成全市第一家“公助民办”博物馆——南昌红色记忆展示馆。在全省率先探索居家养老志愿服务“时间银行”5，得到省政府易炼红省长“可借鉴、可推广”的高度评价，目前共建立“时间银行”分行12家、支行102家，拥有志愿者5000人，开展志愿服务上万次，累计3万余小时。全国残疾预防工作试点成效明显，家庭医生签约等经验全面推广。荣获2018年度全国县级防震减灾工作先进县区。三是民生“底子”打得牢。深入推进平安东湖建设，大力开展扫黑除恶专项斗争，积极推进综治中心实体化，综治中心建设及社区禁毒工作得到省委刘奇书记高度肯定。上半年，全区公众安全感测评指数达96.38%，稳居全市主城区第一。扎实推进法治东湖建设，彭家桥街道光明社区作为全市唯一社区入选第七批“全国民主法治示范村（社区）”。妥善解决房屋征迁、企业改制等各类信访积案，成功化解一批“骨头案”“钉子案”。安全生产工作位列全省综合考评第一方阵，和谐稳定的社会大局持续巩固。

5. 党的建设在严实相济中全面加强。一是学习教育持续深入。以推进“两学一做”学习教育常态化制度化为抓手，深入学习贯彻党的十九大精神和习近平新时代中国特色社会主义思想，举办十九大精神轮训班，实现全区基层党组织书记和党员全覆盖。认真组织开展“传颂红色家书　传承红色经典”主题活动。严格落实意识形态责任制，启动实施新时代文明实践中心建设，习近平新时代中国特色社会主义思想在意识形态领域的指导地位进一步强化。二是基层基础持续巩固。开展年度基层党建述职评议考核、全区基层党建工作巡查，区委党建领导小组每两周召开一次党建调度会议。“231”党建先导工程全面实施，“五纵五横”城市基层党建共同体6建设作为“全国城市基层党建创新案例”得到人民网、中国共产党新闻网报道点赞；在全市率先开展街道“大工委”、社区“大党委”及社区党组织领导下的“五位一体”议事协调试点；积极探索“组织、业务、服务”三融合，与省司法厅联合试点建立“社区治理+公共法律”党建服务站，获省委领导重要批示。三是作风建设持续推进。深入贯彻省、市作风建设会议精神，紧盯“怕慢假庸散”等作风突出问题，出台了《关于进一步加强作风建设工作的实施意见》《2018年东湖区作风建设专项行动实施方案》《关于深化作风建设大监督工作实施方案》。目前，共查处违反中央八项规定精神问题11个，党纪政纪处理15人，通报问题11起39人；查处“怕慢假庸散”问题65个，处理89人，全区干部作风明显好转。四是反腐倡廉持续加压。压紧压实“两个责任”，持续正风肃纪。今年以来，全区纪检监察机关谈话函询131件，运用监督执纪“四种形态”7处理190人次，运用“四种形态”占比分别为69.5%、22.1%、5.8%、2.6%，结构持续优化。1—11月，全区共问责50次，其中问责党组织3个，处理58人。

创业维艰，实干以成。一年来的逆境磨砺了我们，一年来的收获更鼓舞着我们。一路走来，既有负重前行的跋涉与困苦，也有天道酬勤的快慰与感动。水向石边流势猛，风从花里过来香。东湖的每一点变化、每一份荣誉、每一次进步，都得益于习近平新时代中国特色社会主义思想的正确指引，得益于市委、市政府的坚强领导，得益于区四套班子的精诚协作，得益于全区广大干部群众的团结奋斗，特别是纪检、组织、宣传、统战、政法、人武以及人民团体、群众团体等各条战线都能紧紧围绕区委中心工作，各司其职、各尽其责，齐心协力、荣辱与共，为东湖经济社会发展做出了积极贡献！在此，我谨代表区委常委会，向关心支持东湖发展的各级领导、全体干部和各界人士，表示衷心的感谢和诚挚的敬意！

二、审视当下，机遇大于挑战，科学的研判指引“奋勇前行”的正确方向

当前，世界正面临百年未有之大变局，国际关系特别是大国关系错综复杂，经贸领域不确定不稳定因素增多。12月19日—21日召开的中央经济工作会议指出，当前我国经济稳中有变、变中有忧，外部环境复杂严峻，面临下行压力；同时强调，我国发展拥有足够的韧性、巨大的潜力，经济长期向好的态势不会改变。在这样的背景下，我们必须科学研判、冷静应对，既要认清前进路上的风险与挑战，也要看到自身面临的机遇与优势，在准确把握“变与不变”中坚定信心、加快发展。

1. *在对标上级精神中明方向*。相比走了多远，更重要的是方向。前不久召开的中央经济工作会议和刚刚结束的省委十四届七次全会、市委十一届六次全会，客观分析了当前内外形势，详细部署了明年主要任务，是我们做好今后各项工作的行动指南。我们要认真学习领会、抓好贯彻落实。一方面，以中央要求为“纲”谋全局。中央经济工作会议标定了明年经济工作方向，强调要做到“五坚持”“六个稳”，即坚持稳中求进总基调，坚持新发展理念，坚持推进高质量发展，坚持以供给侧结构性改革为主线，坚持深化市场化改革、扩大高水平开放，进一步稳就业、稳金融、稳外贸、稳外资、稳投资、稳预期。我们要牢牢把握中央关于当前发展任务的重要要求，尤其是对照“五坚持”“六个稳”的主攻方向，用宏观的视野辩证看待内外条件的变化，在观照全局中增强主动意识、明确工作定位、做到有的放矢。另一方面，以省市部署为“目”理思路。省委十四届六次全会提出了打造大南昌都市圈的战略部署，特别是11月份召开的第84次省委常委会会议专题研究推动大南昌都市圈建设，省委刘奇书记提出的“千方百计强化创新驱动、千方百计深化改革开放、千方百计提升城市功能品质、千方百计保障改善民生、千方百计从严管党治党”的“五个千方百计”和省政府易炼红省长提出的“要放大坐标系、要再打第一枪、要聚焦提品质、要各方齐助力”的“四要”重要要求，为全市下一步工作指明了前进方向、标注了发力重点。对南昌而言，这既是宝贵发展机遇，更是重大责任使命。作为省会中心城区，我们一定要提高思想站位，立足自身实际，紧紧围绕做大做强做优大南昌都市圈，进一步校准工作思路，积极主动担当，以各项工作的新成效展现东湖的新作为。

2. *在辨析宏观大势中寻契机*。“明者因时而变，知者随事而制。”面对内外环境的新变化，面对自身发展的新情况，我们要深入察形辨势、善于拨云见日，用辩证的思维看问题、想对策、寻契机，在不利局面中发现和捕捉一切有利因素。一是放眼全国，宏观环境“冷中有热”。今年下半年以来，随着中美贸易摩擦持续升级，加之世界经济增长动力减弱，我国经济运行出现不同程度的波动，整个宏观环境趋冷。但也要看到“冷中有热”，目前中美正积极开展经贸谈判，贸易争端出现缓和迹象，市场信心有所恢复，同时我国经济运行始终保持在合理区间，且总体平稳、稳中有进的态势不断巩固。此外，中央就明年经济工作强调“宏观政策要强化逆周期调节，继续实施积极的财政政策和稳健的货币政策。”可以说，我国仍处于并将长期处于重要战略机遇期，完全具备保持经济平稳健康发展的基础和条件。对此，我们要坚定信心、坐怀不乱。二是环顾周边，区域竞合“危中藏机”。随着国家“一带一路”、长江经济带战略的深入实施和全省“一圈引领、两轴驱动、三区协同”区域发展格局的逐步形成，区域之间的竞争与合作将相互交融、长期并存。一方面给我们加快发展带来了巨大的挑战和压力，转型升级将遭遇更为严重的挤压，稍不留神可能面临被虹吸的危险。但另一方面也为我们进一步扩大开放合作提供了更多机遇和空间，特别是随着大南昌都市圈建设的不断推进，省级层面将有更多政策、资金、项目、平台等要素向南昌这个“核心”集聚，作为中心城区的东湖必将得到更加强力的辐射。同时，扬子洲地区控储“解禁”在即，将为东湖未来发展提供广阔的承载空间。对此，我们要抢占先机、赢得主动。三是审视自身，后劲支撑“忧中添喜”。受土地、规划、政策等诸多因素制约，老城区在重特大项目引进落户方面处于劣势，尤其是随着国家旧改政策收紧，大规模旧改征迁接近尾声，可供出让的大宗地块将越来越少，引进重特大项目将越来越难，稳增长的动能储备不容乐观。

但也要看到，近三年来我们有效破解了一批困扰发展的遗留问题，陆续实施了一批重大重点项目，对经济增长的拉动作用正在显现。今年又集中实施了60个总投资466.96亿元的重大重点项目，特别是以苏宁广场、中金中心、慧铭广场、江旅都市方舟、招商·东湖意库等为代表的亿元号、旗舰型项目，一旦投产见效，将为经济发展提供强力支撑。对此，我们要保持乐观、勇往直前。

3. 在追求高远目标中找路径。目标决定方向，道路决定命运。我们的近期目标是通过拓空间、抓项目、塑形象加速赶超突围，远期目标则是在不断提升"实力、活力、魅力"基础上实现旧城复兴，让千年东湖在"凤凰涅槃"中再现"首善"风华。这是一个艰巨光荣的使命，也是一段负重前行的征程，需要牢牢把握以下几点：一要坚持稳中求进不偏移。当前形势下，不稳难言进，有进才更稳。要始终坚持稳中求进总基调，千方百计顶住经济下行压力、保持较快增长速度，为发展方式转变、经济结构优化、增长动力转换赢得空间。二要坚持改革开放不止步。改革一活全盘活，开放带来新气象。越是在充满希望、充满挑战的新时代，越是在爬坡过坎、赶超突围的新阶段，越要用好改革这个制胜法宝、开放这个关键一招，在改革攻坚、开放提升中找办法、求突破、开新局。三要坚持为民造福不动摇。人民对美好生活的向往，就是我们的奋斗目标。要始终以民生为念，把保障和改善民生作为一切工作的出发点和落脚点，努力让老百姓有更多获得感、幸福感。四要坚持担当实干不懈怠。担当是最可贵的硬品质，实干是最质朴的方法论。正是靠着担当实干，我们办成了许多过去想办不敢办、想办没办成的事，让东湖在千难万险中依然保持着稳中向好的发展态势。阔步在新时代的宏伟征程中，我们要继续用担当诠释初心、用实干扛起使命，一锤接着一锤敲、一茬接着一茬干，驰而不息、久久为功，努力推动各项工作取得新突破。

三、展望未来，使命在于担当，坚实的定力续写"旧城复兴"的崭新篇章

2019年，是新中国成立70周年，是决胜全面建成小康社会第一个百年奋斗目标的关键之年，是做大做强做优大南昌都市圈的起始之年，也是我区加快旧城复兴的奋进之年。区委明确，2019年全区经济社会发展总体要求是：以习近平新时代中国特色社会主义思想为指导，深入贯彻中央经济工作会议、省委十四届七次全会、第84次省委常委会会议和市委十一届六次全会精神，坚持稳中求进工作总基调，按照高质量发展要求，全面落实新发展理念，驰而不息强产业、兴城市、促改革、扩开放、优生态、惠民生、抓党建，在做大做强做优大南昌都市圈中担起更大责任、迈出更大步伐、实现更大突破，以优异成绩庆祝中华人民共和国成立70周年。

按照这一总体要求，实现明年预定目标，关键是要聚焦重点任务，保持定力、精准发力、持续加力，在以下五个方面续写新的篇章：

（一）聚焦"高质量"，续写"产业升级"新篇章

坚持把产业发展摆在首要位置，保持强攻产业的势头不减、干劲不松、力度不降，加快构建更高质量的现代产业体系。

一要在提升产业发展"集聚度"上再发力。以《服务业四年发展行动计划》为引领，紧紧围绕主导产业、优势产业和潜力产业，坚持集中、集聚、集成、集群、集约"五集"路径，着力打造一批大体量、高效益、有影响的产业集群。"点"上强龙头，力争每个主导产业培育2—5个关联度大、带动性强的企业或项目，引导各类企业、各类资源向龙头企业集聚。"线"上抓延伸，编制完善产业链、人才链、政策链、资金链、平台链相互协调、深度融合的"五链闭环"产业链全景图，围绕产业链布局上下游企业，形成主导企业、配套企业和辅助企业相互协作、一体发展格局。"面"上求突破，以产业转型和消费升级为导向，以品牌楼宇和重点园区为依托，培育壮大一批以健康、绿色、时尚、智慧为特征的"幸福产业"8集群，孵化催生一批以互联网、大数据、云计算为支撑的"新兴产业"集群，尤其是要充分发挥辖区文化、旅游、医疗、教育资源丰富的独特优势，以滕王阁入选国家5A景区及"江西人游南昌"活动为契机，加快发展"全域都市旅游"，探索建设商旅文融合发展示范区，打造都市型高端服务业核心集聚区。

二要在提升招商引资"含金量"上再发力。围绕重点产业全景图，紧盯战略投资者和大央企、大民企、大外企，念好"新、准、活、快、优、实""六字诀"，不断提高招商引资针对性和含金量。理

念要“新”,切实转变“眉毛胡子一把抓、捡到篮子都是菜”的传统招商理念,更加注重招商选资,着力引进一批兼具体量与质量、构成产业骨架和支撑的重大项目以及延伸产业链条、引发产业集聚的关键项目。靶向要“准”,围绕“6+X”产业体系,以增强产业集聚度和关联度为目标,更加注重产业导向性和项目选择性,更加注重产业链延伸和集群化发展,瞄准世界500强、国内500强和知名跨国公司、行业领军企业和大型央企,“一对一”跟踪对接,力争引进一个大企业、突破一个大产业。方式要“活”,综合运用平台招商、专题招商、分队招商、委托招商、以商招商等多种方式,形成以点带面、多点开花的招商局面。

三要在提升项目建设“效率值”上再发力。进一步强化“抓项目就是抓发展”的共识,加快形成“谋划一批、签约一批、开工一批、竣工一批、投产一批、储备一批”的滚动发展态势。谋划要“早”,当前,国家、省、市战略叠加效应集中释放,要以敏锐的眼光、开放的思维、扎实的举措,加强政策信息研究,按照中央、省、市有关部署,立足我区产业发展需要,加紧谋划和争取一批符合国家政策导向、契合本地发展方向的大项目、好项目、实项目。各有关责任单位要不断增强争项目的积极性、主动性,对每一条项目信息、每一个上报审批的项目,都要派专人去盯、去跟进。推进要“快”,坚持长中短项目统筹、大中小项目配套,坚持静态入库与动态管理相结合,完善重大项目决策、推进、调度、考评、督查等机制,推动项目早落地、早进资、早开工、早投产、早达标。当前要加速推进在建的投资85亿苏宁广场、20亿中金广场、20亿江旅都市方舟、20亿慧铭广场、5亿招商·东湖意库、3亿沁庐·旅生活广场等重大重点项目。储备要“足”,依托现有楼宇资源和可供出让的320亩土地,全力对接推进地铁上盖八一馆、招商局集团沿江总部中心以及青山湖西岸宜家、养老、商业综合体等重点项目。同时,对区域内现有资源进行全面盘点,重点对九鼎紫金城商业、原凯莱大酒店进行全面盘活,着手对区属企业300余处、近10万平方米(含厂房、店面)物业进行整合,通过融资平台规模化、集约化运营,提升自身“造血功能”,破解资金紧张难题。

(二)聚焦“上台阶”,续写“建管并重”新篇章

明年全省将开展城市功能与品质提升三年行动。我们要以深化文明创建为抓手,把“美丽南昌·幸福家园”环境综合整治同全省行动结合起来,在完成“一年有变化、两年出形象”任务基础上,朝着“三年上台阶、四年进一流”目标奋进。

一要着眼精致,提升建设品质。坚持“设计精美、建设精致”理念,着力强化城市承载和服务功能,按照市委基础攻坚、功能修补、生态修复、特色彰显“四大行动”要求,立足东湖实际,加大对基础设施、老旧社区、建筑立面、地下管网的建设和改造强度,推动城区由“补短板、强弱项”向“优功能、提品质”转变。明年继续高标准完成10个老旧社区微改造,新建八一大道、新湖滨西路周边等4个停车场,新增泊位330个。

二要着眼精细,创新管理模式。树立“管理也是建设”的理念,综合运用法治思维、现代技术、科学机制,推动城市管理向标准化、智能化、规范化、大众化、法治化转变,实现城市管理全方位覆盖、常态化保持、高效能运行。明年将从更高层次深入推进“马路本色”行动,全面推行“以克论净”9考核机制,继续推进生活垃圾分类,开展非机动车停放秩序治理,推动“厕所革命”向精细化发展。同时,深入推进文明创建,发挥新时代文明实践中心阵地作用,大力培育和践行社会主义核心价值观,广泛宣传倡导市民文明公约,持续开展“兴家风、淳民风、正社风”活动,全面提升市民文明素质和社会文明水平。

三要着眼精品,彰显底蕴内涵。按照“一街一品位、一街一特色、一街一文化”思路,从传承历史文脉出发,对东湖特有文化符号、文化遗迹,坚持修旧如故,在保留其特色风貌基础上进行提升改造,激活“老南昌”的记忆,再现“古豫章”的神韵,真正把“根”留住,把“美”留住,把“乡愁”留住,进一步提升城市感知度、美誉度和市民自豪感、归属感。重点推进百花洲历史文化旅游街区提升改造,选取三至五条具有人文、历史特色的小街巷,在完善基础设施的同时,深度挖掘历史文化底蕴,以“微改造”的手法,实现历史与现代的结合,画境与实景的相融。

四要着眼精美,优化生态环境。践行“绿水青山就是金山银山”理念,全面打好“蓝天、碧水、净土”保卫战,以法治方式巩固生态环境,严格执

行生态保护红线，营造更加精美的人居环境。要让“蓝天”永驻，继续加大建筑工地、道路扬尘和餐饮油烟治理，油烟净化器由主干道餐馆向次干道、小街巷餐馆延伸，力争 PM2.5 年均浓度保持空气质量国家二级标准、全年空气质量优良率超85%。要让“碧水”长流，全面落实“河湖长制”，积极推进东湖、南湖、北湖水环境治理，重塑水体生态，提升水岸景观。要让“净土”芬芳，按照“300 米见绿、500 米见园”要求，加大城区拆迁建绿、见缝插绿、规划保绿实施力度，尤其注重利用边角地带、闲置地块规划建设“邮票绿地、口袋公园”，让广大市民尽享“绿色福利”。

（三）聚焦“强动能”，续写“改革开放”新篇章

“改革不停顿、开放不止步。”要深入贯彻庆祝改革开放 40 周年大会精神，继续把改革开放作为推动发展的强大引擎，以更大力度、更实举措、更高标准促改革、扩开放、优环境。

一要以更大力度推动改革再攻坚。实现东湖更高质量发展，必须在改革攻坚上再发力。要围绕供给侧结构性改革，继续深入推进“三去一降一补”，确保去得更坚决、降得更有效、补得更到位；要围绕振兴实体经济，继续壮大新兴产业规模，加快新旧动能转换；要围绕“六个进一步理顺”改革任务，继续配合市里进一步理顺区级审批、城市建设管理、投融资平台运行、市区财税和土地收益分配等体制机制；要围绕国地税合并，深入推进一体化办税，不断提升税收治理能力和服务水平；要围绕改善民生，继续推进教育医疗、社会保障等民生领域改革，加快形成科学有效的社会治理体制，切实提升群众获得感和幸福感。

二要以更实举措推动开放再提升。增强东湖发展后劲，必须在开放水平上再提升。要千方百计“引进来”，围绕壮大“6 + X”产业体系和打造“幸福产业”集群，突出高端服务和人工智能等未来型产业，注重在“强链、延链、补链”上做文章，继续推进“招商引资四年倍增行动计划”和招商引资“一把手”工程，以更多大项目、好项目的落户不断驱动产业转型升级；要积极主动“走出去”，充分利用“赣港”“赣台”等重大经贸会展平台，主动对接国家、省、市区域发展战略，全面融入长江经济带、大南昌都市圈等重大区域发展格局，在更宽领域、更高层次的开放合作中拓展更多发展空间、捕捉更多发展机遇。

三要以更高标准推动环境再优化。形成东湖招大引强“软实力”，必须在营商环境上再优化。要继续深化“放管服”改革，大力开展“五型”政府10 建设，着力打造政策最优、成本最低、服务最好、办事最快的“四最”营商环境；要继续加大简政放权力度，加大“一次不跑”“最多跑一次”改革力度，深入开展“减证便民”专项行动，持续推进“互联网 + 政务服务”，加快推广“一窗式”综合服务平台，打造高效便捷的政务环境；要继续推进“降成本优环境”专项行动，聚焦减税降费和缓解企业融资难融资贵问题，加快建立“企声通道”，完善企业诉求、办理和反馈机制，探索联合快审、绿色通道服务方式，进一步降低企业市场与社会成本。

（四）聚焦“增福祉”，续写“民生改善”新篇章

深入践行以人民为中心的发展思想，切实做到民生工作优先推动、民生资金优先安排、民生问题优先解决，让发展更有温度、幸福更有质感、小康更有内涵。

一要保好“基本”。继续加大民生投入，确保明年保障和改善民生投入占地方一般公共预算支出达到 70%，实现全民有保、应保尽保。实施更加积极的就业政策，拓展城镇就业困难人员就业渠道，加快建设新型农村就业服务体系。大力开展城市脱贫攻坚，继续加强低保规范化管理，认真落实“先行救助”，确保贫困群众实现“两不愁、三保障”11。紧密对接市扬子洲地区规划建设管理工作领导小组，在“共抓大保护”前提下，扎实做好扬子洲地区生态治理、违建管控、民生保障、社会稳定等开发建设前期工作。

二要做优“常规”。深入实施民生实事人大代表票决制，妥善推进殡葬综合改革，统筹推进安置房建设、“厕所革命”等民生工程。适时启动香江、中大幼儿园建设；扎实推进光明保育院、邮政路小学天骥校区建设及扬农、城北幼儿园装修工程；有序推进“县管校用”改革。整合文化数字资源，打造集文化馆数字平台、百花洲主题特色库、方志敏广场可视化官网平台等于一体的文化服务云平台。深化法治东湖、平安东湖建设，狠抓综治中心实体化建设，强力推进扫黑除恶专项斗争，严密防范和坚决打击暴恐活动。扎实推进“一网一

院一掌一室”12 建设;健全矛盾风险预警和化解机制,加大突出信访积案化解力度;落实落细安全生产责任制,坚决遏制重特大安全事故;进一步加强应急体系建设,提升防灾减灾救灾能力。

三要擦亮“特色”。积极应对人口老龄化,继续完善居家养老志愿服务“时间银行”运行管理体系,加快形成可复制可推广的标准模式,并以适当方式固化确立下来,推动“时间银行”行稳致远,为更多老年群体带去“福音”。扎实开展“幼有所育、病有所医、老有所养、生活便利、精神丰富、和谐宜居”的“1+5+X”社区邻里中心建设试点,即:一个生活组团,配套一个幼儿园、一个社区养老中心、一个社区医院、一个商业、一个文体活动中心和若干其他服务设施,打造15分钟社区生活圈。

(五)聚焦“优保障”,续写“党的建设”新篇章

坚持以政治建设为统领,推动全面从严治党向纵深发展,不断提高党的建设质量,为东湖经济社会发展提供坚强保障。

一要强化政治建设,坚定理想信念。推进新时代党的建设,必须把政治建设摆在首位。要深化政治学习,坚持用习近平新时代中国特色社会主义思想武装头脑,通过理论学习、思想剖析、对照检查、整改落实,进一步筑牢思想之“魂”、补足精神之“钙”。要增强政治定力,自觉把讲政治贯穿于党性锻炼全过程,始终坚持正确政治立场、政治方向、政治原则、政治道路,进一步强化“四个意识”、坚定“四个自信”、做到“两个维护”。要优化政治生态,不断提高党内政治生活质量,进一步增强党内政治生活的政治性、时代性、原则性和战斗性,坚决全面彻底肃清苏荣案余毒,持续建设风清气正政治生态。同时,自觉把意识形态工作放在极端重要位置来抓,牢牢掌握意识形态工作的领导权和主动权。

二要强化用人导向,锻造过硬队伍。深入贯彻新时代党的组织路线,牢牢把握好干部标准,坚持有为才有位,尤其是对那些在关键时刻、重大任务面前豁得出来、冲得上去的干部,要及时发现出来、合理使用起来,让那些想干事、能干事、干成事的干部有机会、有舞台。大力实施年轻干部培养选拔计划,通过党性锻炼、基层历练、岗位磨炼、实战苦练、环境锤炼,全方位提高年轻干部政治素养和工作能力。健全担当实干激励机制,细化容错减责免责措施,旗帜鲜明支持干事者、保护改革者、褒奖担当者。坚持党管人才原则,加大高层次和急需紧缺人才引进力度。

三要强化基层基础,筑牢战斗堡垒。以提升组织力为重点,突出政治功能,强化政治引领,把思想政治工作落到支部,把从严教育管理落到支部,使党支部真正成为党员干部政治学习的阵地、思想交流的平台、党性锻炼的熔炉,进一步增强基层党组织的政治领导力、思想引领力、群众组织力和社会号召力。继续推进镇(街道、管理处)党群服务中心建设,打造1—2个区级党建示范点。积极推广社区党组织领导下的“五位一体”议事协调机制,深化“五纵五横”城市基层党建共同体建设。继续开展党建巡查,倒逼基层党建提质增效、全面过硬。

四要强化廉洁自律,切实改进作风。严格遵守党章党规党纪,深入贯彻新修订的《中国共产党纪律处分条例》,牢记人情里面有原则、交往之中有政治、亲情里面有底线、权力运行有规矩。严格落实中央八项规定精神和省、市委各项规定要求,坚决破除形式主义和官僚主义。压紧压实管党治党“两个责任”,做优做细廉洁南昌“四大行动”,探索完善监察职能向基层延伸,严格执纪监督,重点聚焦环保、涉黑涉恶“保护伞”以及惠民政策等领域深入推进反腐败斗争。保持战略定力,坚持标本兼治,持续深化改革,着力强化不敢腐的震慑、扎牢不能腐的笼子、增强不想腐的自觉。

五要强化团结民主,凝聚奋进合力。以建设“权威党委、高效政府、合力班子”为目标,继续巩固“一个决策中心、几套班子落实,齐抓共管、同心合力”的工作格局。同时,坚定不移支持人大及其常委会依法行使职权、支持政协更好履行职能、支持群团组织改革创新,不断巩固和发展爱国主义统一战线,认真履行党管武装职责,广泛凝聚各方智慧和力量。

同志们,风雨多经志弥坚,关山初度路尤长。全区上下要更加紧密地团结在以习近平同志为核心的党中央周围,高举习近平新时代中国特色社会主义思想伟大旗帜,按照省委、省政府和市委、市政府的决策部署,担当实干,奋勇拼搏,在共绘

新时代江西物华天宝人杰地灵新画卷、做大做强做优大南昌都市圈中展现东湖新的更大作为，以优异成绩向新中国成立70周年献礼！

名词解释：

1. 大南昌都市圈：省委十四届六次全会提出打造"一圈引领、两轴驱动、三区协同"的区域发展新格局，其中"一圈引领"是指以南昌为核心，以赣江新区为引擎，以九江、抚州为支撑，以一小时交通时空距离为半径，联动丰樟高、鄱余万等周边县市，打造融合一体发展的大南昌都市圈。

2. "一纵一横"："一纵"指阳明路（北起八一桥头，南面起于沿江路口瑞颐酒店附近，北面起于原裕丰大厦）—八一大道（南至坛子口）；"一横"指北京路（东起上海路口，西至八一广场）—站前路。

3. "六改"：道路"白改黑"、路灯"暗改亮"、架空管线"上改下"、老旧社区"旧改新"、建筑立面"面改美"、园林绿化"绿改彩"。

4. "马路本色"：全覆盖开展马路冲洗、人行道洗刷、机动快速保洁、环卫设施高标准养护，彻底消除主次干道、临街店面、街巷社区、城乡接合部和城中村泥沙灰尘及垃圾污染问题，做到道路无泥沙灰尘、标线清晰、人行道无灰沙油渍污染、环卫设施干净整洁，打造"洁净南昌"。

5. "时间银行"：指借鉴商业银行运营管理模式，按照"低龄存时间，高龄取服务"思路，鼓励60岁以上低龄健康老人和其他志愿者为社区80岁以上高龄和失能、失智、独居、失独老人提供志愿服务，服务时长以积分形式储存，未来以之兑换养老服务，形成"提供养老服务—量化时间储存—支取养老服务"良性循环。

6. "五纵五横"城市基层党建共同体：围绕理顺机制、转变职能、优化队伍、整合资源、强化监管做好自身建设等方面纵修"内功"，紧扣全域覆盖、开放共享、服务群众、基层治理、典型引领拓展共驻共建等方面横练"外功"，全面构筑"五纵五横"城市基层党建共同体。

7. 监督执纪"四种形态"：经常开展批评和自我批评、约谈函询，让"红红脸、出出汗"成为常态；党纪轻处分、组织调整成为违纪处理的大多数；党纪重处分、重大职务调整的成为少数；

严重违纪涉嫌违法立案审查的成为极少数。

8. "幸福产业"：即以健康、绿色、时尚、智慧为特征的精神文化产业，主要包括旅游、文化、体育、健康、养老等产业。2016年6月27日，国务院总理李克强在出席夏季达沃斯论坛时，首次将旅游、文化、体育、健康、养老并称为"五大幸福产业"，紧接着国务院办公厅出台《关于进一步扩大旅游文化体育健康养老教育培训等领域消费的意见》，对促进五大幸福产业的发展制定了具体措施。

9. "以克论净"：通常做法是用木框随机划定某一平方米道路面积，人工用毛刷清理地面浮尘的方式检验考核，为使考核更加准确公平，南昌市对此进行改进，以机械化方式对抽查路面一公里区域进行吸尘，再精确计算该路段每平方米污染物总量大小，进行考核。

10. "五型"政府：忠诚型、创新型、担当型、服务型、过硬型政府。

11. "两不愁、三保障"：不愁吃、不愁穿，义务教育、基本医疗和住房安全有保障。

12. "一网一院一掌一室"：一网：丰富综治信息网，做到该录即录；一院：做强东湖网上法院，继续完善功能；一掌：加快"掌上检务"设计，尽快启动项目建设，尽快投入使用，尽快便民利民；一室：在现有二级联勤室基础上继续深化线上侦查和线下打击相结合，探索具有东湖特色的图侦工作新机制。

（区委办公室）

政府工作报告

——2019 年 1 月 9 日在东湖区第十六届人民代表大会第四次会议上

东湖区人民政府区长　高辉红

各位代表：

现在，我代表东湖区人民政府，向大会报告工作，请予审议，并请各位政协委员和列席会议的同志提出意见。

一、2018 年工作回顾

2018 年，是贯彻党的十九大精神的开局之年，是改革开放 40 周年。在市委、市政府和区委的坚强领导下，全区上下以习近平新时代中国特色社会主义思想为指导，紧紧围绕"创新引领、改革攻坚、开放提升、绿色崛起、担当实干、兴赣富民"工作方针，迎难而上，扎实工作，统筹推进强产业、兴城市、促改革、扩开放、优生态、惠民生等各项工作，在做大做强做优大南昌都市圈中全力展现东湖新作为，较好地完成了区十六届人大三次会议确定的主要目标任务，经济社会各项事业取得崭新成绩。

一年来，我们实在实干抓发展、强产业，实力东湖更加强劲

一是主要指标稳步攀升。坚持稳中求进工作总基调，排难前行，力争上游，经济社会保持了稳中有进、进中向好的发展态势。全年预计实现地区生产总值 528.59 亿元，同比增长 8.6%；500 万元以上固定资产投资同比增长 13%，增速位居全市前列；社会消费品零售总额 250 亿元，同比增长 10.5%，其中，限额以上零售额总量位居全市首位；规上服务业营业收入 40.2 亿元，同比增长 16%；完成财政总收入（省口径）77.0 亿元，同比增长 19.1%；地方一般公共预算收入 13.2 亿元，同口径增长 4.7%；城镇居民人均可支配收入达 42278 元，同比增长 7.8%，总量居省、市第一。税收收入占财政总收入比重和地方一般公共预算收入比重分别为 97% 和 87%，财政收入质量明显提升。

二是产业结构稳步优化。三次产业结构比调整为 0.12∶6.92∶92.96，全年预计实现服务业增加值 491.37 亿元，同比增长 8.7%，服务业对全区经济增长贡献率达到 98.27%，拉动经济增长 8.4 个百分点。新增"六大产业"企业 562 户；新增规模以上服务业企业 103 户，省市服务业龙头企业 10 家，省市服务业集聚区 3 个，省市服务业品牌 11 个。盈科行网络、百盛中山城百货入闱"省级龙头企业"；豫章 1 号文化科技园蝉联全省文化产业"金杜鹃"奖，获评省级文化产业示范基地。年营收超 100 亿元的苏宁红孩子母婴用品全国销售结算中心和省级零售总部全面投入运营。海印餐饮、江西科诺荣膺"江西省先进非公有制企业"，我区荣获"全省发展非公有制经济先进区"。

三是发展质效稳步提高。全年实施 60 个总投资达 466.96 亿元的重大重点项目，项目的数量、体量、质量"三量"齐升，创历史新高。其中，16 个产业项目开工率 100%、年度计划投资完成率 100%。新增注册企业 1631 户、注册（认缴）资本达 75.57 亿元；新增个体工商户 3675 户，同比增长 1.4%，新增个体从业人员 8283 人。新增税收亿元楼宇 1 栋，千万元以上楼宇达 15 栋，楼宇总建筑面积、商务面积分别为 59.3 万和 44.6 万平方米，入驻目标楼宇企业 2128 家，产生税收约 10.8 亿元，目标楼宇贡献率同比提高 9.6 个百分点。在全省市县科学发展综合考评中，荣获一类县区第 5 名。

一年来，我们同心同向推改革、促开放，活力东湖更加充沛

一是改革纵深推进。新一轮机构改革有序深入开展，共涉及 18 家单位的职能转变、名称调整、整合组建；区国、地税合并，进一步理顺了税收征管体制；区文化旅游发展有限公司挂牌成立，为发展文旅产业打开了更广阔的空间。"双随机、一

高辉红在东湖区十六届人大四次会议第一次全体会议上作政府工作报告

公开”监管改革工作进展顺利，企业事中事后监管体系基本形成。殡葬改革稳步推进，“三沿”范围内坟墓迁移安置顺利完成。农村集体产权制度改革清产核资工作率先在全市全面完成，18个行政村成立股份经济合作社。深入推进全国残疾预防试验区创建试点工作，以优异成绩顺利通过中期评估。积极推进事业单位公车改革工作，收缴公车189辆，其中留用105辆、拍卖33辆、报废51辆。

二是开放双向发力。全年预计实际利用外资2.8亿美元，同比增长25.9%；实际利用内资60亿元，同比增长20.45%；利用省外项目进资43.3亿元，同比增长20%；出口总额2.93亿美元。成功举办南昌苏宁广场暨2018年东湖区重大重点项目集中开工（签约）仪式，现场集中开工项目22个，总投资175.6亿元；集中签约项目15个，总投资135亿元。在世界VR产业大会等重大招商活动上，与启明星辰等知名企业签约项目17个。全年注册亿元以上项目24个，立项投资额110亿元，其中，10亿元以上项目6个，20亿元以上项目2个。投资85亿元的苏宁广场、投资35亿元的中海寰宇、投资20亿元的中金中心、投资20亿元的江旅都市方舟项目等具有引领性、引爆型产业项目建设顺利推进。

三是创新多点突破。持续优化创新创业平台建设，全区聚集知名众创空间5家、小企业创业基地4家。充分发挥“财园信贷通”等帮扶功能，累计为303家创新企业和小微企业发放贷款13.51亿元，减免税费1886.12万元，有效缓解了创新企业和小微企业融资难问题。加强对高新技术企业认定的申报服务工作，全年帮助迪创科技等30家企业通过高新技术企业认定；推动技术交易额达4亿元。

一年来，我们善作善成兴城市、出形象，魅力东湖更加彰显

一是以六改为抓手出形象。深入推进“美丽南昌·幸福家园”环境综合整治，投资6.6亿元，启动实施了56项“六改提升”项目。对电政路、下水路等24条道路实施升级改造，实现辖区主要道路“白改黑”全覆盖；推进了豆芽巷、象山北路、胜利路北段等6个街区综合改造，实施管线“上改下”、建筑“面改美”，城市“蜘蛛网”逐步消除；完成沿江北大道、苏圃路南段、抚河北路等道路周边立面改造；对二经路、三经路2条道路实施了“绿改彩”提升工程；新建上营坊、章江路小游园；推进上沙窝等12个老旧社区“旧改新”；新建豫章后街、佘山路等11个公共停车场建设，新增泊位1700个。积极配合全市“一纵一横”建筑立面综合整治工程，阳明路、八一大道、北京西路等主要干道焕然一新。

二是以率先为引领出模式。在城市管理“东湖模式”上持续发力。率先实施“一路一单车”共享单车“路长制”管理，为破解共享单车规范停放难题提供了新方案；引入小黄狗等智能垃圾分类系统，率先在公园、洪城等5个社区建成全市首批生活垃圾分类示范社区；率先完成城市建成区违法建设专项治理任务，拆除英雄大桥两侧蓝色钢棚1.2万平方米。积极助力全国文明城复牌迎检，率先建立“条块结合、上下联动、常态创建、长效管理”创建工作新机制。“智慧城管”更加完善，全年共受理市区两级数字城管案件27万余件,处理率达100%。

三是以生态为导向出样板。统筹推进"拆、改、提、留",让老房子、老街区重新焕发生机。实施轨道交通四号线下沙沟站、江西省中医院等13个地块、6.42万平方米、800余户的征迁任务;大力开展"净地行动",青山北路综合管廊、下正街、上沙窝等地块近百个历史遗留问题得到了有效解决。在环湖路民德路地块(一期)征迁的基础上,投入7000万元,启动百花洲景区提升改造;完成滕王阁周边街区综合改造,助力滕王阁景区成功晋升国家5A级景区,全力打造老城区历史文化"样板"。完成中山路等景观亮化工程,全市首个湖面"水幕电影"惊艳八一公园,与全市"一江两岸"建筑外立面景观亮化提升改造相互映衬。深入开展"蓝天行动",全面落实"四不开工、四不出门""八个100%"部署;推进"保护母亲河-赣江"行动,启动赣江(东湖段)沿线非法码头整治,完成赣江右岸八一桥至二七北路19个排污口截污工程;水环境治理由河长制向湖长制延伸,消灭了城区内的黑臭水体,以贤士湖为代表的水环境"中西医结合"治理实现了"水清、岸绿、景美"。

一年来,我们用心用情强保障、惠民生,幸福东湖更加坚实

一是民生保障更富全面性。全年用于保障和改善民生支出17.6亿元,同比增长10.7%,占地方一般公共预算支出的69%。新增就业人数10091人,"4050"人员再就业人数2096人,零就业家庭安置率100%。率先实施养老保险参保缴费"一站式"服务,参保人数达5.3万人,累计发放养老金5.9亿元。城镇基本医疗保险参保人数达19.11万人,征缴基金总额达1.76亿元。保障公共租赁住房4914户,为5937户无房户、困难户累计发放租赁补贴1891万元;为2680户4142人发放城市低保金2796.7万元。七里村、熊邓村、上沙窝、起风路等旧城改造安置房建设全面推进。居家养老志愿服务"时间银行"逐步拓展,共建立"时间银行"分行12家、支行102家,打造了一批"智慧养老""健康养老"典型,医养融合的经验在全省推广。

二是社会事业更富普惠性。"学在东湖"品牌持续唱响,投入1200万元实施"校安工程",对育新学校、扬子洲学校等17所学校基础设施进行提升改造;认定4所民办幼儿园为普惠民办幼儿园,全区普惠性幼儿园达47家,滕王阁保育院荣获省级示范幼儿园称号;组建育新学校、豫章小学、邮政路小学三大教育集团,推动义务教育由"基本均衡"向"优质均衡"迈进;入选全省唯一"国家义务教育质量监测结果应用实验县区";荣获全国第二届基础教育成果奖。为上营坊、青阳等42个社区新增、更换健身路径器材190余件;蝉联全省青少年百县女子篮球"三连冠"、男篮总冠军,获评全省县区级竞技体育贡献奖一等奖。文化事业亮点纷呈,围绕"改革开放40周年",组织开展文艺演出、歌咏比赛、图片展览等活动150余场次;原创小品《"卡门"和谐曲》荣获第十四届"华东六省一市"戏剧小品大赛金奖;少儿京剧《天女散花》荣获第22届中国少儿小梅花荟萃"最佳集体节目"奖;区图书馆获评"国家一级图书馆";励志社南昌分社旧址、中央南昌飞机制造厂旧址成功申报第六批省级文物保护单位。卫生计生协调发展,新设婚育全程一站式服务中心,实行婚检孕检、孕期保健、儿童保健"三合一"一站式服务;为辖区居民建立电子健康档案43.8万份;发放计划生育奖扶特扶金460余万元,城镇独生子女父母奖励金3390余万元;获全省计划生育先进县区。

三是社会治理更富针对性。有效应对安全生产、防汛、食品药品安全等各类突发事件,在全省安全生产交叉检查中排名前列,实现全年重特大事故"零"发生。荣获全国防震减灾工作综合考核先进单位。以创建国家食品安全示范城为抓手,开展各类专项整治行动,取缔小作坊7家;70余家大中型餐饮服务单位和学校食堂顺利完成"洁厨亮灶"工程改造,季季红炫谷店、海底捞央央春天店被评为"洁厨亮灶"省级示范单位。完成了区"6·26"服务中心、10个社区戒毒康复站建设,信息化禁毒经验在全省推广。圆满完成2018世界VR产业大会、南昌国际马拉松比赛等大型活动东湖段安保任务。禁燃工作成效显著,实现春节、清明等重点时段的"零燃放"。积极开展扫黑除恶专项斗争,进一步肃清不良社会风气;社会治安呈现出了"四降、两升"的良好态势,全省公众安全感测评连续三年位居全市主城区第一名。

一年来,我们群策群力优环境、提效能,法治东湖更加深入

一是“法治”氛围浓。坚持区政府常务会学法规范化、制度化、常态化,合法性审查贯穿各项重大行政决策全过程,行政执法“三项制度”试点工作取得阶段性成效,“双随机、一公开”监管实现全覆盖。“七五”普法规划深入实施,光明社区荣膺“全国民主法治示范社区”;“一体两翼”社区矫正官试点“东湖模式”向全省推广;“四格一队一室”融警改革试点向全市推广。行政权力运行更加透明,自觉接受人大及其常委会的法律监督,接受政协的民主监督,全年共办理省、市、区人大代表建议76件、政协委员提案108件,办结率和满意率达100%。

二是“服务”势头好。持续推进“降成本、优环境”专项行动;加大“放管服”改革力度,取消、调整行政权力事项119项、各类证明75项,14项实现“一次不跑”、71项实现“只跑一次”。深入推进“多证合一”及“两证合一”工作,全年发放“多证合一”执照214件;推行企业及个体工商户简易注销改革工作,通畅市场主体退出渠道;推进商事登记管理信息化、便利化。在全国36个主要城市下辖县区“互联网+政务服务”评选中,东湖区作为全省唯一上榜县区位列全国第五。

三是“作风”成效显。深入学习宣传贯彻党的十九大精神,大力整治“怕、慢、假、庸、散”等作风顽疾,积极开展“五型”政府建设。畅通12345政府服务热线平台,办理市民各类咨询、投诉10349件,群众满意率达98%。加强审计监督,首次对乡镇开展了党政主要领导自然资源资产任中审计试点工作,完成审计项目34个,节约财政资金464万元,政府系统作风建设成效持续显现。

与此同时,支持工会、共青团、妇联、科协、红十字会等群团组织发挥作用。人防、史志、档案、妇女儿童、国防动员、老龄、爱国卫生、信息化建设等工作得到进一步发展。双拥、民族、宗教、外事、侨务等工作取得新成绩。

各位代表,拼搏的历程充满艰辛,取得的成绩弥足珍贵。成绩的取得,离不开市委、市政府和区委的坚强领导、科学决策,离不开区人大、区政协大力支持、有效监督,离不开全区上下的勠力同心、克难奋进,离不开各民主党派、工商联、无党派人士、各人民团体、驻区各单位以及离退休老同志的关心关注、鼎力支持。在此,我谨代表东湖区人民政府,向所有关心、支持、帮助东湖发展的同志们、朋友们,致以最崇高的敬意和最衷心的感谢!

在总结成绩的同时,我们也清醒地认识到,当前经济社会发展还存在不少困难和问题:产业转型升级的困局亟待进一步破解,实现高质量发展任重道远;满足人民对美好生活的向往,仍有很多工作要做,老城区民生“短板”亟待补上;“五型”政府建设还有待进一步落地和全面深化,等等。对此,我们将高度重视,采取有效措施,认真加以解决。

二、2019年工作打算

今年是新中国成立70周年,是全面建成小康社会关键之年,做好今年工作意义重大。

今年政府工作的总体要求是:以习近平新时代中国特色社会主义思想为指导,深入贯彻中央经济工作会议、省委十四届七次全会、第84次省委常委会会议、市委十一届六次全会和区委十二届六次全会精神,坚持稳中求进工作总基调,按照高质量发展要求,全面落实新发展理念,驰而不息强产业、兴城市、促改革、扩开放、优生态、惠民生,在做大做强做优大南昌都市圈中担起更大责任、迈出更大步伐、实现更大突破,以优异成绩庆祝中华人民共和国成立70周年。

今年经济社会发展的主要预期目标是:

地区生产总值增长7.5%左右;

500万元以上固定资产投资增长10%左右;

社会消费品零售总额增长10%左右;

规上服务业营业收入增长13%左右;

财政总收入增长5%左右;

地方一般公共预算收入增长3%左右;

利用外资实际到位资金增长20%左右;

实际利用内资增长20%左右;

城镇居民人均可支配收入增长7.6%左右。

做好今年工作要把握好以下原则:

一要争当贯彻省委“24”字方针的先行者。要牢固树立并贯彻落实省委“创新引领、改革攻坚、开放提升、绿色崛起、担当实干、兴赣富民”工作方针,坚持用新战略、新理念、新思路指引东湖经济社会发展的道路,确保东湖始终走在科学、正确、务实的发展方向上,全力跑出东湖发展“新速度”。

二要争创“五型”政府建设的示范区。要紧紧咬住在全省政府系统大力开展忠诚型、创新型、担当型、服务型、过硬型政府建设这一契机，动员全区上下铸牢忠诚之魂、勇闯发展新路、担当时代使命、提升服务效能、锻造过硬本领，以永不懈怠的精神状态和一往无前的奋斗姿态，锐意进取，埋头苦干，全力展现东湖发展“新作为”。

三要争做“大南昌都市圈”的排头兵。要紧紧围绕省委打造融合一体发展的“大南昌都市圈”这一重要决策部署，抢抓发展机遇、勇担发展责任，积极融入全市做大做强做优大南昌都市圈的大局，主动靠前、积极作为，切实担当东湖使命、做强做优中心城区，不断增强和发挥东湖的竞争力、辐射力和带动力，全力开创东湖发展“新篇章”。

具体而言，要重点抓好以下六个方面的工作：

1. 围绕“一圈引领”，在圈上突破，高质量抓产业发展

围绕做大做强做优大南昌都市圈的决策部署，持续推进“一核两重”产业发展战略，加快产业升级、提升产业业态、聚力产业规模、做优产业平台，全力打造“一圈引领”的现代服务业“东湖样板”。

一是提业态，“新枝萌发”。立足我区教育、医疗、文化、旅游资源相对丰富的比较优势，以新技术、新产业、新业态、新模式为融合方向，加快培育壮大新兴动能。一方面，加速提升文化创意旅游业，按照“文旅 + 产业”的可持续发展模式，依托东湖厚重的历史文化内涵和工业遗存，倾力打造招商·东湖意库文创园等一批集文化旅游与产业发展于一体的文创新基地；立足人工智能技术与教育、文化的智慧化融合，致力打造一批以海学茂人工智能教育公园为代表的文教产业新业态。另一方面，加速提升健康养生服务业，以健康、绿色、时尚、智慧为特征的“幸福产业”为导向，持续引进移动智能医疗、创新医药等健康产业龙头企业，创新服务模式，提升服务业态，打造一批新型健康养生服务业。

二是聚规模，“众木成林”。持续推进产业的集聚、集群、集约发展，依托街区改造、项目引进，努力走出一条风貌重现、功能重塑、产业重构的产业发展新途径。一方面，要在现代商贸业上齐链条、造集群、出规模，积极打造下正街商务中心和青山湖西岸、八一馆地铁商业综合体等现代商贸项目；大力推进苏宁广场项目建设，致力打造全球首个第四代苏宁广场项目和老城区的现代商贸“新坐标”；要结合百花洲景区提升改造，积极推进沁庐旅生活广场项目建设，致力打造“赣味”浓郁的全省首个城市微旅游目的地，持续壮大八一广场—中山路百亿商圈，复兴东湖千年商脉。另一方面，要按照“协同互补、错位发展”的思路，着力引进一批融资租赁、商业保理等新金融机构，集聚文化金融、科技金融、普惠金融等类金融产业，致力打造以江西金租为代表的全省金融衍生产业集群。

三是优平台，“叶茂花开”。持续做大做强产业平台，优化产业的平台支撑，重点在楼宇（总部）经济上精准发力，坚定不移发展壮大楼宇（总部）经济。着力构建以青山湖西岸总部经济区为引擎，以央央春天、出版大厦等优质楼宇为支撑的楼宇（总部）经济网络；进一步盘活存量楼宇资源，注重挖掘辖区地铁上盖楼宇商业潜能，主动帮助驻楼企业解决实际问题，建设楼宇产业链，着力打造一批特色楼宇。扎实推进企业上市“映山红”行动，支持辖区企业利用多层次资本市场实现融资发展；积极做强区级投融资平台，做大区城投、区文旅资产规模，提高资信等级，拓宽企业重大项目合作途径，加强主导产业与关联产业对接，实现区域化布局和全产业链发展。

2. 围绕“项目支撑”，在点上落子，高效率振实体经济

坚持以项目为载体和支撑，聚焦实体经济，强化重点突破和要素保障，加快推进项目落地、见效，促进实体经济规模、质量、效益更快提升。

一是不遗余力抓项目。坚持项目驱动战略，按照“去粗取精、择特选优”的原则，全年计划实施重大重点项目 51 个，涉及产业发展、城市建管、社会民生、基层党建四大类，总投资 471.25 亿，项目体量大、带动强、辐射广。其中，产业带动强、税收贡献大的重大产业项目 27 个，投资额 402.9 亿元，占比达 85.5%。为争取更多好项目进入省市战略视野，高位推进项目建设，积极申报苏宁广场项目列入 2019 年省重点建设项目，慧铭广场、城

泰0728商业广场等7个项目列入市百大重点推进项目。

二是开足马力推项目。进一步强化"抓项目就是抓产业、抓项目就是抓经济、抓项目就是抓发展"的理念，按照"专业、专图、专班、专策、专资"思路，进一步完善项目调度推进机制，确保所有重大重点项目在"签约、落户、开工、投产、达标"等环节都不脱节、不掉链，严格按计划推进、按进度实施。重点加大苏宁广场、江旅都市方舟、招商·东湖意库文创园等省市重大重点项目推进力度；加快新地中心等项目前期工作，确保早开工、早见效；做好中海寰宇、国资澜湖等项目的竣工验收工作。聚焦实体经济项目，着力"谋划一批、签约一批、开工一批、竣工一批、投产一批、储备一批"，形成项目压茬推进的生动局面。

三是持续加力护项目。继续深入开展降成本、优环境专项行动，进一步减轻企业用工、用地、融资等成本，规范涉企收费，强化"政银企"对接合作，千方百计帮助企业发展，助推项目落地实施。围绕"在谈项目"，重点攻克"用地难"，做好用地服务，提高供地率；围绕"签约项目"，重点攻克"手续难"，强化部门协作、上下联动；围绕"落地项目"，重点攻克"推进难"，强化跟踪服务，全程督办。继续完善重大重点产业区领导挂帅、重大重点企业区领导挂点、重大重点项目对口部门跟踪服务机制，发挥好"政企直通车"服务功能，确保每个项目有人对接、每个企业有人服务，全面提升项目注册率、进资率、开工率、投产率。

3. 围绕"迈上台阶"，在形上出彩，高标准提城市品质

按照"精心规划，精致建设，精细管理，精美呈现"的要求，进一步深化"一年有变化，两年出形象，三年上台阶"的工作目标，不断提升城区功能品质，提高城市发展质量，着力建设美丽宜居，整洁文明的"南昌之窗"。

一是塑城区之美。按照《江西省城市功能与品质提升三年行动方案》，结合"美丽南昌·幸福家园"环境综合整治，树立城区新风貌，凸显城区高品质，展现城区新魅力。计划投资2000万元，结合"1+5+X"社区邻里中心试点，对社区群众票决选取的10个老旧社区实施"旧改新"；实施苏圃路等道路架空管线"上改下"，以及扬农路等农村公路升级改造，扮美扮靓城市家园。以贤士湖水环境治理为样板，计划投入3000万元，对东湖、南湖、北湖实施水生态环境治理工程。深化"点亮回家的路"背街小巷亮化提升行动，更新安装LED路灯1000余盏。持续推进"厕所革命"三年行动计划和城市家具更新，大力推进停车场建设，新建八一大道、新湖滨西路等4个停车场，新增泊位330个，改善老城区车辆停放功能。

二是强管理之基。按照"政府主导、市场运作、部门配合、全民参与"的思路，依托先进技术设备，通过硬件设施增配建立"三条线"回收体系，在社区全面推进垃圾分类，确保生活垃圾减量化、无害化、资源化处理；城区居民垃圾分类知晓率力争达到95%以上，垃圾回收利用率30%以上。继续深化"马路本色"行动，对严控区、控制区道路加大机械化作业力度，机械化作业率力争达到80%以上。加大城区建筑扬尘、油烟等污染源整治，确保全区登记在案餐饮店油烟净化器安装全覆盖。加快推进"智慧城管"提质升级，与市"数字城管"实现市区资源共享、并网联动，构建更精确、更高效、更精细的"智慧城管系统"。

三是铸文化之魂。全面树立城市更新理念，以"应保尽保、能保则保"的思路，采取"小规模、渐进式、多样化、微循环"模式，整合各类历史文化资源，留住历史建筑原有风貌，彰显城区特色，提升城区品位。结合社区改造，深入挖掘传统街巷的文化底蕴，打造三至五条具有人文、历史特色的小街巷，重现老城古巷的文化之光。结合旧改征迁，留住历史文化记忆，全年计划实施旧城改造项目4个，占地面积61亩、征迁面积6.2万平方米、征迁户数600余户。围绕登记在册的129栋历史文物建筑，积极进行数字化还原及虚拟漫游功能开发；完成《南昌市东湖区历史建筑文化研究》编撰工作。

4. 围绕"创新引领"，在链上延伸，高起点推改革开放

抓创新就是抓发展，谋创新就是谋未来，要实现高质量跨越式发展就必须顺应改革创新的时代潮流，要以逢山开路、遇水架桥的主动性和敢闯敢试、敢为人先的创造性，深入推进改革开放，持续激活创新动力。

一是创新再扬帆。树立全国大视野、全省大

格局,跳出南昌看东湖,对标发达地区的一流城区,向好的学、向强的比、向高的攀,培育创新土壤,厚植创新潜能。做好服务南昌工业发展的“后院”,深入实施《东湖区推进创新型城区建设行动方案(2018—2020年)》,采取有力、有效的政策、资金倾斜,引导、支持相关企业在东湖设立设计、研发中心或协同创新基地。深化产学研合作,加快科技成果转移转化,扩大“03专项”成果试点范围。积极鼓励各类群体创新创业,完善创业孵化平台,健全创业服务体系,培育和加速新动能成长。

二是改革再攻坚。按照中央要求和省、市统一部署,有序推动政府机构改革,着力优化政府机构设置、职能配置,全面提高行政效能。持续深化“放管服”改革,加大简政放权力度,继续精简各类审批、证照等事项,梳理公布“最多跑一次”事项清单,分批次推行“一次不跑”和“只跑一次”审批服务;区行政服务中心大厅窗口和各便民服务中心窗口实行预约和工作日中午延时服务,企业注册、社保医保、交通违章等办件量多的窗口在工作日中午、双休日以及国家法定节假日不“打烊”,解决群众“上班时间没空办事、休息时间没处办事”的困扰,最大程度方便群众办事;加快建成全省统一的政务外网数据共享交换平台,全面实行“互联网+政务服务”。稳步推进经营类事业单位改革、农村集体产权制度改革、殡葬改革等重点领域改革工作。

三是开放再提升。紧扣“新、准、活、快、优、实”招商引资“六字诀”,深入实施招商引资“四年倍增行动计划”。聚焦实体经济和主导产业,围绕“6+X”产业体系,开展科学精准的补链、延链、强链招商,力争引进一批投资体量大、技术含量高、带动能力强的好项目、大项目。注重“借船出海”,积极参加“赣港”“赣台”“赣京”“赣深”等经贸合作交流会,全面对接重大招商活动,加快“走出去”的步伐;积极组织筹办招商引资专题推介会等自办招商活动,吸引、对接一批境内外知名企业前来投资兴业,加大“引进来”的实效。毫不动摇鼓励支持引导非公有制经济发展,支持民营企业发展并走向更加广阔的舞台。努力打造政策最优、成本最低、服务最好、办事最快的“四最”营商环境。

5. 围绕“民生优先”,在面上拓展,高水平促惠民利民

增进民生福祉是发展的根本目的。要以更大的力度、更实的举措保障和改善民生,多谋民生之利,多解民生之忧,在幼有所育、学有所教、劳有所得、病有所医、老有所养、住有所居、弱有所扶上不断取得新进展。

一是聚焦“最大公约数”。民生实事重在民意、重在为民,坚持以民意的“最大公约数”办好民生实事。启动总投资额约8.2亿元的香江家具城、沙滩魏村、王家庄等相关地块安置房建设;计划投入860余万元,实施公共服务保障设施提升工程,新建中大路垃圾站和洪都北大道垃圾分类处理中心,对半步街等3座垃圾站实施维修改造;计划投入760万元,完成七里嘉和农贸市场建设和上沙窝农贸市场升级改造;计划投入500万元,深入推进居家养老志愿服务“时间银行”工程;计划投入250余万元开展食用农产品质量控制工程,实施市场监管基层规范化建设,筹建赣昌水产品批发市场检测室;计划投入200万元,实施城市沟管养护工程,对辖区沟管化粪池进行清掏养护;计划投入140万元启动服务型卫计综合平台建设工程,推进卫计综合监督执法基础设施和妇保中心医学检验实验室改造提升。

二是画出“最大同心圆”。坚持教育、文化、卫计等社会事业更普惠、更均衡惠及辖区群众。计划投入2000万元,实施“优质均衡”校建工程,启动城北、扬农幼儿园装修工程,对滨江学校等14所校园进行维修提升改造;完善教育网点布局,适时启动香江幼儿园建设,持续推进光明保育院、邮政路小学天骥校区建设。围绕庆祝新中国成立70周年等主题开展公共文化活动;助力赣发绣、南昌清音项目冲击国家级非物质文化遗产。计划投入370万元,启动“弘扬国粹、传承中医”中医药适宜技术系列推广工程,打造市第二中西医结合医院、市第八医院2处中医馆,积极创建全省中医示范区;推进2家社区卫生服务中心与三甲医院的医联体建设;实施计划生育家庭暖心工程,严格落实城镇居民独生子女父母奖励政策,切实解决计划生育特殊家庭实际困难。全面推进城镇贫困群众脱贫解困,确保实现“两不愁、三保障”。

三是织就“最牢安全线”。强化社会治理，着力营造宜居宜业的社会环境和和谐氛围。深入推进扫黑除恶专项斗争，聚焦重点地区、行业、领域，持续加大依法打击力度；深入排查经济金融、公共安全、网络安全等风险隐患，防患未然。继续推进社区矫正官改革试点工作，探索监狱社区矫正一体化建设。深入开展矛盾纠纷排查化解工作，健全矛盾风险预警和化解机制，加大对房屋征迁、环境投诉、传销诈骗、权益保障等突出问题的化解力度。加强安全生产和应急管理工作，完善安全生产责任制，坚决遏制重特大安全事故发生，提高应急处置能力。深入推进国家食品安全示范城创建工作，全方位打造食品药品社会共治格局。

6. 围绕“五型政府”，在刃上发力，高要求强自身建设

坚持以“五型”政府建设为总抓手，提高政治站位，聚焦解决问题，坚持刀刃向内、力除沉疴，着力在实干、实效、实绩上下功夫，干出新气象、干出新作为，推动全区政府工作不断开创新局面。

一要与新时代同行。新时代新使命对政府工作提出了新的更高要求，我们要全力建设忠诚型、创新型、担当型、服务型、过硬型政府，持续提升政府工作水平。全面加强法治政府建设，切实提高运用法治思维、法治方式推进工作、破解难题的能力和水平；深入推进“七五”普法规划实施，进一步完善全区公共法律服务中心三级平台建设。持续推进政务公开和政府信息公开，不断提升12345政府服务热线平台运行效率，积极、有效解决群众反映的问题。自觉接受区人大及其常委会的法律监督、工作监督和区政协的民主监督，切实办好人大代表建议和政协委员提案。

二要朝新目标奋斗。面对新形势、新挑战、新机遇，关键要保持发展定力，紧紧咬住今年既定的目标任务和“十三五”规划，严格落实既定的决策部署，着力增强执行力、操作力和创造力，移除发展“绊脚石”、打通发展“中梗阻”，一个个项目推进、一件件工作落实，以“功成不必在我”的胸怀和“功成必定有我”的姿态，一门心思干事业、一张蓝图绘到底。紧密对接市扬子洲地区规划建设管理工作领导小组，在“共抓大保护”前提下，遵循城市发展规律，认真研究，周密谋划，有序推进，积极寻求一条扬子洲地区保护和发展的科学路径，决不留下历史遗憾。

三要在新征程建功。大力传承红色基因，坚持以上率下，持之以恒落实中央八项规定及实施细则精神，持续整治“怕、慢、假、庸、散”等作风顽疾。大力倡导“事事马上办、人人钉钉子、个个敢担当”的精神，做到“不为不办找理由、只为办好想办法”；坚持从严处要求、向深处拓展、往实处发力，努力打造一支讲忠诚、勇创新、敢担当、善服务、真过硬的高素质干部队伍；以一流的作风树一流形象，以一流的队伍创一流业绩。

同志们，新时代是奋斗者的时代，是属于我们每一个人的时代。让我们更加紧密地团结在以习近平同志为核心的党中央周围，在市委、市政府和区委的坚强领导下，不忘初心，牢记使命，解放思想，务实奋进，全力助推做大做强做优大南昌都市圈，为共绘新时代江西物华天宝、人杰地灵新画卷做出东湖新的更大贡献！

注释：

1.“三沿”范围：“三沿”指公路沿线、铁路沿线、河流主干道两侧可视范围内。

2. 世界VR产业大会：2018世界VR产业大会于10月19日—21日在南昌隆重举行。此次大会由工业和信息化部和江西省人民政府主办，以“VR让世界更精彩”为主题，在全球范围内邀请了千余位来自政府主管部门、领军企业、科研院所、投资机构、用户和媒体代表参会，共同探讨全球虚拟现实产业发展之道。来自全球最顶尖最前沿的VR黑科技集体首次亮相。

3.“四不开工、四不出门”：四不开工：一是工地出入口没有硬化路面的不开工、二是没有设置冲洗平台（或设施）的不开工、三是管理人员没到现场的不开工、四是未安装视频监控、未设置门禁的不开工。四不出门：一是车辆装载过量的不出门、二是车辆未密闭（或未密闭不严）的不出门、三是车辆轮胎带泥的不出门、四是手续不全的不出门。

4.“八个100%”：建筑工地周边100%围挡、各类物料堆放100%覆盖、土方开挖及拆迁作业100%湿法作业、出入车辆100%清洗、施工现场路面100%硬化、渣土车辆100%密闭运输、建筑面积1万平方米以上及涉土石方作业的施工工地

100%安装在线视频监控。

5.“时间银行”:指借鉴商业银行运营管理模式,按照“低龄存时间,高龄取服务”的思路,鼓励60岁以上低龄健康老人和其他志愿者为社区80岁以上高龄和失能、失智、独居、失独老人提供志愿服务,服务时长以积分形式储存,未来以之兑换养老服务,形成“提供养老服务－量化时间储存－支取养老服务”良性循环。

6.“校安工程”:全称为中小学校舍安全工程。主要目标是通过维修加固、改扩建、异地新建等方式,提高综合防灾能力建设,使学校校舍达到重点设防类标准,符合对洪水、台风、火灾、雷击等灾害的防灾避险安全要求。实施范围为教育系统的所有中小学校(园)的校舍。

7.“洁厨亮灶”:指餐饮服务单位采取透明隔断、开放明档、视频传输、网上晒厨房和设置参观走廊、参观窗口等多种形式,将餐饮服务单位的食品切配加工、烹饪制作、餐饮具清洗消毒等重点环节和关键部位的加工过程亮出来、晒出来,完整、直观地展示给就餐的消费者,公开接受消费者监督,促进企业改进管理,加强自律,提高食品安全水平。

8.“6·26”服务中心:是社区戒毒康复工作站的2.0版本,即把吸毒人员纳入网格化管理,承担着禁毒预防教育、服务帮教、社区戒毒和康复、动态管控、信息采集、情报收集工作,该项做法为江西省首创。

9.“四降、两升”:刑事类警情数、黄赌警情数、医闹起数、火灾起数同比分别下降30%、24%、40%、58%,现案侦破率、抓获网逃数同比分别上升6%、12%。

10.“一体两翼”:以“队建制”专业队伍体系为主体,以刑罚执行机制和社会帮扶机制为内容的社区矫正官运行制度。

11.“四格一队一室”:四个网格、一个机动队、一个综合内勤室。

12.“五型”政府建设:省政府印发《关于在全省政府系统大力开展忠诚型创新型担当型服务型过硬型政府建设加快推动江西高质量跨越式发展的实施方案》,提出以增强政府理解力、执行力、创造力和公信力为重点,着力引导和推动全省政府系统及其工作人员铸牢忠诚之魂、勇闯发展新路、担当时代使命、提升服务效能、锻造过硬本领,进一步转作风、优环境,努力打造“五型”政府,加快推进高质量、跨越式发展,为富裕美丽幸福现代化江西建设注入新动力,共绘新时代江西物华天宝、人杰地灵新画卷。

13.“1＋5＋X”社区邻里中心:即1个社区＋5类服务形态＋x个衍生业态,是依托社区为主体,围绕教育、医疗、助老、商业、文体等基本服务形态,集合扩展其他业态于一体的集聚区,属于新型社区服务模式。

14.“03专项”:指“新一代宽带无线移动通信网”国家科技重大专项。

15.“一次不跑”:指企业和群众办理政务服务事项(包括行政权力事项和公共服务事项)时,通过全程网办、上门服务、帮办代办、邮递办理等措施,实现企业和群众办事无须前往政府部门或办事大厅,让办事“零”跑动。

16. 不“打烊”:区行政服务中心办件量多的窗口在双休日以及国家法定节假日开放的有:不动产登记中心东湖分窗口、人社局窗口、市场监管局窗口、民政局窗口、交警大队窗口、出入境管理大队自助服务窗口;各镇(街办、管理处)便民服务中心办件量多的窗口在双休日以及国家法定节假日开放的有:民政类窗口和社保医保类窗口。

17. 赣发绣:由赣绣演变而来,是以发丝为线在布织物上进行刺绣的一种民间手工刺绣艺术。赣发绣起源于明朝正德年间,萌芽于明代南昌宁王府娄妃用发线绣制的字画,传承至今已有560余年。2008年列入省级非物质文化遗产保护名录。

18. 南昌清音:江西省民间曲艺,源于明代嘉靖万历年间,形成于清末民初,流行于南昌,2008年列入江西省非物质文化遗产保护名录。南昌清音的音乐曲子由小曲、联曲、文南词组成,腔体三五七结构,表演形式为一手持檀板,一手敲清音鼓,以唱为主,说为辅,作品多为表现历史故事,百姓生活趣事。

19.“两不愁、三保障”:“不愁吃、不愁穿”;“义务教育、基本医疗和住房”有保障。

(区政府办公室)

大　事　记

1月

2日

上午，中国人民政治协商会议南昌市东湖区第九届委员会第三次会议，在区文化活动中心演艺大厅开幕。大会应到区政协委员248名，实到232名。会议听取政协东湖区第九届委员会常务委员会工作报告；听取区政协九届一次、二次会议以来提案工作情况汇报；针对加强安全生产监管队伍建设、加强民国小洋楼保护、促进类金融服务业发展、推进学校法制教育和推进社区改造等主题建言献策；审议并通过政协东湖区第九届委员会第三次会议议程。区领导刘闯、高辉红、贾彧超、喻国泰和大会执行主席王玮、欧阳桃花、谢保成、冯于水、谢华、余坚、胡涛湘、胡薇在主席台前排就座。大会由王玮主持。区委、区人大、区政府、区法院、区检察院的领导和区政协常委会组成人员出席。

下午，东湖区第十六届人大三次会议预备会议在区文化活动中心演艺大厅召开。会议应到代表244名，实到代表232名。会议选举大会主席团、秘书长，推选大会财政经济委员会名单，推选大会议案审查委员会名单，表决通过大会议程。区人大常委会主任喻国泰，副主任彭雅琳、余瑾、谢蓉、郑洪健、谭阿莉、万里涛在主席台前排就座。区领导刘闯、高辉红、贾彧超、王玮、焦玉庄、胡洪水、唐铭市、夏小兰、陈俊、胡志强、张恩及区法检“两长”出席会议。

3日

上午，东湖区第十六届人民代表大会第三次会议在区文化活动中心演艺大厅开幕。大会应到代表244人，实到代表234人。会议听取区长高辉红作政府工作报告。会议由喻国泰主持。大会执行主席刘闯、高辉红、贾彧超、喻国泰、王玮、唐铭市、彭雅琳、余瑾、谢蓉、郑洪健、谭阿莉、万里涛、唐榕星、杨峰、黄芝义、许强在主席台前排就座。区领导焦玉庄、胡洪水、刘光荣、夏小兰、陈俊、胡志强、雷强以及区人大、区政府、区政协、区法院、区检察院领导受邀出席。不是代表的副县级以上领导、政协委员，以及各委、办、局和垂管单位的负责人列席会议。

4日

上午，东湖区第十六届人民代表大会第三次会议第二次全体会议在区文化活动中心演艺大厅召开。会议听取区人大常委会工作报告、区人民法院工作报告和区人民检察院工作报告；表决通过区人大财政经济专门委员会组成人员人选名单。大会执行主席刘闯、高辉红、贾彧超、喻国泰、王玮、唐铭市、彭雅琳、余瑾、谢蓉、郑洪健、谭阿莉、万里涛、付振海、陈海龙、喻菡、万华在主席台前排就座。彭雅琳主持会议。

上午，政协东湖区第九届委员会第三次会议完成各项议程，在区文化活动中心演艺大厅闭幕。会议应到委员248人，实到223人。大会表彰优秀提案和提案办理先进单位；通过九届三次会议提案审查情况报告；审议通过《政协东湖区第九届委员会第三次会议决议》。区领导刘闯、高辉红、贾彧超、喻国泰和大会执行主席王玮、欧阳桃花、谢保成、冯于水、谢华、余坚、胡涛湘、胡薇在主席台前排就座。区委、区人大、区政府、区法院、区检察院各领导和区政协常委会组成人员出席会议。

5日

上午,东湖区第十六届人民代表大会第三次会议圆满完成各项议程,在区文化活动中心演艺大厅闭幕。大会应到代表244人,实到230人。会议选举邱波、张祎星、胡雪洪、唐建波为东湖区第十六届人民代表大会常务委员会委员,刘光荣为东湖区监察委员会主任,杨晓波、余萌、林平、胡喬为东湖区出席南昌市第十五届人民代表大会代表;表决通过东湖区人民政府工作报告的决议、东湖区2017年国民经济和社会发展计划执行情况及2018年国民经济和社会发展计划报告的决议、东湖区2017年财政预算执行情况和2018年财政预算报告的决议、东湖区人大常委会工作报告的决议、东湖区人民法院工作报告的决议和东湖区人民检察院工作报告的决议。大会执行主席刘闯、高辉红、贾彧超、喻国泰、王玮、唐铭市、彭雅琳、余瑾、谢蓉、郑洪健、谭阿莉、万里涛、张勇、冯玉成、杨征宇、孙圆圆在主席台前排就座。区领导焦玉庄、胡洪水、刘光荣、夏小兰、陈俊、胡志强、张恩、雷强以及区人大、区政府、区政协、区法院、区检察院领导等受邀出席。余瑾主持会议。

下午,东湖区第十六届人大常委会第十次会议在区人大常委会议室召开。会议宣读并解释提请有关人事职务任命的议案;产生东湖区监察委员会首届领导班子。区人大常委会主任喻国泰,副主任彭雅琳、余瑾、谢蓉、郑洪健、谭阿莉、万里涛及人大常委会委员等26人出席会议。区领导刘光荣,区法检"两长"列席会议。喻国泰主持会议。

6日

上午,东湖区监察委员会挂牌仪式及成立大会在区综合服务大楼举行,宣告东湖区监察委员会正式成立。会议传达中央监改有关精神,宣读区监委班子名单及转隶干部人员安排。区领导刘闯、刘光荣为区监察委员会揭牌,唐铭市、胡志强、谭阿莉,区检察院检察长杜迎春出席仪式。区纪委、区监委班子成员、全体干部及各镇(街道、管理处)纪委(纪工委)书记参会。

7日

下午,中共江西省委常委、南昌市委书记殷美根参加南昌市十五届人大三次会议东湖区代表团审议政府工作报告。殷美根认真听取代表的发言,并不时与代表们进行交流。

8日

下午,南昌市老年书画协会会长何友德、副会长华景威一行到东湖区老年书画协会调研,区领导贾彧超、唐铭市等陪同。

10日

上午,区领导雷强到扬子洲镇卫生院、三联村卫生所、庙后村卫生计划生育服务站,了解社区卫生服务机构基药的使用与占比情况及公共卫生经费的配套情况。区卫计委领导陪同调研。

12日

下午,东湖区在区综合服务大楼常委会议室召开2017年旧改工作总结及2018年工作部署会。区领导刘闯出席并讲话,高辉红主持会议,贾彧超、胡洪水、唐铭市、夏小兰、陈俊、胡志强、童萍如、万勇、万明、杨峻出席。区委办、区人大办、区政府办、区政协办,区委相关部门,区直相关单位,各镇、街道、管理处党政主要负责人参会。

15日

上午,江西省司法厅副厅长邓奕强一行,到东湖区调研指导司法行政工作。邓奕强一行察看区法律服务中心大厅及窗口设置情况,在社区矫正工作指挥中心,重点了解东湖区社区矫正执法大队"队建制"及"一体两翼"的矫正官试点工作。区领导高辉红陪同。

上午,南昌市人大常委会主任陈德寿、副主任朱敏华到东湖区调研人大代表联络工作站建设情况。陈德寿一行先后到东湖区公园街道、大院街道和扬子洲镇的人大代表联络工作站,察看工作站建设等情况。区领导刘闯、喻国泰、彭雅琳、谭阿莉陪同调研。

下午,东湖区迎接2017年度县(市、区)党政领导干部履行教育职责督导评价工作部署会在区政府六楼第二会议室召开。会议解读《关于开展2017年度县(市、区)党政领导干部履行教育职责督导评价的通知》(赣教督办字〔2017〕51号)、《东湖区党政领导干部履行教育职责任务分解工作方案》,并就迎检自评工作的要求和时间节点进行安排和部署。区领导童萍如主持会议并讲话,区委有关部门、区直相关单位主要领导参会。

16日

上午,南昌市人大常委会副主任朱敏华出席

在东湖区贤士湖管理处永溪村举行的"人大代表、企业家在行动支持'美丽南昌·幸福家园'环境整治"捐赠仪式。中恒建设集团等12家爱心企业为永溪村共捐赠36万元，主要用于汤家坊环境改善提升工程。区领导刘闯、喻国泰、刘光荣、谭阿莉、万明出席。

下午，共青团江西省委副书记伍复康、团中央社会联络部副处长高伟一行，到东湖区长巷村青年空间开展全省共青团2017年终巡回拉练暨综合督导工作。团省委一行参观青少年书法工作室、瑜伽课堂、围棋乐园、自学天地、早教天地、图书阅览室等志愿者服务活动场所，细致了解各项服务活动开展情况。区领导贾彧超陪同督导。

2018年1月16日，共青团江西省委、团中央社会联络部一行到东湖区督促指导团的工作

下午，南昌市投促局挂点招商第四工作组一行，到东湖区开展挂点招商工作调研，听取东湖区产业发展相关情况汇报，下发《关于征求对南昌市投资促进局2017年度领导干部民主生活会意见和建议的函》《党员"党性指数"提升工程基本素质定性量化测评表》。区领导陈俊陪同调研。

晚上，区委第十二届38次常委会议在区综合服务中心南楼七层区委第一会议室召开，区领导刘闯主持。会议学习传达《关于我省6起违反中央八项规定精神典型问题的通报》《省委办公厅关于印发〈认真学习贯彻习近平总书记重要批示精神大兴调查研究之风〉的通知》文件精神，审议区委组织部提出的《关于审议〈东湖区科学技术协会第五届委员会主席、副主席候选人〉的请示》。区领导高辉红、贾彧超、焦玉庄、胡洪水、唐铭市、夏小兰、陈俊、胡志强、张恩、雷强出席会议，喻国泰、王玮列席。

17日

上午，东湖区工商联（总商会）在区综合服务大楼南楼八层会议室召开2018年第一次主席（会长）办公会，审议通过《东湖区工商联（总商会）五届三次执委会工作报告（草）》《东湖区工商联（总商会）第五届执委会管理办法（草）》，通报各小组2017年度评比得分排名情况，进行副主席、副会长增补提名投票。区领导胡涛湘主持会议，区工商联第五届兼职副主席（副会长）、常委代表、执委代表、工商联机关全体人员近30人参会。

上午，河北省民政厅厅长赵风楼率河北省民政厅养老服务考察团，到东湖区百花洲街道火神庙社区考察养老服务工作。考察团一行参观社区乐邻爱心社、乐邻老友汇、老年活动室、乐邻饭堂等地，详细了解东湖区"时间银行"养老服务新模式的相关情况。江西省民政厅副巡视员王晔，南昌市民政局党委委员、副局长黄宜顺，区领导刘闯、杨峻陪同考察。

下午，东湖区在区综合服务大楼南楼八层会议室召开全区城市基层党建工作研讨会，集中学习省、市委关于城市基层党建工作相关文件和领导重要讲话精神。区领导唐铭市出席会议并讲话，各镇（街道、管理处）党（工）委书记参会。

19日

上午，东湖区在区文化活动中心新闻发布厅召开科学技术协会第五次代表大会，听取东湖区科协第四届委员会工作报告。南昌市科协主席邹玉萍，区领导贾彧超、彭雅琳、童萍如、胡薇出席。

上午，人民日报社江西分社党支部书记吴齐强率全体党员干部到东湖区方志敏广场和光明社区，开展党支部活动。江西分社一行在方志敏广场开展宣誓活动,参观方志敏烈士爱国事迹陈列馆,并举行微党课活动;在彭家桥街道光明社区参观办事大厅、李恒敏工作室、党员之家、玩具接力坊、社区群众文化活动中心等,详细了解社区基层党建工作开展情况。区领导刘闯、胡洪水参加活动。

20 日

上午,南昌市城管委主任杨保根一行到东湖区百花洲街道火神庙社区,实地察看社区周边环境卫生状况,听取相关工作汇报。区领导刘闯、贾彧超、万明、杨峻参加调研。

下午,东湖区在区文化活动中心新闻发布厅召开2018年重大重点项目推进工作动员大会。会议专题部署全区重大重点项目工作,听取相关单位所作的表态发言。区领导刘闯出席并讲话,高辉红主持会议,贾彧超、夏小兰、喻国泰、王玮等四套班子领导成员,区"法检"两长,区人大副县级干部出席会议。区委各部门、区直各单位,各镇、街道(管理处)党政主要负责人和分管负责人,各垂管单位主要负责人,部分重点项目业主代表参会。

22 日

下午,东湖区在区文化活动中心新闻发布厅召开2018年度"不忘初心　牢记使命"离退休老干部形势报告会,会议宣读《关于东湖区2017年度"最美老干部—风范长老"评选结果的通报》。区领导刘闯出席会议并作报告,贾彧超主持会议,唐铭市、郑洪健、杨峻、欧阳桃花出席。全区副县级以上离退休干部,区属单位离退休党支部书记,区委、区人大、区政府、区政协办公室负责人,各镇、街道、管理处党(工)委主要负责人,区委各部门、区直各单位分管领导参会。

23 日

上午,东湖区在区综合服务大楼南楼七层常委会议室召开科学发展目标管理考核工作调度会。区领导贾彧超出席会议并讲话,各考核责任单位主要负责人参加会议并发言。

下午,南昌市人大内务司法委一行到东湖区检查2017年法治南昌建设工作。考评组一行在东湖区法律服务中心观看法治东湖建设电视宣传片《厉行法治　依法治区》,听取2017年法治东湖建设工作情况汇报,查阅2017年法治东湖建设工作台账,实地查看墩子塘街道马家池社区、法治科普安全宣教中心、百花洲街道办事处。区领导贾彧超、郑洪健陪同检查。

25 日

中午,东湖区召开低温雨雪冰冻天气防范应对工作部署会,传达省、市、区关于做好低温雨雪冰冻天气防范应对工作相关文件精神并安排部署关工作。区领导贾彧超出席并讲话,杨峻主持会议。各街办(镇、管理处)、区委各有关部门、区直各单位主要负责人参会。

26 日

区领导贾彧超到扬子洲镇察看困难群众危旧房居住情况,先后到庙后村胡舒茹和上房村郭朝淇家中,实地察看两位困难群众住房的结构和质量,详细了解困难群众的生活和身体状况。

27 日

上午,东湖区在区综合服务中心南楼一层大厅举行居家养老志愿服务"时间银行"公益基金爱心募捐活动。全区党政领导干部、爱心企业代表及各界社会组织代表参与捐赠活动。活动共募集公益基金46万元,所得款项将全部用于"时间银行"志愿服务项目。

28 日

上午,区领导贾彧超、万明到辖区主要道路检查低温雨雪冰冻天气防范应对工作,察看路面防滑除冰、倾倒树枝清除、安全防护等工作情况。

29 日

下午,区领导刘闯、万勇到辖区内东万宜巷、子固路、民德路、赐福巷、戴家巷、党家巷等旧改地块,察看各个地块现状,听取相关工作情况汇报。区房管局、八一桥街道、百花洲街道、公园街道、滕王阁街道、区国土分局、区规划分局、区城投公司相关负责人随同。

下午,南昌市政府副市长马骏到东湖区调研指导科技、金融、招商工作。马骏一行到北湖小学,详细了解该校"以湖为镜　以创为行"的科技特色校园文化;到江西金融租赁股份有限公司,听取公司运营、规模、发展等情况介绍;到豫章一号文化科技产业园,察看落户园区的江西火种文化实业有限公司、疆豫科技有限公司等企业,了解园区各企业运营情况、发展规划等。区领导高辉红、陈俊、童萍如、万勇陪同调研。

30 日

上午，江西省外侨办主任赵慧一行到东湖区，走访慰问部分困难归侨、侨眷。赵慧一行先后到困难归侨林其友和困难侨眷裘菊香、钟雪花家中，为他们送上慰问金、大米和食用油。南昌市外侨办主任梅梅，区领导高辉红陪同走访。

上午，东湖区在区综合服务中心南楼六层区政府常委会议室召开全区安全生产工作会议，专题研究部署春节及“两会”期间安全生产检查督查工作。区领导高辉红出席并讲话，雷强主持会议。区安委会各成员单位主要负责人参会。

31 日

下午，江西省民政厅厅长刘金接到东湖区调研居家养老志愿服务“时间银行”工作。刘金接一行到百花洲街道火神庙社区了解居家养老志愿服务“时间银行”运行情况，并在区行政服务中心召开座谈会听取该区推进“时间银行”模式工作情况汇报。南昌市委常委、副市长华清，江西省红十字会专职副会长戴莹，南昌市民政局局长邹晓东，区领导刘闯、贾彧超、杨峻陪同调研。区委有关部门、区直相关单位和相关街道、社区主要负责人及部分志愿者代表参加座谈会。

下午，东湖区在区综合服务中心南楼六层区政府常务会议室召开区政府 2018 年第 1 次常务会和第 1 次区长办公会。会议观看《“媒体啄木鸟”行动》光碟；学习传达江西省生态环境保护委员会《关于认真落实领导同志批示精神谋划做好 2018 年大气污染防治工作的函》《中共江西省委办公厅　江西省人民政府办公厅印发〈关于强化党政同责进一步落实食品安全属地管理责任的意见〉的通知》；审议《东湖区建立完善守信联合激励和失信联合惩戒制度加快推进社会诚信建设实施方案》《东湖区政府性债务风险应急处置预案》等议题。区领导高辉红主持会议，夏小兰、雷强、童萍如、陈国梁、万勇、万明、杨峻出席会议，陈俊、余瑾、冯于水受邀列席。

本月

南昌市人大代表、东湖区区长高辉红走进人民网江西演播室，接受智能机器人“小明”的采访，主要介绍东湖区 2017 年经济社会的发展情况、2018 年的工作部署，以及东湖区在推进民生工作方面的亮点和特色等。

2 月

1 日

下午，区领导高辉红、刘光荣、余瑾、杨峻到贤士湖管理处调研村“两委”换届工作。区政府办、区民政局主要负责人随同。

下午，区领导高辉红、刘光荣、万明到扬子洲镇前洲村和庙后村，察看拆违控违工作，并召开现场会听取控违工作情况汇报。区政府办、区执法局、扬子洲镇及各村组负责人参会。

2 日

上午，中共江西省委常委、南昌市委书记殷美根，市委常委、市委秘书长郭毅，市委常委、南昌警备区政委王宗军到东湖区走访慰问福利院老人、困难企业职工、现役立功军人、伤残军人、困难群众等。

上午，东湖区在区政府常务会议室召开全区重大重点产业项目调度会，部署相关项目推进工作。会议通报 2018 年省市重大重点项目的申报工作及推进调度机制，听取各产业项目推进情况汇报。区领导高辉红出席并讲话，焦玉庄、胡洪水、唐铭市、夏小兰、陈俊、胡志强、雷强、彭雅琳、余瑾、谢蓉、郑洪健、谭阿莉、万里涛、童萍如、杨峻、欧阳桃花、谢保成、冯于水、谢华、余坚、胡薇出席会议。

3 日

上午，东湖区开展迎新春清洁家园大行动。南昌市政协秘书长饶小敏，区领导王玮、胡志强等 180 余人对扬子洲镇庙后村农民公寓周边环境进行清理整治；市机关事务管理局局长汪成，区领导焦玉庄等 180 余人对滕王阁街道辖区环境进行清理整治；市民政局副局长黄宜顺一行 35 人到彭家桥街道，市城管委、市妇联、市侨联、市民主党派和区直相关单位和部门到董家窑街道开展环境清理整治工作。

5 日

下午，东湖区在区文化活动中心新闻发布厅召开“美丽南昌 · 幸福家园”环境综合整治调度会。会议布置春节期间环境整治工作，宣读 2017 年 12 月份环境综合整治考核结果和社区（村、家委会)检查评比得分通报。区领导高辉红出席并讲话,贾彧超主持会议,万明、冯于水出席。

7日

上午,区领导贾彧超、杨峻走访慰问东湖区部分困难党员和重点优抚对象。区委办、区委组织部、区民政局、贤士湖管理处、彭家桥街办相关负责人随同。

上午,江西省楹联协会、区司法局、东湖公证处、彭家桥街道光明社区和新法制报社在光明社区联合开展"美丽东湖幸福家园法治护航"系列法治宣传活动——"送法面对面春联送到家"。邀请省楹联协会书法家现场免费为群众书写法治春联,设立法律援助工作台和法律事务咨询台,为群众提供免费法律公证咨询服务。发放法治春联100余副、"福"字50余个,法律宣传资料200余份,50余人次接受法律咨询。

8日

下午,区领导刘闯、万勇走访慰问部分困难群众、优抚对象、统战对象及辖区企业。区委有关部门、区直相关单位和相关街道主要负责人随同。

晚上,区委第十二届三十九次常委会议在区综合服务中心南楼七层区委第一会议室召开,区领导刘闯主持。会议学习传达中央、省、市纪委全会精神及《孙新阳在省委巡视工作领导小组会议上的讲话》,《中共江西省委办公厅、江西省人民政府办公厅印发〈关于强化党政同责进一步落实食品安全属地管理责任的意见〉的通知》文件精神,全省组织部长会议精神,省委常委、市委书记殷美根在《关于东湖区2018年重大重点投资项目情况的报告》上的批示精神,中央、全省政法工作会议精神和省、市扫黑除恶工作会议精神,省环境保护厅关于对南昌市环保体制改革方案的建议。会议审议区纪委提出的《关于召开中共东湖区纪律检查委员会十二届三次全体会议的请示》及有关会议材料,区委组织部提出的《关于审议〈2017年度东湖区委常委会民主生活会班子对照检查材料〉的请示》,区委办公室提出的《关于调整区委督促检查工作领导小组等4个领导机构组成人员的请示》,区委组织部提出的有关干部人事议题(略)。区领导高辉红、贾彧超、焦玉庄、胡洪水、唐铭市、刘光荣、夏小兰、陈俊、胡志强、张恩、雷强出席会议,喻国泰、王玮列席。

区领导刘闯、高辉红、贾彧超、喻国泰、夏小兰、张恩到江西省军区、南昌警备区进行春节走访慰问活动。

区委决定贾彧超任中共东湖区委党校第一校长;雷强任中共东湖区人民政府党组成员;黄赏辉任中共东湖区委台湾工作办公室主任;免去唐浩的中共东湖区委办公室副主任,中共东湖区委、区政府信访局局长职务;万宇任中共东湖区委非公有制经济组织和社会组织工作委员会副书记(试用期一年);朱莉群任中共东湖区委统战部常务副部长;程涛任中共东湖区委、区政府信访局副局长;王鑫任中共东湖区委、区政府信访局正科级督查专员,免去其中共东湖区委、区政府信访局副局长职务;免去余玲的中共东湖区委、区政府信访局副局长职务;周鹤林任中共东湖区纪律检查委员会党风政风监督室主任,免去其中共东湖区贤士湖管理处工作委员会委员职务;陈川任中共东湖区纪律检查委员会第二纪检监察室主任(试用期一年);周林任中共东湖区教育科技体育局委员会委员;李磊任中共东湖区住房保障和房产管理局委员会委员,免去其中共东湖区公园街道工作委员会委员职务;程航任中共东湖区文化广电新闻局(区版权局、区旅游发展委员会)委员会书记;蔡春辉任中共东湖区文化广电新闻局(区版权局、区旅游发展委员会)委员会委员,免去其中共东湖区住房保障和房产管理局委员会委员职务;免去胡薇的中共东湖区文化广电旅游新闻出版局委员会书记职务;涂韶勇任中共东湖区统计局党组书记;刘炜忠任中共东湖区安全生产监督管理局党组成员;吴棉开任中共东湖区安全生产监督管理局党组成员;傅筱琴任中共东湖区城市管理行政执法局委员会委员,免去其中共南昌市城市管理行政执法局东湖分局委员会委员职务;黄东辉任中共东湖区城市管理行政执法局委员会委员,免去其中共南昌市城市管理行政执法局东湖分局委员会委员职务;免去王长福的中共南昌市城市管理行政执法局东湖分局委员会副书记职务;胡静任中共东湖区扬子洲镇委员会副书记;王尔雄任中共东湖区豫章街道工作委员会副书记、纪律检查工作委员会书记;免去吴廷英的中共南昌市公安局东湖分局委员会委员职务;免去张国保的中共东湖区农业水务局党组成员职务;汤赛丁任中共东湖区贤士湖管理处工作委员会委员；熊小豹任中共东湖区扬农管理处工作委员会委员；罗长水任中共东湖区委防范和处理邪教问题领导小组办公室主任，免去其东湖区“610”办公室主任职务；尚春保任中共东湖区委防范和处理邪教问题领导小组办公室副主任、主任科员，免去其东湖区“610”办公室副主任、主任科员职务；史鸿波任中共东湖区委防范和处理邪教问题领导小组办公室副主任科员，免去其东湖区“610”办公室副主任科员职务；免去梅春兰的中共东湖区企业资产管理服务中心委员会委员职务；唐立红保留正科级待遇，免去其中共东湖区育新学校总支部委员会书记职务；熊平水保留副科级待遇，免去其中共东湖区光明学校支部委员会副书记职务；罗玲保留副科级待遇，免去其中共东湖区妇幼保健计划生育服务中心支部委员会书记职务；刘冬冬任中共东湖区卫生计生综合监督执法局支部委员会书记，免去其中共东湖区卫生监督所支部委员会书记职务。

区委同意夏小兰任东湖区行政学院第一院长；免去陈曙的东湖区行政学院第一院长职务；李吁红任东湖区发展和改革委员会副主任，免去其东湖区统计局总统计师职务；涂偲偲任东湖区发展和改革委员会总经济师（试用期一年）；周林任东湖区教育科技体育局副局长，免去其北湖小学校长职务；李磊任东湖区住房保障和房产管理局副局长，免去其东湖区公园街道办事处副主任职务；蔡春辉任东湖区文化广电新闻出版局（区版权局、区旅游发展委员会）副局长、副主任、主任科员，免去其东湖区住房保障和房产管理局副局长、主任科员职务；免去程航的东湖区文化广电旅游新闻出版局副局长职务；免去涂韶勇的东湖区统计局主任科员职务；胡阳任东湖区统计局总统计师（试用期一年）；傅筱琴任东湖区城市管理行政执法局副局长、主任科员；黄东辉任东湖区城市管理行政执法局副局长；周运坤任东湖区城市管理行政执法局主任科员；张道龙任东湖区城市管理行政执法局主任科员；杨茂奇任东湖区城市管理行政执法局主任科员；熊庆友任东湖区城市管理行政执法局副主任科员；陈勇任东湖区城市管理行政执法局副主任科员；免去王尔雄的东湖区豫章街道办事处副主任职务；万菁任东湖区百花洲街道办事处副主任（挂职锻炼一年）；熊敏君任东湖区公园街道劳动和社会保障事务所所长（试用期一年）；程振坤任东湖区大院街道劳动和社会保障事务所所长，免去其东湖区公园街道劳动和社会保障事务所所长职务；张滨任东湖区董家窑街道办事处副主任科员；吴可嘉任东湖区彭家桥街道办事处副主任科员；免去张国保的东湖区农业水务局副局长职务；汤赛丁任东湖区贤士湖管理处副主任，免去其东湖区贤士湖管理处综治办专职副主任职务；免去周鹤林的东湖区贤士湖管理处副主任职务；徐国华任东湖区扬农管理处主任；免去谌洁的东湖区扬农管理处主任职务；熊小豹任东湖区扬农管理处副主任（试用期一年）；免去梅春兰的东湖区企业资产管理服务中心副主任职务；免去邓翎利的阳明学校副校长职务；胡丽娜任东湖区职工学校副校长（试用期一年）；刘红志任东湖区卫生计生综合监督执法局局长，免去其东湖区卫生监督所所长职务。

区委提名：张国保任东湖区墩子塘街道人大工作委员会专职副主任；免去高迪生的东湖区彭家桥街道人大工作委员会主任职务；涂韶勇任东湖区统计局局长；梅春兰任东湖区政协办公室副主任；唐浩任东湖区总工会常务副主席；免去李永兴的东湖区总工会常务副主席职务；莫讯任东湖区归国华侨联合会专职副主席；免去朱莉群的东湖区归国华侨联合会主席职务。

9日

上午，区领导刘闯、谢蓉、杨峻到扬子洲镇三联村调研村“两委”换届选举工作，与三联村“两委”干部开展座谈，详细了解该村基本情况与村干部开展工作情况。

中午，区领导刘闯、高辉红、杨峻一行到东湖区社会福利院，与50余位耄耋老人吃团圆饭，共度小年。区委办、区民政局相关负责人随同。

晚上，南昌市副市长、市公安局局长万秀奇一行，先后到扬子洲镇三联村、前洲村，督查指导禁止燃放烟花爆竹工作。区领导刘闯、陈国梁随同。

11日

上午，中共南昌市东湖区第十二届纪律检查委员会第三次全体会议在区文化活动中心新闻发布厅召开。会议听取中共东湖区纪律检查委员会常务委员会作工作报告，书面传达省、市纪委全会精神。区领导刘闯出席并讲话,高辉红、贾彧超、喻国泰、王玮等四套班子成员,区法检“两长”出席会议。

下午,东湖区委中心组理论学习(扩大)会在区综合服务大楼区委常委会议室召开。会议听取与会的区委常委围绕学习主题所作的发言。区领导刘闯出席并讲话,高辉红、贾彧超、喻国泰、王玮等四套班子领导成员,区法检“两长”以及区人大副县级领导干部出席会议。区纪委副书记、区委办、区政府办负责人、区委组织部、区委宣传部相关负责人列席会议。

下午,区领导高辉红、贾彧超、夏小兰拜访重点企业南昌轨道交通集团有限公司,并与集团董事长李云峰一行开展座谈。区商务局主要负责人随同。

12 日

上午,东湖区在区文化活动中心新闻发布厅举行2018年春节团拜会,各界人士一同观看精彩的文艺节目。区领导刘闯致辞,高辉红主持团拜会,贾彧超、喻国泰、王玮等区四套班子成员,区法检“两长”以及部分离退休干部、社会各界代表出席。

上午,区领导高辉红、夏小兰、万勇分别到百花洲街道和墩子塘街道,走访慰问部分生活困难的党员、职工和群众,并致以节日的问候和祝福。区政府办、区委组织部、区人社局、百花洲街道、墩子塘街道主要负责人随同。

区领导高辉红、贾彧超、余瑾、万明、冯于水到辖区部分社区(村、家委会),开展“美丽南昌·幸福家园”环境卫生综合整治突击检查。区委有关部门、区直相关单位主要负责人随同。

15 日

上午,东湖区在佑民寺广场举行“说民俗·展年俗——南昌味道南昌年”新春活动。区领导刘闯出席并致辞,高辉红主持活动仪式,贾彧超、喻国泰、王玮、胡洪水、唐铭市、童萍如、杨峻出席活动。

16 日

上午,区领导高辉红、贾彧超、夏小兰、胡志强、万明看望慰问春节期间坚守岗位的一线工作人员,向他们致以崇高的敬意,并送上新春祝福。区委办、区政府办、区机管局主要负责人随同。

18 日

下午,区领导刘闯、贾彧超、万明察看佑民寺文化街区及周边情况。

22 日

上午,东湖区在区文化活动中心演艺大厅召开区委中心组理论学习(扩大)会。听取题为《传承红色基因　牢记初心使命》的专题报告。区领导刘闯主持会议并讲话,高辉红、贾彧超、王玮等区四套班子领导成员,区法检“两长”出席会议。各镇、街道(管理处)党政主要负责人,区委各部门、区直各单位主要负责人参会。

23 日

区领导高辉红、夏小兰走访慰问辖区重点税源企业中航信托和北京银行南昌分行。区政府办、区财政局、区协税办相关负责人随同。

24 日

上午,区领导贾彧超走访东湖公安分局,了解公安分局在维护稳定、服务大局、刑事打击、治安防控、社会管理及队伍建设等方面的工作开展情况。区领导陈国梁,分局相关单位主要负责人参加座谈会。

25 日

上午,东湖区在区委常委会议室召开全区信访稳定工作会。会议通报全区信访工作近况,安排部署全国“两会”期间信访稳定工作。区领导刘闯出席并讲话,高辉红主持会议,贾彧超、王玮等区四套班子成员,区法检“两长”出席会议。各镇、街道(管理处)党政主要负责人,区委各部门、区直各单位主要负责人,区法院、区检察院、东湖公安分局分管负责人参会。

26 日

上午,区政府党组理论学习中心组学习会在区政府常务会议室召开。会议学习新华社评论文章《不忘初心　牢记使命——一论学习贯彻党的十九大精神》和《人民日报》“宣言”的署名文章《艰苦奋斗再创业》,宣读《中共东湖区委办公室关于印发〈贯彻落实《中国共产党党委(党组)理论学习中心组学习规则》实施办法〉的通知》。区领导高辉红主持并讲话,区政府党组全体成员出席会议,区领导童萍如受邀列席会议。区政府党组理论学习中心组学习秘书、区政府办公室副科以上干部参会。

下午，东湖区在区政府常务会议室设立分会场，组织收听收看南昌市安全生产工作电视电话会议，并召开全区安全生产工作暨创建国家食品安全示范城市工作调度会。会议就全区安全生产工作及食品安全工作进行全面部署，传达上级有关食品安全工作会议精神并通报全区食品安全生产工作形势，传达省、市有关安全生产工作指示批示精神并通报全区安全生产工作形势。区领导高辉红、夏小兰、陈俊、雷强、童萍如、杨峻出席会议。

27 日

上午，东湖区在区委第二会议室召开全区开放型经济工作会议。会议听取社会消费品运行情况工作汇报；通报 1 月份各经济责任单位实际利用内外资、外出招商和注册项目等情况；听取各经济责任单位内、外资完成情况及在跟在谈项目推进情况汇报；安排部署相关工作。区领导陈俊出席会议并讲话。区商务局、区统计局主要领导，各经济责任单位分管领导参会。

下午，东湖区召开 2017 年度基层党建工作述职评议会议，听取各发言人围绕基层党建、党风廉政建设、意识形态、人才工作四个方面的现场述职。区领导刘闯主持会议并讲话，南昌市委基层办主任张六顺到会指导。区委常委，区委党建工作领导小组成员，各镇（街道、管理处）党（工）委书记，区直系统党（工）委书记以及各单位推荐的“两代表一委员”、基层党员群众代表参会。各镇（街道、管理处）党工委专职副书记、纪工委书记、宣传委员列席会议。

28 日

上午，区领导陈俊到凯基大厦商业项目、贤湖澜景商业项目现场，对项目招商情况进行协调和推进。区商务局、豫章街办、董家窑街办和项目业主方参加。

区领导高辉红、贾彧超、余瑾、万明、冯于水先后到辖区扬子洲镇三联村万家嘉苑小区、扬农管理处德成社区、大院街道院一社区等 12 个社区（村、家委会），开展“美丽南昌 · 幸福家园”环境卫生综合整治突击检查。区委有关部门、区直相关单位主要负责人随同。

3 月

1 日

上午，东湖区在区政府第一会议室召开育新学校紫金分校和天骥小学建设进度调度会，听取学校建设进展情况汇报及各参会单位职责分工的发言。区领导高辉红主持会议，童萍如、万勇出席。区委有关部门、区直相关单位、相关街办和九鼎公司主要负责人参会。

下午，东湖区 2018 年城市建管口重点工作安排汇报会在区政府第一会议室召开，听取全区 2018 年“美丽南昌 · 幸福家园”环境综合整治项目的汇报，以及城市建设和管理重点工作安排情况的汇报。区领导高辉红主持会议并讲话，夏小兰、万明出席。区直相关单位主要负责人参会。

区领导陈俊主持召开洪茂大厦、丰农大厦项目招商现场协调会，听取责任街道和项目业主方有关招商计划情况汇报。区商务局、贤士湖管理处、豫章街办和项目业主方等相关单位人员参会。

2 日

下午，区领导刘闯、贾彧超、唐铭市、谢蓉到扬子洲镇熊万村、上房村，调研指导村“两委”换届工作。刘闯一行详细听取村“两委”干部基本情况、村集体经济现状及下一步发展思路等相关工作汇报。区委办、区委组织部、区财政局、区农水局相关负责人随同。

晚上，区领导高辉红到扬子洲镇庙后村和三联村，调研禁燃禁放工作开展情况，并看望慰问元宵佳节依然坚守岗位的镇、村一线禁燃禁放工作人员。

5 日

上午，东湖区组织区政府各部门负责人集中收听收看十三届全国人民代表大会一次会议的开幕直播盛况，听取李克强总理作《政府工作报告》。区领导高辉红、夏小兰、雷强、童萍如、万勇、万明参加集中收听收看活动。

下午，区领导高辉红、焦玉庄、万勇到硅酸盐厂周边地块，察看青山湖西岸城市综合管廊建设相关工作推进情况，并在区旧城改造第三分指挥部召开调度会，研究部署相关工作。区直相关单位、相关街道(管理处)和硅酸盐厂主要负责人参加。

7日

下午,东湖区在区综合服务中心南楼六层区政府常务会议室召开区政府2018年第2次常务会和第2次区长办公会。会议观看《"媒体啄木鸟"行动》光碟,通报该区列入2018年南昌市重大重点项目情况,审议《东湖区水环境综合治理意见》《关于加强跨行政区域联合治水的意见》等议题。区领导高辉红主持会议,夏小兰、雷强、童萍如、陈国梁、万勇、万明出席,陈俊、余瑾、冯于水受邀列席。

8日

上午,区领导胡洪水陪同人民日报记者到马家池社区采访居家养老"时间银行"服务工作,并与"时间银行"社区志愿者熊八香交谈,看望其服务对象百岁老人梁腊妹。

上午,区领导高辉到区人民检察院指导该院2017年度党组民主生活会,听取该院2017年度民主生活会前期准备工作情况和2016年度班子民主生活会整改落实情况,并对该院今后工作提出要求。

上午,区领导刘闯、贾彧超、谢蓉、童萍如、胡薇到百花洲街道火神庙社区参加社区时间银行"敬老爱老·巾帼献爱心"志愿服务暨庆"三八"活动,与社区空巢老人、单亲家庭贫困母亲、失独家庭母亲、时间银行志愿者一起共庆节日。

上午,区领导刘闯会见来访的江西省工商银行副行长姜成茂一行,双方就融资合作展开沟通交流。区领导夏小兰参加会见。

下午,区委第十二届四十次常委会议在区综合服务中心南楼七层区委第一会议室召开,区领导刘闯主持。会议学习传达全省宣传部长会议精神和全市宣传思想文化工作会议精神,《关于印发〈2018年全市党委(工委、党组)理论学习中心组专题学习重点内容安排〉的通知》文件精神;讨论区委人才办提出的《关于审议〈南昌东湖城市建设投资发展有限公司和南昌东湖文化旅游投资发展有限公司人员调配〉的请示》;听取区委组织部关于2017年度各镇(街道、管理处)党(工)委及区直系统党委书记抓基层党建工作评议结果的通报;审议区委政法委提出的《审议〈关于表彰2017年度全区社会治安综合治理目标管理先进单位、先进集体及先进工作者的决定(送审稿)〉的请示》《审议〈关于嘉奖2017年度全区社会治安综合治理目标管理先进单位综治责任人及综治办主任的决定(送审稿)〉的请示》《关于成立东湖区公共安全视频监控建设联网应用工作领导小组的请示》,区政府党组提出的《关于审议〈东湖区2017年经济工作考核奖励意见(送审稿)〉的请示》《关于审议〈2018年经济发展计划(送审稿)〉的请示》《关于审议〈东湖区水环境综合治理意见(送审稿)〉的请示》《关于审议〈加强跨行政区域联合治水的意见(送审稿)〉的请示》。区领导高辉红、贾彧超、焦玉庄、胡洪水、唐铭市、刘光荣、夏小兰、陈俊、胡志强、张恩、雷强出席会议,喻国泰、王玮列席。

9日

上午,区领导陈俊到墩子塘街道指导该街道召开2017年度领导班子专题民主生活会,听取该街道2017年度民主生活会筹备情况,并对今后工作提出要求。

下午,区领导高辉红、夏小兰、余瑾、万明、谢保成一行到辖区青山闸、玉带河北支、东湖、南湖、北湖、贤士湖、省人民医院排污口等地,实地调研水环境水质情况。区直相关单位和相关街道(管理处)主要负责人随同。

下午,东湖区在区文化活动中心新闻发布厅召开"美丽南昌·幸福家园"环境综合整治调度会,通报街道(镇、管理处)环境综合整治2018年2月份考核结果和2月份社区(村、家委会)环境综合整治检查评比得分情况,并布置相关工作。区领导高辉红出席并讲话,余瑾主持会议,万明、冯于水出席。各镇(街道、管理处)党政主要负责人,区委相关部门、区直相关单位负责人,东湖交警大队、东湖消防大队、东湖公安分局分管负责人参会。

12日

下午,东湖区召开全区新入职社区工作者岗前培训会,区领导刘闯出席并为新入职的57名社区工作者上"第一课",唐铭市主持会议,区民政局主要负责人、各街道分管负责人出席。

团中央宣传部副部长张新钢、团中央宣传部思想理论教育处调研员宋超贺、团中央维护青少年权益部协调督导处副处长李天国一行到东湖区就团十八大的召开开展工作调研。调研组一行与区领导刘闯、贾彧超会面并听取该区对共青团组织改革的意见,就如何更好地支持共青团工作进行交流。调研组还与来自该区系统、街道、社区一线团干青年代表开展座谈交流活动。

14 日

下午,区领导高辉红、胡洪水、夏小兰、郑洪健、谢保成实地察看沁庐旅生活广场和江旅都市方舟两个重大产业项目,并召开项目专题调度会,研究部署相关工作。区直相关单位和相关街办主要负责人参加。

下午,区领导高辉红、贾彧超、万明到扬子洲镇调研指导英雄大桥两侧钢棚拆除工作,并组织召开调研座谈会。区直相关单位和扬子洲镇主要负责人参加。

区领导高辉红、贾彧超、余瑾、万明、冯于水到辖区社区(村、家委会),开展“美丽南昌·幸福家园”环境综合整治突击检查。区直相关单位、区委有关部门主要负责人随同。

区委决定免去李承烈的东湖区扬子洲镇主任科员职务,退休;免去郭小强的东湖区人民法院主任科员职务,退休;免去赵小玲的东湖区安全生产监督管理局主任科员职务,退休。李承烈的退休时间从 2018 年 1 月起算;郭小强、赵小玲的退休时间从 2018 年 2 月起算。

15 日

上午,南昌市信访局党组成员、市信访接待中心主任刘多祯一行到扬子洲镇开展“两会”期间信访工作督查活动。区领导贾彧超、杨峻,扬子洲镇相关负责人陪同。

16—17 日

东湖区召开为期一天半的全区工作务虚会。会议以认真学习贯彻中共十九大、十九届三中全会和 2018 年全国“两会”精神,全面落实市委十一届四次全会、区委十二届四次全会精神,强力推进全区 2018 年经济社会跨越发展为主题,研讨全年工作发展。区领导刘闯、高辉红出席并讲话,贾彧超主持会议,喻国泰、王玮等四套班子领导成员、区“法检”两长等副县级以上领导干部出席,各镇(街道、管理处)和区委相关部门、区直相关单位主要负责人参会。

17 日

下午,东湖区在区政府常务会议室召开全区经济工作部署会,听取有关责任单位针对 2017 年牵头经济工作任务所作的总结及针对 2018 年牵头经济工作任务所作的部署。区领导高辉红出席并讲话,夏小兰主持会议,陈俊、万勇出席。各镇(街道、管理处)、区直相关单位主要负责人参会。

20 日

上午,南昌市民政局局长邹晓东一行到东湖区扬子洲镇三联村开展综治帮扶调研活动。区领导杨峻陪同调研。

上午,南昌市残疾人联合会“五比”活动在东湖区拉开序幕,市残疾人联合会党组书记、理事长余颖带领市残疾人联合会领导班子、市残疾人联合会各部门负责人和各县区残疾人联合会理事长一行,先后调研东湖区精神障碍原生态文化创意画室、百花洲街道火神庙社区“时间银行”服务点、百花洲街道社区卫生服务中心。区领导贾彧超参加调研。

21 日

下午,区领导刘闯、童萍如、万明到江西省图书馆旧址察看维修改造情况,并召开座谈会。省图书馆馆长陶涛,区直相关单位和相关街道(管理处)主要负责人参加。

22 日

上午,东湖区在区委常委会议室召开水环境综合治理动员部署暨总河长大会,总结 2017 年度全区水环境综合治理工作,部署 2018 年度全区水环境综合治理工作。区领导高辉红出席并讲话,贾彧超主持会议,王玮等区四套班子成员出席。区农水局、区城建局、区环保局、扬子洲镇主要负责人参会。

上午,东湖区在区文化活动中心新闻发布厅举行 2018 年东湖区教育工作会,围绕“优先发展教育事业”和“发展公平而有质量的教育”两大教育目标,书面传达省、市教育工作会议精神,宣读《关于公布东湖区第五届中小学幼儿园责任督学名单的通知》,全面总结 2017 年度的工作并部署 2018 年度的任务。南昌市教育局党委委员、副局长陈瑜和区领导高辉红出席会议并讲话,区领导童萍如主持。区教科体局领导班子成员、区督学、教育系统各单位校级领导及局机关干部参会。

23 日

上午,东湖区在区文化活动中心新闻发布厅召开全区基层党建工作汇报会,听取全区 2017 年度基层党建工作总体情况汇报。区领导刘闯主持会议,贾彧超、唐铭市,南昌市委基层党建第四巡查组成员出席,部分基层党组织负责人、党务工作者代表、“两代表一委员”、普通党员群众代表参会。

晚上,区委第十二届四十一次常委会议在区综合服务中心南楼七层区委第一会议室召开,区领导刘闯主持。会议学习传达全省统战部长会议精神和全市统战工作会议精神,全市组织部长会议精神;审议区委组织部提出的《关于推荐东湖区政协第九届委员会委员候选人的请示》,区委政法委提出的《关于召开 2018 年全区政法工作会议的请示》及相关会议材料;听取 2017 年全市开放型经济发展情况的通报,区政府党组关于 2018 年区财政预算安排的通报;审议区政协党组提出的《关于审议〈2018 年度区政协协商工作计划〉的请示》,区委办公室提出的《关于召开全区党群工作会议的请示》及相关会议材料、《关于审议〈中共南昌市东湖区委常委会 2018 年工作要点(送审稿)〉的请示》。区领导高辉红、贾彧超、焦玉庄、胡洪水、唐铭市、夏小兰、陈俊、胡志强、张恩、雷强出席会议,喻国泰、王玮、欧阳桃花列席。

24 日

下午,区领导刘闯、童萍如、万勇,清华大学白明教授到百花洲历史文化街区开展调研活动。

25 日

上午,东湖区居家养老志愿服务“时间银行”区校共建签约授牌仪式在区文化活动中心新闻发布厅举行。江西省委办公厅副巡视员郑明胜,省委民声通道工作室主任刘长城,区领导刘闯、贾彧超、杨峻出席仪式。

26 日

上午,在江西省政府教育督导委员会第六次全体(扩大)会议上,江西省副省长、省政府教育督导委员会主任孙菊生在听取东湖区《党政主导谱教育发展　全区同心绘优质均衡》的报告后,对该区创新“两化两力”办学管理模式、高起点推进“集团化”“学区化”建设的改革举措给予高度肯定。

下午,区领导高辉红、唐铭市、刘光荣、余瑾、杨峻到贤士湖管理处调研指导换届选举工作并召开座谈会。

27 日

上午,江西省城乡环境综合整治厅际联席会议办公室检查组一行到扬子洲镇三联村调研指导英雄大桥两侧钢棚拆除工作。省人大环资委副主任委员陈松远、副调研员汪敏勇,省住房城乡建设厅稽查办主任陈杰参与督导。南昌市副市长宋铀,区领导贾彧超、万明随同。

下午,区领导高辉红、贾彧超、万明,区人武部政委邱建新到扬子洲镇检查防汛各项准备工作。区直相关单位、扬子洲镇、扬农管理处主要负责人随同。

27—29 日

区领导夏小兰赴全区各街办、贤士湖管理处开展经济工作调研,听取各街办、贤士湖管理处关于 2018 年经济工作计划的汇报。区发改委、区财政局、区统计局主要负责人陪同调研。

28 日

上午,政协东湖区第九届委员会第八次常委会议在区政协常委会会议室召开。会议专题学习全国两会精神,听取区发改委关于全区 2018 年重大重点项目计划安排工作通报、区民政局关于全区居家养老志愿服务“时间银行”的工作进展情况通报,审议通过《区政协常委会 2018 年工作要点》,通过委员增补等人事事项。区领导王玮主持会议,欧阳桃花、谢保成、谢华、余坚、胡涛湘、胡薇等 32 名区政协常委会组成人员出席。镇(街办)委员联络小组组长及区政协机关各科室负责人列席会议。

上午,区领导胡志强先后到扬子洲镇为民村、三联村、滕洲村、熊万村、长村村及渔业村村委会换届选举大会中心会场及部分投票站,现场督查指导村委会换届选举工作。

下午,东湖区在区政府常务会议室召开 2018 年一季度经济运行分析会,听取区财政局、区统计局、区发改委、区商务局关于一季度经济指标运行情况分析研判的汇报。区领导高辉红主持会议并讲话,夏小兰出席会议并部署相关工作。区直相关单位、各镇(街道、管理处)负责人参会。

东湖区在区政府常务会议室召开全区慢性病

综合防控示范区工作协调会。会议宣读《关于授予百花洲街道等单位“健康单位”的通知》、2017年慢病综合防控示范区工作总结和2018年工作计划。区领导雷强出席并讲话。扬子洲镇、各街道(管理处)和相关部门分管领导30余人参会。

29日

区领导高辉红、贾彧超、余瑾、万明到辖区部分社区(村、家委会),开展3月第二次“美丽南昌·幸福家园”环境卫生综合整治突击检查工作。区委有关部门、区直相关单位主要负责人随同。

30日

上午,东湖区政法工作会议在区文化活动中心演艺大厅召开。会议宣读区委、区政府《关于表彰2017年度全区社会治安综合治理目标管理先进单位、先进集体及先进工作者的决定》《关于嘉奖2017年度全区社会治安综合治理目标管理先进单位综治责任人的决定》,听取2018年全区政法工作报告。区领导刘闯、高辉红、贾彧超、胡志强、谢蓉、杨峻、谢华,区法院院长梁洪、区检察院检察长杜迎春出席会议。区综治委委员;扬子洲镇,街道、管理处党委(党工委)书记、分管副书记、综治办专职副主任,各村、社区主任;区综治责任单位党委、党组主要负责人,综治工作分管领导;区委政法委、区委维稳办、区防范办、区网格管理中心领导;区政法各部门副科级以上干部,被表彰集体及部分个人代表共计322人参会。

上午,区领导高辉红、童萍如、万明到辖区部分重点建设项目施工现场,督查指导项目建设推进工作。

下午,中共东湖区委办公室机关支部在区委第一会议室召开组织生活会,听取区委办公室机关党支部班子的对照检查,开展民主评议党员工作。区领导刘闯、贾彧超、陈俊参加会议。

晚上,东湖区辖区原江西省司法厅办公楼,原省人社厅、省老年大学办公楼成功实施爆破拆除。

区领导高辉红到青山北路综合管廊、上沙窝社区改造、东湖小区、省人民医院截污工程等项目现场,察看各项目推进情况,并就相关工作进行指导。区直相关单位、相关街道(管理处)主要负责人参加。

本月

东湖区选送的原创廉政文化小品《兄弟》,在南昌市纪委主办的“方正杯”学习贯彻监察法廉文化小品大赛上获得一等奖。

4月

2日

上午,东湖区召开全区党群工作会议。会上,区领导贾彧超总结2017年全区群团工作并部署2018年的工作,焦玉庄、胡洪水、唐铭市分别就统战、宣传和组织工作进行总结和部署。区领导刘闯出席会议并作重要讲话,高辉红主持会议,喻国泰、刘光荣、夏小兰、胡志强、张恩、万里涛、陈国梁、欧阳桃花、胡涛湘、梁洪出席。区四大家办公室负责人;各镇、街道、管理处党(工)委书记、专职副书记、党政办主任,各镇、街道(管理处)村(社区)书记;区委各部门、区直各单位主要负责人及分管领导、办公室主任参加会议。

武汉市统计局党组书记、局长孟武康一行到东湖区调研统计工作。东湖区统计局介绍该区统计局基本情况和“四经普”专项试点工作有关情况。南昌市统计局副局长许卫群,区领导夏小兰陪同调研。

3日

中央文明办召开全国学雷锋志愿服务工作推进会,公布2017年学雷锋志愿服务“四个100”先进典型,东湖区文广局退休干部郑小惠荣获全国“最美志愿者”,是江西省唯一赴北京参会领奖代表,也是南昌市唯一获得2017年全国“最美志愿者”的志愿者。

4日

下午,东湖区在区政协会议室召开“美丽南昌·幸福家园”环境综合整治调度会。会议通报各街道(镇、管理处)环境综合整治3月份考核结果和3月份社区(村、家委会)环境综合整治检查评比得分情况,向3月份考核前3名的单位颁奖,相关单位作表态发言。区领导高辉红出席并讲话,贾彧超主持会议,余瑾出席。各镇(街道、管理处)主要负责人,区委相关部门、区直相关单位负责人,东湖交警大队、东湖消防大队、东湖公安分局分管负责人参加。

8日

下午,东湖区学雷锋志愿服务“四个100”先进典型活动“最美志愿者”——郑小惠事迹报告会在区文化活动中心新闻发布厅隆重举行。区领导胡洪水主持会议,区领导胡薇,南丁格尔奖获得者、全国道德模范提名奖获得者章金媛等出席报告会。郑小惠、涂桦深情讲述他们之间帮助与被帮助、感动与被感动的背后故事,深深感染现场听众。区委各部门、区直各单位分管领导,各镇、街道、管理处分管领导,区文广局干部职工、章金媛爱心奉献团代表等参加。

9日

上午,南昌市政协党组副书记、副主席周智安率市政协调研组一行到东湖区开展“分级财税和土地收益分配状况”调研活动。区领导刘闯、王玮、夏小兰出席调研座谈会,夏小兰向调研组汇报东湖区分级财税和土地收益分配状况。

下午,区领导杨峻察看扬农管理处沟渠改造和垦区危房改造三期工程建设情况,听取相关工作情况汇报。

傍晚,区领导刘闯、陈俊、万明到胜利路步行街视察提升改造工程,察看街区整体建设情况,详细了解街区商业经营状况、提升改造规划等。区委办、区商务局、区城建局、百花洲街道、滕王阁街道、东湖消防大队、步行街管理处相关负责人参加。

11日

下午,区领导贾彧超、胡志强、万明、杨峻到扬子洲镇调研指导英雄大桥两侧钢棚拆除工作。区委办、区政府办、区城管委、区执法局、区农水局,区综管办,东湖公安分局,扬子洲镇相关负责人随同。

12日

上午,国家中医药管理局副司长陆建伟等专家组一行对南昌市第二中西医结合医院就中医医疗机构传染病防治和感染防控监督工作进行专项督查。专家组成员认真听取市第二中西医结合医院有关工作汇报,查阅相关文件资料,检查针灸室、检验室、药房和中医内、外科等科室,对院感制度落实、消毒功能区划分、医疗垃圾处置等工作进行检查和指导。江西省中医药管理局副局长刘希伟,区领导雷强陪同督查。

12—13日

区领导贾彧超、余瑾、万明、冯于水深入全区12个社区(村、家委会),以不打招呼、随机抽查、现场打分的方式开展每月两次的“美丽南昌·幸福家园”环境卫生综合整治突击检查。区政府办、区委宣传部、区委政法委、区综管办、城建局、城管委、执法局、爱卫办等相关负责人参加。

14日

下午,共青团东湖区委举行2018年第二届“东湖青年五四奖章”专家评审会。评委会初评出30名初步候选人,拟通过东湖区共青团微信公众平台面向社会提交大众评审于4月15—19日进行网络投票,结合专家评审投票数和大众网络投票,最终确定正式人选。

16日

下午,区领导贾彧超、万明到扬子洲镇调研指导沿江码头整治工作,听取扬子洲镇沿江码头的基本情况、存在的问题及整治建议汇报,并就下一步工作提出具体要求。区城建局、区执法局、区农水局、扬子洲镇相关负责人参加调研。

17日

上午,清华大学教授、博士生导师、国家文化产业研究中心主任熊澄宇到东湖区考察城市形象打造情况。熊澄宇一行先后考察滕王阁景区、建德观周边、百花洲景区和佑民寺周边等处,详细了解东湖区文化项目发展规划和文化产业项目建设推进情况。中共南昌市委常委、市委宣传部部长龙和南,东湖区领导刘闯、胡洪水、童萍如陪同考察。

18日

上午,东湖区在区文化活动中心演艺大厅举办新一届村(社区)“两委”干部业务培训班。区领导唐铭市出席并作重要讲话,全区各镇(街道、管理处)党工委副书记、党建办主任,新任村(社区)书记、副书记共200余人参加。本次培训为期三天,培训课程包含室内授课、互动交流、现场教学等部分。

下午,东湖区重大产业项目调度会在区政府常务会议室召开,区领导高辉红主持会议,贾彧超、胡洪水、唐铭市、夏小兰、陈俊、胡志强出席。区发改委就重点产业项目整体情况作了通报,与会项目业主单位和责任单位就项目具体进展情况和存在问题作了详细汇报，各项目挂点区领导就下一步推进工作提出工作思路。区政府办、区发改委、区城建局、区旧改办、区商务局、豫章街办、百花洲街办、公园街办、大院街办、董家窑街办、彭家桥街办、滕王阁街办、贤士湖管理处、东湖国土分局、东湖规划分局、区文投公司主要负责人参加会议，南昌苏宁置业有限公司、江西沁庐酒店资产管理有限公司、市轨道交通集团资产管理有限公司、南昌好利随院实业有限公司等部分项目业主单位负责人应邀出席。

晚上，区委第十二届42次常委会议在区综合服务中心南楼七层区委第一会议室召开，区领导刘闯主持。会议学习传达《中央巡视工作规划(2018—2022年)》文件精神，全省扫黑除恶专项斗争推进视频会议精神，南昌市“三风”工作会议精神；审议区政协党组提出的《关于审议〈东湖区“兴家风、淳民风、正社风”活动2018年工作安排(送审稿)〉的请示》，区委组织部提出的《关于审定东湖区公务员2017年度考核优秀等次的请示》《关于成立南昌东湖城市建设投资发展有限公司党组的请示》《关于成立南昌东湖文化旅游投资发展有限公司党组的请示》，区委统战部提出的《关于审议〈中共东湖区委2018年度政党协商计划(送审稿)〉的请示》；区委办公室提出的《关于召开2017年度全区经济社会科学发展目标管理综合考评大会的请示》《审议〈关于东湖区2017年度科学发展目标管理绩效考核结果的通报(送审稿)〉的请示》；听取2017年度南昌市科学发展目标管理考核结果的通报。区领导高辉红、贾彧超、焦玉庄、胡洪水、唐铭市、夏小兰、陈俊、胡志强、张恩、雷强出席会议，喻国泰、王玮、胡薇列席。

南昌市基层老年教育工作流动现场会暨全市老年大学第三次联席会在东湖区召开。与会人员在参观东湖区优秀基层教学点二七北路社区老年学校后，集中开会交流，各县区分别介绍老年教育工作情况，东湖区还重点介绍全区经济发展情况，并从组织机构、办学网络和投入方式等方面介绍全区老年教育工作情况。市老年大学校长卢晓健、副校长侯捷、市委老干部局局长凌非，东湖区领导刘闯、贾彧超参加会议。各县(区)委老干部局局长、各县(区)老年大学校长、各开发区(新区)工委组织部(党群部)负责人近50人参加。

20日

上午，东湖区召开扫黑除恶专项斗争调度会，区扫黑除恶领导小组综合协调组、侦查打击组、执纪监督组、基层组织建设组和各成员单位分别汇报近期开展的工作情况。区领导胡志强、陈国梁，区法院院长梁洪出席并讲话。

下午，区领导高辉红、贾彧超、胡志强、杨峻调研指导水环境和英雄大桥沿线钢棚整治工作。高辉红一行到玉带河北支、扬子洲镇三联村门塘沟渠、庙后村门塘沟渠、为民村门塘沟渠及英雄大桥沿线两侧钢棚等处实地察看，详细了解水环境治理及钢棚拆除工作等情况，听取相关单位情况汇报。区政府办、区环保局、区城建局、区城管委、区执法局、区农水局、扬子洲镇相关负责人随同。

23日

下午，南昌市委党校组织县干班、青干班学员到东湖区开展实景教学活动。学员们在豫章街道洪城社区省委北院小区，参观学习院落整治、网格化管理、居民垃圾分类试点等方面的成果和经验，听取豫章街道主要负责人对2017年以来开展“美丽南昌．幸福家园”社区庭院综合治理工作的经验介绍，并与街道干部相互交流工作心得和体会。市委党校常务副校长陶东阳、区领导贾彧超参加活动。

25日

下午，东湖区在区政府常务会议室召开安全生产集中巡查工作动员会暨安委会第二季度例会，区领导高辉红出席并讲话，雷强主持会议。雷强在会上传达南昌市相关会议精神，部署集中巡查迎检工作及二季度安全生产工作；区安委办通报全区一季度安全生产工作情况；高辉红就做好集中巡查迎检工作和下一阶段全区安全生产工作提出要求。区安委会成员单位主要负责人参加会议。

26日

上午，江西省住建厅巡视员姚宏平率领省政府消灭劣Ⅴ类水工作专项督查组到东湖区督查工作。姚宏平一行实地察看沿江北大道赣江右岸八一桥至二七路段排污口截污工程、青山湖电排站断面监测点等处，详细了解东湖区集中力量消灭劣Ⅴ类水取得的成效和面临的困难，充分肯定该区在消灭劣Ⅴ类水工作中做出的努力和成果。南昌市水务局局长胡崇敬,区领导高辉红、杨峻陪同督查。

下午,江西省妇幼保健院周边环境综合整治工作动员部署会在东湖区政府第一会议室召开,区领导夏小兰、雷强,江西省妇幼保健院副院长邹清水出席会议。会议要求各责任单位加强领导,把整治工作列入重要议事日程,要把宣传引导贯彻整个过程,要多措并举,确保成效。江西省妇幼保健院办公室、区政府办、区卫计委、区房管局、区执法局、区市监局、东湖消防大队、公园街办主要负责人,东湖公安分局、交警大队分管负责人参加会议。

区领导高辉红、贾彧超、万明、冯于水深入辖区各街道(管理处),开展“美丽南昌·幸福家园”环境综合整治突击检查工作。高辉红一行先后到大院街道院二社区、公园街道省妇保家委会,对环境综合整治工作取得的成效给以充分肯定,并就下一步工作提出明确要求。区政府办,区委政法委,区综管办,区城建局,区城管委,区执法局,区爱卫办等相关负责人参加检查。

27日

上午,区领导刘闯、贾彧超、唐铭市到扬子洲镇调研指导英雄大桥沿线钢棚拆除工作和村“两委”换届后的工作情况。刘闯一行先后到南洲村、林场村召开座谈会,听取各村书记关于本村基本情况、“两委”换届后工作情况及党建、经济等相关工作的简要汇报,并对相关工作提出要求。区委办、区委组织部、区民政局、区城管委、区执法局、区农水局相关人员随同。

上午10时,东湖区组织收听收看国务院第一次廉政工作电视电话会以及省、市政府相继召开的第一次廉政工作电视电话会,区领导高辉红、夏小兰、万勇参加。区纪委、区委办、区人大办、区政府办、区政协办、区委组织部、区委宣传部、区发改委、区教科体局、区财政局、各镇(街办、管理处)等有关单位主要负责人参会。

江西省政协副主席雷元江、南昌市政协副主席朱东到东湖区残疾人之家、彭家桥街道光明社区康复站调研指导残疾人工作。雷元江一行听取东湖区残疾人精准康复、就业培训、宣传文化等工作介绍,看望正在参加手工编织、电脑应用、面点制作的培训学员,肯定东湖区实施残疾人培训就业一体化的做法,并对残疾人工作提出殷切希望。区领导贾彧超、王玮、杨峻陪同。

东湖区举办全区离退休干部学习贯彻中共十九大精神专题讲座,邀请南昌大学教授、博士生导师陈东有围绕“高举旗帜走进新时代——认真学习坚决贯彻中共十九大精神”这一主题开篇主讲。区领导唐铭市出席,各镇(街道、管理处),区委各部门、区直各单位分管领导和近300名离退休干部参加。

28日

上午,江西省城乡环境综合整治督查组一行到扬子洲镇三联村调研指导英雄大桥两侧钢棚拆除工作。督查组一行到英雄大桥沿线钢棚拆除现场,详细听取扬子洲镇钢棚拆除工作的进展情况汇报,并对积极策应南昌市“美丽南昌·幸福家园”环境综合整治工作,落实好英雄大桥沿线钢棚拆除工作提出要求。区领导高辉红、贾彧超、万明陪同。

上午,东湖区在区文化活动中心演艺大厅召开2017年度经济社会科学发展目标管理综合考评大会。会议通报2017年度全区科学发展目标管理绩效考核结果,并为获奖的相关单位颁发奖牌,部分单位主要负责人作大会发言。区领导刘闯出席并讲话,高辉红主持会议,贾彧超、喻国泰等四套班子领导成员,区法检“两长”出席,全区副科级以上领导干部参加会议。

下午,江西省民政厅党组成员、副厅长龚建辉到东湖区督导城乡社区治理、居家养老及村(居)委员会换届选举等工作。龚建辉一行先后察看百花洲街办火神庙社区“时间银行”养老服务信息系统及运行状况,三联村便民服务中心情况及村委会换届选举相关程序,听取前洲村村“两委”干部对文化大院各项功能介绍,对东湖区的相关工作给以充分肯定。区领导贾彧超、南昌市民政局副局长黄宜顺陪同调研。

29日

区委决定免去张跃生的东湖区人民法院主任科员职务,退休;免去熊时钢的东湖区滕王阁街道办事处主任科员职务,退休;免去李松的东湖区人民防空办公室正科级调研员职务,提前退休。以上三人退休时间从2018年4月起算。

本月

东湖区在区综合服务大楼南楼八层会议室召开2017年度人才工作专项述职大会，会议传达南昌市委常委、组织部部长江晓斌在全市人才工作专项述职大会上的讲话精神，区发改委等9家单位依次就自身开展人才工作情况作了述职，江西淘鑫电子商务孵化基地负责人张耀华、赣绣传承人周南英二位人才代表作表态发言。区领导唐铭市出席并讲话，区委人才工作领导小组成员单位、各镇（街道、管理处）主要负责人参会。

5月

2日

下午，东湖区在区文化活动中心演艺大厅召开第二届“东湖青年五四奖章”颁奖仪式暨践行“三风”青年事迹分享会，16位第二届东湖青年五四奖章获得者、14位东湖青年五四奖章提名奖获得者受到表彰，5位优秀青年在会上进行事迹分享。共青团江西省委书记马健，南昌市政协副主席黄耀华，区领导刘闯、高辉红、贾彧超、喻国泰、王玮、胡洪水、唐铭市、刘光荣、胡志强、胡薇以及团省委办公室、团市委主要负责人出席，省青联委员代表，南昌市卫校、中国电建集团江西院勘测分公司的有关领导，各镇（街道、管理处）党委（党工委）书记、分管领导，区委各部门、区直各单位主要负责人，青年代表、各方阵亲友团代表共计400余人参加活动。

3日

上午，东湖区在南昌市滨江宾馆举行全区统一战线学习宣传贯彻中共十九大精神培训班，区领导贾彧超出席开班仪式并讲话，焦玉庄主持开班仪式，郑洪健、胡涛湘出席。培训班学习《中国共产党统一战线工作条例（试行）》，深入解读中共十九大精神，并重温“五一口号”。全区各民主党派成员、无党派人士代表、非公有制经济代表人士、侨界代表人士等参加培训班。

下午，区领导高辉红、贾彧超、杨峻深入扬子洲镇镇视察水环境治理工作。高辉红一行先后到三联村、庙后村、扬子洲圩堤管理站实地察看，详细了解该镇水环境治理工作开展情况，听取工作汇报。区政府办、区农水局、扬子洲镇主要负责人随同。

东湖区召开创建国家食品安全示范城市中期评估工作推进会，对全区国家食品安全示范城市中期评估工作进行专门研究部署，区创建国家食品安全示范城市领导小组办公室有关负责人在会上对2018年中期评估工作任务进行分解、部署，明确各单位责任和任务。各镇、街办（管理处）分管食品安全工作的分管领导、区创建国家食品安全城市工作领导小组成员单位分管领导及联络员、区食安办副主任等参加。区领导雷强出席会议并作重要讲话。

4日

上午，东湖区在区政府常务会议室召开2018年全区经济运行工作会议，区领导夏小兰、陈俊出席会议并讲话。区财政局、区统计局、区商务局、区发改委、区国税局、区地税局分别就前一阶段相关经济指标完成情况、存在问题及下一步工作举措进行发言，街道组、区直单位组前三名作经验交流。区财政局、区发改委、区商务局、区统计局、区国税局、区地税局、全区各经济责任单位主要领导及分管领导参加会议。

上午，中共南昌市委常委、政法委书记刘家富到东湖区调研政法项目的推进情况。刘家富先后查看八一桥派出所、公园派出所、彭家桥派出所、东湖区法院的提升改造项目情况，并在区法院主持召开座谈会听取东湖区的相关工作汇报。区领导刘闯、胡志强、陈国梁，区检察院检察长杜迎春，区法院院长梁洪参加座谈。

下午，东湖区举行区委中心组理论学习（扩大）会，邀请江西省委党校副校长、省行政学院副院长、法学教授罗志坚作宪法专题辅导。区领导刘闯主持会议，高辉红、贾彧超、王玮等在家的区四套班子成员，区法检“两长”出席，全区副科级以上领导干部（不含二级单位）参加会议。

5日

晚22时，东湖区广场北路周边地块的原江西省统计局办公楼、原江西省测绘局办公楼和原江西省政府大院立体车库成功实施爆破拆除，标志着由东湖区广场北路周边地块旧城改造拆迁项目爆破工程项目画上圆满句号。区领导刘闯、高辉红、喻国泰、胡洪水、谢蓉、万勇、谢华在视频监控指挥中心指挥爆破。

7日

上午,东湖区在区政府常务会议室召开2018年政府系统廉政工作会议。区领导高辉红主持会议并讲话,夏小兰、陈俊、童萍如、陈国梁、万勇、万明、杨峻出席。会议书面传达国务院、省政府、市政府廉政工作会议精神;总结2017年政府系统廉政工作,安排部署2018年相关工作;相关单位负责人结合各自工作职责在会上作发言。

8日

上午,东湖区"美丽南昌·幸福家园"环境综合整治工作调度会在区政协会议室召开。区领导高辉红出席并讲话,贾彧超主持会议,冯于水出席。贾彧超在会上通报相关工作情况并作部署,冯于水通报各镇(街道、管理处)环境综合整治4月份考核结果和4月份社区(村、家委会)环境综合整治检查评比得分情况,相关单位作会议发言。会议表彰取得优异成绩的街道。

下午,江西省渔政局副局长张金保一行到东湖区扬子洲镇调研打击非法电力捕鱼及渔民"上岸"工作开展情况。区领导杨峻、南昌市渔政局局长喻宗彪等陪同调研。

9日

上午,东湖区与南昌综合保税区共同举办"助力南昌市外贸出口政策宣讲会",区领导陈俊出席。会上,来自江西省外汇管理局、南昌市国税局、市商务局、南昌海关、南昌国检、南昌市综保外贸综合服务公司的相关专家分别就外汇、退税、外贸出口、海关、国检政策和外贸综合服务平台功能开展授课。东湖区、西湖区、青云谱区共72家重点外贸企业参加。

民进中央社会和法制委员会副主任萧鸣政、委员方振邦一行5人到东湖区百花洲街道火神庙社区调研社区治理工作。调研组实地察看火神庙社区治理情况,听取百花洲街道、火神庙社区及相关单位介绍后,就社区治理、处理社区问题、遇到的问题、解决问题的方法以及意见、建议等开展座谈。调研组高度肯定社区推出的"四治一统领"社区管理新模式和东湖区"时间银行"为老服务模式,并对新时代社区治理工作理论、实践提出更高要求与期望。江西省政协副主席、民进省委会主委汤建人,省政协副秘书长、民进省委会副主委欧阳剑雄,南昌市人大常委会副主任、民进市委会主委谭绍木,区领导刘闯、焦玉庄、杨峻、郑洪健陪同调研。

10日

晚上,区委第十二届四十三次常委会议在区综合服务中心南楼七层区委第一会议室召开,区领导刘闯主持。会议学习传达习近平总书记对朝鲜重大交通事故重要指示精神,《中共南昌市委、南昌市人民政府关于推进安全生产领域改革发展的实施意见》《南昌市县级党委(党组)领导班子领导干部深化落实全面从严治党主体责任工作方案》文件精神,全省基层党建工作重点任务推进培训会议精神,《省委总值班室关于认真学习贯彻省委主要领导要求严格执行值班工作纪律的通知》文件精神;审议区委组织部提出的《关于调整东湖区委人才工作领导小组组成人员的请示》,区委办公室提出的《关于调整东湖区全面深化改革领导小组等9个领导机构组成人员的请示》《关于审议〈东湖区2018年集中调研活动总体方案(送审稿)〉的请示》;听取全区经济运行及重大重点项目情况汇报。区领导高辉红、贾彧超、焦玉庄、唐铭市、夏小兰、陈俊、胡志强、张恩、雷强出席会议,喻国泰列席。

东湖区在区综合服务中心区委常委会议室设立分会场,组织收听收看江西省作风建设工作会议实况,并根据会议情况开展分组讨论。区四套班子成员,全区各单位主要负责人参加。大家一致认为,全省作风建设工作会议是一剂"清醒剂"、是一场"及时雨",为进一步加强和改进作风建设指明了方向。下一步,东湖区将迅速把思想和行动统一到省委的决策部署上来,自觉对标省委工作要求,立足本职工作,全心全意为人民服务,为全省深入推进风清气正的政治生态建设做出积极贡献。

11日

上午,江西省副省长胡强,省政府副秘书长宋雷鸣,省减灾委秘书长、省民政厅厅长刘金接,南昌市委常委滕俊峰一同出席在南昌市育新学校举行的2018年"5·12"全国防灾减灾日宣传活动,并观摩地震应急疏散演练活动。该宣传活动由江西省减灾委主办,省民政厅、省地震局、市民政局、市防震减灾局和东湖区委、区政府联合承办,旨在进一步宣传防灾减灾知识，提高师生应急处置能力。胡强一行到防灾减灾宣传展板区、地震科普VR智能化项目体验区、防灾减灾手抄报展示区等处观摩，认真听取工作人员和学校师生的讲解，了解东湖区开展防灾减灾的相关工作情况，对该区在防灾减灾工作中取得的成效表示肯定和赞赏。区领导刘闯、杨峻以及南昌市相关部门负责人参加活动。

上午，区领导刘闯率东湖区党政代表团专程赴西湖区考察学习，西湖区委书记梅茂发陪同考察并主持两区工作经验交流座谈会。刘闯一行先后到坝口巷周边棚户区改造项目和“梦想小街”电商产业园项目等处考察，认真聆听项目情况介绍，详细了解西湖区在打造电商产业和棚户区改造工作的经验做法。刘闯代表东湖区委、区政府向西湖区的热情接待和真诚指导表示衷心感谢。区领导贾彧超、焦玉庄、唐铭市、陈俊、万勇等参加考察。

下午，江西省安委会第一巡查督导组组长、省教育厅副巡视员叶宝凌率队到东湖区开展安全生产巡查工作。巡查组一行在胜利路地下商业街详细查看消防安全设施是否完备及正常运作、相关文件材料是否齐全、持证上岗人员操作演示是否熟练等，即时反馈发现的问题，并现场进行指导。区领导高辉红、雷强以及南昌市安监局负责人陪同。

12 日

上午，东湖区2018年重大重点项目推进大会在区委常委会议室召开。区领导刘闯出席并讲话，高辉红主持会议，在家的区四套班子成员，区法院院长、检察院检察长出席。会上，区发改委通报全区重大重点项目整体进展情况，各项目挂点区领导依次作发言，夏小兰就相关工作进行部署。区委各部门、区直各单位主要负责人，各镇（街道、管理处）党政主要负责人参加会议。

上午，东湖区2018年旧改工作推进大会在区委常委会议室召开。区领导刘闯出席并讲话，高辉红主持会议，在家的区四套班子成员，区法院院长、检察院检察长出席。会上，刘闯就加大旧改工作力度、加快工作进度强调三点意见。会上，贾彧超宣读有关通报，万勇宣读《2018年东湖区房屋征迁工作实施方案》，区房管局通报全区旧改遗留问题及2018年旧改工作进展情况。区委各部门、区直各单位，各镇、街道、管理处党政主要负责人参加会议。

14 日

下午，南昌市老干部活动中心主任陈燕一行到东湖区老干部活动中心考察调研，考察区老干部活动中心及街道老年活动室现状，听取区老干部活动中心的工作汇报。区领导唐铭市陪同。

15 日、16 日

区领导贾彧超、余瑾、万明、冯于水突击检查全区“美丽南昌·幸福家园”环境卫生综合整治工作。检查组一行在全区12个镇（街道、管理处）随机各挑选一个村（社区、家委会）进行检查，对查找的各类问题即时拍照上传到微信工作群，督促各责任单位立即整改。区政府办、区委宣传部、区委政法委、区综管办、城建局、城管委、执法局、爱卫办等相关负责人参加。

17 日

上午，南昌市委常委滕俊峰一行莅临南昌市仁爱之家残疾人托养服务中心走访慰问残疾人，听取机构负责人对智力障碍人士托养、培训、就业情况介绍，并看望智力障碍学员，送上书包等学习用品和慰问金。区领导贾彧超以及市残联主要负责人陪同。

18 日

上午，区领导夏小兰到豫章街道调研并召开座谈会，听取豫章街办经济运行、重大重点项目、旧房改造、城市建管、作风建设等重点工作情况汇报。豫章街道班子成员参加座谈。

19 日

上午，区委第十二届四十四次常委会议在区综合服务中心南楼七层区委第一会议室召开，区领导刘闯主持。会议学习传达江西省军区党委十届九次全体（扩大）会议精神和南昌警备区第六次党代表大会和六届二次党委全体（扩大）会议精神；审议区人武部提出的《审议〈关于贯彻落实省军区、南昌警备区党委全会精神的意见〉的请示》，区委办公室提出的《关于召开中共东湖区委十二届全体（扩大）会议的请示》《关于审议〈殷家巷地块旧城改造项目推进工作投票表决办法（送审稿）〉的请示》；听取区旧改总指挥部关于殷家巷地块旧城改造项目的情况报告。区领导高辉红、贾彧超、焦玉庄、胡洪水、唐铭市、刘光荣、夏小兰、陈俊、胡志强、张恩、雷强出席会议，喻国泰、王玮、邱建新列席。

21 日

下午，区领导胡洪水、胡薇一行来到扬子洲镇庙后村、熊万村，详细了解文明乡风工作开展情况。

22 日

上午，东湖区科级领导干部学习贯彻中共十九大精神轮训第一期研讨班在区文化活动中心新闻发布厅开班，区领导唐铭市出席并讲话，167 名科级干部参加。该期研讨班邀请江西省委党校教务处处长潘泽林作“认真学好党章，做合格党员”主题讲座。该区轮训研讨班共分三期，每期三天半，研讨对象覆盖全区所有科级干部。

上午，区领导高辉红、贾彧超、胡志强、万勇、万明、杨峻深入扬子洲镇视察指导水环境治理、钢棚拆除等相关工作。高辉红一行到三联村钢棚拆除点、三联村帅家自然村中心沟渠、庙后自然村门塘等处，察看工作进展情况，并就有关问题与该镇负责人和工作人员进行交流。区政府办、区城建局、区执法局、区农水局、区环保局、区国土局负责人参加。

23 日

上午，区领导陈俊拜访南昌金融投资集团有限公司董事长花荣斌一行并进行友好交流。陈俊简要介绍青山湖西岸片区规划、建设及发展情况，并就 11 号地块项目后期建设等事宜与集团进行沟通。花荣斌介绍金投集团的经营发展情况。区商务局、彭家桥街办有关人员随同。

上午，东湖区 2018 年旧改工作调度会在区综合服务中心六层区政府常务会议室召开，区领导高辉红主持会议并讲话，贾彧超、唐铭市、夏小兰、余瑾、万勇出席。区旧改指挥部在会上通报全区相关旧改征迁地块征收进展情况，各责任单位汇报旧改任务完成情况及下一步推进办法，相关区领导分别通报负责地块旧改工作现状和下一步安排部署。区政府办、区发改委、区环保局、董家窑街办、贤士湖管理处，区旧改办、旧改各工作组等主要负责人参加会议。

下午，南昌市委常委邱向军到东湖区扬子洲镇调研农业农村工作，到庙后村察看环境卫生整治情况，到前洲村察看文化大院，到圩堤管理站察看防汛排涝工作，到熊万村察看蔬菜基地，到南洲村察看花卉基地，到庙后村察看森美生态园，了解该镇的农业农村工作。市委副秘书长胡小洪、市水务局局长胡崇敬，区领导高辉红、贾彧超、杨峻陪同调研。

南昌市综治办副主任、市扫黑除恶专项斗争第一督导组组长辜峰一行到扬子洲镇调研督导扫黑除恶专项斗争工作。督导组到熊万村入户走访，了解镇村扫黑除恶活动宣传情况及群众对扫黑除恶活动的知晓率，对该村宣传活动给予肯定，还在座谈会上听取区扫黑除恶专业队一队（驻扬子洲镇熊万村）基础建设情况和相关工作开展情况介绍。区领导胡志强陪同调研。

24 日

下午，东湖区开放型经济工作会议在区综合服务中心七层区委常委会议室召开，区领导高辉红出席并讲话，夏小兰主持会议，陈俊出席。陈俊在会上分析经济工作形势并就下一步工作作出部署，区商务局传达全市工业和开放型经济工作调度会议精神，通报 1—4 月全区开放型经济工作任务完成情况，百花洲街办、八一桥街办、滕王阁街办，区人社局、区城建局和区教科体局作经验交流。区政府办，全区各经济责任单位主要领导、分管领导参加会议。

晚上，南昌市学习贯彻监察法廉文化小品巡演走进东湖区，在东湖区文化活动中心演艺大厅为全区干部上演一场精彩演出。东湖区在家的区四套班子成员，区纪委监委班子成员、全区各单位班子成员、区纪委监察委全体干部，扬子洲镇、贤士湖管理处各村党支部书记、主任，各街道部分社区书记（主任）代表观看演出。

25 日

上午，区领导高辉红、胡志强、陈国梁前往扬子洲镇察看区扫黑除恶专业队办案点，督查扫黑除恶工作队组建和办案区建设等相关工作。区政府办、区委政法委等有关单位负责人随同。

上午，东湖区第一期科级干部学习贯彻中共十九大精神轮训班学员开展诵读《红色家书》及心得体会交流活动，区领导唐铭市出席现场观摩指导。15 名学员声情并茂地诵读《红色家书》中赵云霄、殷夫、邓贞谦、杜永瘦、李大钊等烈士的事迹和家书，交流心得体会。

26 日

上午，东湖区招考委在区政府常务会议室召开2018年招考委暨高考安全工作会，区领导童萍如出席并讲话。区教科体局主要负责人在会上传达全国、全省高考安全及省、市高考考务工作会议精神，介绍2018年高考形势并对相关工作进行部署；红谷滩新区教办分管领导、南昌二中、南昌十中、南昌十九中、实验中学校长分别就高考工作进行发言；区招考委部分成员单位负责人进行表态发言；区教科体局主要负责人与考点主考代表签订《考试安全责任书》。区招考委成员单位相关负责人，考点隶属街道办事处、红谷滩教办分管领导以及高考考点学校主考参加会议。

上午，区委第十二届四十五次常委会议在区综合服务中心南楼七层区委第一会议室召开，区领导刘闯主持。会议听取区委党校（区行政学院）新校舍建设方案及有关工作的汇报；讨论区政府党组提出的百花洲景区改造提升项目建设模式和道路“白改黑”等五个市政建设项目建设模式的有关情况；审议区政府党组提出的《审议〈关于表彰2017年度全区计生工作先进单位和先进个人的决定（送审稿）〉的请示》《关于审议〈东湖区全面推行居家养老志愿服务“时间银行”实施意见（送审稿）〉的请示》，区委办公室提出的《关于审议〈中共东湖区委全面深化改革领导小组2018年工作要点及重点改革举措（送审稿）〉的请示》；学习传达《市委全面深化改革领导小组2018年工作要点及七个专项小组2018年工作计划》文件精神。区领导高辉红、贾彧超、焦玉庄、胡洪水、唐铭市、刘光荣、夏小兰、陈俊、胡志强、雷强出席会议，王玮、万明、杨峻列席。

27 日

上午，南昌市第二届市民文化艺术节“滕王阁传说”小小故事王决赛在滕王阁拉开帷幕。此次活动由南昌市文化广电新闻出版局主办，南昌市文化馆、南昌市滕王阁管理处、东湖区文化广电旅游新闻出版局、东湖区文化馆共同承办，通过孩子们讲述传统历史文化故事的形式推广、传承和保护江西省省级非物质文化遗产项目“滕王阁传说”。省、市、区有关部门领导和专家、学者出席活动或担任评委。“滕王阁”小小故事王海选赛分海选赛区和学校赛区，海选赛区有50多位小朋友报名参赛，其中15名选手进入决赛；学校赛区从近100名青少年中选出15名选手参加决赛。30位选手共同角逐“滕王阁传说”小小故事王的称号。

区领导高辉红、童萍如到南昌市第十中学等高考考点学校，察看指导东湖区2018年高考听力设备第四次检测工作及监控系统主控室等设备运作情况。高辉红一行到播放室、考场教室、监控主控室，察看听力控制设备，试听考场播放效果，现场询问考生及家长代表的意见和建议。

28 日

下午，东湖区“兴家风、淳民风、正社风”活动督查会议在区综合服务中心八层区委宣传部会议室召开。区领导胡洪水、胡薇出席会议。胡薇总结通报全区“三风”工作开展情况，区文明办就城市文明提升工程、精神文明创建及“奋斗的幸福”故事会等工作进行布置，各单位分管领导简要汇报“三风”文化社区（村）建设情况及特色活动开展情况。区政协“三风”办、区文明办负责人，各镇、街道、管理处和区委相关部门，区直相关单位分管领导和工作人员参加会议。

29 日

下午，区领导高辉红、焦玉庄、余瑾、万勇、欧阳桃花深入南昌硅酸盐厂（综合管廊）旧改征迁地块指导房屋征迁工作，察看房屋拆除施工情况，了解工作进度进展，并召开座谈会听取工作汇报。区政府办、区财政局、区房管局、区环保局、区城投公司、区档案局、彭家桥街道、贤士湖管理处主要负责人参加。

鹰潭市统计局党组书记、局长林伏昌一行到东湖区考察交流第四次经济普查工作，南昌市统计局有关领导、区领导夏小兰陪同。座谈会上，区统计局介绍东湖区统计局基本情况，并对“四经普”专项试点工作进行详细介绍，双方与会人员就如何开展好经济普查工作深入交流，详细探讨普查过程中的有关问题。区统计局班子成员及相关科室负责人参加座谈。

南昌市投促局调研组一行到东湖区调研2018年招大引强项目推进情况，调研组一行考察东湖区洪茂大厦项目、贤士湖大厦项目、凯莱酒店并购项目、江西臻恒物业开发管理项目，对该区招商引资和重大重点项目推进工作给予充分肯定。

区领导陈俊陪同调研。

30 日

上午，区领导胡洪水、胡薇一行到扬农管理处调研指导文明乡风工作情况。胡洪水一行到绿苑社区志愿服务室、活动室、品孝堂、扬农广场等处实地察看，参加正在为机关干部举办的文明婚礼，并现场为新人证婚、献上新婚祝福，为机关干部带头移风易俗、乡风文明建设贡献力量表示点赞。

上午，江西旅游集团“都市方舟”商业综合体项目暨南昌轨道交通 4 号线人民公园站开工典礼在青山湖宾馆原址举行，这标志着江旅“都市方舟”综合体项目正式破土动工。江西省旅游集团公司董事、常务副总经理周付德，董事会秘书兼证券法务部总经理赵扬；江旅开发公司执行董事、总经理王小勇；南昌轨道交通集团党委书记、董事长李云峰，总工程师胥明，副总经理贺斯进；东湖区领导高辉红、夏小兰、胡志强、谢保成出席开工仪式。

上午，东湖区在区综合服务中心南楼八层会议室召开 2018 年区委人才工作领导小组工作布置会议，区领导唐铭市出席并讲话。会议传达南昌市委组织部人才新政工作部署会精神，部署人才新政相关工作及东湖区人才活动周等准备工作。区委人才工作领导小组成员、各镇（街道、管理处）党委（工委）分管领导参会。

上午，区领导万明开展中央环保督察问题整改情况现场督查工作。万明先后查看扬子洲金盾驾校、阳光型沙厂、三联船厂、联谊港务码头等企业落实水源地保护情况，并就中央环保督察组督查发现问题整改提出具体要求，万明还察看董家窑街办城北水厂取水点、八一桥街办南昌港等问题整改落实情况。区环保局、区城建局、区执法局、区农水局、扬子洲镇、董家窑街办、八一桥街办等主要领导参加。

31 日

上午，东湖区在区政府常务会议室组织收听收看江西省生态环境保护大会电视电话会议实况，听取省委书记、省长刘奇的重要讲话。之后立即召开全区生态环境保护工作推进大会，就相关工作进行部署。区四套班子领导成员出席，区委各部门、区直各单位，各镇、街道、管理处等主要负责人参加会议。

本月

文化和旅游部办公厅下发第六次全国县级以上公共图书馆评估定级结果，东湖区图书馆被评为“国家一级图书馆”。

6 月

1 日

上午，江西省副省长孙菊生、省教育厅副厅长王江华、南昌市副市长龙国英，到东湖区看望慰问师生，和孩子们欢度“六一”儿童节。孙菊生一行到滕王阁保育院，参观学校的文化展板，在多功能活动室参与儿童游戏活动，向孩子们赠送绘本书籍等礼物；在培智学校了解残疾学生的学习、生活情况，向残疾学生们表达节日问候并送上绘本书籍等慰问物资。孙菊生希望东湖教育从娃娃抓起，着力培养孩子的文明素养、环境意识，通过“小手牵大手”活动，推动全社会形成绿色发展方式和生活方式；强化幼儿园内涵发展，加强软件建设，为建设高品质一流幼儿园努力。区领导高辉红、童萍如陪同。

上午，东湖区 2018 年全面深化改革工作第一次调度会在区委常委会议室召开，区领导贾彧超出席并讲话。贾彧超指出，抓好全面深化改革工作，要“把好三道关”，即：把好思想关，以更高政治站位提升改革认识深度；把好效率关，以务实高效举措加快改革推进进度；把好落地关，以担当靠前作风加大改革落实力度。会上，区改革办就全区 2018 年全面深化改革工作要点及重点举措作说明，区全面深化改革小组各专项小组办公室主任作工作发言。

下午，区领导贾彧超、万明、冯于水深入全区 12 个社区（村、家委会），开展“美丽南昌 · 幸福家园”环境卫生综合整治突击检查，仔细察看社区（村、家委会）的地面保洁、楼道环境、管线整理、公共设施等各项环境治理情况，并对各项环境要素治理情况进行打分。区政府办、区委政法委、区综管办、城建局、城管委、执法局、爱卫办等相关负责人参加。

下午，东湖区作风工作汇报会议在区政府常务会议室召开，区领导高辉红、贾彧超、胡洪水、唐铭市、刘光荣、夏小兰、陈俊、雷强、杨峻出席。会上，与会人员观看全省作风建设期间南昌电视台关于该区部分单位干部作风问题的新闻报道视频，相关单位就有关问题进行表态发言，与会区领导分别就相关工作发言。

4日

上午，区领导陈俊到区商务局开展工作调研，要求切实做好招商引资，全力做好商贸工作，严抓机关作风建设。

下午，东湖区在区文化活动中心新闻发布厅召开法治东湖建设、普法工作暨“七五”普法中期督导工作动员部署会议。区领导贾彧超出席并讲话，胡志强主持会议，胡洪水、谢蓉出席。会上，胡洪水总结全区法治东湖建设和普法工作，并就2018年法治东湖建设、普法工作暨“七五”普法中期检查督导工作进行动员部署。

下午，区委第十二届四十六次常委会议在区综合服务中心南楼七层区委第一会议室召开，区领导高辉红主持。会议通报近期暗访发现东湖区“怕慢假庸散”作风问题的处理情况及意见，讨论区委办公室提出的《关于召开全区作风建设工作会议的请示》及有关会议材料。区领导贾彧超、焦玉庄、胡洪水、刘光荣、夏小兰、陈俊、胡志强、雷强出席会议，王玮列席。

5日

上午，东湖区政协在政协会议室设立分会场，收听收看江西省政协召开的“深入开展习近平总书记关于加强和改进人民政协工作的重要思想学习研讨活动”动员大会，区政协常委会组成人员、部分委员和政协机关干部参加。

下午，东湖区作风建设工作会议在区文化活动中心演艺大厅召开。区领导高辉红出席并讲话，贾彧超主持会议，在家的区四套班子领导成员，区“法检”两长出席。会上播放全省作风建设期间电视台曝光东湖区作风问题的视频，贾彧超宣读《关于进一步加强作风建设工作实施意见》，刘光荣通报作风建设问题处理意见并宣读《关于深化作风建设大监督工作实施方案》。全区副科级以上领导干部、各垂管单位主要负责人、各村（社区）书记等400余人参加会议。

6日

上午，南昌市全面深化改革调研督察组到东湖区调研全面深化改革工作推进情况，并组织召开座谈会，区领导贾彧超出席。督察组一行听取东湖区近五年全面深化改革工作典型案例和2018年以来全面深化改革工作推进情况，并就该区推进全面深化改革过程中遇到的困难问题提出指导性意见。

接中共南昌市委洪干字〔2018〕23号文件通知，经区委研究决定敖晓焕退休，退休时间从2018年4月起算。

11日

上午，南昌苏宁广场暨2018年东湖区重大重点项目集中开工（签约）仪式隆重举行。江西省委常委、南昌市委书记殷美根，全国工商联副主席、苏宁控股集团董事长张近东，南昌市人大常委会主任陈德寿，市政协主席周关，市委常委、常务副市长肖玉文，市委常委、市委秘书长郭毅，市委常委、南昌警备区政委王宗军，副市长宋铀、杨文斌，建设银行江西省分行副行长丁俊，中国银行江西省分行副行长柯建勋以及东湖区在家的区四套班子成员出席仪式。殷美根在仪式上宣布项目开工，并与张近东共同启动开工球。东湖区区长高辉红主持集中开工仪式。2018年，东湖区集中开工（签约）共包含37个重大重点项目，总投资额310.6亿元。其中开工项目22个，总投资额175.6亿元；签约项目15个，总投资额135亿元。开工（签约）项目中，投资85亿元的苏宁广场是全市首个一站式O2O顶级购物中心及苏宁云商、置业、金控、投资和文创等江西区域总部基地。

下午，东湖区召开中央环保督察问题整改工作调度会，对整改工作进行再动员、再推进、再落实。区领导高辉红主持会议并讲话，贾彧超、万明、杨峻出席。会上，区环保局汇报2016年以来中央环保督察组等转办（交办）各类问题整改情况及存在问题，并布置2018年污染源普查工作；贾彧超、万明、杨峻分别就做好中央环保督察组“回头看”工作进行强调。区政府办、区发改委、区环保局、区城建局、区房管局、区城管委、区执法局、区商务局、区市场监管局、区农水局、各镇（街道、管理处）主要负责人参加会议。

晚上，区领导高辉红、贾彧超、万明对中央环保督察组交办的群众信访举报环保案件办理情况及部分夜市摊点进行暗访督察，先后查看佘山路沿线、南京西路、文教路、皇殿侧路、渊明北路、建德观街、小金台周边、豫章后街及苏圃路周边等夜市摊点较密集处油烟污染、占道经营和噪音扰民等情况。区政府办、区环保局、区市场监督管理局主要负责人随同。

12 日

中午,区领导杨峻到扬农管理处赣江河堤段督导防汛工作,详细了解扬农管理处汛期值班值守、人员巡堤查险、人员业务培训、物质保障、清杂清障等情况,听取扬农管理处防汛工作情况汇报。

江西省委防范办主任、省公安厅党委委员、副厅长涂建生到东湖区"6·26"服务中心暨百花洲街道综治中心检查指导工作。涂建生查看"两个中心"建设情况,仔细询问社区戒毒社区康复工作开展情况,对"6·26"服务中心心理咨询室、吸毒检测室、信息采集室、档案资料室建设进行指导,还体验 VR 自助式禁毒一体机的实际功效。区领导高辉红、胡志强以及东湖公安分局局长等陪同。

13 日

上午,区领导高辉红、贾彧超、夏小兰、胡志强深入扬子洲地区,调研指导经济社会发展工作。高辉红一行到扬子洲镇庙后村门塘沟渠和前洲村桥子岭电排站,实地察看水环境治理工作和防汛工作,并召开座谈会听取工作汇报。扬子洲镇、扬农管理处主要负责人分别汇报各自所做工作、今后工作打算以及面临的突出问题,与会各部门主要负责人分别结合各自职能领域工作发言。区政府办、区发改委、区财政局、区房管局、区民政局、区环保局、区城建局、区商务局、区城管委、区执法局、区农水局、东湖区国土分局、东湖规划分局和扬子洲镇、扬农管理处党政主要负责人参加座谈。

接中共南昌市委洪干字〔2018〕30 号文件通知,市委提名:余炜任南昌市东湖区人民政府副区长;免去陈国梁的南昌市东湖区人民政府副区长职务。

13—14 日

区领导陈俊赴深圳、广州开展招商活动,先后拜访深圳小牛资本管理集团高管,考察广州瓷肌化妆品有限公司总部,并就相关项目投资等事宜分别与企业进行友好座谈。区委台办、区商务局及区金融办相关人员随同。

14 日

上午,东湖区人大常委会在区政府常务会议室同步收听收看江西省人大常委会举行的第 55 期"人大讲堂"实况。区领导喻国泰、彭雅琳、谢蓉、郑洪健、谭阿莉、万里涛,副县级干部桂兵以及人大常委会组成人员、街道人大工委主任、人大机关全体干部参加。西南政法大学博士生导师、教授、最高人民检察院民事行政检察厅副厅长刘艺在讲堂作《国家治理背景下检察公益诉讼制度的建立与挑战》专题讲座。

下午,区领导高辉红、贾彧超、余瑾、万明、冯于水对全区 12 个街道(镇、管理处)开展环境卫生综合整治突击检查。区政府办、区委政法委、区城建局、区城管委、区执法局、区爱卫办、区综管办主要负责人参加。

江西省委常委、省委宣传部部长施小琳在南昌市调研宣传思想文化工作。施小琳先后来到南昌瓷版画研究中心、南昌八一起义纪念馆、东湖区彭家桥街道光明社区等地,考察南昌市加强非遗文化传承和发展、弘扬红色文化和精神文明创建等工作,并与南昌市宣传思想文化系统干部座谈。

16 日

上午,东湖区在区文化活动中心新闻发布厅召开全区深化全国文明城市创建部署会。区领导刘闯出席并讲话,高辉红主持会议,贾彧超、胡洪水、余瑾、万明、冯于水出席。会上书面学习传达中央及省、市文明委会议精神,与会人员观看"不文明行为曝光"视频,贾彧超就全国文明城市创建工作作部署,相关单位作表态发言。区委各部门、区直各单位主要负责人,各镇、街道、管理处党政主要负责人参加会议。

区委决定免去王棠棣的东湖区妇女联合会主任科员职务,退休;免去周国勋的东湖区人民检察院主任科员职务,退休;免去李国新的东湖区城市管理委员会主任科员职务,退休;免去郭巨华的东湖区董家窑街道办事处主任科员职务,退休。以上四人的退休时间从 2018 年 5 月起算。

接中共南昌市委洪干字〔2018〕16 号文件通知,经区委研究决定:胡中平退休,退休时间从 2018 年 3 月起算。

20 日

上午,江西省政府副秘书长、省管局党组书

记、局长翟明，省管局副局长龚圣标到东湖区调研机关事务管理工作。翟明一行查看并详细了解公车平台管理运行情况，并召开座谈会，充分肯定东湖区在公车改革、节能方面做法，并就新时期加强机关事务管理工作提出新要求。区领导高辉红、喻国泰、童萍如陪同调研。

上午，区领导焦玉庄到滕王阁街道主持召开深化落实全面从严治党主体责任调研会，听取街道党工委主要负责人对本街道落实全面从严治党主体责任落实情况汇报，约谈部分街道领导班子成员，了解班子成员思想状况和作风建设情况。街道全体副科级以上领导干部参加会议。

21 日

上午，东湖区在区政府常务会议室召开政府全体（扩大）会议。区领导高辉红主持并讲话，夏小兰、陈俊、雷强、童萍如、余炜、万勇、万明、杨峻出席。会上，有关区领导分别总结分管口上半年工作，部署下半年工作；区财政局（区经济办）、区发改委、区商务局、区城管委等相关单位围绕“双过半”任务完成情况及下半年工作打算进行汇报。区委办、区人大办、区政府办、区政协办、区委宣传部，扬子洲镇、各街办（管理处），区政府各部门、区直各单位有关负责人参加会议。

下午，东湖区在区政府第一会议室召开推进教育发展工作领导小组第二次会议。会上，区教科体局汇报《东湖区教科体局“为东湖争光奖”考核实施办法（草）》等七个教育工作激励经费方案，具体说明七个激励方案制定的背景和具体实施方案。区领导高辉红、唐铭市、夏小兰、胡志强、童萍如出席。区委办、区政府办、区审计局、区财政局、区教科体局相关负责人参加会议。

22 日

上午，江西省体育局局长、党组书记晏驹滕，副局长、党组成员林军等会见前来拜访的东湖区区长高辉红一行，双方就省体育馆内田径场改造项目相关事项进行沟通。区领导夏小兰、童萍如、胡薇随同拜访。

上午，区领导高辉红主持召开全区重点产业项目调度会，了解项目进展，查找问题和不足，研究部署下阶段工作。区领导胡洪水、唐铭市、夏小兰、胡志强、余坚出席，区发改委、区商务局、豫章街办、百花洲街办、公园街办、大院街办、董家窑街办、滕王阁街办有关负责人参加会议。

上午，区纪委监委联合扬子洲镇纪委、扬子洲派出所等部门在前洲村文化大院开展“东湖区纪委监委信访举报集中宣传周进农村”活动，现场接受群众咨询和信访举报，为群众派发《纪检监察机关信访举报受理范围》《纪检监察机关信访举报不予受理事项》等资料，接待群众咨询 30 多人次。区领导刘光荣参加活动。

南昌市关工委第一副主任田新芳一行在东湖区主持召开第一次关心下一代工作调研会，主要了解东湖区“大手握小手”一帮一结对帮扶、“双百工程”、关爱报告团、青少年阵地建设等工作品牌的建设情况。东湖区、西湖区、青山湖区、高新区等区关工委负责人参加调研。区领导高辉红、童萍如陪同调研。

23 日

晚上，区委第十二届四十七次常委会议在区综合服务中心南楼七层区委第一会议室召开，区领导刘闯主持。会议学习传达《赵乐际同志在贯彻落实中央巡视工作规划推进会上的讲话》文件精神，全市扫黑除恶专项斗争推进会议精神；审议区委组织部提出的《关于推荐余炜、朱晓磊二位同志为东湖区第十六届人民代表大会代表候选人的请示》《关于审议〈东湖区优秀共产党员、优秀党务工作者和先进党组织推荐表彰名单（送审稿）〉的请示》，区政协党组提出的《关于在区政协开展习近平总书记关于加强和改进人民政协工作的重要思想学习研讨活动的请示》，区政府党组提出的《关于审议〈2018 年东湖区“美丽南昌 · 幸福家园”环境综合整治“两年出形象”工作方案（送审稿）〉的请示》《审议〈关于推进安全生产领域改革发展的实施意见（送审稿）〉的请示》《审议〈关于稳步推进农村集体产权制度改革的实施方案（送审稿）〉的请示》，区委办公室提出的《关于审议〈东湖区全面深化改革七个专项小组 2018 年工作计划（送审稿）〉的请示》；听取东湖区 2018 年上半年经济运行情况汇报。区领导高辉红、贾彧超、焦玉庄、胡洪水、唐铭市、刘光荣、夏小兰、陈俊、胡志强、张恩、雷强出席会议，王玮、万明列席。

25 日

下午，东湖区在区委常委会议室召开全区开放型经济和商务工作调度会，区领导陈俊主持会议并讲话。会上,区商务局通报全区1—5月份开放型经济工作情况、详细解读世界VR大会相关工作安排、全区1—5月份社消工作情况与农贸市场管理职责分工,各经济责任单位汇报本单位开放型经济及商务工作情况。全区各经济责任单位相关负责人参加会议。

下午,区领导高辉红在区政府常务会议室主持召开全区旧改工作调度会,贾彧超、胡志强、万勇、万明、杨峻出席。会上,区旧改指挥部,各分指挥部,区集征办通报相关地块征收进展情况;土地出让组汇报土地出让工作进展情况;区城投公司汇报安置房建设工作进展情况,各分指挥部指挥长就相关工作作总结和部署。区旧改指挥部、各分指挥部、区旧改办各业务组、各动迁责任单位等相关单位主要负责人参加会议。

26日

上午,区领导高辉红主持召开会议,传达并落实南昌市中央环保督查"回头看"边督边改工作开展集体约谈会议精神,厘清环保问题,掌握整改情况,研究部署下一步工作。区领导刘光荣、万明、杨峻出席。高辉红传达6月25日召开的全市中央环保督查"回头看"边督边改工作开展集体约谈会议精神;区环保局逐一汇报涉及东湖区的环保督查问题,与会领导和单位逐一分析研判,列出问题清单和责任部门。区委办、区政府办、区发改委、区环保局、区城建局、区城管委、区执法局、区房管局、区市场监管局、区农水局、各街办(镇、管理处)主要负责人参加会议。

江西省委书记、省长刘奇,省委常委、南昌市委书记殷美根,省委常委、省委秘书长赵力平,副省长、公安厅长秦义,省公安厅党委委员、南昌市政府副市长、公安局长万秀奇,深入东湖区"6·26"服务中心暨百花洲街道综治中心调研禁毒工作,看望慰问战斗在禁毒一线的公安民警和禁毒工作者、志愿者。刘奇详细了解中心禁毒服务、宣传教育、社会综治、就业帮扶、社区戒毒和社区康复等工作,了解社会治安、城市管理网格化管理情况。刘奇要求各地各有关部门要认真贯彻落实习近平总书记关于禁毒工作的重要指示精神,切实把做好禁毒工作的责任扛在肩上、落到实处,加强组织领导,完善治理体系,广泛发动群众,坚决打赢新时代禁毒人民战争,加快推进平安江西、法治江西建设,维护全省社会和谐稳定,保障人民群众健康幸福。区领导高辉红、胡志强,东湖公安分局局长余炜陪同调研。

区领导高辉红、贾彧超、余瑾、万明、杨峻、冯于水深入辖区各镇、街道、管理处,开展6月第二次"美丽南昌·幸福家园"环境综合整治突击检查工作。区政府办、区委宣传部、区委政法委、区城建局、区城管委、区执法局、区爱卫办、区综管办相关负责人参加。

27日

上午,东湖区政协在区政协常委会会议室召开区政协开展习近平总书记关于加强和改进人民政协工作重要思想学习研讨活动动员部署会,区领导王玮主持会议并作动员讲话,谢保成、冯于水、谢华、余坚、胡涛湘出席。余坚在会上宣读《区政协开展习近平总书记关于加强和改进人民政协工作的重要思想学习研讨活动实施方案》。区政协常委会组成人员、区政协各界别召集人、各镇(街道)委员联络小组组长和区政协机关全体干部参加会议。

上午,东湖区第十六届人大常委会第十三次会议在区人大常委会会议室举行,区领导喻国泰、彭雅琳、余瑾、谢蓉、郑洪健、谭阿莉、万里涛及常委会组成人员共21人参加。会议听取并审议区政府关于办理区第十六届人大三次会议代表意见、建议情况的工作报告,区法院关于金融审判工作情况报告,区检察院关于民事行政检察工作情况报告;以电子表决投票方式通过有关人事任免事项,通过《关于许可对东湖区第十六届人大代表喻建国采取强制措施的决定(草)》。决定接受陈国梁辞去东湖区人民政府副区长职务的请求,任命余炜为区人民政府副区长。区领导高辉红、刘光荣、雷强,区法院院长梁洪、区检察院检察长杜迎春,区人大副县级干部桂兵,区人大、区政府有关部门负责人,各街道人大工委主任及部分人大代表列席会议。

上午,由南昌市民政局主办、方志敏烈士陵园管理处承办、文教路北社区协办的"红心向党 忠诚担当 作风建设永远在路上"纪念中国共产党建党九十七周年大型主题党日活动在方志敏烈士陵园内举行。南昌市副市长樊三宝,市民政局党委书记、局长邹晓东,区领导唐铭市出席活动。

活动分《回顾历史　红心向党》和《作风如铁　忠诚担当》两个乐章，通过朗诵、歌舞、舞台剧、革命歌曲联奏、小品、大合唱等形式多样的节目，让现场观众再次接受红色教育和廉政教育洗礼，丰富了共建理事单位与社区党委的文化生活，推进共驻共建工作的开展。

下午，区领导贾彧超到困难党员梁文达家中进行走访慰问，为他送上来自党组织的关心和即将来到的“七一”节日祝福。

东湖区政协九届九次常委会召开会议对全区环卫工作进行专题议政协商。区领导贾彧超出席并讲话，王玮主持会议，万明、谢保成、冯于水、谢华、余坚、胡涛湘出席。万明在会上就如何做好全区环卫工作与委员们进行沟通交流，区政协调研组和常委们对区环卫工作的现状、存在问题认真咨政，并提出建议。会议还专题学习省政协主席姚增科在全省政协系统开展习近平总书记关于加强和改进人民政协工作重要思想学习研讨活动视频大会上的动员讲话精神和全区作风建设会议精神。区政协常委、区综管办主任、区城管委主任、区政协各镇（街道）委员联络小组组长和区政协机关各科室负责人参加会议。

南昌副市长杨文斌到东湖区专题调研东湖意库项目，在洪都北大道1183号江西省外贸储运有限公司用地现场，实地踏勘项目地块，听取项目进展情况汇报。区领导高辉红、胡洪水陪同调研。

28日

下午，在“七一”前夕，区领导高辉红到公园街道民德路社区困难党员喻玉莲家中走访慰问，代表组织向她致以节日的问候和美好的祝福，并送上节日慰问金。

晚上，区领导高辉红、贾彧超、冯于水开展“美丽南昌·幸福家园”夜市环境综合整治暗访检查活动，先后到三经路、豫章后街、渊明北路、中山路、苏圃路、文教路等周边夜市摊点密集处，察看夜市店面是经营情况。区政府办、区委宣传部、区综管办、区环保局、区城建局、区城管委、区行政执法局、区市监局、等单位有关负责人参加。

30日

上午，东湖区在区政府常务会议室召开农村集体产权制度改革动员暨清产核资工作部署会，区领导高辉红出席并讲话，夏小兰主持会议，杨峻出席。杨峻就改革工作作具体部署，扬子洲镇、贤士湖管理处负责人作表态发言。区纪委（区监委）、区委办、区委组织部、区政府办、区发改委、区农水局、扬子洲镇、贤士湖管理处等单位相关负责人参加会议。

上午，东湖区委常委会召开专题学习会，深入学习《习近平新时代中国特色主义思想三十讲》。区领导刘闯主持会议并讲话，高辉红、贾彧超、喻国泰、王玮、焦玉庄、胡洪水、唐铭市、刘光荣、夏小兰、陈俊、胡志强、雷强分别就各自学习体会进行发言。

上午，区委第十二届48次常委会议在区综合服务中心南楼七层区委第一会议室召开，区领导刘闯主持。会议学习传达《关于认真学习贯彻〈地方党政领导干部安全生产责任制规定〉的通知》精神，《习近平新时代中国特色社会主义思想三十讲》。区领导高辉红、贾彧超、焦玉庄、胡洪水、唐铭市、刘光荣、夏小兰、陈俊、胡志强、雷强出席会议，喻国泰、王玮列席。

本月

2017全国地方政务服务能力排行榜发布，东湖区在全国36个主要城市下辖区县“互联网+政务服务”评选中，以优异的第三方评测结果位列全国第5名，成为全省唯一上榜的县区。

7月

2日

下午，区领导高辉红到全区部分重大重点项目建设现场，暗察项目建设情况。高辉红分别察看东湖意库、江旅都市方舟、沁庐旅生活广场、红色记忆展览馆、希尔顿欢朋酒店等重大重点项目后，要求相关职能部门密切配合，积极协助解决建设中遇到的各类问题，项目业主单位要树立主体意识，科学安排施工计划，加快工程建设进度。区政府办相关负责人参加。

4日

上午，东湖区在区政协会议室召开“美丽南昌·幸福家园”环境综合整治工作调度会。区领导高辉红出席并讲话，贾彧超主持会议，余瑾、万明、冯于水出席。余瑾通报街道（镇、管理处）环境综合整治2018年6月份考核结果和6月份社区(村、家委会)环境综合整治检查评比得分情况,万明通报相关情况并布置相关工作。6月份考核前3名的街道获奖并作经验介绍,相关单位作表态发言。各镇(街道、管理处)党政主要负责人和分管领导,区委相关部门、区直相关单位负责人,东湖交警大队、东湖消防大队、东湖公安分局分管负责人参加会议。

下午,区领导高辉红在区政府第一会议室主持召开紫金学校、天骥小学项目建设调度会,调度两所学校项目规划建设工作。区领导童萍如、万勇参加会议。各相关部门汇报学校用地、规划、设计、建设、征迁等方面情况及下一步推进工作安排。万勇、童萍如分别就分管工作进行强调和部署。区旧改办、区教科体局、董家窑街办、彭家桥街办等单位相关人员参加会议。

5—6日

区领导陈俊赴珠海开展招商活动,考察美丽之冠横琴梧桐树大厦等项目,就相关项目投资等事宜与企业进行沟通;还参观珠海横琴新区规划展示馆。区商务局、滕王阁街办、豫章街办、扬子洲镇等单位相关人员随同。

6日

上午,江西省军区动员局局长崔晨,南昌市委常委、南昌警备区政治委员王宗军,以及全省各地市军分区(警备区)动员处处长一行20余人,到东湖区行政服务中心观摩兵役服务站建设成果,对该区兵役工作站建设工作表示充分肯定。崔晨希望东湖区继续发挥示范作用,加强兵役服务站建设的探索创新,不断丰富国防教育活动载体,做好做强服务。

下午,区领导贾彧超到扬子洲地区就该地区生态保护与开发建设实施路径课题及相关工作进行专题调研。贾彧超一行先后到南洲村、林场村及扬子洲镇,察看该区域开展生态观光旅游等方面的基础情况及工作推进情况,并召开座谈会听取有关单位关于调研课题的汇报和下一步推进计划。贾彧超要求调研组围绕扬子洲地区走生态保护与开发建设同步进行两个方面,开展充分调查研究,提出兼具前瞻性和操作性思路和目标。区委办、区政府办、区委组织部、区发改委、区教科体局、区环保局、区城建局、扬子洲镇、扬农管理处等相关单位有关负责人参加调研。

9日

接中共南昌市委洪干字〔2018〕35号文件通知,市委提名·晨任南昌市东湖区人民政府副区长。挂职锻炼时间至2020年6月。

9日

下午,区领导高辉红、雷强、余炜深入辖区部分点位,察看安全生产工作情况。高辉红一行先后到青山小区、赣昌水产品市场、东方大厦等地察看安全隐患及整改落实情况。区政府办、区安监局、东湖消防大队、区市监局、董家窑街道、彭家桥街道主要负责人随同。

10日

上午,区领导万勇到扬子洲镇督导农村宅基地和集体用地使用权确权登记工作,先后在臣港村、庙后村督导房地一体测量工作情况,并慰问作业单位工作人员。

11日

上午,区领导高辉红在区政府常务会议室主持召开2018年全区重点产业项目调度会,唐铭市、夏小兰、胡志强、郑洪健、童萍如、万勇、余坚出席会议。各责任单位在会上分别汇报苏宁广场、江旅都市方舟、沁庐旅生活广场等项目进展情况及需协调解决的问题;区重点办通报2018年全区重大重点项目实施推进情况;挂点区领导就分管项目进展情况及问题进行分析和部署。

区领导杨峻到扬子洲镇检查指导打击非法电捕及水环境整治工作,察看庙后村门塘的水环境整治情况。

12日

上午,东湖区在区政府常务会议室召开税务机构改革专项组第一次会议暨全区国税地税征管体制改革座谈会,区领导夏小兰主持会议。会议书面传达全市国税地税征管体制改革座谈会精神,区地税局汇报东湖区国税地税征管体制改革工作进展情况和下一步工作安排,专项组成员单位依次表态发言。国家税务总局南昌市税务局第一联络(督导)组通报前期联络(督导)组在东湖工作情况,并提出具体要求。区税务机构改革专项组成员,区纪委区监委、区发改委、扬子洲镇、各街办(管理处)分管领导参加会议。

上午,区人大常委会召开主任会议,听取区财政局关于国有资产管理工作情况报告、区企资中心企业资产监管工作报告。区领导喻国泰、彭雅琳、余瑾、谢蓉、郑洪健、谭阿莉、万里涛出席,区人大副县级干部桂兵,人大机关各工委负责人列席会议。

13 日

上午,东湖区委在区文化活动中心演艺大厅举行纪律讲堂活动,邀请江西省纪委党风政风监督室副主任袁文俊解读有关中央八项规定精神政策。区领导高辉红主持会议,副县级以上领导出席。区属各单位党政主要领导、分管领导,各社区(村)党委(党支部)书记,区纪委区监委全体工作人员参加。

上午,东湖区人大常委会组织开展区人大代表视察活动,专题视察区水环境保护工作情况。视察组一行视察抚河故道、八一公园、玉带河北支、青山闸等地,察看水域环境治理情况,听取区农水局、区环保局、区城建局关于区水环境保护工作情况汇报。区领导喻国泰、彭雅琳、余瑾、郑洪健、谭阿莉、万里涛,区人大副县级干部桂兵,部分区人大代表参加。区农水局、区环保局、区城建局等责任单位负责人参加活动。

下午,东湖区在区政府常务会议室召开第三季度安全工作例会暨省安委会巡查组巡查问题整改推进会,区领导高辉红出席并讲话,夏小兰主持会议,雷强出席。区安委办传达省、市相关会议精神,通报省安委会巡查情况;雷强在会上部署下一步相关工作。区安委会成员单位主要负责人及重大隐患涉及相关单位代表参加会议。

16 日

下午,区领导高辉红、万明、杨峻乘船对区域内河湖整治各项工作进行巡查。高辉红一行从渔政码头登上执法艇,沿赣江南支和北支察看沿线的岸线整治情况、排口截污情况、水上交通安全情况及河湖长制落实情况等。区政府办、区农水局、区城建局、区环保局、区执法局、扬子洲镇、董家窑街道、贤士湖管理处主要负责人随同。

晚上,东湖区在区委常委会议室召开 2018 年“三看”项目工作调度会,区领导刘闯出席并讲话,高辉红、贾彧超、胡洪水、唐铭市、夏小兰、胡志强、童萍如、万勇出席。区发改委在会上通报全区重点产业项目的进展情况;会议采取逐个项目分析研究方式,每个项目先由责任单位通报进展情况和相关问题,挂点区领导对项目进展进行分析并部署下一步工作。区委办、区政府办、区发改委、区城建局、区执法局、区文广局、区旧改办、区商务局、豫章街办、大院街办、董家窑街办等单位主要负责人参加会议。

17 日

由中共东湖区委、东湖区人民政府主办,东湖区委组织部承办的全区“传颂红色家书　传承红色经典”《红色家书》诵读比赛在区文化活动中心演艺大厅举行。活动在全体区委常委诵读的《谋中国民族之解放》中拉开序幕,全区 12 支单位代表队按照顺序通过领诵、齐诵、男女对诵、舞台剧等表现形式登台表演,最终区文广局、扬子洲镇代表队荣获此次诵读比赛的一等奖,区房管局等 5 家单位代表队荣获二等奖,区商务局等 8 家单位代表队荣获三等奖,八一桥街道等 8 家单位代表队荣获组织奖。南昌市委党校科干一班和区委组织部分别表演《红色基因永流传,坚定信念跟党走》和《可爱的中国》。

18 日

上午,南昌市委第三巡察组组长陈伟明一行 6 人到东湖区行政服务中心管委会检查指导工作,认真察看行政服务中心管委会整体运行情况并听取工作汇报,详细了解开展“放管服”工作情况,对近年来东湖区便民利民方面采取的措施给予充分肯定。区领导刘光荣、袁晨陪同。

19 日

上午,南昌市“时间银行她力量——垃圾分类姐妹先行”公益项目启动仪式在东湖区文化活动中心举行。上海市优秀志愿者、上海市政府实事项目先进个人宋慧分享上海市社区推动垃圾分类工作案例,介绍上海爱芬环保的“扬波模式”的成功经验。南昌市副市长龙国英出席并讲话,市妇联党组书记、主席胡矞主持会议,区领导贾彧超致辞,各县区、开发区(新区)妇联分管主席,全市首批“生活垃圾分类”试点社区(乡镇)的负责人,东湖区社区、家庭代表等 140 余人出席活动。

下午,意大利意中交流协会主席、意大利江西总商会会长朱裕华、常务副会长费浩平一行对东湖区民德路赣味汤源瓦罐汤门店进行考察,对瓦罐汤蕴含的“赣汤文化”和“传统情怀”深表赞叹。

下午,区委第十二届四十九次常委会议在区综合服务中心南楼七层区委第一会议室召开,区领导刘闯主持。会议学习传达市委统战工作领导小组会议精神,全市乡镇、街道纪检监察工作规范化建设现场会议精神;听取东湖区党管武装工作情况汇报,全区落实规范政府性奖励发放工作情况汇报,全区机构改革工作情况汇报;审议区编委办提出的《关于成立区机构改革领导小组的请示》。区领导高辉红、焦玉庄、胡洪水、唐铭市、刘光荣、夏小兰、陈俊、雷强出席会议,喻国泰、王玮列席。

20 日

上午,区领导陈俊会见步步高集团江西省区总经理王立新一行,双方就企业意向投资建设百货商场、生鲜超市等项目事宜进行沟通。区商务局有关人员陪同。

上午,国家税务总局南昌市东湖区税务局(以下简称"东湖区税务局")挂牌成立,原南昌市东湖区国家税务局、原南昌市东湖区地方税务局正式合并,标志着南昌市东湖区国税地税征管体制改革迈出关键一步。区领导刘闯和国家税务总局南昌市税务局联合党委委员、副局长陈国富共同为新机构揭牌,区领导高辉红、夏小兰出席挂牌仪式。新成立的东湖区税务局承担该区各项税收、社保费和非税收入征管等职责,继续为纳税人提供优质高效的服务。原国税、地税机构职责和工作由继续行使其职权的新税务机构承继。东湖区税务局已实现联合党委组建到位、综合部门集中办公到位、"一厅通办"先行到位。

上午,南昌市 2018 年残疾人励志创业典型暨优秀残疾人工作者先进事迹巡回演讲东湖区专场报告会在东湖区文化活动中心新闻发布厅隆重举行。南昌市残联党组成员、副理事长、报告团团长林善岳带领报告团 8 位成员从不同角度、不同经历作生动深情演讲,分享身残志坚、自强不息的奋斗故事。会前,市残联党组书记、理事长余颖,区领导贾彧超共同接见报告团全体成员并合影留念。各街道(镇、处)残联、村(社区)残协负责人及残疾人专职委员 160 余人参加报告会。

区委决定免去黄玉华的东湖区委宣传部主任科员职务,退休;李良退休;免去陶小青的东湖区扬农管理处正科级调研员职务,退休;免去柯杞进的东湖区人民检察院主任科员职务,退休。黄玉华、李良、陶小青的退休时间从 2018 年 6 月起算,柯杞进的退休时间从 2018 年 7 月起算。

21 日

上午,东湖区在区委常委会议室召开 2018 年旧改工作调度会。区领到刘闯出席并讲话,高辉红主持会议,贾彧超、夏小兰、万勇、万明、杨峻和副县级干部桂兵出席。区旧改指挥部在会上通报相关地块征收进展情况,各分指挥部、区集征办、土地出让组和区城投公司分别汇报负责项目的进展情况,相关区领导分别就分管工作发言并部署下半年工作推进。区委办、区政府办、区直相关责任单位和各镇(街道、管理)相关责任单位,区旧改办各业务组、工作组负责人参加会议。

23 日

上午,区领导高辉红、胡洪水、袁晨赴深圳开展招商活动。高辉红一行考察招商蛇口创库项目和南海意库项目,拜访招商蛇口华南区域总经理韩冬一行,并就企业意向到东湖区投资相关项目事宜进行友好沟通。区商务局、区文旅公司相关人员随同。

下午,南昌市委常委、市纪委书记、市监委主任吴伟柱带队赴东湖区集体调研,这是全市纪检监察工作巡视调研活动进入第九站。吴伟柱一行察看东湖区贤士湖管理处长巷村和董家窑街道锦苑春天社区党风廉政工作活动点,召开工作汇报会、案例剖析会,听取东湖区落实全面从严治党主体责任和监督责任汇报。市纪委市监委班子成员、市纪委市监委相关业务部门负责人参加调研,区领导刘闯、刘光荣陪同。

晚上,东湖区在区委常委会议室召开全区重大重点项目调度会,区领导刘闯出席并讲话,贾彧超主持会议,夏小兰、胡志强、万勇、万明出席。会议对全区 2018 年产业项目和建管项目进行梳理和盘点,全面了解各个项目推进情况及存在困难和问题,并对下一阶段工作开展进行部署。区委、区政府相关责任单位和相关街道、镇、管理处主要负责人参加会议。

23—24 日

区领导高辉红、胡洪水、袁晨赴深圳、重庆开展招商活动,先后考察招商蛇口旗下位于深圳的蛇口网谷、南海意库、招商创库、美伦健康中心和位于重庆的长嘉汇商业、金山意库等项目，并分别与招商蛇口华南区域总经理韩冬、重庆公司总经理李朝晖一行就合作建设东湖意库项目等事宜进行沟通。

24 日

上午，东湖区在区政府常务会议室召开第四次全国经济普查领导小组第一次全体会议。会上，区统计局介绍“四经普”前期工作准备情况并部署下一步工作；区委宣传部宣读“四经普”宣传工作方案；审议通过《东湖区第四次全国经济普查领导小组成员及单位职责分工和工作方式》《东湖区第四次全国经济普查宣传工作方案》《东湖区第四次全国经济普查“两员”选聘工作方案》。区领导夏小兰出席会议并讲话。区经济普查领导小组全体成员、区直有关单位、扬子洲镇、各街办(管理处)分管领导参加会议。

25 日

上午，区领导刘闯、胡洪水、夏小兰、郑洪健、童萍如、袁晨深入辖区部分重大重点项目现场开展工作调研，逐个察看进场道路施工环境、施工进展和项目进度，询问项目建设中遇到的困难和问题，并提出协调解决意见。区委办、区政府办、区纪委、区发改委、区城建局、区执法局、公园街道、大院街道、贤士湖管理处、区文旅公司、区国土分局、区规划分局等单位相关负责人参加。

25—31 日

由江西省体育局、省教育厅举办的全省最大规模、最高级别的青少年篮球比赛——江西省第四届百县青少年“三人制”篮球运动会在江西省九江市体育中心举行，东湖区派出的男女两支青少年队伍全部斩获冠军，并均获得赛会体育道德风尚奖。

26 日

上午，江西省环境保护厅检查组、南昌市副市长凌卫一行深入东湖区考察赣江右岸八一桥至二七路段排污口截污工程、下正街水厂和蓑衣甲排污口，实地听取东湖区对赣江水质治理思路、目前工程的开展情况、面临难点和应对措施等方面的汇报。区领导高辉红、万明陪同考察。

上午，江西省人大常委会第 56 期“人大讲堂”在南昌举行，区领导喻国泰、谢蓉、郑洪健、谭阿莉、万里涛，副县级干部桂兵，以及常委会组成人员、街道人大工委主任、人大机关全体干部在区人大常委会会议室通过视频同步收听收看。

上午，江西省民政厅副厅长龚建辉到东湖区走访慰问困难优抚对象，将“八一”中国人民解放军建军节的祝福提前送到优抚对象手中。龚建辉一行分别到烈属戚赣人家中慰问，还看望 1979 年参加对越自卫反击战的夏呆风，代表省民政厅向他们致以节日的问候和良好祝福。区领导高辉红、杨峻陪同走访。

27 日

下午，区领导刘闯到百花洲街道和东湖消防大队，走访慰问伤残军人和消防官兵，为他们送去节日关怀和祝福。区民政局、百花洲街道主要负责人参加走访。

下午，区领导高辉红、夏小兰在“八一”中国人民解放军建军节前夕开展走访慰问活动，代表区委、区政府慰问优抚对象肖利立和区人武部对全体官兵，送上节日祝福和慰问金。

下午，东湖区在区政府常务会议室召开六大专项整治工作暨省安委会巡查组发现问题整改工作推进会，区领导高辉红出席并讲话，夏小兰、雷强出席。夏小兰在会上总结前一阶段工作并对下一步工作作部署；区安委办传达省安委会巡查督导南昌市安全生产工作反馈大会、市安委办工作会议精神，通报全区六大专项整治工作和省安委会巡查组发现问题整改工作进展情况；区安监局、区城建局、区执法局、区市监局、东湖交警大队、东湖消防大队汇报专项整治工作第二阶段整治开展情况及存在问题。区政府办、区委宣传部、区委政法委、东湖公安分局、区检察院、区法院、扬子洲镇、八一桥街办等相关责任单位负责人参加会议。

28 日

上午，东湖区在区委常委会议室召开 2018 年旧改工作调度会，区领导刘闯出席并讲话，高辉红主持会议，贾彧超、夏小兰、胡志强、童萍如、万勇、万明、桂兵出席。会议通报相关地块征收进展、农房征迁工作进展、土地出让工作进展和安置房建设工作进展等情况。

30 日

上午，区领导刘闯、贾彧超、夏小兰、余坚到南昌市轨道交通集团公司拜访董事长李云峰一行，就推动东湖区地铁商业项目进行友好会谈。

上午,区领导贾彧超、张恩对驻区部队和优抚对象开展拥军慰问活动,走访慰问江西省军区司令部调研室、军属黄泽民,送上节日慰问金。区委办、区民政局、豫章街道有关负责人参加走访。

晚上,区领导刘闯、万明到胜利路步行街开展步行街优化提升工作调研活动,沿着街区边走边看,听取相关单位负责人情况汇报,了解街区商业运营、环境优化、老字号店铺经营等相关情况。区商务局、区城建局、百花洲街道、滕王阁街道、步行街管委会等相关单位主要负责人随同。

31日

下午,东湖区机构改革工作会议在区委常委会议室召开,区领导刘闯出席并讲话,喻国泰、胡洪水、唐铭市、刘光荣、夏小兰、胡志强、张恩出席。会议传达省市机构改革工作会议精神,通报区机构改革前期工作情况和下步工作安排建议。夏小兰对全区推进机构改革工作作相关部署。区机构改革领导小组全体成员,各镇(街道、管理处)党政主要负责人,区委各部门、区直各单位主要负责人参加会议。

晚上,东湖区在区委常委会议室召开2018年重点产业项目、城市建管项目工作调度会,区领导刘闯出席并讲话,高辉红主持会议,胡洪水、夏小兰、胡志强、万勇、万明出席。区发改委在会上通报全区重点产业项目的进展情况,区综管办通报区城市建管项目的进展情况,区委办、区政府办、区作风办通报产业项目、建管项目督查情况;各挂点区领导对项目进展进行分析并对下一步工作作部署。区委办、区政府、区纪委作风办、区发改委、区城建局、百花洲街办、公园街办等有关单位主要负责人参加会议。

晚上,由东湖区委宣传部、东湖区文化广电旅游新闻出版局主办,东湖区文化馆、方志敏广场承办的“军民一家亲　共筑中国梦”东湖区庆祝中国人民解放军建军91周年文艺会演在方志敏广场举行,辖区党员、退伍老兵、群众共800余人观看演出。文艺演出在开场舞《红军不怕远征难》中拉开帷幕,整场演出热情讴歌人民军队不忘初心、牢记使命,在党的旗帜引领下续写新荣光的豪迈气概。

本月

文化和旅游部公共文化司发布关于开展2018年文化志愿服务工作的通知,东湖区“江西四方画院书画展”云南行活动入选2018年“春雨工程”——全国文化志愿者边疆行活动项目名单。

8月

1日

上午,共青团江西省委书记马健率全省共青团2018年巡回拉练第一观摩小组到东湖区开展观摩活动。马健一行参观滕王阁街道民巷社区青年空间“三站六室一平台”,听取关于“时间银行　区校共建”“童心圆梦”公益性社区少年宫以及“共享空间”等特色项目介绍,参观东湖青少年法治教育基地等,对东湖区共青团工作表示充分肯定。区领导刘闯陪同。

上午,东湖区第四次全国经济普查动员会在区政府常务会议室召开,区领导高辉红出席并讲话,夏小兰主持会议。区统计局在会上汇报全区“四经普”前期准备工作及部署下一阶段重点工作;区市场监管局、区税务局、董家窑街办、百花洲街办就“四经普”工作表态发言。区第四次全国经济普查领导小组成员单位,扬子洲镇、各街办(管理处)主要领导及分管领导参加会议。

2日

下午,招商局集团战略发展部部长熊贤良一行就推动东湖区与招商局集团合作项目来该区考察调研。熊贤良一行实地考察中外运仓库、青山湖西岸和沿江商业地块、地铁上盖商业项目,就打造文化创意产业园区项目、东湖区青山湖西岸的整体发展规划思路进行调研。区领导刘闯、高辉红、胡洪水、陈俊、袁晨陪同考察。

3日

上午,区领导陈俊会见汇厨餐饮管理有限公司行政总厨简捷明一行,双方就企业意向投资建设高端餐厅项目事宜进行友好沟通。豫章街办、区商务局主要负责人参加会见。

6—7日

区领导刘闯率招商小分队赴长沙开展招商活动。6日下午,刘闯一行考察中国香港九龙仓集团投资建设的综合商业旗舰项目长沙国际金融中心（简称长沙 IFS）和百盛集团全新零售概念店——Parkson Beauty。7 日上午，刘闯一行与步步高集团党委书记、总裁陈志强等集团领导就招商合作事宜进行友好座谈，并考察长沙步步高梅溪新天地综合体项目。区商务局、董家窑街办、百花洲街办、豫章街办主要负责人随同。

7 日

上午，东湖区召开贯彻全省政法领导干部学习习近平新时代中国特色社会主义思想专题研讨班精神传达会。区领导胡志强、余炜，区检察院检察长杜迎春出席。胡志强在会上作专题学习辅导报告，并总结部署全区各项政法重点工作。区政法各部门党委、党组领导班子成员，区委政法委全体机关干部参加会议。

8 日

上午，东湖区在百花洲街道综治中心召开乡镇、街道综治中心实体化建设现场会，区领导胡志强出席会议。与会人员参观百花洲街道综治中心实地运行情况，听取街道综治专职副主任现场讲解。座谈会上，百花洲街道汇报街道综治中心建设的做法和经验。区委政法委常务副书记、副书记、区综治办全体干部，各镇、街道（管理处）党（工）委书记，综治专职副主任及区直有关单位人员参加会议。

下午，区领导刘闯、高辉红、陈俊会见启明星辰信息技术集团有限公司常务副总裁孙东及共青城中勤投资咨询有限公司董事长柯志文一行，向客人介绍东湖区经济和社会发展情况与全区主攻产业发展方向等，三方就企业意向投资建设安全运营区域中心项目事宜进行友好沟通。区商务局主要负责人参加会见。

9 日

上午，区领导高辉红在区政府常务会议室主持召开区政府 2018 年第八次常务会和第六次区长办公会，夏小兰、雷强、童萍如、余炜、万勇、万明、杨峻，市委提名副区长袁晨出席，陈俊、邱建新、冯于水列席。会议观看《“媒体啄木鸟”行动》光碟，传达学习《省委办公厅关于严明我省深化机构改革“十个严禁”“两个纪律”纪律要求的通知》《市委办公厅关于严明纪律切实保证全市机构改革顺利进行的通知》《江西省财政厅关于印发〈江西省本级财政预算执行动态监控管理办法〉的通知》，审议《东湖区全面推进殡葬综合改革实施意见》《东湖区开展绿色殡葬专项行动的实施方案》《关于落实食品安全党政同责的实施意见》《2018 年东湖区政务公开工作安排》《2018 年东湖区法治政府建设工作要点》《东湖区安全生产委员会成员单位安全生产工作职责分工》等议题。

下午，区委第十二届五十次常委会议在区综合服务中心南楼七层区委第一会议室召开，区领导刘闯主持。会议审议区人大常委会党组提出的《审议〈中共东湖区委关于实施民生实事项目人大代表票决制工作的意见（送审稿）〉的请示》和《关于审议〈东湖区民生实事项目人大代表票决制工作实施方案（送审稿）〉的请示》；听取东湖区会计核算中心向国库支付中心转轨工作情况汇报，东湖区东湖意库项目有关情况汇报；审议区政府党组提出的《审议〈关于落实食品安全党政同责的实施意见（送审稿）〉的请示》《关于成立育新、邮政、豫章三大教育集团的请示》《关于成立东湖区殡葬综合改革工作领导小组的请示》《关于审议〈东湖区全面推进殡葬综合改革实施意见（送审稿）〉的请示》，区信访局提出的《关于审议〈东湖区驻京劝返长效工作组工作方案（送审稿）〉的请示》，区委办公室提出的《关于召开中共南昌市东湖区委十二届五次全体（扩大）会议的请示》以及有关领导在区委十二届五次全体（扩大）会议上讲话材料，区纪委提出的关于对部分干部违纪问题立案审查的请示。区领导高辉红、贾彧超、焦玉庄、胡洪水、唐铭市、刘光荣、夏小兰、陈俊、胡志强、张恩、雷强出席会议，王玮、谭阿莉、童萍如、余炜、杨峻、袁晨列席。

10 日

上午，区领导高辉红对辖区部分农贸市场进行暗访，先后到五纬路农贸市场、章江路农贸市场、上沙窝农贸市场和董家窑临时过渡集贸市场等处察看，指出各处存在的占道经营、环境卫生等问题，并要求相关单位立即整改。区政府办、区商务局、区综管办相关负责人随同。

下午，东湖区召开“美丽南昌 · 幸福家园”环境综合整治调度会，区领导贾彧超出席并讲话，陈俊、万明、冯于水出席。会上，陈俊通报全区农贸市场管理及环境整治工作情况并作工作部署，万明通报全区环境综合整治情况并部署下一阶段重点工作,冯于水宣读《东湖区街道(镇、管理处)环境综合整治2018年7月份考核结果通报》及《东湖区社区(村、家委会)环境综合整治2018年7月份检查评比得分通报》。考核前三名的公园街道、董家窑街道、彭家桥街道受到表彰并作经验介绍,后三名的街道作表态发言。区政府办、区委宣传部、区委政法委、区综管办、各镇(街道、管理处)、区直各相关单位有关负责人参加会议。

12日

上午,中共东湖区委十二届五次全体(扩大)会议在区文化活动中心演艺大厅召开。这次全会主要任务是:以习近平新时代中国特色社会主义思想为指导,深入学习贯彻省委十四届六次全会、市委十一届五次全会精神,回顾总结2018年以来的工作,研究部署之后一个时期的重点工作,动员全区上下坚定信心、担当实干,在共绘新时代江西物华天宝、人杰地灵新画卷,做大做强做优大南昌都市圈中全力展现东湖新作为。区领导刘闯就贯彻省委十四届六次全会和市委十一届五次全会精神,围绕在做大做强做优大南昌都市圈中全力展现东湖新作为提出要求,高辉红总结2018年上半年工作并部署下半年工作,贾彧超传达省委十四届六次全体(扩大)会议和市委十一届五次全体(扩大)会议精神。区委委员、区委候补委员出席会议。列席会议的有不是区委委员、区委候补委员的县级领导;区纪委委员、区监委委员、区纪工委书记;各镇、街道、管理处党政主要负责人;区委各部门、区直各单位,区人大、区政协各委(室、办)主要负责人;各垂管单位主要负责人;部分基层党代表、人大代表、政协委员,部分非公企业党组织负责人,部分村(社区)党委(支部)书记。全区各镇、街道、管理处,区委各部门,区直各单位副科级以上干部旁听会议。

12—13日

区领导刘闯、陈俊赴深圳开展招商活动。12日下午,刘闯一行考察深圳华强北九方购物中心,认为九方购物中心的商业运营模式,为东湖区打造八一广场——中山路百亿商圈、发展现代商贸业提供良好经验。13日上午,刘闯一行与九方公司座谈,介绍东湖区情和东湖区现代商贸业的发展情况。区商务局主要负责人随同。

13日

上午,区领导高辉红深入辖区对部分城建项目建设进展情况进行暗访,先后到市保育院微改造、象山北路胜利路建筑立面改造、赣江右岸截污工程、上沙窝安置房和下沙窝拟出让地块整理等项目现场进行察看。区政府办、区房管局主要负责人随同。

14日

上午,东湖区在区政府常务会议室召开全区经济运行分析会议,区领导高辉红出席并讲话,夏小兰、陈俊、袁晨出席。夏小兰、陈俊分别就相关经济工作情况进行总结并部署下半年工作,区统计局、区财政局(区经济办)、区税务局、区发改委、区商务局分别汇报上半年经济任务完成情况及下一步工作计划,百花洲街办、八一桥街办、董家窑街办、区人社局、区教科体局、区文广新局作经验交流发言。

15日

上午,区领导高辉红在区政府常务会议室主持召开区政府2018年第9次常务会,夏小兰、雷强、童萍如、余炜、万勇、万明、杨峻,市委提名副区长袁晨出席,胡洪水、陈俊、邱建新、余瑾、冯于水列席。会议审议《东湖区事业单位公务用车制度改革实施方案》《2018年东湖区民生工程安排意见》《南昌红色记忆展示馆合作协议》等议题。

下午,区领导陈俊在区委常委会议室主持召开VR产业暨全区招大引强项目调度会,全区各经济责任单位相关负责人参加。会上,区商务局解读东湖区2018世界VR产业大会招商引才工作方案,通报全区1—7月份已落户和在跟在谈的招大引强项目情况;各经济责任单位汇报本单位重点项目情况。

16日

九江市浔阳区委书记宋细妹率党政代表团一行到东湖区考察调研。考察组一行先后到东湖区智慧城管监督指挥中心、紫金城社区、贤士花园农贸市场、榕门路(滕王阁)文化旅游街区、百花洲(佑民寺)历史文化旅游街区等处实地考察,详细了解该区在文明创建、城市建设、城市管理、旅游街区打造方面工作的经验做法。区领导刘闯陪同考察并主持两区工作经验交流座谈会,贾彧超、胡洪水、雷强陪同考察并作相关情况介绍。

17 日

上午，区领导高辉红、陈俊率招商小分队赴深圳考察光息谷科技发展有限公司，参观光息谷的数字导览区、触屏体验区、全息影像区，详细了解全息投影、智慧玻璃触屏、云渲染等全息新媒体技术。区商务局、区文旅公司负责人随同。

下午，东湖区在区委常委会议室召开区委党建工作领导小组扩大会议，区领导刘闯出席并讲话，贾彧超主持会议，唐铭市、刘光荣出席。区委组织部在会上通报镇（街道、管理处）基层党建工作2018年上半年考核情况，汇报全区基层党的建设2018年上半年工作进展情况及下半年工作打算；唐铭市、刘光荣分别就全区党建工作做深入分析和具体部署。区委党建工作领导小组全体成员，各镇（街道、管理处）党（工）委书记参加会议。

18 日

下午，东湖区在区委常委会议室召开招商引资工作调度会，区领导刘闯出席并讲话，高辉红主持会议，贾彧超、陈俊、雷强、袁晨出席。区商务局在会上通报全区招商引资工作情况，各经济责任单位汇报本单位招商引资工作情况，相关区领导就项目引进和项目推进等方面进行分析并部署工作。区委办、区政府办、区商务局、各经济责任单位主要负责人参加会议。

20 日

南昌市委副书记、市长刘建洋到东湖区开展工作调研。刘建洋一行先后到榕门路历史文化街区、铁街智能停车场、南昌苏宁广场项目和省委北院社区微改造项目现场，察看各项目进展或运营情况。刘建洋指出，东湖区要聚焦新经济，培育新动能，实现产业转型升级；要结合东湖未来新业态发展方向，精准定位，在充分发挥传统优势的同时，以服务业为重点，引入高端生产性、生活性服务业及文化消费性服务业，做好新经济文章，引领辖区经济发展。要聚焦旧城复兴，着力推进城市更新；要按照“富规划、精建设、细管理、微改造”的理念，利用好当前城市物理空间，有计划推动城市功能和环境重置，加强基础设施建设，加大招商引资力度，推动城市建管、产业发展更新，促进东湖凤凰涅槃，再现辉煌。要聚焦特色品质，深挖文化内涵，打造魅力东湖；要着力在“精建设、微改造”上下功夫，注重东湖历史特色和内涵，全面系统梳理城市历史记忆，突出文脉延续，做好规划引领，使城市“一路、一街、一景、一亭、一园”都彰显历史记忆，延续城市辉煌，加快集聚人气和商气。要聚焦民生实事，完善城市功能，打造幸福东湖；要把“人民对美好生活的向往”作为奋斗目标，深入贯彻“1＋5”社区建设理念，打造15分钟便捷生活圈，更好地解决群众日常生活、医疗、教育、居家养老等问题，不断增强百姓幸福感、获得感。区领导刘闯、高辉红、贾彧超、王玮等区四套班子成员出席调研座谈会。

20—21 日

区领导刘闯、陈俊率队赴北京开展招商活动，先后考察北京中文在线数字出版集团公司、北京启明星辰信息技术集团和北京爱奇艺科技有限公司，并就企业意向来南昌投资相关项目事宜进行友好座谈。百花洲街办、区商务局相关人员随同。

21 日

晚，东湖区在区委常委会议室召开2018年重点产业和建管项目工作调度会，区领导高辉红主持会议并讲话，贾彧超、胡洪水、夏小兰、胡志强、童萍如、万勇、万明、袁晨出席。会议分为两个阶段：第一阶段，区发改委通报全区重点产业项目的进展情况，相关负责人汇报重点产业项目各项工作开展情况及面临的困难；会议对下一步重点产业项目工作作出部署。第二阶段，区综管办通报区城市建管项目的进展情况，区委办通报建管项目督查情况，相关负责人汇报城市建管项目点位情况；会议盘点各项建管项目工作及存在的困难，对下一步工作作出安排。区委办、区政府办、区纪委作风办、区发改委、区城建局、区执法局、区旧改办、区商务局、区综管办、东湖国土分局，东湖规划分局、区城投公司、区文旅公司、公园街道、大院街道、董家窑街道、滕王阁街道等单位负责人参加会议。

24 日

由南昌市人民政府残疾人工作委员会主办，南昌市残疾人联合会承办，南昌市残疾人康复中心、东湖区残疾人联合会共同协办的南昌市第二次全国“残疾预防日”宣传教育活动在东湖区八一公园隆重举行。活动现场，悬挂“残疾预防，从我做起”的宣传标语，设置疾病、伤害致残等预防知识的宣传展板，还有预防康复咨询区，爱眼护眼义诊区,盲人按摩体验区,前来进行眼健康咨询、义诊、按摩体验的市民络绎不绝;东湖区残疾人艺术团葫芦丝队演奏的《望春风》《月光下的凤尾竹》赢得现场观众阵阵掌声。南昌市残疾人联合会党组书记、理事长余颖以及区领导杨峻等出席活动。

25日

上午,东湖区在区委常委会议室召开2018年旧改工作调度会,区领导刘闯出席并讲话,贾彧超、夏小兰、童萍如、余炜、万勇、万明、杨峻,副县级领导桂兵出席。会议通报相关地块征收进展、农房征迁工作进展、土地出让工作进展、安置房建设工作进展等情况,各旧改指挥部相关负责人对上周旧改工作进展情况进行汇报总结,并对下周旧改工作展开部署。

下午,东湖区在区委常委会议室召开招商引资项目调度会,区领导刘闯出席并讲话,贾彧超主持会议,陈俊、袁晨出席。刘闯要求相关部门和干部,要增强招商引资"四个意识"(首位意识、拼抢意识、紧迫意识、危机意识),提升招商引资专业水平,加强各部门间协同配合。

东湖区残联、东湖区扬子洲镇残联、前洲村残协携手在前洲村文化大院举办残疾预防知识竞答暨残疾人艺术团进村展演活动,300余名残疾人朋友及其家庭共同参加活动。活动设置残疾预防知识竞答环节,还发放残疾预防《核心知识》《补助政策》宣传折页。

27日

上午,东湖区纪委、东湖区妇联在南昌市党章教育馆联合举办东湖区"廉洁文明家风建设"领导干部配偶警示教育活动,通过听取南昌市党章教育馆讲解员讲解,重温入党誓词,观看22分钟的违纪违法警示教育片,警示教育与会领导干部家属做好家庭的宣传部长、纪委书记、政法书记,并签订领导干部家属"廉政承诺书"。全区正科级领导干部,各镇(街道、管理处)副书记、各系统分管党风廉政责任工作的领导干部及2017年1月后新任副科及以上领导干部配偶参加活动。

28日

下午,东湖区在区文化活动中心演艺大厅举行区委中心组理论学习(扩大)会,听取江西经济管理干部学院副院长、江西国学文化研究会副会长衷敬华作题为《弘扬传统文化　坚定文化自信》的专题报告。会前,与会领导干部观看《为了政治生态的山清水秀》警示教育片。区四套班子成员,全区副科级以上领导干部(不含二级单位)参加会议。

晚上,东湖区在区委常委会议室召开重点产业项目、城市建管项目工作调度会议,区领导刘闯出席会议并讲话,胡洪水、夏小兰、陈俊、胡志强、万勇、万明、袁晨出席。区发改委在会上通报全区重点产业项目的进展情况,区直有关单位、各街道(管理处)汇报分管项目进展情况,区政府办通报督查情况,区综管办通报区城市建管项目的进展情况,区城建局、区城投公司汇报相关点位建设情况。

29日

上午,东湖区在区综合服务中心六层区政府常务会议室组织全区领导干部收听收看南昌市举行的省委十四届六次全会精神宣讲报告会实况。区四套班子成员,区委各部门、区直各单位主要负责人,各镇、街道、管理处党政主要负责人参加。

上午,东湖区第十六届人大常委会第十四次会议在区人大常委会议室召开,会议听取区政府上半年经济运行情况报告、区法院上半年工作情况报告、区检察院上半年工作情况报告,审议通过区开放型经济工作情况报告、区市场监管局工作情况报告,通过区人大常委会关于实施区政府民生实事项目人大代表票决制工作的决定(草),听取区人大常委会代表资格审查委员会关于区第十六届人民代表大会代表资格的审查报告。区领导喻国泰,副主任彭雅琳、余瑾、谢蓉、郑洪健、谭阿莉、万里涛及常委会组成人员出席会议,夏小兰、袁晨列席。

上午,东湖区"美丽南昌·幸福家园"环境综合整治推进工作组办公室联合润田矿泉水公司,在步行街招商银行门口开展"送水送清凉　致敬一线最美的工作者"送水慰问活动。近150余名一线执法队员和环卫工人参加。区领导贾彧超参加活动。

31日

上午,区委第十二届五十一次常委会议在区综合服务中心南楼七层区委第一会议室召开,区领导刘闯主持。会议学习传达中央巡视工作领导小组《关于对14个省区党委巡视工作开展专项检查的情况通报》及省、市相关文件精神，全省组织工作会议精神，全国宣传思想工作会议精神；审议区委宣传部提出的《关于审议〈东湖区庆祝改革开放40周年活动总体方案（送审稿）〉的请示》；听取东湖区扫黑除恶专项斗争工作情况汇报，东湖区安全生产交叉迎检准备工作情况汇报，东湖区事业单位公务用车制度改革有关情况汇报；审议区委办公室提出的《关于调整区委副书记贾彧超同志分工的请示》《关于审议〈东湖区改革开放四十周年经济社会发展情况汇报（送审稿）〉的请示》。区领导高辉红、贾彧超、焦玉庄、唐铭市、刘光荣、夏小兰、陈俊、雷强出席会议，喻国泰、王玮、童萍如列席。

下午，区领导高辉红到辖区的中山路15号南昌市保育院察看维修改造工程施工现场及进展情况，详细询问和了解工程进度、工程质量、环境监测等，并提出具体指导意见和建议。

以下人员试用期满，区委决定樊昆任中共东湖区委办公室副科级督查专员；苏昱任东湖区精神文明建设指导委员会办公室主任。

以下人员试用期满，区委同意邓联实任东湖区应急管理办公室专职副主任；刘志昇任东湖区政府办公室副科级督查专员；周涛任公园街道办事处副主任；黄河任董家窑街道办事处副主任；神敏正式任职。

本月

在2018年度全省市县财政工作综合评价中，东湖区在全省排名第五、全市排名第一。2018年度江西省市县财政工作综合评价主要从预算执行进度、收入质量、盘活存量资金、国库库款管理、地方政府债务管理、预算公开、财政信息宣传工作等7个方面进行考核。

9月

1日

上午，东湖区在区委常委会议室召开旧改工作调度会，区领导刘闯出席并讲话，高辉红主持会议，贾彧超、夏小兰、童萍如、余炜、万勇、万明、杨峻、桂兵出席。会议通报东湖区相关地块征收进展情况，对上周旧改工作进行总结并部署下周旧改工作；各分指挥部汇报旧改工作进展情况，征迁工作排名靠后的责任单位作表态发言，相关责任单位汇报农房征迁进展情况、土地出让进展情况及安置房建设情况。

上午，区领导高辉红、贾彧超、陈俊在区委第一会议室会见第十六届赣台（南昌）经贸文化合作交流大会台商艾图雅科技总经理陈来成、台湾中华商会、台中市两广同乡会秘书长唐伟东等一行。高辉红介绍东湖区经济社会发展情况与台资企业发展情况，台商分别介绍各自企业发展情况以及在昌投资意向，双方就两地经贸发展与文化合作事宜进行深入沟通。区委台办、区商务局主要负责人参加。

下午，东湖区委在区委常委会议室召开基层党建工作调度会，区领导刘闯主持会议并讲话，贾彧超、胡洪水、唐铭市、刘光荣出席。各镇（街道、管理处）在会上汇报2018年以来党建工作推进情况，对年中党建督查问题整改进度和党建工作现场观摩会点位情况作汇报；八一桥街办、豫章街办、百花洲街办、公园街办、彭家桥街办汇报街道党建服务中心建设情况。出席会议的区领导分别就全区党建工作做点评。各镇（街道、管理处）党（工）委书记，区委组织部、区发改委、区财政局、区城建局主要负责人参加会议。

下午，东湖区在区委常委会议室召开招商引资项目调度会，区领导刘闯出席并讲话，高辉红主持会议，贾彧超、夏小兰、陈俊、袁晨、胡涛湘出席。区商务局在会上对全区招商引资项目总体进展情况作汇报，区工商联等有关单位发言，参会区领导就项目引进和项目推进等方面进行部署。

3日

上午，区领导唐铭市到公园街道和上营坊社区就街道党建服务中心建设基地进行检查督导，对前阶段工作给予充分肯定，并对街道党建服务中心建设及周边环境打造提出有针对性的意见和要求。区城建局、东湖交警大队、公园街道主要负责人随同。

上午，区领导胡洪水实地督查文明城市测评相关点位，查看宾馆、银行、餐饮店、药店、网吧等重点测评点位，并向相关负责人现场指出公益广告、文明餐桌、无障碍设施、志愿服务站点等方面存在的问题。区文明办、豫章街办负责人随同。

区领导高辉红、贾彧超、余瑾、万明、冯于水开展“美丽南昌·幸福家园”环境综合整治突击检查,并邀请部分区政协委员参与检查评比。区政府办、区委宣传部、区委政法委、区城建局、区城管委、区执法局、区商务局、区综管办等相关负责人参加。

4 日

上午,区领导高辉红、夏小兰、雷强深入辖区特种设备、消防、城市运行和危险物品等领域重点企业,督查六大专项整治行动工作推动情况。高辉红一行察看南昌天奥物业管理有限公司管理的经纬府邸生活小区内电梯等特种设备运行管理情况和企业安全生产投入情况;督查蓝天碧水综合体部分消防设施出水情况,检查南昌市燃气集团有限公司洪北加气站、扬子洲海源油库和南昌昌龙石油液化气有限公司等单位。督查结束后,高辉红立即主持召开全区专项整治行动紧急工作部署会,要求务必高度重视即将到来的安全生产综合考评工作,将考评迎检工作与落实安全生产责任、将督促企业做好安全生产工作与夯实全区安全生产工作基础结合起来,确保全区安全生产工作形势平稳向好。

下午,区领导刘闯、胡洪水、陈俊会见招商局蛇口工业区控股股份有限公司营销管理部夏星辉总监一行。刘闯介绍东湖区社会经济的发展情况,夏星辉通报招商局蛇口公司在南昌的发展思路及拟在东湖区投资建设的文创园项目前期准备工作,双方就商业定位、园区招商等事宜进行友好沟通。区商务局、区财政局、区发改委、区文旅公司主要负责人参加会见。

下午,区领导高辉红、万勇到辖区各安置房项目施工现场察看项目建设情况并召开调度会。高辉红一行先后来到上沙窝地块东湖小区项目、熊邓村地块贤湖佳苑项目、香江家具城地块香江佳苑项目、七里村地块七里嘉和小区项目和起凤路块长巷新区项目进行察看,听取责任单位和项目负责人的情况介绍。调度会上,万勇全面剖析安置房建设形势及工作推进方向,区城投公司全面介绍安置房建设情况,施工单位就项目建设情况作汇报。区政府办、区城建局、区执法局、区环保局、豫章街道、董家窑街道、彭家桥街道、贤士湖管理主要负责人和各安置房建设施工单位负责人参加。

晚上,东湖区在区委常委会议室召开重点产业项目、城市建管项目工作调度会,区领导刘闯出席并讲话,高辉红主持会议,贾彧超、胡洪水、夏小兰、陈俊、胡志强、童萍如、万勇、万明、袁晨出席。区发改委在会上通报全区重点产业项目进展情况;区直有关单位、各街道(管理处)汇报分管项目进展情况;区综管办通报区城市建管项目的进展情况;区委办通报建管项目督查情况;区城建局、区城投公司汇报相关点位建设情况。

5 日

下午,区领导高辉红主持召开中央环保督察问题整改工作调度会,万明出席。区环保局在会上逐项汇报2016年以来中央环保督察组等转办(交办)各类问题整改销号情况及存在的问题,万明就做好中央环保督察问题整改销号及饮用水水源地环境保护工作进行部署。区政府办、区发改委、区环保局、区城建局、区房管局、区城管委、区执法局、区商务局、区市场监管局、区农水局主要领导,各街办(镇、管理处)主要领导参加会议。

下午,东湖区在区政府常务会议室召开2018年征兵定兵会,区领导高辉红出席并讲话,夏小兰主持会议,张恩、余炜、杨峻以及南昌市征兵办参谋万伟和接兵部队代表出席会议。会议传达学习《江西省审定男兵征兵工作规定》,张恩解读2018年东湖区定兵方案,体检组、政考组分别汇报审核情况。区征兵领导小组领导成员,征兵办秘书组、体检组、政审组、监察组负责人及廉洁征兵监督员代表参会。

5—6 日

区领导高辉红、陈俊、童萍如赴上海开展招商活动。高辉红一行先后考察上海韦林文化传播有限公司及其投资的全国首家天猫未来店(志达书店)和VR企业塔普翊海(上海)智能科技有限公司,就企业意向来南昌投资相关项目事宜进行友好座谈。高辉红一行还参观上海体育场,学习上海体育场建设管理先进经验。

6 日

下午,南昌市委常委、南昌警备区政委王宗军一行到东湖区,先后察看南昌苏宁广场项目、火神庙社区居家养老“时间银行”项目以及百花洲佑民寺历史文化旅游街区，就东湖区经济社会发展情况开展调研。王宗军肯定了近年来东湖区经济社会发展的良好势头，并要求该区在做大做强做优大南昌都市圈中担起更大责任、展现更大作为。区领导刘闯、贾彧超、喻国泰、王玮、唐铭市、刘光荣、夏小兰、张恩、邱建新、万勇、杨峻参加调研座谈。

7日

区领导刘闯、陈俊赴杭州开展招商活动。刘闯一行拜访南都物业服务股份有限公司副总经理潘才平，并考察南都物业亲橙里综合体项目。区商务局主要负责人随同。

8日

上午，东湖区在区委常委会议室召开旧改工作调度会，区领导刘闯出席并讲话，高辉红主持会议，贾彧超、夏小兰、胡志强、童萍如、万勇、万明、杨峻和副县级干部桂兵出席。会议通报各个地块征收进展和农房征迁工作进展、土地出让工作进展、安置房建设工作进展等情况，各旧改指挥部相关负责人对旧改工作进展情况进行汇报并部署下步工作。区委办、区政府办、区委宣传部、区纪委、区旧改办、发改委、区教科体局、区城建局、区房管局、区卫计委、八一桥街办、墩子塘街办、百花洲街办、公园街办、董家窑街办、彭家桥街办、贤士湖管理处等相关单位负责人参加。

下午，东湖区在区委常委会议室召开招商引资项目调度会，区领导刘闯出席并讲话，高辉红主持会议，贾彧超、夏小兰、陈俊、袁晨、胡涛湘出席。区商务局在会上汇报全区各经济责任单位招商引资招大引强项目进展情况，区城建局、豫章街办、滕王阁街办作经验交流发言，有关区领导分别做点评。各街办（镇、管理处）、区城投公司、区文投公司、全区26个经济责任单位主要领导参会。

10日

上午，东湖区在区政协会议室召开“美丽南昌·幸福家园”环境综合整治工作第八十四次调度会，区领导高辉红出席并讲话，贾彧超主持会议，胡洪水、余炜、万明出席。胡洪水在会上部署城市文明提升及全国文明城市创建工作；余炜专题布置城市交通畅通整治工作；万明通报8月份环境综合整治工作情况以及各街道（镇、管理处）环境综合整治8月份考核结果和8月份社区（村、家委会）环境综合整治检查评比得分情况，并部署下一步工作；8月份排名靠前的单位作经验介绍，相关单位做表态发言。各镇（街道、管理处）党政主要负责人和分管领导，区委相关部门、区直相关单位负责人，相关单位分管负责人参会。

下午，区领导刘闯、万勇、杨峻深入轨道4号线站点地块等全区部分旧改地块及安置房项目现场进行调研，先后到起凤路安置房项目、王家庄地块、轨道4号线下沙沟站、人民公园站等处察看旧改地块现场情况，听取相关负责人情况汇报，并对下一步工作提出指导性意见。

接中共南昌市委洪干字〔2018〕43号文件通知，经区委研究决定：闵建波退休，退休时间从2018年8月起算。

11日

上午，区领导刘闯会见步步高集团江西省总经理王立新一行，介绍东湖区大型商业项目建设情况，双方就拟合作项目的商业业态定位等事宜进行沟通。区领导陈俊，区商务局主要负责人参加会见。

下午，东湖区在区委第二会议室召开全区事业单位公务用车制度改革领导小组工作会议，区领导贾彧超、童萍如出席并讲话。会议主要研究全区参改单位申请保留车辆等事项。区车改相关单位负责人参加会议。

12日

上午，招商东湖意库项目在东湖区举行项目合作签约仪式，南昌市副市长杨文斌出席。招商局集团交通物流事业部/集团北京总部副部长秦伟和招商蛇口总监事长张建卫在仪式上讲话，区领导刘闯致欢迎词，贾彧超主持仪式，招商蛇口华南区、中外运长航实业发展有限公司和东湖区文化旅游发展公司代表签订《招商东湖意库项目合作协议》。东湖意库项目是招商蛇口在南昌的首个落地项目。区领导胡洪水、夏小兰、陈俊、袁晨出席仪式。

区领导贾彧超、万明在全区开展“美丽南昌·幸福家园”环境综合整治突击检查。贾彧超一行从全区12个镇（街道、管理处）随机各挑选一处村（社区、家委会）进行检查，察看地面保洁、楼道环境、垃圾广告等情况并现场打分，对发现的问题督促各责任单位整改落实。区政府办、区委宣传部、区委政法委、区综管办、区城建局、区城管委、区执法局、区爱卫办等相关负责人参加检查。

13 日

上午,东湖区在区政府常务会议室组织收听收看中共江西省委召开的全省县(市、区)委书记座谈会实况。座谈会主要内容为深入学习贯彻习近平新时代中国特色社会主义思想和中共十九大精神,从更高层次贯彻落实省委十四届六次全会决策部署的心得体会和思路举措,进一步解放思想、凝心聚力,推动全省高质量、跨越式发展。区四套班子成员,区法、检“两长”,区纪委副书记、区监委副主任,区委、区人大、区政府、区政协办公室主任,各镇(街道、管理处)党政主要负责人,区委各部门、区直各单位主要负责人,各垂管单位主要负责人参加。

下午,区委第十二届五十二次常委会议在区综合服务中心南楼七层区委第一会议室召开,区领导刘闯主持。会议审议区委组织部提出的有关干部人事议题(略)《关于成立中共国家税务总局南昌市东湖区税务局委员会的请示》,区文明办提出的《审议〈关于表彰东湖区 2018 年度文明单位、文明村镇、文明社区的决定(送审稿)〉的请示》《关于推荐东湖区第十七届市级文明单位、文明村镇、文明社区建议名单的请示》《关于推荐东湖区第十五届省级文明单位、文明村镇建议名单的请示》,区委政法委提出的《关于成立南昌市东湖区国家安全人民防线建设办公室的请示》,区总工会提出的《关于审议〈南昌市东湖区总工会改革方案(送审稿)〉的请示》,区委办公室提出的《关于审议〈区委文件审核办理工作规范(送审稿)〉的请示》。区领导贾彧超、焦玉庄、胡洪水、唐铭市、刘光荣、夏小兰、陈俊、胡志强、张恩、雷强出席会议。

区委决定余炜任中共东湖区人民政府党组成员;袁晨任中共东湖区人民政府党组成员;免去陈国梁的中共东湖区人民政府党组成员职务;免去肖迎春的中共东湖区人民政府党组成员职务;免去李明儿的中共东湖区人大常委会党组成员、中共东湖区直属机关工作委员会委员职务;刘冬香任中共东湖区委、区政府信访局副主任科员;傅子松任中共东湖区委巡察工作领导小组办公室主任(兼);张勇任中共东湖区委第一巡察组组长;黄际财任中共东湖区委第二巡察组组长,免去其中共东湖区贤士湖管理处工作委员会副书记职务;钟久强任中共东湖区委第三巡察组组长,免去其中共东湖区纪律检查委员会第二纪工委副书记、主任科员职务;万慧任中共东湖区委第一巡察组正科级巡察专员,免去其中共东湖区纪律检查委员会信访室主任职务;黄锦珩任中共东湖区委第二巡察组正科级巡察专员,免去其中共东湖区纪律检查委员会第五纪工委副书记职务;陈卫英任中共东湖区委第一巡察组副组长(试用期一年),免去其中共东湖区纪律检查委员会副主任科员职务;周运魁任中共东湖区委第二巡察组副组长(试用期一年),免去其中共东湖区纪律检查委员会副主任科员职务;熊莺任中共东湖区委第三巡察组副组长;免去傅筱琴的中共东湖区城市管理行政执法局委员会委员职务;左棣恺任中共东湖区商务局委员会委员;免去王越的中共东湖区卫生和计划生育委员会委员会委员职务;何小军任中共东湖区统计局党组成员;免去吴棉开的中共东湖区安全生产监督管理局党组成员职务;免去段明岗的中共东湖区墩子塘街道工作委员会委员职务;万小毛任中共南昌市公安局东湖分局委员会委员;免去秦淑琴的中共南昌市爱国路小学支部委员会书记职务;免去刘冬冬的中共东湖区卫生计生综合监督执法局支部委员会书记职务,保留副科级待遇;胡刚(原南昌陆军学院训练部装备科科长)任中共东湖区城市管理委员会委员会委员;吴文优(原海南省三亚警备区后勤部副部长)任中共东湖区市场和质量监督管理局委员会委员;陆习锐(原空军上海基地作战指挥中心指挥控制室副团职电子对抗参谋)任中共东湖区董家窑街道工作委员会委员。

接中共南昌市委组织部洪组干函〔2018〕15 号文件通知,区委决定杨峰任中共东湖区八一桥街道工作委员会书记。

接中共南昌市纪委洪纪组〔2018〕17 号文件批复,区委决定免去万慧的中共东湖区纪律检查委员会常委、委员职务。

区委同意神敏任东湖区财政局副局长;免去傅筱琴的东湖区城市管理行政执法局副局长职务;熊国华任东湖区市场和质量监督管理局副主任科员;杨建平任东湖区市场和质量监督管理局

副主任科员；何涤尘任东湖区市场和质量监督管理局副主任科员；熊益让任东湖区市场和质量监督管理局主任科员；敖伟任东湖区市场和质量监督管理局副主任科员；左棣恺任东湖区商务局副局长，免去其东湖区档案局副局长职务；王越任东湖区卫生和计划生育委员会主任科员，免去其东湖区卫生和计划生育委员会副主任（正科级）职务；免去吴棉开的东湖区安全生产监督管理局副局长职务；王力任东湖区扬子洲镇副科级组织员，免去其东湖区扬子洲镇副主任科员职务；史红兵任东湖区百花洲街道办事处正科级组织员，免去其东湖区百花洲街道办事处主任科员职务；邓必军任东湖区公园街道办事处副科级组织员，免去其东湖区公园街道办事处副主任科员职务；徐艳江任东湖区彭家桥街道办事处正科级组织员，免去其东湖区彭家桥街道办事处主任科员职务；免去黄际财的东湖区贤士湖管理处主任职务；免去王莉的南昌市光明学校副校长职务；胡乐红任南昌市北湖小学校长；免去秦淑琴的南昌市爱国路小学校长职务，保留副科级待遇；陈海明任东湖区公证处主任；何志勇任东湖区卫生计生综合监督执法局局长（试用期一年）；免去刘红志的东湖区卫生计生综合监督执法局局长职务，保留副科级待遇；免去谭小毛的东湖区扬子洲镇城市管理中心主任职务，保留副科级待遇。胡刚（原南昌陆军学院训练部装备科科长）任东湖区城市管理委员会副主任（正科级）；吴文优（原海南省三亚警备区后勤部副部长）任东湖区市场和质量监督管理局副局长（正科级）；陆习锐（原空军上海基地作战指挥中心指挥控制室副团职电子对抗参谋）任东湖区董家窑街道办事处主任科员，东湖区董家窑街道人民武装部部长；免去段明岗的东湖区墩子塘街道人民武装部部长职务。

接中共南昌市委组织部洪组干函〔2018〕15号文件通知，经区委研究同意：免去杨峰的东湖区八一桥街道办事处主任职务。

区委提名李明儿任东湖区人大常委会办公室主任科员，免去其东湖区人大常委会办公室主任职务；谭阿莉任东湖区总工会主席（兼）；免去欧阳桃花的东湖区总工会主席（兼）职务；熊春萍任东湖区残疾人联合会主任科员，免去其东湖区残疾人联合会理事长职务；免去熊莺的东湖区工商业联合会副主席职务。

15日

上午，东湖区在区委常委会议室召开2018年旧改工作调度会，区领导刘闯出席并讲话，贾彧超、夏小兰、胡志强、童萍如、余炜、万勇、万明、杨峻出席。会议通报各个地块征收进展和农房征迁工作进展、土地出让工作进展、安置房建设工作进展等情况，各相关负责人汇报总结旧改工作进展情况并部署下步工作。

上午，全国人大2018年第十二期地方人大代表培训班在全国人大北戴河培训基地开班，区领导谭阿莉主持开班仪式，济南市章丘区人大常委会副主任、党组副书记程秋霞作开班动员讲话，全国人大会议中心副主任、全国人大北戴河培训基地主任宋伯涛致辞。包括来自南昌市东湖区人大在内的五个省市地方人大代表和人大系统干部共200余人参加培训。开班仪式后，全国人大原培训中心主任李维国主讲第一专题《监督法与监督工作》。

18日

上午，区领导刘闯、童萍茹到东湖幼儿园、滕王阁保育院调研指导学前教育工作，并在滕王阁保育院会议室召开学前教育工作座谈会。区教科体局汇报东湖区学前教育发展情况及全区学前教育发展进程中的难题；东湖幼儿园、出新幼儿园、滕王阁保育院负责人交流办园过程中的困难；区卫计委、区市场监管局相关负责人分别作发言。区委办、区教科体局、区卫计委、区市场监管局、公园街办、滕王阁街办等单位相关负责人参加调研。

晚上，东湖区在区委常委会议室召开重点产业和建管项目工作调度会，区领导高辉红出席并讲话，贾彧超主持会议，夏小兰、陈俊、胡志强、童萍如、万勇、万明出席。会议听取全区重点产业项目进展情况、区城市建管项目进展情况和区建管项目督查情况，各重点项目负责人分析项目建设过程中存在问题和困难并部署下步工作。

19日

上午，南昌苏宁红孩子母婴用品全国采购中心暨江西零售总部项目签约仪式在南昌举行，南昌市政府副市长凌卫出席，苏宁零售集团红孩子公司总裁钱家祥在仪式上讲话，区领导高辉红致欢迎词，贾彧超主持仪式。苏宁零售集团红孩子公司与东湖区代表签订《项目合作协议》。南昌市商务局局长吕娄、市投资促进局局长戴琼、市投资促进局副局长曾伟群出席仪式,区领导夏小兰、陈俊和江西苏宁易购销售公司、江西苏宁红孩子母婴用品公司等部分高管参加活动。

上午,区领导夏小兰、陈俊考察辖区重韶文化苑、师大东侧地铁上盖物业等楼宇载体资源,就新兴智能机器人研发培训项目、互联网科技类项目落户及相关产业布局事宜与企业方、物业方等进行沟通。

下午,江西省安委会第一巡查督导组组长、省教育厅副巡视员叶宝凌率队到东湖区开展安全生产巡查督导“回头看”工作。区领导高辉红、夏小兰陪同。

21 日

上午,区领导高辉红会见重庆海尔小额贷款有限公司副总经理吴敏和上海韬毓资产管理有限公司总经理张鸿义一行。高辉红介绍近年来东湖区经济和社会发展情况与现代金融业发展方向等,三方就加快推动项目落户事宜进行沟通。区领导夏小兰、陈俊、袁晨陪同,区人社局、区商务局、区金融办参加会见。

23 日

上午,区领导刘闯、贾彧超到胜利路步行街、八一公园周边,察看部分城市建管在建项目工程进展情况。区委办、区城建局、区商务局、区城管局、八一桥街办、滕王阁街办、百花洲街办、公园街办等相关单位主要负责人参加。

26 日

晚上,区领导贾彧超、胡志强、谭阿莉、余炜、万明、杨峻深入辖区“美丽南昌·幸福家园”环境综合整治“两年出形象”巡看活动点位现场,巡查点位准备情况并对相关工作进行调度部署。贾彧超一行在胜利路立面改造项目、八一公园景观亮化项目现场,察看项目进展、周边市容市貌、环境美化,并车览中山路、胜利路景观亮化成果,听取各相关责任单位的工作汇报,部署下一步工作安排。

区领导刘闯赴北京爱奇艺总部,与爱奇艺高级副总裁段有桥、卢米埃事业部和智能设备事业部负责人进行座谈,就双方共同关心的问题交换意见,深入探讨下一步合作,推进爱奇艺 VR 项目。区商务局负责人随同。

28 日

上午,东湖区召开 2018 年南昌国际马拉松比赛(东湖段)工作部署会,对各项筹备工作进行再动员、再部署、再推进。区领导高辉红出席,贾彧超、胡洪水、夏小兰、胡志强、童萍如、余炜分别就分管工作提出意见建议并作部署安排。区委办、区政府办、区综管办、区委组织部、区委宣传部、区委政法委、团区委、区教科体局、区财政局等相关责任单位主要负责人参加会议。

上午,东湖区扫黑办在区文化楼培训报告厅举办全区扫黑除恶专项斗争业务培训会,邀请南昌市综治办排调室主任罗晓艺讲课。罗晓艺主要就扫黑除恶斗争的由来、意义、基本原则、目标任务以及黑社会性质的组织犯罪、黑势力犯罪概念、扫黑除恶专项斗争工作具体要求和全国扫黑除恶专项斗争督导工作六个重点作详细讲解。区扫黑除恶领导小组各成员单位分管领导、联络员;各镇(街道、管理处)分管领导或综治专职副主任、综治专干;区扫黑办全体成员参加培训。

29 日

上午,东湖区在区政府常务会议室组织收听收看中共江西省委理论中心组集体学习会实况,听取中央纪委、国家监委宣传部部长朱国贤辅导讲解中国共产党纪律处分条例。区四套班子领导,区“法检”两长参加收听收看。

下午,区领导刘闯主持召开东湖区 2018 年第二次基层党建工作调度会并作重要讲话,贾彧超、胡洪水、唐铭市、刘光荣出席。会上,区委组织部汇报南昌市委组织部“洪城红”城市基层党建攻坚行动东湖试点单位和示范点位推进情况、东湖区赣籍在外人才采集工作进展情况;各镇(街道、管理处)汇报年中考核整改情况和各自示范点位推进情况。各镇(街道、管理处)党(工)委书记及部分街道党工委副书记,区委组织部相关人员参加会议。

下午,东湖区在区委常委会议室召开招商引资项目调度会,区领导刘闯出席并讲话,高辉红主持会议,贾彧超、陈俊、袁晨出席。区商务局在会上汇报全区招大引强项目进展情况,区文广新局、豫章街办等部分重特大项目单位就项目进展、存在问题及下一步推进计划等进行汇报,贾彧超、陈俊、袁晨分别作工作点评。各街办(镇、管理处),区委办、区政府办、区城投公司、区文旅公司,全区26个经济责任单位主要负责人参加会议。

晚上,东湖区在区委常委会议室召开2018年重点产业和建管项目工作调度会,区领导刘闯出席并讲话,高辉红主持会议,贾彧超、胡洪水、夏小兰、陈俊、胡志强、万勇、万明、袁晨出席。会议听取全区重点产业项目、城市建管项目的进展情况及督查情况,各挂点领导总结当前工作并部署下步工作。

30日

上午,区领导刘闯会见瑞幸咖啡(中国)有限公司副总裁龙杰一行,介绍东湖区经济社会发展情况与现代商贸业发展方向等。龙杰简要介绍瑞幸咖啡(中国)有限公司现状、企业情况以及在昌发展思路,对企业在东湖的发展充满信心。区领导陈俊,区商务局、大院街道负责人参加会见。

上午,东湖区在区文化活动中心演艺大厅召开省委十四届六次全会和市委十一届五次全会精神学习报告会,南昌市委宣讲团成员、市工信委副主任伍秋平应邀作《努力推动大南昌都市圈,加快成长成型,做大做强做优——深刻领会和把握省委十四届六次全会和市委十一届五次全会精神》的报告。全区副科级以上领导干部(不含二级单位)参加听讲。

下午,2018东湖区洪城创业故事汇决赛暨颁奖典礼区文化活动中心演艺大厅举行。该活动由东湖区人民政府主办,区人力资源和社会保障局承办,区公共就业人才服务局协办,参加决赛的15强选手被授予“2018东湖区洪城创业故事汇感动大使”称号,活动组织工作出色的区残联、彭家桥街办、董家窑街办获组织奖。区领导刘闯莅临活动现场并为获奖者颁奖,贾彧超、胡洪水、夏小兰出席相关活动。

下午,东湖区在区政府常务会议室组织收听收看江西省医改工作电视电话会议。会议主题是:深入贯彻落实中共十九大精神和党中央、国务院医改决策部署及2018年全国医改工作电视电话会议,总结中共十八大以来全省医改工作,交流工作经验,部署下步医改重点任务,持续推进健康江西建设。区领导刘闯、雷强出席,区委组织部、区委宣传部、区人武部、区编办、区总工会、区残联、区发改委、区教科体局、区民政局、区财政局、区人社局、区法制办、区商务局、区市监局、区卫计委有关领导参加会议。

晚上,东湖区在区委常委会议室召开2018年旧改工作调度会,区领导刘闯出席并讲话,贾彧超主持会议,夏小兰、万勇,副县级领导桂兵出席。区旧改指挥部通报相关地块征收进展情况,各分指挥部汇报旧改工作进展情况,各工作小组分别汇报农房、土地出让、安置房建设等工作进展情况。

晚上,区委第十二届五十三次常委会议在区综合服务中心南楼七层区委第一会议室召开,区领导刘闯主持。会议学习传达市委统战工作领导小组暨市民族宗教工作领导小组会议精神和《中国共产党纪律处分条例》有关规定(第62—64条);听取东湖区迎接宗教工作调研有关情况汇报。区领导贾彧超、焦玉庄、胡洪水、唐铭市、刘光荣、夏小兰、陈俊、胡志强、张恩出席会议,喻国泰、王玮、杨峻列席。

东湖区在全区范围内开展声势浩大的国庆节前城乡环境综合整治百日攻坚“净化”行动“全民清洁家园”大活动。区四套班子成员,区机关企事业单位干部职工以及志愿者走上街头、走进社区参加义务劳动。

本月

东湖区选送的小品《“卡门”和谐曲》在第十四届“华东六省一市戏剧小品”大赛上喜获金奖。

2018年9月,在第十四届“华东六省一市戏剧小品”大赛上,《“卡门”和谐曲》荣获金奖

区领导高辉红、谢蓉等10余名人大代表开展“献一份爱心,慰问困难学生,代表在行动”走访活动。代表深入困难学生家中,了解学生家庭困

难和学习生活情况,勉励他们树立信心,勇敢面对暂时困难,把磨炼当成生活和精神财富,努力学习,更好地回报社会。人大代表共走访慰问选区家庭困难学生26户,送去慰问金近2万元和部分学习用品。

10月

1日

上午,区领导高辉红、万明深入辖区部分街道社区、在建工地、休闲公园等处,督查值班值守、安全生产等情况,并看望慰问坚守工作一线的干部职工,向他们致以节日问候。高辉红一行检查位于起凤路的一处工地安全生产落实情况;到董家窑、彭家桥、豫章、百花洲、大院等街道与在工作一线的值守干部亲切交谈,了解各单位值班安排情况;在八一公园看望正在演出的文化志愿者们并与他们合影留念。区委办、区纪委、区综管办相关负责人随同。

区领导刘闯、贾彧超、胡志强到扬子洲镇调研物流码头整治、铁路沿线和英雄大桥两侧屋顶钢棚拆除、殡葬改革推进等重点工作。刘闯一行乘船察看赣江岸线物流码头、三联村殡葬改革工作推进和铁路沿线、英雄大桥两侧屋顶钢棚拆除情况,并召集相关工作人员及部分村支部书记进行座谈,听取工作情况汇报。区委办、区民政局、区环保局、区城建局、区城管委、区执法局、区农水局、扬子洲镇等相关单位主要负责人参加。

8—9日

区领导高辉红、陈俊赴重庆、成都开展招商活动。高辉红一行考察新鸥鹏学多多教育MALL项目和启明星辰成都安全运营中心项目,并对接四川茂宏建筑工程有限公司。区人社局、区商务局相关负责人随同。

9日

晚上,东湖区在区委常委会议室召开重点产业和建管项目工作调度会,区领导刘闯出席并讲话,贾彧超、胡洪水、万明、袁晨出席。区发改委在会上通报全区重点产业项目的进展情况,区综管办通报全区城市建管项目的进展情况,区政府办通报产业和建管项目督查情况,各挂点区领导对项目进展进行分析并部署下一步工作。

10日

上午,区领导胡洪水到大院街道主持召开文明城市创建工作调度会,听取大院街办文明城创建工作汇报,调研在基层文明创建工作中遇到的难点,并实地察看街道各社区测评点位宣传情况。大院街道党工委班子成员及部分社区代表参加。

10—11日

区领导高辉红、贾彧超、冯于水开展每月两次的"美丽南昌·幸福家园"环境卫生综合整治突击检查工作,检查组仔细、全面评估各社区、村、家委会等的环境卫生状况,并进行评分。区政府办、区委宣传部、区委政法委、区城建局、区城管委、区执法局、区商务局、区综管办、区爱卫办等相关负责人参加。

11日

下午,区委第十二届五十四次常委会议在区综合服务中心南楼七层区委第一会议室召开,区领导刘闯主持。会议学习传达《南昌市领导干部外出报备工作细则》,全省宣传思想工作会议精神,全省深入推进基层社会治理工作暨综治中心实体化建设现场会议精神,全市深化扶贫领域腐败和作风问题专项治理暨扫黑除恶专项斗争监督执纪问责工作推进会议精神;审议区委组织部提出的有关干部人事议题(略),区委统战部提出的《审议〈关于进一步加强和改进新形势下宗教工作的实施意见(送审稿)〉的请示》;听取东湖区2018年第三季度经济运行情况汇报,东湖区给予和兑现招商引资优惠政策情况的汇报,东湖区与北京爱奇艺公司投资协议的汇报,东湖区2018年道路"白改黑"等五个市政建设EPC项目有关情况,东湖区2018年保密机要工作有关情况汇报;审议区政府党组提出的《审议〈关于加大城镇贫困群众脱贫解困力度的实施意见(送审稿)〉的请示》《关于成立东湖区贫困群众脱贫解困领导小组的请示》《审议〈关于进一步深化在湖泊实施湖长制的工作方案(送审稿)〉的请示》,区委办公室提出的《关于审议〈东湖区改革典型案例(送审稿)〉的请示》。区领导高辉红、贾彧超、焦玉庄、胡洪水、唐铭市、刘光荣、胡志强出席会议,王玮、袁晨列席。

晚上,南昌电视台第二期《电视问政》直播活动结束后，东湖区坚持“问题不过夜”，立即组织区农水局、扬子洲镇等相关单位赴问题现场进行实地核查，并召开调度会研究部署整改措施。区领导高辉红出席调度会并讲话，贾彧超主持会议，刘光荣、杨峻出席。针对曝光的问题，高辉红要求做到不问原因、不找理由，不要解释，立即进行整改工作。区委办、扬子洲镇、区农水局等单位相关人员参加调度会。

区委决定林波任中共东湖区委办公室主任科员。

区委同意徐振华任东湖区市场和质量监督管理局主任科员；李小平任东湖区市场和质量监督管理局副主任科员；谢国泉任东湖区八一桥街道办事处主任科员；高迪生任东湖区彭家桥街道办事处主任科员。

区委提名李永兴任东湖区总工会主任科员。

12 日

上午，东湖区委老干部局开展“九九重阳欢乐贺福寿，年年相逢共赏夕阳红”喜迎重阳节活动，组织全区离退休干部参观江南三大名楼之一的滕王阁。区领导唐铭市，滕王阁街道党工委负责人参加活动。

晚上，东湖区在区委常委会议室召开 2018 年旧改工作调度会，区领导刘闯出席并讲话，高辉红主持会议，贾彧超、胡志强、童萍如、万勇、杨峻，副县级干部桂兵出席。会议围绕 2018 年全区旧改工作，通报各个地块征收进展和农房征迁工作进展、土地出让工作进展、安置房建设工作进展等情况，分管区领导分别总结旧改工作进展情况并对部署下一步旧改工作。

13 日

下午，东湖区在区委常委会议室召开招商引资项目调度会，区领导刘闯出席并作讲话，贾彧超、陈俊、袁晨出席。区商务局在会上通报全区各经济责任单位 1—8 月开放型经济工作完成情况及招商引资重大重点项目进展情况。相关区领导分别就全区招商引资工作进行点评、分析。各镇(街办、管理处)，区委办、区政府办、区城投公司、区文旅公司，全区 26 个经济责任单位主要领导参会。

14 日

区领导刘闯率队赴北京开展招商活动。刘闯在北京瑞幸咖啡总部副总裁龙杰及其核心团队进行座谈，就项目投资拓展及市场消费力等相关问题交换意见。区商务局、区房管局、区国土分局、董家窑街办、公园街办、大院街办相关负责人随同。

15 日

上午，南昌市副市长宋铀到东湖区董家窑街办朱家湖社区参与迎 2018 世界 VR 产业大会环境卫生大扫除活动。宋铀深入赣桥南路，与干部群众一起共同清理铁路沿线卫生环境，并要求东湖区做好清理后的美观靓化工作，切实做好道路维护和监管工作。区领导贾彧超、胡洪水、万明及社区干部和部分居民一同参加劳动。

上午，区领导刘闯、高辉红、贾彧超到辖区部分路段，实地察看节日期间市容环境布置情况。刘闯一行到榕门路、滕王阁东广场等地，察看道路沿线环境卫生和氛围布置情况。区直有关部门办及各街道、管理处主要负责人参加。

区领导刘闯在北京铭万智达科技有限公司进行招商考察，与公司首席执行官张元达及其运营部、市场部总监进行座谈，就必途网平台建设情况及运营中心落户事宜交换意见，并就下一步项目投资计划进行深入交流。区商务局随同。

16 日

上午，西湖区委书记梅茂发率党政班子考察团一行来东湖区考察调研，先后到百花洲街道火神庙社区、佑民寺历史文化旅游街区、爱国路省委北苑小区、豫章壹号文化科技园等处考察，听取情况介绍，详细了解东湖区在居家养老、城市建设、城市管理、老旧社区改造、旅游街区打造方面工作的经验做法。区领导刘闯陪同考察并主持两区工作经验交流座谈会，贾彧超、王玮等在家的四套班子成员及有关部门负责人陪同考察并作相关情况介绍。

上午，区领导陈俊会见山东易华录信息技术有限公司数字产业研究院院长黎龚一行，介绍东湖区经济和社会发展情况。双方就企业意向在东湖区投资合作“大数据信息中心”相关事宜进行沟通。区商务局、区民政局、区卫计委相关负责人参加会见。

上午，南昌市委办公厅主任张湘赣、副主任徐永强，区领导贾彧超来到豫章街道四经路社区，同市委办公厅及街道机关干部开展志愿者义务劳动活动。

南昌市关工委常务副主任罗苏明、副秘书长黄杰到东湖区调研指导关工委工作,深入民巷社区、小金台社区和东湖小学察看青少年活动场地建设,听取关工委关于关爱报告团、“双百工程”和青少年阵地建设三项工作开展情况汇报。区领导贾彧超、唐铭市陪同。

17 日

上午,东湖区在区委常委会议室召开科学发展目标管理考核工作调度会,区领导贾彧超出席并讲话,夏小兰出席。夏小兰就相关工作进行发言和部署,各考核相关责任单位主要负责人参加会议并发言。

晚上,东湖区在区委常委会议室召开2018年重点产业和建管项目工作调度会,区领导刘闯出席并讲话,区领导贾彧超主持会议,胡洪水、夏小兰、陈俊、童萍如、万勇、万明、袁晨出席。会议听取全区重点产业项目、城市建管项目的进展情况及督查情况汇报,各挂点领导总结前期工作并部署下步工作。

18 日

上午,区领导刘闯、胡洪水、袁晨深入辖区部分重大重点项目现场开展工作调研。刘闯一行实地察看项目建设情况,并就具体工作作出部署。贤士湖管理处、区文投、彭家桥街道、区商务局相关负责人及部分企业方代表参加。

上午,2018世界VR产业大会“争做文明南昌人　当好大会东道主”传递接力活动(东湖站)在东湖区八一公园百花大舞台隆重举行,市民代表、中国好人、全国最美志愿者、全市道德模范郑小惠作为市民代表向全市人民发出“争做文明南昌人　当好大会东道主”的倡议。市民们纷纷走上签名台签名寄语,并参观2018世界VR产业大会文明提升工作展板,亲身体验VR技术,感受VR魅力。该活动是继8月24日南昌市组织开展世界VR产业大会“争做文明南昌人、当好大会东道主”传递接力活动启动仪式后的最后一场接力活动。南昌市文明办主任管琳丽、副主任程超,区领导贾彧超、胡洪水、胡薇出席当天活动。

19 日

上午,区领导刘闯会见启明星辰信息技术集团股份有限公司总裁严望佳一行,对严望佳一行到赣参加2018世界VR产业大会表示欢迎,并介绍东湖区经济和社会发展情况与全区主攻产业发展方向等。严望佳表示愿与东湖区持续拓展合作领域,提升合作层次,结下更多合作硕果。陈俊,区商务局相关人员参加会见。

19—21 日

首届世界VR产业大会在南昌举办,东湖区积极开展VR产业招商,会上共签约项目12个,投资总额约15亿元,项目内容涵盖VR网络安全、人工智能、技术运用、文化传媒多方面。其中,投资5亿元的启明星辰网络安全产业中心项目作为全市3个重点项目上台见证签约。

22—23 日

区领导刘闯、陈俊赴昆明开展招商活动。刘闯一行先后走访昆明云金地科技有限公司、云南图腾信息技术股份有限公司等多家重点企业,就推进有关投资合作项目达成广泛共识。刘闯一行还参观昆明市国土资源执法监察监控系统,学习借鉴国土资源管理工作先进经验。区商务局、扬子洲镇相关人员随同。

23 日

下午,区领导袁晨会见阳光控股有限公司财富管理公司副总经理闵栋一行,双方就企业意向投资相关金融项目事宜进行深入沟通。区金融办、区商务局相关人员参加会见。

24 日

下午,东湖区在区委常委会议室召开重点产业和建管项目工作调度会,区领导刘闯出席并讲话,贾彧超、胡洪水、夏小兰、陈俊、童萍如、万勇、万明出席。大院街办、滕王阁街办、区发改委、区商务局、区城建局等责任单位分别在会上汇报各自项目进展情况,各挂点区领导分别对相关项目推进作强调和部署。区委办、区政府办、区发改委、区城建局、大院街办等有关单位主要负责人参会。

下午,区委第十二届55次常委会议在区综合服务中心南楼七层区委第一会议室召开,区领导刘闯主持。会议学习传达全市组织工作会议精神;审议区人才办提出的《关于拟调整黄赏辉同志到南昌东湖城市建设投资发展有限公司任职的请示》。区领导贾彧超、焦玉庄、胡洪水、唐铭市、刘光荣、夏小兰、陈俊、张恩出席会议，王玮列席。

25 日

上午，区领导刘闯会见北京众荟信息技术股份有限公司 CEO 林小俊、COO 陈文哲一行，介绍东湖区社会经济的发展情况，双方就拟在东湖区投资建设数据信息总部项目等事宜进行友好沟通。区领导陈俊，区财政局、贤士湖管理处、区税务局、区商务局相关负责人参见会见。

下午，南昌市发改委重点办到东湖区督导重大招商引资项目海学茂人工智能教育公园情况，了解该项目推进情况，就项目进展情况及存在问题与区招商部门和企业进行沟通、协调。区领导万勇，区发改委、区教科体局、区商务局、大院街办及区文旅公司相关负责人陪同。

国家市场监督管理总局综合规划司副司长黄继先、国家统计局普查中心副巡视员邓筱林一行到东湖区开展第四次全国经济普查督导工作，江西省统计局总统计师曾永生，省工商局党组成员、副局长沈庆中，省统计局普查中心主任黄正坤，省工商局调研员郝晓兵等陪同。座谈会上，东湖区统计局就“四经普”工作开展情况进行汇报，国务院经普办督导组同区统计局、区市场监管局、区税务局等部门进行深入交流。督导组一行还到东湖区大院街办体苑社区实地了解经济普查开展情况。区领导夏小兰主持座谈会并陪同督导。

26 日

上午，区领导陈俊会见中信建设投资发展有限公司副总经理蔡锦明一行，介绍东湖区产业发展思路及优势资源情况。蔡锦明简要介绍中信建设投资发展有限公司情况、在赣业务开展情况及昌投资发展思路等。双方表示将加强沟通联系，进一步深化合作交流，实现互利共赢发展。区商务局负责人参加会见。

下午，南昌市委统战部副部长、市侨联主席刘小坚一行深入东湖区董家窑街道殷家巷社区指导冬季消防安全工作并参加“帮创平安社区综治项目推进会”。

下午，南昌市“道德讲堂”示范堂东湖区专场——“奖状博览会·传承好家风”暨传唱志愿者之歌三风主题讲堂活动在市图书馆学术报告厅举行。南昌市文明办主任管琳丽、副主任郭国亮、副调研员温华贵，区领导胡洪水、胡薇出席。各县区文明办主任，辖区省级文明单位分管领导，部分区属教师代表等 200 余人参加活动。

江西省委常委、南昌市委书记殷美根，市委常委、市委秘书长郭毅到东湖区人大代表联络工作站，以普通人大代表身份，走进社区，了解社区工作开展情况，倾听选区选民所想、所盼、所需，收集群众对市政府 2019 年度民生实事项目的意见和要求。殷美根强调，要不断扩大人大代表听取群众意见的参与度、辐射面，让各级人大代表听取民意、集聚民智形成氛围，让市民群众为南昌发展贡献智慧、贡献力量成为常态，动员全市上下齐心协力、团结一心，共建共享“美丽南昌·幸福家园”。

28 日

上午，东湖区事业单位公车改革取消车辆专场现场网络同步拍卖会在区文化活动中心新闻发布厅举行，此次拍卖涉改车辆 33 辆，评估总价 36.7 万元，经过现场、网络激烈竞拍，拍卖成交总价为 81.3 万元。区发改委、区编委办、区财政局、区人社局、区审计局、区纪委、区机管局 7 家区车改领导小组成员单位负责人参加拍卖会。

29 日

国家文化和旅游部在北京举办新晋 AAAAA 级旅游景区授牌会，地处东湖辖区的南昌市滕王阁旅游区喜获授牌，跻身国家 AAAAA 级旅游景区行列。南昌市委常委、副市长滕俊峰代表景区在会上接受荣誉，并围绕文旅融合发展做典型发言。

30 日

下午，区领导高辉红、杨峻到墩子塘街道人大代表联络工作站，以普通人大代表身份，倾听选区选民所想、所盼、所需，收集群众对东湖区民生实事项目的意见和建议。部分区人大代表，居民群众代表参加座谈会。

11 月

1 日

南昌滕王阁旅游区举行国家 AAAAA 级旅游景区揭牌仪式，南昌市委副书记、市长刘建洋，江西省文化和旅游厅党组成员丁新权出席并讲话。南昌市副市长凌卫主持揭牌仪式，南昌旅游集团董事长熊伟做了讲话。区领导高辉红参加揭牌仪式。当天,滕王阁旅游区精心组织舞狮表演、古风快闪、背诵滕王阁序免门票、“全国名楼知多少”等观赏性、参与性活动。自2014年南昌市委、市政府启动滕王阁AAAAA级旅游景区创建工作,至2018年10月29日文化和旅游部举行新晋国家AAAAA级旅游景区授牌,滕王阁旅游区弥补了江西省会城市的AAAAA级景区空白。

3日

上午,区领导高辉红在区政府常务会议室主持召开2018年南昌国际马拉松(东湖段)工作调度会,贾彧超、胡洪水、胡志强、童萍如、余炜、万明出席。会议传达全市2018南昌国际马拉松有关工作调度会会议精神,通报前期赛事总体筹备情况,各工作小组通报准备工作情况,与会区领导分别就各自分管的工作讲话。与会人员会前实地察看2018南昌国际马拉松比赛(东湖段)线路。区委办、区政府办、区委宣传部、区委政法委、区直机关工委、区综管办、区教科体局、区城建局、区城管委、区执法局、区文广新局、八一桥街办、豫章街办、百花洲街办、公园街办、大院街办、董家窑街办、滕王阁街办主要负责人,东湖交警大队、东湖公安分局分管领导参加会议。

上午,区领导高辉红、童萍如深入区旧改第六分指挥部,看望慰问奋战在征迁一线的干部职工,对大家工作取得的成绩给予充分肯定和赞扬。

5日

在江西省第十五届运动会闭幕式上,东湖区以总分346.55分获得2015—2018年江西省县(市、区)竞技体育贡献奖单位一等奖第一名。区领导童萍如代表东湖区上台领奖。

6—7日

区领导高辉红、陈俊、余炜赴上海开展招商活动。高辉红一行先后考察北京众荟信息技术上海公司、携程上海总部、上海趣立信息科技有限公司等企业,就企业意向投资信息科技、文化旅游等项目进行协调推进;还与沃尔玛、日本顺天等参展企业及采购代表进行座谈交流。

7日

上午,江西省委政研室信息处处长曾国栋、省委改革办协调处副调研员罗俊到东湖区百花洲街道火神庙社区、小金台社区调研该区“时间银行”居家养老志愿服务情况。曾国栋一行察看火神庙社区、小金台支行居家养老志愿服务“时间银行”的建设和运行情况,听取区民政局对全区“时间银行”工作模式汇报、百花洲街道对辖区内“时间银行”组织架构及面临问题介绍,就“时间银行”工作开展的背景、运营模式、组织架构、存在问题和政策建议等主要内容进行调研。南昌市委改革办专职副主任罗建国,区领导贾彧超陪同调研。

上午,区领导刘闯在区文旅公司和项目负责人陪同下察看部分重大重点项目建设施工现场,了解项目建设进展情况并指导工作。

下午,东湖区召开“美丽南昌·幸福家园”环境综合整治第九十一次调度会,区领导贾彧超出席并讲话,胡洪水、余谨、万明、冯于水出席。胡洪水在会上重点部署城市文明提升及全国文明城市创建工作,万明通报“美丽南昌·幸福家园”环境综合整治工作情况并部署下一阶段工作,冯于水通报10月份街道(镇、管理处)、社区(村、家委会)考核结果及检查评比得分情况。会议书面通报全市“美丽南昌·幸福家园”环境综合整治八月份东湖区考核情况,并为考核前三名街道颁奖,董家窑、公园、百花洲相关负责人作经验介绍。

区委决定免去温萍的东湖区委老干部局主任科员职务,退休;免去万芸的东湖区人民法院正科级审判员职务,退休;李桂兰退休;免去卜昌平的东湖区审计局主任科员职务,退休;段明岗提前退休;免去廖作柏的百花洲街道办事处主任科员职务,提前退休。温萍的退休时间从2018年9月起算,万芸、李桂兰、段明岗三人的退休时间从2018年10月起算,卜昌平、廖作柏二人的退休时间从2018年11月起算。

8日

下午,区委第十二届五十六次常委会议在区综合服务中心南楼七层区委第一会议室召开,区领导刘闯主持。会议学习传达《江西省南昌市东湖区牢记习近平总书记嘱托抓好城市基层党建带动各项工作强起来》(江西省今日重要信息第473期)、《关于学习宣传贯彻〈中国共产党纪律处分条例〉工作方案》、市委统战工作领导小组扩大会议精神并通报市委统一战线工作领导小组关于东湖区宗教工作检查情况反馈意见,全国网络安全和信息化工作会议精神、《地方政府隐性债务问责办法》和《关于防范化解地方政府隐性债务风险的意见》;通报东湖区2018年上半年意识形态工作责任制贯彻落实情况;听取当前东湖区防范化解政府隐性债务情况汇报;审议区委宣传部提出的《关于调整中共东湖区委网络安全和信息领导小组的请示》、区政府党组提出的《关于审议〈东湖区2018年度招商引资考核办法(送审稿)〉的请示》、区委办公室提出的《审议〈东湖区委关于"三重一大"事项集体决策的实施办法(送审稿)〉的请示》《关于审议〈2018年度东湖区高质量发展目标管理绩效考核实施意见(送审稿)〉的请示》。区领导高辉红、贾彧超、焦玉庄、胡洪水、唐铭市、夏小兰、陈俊、胡志强、张恩出席会议,喻国泰、王玮、杨峻列席。

区领导贾彧超、余瑾、万明、冯于水对全区各镇、街道、管理处"美丽南昌·幸福家园"环境综合整治工作开展情况进行突击检查。部分区人大代表随同。

9日

下午,东湖区召开2018年第四次党建工作调度会,区领导刘闯主持会议并讲话,贾彧超、胡洪水、唐铭市出席。区直系统党委书记在会上汇报全区机关党建工作督查问题整改情况,各镇(街道、管理处)党(工)委书记汇报党建重点项目建设进展情况以及机关在职党员"1+X"服务活动报到开展情况,区委宣传部通报意识形态工作责任制贯彻落实情况以及中宣部"学习强国学习平台"东湖试点运行情况。各镇(街道、管理处)党(工)委书记、区直系统党委书记以及区委组织部、区委宣传部相关人员参加会议。

10日

上午,东湖区在区委常委会议室召开招商引资项目调度会,区领导刘闯出席并讲话,高辉红主持会议,贾彧超、夏小兰、陈俊、袁晨、胡涛湘出席。区商务局在会上通报全区开放型经济完成情况与招商引资项目进展情况,出席会议的区领导分别就全区开放型经济工作进行点评、分析。各镇(街办、管理处),区委办、区政府办、区城投公司、区文旅公司,全区26个经济责任单位主要领导参加会议。

12日

上午,区领导刘闯、唐铭市深入辖区部分街道察看街道党建服务中心建设工作情况。刘闯一行察看八一桥街道、公园街道党建服务中心建设情况,听取党建服务中心设计方案、施工安排、工作进展及规划等情况介绍,并就有关事项与相关负责人进行交流。

下午,区领导陈俊会见韦林文化教育集团总经理林炯一行,介绍东湖区优势教育资源及相关产业推动区域经济发展思路等有关情况。林炯简要介绍公司发展基本情况及在赣投资发展思路。双方就公司区域总部落户及深化合作事宜进行沟通。区商务局、区教科体局主要负责人参加会见。

13日

上午,区领导高辉红、夏小兰到区财政局开展工作调研,重点听取区财政局关于该局2018年工作情况及下一步工作思路、2018年预算执行情况及分析、2018年预算绩效评价工作开展情况、2018年1—10月税收情况、2018年全年税收工作预测以及2019年税收工作预判等工作汇报。夏小兰就下一步全区财政工作提出三点意见:一是扫好尾,谋好局;二是盯重点,抓落实;三是强学习,提能力。区政府办主要负责人,区财政局班子成员及各科室负责人参加调研。

14日

上午,南昌警备区司令员陆建刚到东湖区彭家桥街道办事处检查调研武装工作,对街办武装工作给予充分肯定。区领导张恩、邱建新陪同。

下午,区领导高辉红、夏小兰到区统计局开展工作调研,听取区统计局介绍该局基本情况、第四次全国经济普查单位基本流动情况、单位新增情况及2018年前三季度主要经济指标情况及全年预测等。区政府办、区发改委、区财政局、区商务局主要负责人参加调研。

14—15日

区领导刘闯、陈俊赴赣州进行招商活动。在步步高赣州新天地综合体与步步高集团总裁陈志强、集团董事长助理周鹏及相关负责人进行座谈;在考察招商蛇口赣州意库项目时,与招商蛇口广州公司副总经理兼赣州事业部总经理卞应华一行进行座谈,就东湖意库项目建设深入交换意见。区商务局有关人员随同。

15日

上午,司法部党组书记、副部长袁曙宏到东湖区法律服务中心调研司法行政工作,江西省委常委、政法委书记尹建业,省司法厅党组书记、厅长兼省监狱管理局第一政委王国强,省司法厅党组成员、副厅长凌云,南昌市委常委、政法委书记刘家富等领导陪同调研。袁曙宏一行在中心一楼服务大厅,参观法律援助、法律咨询、公证办理、人民调解等便民服务办事窗口和人民调解室、心理咨询室、远程会见室等多功能区域,到二楼社区矫正执法大队办公场所,参观社区矫正执法大队、直属中队、正航助矫工作室等联合办公区域,观看信息化建设指挥平台系统演示和东湖区社区矫正官试点工作宣传片《阳光下的感化》,高度肯定东湖区开创的社区矫正官"一体两翼"创新做法和典型经验。

上午,区领导夏小兰、万勇实地察看东湖意库、海学茂人工智能教育公园、熊邓村旧改安置房(贤湖佳苑)、上沙窝社区改造、起凤路旧改安置房(长巷新区)等项目,详细听取各项工作进展情况汇报,并要求各项目业主单位克服困难抓进度,确保项目在规定时间完工。区政府办、区发改委以及项目责任单位主要负责人随同。

下午,东湖区在区政府常务会议室召开全区经济运行调度会,区领导高辉红主持会议并讲话,夏小兰出席。区统计局、区财政局、区税务局、区发改委、区商务局在会上分别汇报前一阶段经济指标完成情况及研判下一步工作,夏小兰就下一步全区经济工作作具体部署。

16日

下午,区领导刘闯、贾彧超、王玮、胡洪水、童萍如、万明、杨峻、冯于水、谢华、余坚、胡薇到辖区部分"三风"项目现场,查看调度各项目进展情况。刘闯一行来到豫章小学紫金校区、豆芽巷社区、贤士湖"三风"文化主题公园、火神庙社区,详细察看各项目建设完成情况、"三风"活动开展情况,认真听取相关负责人情况汇报,并就下一步工作提出指导意见。

17日

上午,东湖区在区委常委会议室召开招商引资项目调度会,区领导刘闯出席并讲话,高辉红主持会议,贾彧超、陈俊、袁晨出席会议并分别就全区招商引资工作进行点评、分析。区商务局在会上汇报全区招商引资项目进展情况,高辉红就在昌举办的第75届中国教育装备展示会招商推介与客商对接等工作进行部署。各镇、街道、管理处,区委办、区政府办、区城投公司、区文旅公司,全区26个经济责任单位主要领导参加会议。

上午,东湖区在区委常委会议室召开2018年旧改工作调度会,区领导刘闯出席并讲话,高辉红主持会议,贾彧超、夏小兰、胡志强、万勇、万明、杨峻、桂兵出席会议。高辉红在会上传达全市旧改工作会会议精神。有关单位主要负责人参加会议。

19日

上午,区领导高辉红、贾彧超、万勇、万明察看本区部分城市建管项目建设情况。高辉红一行先后到象山北路综合改造、刘将军庙社区改造等7个项目施工现场,认真听取各个项目规划、特色等情况报告,了解工程进展,并就相关工作与项目负责人进行交流。区政府办、区城建局、区执法局、区综管办、八一桥街道、墩子塘街道、百花洲街道、公园街道、董家窑街道、贤士湖管理处、区城投公司主要负责人和市注册公司负责人参加视察。

下午,东湖区在区文化活动中心演艺大厅召开深化全国文明城市创建工作动员部署会,区领导刘闯出席并讲话,高辉红主持会议,在家的区四套班子成员出席会议。区领导贾彧超在会上解读《东湖区深化全国文明城市创建工作方案》《东湖区创建全国文明城市"强基础、补短板、促常态"工作方案》,胡洪水传达全市深化全国文明城市创建工作动员部署会议精神,豫章街办、八一桥街办、董家窑街办、区执法局分别发言。各镇(街道、管理处)党政主要负责人、宣传委员、城管办主任、执法中队长,各村(社区)主要负责人;区委各部门、区直各单位主要负责人、分管负责人;各垂管单位主要负责人、分管负责人参加会议。

20日

上午,江西省委常委、组织部部长赵爱明,江西省委组织部副部长、省委老干部局长肖洪波,原江西省政协主席傅克诚,江西省人大常委会原副主任洪礼和等出席东湖区大院街办共建共享单位江西省老干部活动中心揭牌仪式,并观看老干部活动中心新面貌和老干部们正在开展的活动。区领导刘闯、贾彧超、唐铭市陪同。

下午,区领导刘闯、胡洪水、夏小兰、陈俊、万勇到辖区部分重大重点项目施工现场，察看项目建设进展情况。区委办、区政府办、区发改委、区城建局、区商务局、区旧改办、公园街道、大院街办主要负责人和项目业主单位负责人随同。

晚上，东湖区在区委常委会议室召开全区重点产业和建管项目工作调度会，区领导刘闯出席并讲话，贾彧超主持会议，胡洪水、陈俊、童萍如、万勇、万明、袁晨出席。各责任单位在会上分别汇报各自负责项目的进展情况，各挂点区领导对各项目下一步推进工作分别进行部署。刘闯要求各责任单位拼尽全力，做好最后冲刺，要边做边总结经验，着眼长远，做好2019年规划，确保全区各项目按时序顺利推进。

21日

上午，区领导贾彧超到扬子洲镇调研民族宗教工作，实地查看基督教注册点庙后村仰恩堂、佛教注册点联民村淡斋寺的建设情况，了解上房村基督教私设聚会点取缔整改情况，并听取相关村关于民族宗教工作情况的简要汇报。贾彧超要求注重培养一支高素质、作风硬的干部队伍，巩固非法私设聚会点取缔工作成果，依法规范和完善活动场所规章制度。区政府办、扬子洲镇主要负责人陪同。

22日

上午，区领导高辉红、贾彧超、余瑾、万明、冯于水开展11月第二次“美丽南昌·幸福家园”环境卫生综合整治突击检查，对各社区的环境卫生状况进行全面检查和评估，并现场打分。

上午，东湖区在樟树林文化生活公园隆重举行南昌东湖文化旅游发展有限公司揭牌仪式，标志着东湖区国资体系进一步完善，国有平台公司建设步入一个新的阶段，同时也是东湖区进一步深化文化体制改革，遵循市场经济规律和企业发展规律，做大做强文化产业，繁荣发展文化事业，加快推进文化强区建设的重要举措。该公司注册资本1亿元，成立后将作为政府培植实体经济、培育文化产业项目的载体，实行“政府统筹、公司运作”的开发建设体制机制，兼具政策性项目建设和市场运作的双重属性，为东湖经济社会发展提供投资、建设等全方位服务。区领导刘闯为公司揭牌，胡洪水主持揭牌仪式，袁晨出席。

下午，区领导刘闯到区纪委监委机关召开区委书记履行全面从严治党主体责任现场办公会，部署推进乡镇纪委标准化规范化建设，刘光荣主持会议。会议传达学习省、市纪委有关乡镇纪委标准化规范化建设文件精神，听取该区乡镇纪委标准化规范化建设情况汇报，分析存在问题，部署下一步工作。会前，刘闯调研查看部分乡镇（街道、管理处）纪委标准化规范化建设情况。区纪委监委机关、区财政局、区民政局、区编办、区委组织部、区人社局相关负责人参加会议。

晚上，区委第十二届五十七次常委会议在区综合服务中心南楼七层区委第一会议室召开，区领导刘闯主持。会议学习传达省委书记刘奇11月10日在省纪委报送中央第十一巡视组《关于对脱贫攻坚中形式主义官僚主义突出问题立行立改有关情况的报告》上的批示精神，《江西省机构改革领导小组办公室关于加快组建市县退役军人事务机构的通知》精神，习近平总书记关于坚持和完善人民代表大会制度的重要思想和刘奇在省十三届人大常委会第八次会议第二次全体会议上的讲话精神；通报《关于贯彻落实习近平总书记重要指示精神集中整治形式主义官僚主义的工作方案》《东湖区关于落实全面从严治党主体责任有关情况抄告督办实施办法》《东湖区党委书记履行全面从严治党主体责任现场办公操作办法》有关情况；听取2018年东湖区政法综治（扫黑除恶）工作汇报，近年来东湖区落实上级巡视工作有关问题的情况汇报；审议区人大常委会党组提出的《审议〈关于开展“学习、研究、宣传、贯彻习近平总书记关于坚持和完善人民代表大会制度重要思想”专题活动的工作方案（送审稿）〉的请示》、区委办公室提出的《审议〈中共东湖区委关于废止和宣布失效一批党内规范性文件的决定（送审稿）〉的请示》、区纪委提出的关于给予部分干部党纪处分的请示。区领导贾彧超、焦玉庄、胡洪水、夏小兰、陈俊、胡志强、张恩出席会议，喻国泰、王玮列席。

区领导高辉红、贾彧超到辖区部分农贸市场开展督导检查工作。高辉红一行到董家窑过渡农贸市场、新建德观农贸市场，对市场内商户的工商证照、环境卫生、经营秩序等方面进行仔细检查，并与市场负责人、商贩等进行互动沟通。

23 日

上午,东湖区召开扫黑除恶专项斗争推进会,区领导刘闯出席并作讲话,胡志强主持会议,余炜出席。余炜在会上通报东湖区扫黑除恶专项斗争前期工作并作工作部署。各镇、街道、管理处党(工)委书记、综治专职副主任;区扫黑除恶专项斗争工作领导小组各成员单位主要负责人;区扫黑办和舆论宣传、侦查打击、执纪监督、基层政权、综合协调五个专项工作组主任、组长;东湖公安分局各派出所所长参加会议。

区领导高辉红、袁晨前往重庆海尔云链科技有限公司开展招商考察活动,推进项目落户进程。海尔云链副总经理吴敏及相关部门负责人先后就海尔金控集团发展情况及拟投资项目市场规划进行介绍,双方就项目下一步推进工作进行交流。区人社局、区金融办主要负责人随同。

25 日

上午,东湖区在区委常委会议室召开招商引资项目调度会,区领导刘闯出席并讲话,高辉红主持会议,贾彧超、夏小兰、陈俊、袁晨出席。区商务局就全区招商引资项目进展情况进行汇报,有关区领导分别就全区招商引资工作进行点评、分析,高辉红就赣台会、世界 VR 大会等重大活动签约项目进行协调、调度。各项目相关经济责任单位主要负责人参加会议。

27 日

上午,江西省副省长孙菊生,省人大常委会原党组副书记、副主任、江西老年大学校长洪礼和,省委教育工委书记、省教育厅厅长叶仁荪出席在东湖区举行的江西省全民终身学习活动周总开幕式。该活动由江西省教育厅、南昌市人民政府主办,江西广播电视大学、南昌市教育局、南昌市东湖区人民政府承办。孙菊生宣布活动周开幕,叶仁荪介绍江西省近十年来全民终身教育取得的成绩和具体做法和此次活动周开幕式的主要任务,南昌市人民政府副市长龙国英和中共东湖区委副书记、区长高辉红先后致辞,南昌市与新余市完成举办城市交接仪式。江西广播电视大学党委副书记、校长朱爱莹宣读"百姓学习之星""终身学习品牌项目""优秀成人教育机构"表彰决定。东湖区"地震 VR 体验项目"和"携手成长,让生命影响生命"获得 2018 年全国"终身学习品牌项目";南昌市第一医院原护理部主任、南丁格尔奖章获得者章金媛获 2018 年全国"百姓学习之星"称号。开幕式展示"江西省全民终身学习成果展",播映"终身学习潮涌赣鄱"的专题宣传片,与会代表观摩东湖区社区教育成果展示。

上午,区领导高辉红、夏小兰、陈俊、万勇、万明到全区重大重点项目现场查看并专题调度各项目进展情况。高辉红一行先后到起凤路安置房、贤士湖公园、东湖意库、海学茂人工智能教育公园、沁庐旅生活广场、上沙窝社区改造项目等 9 个重大重点项目现场,听取项目建设情况汇报,了解项目进展问题,并就加快项目建设和提升服务水平提出指导性意见。

晚上,东湖区在区委常委会议室召开 2018 年重点产业和城市建管项目工作调度会,区领导刘闯出席会议并讲话,高辉红主持会议,贾彧超、胡洪水、夏小兰、陈俊、童萍茹、万勇、万明出席。会议听取全区重点产业项目、城市建管项目进展情况汇报,各挂点领导及项目负责人就各个项目进行分析研判并部署下一步工作。

28 日

上午,区领导高辉红、杨峻前往扬子洲镇调研教育、养老等民生实事工作情况,察看滕州小学和南林小学园内的硬件设施、校园环境等,在扬子洲敬老院察看老人房间、食堂、活动室等处,认真听取工作人员关于孤寡老人收养、入住老人日常生活、养老设施建设等工作开展情况。区委办、区教科体局、区民政局、扬子洲镇负责人随同。

上午,东湖区在区政府常务会议室召开十三五中期评估报告会,区领导高辉红出席会议并讲话,夏小兰主持会议,万勇、万明出席。区发改委在会上汇报十三五规划中期评估报告编制整体情况,第三方评估团队江西区域经济研究院汇报《东湖区十三五规划中期评估报告》总体内容,区财政局、区人社局、区城建局、区旧改办依次就需要调整的指标作说明,与会领导和各相关单位负责人就相关指标调整事宜深入交流和讨论。

30 日

上午,东湖区党政代表团专程赴安义县学习考察,并参加两地工作经验交流座谈会。代表团先后来到安南特色产业小镇,潦河南岸滨河景观二期工程项目,山下、老下、小坑旧改征迁项目以及中国(安义)民俗民宿聚落项目等处实地考察,认真聆听项目的情况介绍,详细了解安义县在特色小镇打造、旧改征迁工作、乡村旅游等方面的经验做法。大家纷纷表示,安义县在创新创业、旧改征迁、城市建设、乡村旅游等方面实施一项项重大举措,取得一系列令人瞩目的成就,非常值得学习和借鉴。

上午,第十一届"绿博会"在南昌绿地国际博览中心正式开幕,南昌市副市长凌卫来到东湖区"绳金塔"三花酒业展位进行参观指导,对东湖区做大做强南昌唯一纯粮手工酿酒——"绳金塔"三花酒品牌表示赞许和肯定。

12 月

1 日

上午,东湖区召开2018年第五次党建工作调度会,区领导刘闯主持会议,贾彧超、胡洪水、唐铭市、刘光荣出席。区委组织部在会上汇报东湖区参加全省党务技能大赛总体情况,各参赛单位分别汇报准备情况,相关镇(街道)党(工)委书记汇报2018年度软弱涣散村(社区)党组织整改进展情况,各镇(街道、管理处)党(工)委书记分别汇报党建重点项目建设进展情况。各镇(街道、管理处)党(工)委书记和区委组织部相关人员参加会议。

上午,东湖区在区委常委会议室召开旧改工作调度会,区领导刘闯出席并讲话,高辉红主持会议,贾彧超、胡志强、万勇、万明、杨峻、桂兵出席。会议通报相关地块征收进展情况,与会区领导分别就各自分管的工作情况作发言。会议对土地出让、安置房建设等存在问题提出针对性解决措施。

2 日

晚上,东湖区召开全国文明城市创建工作暨"美丽南昌·幸福家园"环境综合整治调度会,区领导刘闯出席并讲话,高辉红主持会议,贾彧超、胡洪水、陈俊、胡志强、童萍如、余炜、万明、杨峻出席。贾彧超部署每日创建调度会工作安排,胡洪水传达全市会议精神,各分管区领导分别就分管工作作出部署,区文明办(区创建办)、区综管办通报一周实地督查情况,区市场环境创建工作部、人文环境创建工作部、生活环境创建工作部、生态环境创建工作部、未成年人思想道德建设工作部、农村环境创建工作部牵头单位汇报一周创建工作情况。

3 日

上午,南昌市副市长樊三宝到东湖区残疾人之家看望慰问残疾人。樊三宝听取东湖区残疾人之家负责人和精神残疾日间照料中心负责人对残疾人托养、培训、就业情况的介绍,看望参加电脑、手工的培训学员和书法、绘画创作的文艺爱好者,观看东湖区残疾人艺术团葫芦丝队表演,为残疾人自尊、自信、自强、自立的精神风貌点赞,并送上节日问候和慰问金。区领导刘闯、杨峻陪同。

上午,区领导刘闯、贾彧超到辖区督查文明创建工作。刘闯一行来到五纬路经纬府邸小区周边、五纬路农贸市场及原化纤厂住宅小区,八一桥街道半步街等处,现场查问题、看整改、提要求,对占道经营等不文明现象进行劝导,对需整改的问题规定时限。刘闯要求各相关单位对标对表,每天查问题、抓整改,营造浓厚创建氛围,确保各项工作落实落细,全力以赴打赢全国文明城市复牌攻坚战。区委办、区政府办、区纪委、区综管办、区城管委、区城建局、区商务局、豫章街道、八一桥街道等相关负责人随同。

4 日

下午,东湖区在区政府常务会议室召开危险化学品安全生产专题工作会议及危化品专业委员会第四季度全体会议,区领导夏小兰出席并讲话。会议通报全区1—11月份危化品安全生产工作开展情况,分析工作存在的薄弱环节、布置工作任务,并对安全生产法宣传周活动进行部署;部分生产经营单位代表就如何做好危化品综合治理工作作表态发言。区安委会危险化学品安全专业委员会全体成员单位的主要负责人、10家危化品经营单位主要负责人参加会议。

6 日

下午,区委第十二届五十八次常委会议在区综合服务中心南楼七层区委第一会议室召开,区领导刘闯主持。会议学习传达第八十四次省委常委会会议精神,中央、省委及市委民营企业座谈会精神,书面学习传达中国妇女第十二次全国代表大会精神;审议区政府党组提出的《关于审议〈东湖区“十三五”规划中期评估报告(送审稿)〉的请示》,区纪委提出的关于给予干部党纪处分的请示。区领导高辉红、贾彧超、焦玉庄、胡洪水、唐铭市、夏小兰、陈俊、胡志强出席会议,喻国泰、王玮列席。

东湖区组织江西师大科技园、豫章一号文化科技园等省级服务外包示范园区代表参加由中国长江经济带服务贸易产业联盟、江西省服务外包产业协会举办的2018第五届中国长江经济带服务贸易(外包)产业城市发展高峰论坛。参会园区代表与专家就“数据化、生态化、现代化、国际化”形态下服务贸易(外包)产业园区的创新发展进行交流与探讨。

8日

上午,江西省委常委、南昌市委书记殷美根深入东湖区豫章街道洪城社区,市人大常委会主任陈德寿、南昌警备区司令陆建刚到公园街道戴家巷社区,市委常委、市委秘书长郭毅到滕王阁街道,市政府副市长宋铀到董家窑街道新华社区,市政协副主席周智安到扬子洲镇三联村万家嘉苑,市政协副主席黄耀华到大院街道,分别在挂点街道开展深化全国文明城市创建环境卫生大扫除工作,与全市机关企事业单位干部职工、社区居民和志愿者一道,共建“美丽南昌·幸福家园”。

上午,区委第十二届五十九次常委会议在区综合服务中心南楼七层区委第一会议室召开,区领导刘闯主持。会议审议区编委提出的《关于审议〈南昌市东湖区机构改革方案(送审稿)〉的请示》。区领导高辉红、贾彧超、焦玉庄、胡洪水、唐铭市、刘光荣、夏小兰、陈俊、胡志强、张恩出席会议,喻国泰、王玮列席。

9—11日

区领导刘闯、万勇与南昌市城乡规划局局长罗剑云赴珠海横琴、上海崇明等地进行专题调研考察。考察组先后考察横琴新区规划展示馆、横琴滨海湿地公园、横琴总部大厦、崇明岛规划展示馆、崇明岛村庄改造项目及东滩湿地公园等项目,详细了解生态城市规划建设推进情况。南昌市规划局相关业务处室、东湖区商务局、市国土东湖分局、市规划东湖分局及相关单位人员随同。

12日

上午,区领导刘闯、高辉红到辖区部分重点招商项目施工现场,视察项目建设推进情况,贾彧超、胡洪水、夏小兰、陈俊、胡志强、谭阿莉、童萍如、万勇、万明、袁晨随同,区委办、区政府办、区发改委、区城建局、区商务局、区综管办主要负责人参加。

14日

上午,东湖区召开2018年第六次党建工作调度会,专题研究该区城市基层党建现场会准备工作。区领导刘闯主持会议并讲话,贾彧超、胡洪水、唐铭市出席。会议研究讨论《关于开展东湖区2018年度党建工作现场观摩会的实施方案》,区委组织部、区城建局、区文旅公司、公园街道、大院街道、贤士湖管理处分别汇报党建重点项目建设进展情况。

18日

下午,南昌市委常委、宣传部部长龙和南深入东湖区,就该区文化事业发展情况进行专题调研。龙和南到江西省非物质文化遗产赣发绣传承基地,详细了解项目文化背景及产业化发展情况,参观赣发绣作品展,观赏婚礼结发仪式;在南昌红色记忆展示馆,细致了解项目整体情况,要求保质保量完成项目建设任务。区领导刘闯、胡洪水、童萍如陪同。

下午,东湖区在区政府常务会议室召开2018年总河(湖)长会议,区领导刘闯就全区河(湖)长制工作作出批示,高辉红主持会议并讲话,贾彧超、焦玉庄、胡洪水、唐铭市、张恩、郑洪健、万明、杨峻、谢保成出席。贾彧超在会上宣读刘闯的批示及《东湖区总河长令第1号》,杨峻通报全区河长制湖长制工作进展情况,董家窑街道、区城建局作工作经验介绍。各街道(镇、管理处)总河(湖)长或副总河(湖)长、分管负责人参加会议。

20日

区领导贾彧超、胡洪水、冯于水到辖区开展“美丽南昌·幸福家园”环境卫生综合整治突击检查。检查组先后到上沙窝社区、豆芽巷社区、贤士湖长巷村等处,重点检查几大社区综合改造后的成效;在新公园路集贸市场以及墩子塘农贸市场,重点检查占道经营、乱摆乱卖、乱搭建、乱停放情况以及门前三包和蔬菜农药残留检测记录表等,并对检查情况进行现场打分。

24 日

晚上，区领导高辉红、夏小兰、余炜、杨峻深入辖区部分商场、酒吧等人员密集场所检查消防安全工作。高辉红一行先后前往蓝天碧水购物广场、五月花酒吧、东湖区志道堂、MUSE 酒吧，认真查看消防设施配备、消防安全管理情况，了解消防安全防范措施和安全责任制落实情况，并随机对场所内消防设施进行检验。区政府办、区安监局、区商务局、区文广新局、东湖消防大队主要负责人，东湖公安分局分管负责人参加。

25 日

下午，区领导杨峻到扬子洲镇对“大棚房”整改、殡葬改革、河湖长制等工作进行调研督导。杨峻主持召开“大棚房”问题清理整治工作调度会，听取扬子洲镇、区直相关部门工作汇报，要求对照时间节点，多方排查后形成专题报告；到三联村、花园一号等地调研殡葬改革工作推进情况并给予充分肯定；察看赣江河岸庙后村河段后，杨峻要求加快对江边佳苑外堤隐患段护坡改造并做好河长制长效管理工作。区民政局、区农水局等单位主要负责人随同。

26 日

下午，区领导高辉红在区政府常务会议室主持召开区政府全体成员会议、区政府 2018 年第 14 次常务会和第 11 次区长办公会，夏小兰、童萍如、余炜、万勇、万明、杨峻、袁晨出，陈俊、余瑾、冯于水邀请列席。会议传达学习《学习中央经济工作会议精神》《中共中央办公厅关于规范党政领导干部接受国际奖励和国内民间奖励的意见（试行）》，审议《政府工作报告（审议稿）》《关于东湖区 2018 年国民经济和社会发展计划执行情况和 2019 年国民经济和社会发展计划草案的报告（审议稿）》《关于东湖区 2018 年财政总预算执行情况和 2019 年财政总预算草案的报告（审议稿）》《东湖区关于全面加强生态环境保护坚决打好污染防治攻坚战的实施方案》《东湖区推进创新型城区建设行动方案》《2019 年东湖区重大重点项目投资计划安排》《2018 年东湖区经济发展工作考核办法》《2019 年东湖区民生实事候选项目》等议题。

下午，东湖区在区文化活动中心演艺大厅召开区委中心组理论学习（扩大）会，区领导贾彧超主持会议，刘闯、喻国泰、王玮等在家的区四套班子成员，区法院院长出席。会议邀请南昌市委政研室主任、市委改革办副主任熊中高主讲《学习习近平全面深化改革重要思想的几点体会》，从什么是“改革”、什么是“全面深化改革”，习近平全面深化改革重要思想的深刻内涵以及如何结合本地实际推进全面深化改革三大方面进行讲解。全区副科级以上领导干部（不含二级单位）参加学习。

区委决定免去毛国建的中共东湖区委统战部主任科员职务，退休；免去杨俊英的东湖区编办主任科员职务，退休；免去王长虹的东湖区人民法院审判委员会委员职务，退休；免去郭岚的东湖区人民法院正科级审判员职务，退休。杨俊英、王长虹二人的退休时间从 2018 年 12 月起算，毛国建、郭岚二人的退休时间从 2019 年 1 月起算。

28 日

上午，东湖区召开低温雨雪冰冻天气防范应对工作部署会，区领导夏小兰出席并讲话。会议下发《关于切实做好低温雨雪冰冻天气应对工作的紧急通知》，明确有关工作事项；区气象防御指挥部办公室在会上传达南昌市气象防御指挥部文件精神，并部署相关工作；区安委办部署安全生产工作；区政府办（应急办）部署全区防范应对工作；区民政局、区城建局、区城管委、区执法局、区农水局、区机管局、东湖交警大队等单位就应对工作进行发言。各街办（镇、管理处）、区政府各部门及东湖公安分局、东湖消防大队、东湖交警大队、东湖国土分局主要负责人参加会议。

下午，区委第十二届六十次常委会议在区综合服务中心南楼七层区委第一会议室召开，区领导刘闯主持。会议学习传达《中国共产党支部工作条例（试行）》《中共中央办公厅、国务院办公厅关于统筹规范督查检查考核工作的通知》《处置省行政中心发生大规模群众集体上访应急预案》文件精神；审议区委组织部提出的有关干部人事议题（略）、《审议〈中共东湖区委关于规范区属城区学校校级领导干部管理的办法（试行）（送审稿）〉的请示》《关于成立东湖区第十六届人民代表大会第四次会议临时党委和各代表团成立临时党支部的请示》《关于成立政协东湖区第九届委员会第四次会议临时党委和各讨论组成立临时党支部的请示》,区人大常委会党组提出的《关于召开南昌市东湖区第十六届人民代表大会第四次会议的请示》及有关会议材料,区政协党组提出的《关于召开政协东湖区第九届委员会第四次会议的请示》及有关会议材料,区政府党组提出的《关于审议〈东湖区2019年重大重点项目投资计划安排(送审稿)〉的请示》《关于审议〈2019年东湖区民生实事候选项目(送审稿)〉的请示》《关于审议〈2018年经济发展工作考核办法(送审稿)〉的请示》《审议〈东湖区关于全面加强生态环境保护坚决打好污染防治攻坚战的实施方案(送审稿)〉的请示》《关于审议〈东湖区推进创新型城区建设行动方案(送审稿)〉的请示》《关于审议〈东湖区人民政府与中国建设银行股份有限公司江西省分行金融合作框架协议(送审稿)〉的请示》,区委办公室提出的《关于召开中共南昌市东湖区委十二届六次全体(扩大)会议的请示》以及有关领导在区委十二届六次全体(扩大)会议上讲话材料。区领导高辉红、贾彧超、焦玉庄、胡洪水、唐铭市、刘光荣、夏小兰、陈俊、胡志强出席会议,喻国泰、王玮、童萍如、袁晨、梁洪列席。

29日

下午,东湖区在区委常委会议室召开2018年旧改工作调度会,区领导刘闯出席并讲话,高辉红主持会议,贾彧超、胡志强、杨峻,县级干部桂兵出席。区旧改指挥部在会上通报相关地块征收进展情况,各分指挥部、区集征办、土地出让组和区城投公司分别汇报各自负责项目的进展情况,与会区领导就各自分管工作情况作发言。

下午,东湖区召开2018年第七次党建工作调度会,区领导刘闯主持会议并讲话,贾彧超、胡洪水、唐铭市、刘光荣出席。区委组织部在会上汇报迎接全市党建"三看"的部署情况,总结全年基层党建工作,并对近期基层党建重点工作进行说明;公园街道、区文投公司分别汇报党建"三看"点位准备情况;胡洪水、唐铭市、刘光荣分别作工作点评。区委基层党建工作领导小组成员单位负责人,区直系统党委书记和各镇(街道、管理处)党(工)委书记参加会议。

30日

上午,中共东湖区委十二届六次全体(扩大)会议在区文化活动中心演艺大厅召开。全会主要任务是:以习近平新时代中国特色社会主义思想为指导,深入学习贯彻中央经济工作会议、省委十四届七次全会、第八十四次省委常委会会议和市委十一届六次全会精神,回顾总结2018年以来的工作,研究部署2019年及之后一个时期重点工作。区领导刘闯主持会议并代表区委常委会作工作报告,高辉红总结2018年工作并部署2019年工作,贾彧超传达省委十四届七次全体(扩大)会议和市委十一届六次全体(扩大)会议精神。

上午,东湖区在区综合服务中心南楼一楼大厅隆重举行第一批股份经济合作社授牌仪式。区领导刘闯致辞,高辉红主持授牌仪式,贾彧超、夏小兰、杨峻出席。贾彧超通报全区产权制度改革工作进展情况;熊万村股份经济合作社理事长万仁友和公园村股份经济合作社董事长谢三龙分别介绍股份经济合作社成立组建的主要做法和经验启示;第一批15个村集体股份经济合作社集中授牌。区农村集体产权制度改革领导小组成员单位主要负责人,扬子洲镇、贤士湖管理处党政主要负责人和分管领导,扬子洲镇、贤士湖管理处各行政村党组织书记、主任,第一批股份经济合作社股东代表共100余人参加授牌仪式。

下午,区领导高辉红、万明、袁晨一行冒雪深入辖区部分主要道路及农贸市场察看道路交通、市场肉菜供应等情况。高辉红一行先后到墩子塘农贸市场、花园角农贸市场了解雨雪天气应对工作措施、市场经营等情况,还沿着右营街、叠山路至戴家巷一路走,仔细察看道路交通状况、道路两侧积雪情况。

(区史志办公室)

东湖概览

综　述

东湖区地处南昌市东北部，区域面积56.95平方千米，辖1个镇、9个街道办事处和2个管理处。截至2018年底，全区总人口50.36万人，其中城镇常住人口50.16万人。人口城镇化率为99.6%。人口出生率为8.79‰，人口自然增长率为5.22‰。辖区拥有园林绿地面积479.93公顷，绿化覆盖面积472.06公顷，城区绿化覆盖率29.67%。

2018年，全区地区生产总值513.05亿元，按可比价计算，增长8.1%。其中：第一产业增加值0.66亿元，增长1.4%；第二产业增加值41亿元，增长5.6%；第三产业增加值471.38亿元，增长8.3%。财政总收入（省口径）77亿元，增长19.1%；税收占财政总收入的80.83%。地方一般公共预算收入13.22亿元，同口径增长1.3%；地方财政一般预算支出25.48亿元，增长7.8%。500万元以上固定资产投资增长13%。社会消费品零售总额318.79亿元，增长10.6%。实际利用内资59.68亿元，增长19.82%；实际利用外资2.84亿美元，增长7.41%；现汇进资8460万美元。区内外贸企业进出口总额2.96亿美元，增长5.2%。城镇居民人均可支配收入4.26万元，增长8.1%。

2018年，全区各项社会事业稳步发展。城市面貌在内外兼修中焕然一新。对电政路、下水路等24条道路实施升级改造；推进豆芽巷、象山北路、胜利路北段等6个街区综合改造；完成沿江北大道、苏圃路南段、抚河北路等道路周边立面改造；对二经路、三经路实施“绿改彩”提升工程；新建上营坊、章江路小游园；推进上沙窝等12个老旧社区“旧改新”；完成滕王阁周边街区综合改造，助力滕王阁景区晋升国家AAAAA级景区；在八一公园建成全市首个湖面“水幕电影”。在全市率先实施共享单车“路长制”，增设非机动车停放泊位2万多个，得到新华社等中央、省、市媒体广泛关注；引入小黄狗等智能垃圾分类系统，率先在公园、洪城等5个社区建成全市首批生活垃圾分类示范社区；在全市率先实行城中村“物业化”管理。启动赣江（东湖段）沿线非法码头整治，完成赣江右岸八一桥至二七北路19个排污口截污工程；运用“中西医结合”方式系统治理贤士湖等水体生态，创造老城区内湖劣质水体治理“新经验”。持续唱响“学在东湖”品牌，滕王阁保育院荣获省级示范幼儿园称号；组建育新学校、豫章小学、邮政路小学三大教育集团，推动义务教育由“基本均衡”向“优质均衡”迈进；入选全省唯一“国家义务教育质量监测结果应用实验县区”；荣获全国第二届基础教育成果奖。蝉联全省青少年百县女子篮球“三连冠”、男篮总冠军，获评全省县区级竞技体育贡献奖一等奖。原创小品《“卡门”和谐曲》荣获第十四届“华东六省一市”戏剧小品大赛金奖；区图书馆被评为“国家一级图书馆”，在全省率先实施文化馆、图书馆总分馆制。建成全市第一家“公助民办”博物馆——南昌红色记忆展示馆。卫生计生协调发展，东湖区荣获全省计划生育先进县区。

2018年，全区优先保障扶贫解困、教育助学、医疗卫生等各项民生实事，全年用于保障和改善民生资金17.6亿元，同比增长10.7%，占地方一般公共财政预算支出的69%。新增就业人数

10091 人。率先实施养老保险参保缴费“一站式”服务,参保人数 5.3 万人,累计发放养老金 5.9 亿元。保障公共租赁住房 4914 户,为 5937 户无房户、困难户累计发放租赁补贴 1891 万元。在全省率先探索居家养老志愿服务“时间银行”,打造一批“智慧养老”“健康养老”典型,医养融合经验在全省推广。

2018 年,东湖区唱响基层党建品牌,推动政治建设不断向纵深发展。全面实施“231”党建先导工程,探索启动“五纵五横”城市基层党建共同体建设,在全市率先开展街道“大工委”、社区“大党委”及社区党组织领导下的“五位一体”议事协调试点;积极探索“组织、业务、服务”三融合,与省司法厅联合试点建立“社区治理 + 公共法律”党建服务站,党的建设在严实相济中全面加强。认真组织开展“传颂红色家书,传承红色经典”主题活动。紧盯“怕慢假庸散”等作风突出问题,查处违反中央八项规定精神问题 11 个,党纪政纪处理 15 人,通报问题 11 起 39 人;查处“怕慢假庸散”问题 65 个,处理 89 人。反腐倡廉持续加压,运用监督执纪“四种形态”处理 190 人次。推进法治东湖建设,全年办理省、市、区人大代表建议 76 件、政协委员提案 108 件,办结率和满意率达 100%。行政执法“三项制度”试点工作取得阶段性成效,“双随机、一公开”监管实现全覆盖。光明社区荣获“全国民主法治示范社区”;“一体两翼”社区矫正官试点“东湖模式”向全省推广;“四格一队一室”融警改革试点向全市推广。加大“放管服”改革力度,取消、调整行政权力事项 119 项、各类证明 75 项,14 项实现“一次不跑”、71 项实现“只跑一次”。在全国 36 个主要城市下辖县区“互联网 + 政务服务”评选中位列全国第五位,为全省唯一上榜县区。加强审计监督,首次对乡镇开展党政主要领导自然资源资产任中审计试点工作。深入推进平安东湖建设,积极开展扫黑除恶专项斗争。推进综治中心实体化,完成区“6·26”服务中心、10 个社区戒毒康复站建设,信息化禁毒经验在全省推广。全省公众安全感测评连续三年位居全市主城区第一名;实现全年重、特大事故“零”发生;荣获 2018 年度全国县级防震减灾工作先进县区。禁燃工作成效显著,实现春节、清明等重点时段的“零燃放”。（区史志办公室）

自然环境

【地理位置】 地处南昌市东北部,位于北纬 28°40′15″—28°47′50″、东经 115°50′39″—115°58′50″之间。东面由南往北沿洪都北大道、青山湖西岸、富大有堤、赣江南支为界与青山湖区相连,沿赣江中支为界和南昌县相邻;南面与西湖区相接,以北京西路、八一广场南端、八一大道、中山路、中山桥、中山西路为界;西濒赣江与新建区、青山湖区接壤,以赣江主航道中线为界;北与新建区、南昌县为邻。

【地形地貌】 地势西南高东北低,境内最高点位于民德路西海拔 27.2 米,最低点位于赣江中线海拔 16.4 米。

【河流湖泊】 北傍赣江,西连抚河,东临青山湖,内含东湖、南湖、北湖、贤士湖,区域内水系分布合理,环境宜人。

【气候】 属盆地气候,其特点是四季分明。年平均气温 17.5℃,1 月平均气温 5℃,极端最低气温 -9.3℃(1972 年 2 月 9 日);7 月平均气温 29.6℃,极端最高气温 40.6℃(1961 年 7 月 23 日)。平均气温年较差 24.6℃,年平均日照时数 1903.9 小时,年总辐射 4819 千卡/平方厘米。

【自然灾害】 主要有水灾、风灾等,多发生在 5—10 月。

（区史志办公室）

历史沿革

东湖区是古老南昌城一个重要组成部分。北魏年间,郦道元著《水经注》中,即有东太湖的记载,唐宋以后至今,均称东湖。清代南昌旧城的五门——章江门、德胜门、永和门、广润门和顺化门的一部分地区以及 3 条大街(中大街、西大街、东大街)均在辖区内。民国 15 年(1926 年)南昌正式改市后,开始改为区、保建置。1949 年解放初期为第一区、第二区,同年 10 月撤区。1951 年 8 月恢复第一区、第二区。1955 年 4 月分别称名东湖区、胜利区。1980 年 6 月两区合并统称东湖区。1997 年 11 月，根据南昌新城发展规划，将豫章街道办事处昌北街的 5 个居委会划归昌北开发区管辖。2004 年 9 月 7 日，国务院批准（国函〔2004〕70 号）《南昌市人民政府关于市辖区老城区行政区划调整的决定》，东湖区青山路街道办事处划归青山湖区，青山湖区的长巷、公园、七里、贤湖、永和、永溪 6 个行政村纳入东湖区管辖，并成立贤士湖管理处。2014 年 9 月 16 日，南昌市政府印发《南昌市人民政府关于将扬子洲镇从青山湖区划归东湖区管辖的通知》（洪府字〔2014〕34 号），10 月 9 日上午，又专门开会明确扬农管理处也一并从青山湖区划归东湖区管辖；10 月 24 日，扬子洲镇和扬农管理处分别举行划归东湖区管辖揭牌仪式，标志着东湖区正式对扬子洲镇和扬农管理处行使管辖权。之后，东湖区行政区划保持至今。

东湖区的区位优势独特鲜明。中华人民共和国成立以后，东湖区一直是省会中心城区，是南昌市的一个重要行政区。南昌市第一条马路，是区内的民德路；全省第一条商业步行街，是区内的胜利路步行街。辖区内有中央、省部属单位，江西歌舞剧院等省级艺术团体和江西艺术剧院、江西体育馆等众多重要文体场所，江西省人民医院等全省三甲以上知名医院，中国人民银行以及几大国有银行的省级分行，江西师范大学、南昌大学医学院等高等院校均坐落其中。东湖区北依赣江水道，城区干道纵横交错，基础设施完善，社会资源丰富，人流、物流、信息流、资金流枢纽地位突出。

东湖区的人文环境源远流长。域内“滕阁秋风”“苏圃春蔬”“东湖夜月”“章江晓渡”“龙沙夕照”等南昌著名的“豫章十景”，江南名楼滕王阁、千年古刹佑民寺、唐朝水观音亭、宋朝百花洲等名胜古迹，朱德旧居、朱德军官教育团、贺龙指挥部、叶挺十一军指挥部旧址等一批人文历史景观蕴含着深厚的文化底蕴，尽显南昌市“山水都市、现代新城、历史文化名城”三城底蕴，红色、绿色、古色、宗色“四色”旅游方兴未艾。

东湖区自古风景秀丽、人文荟萃、繁华万千，一直是智者纵横、商贾云集、百业兴旺之地。跨入 21 世纪，东湖区被确定为全省“县域经济发展综合改革试验区”的唯一城区，该区深入贯彻落实科学发展观，围绕打造实力东湖、创造活力东湖、塑造魅力东湖目标，驶上了发展的快车道。先后获“全国推进义务教育均衡发展先进地区”“全国科技进步先进区”“全国民政工作先进区”“全国文化先进县（区）”“全国和谐社区建设示范城区”“全国计生优质服务先进区”“全国群众体育先进区”等几百项国家级、省级荣誉。东湖区已成为南昌市人气最旺、商业最繁华的城区之一。

眺“落霞与孤鹜齐飞，秋水共长天一色”美景，观“一江两岸”新貌，东湖区厚重的历史文化积淀与现代商业繁荣交相辉映，积淀了 2000 多年的古老文明，成就了现代都市的繁华美景，令人流连忘返。

（区史志办公室）

风景名胜

【概况】 东湖区有许多名胜古迹和闻名遐迩的人文景观。南昌著名的“豫章十景”胜迹在辖区就有“滕阁秋风”“苏圃春蔬”“东湖晓月”“章江晓月”“龙沙夕照”。全区拥有文化遗址 2 处，文物保护单位共 11 家，其中，国家级文物保护单位 4 家，省级文物保护单位 5 家，市级文物保护单位 2 家。辖区水网密布，园林坐落，古老名胜交融于奇妙自然风光之中，江南文化古城的独特风貌构成了城区特有的旅游资源。

【杏花楼（曾名水观音亭）】 市级文物保护单位，坐落在市区中心的南湖湖心岛，即今“水观音亭”。湖心观音亭建自唐代。据传明正德年间（1506—1521 年）曾为宁王朱宸濠之妻娄妃的梳妆台，明万历年间（1573—1620 年），一度为相国张位（字明成）别墅，称“杏花楼”。汤显祖、刘应秋、吴应宾等人在此曾多有吟咏。清时，因祀娄妃，募捐修建，始名为“因是庵”，清乾隆五十三年（1788 年）重修时改称“观音”。有巷通广济桥，巷口额称“湖心观音阁”，俗称“水观音亭”。民国 8 年（1919 年）民间募捐重修。1983 年年底重加修缮。现南昌画院设在此。

【佑民寺】 省级重点文物保护单位，坐落于南昌市八一公园北面，东湖东岸。始建于南朝梁天监年间(502—519 年),初名上蓝寺,又因寺傍一井时闹蛟患,后建一大佛镇之,故太清元年(547 年)改称大佛寺。唐开元年间(713—741 年),改称开元寺。该寺先后修复、重建 7 次,民国 18 年(1929 年)定名佑民寺。寺内后殿有巨型铜佛,高 1.6 丈,重 1.8 万公斤。前殿有千佛缸,缸外装饰 90 余个佛像,另有南唐所铸铜钟 1 只。佑民寺殿宇雄伟,是江西省著名的古代寺院,在东南亚佛教界有一定影响。

【滕王阁】 位于南昌市西北部沿江路赣江东岸,始建于唐永徽四年(653 年),为唐高祖李渊之子李元婴任洪州都督时所创建,阁以其封号命名。唐上元二年(675 年),洪州都督阎公重修此阁,王勃写成《秋日登洪府滕王阁饯别序》,此阁因"落霞与孤鹜齐飞,秋水共长天一色"而流芳后世。先后重建达 29 次之多,今主阁落成于 1989 年 10 月 8 日,是 1985 年按照梁思成绘制的《重建滕王阁计划草图》重建的。滕王阁共九层,濒邻赣江,面对西山,距唐代阁址百余米,主体建筑为宋式仿木结构;与湖北黄鹤楼、湖南岳阳楼并称为"江南三大名楼",是南昌市的标志性建筑之一。2001 年 1 月核准为首批国家 AAAA 级旅游景区。

【佑民寺钟楼】 位于南昌市佑民寺右侧。为一栋 4 层四角形花岗石建筑,建于民国 18 年(1929 年)。上悬铜钟,为南唐大将林仁肇于北宋乾德五年(967 年)铸。重 5032 公斤,高 2.3 米,围长 4.9 米。林仁肇为南唐南都留守、南昌尹,后被后主毒死。是南昌三宝(普贤铁像、佑民寺铜钟、宋代铜钟)中仅存的一宝。

【钟鼓楼】 位于南昌市东湖西岸、状元桥南。楼原名岑楼,创建年代失考。南唐时节度使林仁肇施铜铸巨钟悬楼上。明洪武年间(1368—1398 年)楼倾斜,遂移钟普贤寺。明万历十六年(1588 年),知府范涞复修,明末毁于兵火。清初江西巡抚蔡士英复建。楼高 33.3 米、广 16.7 米,飞檐高栋,可以俯瞰东湖。楼悬大钟,大 20 围,重 600 钧。"钟鼓楼中,终夜钟声撞不断"。因"钟、中、终、撞"四字同音,颇不易对,故人称为绝对云。

【状元桥】 位于南昌市东湖和南湖的交界处,是两湖的分界桥。建于明万历四十七年(1619 年),过去是石拱小桥,南昌人称之为"广济桥"。清朝乾隆年间,江西大庾人戴衢亨才华出众,80 天当中从乡试到殿试连中三元,皇帝召见,钦点头名状元。后南昌知县钱志遥主持修建并将"广济桥"改为"状元桥"。民国 24 年(1935 年)改为混凝土平桥,1996 年南昌市政府整治四湖时再次修缮。

【洗马池】 位于南昌市胜利路中段。汉高祖五年(前 202 年),灌婴进驻南昌,常饮马、洗马于此,故名。原为赣江岸沙洲,中有一池,面积约 333 平方米,深 3.3 米,四周生有绿草。次年,置豫章郡,灌婴筑城于今市区东南皇城寺,立木栏以护东、西、南三面。池的北面,为范仲华所居,作轩于池上,名"临清栾"。

【贡院(贡院井)】 位于南昌市八一公园内。八一公园原系宋明两朝贡院。清康熙二十年(1681 年)巡抚宋世鼎又将设在进贤门内的清代贡院迁于东湖故址(即今八一公园内)。南昌贡院共有 49 口贡井,以供考生、考官饮水之用。其中最大的那口叫贡院井,井口比人头还小,据说是为了防止有人名落孙山而跳井自杀。

【东湖书院】 位于南昌市百花洲街办刘将军庙社区,南宋嘉定四年(1211 年)隆兴府通判丰有俊倡建于李寅涵虚阁故址。其地风景极佳。继任知府袁燮又"縻钱二百万,米百余石,以竟其役"。规制益广,合三十有四间。并奏闻朝廷,赐额"东湖书院",又发文征求江南西路 11 个郡图书充实其中,日用经费赖东湖部分收入与公田之租。四方学者众。嘉定中陆持之曾任山长。南宋嘉定十六年(1223 年)计使滕强恕兼府事。移东百余米长。宋代黄翰、李燔、饶鲁曾讲学其中,江万里,程文海在此游学。

【宁王府】 位于南昌市子固路。为明宁献王朱权改封南昌后所营建。朱权系朱元璋第十六子(《明史》说是第十七子),原封大宁。朱棣(成祖)约其起兵,夺取建文帝位后,遂被改封南昌,建宁王府。府第规模宏伟,雕梁画栋,十分华美。因年代久远,风雨侵蚀,都已倒毁,仅头门尚存。头门两壁还嵌有明娄妃所写的"屏翰"二大字,高 2.7 米,宽 2 米,用青石刻成。为历代宁王居住之所。明正德年间(1506—1521 年)宁王朱宸濠起兵谋夺武宗帝位,失败后宁王府废。清代改为藩署。中华人民共和国成立前后,南昌市政府、江西省文艺南昌市民俗博物馆学院（后改为文艺学校）均曾设于此。

【娄妃墓】 位于南昌市沿江路华光庙8号门前。娄妃系明太祖朱元璋十六子（一说十七子）朱权之孙宁王宸濠妻。明正德十四年（1519年）宁王朱宸濠欲反，娄妃曾泣谏不听，后以诗讽之。宁王反叛被巡抚南赣都御史王守仁（即王阳明）平定被擒，于槛车中泣曰："昔纣用妇人言亡天下，我以不用妇人言亡其身，今悔恨何及！"后娄妃亦投江自尽，王守仁收其尸葬之。清乾隆初年，江西布政使彭家屏修其墓时碑题"前明宁王庶子宸濠娄妃墓在此"。清乾隆四十一年（1776年）署布政使吴翥堂重修。后人钦娄妃之贤烈，墓经多次修缮。娄妃手书"屏翰"二字石刻，今仍保存完好。"屏翰"喻国家之重臣。中华人民共和国成立后，墓经多次维修，为南昌有名古迹。

【八一公园】 位于南昌市区的东湖之中，北临民德路，南临中山路，东滨苏圃路，由东湖、百花洲及东湖东岸陆地组成。面积约26.27公顷，其中陆地面积6.4公顷、水面面积19.8公顷。唐元和三年（808年），观察使韦丹为除水患，首倡治湖、浚淤植柳，后遂有"万柳堤"及"黄金堤"。杜牧曾赞其为"十顷平湖柳堤合"，自此以后东湖即为著名风景湖，清代为贡院，民国21年（1932年）辟为湖滨公园，民国35年（1946年）4月3日改称为中正（介石）公园。1950年7月定名为八一公园，公园可分为湖区和陆区两部分。园内有"水木清华馆""苏圃""九曲桥""柳堤"等著名景点和建筑。"豫章十景"中的"东湖月夜"和"苏圃春蔬"就在园中。

【百花洲】 位于南昌市东湖湖心，状元桥和三道桥之间。原有三洲，其中两洲现在八一公园内，一洲为省图书馆、少年宫所在地。原为水泽之乡，被东湖（旧名东太湖）萦回环抱。其北一洲叠石成峰，土阜孤耸，亭峙其巅，故称"冠鳌亭"。东一洲深入湖心，为宋隐士苏云卿灌园处，名为苏翁圃。南宋绍兴年间（1131—1162年），豫章节度使张澄在此建"讲武堂"以习水军。清乾隆十一年（1746年），江西布政使彭家屏书"百花洲"碑。唐代诗人张九龄、杜牧，宋代词家辛弃疾均留有描绘百花洲旖旎风光的辞章。"豫章十景"中的"东湖夜月""苏圃春蔬"二景均在此间。

【叶挺指挥部旧址】 全国重点文物保护单位，坐落在南昌市苏圃路南昌二中校园内，原为心远中学的教学楼。为砖瓦结构工字形二层楼房，面积907.2平方米。民国16年（1927年），国民革命军第11军24师司令部、办公室、会议室、电话总机房及警卫部队驻地。民国16年（1927年）7月30日下午2时，叶挺在此召开第11军第24师营以上及师直机关军官会议，传达中国共产党关于武装起义的决定，部署战斗任务。南昌起义后，叶挺任国民革命军11军军长，此楼即为11军指挥部。解放后经人民政府修缮，基本保持原貌，并于1977年8月正式对外开放。

【朱德军官教育团旧址】 全国重点文物保护单位，坐落在南昌市八一大道58号。清末是训练清军的场所，后改为江西陆军"讲武堂"。占地几公顷，前后三进共四五十间房，另有礼堂及操场。民国16年（1927年）春，朱德在这里创办军官教育团并亲任团长，培养了一批革命武装干部，其中一部分人参加了南昌起义，这里成为南昌革命活动的一个基地和堡垒。抗日战争时期大部分建筑被毁，未毁建筑已按原貌进行恢复。

【贺龙指挥部旧址】 全国重点文物保护单位，全国爱国主义教育基地，坐落在南昌市子固路95号。原为中华圣公会宏道堂，是一座中西合璧的古建筑，民国16年（1927年）7月下旬，贺龙率领国民革命军第21军参加南昌起义，军指挥部设在宏道堂，在此举行过多次策划起义行动的重要会议，民国16年（1927年）8月1日凌晨，贺龙、刘伯承、周逸群在此指挥武装起义。大楼前三层窗口仍留有当年敌方炮弹弹痕。旧址小楼有贺龙等起义领导人当年的卧室，军官会议室的复原陈列，大楼大厅设有《贺龙元帅生平展》。

【花园角二号】 位于南昌市八一公园至朱德军官教育团旧址之间。是"八一"南昌起义时周恩来、朱德的旧居。为砖木结构两层楼房，有前后两进，面积436.92平方米。民国16年（1927年）春，朱德在南昌创办军官教育团，为便于开展革命活动，租下这所住宅。6月间，时任江西省政府主席朱培德以"礼送"共产党人出境为名，迫使朱德离开江西。7月，为准备起义，朱德从武汉返南昌，仍居此。7月下旬，周恩来从武汉秘密到南昌,首先会见朱德。第一天就住在此住宅的厅堂里。旧居的一层北侧是朱德的卧室,南、北前房及正房是警卫员的住房。二层北侧是郭沫若的住房,他曾在此写下“请看今日之蒋介石”。

【蒋介石南昌行营】 位于南昌市中心的东湖百花洲上。民国17年(1928年)10月,国民政府江西省图书馆依东湖而建,但在其落成仅两个月的时间,蒋介石刚刚结束与阎锡山、冯玉祥、李宗仁等军阀的中原大战,便亲临南昌市策划指挥“围剿”工农红军。因此,省图书馆成了“海陆空军总司令南昌行营”,是江南五省所谓的“剿匪”总部,被时人称为第二首都。蒋介石把二层西面作为办公室。前楼地面二层,下为地下室。地下室为水牢,曾关押过百余名红军指战员和苏区干部,方志敏、陈赓等曾被蒋介石押解至此亲自劝降。因此,“南昌行营”的存在可以见证中国共产党反抗国民党反革命“围剿”的历史。

【南昌市民俗博物馆】 位于南昌市子固路95号。创建于1988年,为中国目前唯一的一座省会民俗博物馆。博物馆展览主要有4个部分:南昌婚俗、儿童服饰、吉祥图案、中国岁月风俗画。所收藏及展示以江西剪纸,民间绣品,南昌地区民间习俗最具特色。先后举办江西儿童绣品展、江西傩文化展、南昌婚俗展等一系列专题展览。

【八一广场与八一起义纪念塔】 八一广场地处南昌市八一大道核心地段,占地7.8万平方米,原称人民广场,是南昌的窗口,也是南昌市民活动的中心,每年在此会举办各种各样的政务和商务活动。广场以“八一”历史文化为主题,分两轴三区:两轴为南北向广场主轴线、东西向广场景观副轴线,三区为南部纪念区、中部中央文化区、北部休闲区。八一起义纪念塔耸立在广场南段,为英雄城的城徽;1977年8月1日为纪念八一南昌起义五十周年破土兴建,1979年1月8日落成。塔呈长方体,总高45.5米;塔身正北面是叶剑英元帅题写的“八一南昌起义纪念塔”九个铜胎鎏金大字,下嵌“八一南昌起义简介”花岗石碑;塔身基座有27个台阶,意指1927年。

【江西革命烈士纪念堂】 位于南昌市八一大道北段,建于1953年。纪念堂前的广场中心有一座红军战士塑像。堂前厅有毛泽东手迹“死难烈士万岁!”正厅祭坛上立有纪念碑,由朱德题字:“革命烈士永垂不朽!”陈列柜中,珍藏25万多名革命烈士名册。两边厅陈列第二次国内革命战争时期的10个战斗史迹。二、三楼陈列300多位烈士生平斗争事迹、遗著和遗物等。

【方志敏广场(方志敏爱国事迹陈列馆)】 南昌市爱国主义教育基地,位于南昌市下沙窝滨江边,该地带也是方志敏烈士的就义之地。2007年9月中旬动工,2008年8月6日竣工并向市民开放。广场占地约1万平方米,分为“红色畅想”革命足迹区、“铁骨忠魂”塑像纪念区、“薪火传承”文化景观区等三大功能区。广场中央有方志敏雕像,左右两边矗立四块纪念墙,上面刻写着毛泽东、邓小平、江泽民、胡锦涛对方志敏的怀念之情和赞美之词。广场建设的宗旨是打造爱国主义教育基地、党风廉政教育基地和新的红色旅游基地。

【江西省博物馆】 坐落在南昌市赣江、抚河环抱的新洲上,东临抚河,南接中山桥,西面赣江,北依滕王阁。占地4万平方米,建筑面积3.5万平方米,展厅面积1.3万平方米,1999年10月1日落成并正式对外开放,该馆将历史、自然、革命三个博物馆合在一起,形成大型综合性博物馆,馆舍主体建筑造型取材明代景德镇御窑出土白瓷三管器,历史馆、革命馆、自然馆三馆合一,将古代陶瓷艺术与现代建筑风格巧妙地融于一体。馆内中心广场矗立大型青铜雕塑《时空》,由3根仿商代青铜器上的扉棱提梁、仿国宝级文物商代立鹿四足青铜甗和伏鸟双尾虎以及火炬4个部分组成,寓意灿烂文明,源远流长;物华天宝,人杰地灵;星星之火,可以燎原。

【江西省科技馆】 全国科普教育基地,坐落于赣江之滨,与滕王阁相毗邻,占地面积4.6万平方米,建筑面积1.6万平方米,总投资1.45亿元。2000年4月动工兴建,2002年9月22日开馆。由天工厅、智慧厅、开物厅三个展厅和序厅、航空航天、交通能源、生命奥秘、儿童天地等十四个展区,以及4D影院、穹幕影院和院士厅、儿童科学乐园、青云厅、国际会议厅、世纪广场等配套设施组成。它以展览教育、实验教育、培训教育为基本功能,是中国中部6个省中建设规模最大、展示内容最全、科技含量最高的科技馆。

【八一大桥】 位于南昌市区北部,新桥于1997年9月29日通车。是江西省第一座斜拉桥,为双独塔双索面斜拉桥,总造价4.4亿元。主桥长1040米,主跨4×160米,塔高103米。全桥共有斜拉索144根,主桥桥面宽28米,双向车道,可通行55吨重型车辆,设计日流量2.32万车次。大桥外形雄伟壮观,不锈钢栏杆上嵌有汉白玉十二生肖图案。在两座桥塔上,镶嵌着江泽民题写的桥名。在南北桥头地面,广植奇花嘉木,并仿建成有江西省盛名风著的浔阳楼、郁孤台、牡丹亭、龙珠阁。南岸桥头石雕黑白双猫,敏捷灵动;北岸桥头铜铸双狮,威风凛凛。

【青山湖风景区】 位于南昌城区东北,北依赣江。古时因湖四周山丘环抱,山色青青而得名。湖面南北长近5公里,东西宽1.5公里,水域面积300公顷,陆地面积近65公顷,承担着南昌城区52平方千米雨水污水调蓄。2001年10月,南昌市委、市政府决定把青山湖整治工程列为建设花园城市的标志性工程。工程计划总投资2.8亿元。相继建成了相思林公园、湖滨公园、燕鸣岛公园。整治后的青山湖显现出欧式风格,是公共休闲的大型城市公园。

【相思林公园】 位于南昌市青山湖的西岸,呈"飞"字状,是青山湖风景区的一个组成部分。湖滨地块长约540米,最宽处约80米,最窄处约15米。隔湖滨路还有一处矩形地块,长约50米,宽约38米,两块地合称相思林公园,总面积2.4公顷。相思林公园分为4个主题,从左到右依次分别为"人生有约""心心相印""天地之合""比翼齐飞",表示对情侣们的美好祝愿和深切祝福。灯光雕塑"城市之韵"是相思林公园标志性的灯光小品。 (区史志办公室)

行政区划

【概况】 2018年,东湖区辖扬子洲镇和八一桥、豫章、墩子塘、百花洲、公园、大院、董家窑、彭家桥、滕王阁9个街道办事处以及贤士湖、扬农2个管理处。全区设98个社区居民委员会、8个单位社区、21个村民委员会。

【扬子洲镇】 辖1个社区居民委员会:青扬社区;15个村民委员会:三联村、联民村、为民村、庙后村、前洲村、新村村、滕洲村、熊万村、上房村、莘洲村、长村村、渔业村、南洲村、林场村、臣港村。

【八一桥街办】 辖7个社区居民委员会:大士院南区社区、大士院西区社区、大士院北区社区、叠山路西社区、豫章后街社区、芭茅巷社区、裘家厂社区。

【豫章街办】 辖12个社区居民委员会:四经路社区、洪城社区、滨江社区、下沙窝社区、经纬路社区、东濠街社区、上沙窝社区、下正街社区、江药社区、新星社区、聆江社区、江柴社区;辖1个单位社区:爱国社区。

【墩子塘街办】 辖8个社区居民委员会:党家巷社区、张家厂社区、墩子塘社区、马家池社区、右营街社区、下水巷社区、北湖社区、阳明社区;辖2个单位社区:省儿童医院社区、江中社区。

【百花洲街办】 辖11个社区居民委员会:刘将军庙社区、状元桥社区、火神庙社区、南湖路社区、杨家厂社区、桂旺巷社区、邮政路社区、包家巷社区、小金台社区、渊明北路社区、白马庙社区;辖1个单位社区:市一医院社区。

【公园街办】 辖6个社区居民委员会:上营坊社区、环湖路社区、戴家巷社区、经堂巷社区、民德路社区、永宁社区。辖2个单位社区:省妇保社区、江西宾馆社区。

【大院街办】 辖8个社区居民委员会:省府院内一社区、省府院内二社区、公园社区、体苑社区、二七北路社区、广场北路社区、林苑社区、育新社区。

【董家窑街办】 辖21个社区居民委员会:贤士一路社区、贤士二路社区、贤士花园一社区、贤士花园二社区、南京西路南社区、南京西路北社区、殷家巷社区、南永和路社区、青桥社区、青山南路社区、金家山社区、豆芽巷社区、五纬路社区、朱家湖社区、新华社区、青阳社区、锦苑春天社区、紫金城社区、杏苑社区、龙沙社区、佘山社区;辖1个单位社区:江医社区。

【彭家桥街办】 辖13个社区居民委员会:北京西路社区、文教路社区、福州路北社区、文教路北社区、江中花园社区、李家庄社区、光明社区、七里街社区、青山北路社区、建新社区、湖滨南路社区、新祺周社区、观欣社区;辖1个单位社区:江西师大社区。

【滕王阁街办】 辖9个社区居民委员会:子固路社区、榕门路社区、滕王阁社区、铁街社区、上凤凰坡社区、民巷社区、李家巷社区、章江路社区、射步亭社区。

【贤士湖管理处】 辖6个村民委员会:长巷村、公园村、七里村、贤湖村、永和村、永溪村。

【扬农管理处】 辖2个社区居民委员会:德成社区、绿苑社区。

(邓建平)

城区环境

【概况】 2018年,东湖区空气质量优良天数为321天,优良率达到87.9%,保持在优良水平。东湖区的地表水主要监测东湖、北湖、南湖水质,达到国家Ⅳ类标准;主要地表水水体达到功能要求。通过强化环境监督管理,城区环境质量状况一直保持优良。

【生活饮用水】 2018年,东湖区饮用水源地水质达标率100%。

【环境质量主要指标】 2018年,二氧化硫年日平均值11微克/立方米;二氧化氮年日平均40微克/立方米;PM10年日平均值75微克/立方米;PM2.5年日平均值36微克/立方米。

【声环境】 2018年,东湖区域环境噪声平均值53.3分贝,城区交通干线噪声平均值68.6分贝。

【处置固体废弃物】 2018年,危险固体废弃物处置率达100%。

(谢　宁)

民族·宗教

【概况】 2018年,东湖区继续牢牢把握“共同团结奋斗,共同繁荣发展”的民族工作主题和宗教工作方针政策,不断加强和改进民族宗教事务管理,实现辖区内民族宗教领域和谐稳定。

【少数民族与宗教活动场所】 2018年,全区共有23个少数民族,约702户1658人,其中常住人口625户1472人,暂住(流动)少数民族约77户186余人。流动人口主要从事清真餐饮、民族风味食品和特色商品经营,以回族、维吾尔族居多。截至年底,全区有佛教、道教、基督教三大宗教,经批准登记的宗教活动场所有12个,其中区属管理的场所9个,分别是佛教1个(扬子洲淡斋寺)、道教2个(三郭庙、郭公庙)、基督教6个(青山堂、灵恩、化纤厂、新货村、光明、扬子洲仰恩堂);市属管理的场所3个,分别是佛教1个(佑民寺)、基督教2个(清钟堂、志道堂2个教堂)。全区宗教教职人员92人,信教群众5878人,其中:佛教信徒836人、道教信徒104人、基督教登记堂点受洗信徒4856人、慕道友82人。

(丁　一)

人口发展状况

【概况】 2018年,东湖区计划生育工作坚持把民生工作作为工作重点,将“奖、优、保、救、助、养”六位一体计生奖励扶助政策惠及计生家庭。全面优化计划生育服务与管理,强化基础提升管理水平,狠抓村级计生目标管理责任落实,坚决落实“一票否决”和“责任追究”制。加大“两非”打击力度,查处5例“两非”案件。扎实推进计生基层群众自治示范创建,开展母婴设施建设工作。截至年底,全区总人口567400人,共出生婴儿4888人,出生婴儿性别比108(目标值111),出生率为8.79‰,自增率5.22‰,出生政策符合率98.47%。着力抓好家庭发展体系建设,完善落实计划生育利益导向政策,推进全区医疗卫生与养老服务相结合,重点推进“医养结合”型养老机构建设。积极开展流动人口基本公共卫生计生服务均等化工作,完成流动人口健康档案32154份,占流动人口总数99.68%。抓好流动人口示范创建,滕王阁街道和滕王阁社区卫生服务中心被评为2018年全省流动人口基本公共卫生计生服务均等化示范单位。

(周　伟)

2018 年东湖区人口及其变动情况

表 1

单 位	年末总户数(户)	年末总人口(人)									2018 年度人口变动(人)									
		合计	城镇人口	乡村人口	性别		年龄				出生			死亡			迁入		迁出	
					男	女	0~17 岁	18~34 岁	34~59 岁	60 岁及以上	合计	男	女	合计	男	女	省内迁入	省外迁入	迁往省内	迁往省外
八一桥	10152	29748	29748	—	15099	14649	3435	5958	11767	8588	251	149	102	128	63	65	305	62	987	150
墩子塘	11895	35809	35809	—	17497	18312	5262	6925	14648	8974	255	126	129	112	54	58	361	67	1222	221
百花洲	16353	50572	50572	—	24873	25699	7760	10635	20168	12009	424	238	186	183	81	102	795	116	2253	535
大 院	11870	50554	50554	—	26099	24455	7219	13705	19577	10053	438	229	209	116	65	51	1309	304	3270	1008
董家窑	31072	91579	91579	—	45572	46007	16424	18509	36205	20441	1112	571	541	238	124	114	2228	244	2816	643
公 园	10908	33996	33996	—	16359	17637	5729	6274	13857	8136	306	167	139	92	48	44	479	66	1173	208
豫 章	16784	50736	50736	—	24914	25822	7900	9430	20865	12541	520	296	224	127	70	57	820	139	1895	363
彭家桥	9066	26016	26016	—	13039	12977	4247	5128	10559	6082	296	168	128	66	35	31	552	142	1213	310
扬子洲	10452	34111	4588	29523	16991	17120	8766	9695	10882	4768	614	332	282	102	61	41	318	60	85	32
滕王阁	11094	33114	33114	—	16402	16712	5216	6389	13045	8464	324	151	173	130	71	59	584	55	1227	224
七里街	6246	16951	16951	—	8457	8494	2605	3466	6858	4022	194	100	94	54	29	25	473	50	547	108
东湖区	145892	453186	423663	29523	225302	227884	74563	96114	178431	104078	4734	2527	2207	1348	701	647	8224	1305	16688	3802

(陈国栋)

经济运行概述

【概况】 2018 年,东湖区紧紧围绕“创新引领、绿色崛起、担当实干、兴赣富民”工作方针,聚焦重点难点、狠抓落实落地,全区经济社会发展总体保持健康良好发展态势。全年地区生产总值 513.05 亿元,按可比价计算,同比增长 8.1%。其中,第一产业增加值 0.66 亿元,增长 1.4%;第二产业增加值 41 亿元,增长 5.6%;第三产业增加值 471.38 亿元,增长 8.3%。第一产业增加值占地区生产总值的比重为 0.13%,第二产业增加值比重为 7.99%,第三产业增加值比重为 91.88%。全年人均地区生产总值 10.14 万元。全年地区生产总值中,非公有制经济增加值 222.45 亿元,按可比价计算,增长 8%,占地区生产总值的比重为 43.4%。

【投资规模继续扩大】 2018 年,全年固定资产投资增长 13%,增速在南昌市排位第一,高于全市平均速度 2.1 个百分点,其中房地产开发投资增长 168.2%,商品房住宅投资增长 311.89%,商品房销售面积 192038 平方米,增长 69.37%。计划投资 5000 万元以上项目 41 个,其中新开工项目 20 个。

【消费品市场平稳运行】 2018 年,全年社会消费品零售总额 318.79 亿元,增长 10.6%,其中限额以上零售额 184.02 亿元,增长 9.5%。按行业统计,批发业实现零售额 12.3 亿元,增长 6.4%;零售业实现零售额 252.99 亿元,增长 12%;住宿业实现零售额 3.1 亿元,增长 2.4%;餐饮业实现零售额 50.4 亿元,增长 5.9%。区内亿元市场有 3 个,实现成交额 57.8 亿元,较 2017 年同期增长 7.6%。

【服务业涨势平稳】 2018 年,全区规模以上服务业营业收入实际完成 40.76 亿元,增长 16.1%,其中十二大行业营业收入 22.28 亿元,增长 13.5%。

【财政收支运行良好】 2018 年,全年财政总收入 77 亿元,增长 19.1%,其中地方一般公共预算收入 13.22 亿元,增长 4.7%。税收收入 11.49 亿元,增长 8.93%;非税收入 1.73 亿元。全年地方一般公共预算支出 25.48 亿元,增长 7.75%。其中教育支出 4.12 亿元,增长 15.07%;社会保障和就业支出 7.1 亿元,增长 41.79%;节能环保

0.1 亿元,增长 3.69%;农林水支出 0.2 亿元,增长 6.23%;商务服务业支出 0.1 亿元,增长 17.31%;住房保障 0.23 亿元,增长 7.57%;其他支出 0.56 亿元,增长 349.04%。

【建筑业稳健发展】 2018 年,东湖区资质以上建筑业企业 75 家,其中有工作量企业 73 家。建筑业总产值 128.71 亿元,减少 14.5%,其中建筑工程产值 103.67 亿元,安装工程产值 16.47 亿元。建筑业从业人员平均人数为 2.25 万人,建筑业企业签订合同额 394.5 亿元,房屋建筑施工面积为 148.79 万平方米。

【外向型经济保持稳定】 2018 年,全年实际利用外资 28351 万美元,增长 7.41%,现汇进资 8460 万美元;实际利用内资 59.68 亿元,增长 19.82%;全年区内外贸企业进出口总额 29647 万美元,增长 5.2%。

【居民收入持续增长】 2018 年,全年城镇居民人均可支配收入 42632 元,增长 8.1%。

(刘慧堂)

城乡居民生活水平

【概况】 2018 年,东湖区城乡居民收入快速增长,居民消费支出稳中有升。居民消费领域逐步拓展,生活质量显著提高,消费结构趋于优化,并呈现两个特点:一是工资性收入快速提升;二是生活用品及服务消费显著增多。

【城市居民生活水平】 2018 年,城镇居民人均可支配收入为 42632 元,同比增长 8.1%,城镇居民人均可支配支出为 26344 元,增长 5.9%。

【城镇居民消费情况】 2018 年,东湖区城镇居民人均衣着消费 1671 元,增长 17.6%;城镇居民人均交通通信消费 2034 元,增长 24%;城镇居民人均教育文化娱乐消费 3076 元,增长 25.4%;城镇居民人均医疗保健消费 1670 元,增长 12.6%。城镇居民消费快速增长原因:一是教育文化娱乐等服务性消费观念的改变。在满足基本生活要求的基础上,城镇居民在教育文化娱乐方面的支出越来越多。随着东湖区公共文化服务水平不断提高,文化事业和文化产业蓬勃发展,居民的自我发展意识逐渐增强,城镇居民参加旅游、摄影、健身等娱乐活动的明显增多。另外,各类兴趣班、培训班的兴起使家教费用逐渐成为教育支出新的增长点。社会和家庭对孩子教育的重视程度加深,促使家庭把更多时间和资金投入到孩子的兴趣爱好教育上。同时,南昌市高铁通车线路越来越多,与周边城市交通的便捷吸引越来越多居民出去旅游,成为城镇居民周末及节假日消遣的一个重要方式;二是居民医疗保健观念的改变。在健康理念增强、人口结构呈老年化趋势、二孩政策、医保体系不断完善和医疗制度改革深化等因素的共同作用下,城镇居民的医疗保健消费支出快速增长,居民一改往日"生大病才住院"的陈旧观念,"有病及时就医,无病定期检查"的观念开始深入人心,定期去医疗机构检查的居民不断增加,大型医疗机构的硬件设施及软件服务也不断改善,也增加了居民医疗保健费用的支出;三是居民追求更加方便快捷的出行方式。随着经济发展和生活节奏的加快,城镇居民追求更加方便快捷的出行方式,家庭汽车拥有量日渐增多,购车档次有所提升,居民自驾出行旅游越来越频繁,拉动了居民交通费、燃料费等方面支出的增长。

2018 年东湖区经济、财政收入人均水平

表 2

指　　标	绝对值(亿元)	增长(%)	人均水平(元)
地区生产总值	513.05	8.1	101385
财政总收入	77.00	19.1	15215
地方一般公共预算收入	13.22	4.7	2612

说明:地方一般公共预算收入增速为剔除 2018 年通过结算上解市本级的市级单列企业财政收入因素影响后的同口径增速

(刘慧堂)

中国共产党南昌市东湖区委员会

综　述

2018年，中共东湖区委在市委、市政府的坚强领导下，深入学习贯彻习近平新时代中国特色社会主义思想和中共十九大精神，团结带领全区广大党员和干部群众，积极应对经济下行压力，统筹推进强产业、兴城市、促改革、扩开放、优生态、惠民生、抓党建等各项工作，实力、活力、魅力东湖建设持续推进，全区经济社会发展呈现"蓄势裂变、加速赶超"势头。

经济发展稳中向好。全年GDP、固定资产投资、社会消费品零售总额、规上服务业营业收入、财政总收入、地方一般公共预算收入、实际利用外资、实际利用内资等八项指标，增速完成预定目标。全年共实施60个总投资466.96亿元的重大重点项目，项目投资体量和投资效益均创历史之最，项目开工数量和投资完成体量均为历史同期最高。全区经济运行实现由一路下滑之势到"L"形走势的重大转变，正朝着"U"形势头稳步向前。

城市面貌焕然一新。投入6.6亿元纵深推进"美丽南昌·幸福家园"环境综合整治，切实做到"亮化有亮度、美化有美度、暖心有温度"，基本实现"两年出形象"阶段性目标。启动百花洲历史文化旅游街区提升改造，人文东湖重现豫章古韵风华；滕王阁景区晋升AAAAA级景区，千年古阁重焕现代文明之光。全面推进"马路本色"进社区，形成立面、地面、道路、社区"四位一体"新模式。以最严标准扎实推进生态环境治理，认真抓好中央环保督察问题整改，统筹推进"蓝天、碧水、净土"行动，生态环境不断改善。

改革开放深化拓展。全年制定的七大领域94项改革任务已按上级要求全面实施。加大"放管服"改革力度，14项实现"一次不跑"，71项实现"只跑一次"；全面梳理区级权力清单，取消80项、调整39项区本级行政权力事项。通过持之以恒抓招商，全区产业层次不断提升、集聚效应更加凸显。全年注册亿元以上项目24个，立项投资额110亿元。积极鼓励金融机构加大对民营企业特别是小微企业信贷扶持，解决企业融资难问题，促进实体经济持续健康发展。获评"全省非公有制经济发展先进区"称号。

民生福祉持续增进。全年用于保障和改善民生支出17.6亿元，同比增长10.7%，占地方一般公共预算支出69%。东湖区作为全省唯一县(区)被教育部选定为"首批国家义务教育质量监测结果应用实验区"。在全省率先探索居家养老志愿服务"时间银行"，共建立"时间银行"分行12家、支行102家。深入推进平安东湖建设，大力开展扫黑除恶专项斗争，积极推进综治中心实体化。上半年，全区公众安全感测评指数达96.38%，稳居全市主城区第一。安全生产工作位列全省综合考评第一方阵，和谐稳定的社会大局持续巩固。

党的建设全面加强。以推进"两学一做"学习教育常态化制度化为抓手，深入学习贯彻中共十九大精神和习近平新时代中国特色社会主义思想。基层基础持续巩固。开展年度基层党建述职评议考核、全区基层党建工作巡查。"五纵五横"城市基层党建共同体建设作为"全国城市基层党建创新案例"得到人民网等中央媒体报道。作风建设持续推进。深入贯彻省、市作风建设会议精神，紧盯"怕慢假庸散"等作风突出问题，全区干部作风明显好转。

（李怡璇）

区委重要会议

【中共东湖区委十二届五次全体(扩大)会议】 8月12日,中共东湖区委十二届五次全体(扩大)会议在区文化活动中心演艺中心召开,区委常委会主持会议。会议的主要任务是以习近平新时代中国特色社会主义思想为指导,深入学习贯彻省委十四届六次全会、市委十一届五次全会精神,回顾总结2018年上半年工作,研究部署下半年工作,动员全区上下坚定信心、担当实干,在共绘新时代江西物华天宝、人杰地灵新画卷,做大做强做优大南昌都市圈中全力展现东湖新作为。区领导刘闯就贯彻省委十四届六次全会和市委十一届五次全会精神,围绕在做大做强做优大南昌都市圈中全力展现东湖新作为提出要求;高辉红总结2018年上半年工作,部署下半年工作;贾彧超传达省委十四届六次全体(扩大)会议和市委十一届五次全体(扩大)会议精神。区委委员、区委候补委员出席会议。不是区委委员、区委候补委员的县级领导;区纪委委员、区监委委员、区纪工委书记;各镇、街道、管理处党政主要负责人;区委各部门、区直各单位,区人大、区政协各委(室、办)主要负责人;各垂管单位主要负责人;部分基层党代表、人大代表、政协委员,部分非公企业党组织负责人,部分村(社区)党委(支部)书记列席会议。全区各镇、街道、管理处,区委各部门,区直各单位副科级以上干部旁听会议。

【中共东湖区委十二届六次全体(扩大)会议】 12月30日,中共东湖区委十二届六次全体(扩大)会议在区文化活动中心演艺中心召开。会议主要任务是:以习近平新时代中国特色社会主义思想为指导,深入学习贯彻中央经济工作会议、省委十四届七次全会、第八十四次省委常委会会议和市委十一届六次全会精神,回顾总结2018年以来的工作,研究部署2019年及之后一个时期重点工作,动员全区上下整装再出发、续写新篇章,在共绘新时代江西物华天宝人杰地灵新画卷、做大做强做优大南昌都市圈中展现新的更大作为。区领导刘闯主持会议并代表区委常委会作工作报告,高辉红总结2018年工作,部署2019年工作,贾彧超传达省委十四届七次全体(扩大)会议和市委十一届六次全体(扩大)会议精神。区委委员、区委候补委员出席会议。不是区委委员、区委候补委员的县级领导;区纪委委员、区监委委员、区纪工委书记;各镇、街道、管理处党政主要负责人;区委各部门、区直各单位,区人大、区政协各委(室、办)主要负责人;各垂管单位主要负责人;部分基层党代表、人大代表、政协委员,部分非公企业党组织负责人,部分村(社区)党委(支部)书记列席会议。全区各镇、街道、管理处,区委各部门,区直各单位副科级以上干部旁听会议。

(李怡璇)

区委重要决策

【概况】 2018年,中共东湖区委积极发挥核心引领作用,全面统筹,带领全区上下加快经济社会又好又快发展。先后制定并印发《区委办公室 区政府办公室关于印发东湖区水环境综合治理实施意见的通知》《东湖区全面推行居家养老志愿服务"时间银行"实施意见》《东湖区全面推进殡葬综合革实施意见》《关于加大城镇贫困群众脱贫解困力度的实施意见》《关于构筑东湖区"五纵五横"城市基层党建共同体的实施方案》《东湖区关于"三重一大"事项集体决策的实施办法》《关于东湖区全面加强生态环境保护坚决打好污染防治攻坚战的实施方案》等文件。

【关于水环境综合治理】 3月18日,区委办公室、区政府办公室印发《东湖区水环境综合治理实施意见》。该意见是为贯彻落实《南昌市水环境综合治理指导意见》(洪办字〔2018〕2号)精神,推进全区重点流域水环境综合治理,推动改善流域水环境质量,努力修复水生态,保障水安全制定的。目标是通过水生态文明建设,实施水环境治理,活化河湖水系,改善河湖水质,构建符合东湖区经济社会发展的人与自然和谐的水资源水生态总体布局。

【关于居家养老志愿服务】 为贯彻落实中共十九大报告提出的加快老龄事业发展的要求,在总结前期百花洲街道火神庙社区试点工作经验基础上，就全区全面推行居家养老志愿服务“时间银行”，6月16日，区委办公室、区政府办公室印发《东湖区全面推行居家养老志愿服务“时间银行”实施意见》，以满足老年人日益增长的美好生活需要为目标，以保障高龄、失能和特殊老人为重点，通过政府引导、社区组织和社会参与，大力推行居家养老志愿服务“时间银行”新模式，构建以低龄（健康）老人服务高龄（困难）老人为主、其他社会力量志愿服务为辅的居家养老志愿服务体系，提升居家和社区养老服务能力，促进东湖区老龄和养老服务事业创新发展、提速发展。

【关于殡葬综合改革】 8月23日，区委、区政府为贯彻落实中央、省、市决策部署，加快推进全区殡葬综合改革工作，印发《东湖区全面推进殡葬综合改革实施意见》，围绕着殡葬领域存在的突出问题，明确改革工作原则，提出改革任务，即开展绿色殡葬专项行动、加快推进农村公益性骨灰安放设施建设、持续推进移风易俗文明祭扫工作、加强殡葬综合改革执法，同时还制定保障措施，以满足群众殡葬需求，深化殡葬改革，推进移风易俗，推动殡葬事业健康发展。

【关于城镇贫困群众脱贫解困】 为贯彻落实习近平总书记提出的“全面建成小康社会，一个不能少”的重要要求和中共十九大关于提高保障和改善民生水平的决策部署，践行省、市相关文件精神，结合东湖实际，10月17日，区委区政府印发《关于加大城镇贫困群众脱贫解困力度的实施意见》，提出通过坚持托底保障、坚持精准帮扶、坚持动态管理、坚持部门联动、坚持社会参与，到2020年，稳定实现城镇贫困群众“两不愁三保障”，确保小康路上一个都不掉队。

【关于城市基层党建】 10月19日，区委办公室印发《关于构筑东湖区“五纵五横”城市基层党建共同体的实施方案》，目标是到2020年，基本形成以街道社区党组织为核心，各单位、行业、领域党建工作有机联结、资源共享、机制衔接、功能优化的城市基层党建工作体系，为此要建立四级联动机制，纵向强化全面统筹协调；加快实现两个转变，纵向推动基层减赋增效；优化三支队伍建设，纵向培育基层工作骨干；三个梯度同步推进，纵向探索资源整合运用；突出党建主体地位，纵向强化监管考核力度；加大五圈共创力度，横向推动城市党建全域覆盖；建立五源融合体系，横向引导各类资源开放共享；推行五种服务模式，横向拓展党员联系服务群众；积极推动五治合一，横向加强基层社会治理能力；培育五色荟萃品牌，横向推动特色亮点典型引领，进一步提升东湖城市基层党建工作整体效应和特色品牌。

【关于“三重一大”事项集体决策】 为认真贯彻民主集中制，进一步完善区委集体决策机制，根据省、市相关文件精神，11月3日，区委就实施重大决策、重要人事任免、重大项目安排和大额度资金使用（以下简称“三重一大”）事项集体决策，印发《东湖区关于“三重一大”事项集体决策的实施办法》，明确决策事项范围、主要程序、督查方式，提升重大事项决策的规范性。

【关于污染防治攻坚战】 12月28日，根据省、市相关文件精神，制定并印发《关于东湖区全面加强生态环境保护坚决打好污染防治攻坚战的实施方案》，以解决人民群众反映突出的环境问题为重点，以防控环境风险为底线，以压实各级党委、政府及有关部门责任为抓手，全面加强生态环境保护，坚决打好污染防治攻坚战，加快补齐生态环境短板，增强人民群众的生态环境获得感幸福感安全感。提出2018—2020年，全区生态环境质量进一步改善，主要污染物排放总量大幅减少，环境风险得到有效管控，城乡环境面貌明显改善，生态环境保护水平同全面建成小康社会目标相适应。

（李怡璇）

区委中心组理论学习

【概况】 2018年，中共东湖区委中心组深入学习贯彻习近平新时代中国特色社会主义思想及省、市、区委重要会议精神，围绕全区中心工作，采取区委常委会专题学习、区委中心组集体研讨学习、聘请专家学者讲课、个人自学等多种方式，共开展区委中心组学习25次；根据区委中心组成员“定制”需求创新开展学习资料配送活动，全年共制作学习视频6期，配送学习书籍600余册。

【传承红色基因牢记初心使命专题报告会】 2月

22日上午,东湖区在区文化活动中心召开区委中心组理论学习(扩大)会,以开展集中学习的方式,拉开新一年工作的序幕。区领导刘闯主持会议并作重要讲话,在家的区“四套班子”成员,法院检察院“两长”出席会议。会议邀请江西师范大学马克思主义学院院长周利生作题为《传承红色基因　牢记初心使命》的专题报告,周利生详细解读什么是“红色基因”,并就新时代如何传承进行答疑解惑,对东湖区党员干部传承红色基因,牢记初心使命具有重要的指导和推动作用。刘闯对全体干部提出三点希望,一是传承红色基因、牢记初心使命,首要的是将忠诚之“魂”融入血脉。全区党员要时刻不忘入党初心,常补精神之“钙”,时刻拧紧世界观、人生观、价值观这个“总开关”。始终牢记自己的第一身份是共产党员,第一职责是为党工作,在立身行事、为政用权中始终牢记入党的初心,始终坚定正确的政治方向,不断提高政治站位。二是传承红色基因、牢记初心使命,关键的是将发展之“责”扛在肩上。年初,佑民寺南广场新春活动和民生福祉、旧城复兴等工作相继在《人民日报》、中央电视台《新闻联播》《朝闻天下》中央人民广播电台《新闻和报纸摘要》刊发,得到中央主流媒体集中关注报道和市民的一片点赞,营造了东湖区蓬勃发展的良好氛围。只要广大党员干部带着高度负责的精神,东湖一定能够战胜经济社会发展道路上的各种艰难险阻,谱写新时代东湖发展的崭新篇章。三是传承红色基因、牢记初心使命,根本的是将作风之“形”注入筋骨。各级领导要带头,身先士卒领着干;各级部门要主动,密切协作合力干;全体干部要尽责,撸起袖子加油干。不负人民重托、无愧时代使命,在发展东湖经济、造福东湖百姓的过程中书写人生华章、实现人生价值。

【党章专题辅导报告会】 3月15日下午,东湖区在区文化活动中心演艺大厅召开区委中心组理论(学习)扩大会。区领导贾彧超以及在家的区四套班子成员,法院检察院“两长”出席会议,胡洪水主持会议。会议邀请南昌市委党校副教授、干部培训处处长袁宜嫔作《学习新党章迈进新时代》为题的专题辅导报告。袁宜嫔从不忘初心、增强党章意识,牢记使命、认真学习党章两个方面,对中国党章发展史、新党章新内容进行详细解读,为领导干部作了一场深入浅出、见解独创、精彩纷呈的专题辅导。就加强全区新党章宣传教育,胡洪水强调:一是要学懂悟透党章。要把学习党章作为一名合格党员的基本功、必修课,作为指导党内生活、党的建设根本依据,要切实把原理悟透、把内涵弄清,把握思想精髓,领会核心要义,确保学懂学透、入脑入心。二要自觉遵守党章。全区各级党组织和广大党员要牢固树立党章意识,真正要把党章作为加强党性修养的根本遵循。三要积极践行党章。全区各级、各部门要用习近平新时代中国特色社会主义思想、中共十九大精神武装头脑、凝心聚力、统揽全局,更加牢固树立党章意识,对党章内化于心、外化于行,推动2018年工作开好头、起好步。

【宪法专题辅导】 5月4日下午,东湖区专门召开区委中心组理论学习(扩大)会,邀请江西省委党校副校长、省行政学院副院长、法学教授罗志坚作宪法专题辅导。区领导刘闯主持会议,在家的区四套班子成员,法院检察院“两长”出席会议。罗志坚从“宪法是什么、为什么要修宪、怎么对待宪法”三个维度,与与会党员干部一同回顾宪法发展历程,并就如何学习、实施、维护宪法作了深刻、详尽的剖析和讲解,用一场深刻生动、发人深省的专题学习辅导给全区领导干部带来新的启迪和思考。刘闯在讲话中指出,宪法是国家的根本大法,具有最高法律地位、法律权威、法律效力,与时俱进完善宪法,加强宪法宣传教育,推进宪法有效实施,对促进党和国家事业持续健康发展具有重大的现实意义和深远的历史意义。就加强全区宪法学习宣传教育,刘闯强调,一要提高思想站位,充分认识宪法教育的重要性。二要紧盯关键用功,更加突出宪法教育的针对性。三要完善保障体系,切实增强宪法教育的实效性。

【区委常委会专题学习会】 6月30日上午,区委常委会召开专题学习会,深入学习《习近平新时代中国特色主义思想三十讲》。区领导刘闯主持会议并作重要讲话。刘闯指出,召开区委常委会专题学习《习近平新时代中国特色社会主义思想三十讲》(以下简称“三十讲”),就是要通过学习,深刻领会习近平新时代中国特色社会主义思想的历史地位和丰富内涵,进一步增强维护习近平总书记在党中央和全党的核心地位、维护党中央集中统一领导、学习贯彻习近平新时代中国特色社会主义思想和中共十九大精神的思想自觉、行动自觉。刘闯指出，三十讲分三十个专题，以“八个明确”和“十四个坚持”为核心内容和主要依据，全面、系统、深入地阐释了习近平新时代中国特色社会主义思想的重大意义、科学体系、丰富内涵、精神实质、实践要求，展现了习近平新时代中国特色社会主义思想的丰富理论画卷。刘闯强调，一要突出学习深度，把精髓领悟透。广大党员干部要逐字逐句通读，原原本本研读，准确领会把握习近平新时代中国特色社会主义思想精髓、核心要义，树牢“四个意识”，坚定“四个自信”，自觉将习近平新时代中国特色社会主义思想贯彻到经济社会发展全过程、体现到党的建设各方面。二要拓展宣传广度，把氛围营造热。各级领导干部，尤其是各位常委，要以身作则、率先垂范，带动全区党员干部广泛开展学习；各基层党组织要通过“三会一课”、主题党日等方式，开展好《三十讲》的学习宣传。宣传部门要利用各级宣讲队伍和各类宣传载体，组织开展面向党员群众的宣传宣讲，营造学习宣传的浓厚氛围。三要加大贯彻力度，把工作开展好。学习三十讲不仅要在“学”上深化拓展，更要在“做”上用心使力，做到知行合一、运用自如。全区上下要以习近平新时代中国特色社会主义思想为指引，牢记职责使命，立足本职岗位，真正把笃行实干体现在工作成效上。区领导高辉红、贾彧超、喻国泰、王玮、焦玉庄、胡洪水、唐铭市、刘光荣、夏小兰、陈俊、胡志强、雷强分别就各自学习体会作专题发言。

【纪律讲堂活动】 7月13日上午，东湖区委纪律讲堂活动在区文化活动中心演艺大厅举行。江西省纪委党风政风监督室副主任衷文俊应邀作有关中央八项规定精神政策解读授课，区领导高辉红主持会议，在家的副县级以上领导出席活动。衷文俊从中央八项规定的内涵与发展、中央八项规定精神有关问题、定性量纪三个方面阐释中央八项规定精神的实质、问题和处理方式，并结合全省作风建设大会指出的“怕、慢、假、庸、散”问题，讲述中央八项规定精神的主要内容。授课中，他还就细分列举违规收送“红包”、违规操办婚丧喜庆事宜、违规发放津补贴等方面有关政策规定和具体问题的认定，以生动案例对当前干部作风方面可能存在问题的表现形式进行深入解析，并对违反中央八项规定精神问题的处理提出指导性意见，具有很强的针对性和指导性。高辉红在讲课结束后强调，全区各级要深刻认识把握“全面从严治党永远在路上，作风建设没有休止符，越往后执纪越严”的实质；各级党组织要强化落实中央八项规定精神和作风建设的主体责任意识，切实把责任扛在肩上、放在心上、抓在手上；广大党员干部要强化党章党规党纪意识，坚决不碰“四风”问题和“怕慢假庸散”等作风问题的红线；各级纪检监察机关要进一步加大监督检查力度，多措并举、强化问责，保持对作风问题“零容忍”的高压态势。区属各单位党政主要领导、分管领导，各社区(村)党委(党支部)书记，区纪委区监委全体工作人员共计260余人参加活动。

【弘扬传统文化专题学习会】 8月28日下午，东湖区委中心组理论学习(扩大)会在区文化活动中心演艺大厅举行，开展弘扬传统文化专题学习。区领导刘闯、贾彧超、喻国泰、王玮等在家的区四套班子成员参加。会议第一阶段，与会人员观看《为了政治生态的山清水秀》警示教育片。会议第二阶段，江西经济管理干部学院副院长、江西国学文化研究会副会长衷敬华作题为《弘扬传统文化　坚定文化自信》的专题报告。衷敬华以中华传统文化、国学文化、文化自信等多个方面为重点，结合江西文化实际，对中华传统文化的内容意义、坚定文化自信的意义及如何坚定文化自信进行深刻、详尽的剖析和讲解，用一场深刻生动、发人深省的专题学习辅导给全区领导干部上了一堂精彩的传统文化课，为大家带来新的启迪和思考。

【省委、市委全委会精神学习报告会】 9月30日上午，东湖区在区文化活动中心演艺大厅举行江西省委十四届六次全会和南昌市委十一届五次全会精神学习报告会，在家的区四套班子成员、区法院院长出席。报告会邀请南昌市委宣讲团成员、市工信委副主任伍秋平主讲。伍秋平以《努力推动大南昌都市圈，加快成长成型，做大做强做优——深刻领会和把握省委十四届六次全会和市委十一届五次全会精神》为题，从省市全会召开的背景和意义、省市全会的主要精神、贯彻落实全会精神的建议三大方面为全区干部作了深入浅出的讲解,对全区广大党员干部充分认识省市委全会的重大意义,学习好、宣传好、贯彻好省市全会精神,进一步推动全区各项工作,全力以赴做大做强做优大南昌都市圈起到了重要指导和推动作用。

【习近平全面深化改革重要思想学习会】 12月26日下午,东湖区召开区委中心组理论学习(扩大)会,专题学习习近平全面深化改革重要思想的几点体会。区领导刘闯等在家的区四套班子成员,区法院院长出席,贾彧超主持会议。会议邀请南昌市委政研室主任、市委改革办副主任熊中高主讲。熊中高以《学习习近平全面深化改革重要思想的几点体会》为题,从什么是"改革"、什么是"全面深化改革",习近平全面深化改革重要思想的深刻内涵以及如何结合本地实际推进全面深化改革三大方面为全区干部作了鞭辟入里、深入浅出的讲解,对全区广大党员干部进一步充分认识并学习好、宣传好、贯彻好习近平全面深化改革重要思想,推动思想大解放,坚持高举改革大旗,以改革引领全区各项工作向前迈进,助力做大做强做优大南昌都市圈起到了重要指导和推动作用。

(裘　洁)

纪律检查与行政监察工作

【概况】 2018年,中共东湖区纪委、东湖区监委在市纪委、市监委和区委的坚强领导下,全区纪检监察机关以习近平新时代中国特色社会主义思想为指引,深入贯彻中共十九大精神,按照中央、省、市纪委部署,坚定落实全面从严治党要求,切实履行纪检监察双重职能,党风廉政建设,反腐败斗争和廉洁文明家风建设取得新进展新成效。

【中共东湖区纪委十二届三次全体会议】 2月11日上午,中共南昌市东湖区第十二届纪律检查委员会第三次全体会议在区文化活动中心新闻发布厅召开。区委书记刘闯出席会议并作重要讲话,区委、区政府、区人大、区政协四套班子成员,区法检"两长"出席会议。区纪委书记刘光荣主持会议并代表区纪委常委会作《深入贯彻十九大精神　奋力谱写新时代篇章　坚定不移推动"廉洁东湖"建设纵深发展》工作报告。市纪委有关人员到会指导。区委书记刘闯指出,要提高站位,准确把握全面从严治党新形势。在充分肯定全面从严治党崭新成效的同时,清醒认识基层党风廉政、违反八项规定、慵懒散虚、落实监督责任等管党治党方面存在的问题。会上书面传达十九届中央纪委二次全会、省纪委十四届三次全会、市纪委十一届三次全会精神。扬农管理处、区农水局、八一桥街道相关负责人就落实全面从严治党要求作了交流发言。

【强化全面从严治党学习】 2018年,区纪委、监委围绕中共十九大精神,把全面从严治党纳入党校培训必修课,联合有关单位开展全区科级干部专修班6次,培训1125人次,利用微信公众号推送学习中共十九大报告原文"每日一课"93次。采取检查会议记录、调阅学习计划、查看学习笔记等方式,督促学到深处、悟到真处、用到实处。

【拓展教育平台】 2018年,区纪委、监委丰富"纪律讲堂"。全区各级党组织设立"纪律讲堂"170余个,开讲800余次。各级书记带头讲、班子成员专题讲、普通党员交流讲,持续加强理想信念、党纪党规、廉政警示等教育,实现纪律教育制度化、常态化、经常化。区纪委在微信公众号开设"以案说纪"专栏,每周遴选一批接地气的典型案例,分"典型案例、剖析点评、纪法链接"三个部分,推送至全区党员干部,该做法得到市纪委主要领导批示肯定。

【打造纪检宣传阵地】 2018年,东湖区所辖街道(镇、管理处)建设了一批"党纪书屋"。设立"党纪书屋"100余个,区纪委提供参考书目,采取"主动送、自行购"等方式,为党员干部加强政治、党纪学习提供资料。同时开辟了一批文化阵地。在街道社区党建场所植入全面从严治党和廉文化元素,公园街道家风馆、光明社区廉文化园、锦苑社区清风亭、长巷村廉政广场、前洲村家风故事长廊等一批特色廉文化阵地吸引大批党员干部参观。

【紧盯"四风"问题】 2018年,东湖区纪检监察机关在继续巩固落实中央八项规定精神成果,坚决防止"四风"回潮复燃,紧盯时间节点和具体问题,查处并通报问题11个,处理39人,其中纪律处分15人。开展集中整治形式主义、官僚主义专项活动，重点查纠表态多调门高、行动少落实差等突出问题。受理问题线索27条，处置问题44条，处理57人，其中第一种形态54人，第二种形态3人，通报17次49人。

【开展监督执纪】 2018年，区纪委监委坚持“惩前毖后、治病救人”方针，全区运用监督执纪“四种形态”190人次，增长17.28%，四种形态占比依次为69.5%、22.1%、5.8%、2.6%，符合“倒金字塔”结构。加大谈心谈话、提醒函询、诫勉谈话力度，及时处理小问题、小错误，体现出区委、区纪委关心厚爱干部的初心。函询谈话131次，立案69件，问责50次，通报79次，同比分别增长10.1%，64.3%，127.3%，163.3%，始终保持惩治腐败高压态势。

【开展扫黑除恶专项督查】 2018年，根据扫黑除恶专项斗争工作部署，区纪委、监委建立每月一调度、每季一部署工作机制，将扫黑除恶监督执纪问责摆上高速运行轨道。设置宣传横幅255条、临街LED显示屏414块，张贴发放举报卡片发放15297张，做到主要街道见横幅标语、楼栋单元有举报卡片、四位一体举报平台（电话、信箱、微信、网站）高效快捷方便。共收到群众举报问题线索11条，筛查掌握问题线索2条。成立6个专项督查组，开展监督检查工作40余次。

【制定审查调查制度】 2018年，区纪委、监委制定完善《东湖区纪委监委机关审查措施使用规范（试行）》《东湖区纪检监察机关谈话安全工作暂行规定》等制度规定，严控执纪调查流程，确保安全文明规范。建立健全审理工作流程规范、乡案县审、提前介入、分类办理四项机制，坚持“送达、宣布、公示、执行、监督”五步工作法，切实维护党纪政务处分的严肃性和权威性。顺利通过省市纪委开展的办案安全、案卷质量、处分执行检查。

【整治作风建设】 2018年，区纪委、监委深入落实省、市作风建设会议精神，开展治理“怕慢假庸散”问题“六个一”活动，领导干部自查370人，发放负面清单1500余份，签订公开承诺书1300余份，签订责任状书307份，集中督查18次，查处“怕、慢、假、庸、散”问题57个，处理81人。持续开展侵害群众利益问题和“微腐败”整治，查处问题21个，处理62人，纪律处分11人。

【关注家风建设】 2018年，区纪委、监委设计了16项具体活动，在全区沿街商户LED屏滚动播放宣传标语256块，制作宣传条幅72条，组织1000余党员干部参加所在支部的“廉洁文明家风”专题组织生活会，3000余名党员干部签订带头移风易俗承诺书，党员干部诵读《红色家书》120余场次，46名领导干部配偶到市党章馆接受警示教育活动。

【开展政治巡察】 2018年，区纪委、监委以“两个维护”为根本政治任务，聚焦“六个围绕、一个加强”，对12个单位开展2轮政治巡察。发现倾向性问题149条，问题线索25条，立案9起，党纪轻处分5人。

【区监委挂牌成立】 1月6日区监委挂牌成立，区委、区政府全面提供人财物保障，为纪委、监委合署办公、深度融合打牢基础。区纪委、监委在健全领导体制、深化政治监督、强化日常监督、加大调查力度、运用监察权限、监察职能延伸等方面持续开展探索实践，不断增强党对反腐败工作的统一领导，实现对4789名公职人员的监督全覆盖。应试尽试10种调查措施，办理了全市首起留置案和首起失职渎职犯罪案件。

【巡察机构改革】 2018年，按照市委部署，稳步推进巡察机构改革工作，明确“三定”方案，成立区委巡察工作领导小组办公室，组建巡察组3个，巡察组长和巡察干部基本配备到位。按照以旧带新、以新促旧的工作思路，全年，顺利完成两轮区委巡察工作，逐步实现巡察工作专业化、规范化。

【延伸纪检监察职能】 2018年，东湖区落实省、市关于乡镇（街道）纪检监察工作规范化建设会议精神，推动全区镇、街道纪委（纪工委）有队伍、有制度、有场所、有设备、有经费、有作为。新增配备乡镇街道专职、兼职纪检监察干部、社区（村）纪检委员145人，新增专项工作经费、纪检津贴1175040元每年。各街道（镇、管理处）克服办公场所局促的困难，建设了一般性谈话场所。区纪委采取“1+5”工作法，推动街道纪工委担当履责，一改多年不办案的惯性，实现函询谈话、执纪审查全覆盖，得到市纪委主要领导批示鼓励。

【举行新修订的《纪律处分条例》学习会】 11月，区纪委、监委举行新修订《中国共产党纪律处分条例》（以下简称“条例”）辅导，全区纪检监察干部参加。学习从条例的历史沿革、新条例的“八个亮点”“六处新意”切入，分析当前全区党风廉政建设和反腐败斗争形势，指出“四风”问题树倒根在，“怕慢假庸散”问题易发多发，违反组织纪律问题时有发生。

【区纪检监察干部监督工作暂行办法】 2018年，区纪委、监委围绕学习习近平新时代中国特色社会主义思想、中共十九大精神和监察法、监督执纪规则等理论业务知识，出台《东湖区纪检监察干部监督工作暂行办法》，配合开展“四访”活动，建立覆盖全区237名纪检监察干部（含村社区纪检委员）的廉政档案，处置2起涉及纪检监察干部的问题线索。全区纪检监察机关深入开展有关纪检监察干部严重违纪违法典型案例警示教育活动，以案为鉴、以案明纪、以案正身。

【强化自身建设】 2018年，区纪委坚持开展每日晨会半小时学习。新修订的纪律处分条例颁布后，全区纪检监察机关率先学习，各级纪委书记带头授课，全体纪检监察干部均接受了知识测试，区纪委代表全市接受了省纪委干部监督室组织的检查和测试。深入践行省纪委书记孙新阳提出的“负责任、抓紧办、说真话”要求，大力倡导层层把关、人人负责的工作风气。在扫黑除恶斗争执纪问责、基层纪委“六有”建设中，区纪委监委班子成员、纪工委书记采取“五不”方式沉到一线协调指导，收到良好效果。

（鲁　烨）

区委办公室工作

【概况】 2018年，区委办公室在区委的正确领导和市委办公厅的指导下，紧紧围绕全区中心工作，努力做好参谋助手、督促检查、综合协调、后勤保障，积极发挥“坚强前哨，巩固后院”职能，以提升“三服务”水平为目标，完成年度各项任务，荣获东湖区区级文明单位、市级文明单位、省级文明单位、区社会治安综合治理目标管理先进单位、区综合目标考核优胜奖等荣誉。

【信息工作】 2018年，区委办公室积极构筑“大信息”工作格局，发挥“以文辅政”作用，为服务区委领导决策和推动东湖经济发展、加速老城复兴贡献智慧和力量。获得全市县区党委系统信息工作先进单位。其中，全年编辑出刊《今日东湖信息》刊物125期，《东湖信息（全市动态）》12期，向市委办公厅信息处报送信息稿件共计2414条，向省委办公厅信息处报送信息稿件250条。其中，《江西南昌市东湖区牢记习近平总书记嘱托抓好城市基层党建带动各项工作强起来》专报同时被中办和省委办公厅《江西省今日重要信息》刊物采用。

【督促检查】 2018年，区委办公室紧跟区委领导思路，突出重点，坚持“真督真查、敢督敢查、长督长查”的工作思路，充分发挥督查抓落实促发展的“利器”作用，进一步提升督查工作水平。全年，牵头，组成专项督查小组对重大重点项目、环境整治、违章搭建、拆迁工地安全等群众关心的社会热点、难点问题进行全面督查，有力推动上级和区委、区政府重大决策及重要工作部署的贯彻落实，确保政令畅通。

【调查研究】 2018年，区委办公室紧紧围绕区委中心工作，主动做好调查研究工作，深入各镇、街道（管理处）开展调研，重点关注获得全国、全省荣誉的街道（管理处），适时调研公检法、城建、综管办、民政、科教、文化、卫生等信息亮点多的单位，做到定向和定点相结合，为服务区委领导决策和推动东湖经济发展、加速老城复兴提供内部参考资料。强化调研工作载体内容建设。实时出版内参刊物《东湖信息》《东湖决策参阅》，其中，出刊《东湖区真抓实干力促“两年出形象”》《老旧居民楼加装电梯成刚需但推行存三难》等一系列反应东湖具体问题的调研文章，为区委领导提供了一手具体推进解决问题过程中存在的困难和难点资料，发挥了参谋助手作用。

【文稿起草】 2018年，区委办公室以“规范、严谨、务实、高效”为准则，以“精细作业、精致打磨、精准服务”为追求，认真做好文稿起草工作，为领导决策、工作部署、任务落实发挥参谋助手作用。一是勤学夯基础。始终保持勤学深思习惯，更加注重理论学习高度、专业学习深度、知识学习广度，不断强化文稿起草的能力基础。二是提质优服务。聚焦全区关注、领导重视的大事要事，在决策部署、经验总结、宣传推介等方面持续发力，不断优化文稿工作的服务质量。三是互动丰富资源。加强与上级对口部门沟通交流，及时掌握上面信息动态；密切与各科室交叉互动，及时分享内部信息资源，不断促进文稿工作的联动共享。全年，共完成大小文稿220余篇。

【民声通道】 2018年，区委民生通道共办理各级群众诉求件209件，其中市级核办10件，省、市级分流转办48件，人民网区委书记留言11件，区本级140件，办结回复率100%。为化解社会矛盾、密切党群关系发挥了积极作用。

【党建工作】 2018年，为提高全体党员干部的素质，强化“四个意识”，坚定“四个自信”，做到“两个维护”，以“两学一做”为衡量标尺，区委办公室通过每日晨读学习会、支部“三会一课”“党员活动日”、工作例会等形式学习、对照，进行深刻反思和自查自纠，将学习成果运用到实际工作中，使得单位在凝心聚力、改进作风、提高效率上进一步增强。

（李怡璇）

组织工作

【概况】 2018年以来，东湖区组织工作以中共十九大会议精神和习近平新时代中国特色社会主义思想为统领，紧跟工作步伐、紧扣工作任务，立足全局、结合实际、创新举措、统筹实施，强势推进干部队伍选配、基层党建优化、人才队伍建设等工作，各项工作取得良好成效。

【中共十九大会议精神轮训班】 2018年，区委组织部分5期举办中共十九大精神学习轮训班，培训全区副科级以上党员干部538人、各领域基层党组织书记248人，编印并发放系列学习手册5000余册。

【干部选拔任免工作】 2018年，区委常委会任免干部3批次，调整干部113人次，其中提拔重用干部19人次，提拔2名90后年轻干部担任政府组成部门副职。平职交流及其他94人次。加大年轻干部培养力度，注重在经济一线、拆迁一线、项目一线、维稳一线发现和选拔优秀年轻干部干部，把政治坚定、实绩突出、作风过硬、群众认可的年轻干部选拔进入领导班子。干部队伍年轻化步伐不断加快。开展从优秀镇（街道、管理处）事业编制干部、村（社区）干部和大学生村官中选拔乡镇机关领导干部工作，统筹选拔5人担任区镇（街道、管理处）科级领导干部，为全区干部队伍增添新鲜血液，有力营造了优秀人才脱颖而出的良好氛围。

【开展干部谈心调研工作】 2018年7—8月，区委组织开展科级领导干部谈心调研，谈心调研组与区委部门各部门、区直各单位，各街道（镇、管理处）领导干部分别进行谈心谈话，深入各单位进行测评，深入了解每一位干部工作动态，给全区领导班子和领导干部精准画像，为干部培养选拔打好基础。

【建立东湖区干部人才信息库】 2018年，区委组织部依托江西省干部人才管理信息系统和全国公务员管理信息系统两大平台建设，对全区各单位35岁以下干部情况进行摸底，围绕全区经济社会发展需要，构建经济建设型、服务民生型、组织管理型及专业技能型干部人才库。截至年底，东湖区干部人才库有360名年轻干部，38名具备专业技术职称的干部和24名具备专业背景的干部纳入后备干部。

【开展《红色家书》学习诵读活动】 2018年，东湖区积极响应省委书记、省长刘奇关于全省党员干部要“认真读一读《红色家书》”的号召，采用访谈式、互动式、体验式教学相结合模式，多形式、多层次、全覆盖的在全区干部教育培训中认真组织开展《红色家书——革命烈士书信选编》学习。积极参与《“全民诵读红色家书”新媒体掌上读本》线上诵读中，全区诵读助力人次近15万人次。

【选派干部参加挂职锻炼】 2018年，东湖区选派4名干部到省、市机关挂职锻炼，选派1名干部到市金融机构挂职锻炼，选派1名干部到市政法系统挂职锻炼，选派4科级领导干部到全市“四个一线”帮扶锻炼。

【公务员年度考核】 2018年,东湖区坚持重点和日常相结合、考核干部和考核班子相结合,开展2017年度公务员考核和科级领导干部2018年年中考核。区委组织部联合区人社局印发《东湖区公务员年度考核办法(试行)》,对全区852名公务员进行年度考核,确定113名优秀并全区通报。

【城市基层党建共同体】 2018年,东湖区出台《东湖区关于构筑"五纵五横"城市基层党建共同体的实施方案》,覆盖全区基层党组织,立足纵横结构体系,纵向发挥区、街道、社区、网格四级党组织核心引领作用,横向围绕全域覆盖、开放共享、服务群众、基层治理、典型引领五个方面突破创新。该项工作作为全省9个案例、全市5个案例之一入选全国城市基层党建创新案例评选活动第二轮,被人民网、中国共产党新闻网收录予以推介;市委组织部通过南昌党建等媒体进行广泛报道。

【街道"大工委"、社区"大党委"试点】 2018年,东湖区在全市率先开展了街道"大工委"和社区"大党委"试点街道全部建立"大工委",23个社区成立"大党委",省委办公厅机关党委专职副书记荣蓉等34名来自省、市、区直单位,"两新"组织的党员干部担任兼职副书记或委员。该试点做法在全市范围内推广。

【城市基层党建工作】 2018年,东湖区试点开展的社区党组织领导下的居委会、民情理事会、业委会、物业公司"五位一体"议事协调机制与大院街道的公共法律服务工作站、贤士湖管理处"红色物业",被"洪城红"城市基层党建攻坚行动选为机制体制攻坚或示范点位攻坚项目,并全部在第一届全省党务技能大赛中荣获奖项。

【民主评议党员和不合格党员处置工作】 2018年3月,东湖区组织开展专题组织生活会和开展民主评议党员。全区共计632个党支部完成,14496名党员参加民主评议,其中优秀党员2905名,合格党员11458名,基本合格党员124名,不合格党员9名,没有组织处置党员,没有出党党员。

【基层党组织换届】 2018年,东湖区对全区各基层党组织的换届工作情况进行梳理,建立工作台账。对于即将要进行换届的党组织,上级党委要提前6个月进行提醒,并按照"两请示两批复一报告"的流程规范开展党组织换届工作。

【党员电教片获奖】 2018年,东湖区拍摄的《时间银行》党员电教片荣获第三届中国梦·青年影像盛典宣教类一等奖,党建工作纪录片《杏坛筑梦》获市级专题片类二等奖,《我宣誓》等九部电教片获市级微视频类创作奖。

【人才活动周】 5月28日至6月1日,东湖区组织开展高校人才就业服务活动,举行科技活动周科普宣传咨询活动,举办"书香浸润校园　文化滋养生命"2018主题读书年系列活动,开展非遗传承活动,邀请非物质文化遗产项目南昌清音专家范金莲及南昌师范学院音乐舞蹈学院教师传授南昌清音的唱腔曲调和表演技巧,营造了良好的人才活动氛围。

【人才综合信息库建设】 2018年区人才办积极开展人才摸底,完善全省人才综合信息库信息采集。全年,共采集省内重点人才51名,赣籍在外人才135名。同时,联动开展区内的人才开展人才认定工作,拟认定D类人才2名,均为高技能人才赣绣工艺传承人。

(李洪涛)

宣传工作

【概况】 2018年,东湖区宣传思想文化工作在市委宣传部的精心指导和区委的坚强领导下,始终坚持围绕中心、服务大局,以学习贯彻习近平新时代中国特色社会主义思想为抓手,严格落实意识形态工作责任制,对内凝聚力量、对外提升形象,向全社会发出了东湖声音、传播了东湖文化、展示了东湖形象、凝聚了东湖力量。在市委对县区(新区、开发区)2018年度党建综合考评中,该区拿到全市宣传工作"洪城号角奖",谱写了东湖宣传思想文化工作的新篇章。

【理论武装工作】 2018年,东湖区围绕学习贯彻习近平新时代中国特色社会主义思想和中共十九大精神,在全区范围内举行10场大型宣讲和10余场社区微宣讲活动。系统梳理中共十九大报告与新修订党章的重要知识点，编印并发放系列学习手册5000余册。探索“互联网+”理论学习宣传新模式，在“南昌东湖区发布”微信公众号开办中共十九大学习班、发布学习信息49期。在全区宣传思想文化战线开展“大学习、大调研、大落实”活动，围绕“历史文化建筑（街区）实现旧城复兴”课题展开专题调研并形成调研报告。11月，江西省作为“学习强国”全国推广运用首批试点省份之一，率先在2市2县（区）开展推广运用工作，东湖区与寻乌县一起作为全省一县一区代表，被中宣部确定为江西省首批试点单位。

【精心采写特色选题】 2018年，东湖区宣传部门按照“攻大报、上大稿、出精品”的思路，主动加强与中央媒体的对接，针对性的持续报送重大新闻热点选题线索及文稿，一批反映出东湖亮点工作的稿件在中央级媒体刊发。全年在市级以上媒体上稿已登记2070余篇，其中在市级以上主流媒体上稿已登记935篇，中央“四报两台”发稿35篇（条），《江西日报》150篇，省“两台”82篇，《南昌日报》436篇，南昌电视台《每日新闻》234篇，南昌电视台《东湖新闻》897篇，在市委宣传部新闻上稿考核指标中排名第四。抓好东湖区“时间银行”的新闻宣传，先后多次组织中央、省、市媒体进行集中采访，《人民日报》以《今天我帮老 我老有人帮——南昌东湖区推行“时间银行”志愿服务》为题做了专门报道；着力策划“基于文化复兴的旧城改造模式”新闻选题，在经济日报发表通讯员文章《南昌东湖区：探索文化引领老城改造新路》，充分展示东湖区利用文化资源优势和品牌打造百花洲历史文化街区的生动实践；挖掘采写的豫章小学“奖状博览会”“太平鼓特色教育”等选题相继在新华每日电讯头版、经济日报《光影》栏目刊发，“‘路长制’破解共享单车‘乱象’”在新华每日电讯见报。

【策划特色活动】 2018年，东湖区抓住中央精神贯彻、中央“两会”、传统节庆假日、中小学开学纪念日等时间节点精心策划一批特色活动。围绕习总书记元旦新年贺词，策划系列反响稿件，其中采访东湖创业孵化基地创业大学生的报道在大年初一的中央人民广播电台《新闻和报纸摘要》综合头条播发；农历过大年期间，策划开展“说民俗、展民俗，南昌味道南昌年”大型文化惠民活动，活动报道相继在大年初一的人民日报头版综合、大年初三的中央电视台《新闻联播》《朝闻天下》等中央主流媒体刊登播发；清明节当天，经济日报刊发《传统节日教育入校园》稿件，在国庆当天人民日报、光明日报推出《方志敏：为了可爱的中国》稿件；在中央电视台《新闻联播》播出新闻《多彩闹新春 欢喜中国年》，在经济日报刊发稿件《江西南昌：文化大餐品种多》，在光明日报刊发稿件《南昌：弘扬传统文化 唤醒历史记忆》，在中央电台《新闻和报纸摘要》刊播稿件《〈我们的重阳节〉各地举行丰富多彩的民俗文化活动 尽显尊老敬老文化内涵》，有力地宣传了多彩文化活动。

【开展专项对外宣传】 2018年，东湖区积极参与全市“大道同行——南昌市庆祝改革开放40周年大型图片展”活动，全程参与构思、策划，创作完成东湖展区。依据全区形象宣传需要，精心谋划形象宣传片的制作，对接专业拍摄机构，策划、构思宣传片脚本，跟踪拍摄、剪辑画面，创作推出东湖区形象宣传片《承古出新·奋进东湖》。围绕2018年南昌国际马拉松比赛，精心谋划并安排部署南昌国际马拉松（东湖段）社会氛围营造和宣传工作。

【构建新闻宣传联动大格局】 2018年，东湖区不断深化与各级媒体的合作，在与南昌电视台《东湖新闻》、“南昌日报”等主流媒体合作的基础上，新增与江西卫视《江西新闻联播》栏目、《信息日报》等媒体的合作，对东湖经济社会发展、民生热点等进行全方位报道。同时，继续促进新兴媒体与传统媒体的深度融合，通过微信、网站将采集的新闻汇集并发出，形成“一次性采集、多渠道发布、快速度传播、广覆盖受众”的宣传传播机制，形成内外宣传强大合力。通过不断扩大与各级主流新闻媒体的合作，逐步建立并完善“省级—市级”媒体上下联动、“报纸—电视—广播—新媒体”左右结合的新闻宣传大格局。

【唱响“南昌东湖区发布”新媒体品牌】 2018年，“南昌东湖区发布”新媒体品牌逐步确立，新浪微博粉丝量超过15万人，在人民网评选的全省十大政务新闻发布微博排名中位列全省第五，县区级排名第一，荣获2018年度全市优秀政务新媒体。“微矩阵”网络平台进一步做大做强,全区共49个政务微信公众号、35个政务微博加入,使辖区群众能随时了解东湖区政务、时事信息。抓热点、抓时事策划网络宣传选题,先后开展“十九大学习班”“东湖朋友圈”“东湖暖心人”等新媒体活动。抓住改革开放40周年这一宣传节点,拍摄了三部“老南昌新赶脚”系列微视频,以相声演员小筱贵林、四方画院画家方云、赣剧名伶潘凤霞等东湖本土名人为主人公,以平民视角讲述老南昌焕发出新的感觉,在微博、微信等自媒体社交平台引发热议。通过挖掘交通协管员杜青的故事,在“东湖暖心人”活动中撰写《八年脚步丈量出八百公里爱心里程》一文,在微信公众号上的阅读数达十万以上。全区在人民网、新华网、光明网等中央级网站、微信公众号、微博、客户端上稿近四十篇,取得良好的宣传效果。

【打造南昌红色记忆展示馆】 2019年1月2日,南昌红色记忆展示馆免费开放。该馆曾是南昌电影公司行政大楼(20世纪40年代的建筑),2018年东湖区在旧城改造中,将其完整保存并进行保护性修缮加固装饰,由区人民政府提供资金和场地,收藏家李定康无偿提供展品合作共建,是全市首家“公助民办”非国有博物馆。展示馆总建筑面积852平方米,是以红旗为主题的革命历史展示馆,展陈面积524平方米,陈列各类文物、展品、图片1000余件,通过“红旗源”“红旗谱”“红旗颂”“红旗扬”四大主题,让观众与历史“对话”,领略红色文化。馆内“时间墙”集中展示中华人民共和国建立过程中的一些重要时间节点,“精神墙”集中展示“延安精神”“井冈山精神”“八一精神”等红色精神,“英模人物墙”展示部分英模人物的先进事迹。展示馆将红色文化与VR技术相结合,观众利用手机扫描即可还原重大历史事件场景,是一个唤醒红色记忆、存续红色血脉、传播红色文化的小而精、简而全的红色教育基地,是东湖区深入挖掘和利用特色文化资源、积极推进现代城市建设与保护利用历史文化遗存的具体举措和生动实践。

【舆情处置】 2018年,东湖区网信部门印发《东湖区应急事件及其他网络负面舆情处置的几点要求》,完善互联网事务管理的报送和协调机制,以及监测和应急处置机制。同时,专门组建舆情信息员队伍,编写《舆情专报》,加强网上风险预警研判,排查网络意识形态安全领域的舆情风险点,并将网络舆情的报送、处置纳入每月全区宣传口重点推进工作考核评价情况通报。全年,面对突发舆情能及时发布真实信息、辟谣信息,坚决打击虚假信息、不良信息,共及时处置中小型突发舆情16起,全年未产生重大网络舆情。舆情工作在全市较为突出,报送国内社会舆情23条,被列为全省舆情直报点。

【网信管理】 2018年,东湖区出台《关于扩大全区网络通讯员队伍的通知》,将全区网络通讯员人数增加至200人,工作范围扩大到全区各级单位。认真开展网信系统纪律和作风专项整顿工作,组织新履职的网络通讯员参加《南昌日报》举办的新媒体工作培训班,邀请南昌发布和腾讯新闻的运营人员前来集中授课,不断提高全体网络通讯员的业务水平。在全市率先打造5个网络时评微信公众账号,发表原创网评文章百余篇,被中国江西网“大江时评”栏目转载14篇,南昌新闻网“南昌时评”栏目转载7篇,部分稿件作为网站首页刊登,获得良好的宣传效果。同时,配合省市开展网络安全专项行动,清理整治各类有害信息和违规行为,申报关停严重违法违规网站12家,上报有害信息1500多条,网上舆论环境逐步净化,网络巡查工作扎实推进。

(裘　洁)

统一战线工作

【概况】 2018年,东湖区坚持以习近平新时代中国特色社会主义思想为指引,坚决贯彻落实《中国共产党统一战线工作条例(试行)》精神和中央、省委、市委和区委关于统一战线工作的各项决策部署,围绕中心、服务大局、凝聚人心、汇聚力量,推动统战工作在新时代实现新发展。

【学习宣传贯彻中共十九大精神】 2018年,东湖区认真学习贯彻习近平总书记关于统一战线工作系列重要讲话精神,紧扣深入学习贯彻中共十九大精神这个首要任务和工作主线,把深入学习贯彻十九大精神作为首要政治任务。5 月 3 日，举办东湖区统一战线学习宣传贯彻中共十九大精神培训班，来自省委统战部和市委党校的专家为东湖区各民主党派成员、无党派代表人士、非公有制经济代表人士、侨界代表人士进行授课。全区各民主党派、工商联、党外知识分子联谊会及统战系统各成员单位结合自身工作特点和实际情况开展形式多样的学习十九大活动。

【“五心”主题教育活动】 2018 年，根据市委统战部安排和部署，从 3 月开始，对全区统战系统干部职工和统一战线广大成员深入开展不忘初心、维护核心、固守圆心、凝聚人心、服务中心“五心”主题教育活动，切实把全区统战系统干部职工和统一战线广大成员的思想统一到中共十九大精神上来，充分发挥统一战线思想引领、团结联合、凝心聚力的光荣传统和围绕中心、服务大局的优势作用。4 月，组织全区非公有制经济代表人士开展“五心”主题教育学习活动。5 月，举办东湖区统一战线纪念中共中央“五一口号”发布 70 周年座谈会。6 月，组织各党派开展“不忘合作初心，继续携手前进”红色家书经典诵读活动。10 月，组织侨界代表人士参加爱国主义教育基地方志敏爱国事迹陈列馆。12 月，组织非公人士《红色家书》诵读会演活动。

【党外代表人士队伍建设】 截至 2018 年底，全区共有党外领导干部 26 名，其中民主党派成员 17 名，无党派人士 9 名，党外县级领导干部 6 名，党外科级领导干部 20 名。向区委推荐 2 名 90 后党外干部担任区政府组成部门副职。在全区范围内筛查 2 名优秀年轻无党派干部向各民主党派基层组织做好推荐。制定《全区统一战线干部培训计划》，并按照计划组织各类教育培训活动，不断增强党外代表人士的政治素养和履职能力。

【推进多党合作事业发展】 2018 年，东湖区出台《中共东湖区委 2018 年度政党协商计划》。9 月，召开各民主党派、工商联和知联会负责人参加的《政府工作报告》征求意见协商会。组织各民主党派党派、知联会结合自身优势各选择一项课题进行调研，共完成调研报告 7 篇。支持各民主党派、无党派代表人士开展重阳送温暖、“1% 工程”志愿者服务等社会服务活动。在 2018 年“两会”上，党外人大代表共提交议案 32 件，党外政协委员共提交提案 79 件，切实履行民主党派参政议政的职责。

【促进非公有制经济健康发展】 2018 年，积极帮助非公有制企业解决实际困难，累计为企业协调维权 10 余起，挽回经济损失 30 余万元。积极引导非公有制经济人士参与光彩事业活动，履行社会责任。春节、端午、中秋等节日期间，组织辖区非公有制经济人士开展帮扶慰问、爱心敬老活动。5 月，组织非公有制经济代表人士在豫章街办滨江社区开展“2018 年端午节进社区、话帮扶”慈善活动。7 月，赴遵义，举办“不忘初心、牢记使命”红色教育培训班。11 月组织会员赴萍乡开展理想信念教育主题活动。

【举办民族宗教界代表人士培训班】 10 月 23—24 日，区委统战部联合区民宗局、区委党校举办全区民族宗教界代表人士培训班。培训班以“不忘初心、高举旗帜”为主题，通过专题讲座、现场教学、互动课堂多种方式，引导民族宗教界人士进一步坚定拥护中国共产党领导，高举爱国主义旗帜，坚持走中国特色社会主义道路的信念。区各宗教活动场所负责人，各镇(街道、管理处)、区宗教工作领导小组各成员单位分管领导及工作人员等 80 余人参加培训。培训班的举办增进全区民族宗教界代表人士“五个认同”，提升了民族宗教干部做好新时代民族宗教工作的能力和水平。

【“党建带侨建”活动】 12 月 7 日，南昌市委统战部副部长、市侨联党组书记、主席刘小坚一行来到董家窑街道殷家巷社区开展党员活动日暨综治系列活动，区领导焦玉庄陪同。活动现场，市侨联机关支部与挂点社区党支部以联学联做方式，组织党员干部志愿者参与共创“美丽家园幸福家园”活动，验收挂点帮创平安社区各帮创项目，刘小坚以普通党员身份参与党员活动日活动。活动的开展是对“党建带侨建、侨建为党建”工作的落实，推进了挂点社区帮扶创建工作。

（黄　帆）

信访工作

【概况】 2018 年，东湖区以习近平新时代中国特色社会主义思想和习近平总书记关于加强和改进人民信访工作的重要思想为指引,坚持以“以群众工作统揽信访工作”的理念,扎实开展信访矛盾化解、赴京非访专项治理、网上信访三率提升等工作,确保全区信访形势总体平稳,信访秩序转好。

【落实信访工作责任制】 2018年,东湖区坚持党政一把手亲自抓、负总责,把信访工作纳入全局工作中去研究、部署、推进,区信访工作联席会议经常性、规律性召开调度会。坚持领导干部阅批群众来信制度和主要领导亲自抓、分管领导具体抓的工作机制,区领导对重要信访事项亲自参与解决,亲自批阅群众来信,亲自接待上访群众,做到件件有回音、事事有着落。区信访工作联席会议建立动态调度机制和信息共享机制,区委、区政府将信访工作列入全区目标管理的综合考核任务,做到信访工作同各部门工作任务紧密结合,同部署同考核,有效加强了信访工作的责任落实。

【坚持领导接访下访】 2018年,东湖区按照省、市相关要求,区党政班子成员和区人大、区政协主要领导以及区法院院长、区检察院检察长每个工作日轮流到区信访局接待群众来访并进行视频接访。坚持领导下访制度,区领导经常到挂点的镇、街道、管理处现场协调矛盾纠纷,及时解决信访隐患和不稳定因素。全年区领导在区信访接待大厅接访300余次。

【重点信访事项实行领导包案】 2018年,区信访联席会议办公室对上级交办和本级排查出来的信访突出问题认真筛选后,对142件重点信访事项实行区、责任单位两级领导包案。包案工作严格落实“六定六包”,即定责任单位、定责任领导、定责任人、定督办单位、定办理要求、定办结时限,包接访劝返、包调处化解、包教育疏导、包救助帮扶、包人员稳控、包协调依法处置,确保领导干部“真包案、包真案”。

【信访矛盾化解攻坚战】 2018年,东湖区积极开展信访矛盾化解攻坚战活动,对中联办交办2件,省局交办1件,区自查4件“四大领域”重点问题明确责任单位,落实区县级领导包案。7件重点案件办结率达100%,其中6件已化解到位,化解率85.7%。区信访工作联席会议对重点信访积案经常性召开调度会,听取工作推进情况,会商化解办法。区分管领导及包案区领导对重点信访人保持常态化的约谈,及时了解信访人的思想动态,找准问题症结,力争形成化解合力。同时,对一些生活确实困难的信访人,在切实做好思想疏导基础上,引导信访人以困难救助帮扶方式解决纠纷。全年共化解信访积案16件。

(刘　浙)

对台工作

【概况】 2018年,东湖区认真贯彻中央对台工作大政方针,紧紧围绕祖国统一和经济发展两大主题,以坚定的信心、创新的精神、务实的作风,扎实推进对台工作。全年,区委台办接待涉及商业地产、旅游、餐饮、健康、现代服务等多个产业的客商87位,先后引进千万项目6个,亿元项目1个,新增税收百万余元。在第六届赣台会东湖区与台湾知名企业大鲁阁集团签约合作。

【新春活动】 2月8日,江西赣台服务交流中心在墩子塘街办党家巷社区举办“两岸一家亲　携手共进2018”新春活动。活动为参加的居民准备油、米、棉被、台湾糖果等新年随手礼,让居民现场感受到两岸同根同源的情谊。

【台湾迪克森教育项目落户】 3月,在迪克森教育集团执行长黄盈瑄女士的不懈努力及东湖区委台办的推动下,江西迪克森教育集团成立。迪克森教育是台湾幼儿教育及师资培训的知名品牌,其幼儿教育理念与国际接轨水平高,聘用国际幼教专业师资进行双语教学,侧重对儿童创新能力及动手自主能力的培养。该教育集团的成立,将助推东湖区教育资源的进一步提升。

【签约台湾大鲁阁集团】 8月,东湖区委台办对大鲁阁集团在上海的分公司(上海基创投资有限公司)进行拜访,深入了解企业的运营模式及投资条件。经过多次商洽,台湾大鲁阁集团明确了在东湖区的投资意向,并成为第十六届赣台会签约项目,签约金额300万美元。

【台南商会到访东湖区】 9月1日,台南商会及知名人士陈来成博士访问东湖,区领导高辉红、贾彧超、陈俊会见来访客商并举行座谈。台南商会一行则对扬子洲镇农业发展表示浓厚的兴趣，对扬子洲镇开发的观光农业很期待。

【赴台开展经贸交流】 10月25—31日，区领导贾彧超率东湖经贸考察团赴台开展了一系列有针对性的招商、推介活动。对江西省重点嘉宾陈来成博士进行回访，同时陈来成博士带领考察团一行参访了昶曜科技，深入了解调光玻璃的研发和市场远景。贾彧超拜访了台湾嘉义知名人士肖登标并邀请其赴昌考察。对东湖区已注册企业的台湾唯医生技及待投资的台湾大鲁阁集团进行考察交流，深入了解企业进一步投资意向，推动企业加快投产运营。

（江　婵）

老干部工作

【概况】 2018年，东湖区按照省、市作出的有关老干部工作的新任务和新要求，坚持以人为本、服务为先，围绕落实老干部的政治、生活待遇，突出抓好离退休干部思想政治建设和党支部建设，不断深化服务管理工作，努力提升老干部幸福感和满意度，较好地完成年度工作任务。截至年底，全区共有离休干部36人（其中移交到东湖属地管理的省属改制企业离休干部20人），副县级以上（含享受副县级待遇）的退休干部100人，离退休干部总数136人。全区共有8个离退休党支部，离退休干部党员344名。

【老年大学教学成果汇报演出】 1月22日，区老年大学举办全区离退休干部2018年新春联欢会暨东湖区老年大学教学成果汇报演出。副县级以上离退休干部、区属单位离退休干部党支部书记等到场观看，节目异彩纷呈，获得阵阵掌声。

【全区离退休干部形势报告会】 1月22日，东湖区召开离退休干部形势报告会，向广大老干部通报全区2017年度经济社会发展情况和2018年的发展要求。区领导刘闯作形势报告，贾彧超主持会议，郑洪健、杨峻、欧阳桃花出席。全区副县级以上离退休干部及区属单位离退休干部党支部书记、区直各单位主要领导参加。

【“时间银行”志愿活动】 2月28日上午，东湖区委老干部局“时间银行”志愿者一行携着元宵佳节的问候，带着慰问物品来到东湖区居家养老服务中心，开展“学雷锋敬老爱老”时间银行志愿活动。

【全市基层老年教育工作流动现场会】 4月18日，全市基层老年教育工作流动现场会暨市老年大学第三次联席会在东湖区召开。市老年大学校长卢晓健、副校长侯捷，市委组织部副部长、老干部局局长凌菲以及各县（区）委老干部局局长、各县（区）老年大学校长、各开发区（新区）工委组织部（党群部）负责人近50人参加。

【学习贯彻中共十九大精神专题讲座】 4月27日，区委组织部、区委老干部局联合举办全区离退休干部学习贯彻中共十九大精神专题讲座。各镇（街道、管理处），区委各部门、区直各单位分管领导和近300名离退休干部参加。讲座特邀原中共江西省委宣传部常务副部长陈东有主讲，通过听讲座，老干部们进一步加深了对中共十九大精神的理解。

【市老干部活动中心到东湖区调研】 5月14日，南昌市老干部活动中心主任陈燕、副主任张琼一行来区老干部活动中心考察调研。陈燕充分肯定东湖区老干部活动中心历年来的工作，要求继续依托“时间银行”这个平台发挥老干部正能量，加快基础设施建设，把活动中心早日建设成全省示范老干部学习活动场所。

【关心下一代工作调研会】 6月22日，南昌市关工委在东湖区召开第一次关心下一代工作调研会，市关工委第一副主任田新芳等有关领导以及西湖区、青山湖区、高新区等区关工委负责人参加调研。调研组深入了解东湖区“大手握小手”一帮一结对帮扶情况，“双百工程”，关爱报告团，青少年阵地建设等工作品牌的建设情况。

【《红色家书》朗诵会】 7月4日，区委老干部局举办“诵读红色家书，牢记初心使命，与中国共产党共成长”《红色家书》朗诵会。老干部们声情并茂的朗读方志敏、陈觉等老一辈无产阶级革命家的家书。书信中传递的铮铮誓言、真情呼唤，深深地感染了现场的每一观众，赢得阵阵掌声。

【扶贫助学资金发放仪式】 7月5日,区关工委扶贫助学资金发放仪式在董家窑街道紫金城社举行,向全区320名贫困学生发放助学金共19.2万元。各社区干部,受助学生和家长近百人参加仪式。

【离退休干部参观VR产业基地】 10月19日,区委老干部局组织全区离退休干部参观中国(南昌)虚拟现实VR产业基地。这次参观活动,老干部们感受到南昌的新变化、新发展,对美丽南昌幸福家园的建设充满信心,表示要继续发挥余热为南昌发展贡献自己的力量。

【"纪念改革开放40周年"知识竞赛】 12月18日,区委老干部局开展"纪念中国改革开放四十周年"知识竞赛活动,丰富了离退休干部们的业余生活,增强了他们对党的认识及时事政治的了解,提高了自身理论水平,展现了离退休干部们积极向上、锐意进取的精神风貌。

【老年大学提升改造项目基本完工】 8月底,东湖区老年大学提升改造项目正式开工,经过近五个月的改造,年底已基本完工。提升改造后的老年大学焕然一新,环境温馨优雅,设备先进齐全,得到学员一致好评,为老年教育事业发展奠定硬件基础。

(冯 珉)

区直机关党的工作

【概况】 2018年,东湖区直机关工委在区委、区政府的坚强领导下,在市直机关工委的正确指导下,坚持以习近平新时代中国特色社会主义思想和中共十九大精神为指导,突出全面从严治党主线,认真贯彻新时代党的建设总要求,以提升组织力和服务中心工作能力为重点,全面加强机关党的政治、思想、组织、纪律、作风建设,为机关党组织在全区基层党组织中"走前头、做表率"提供坚强保证。

【机关党组织书记和党务干部培训班】 8月21—24日,区直机关工委为深入学习好宣传好贯彻好中共十九大精神,着力提高全区机关党组织书记的思想政治素质、理论水平、业务能力,树立科学的政绩观,推动机关党的建设在全区党的基层组织建设中走前头、作表率,举办东湖区2018年机关党组织书记"学习十九大精神,树立科学政绩观"专题培训班,区直机关党组织书记、党务干部共计86人参加培训。培训分为两个阶段进行,8月21日,邀请市委组织部和市委党校有关专家就学习贯彻中共十九大精神和提升党组织组织力,为参训学员进行集中授课辅导。8月22—24日,在甘祖昌干部学院进行党性教育现场教学。

【《红色家书》诵读活动】 2018年,区直机关党工委积极响应省委书记刘奇关于全省党员干部要"认真读一读《红色家书》"的号召,在区直机关党组织中开展"七个一"活动:组织一次专题学习,收看一部《红色家书》系列纪录片,上好一次专题党课,开展一次党性分析,撰写一篇心得体会,开展一次主题党日活动,举行一次集体诵读。

【做好"七一"表彰推荐工作】 2018年,区直机关工委积极参加区委组织的"七一表彰"活动,对在推动东湖发展方面,表现突出的优秀共产党员、优秀党务工作者和优秀党组织进行了推荐。最终获评的优秀共产党员5名(区纪委龚行、区委政法委罗芬芬、区检察院刘天龙、区政府办欧阳以迁、区信访局刘淅)、党务工作者2名(区法院熊淑敏、区委组织部黄悦)、先进党组织5个(区委离退休支部、区委办公室机关支部、区司法局机关支部、区财政局机关支部、区委宣传部机关支部)。通过开展推荐工作,激励全区各级机关党组织和广大机关党员坚定信念、对党忠诚,履职尽责、奋发有为,在工作和学习中取得新的更大成绩,达到鼓励先进、激励后进的效果。

【区直机关系列文体活动】 2月8日,区直机关工委组织115名区直机关干部,在豫章小学二部举办区直机关"迎新春"趣味健身活动。比赛设置定点投篮、慢骑自行车、乒乓球接力赛、背夹气球等项目,通过趣味体育竞技的活动形式,展示机关干部蓬勃向上的精神风貌,促进干部身心健康发展。3月,区直机关工委组织区直机关党员干部观看《厉害了我的国》电影,累计发放电影票640余张,进一步加强党员干部对中共十八大以来国家发展历程的了解。

【党员发展】 2018年，区直机关工委共召开工委会研究党员发展事宜2次，审批入党积极分子1人次，发展对象4人次，预备党员1人次，预备党员按期转正2人次。

【区税务局机关党委纳入工委管理】 12月，东湖区税务局全体党员划归东湖区直机关工委归口管理。东湖区直机关工委审批成立东湖区税务局机关党委，指导机关党委设立下属党支部，并按照相关规定督促其完成党员组织关系转接、党支部选举等相关党务工作，整建制接收东湖区税务局136名党员。

【机关党建工作】 2018年，为深入贯彻落实中共十八大以来特别是十八届六中全会关于推进全面从严治党的部署要求，推动机关党的建设在全区党的基层组织建设中走前头、作表率，区直机关工委代区委草拟《东湖区关于贯彻落实全面从严治党要求加强和改进机关党建工作的实施意见》。实施意见对东湖区各机关党组织就如何切实用习近平总书记系列重要讲话精神武装党员干部、如何始终在思想上政治上行动上同以习近平为核心的党中央保持高度一致、如何充分发挥基层党组织战斗堡垒作用和党员先锋模范作用、如何深入推进党风廉政建设和反腐败工作、如何不断提高机关党建规范化制度化科学化水平等5个方面的工作进行强调和明确。 （黄　悦）

精神文明建设工作

【概况】 2018年，东湖区精神文明建设工作认真贯彻落实中共十九大精神，贴近实际，求实创新，不断深化创建内涵，扎实开展文明城市创建活动，加强和改进未成年人思想道德建设，广泛开展群众性精神文明创建活动，努力提高公民的思想道德素质，不断增进精神文明建设实效。4月，东湖区作为全市唯一代表被推荐参加中央宣传部在扬州召开的社会主义核心价值观建设推进工作会。东湖区文明提升分指挥部在“美丽南昌 幸福家园”环境综合整治工作中位居全市县区（新区、开发区）第一，全年在中国文明网上稿15篇。

【“全国文明城市”创建工作】 2018年，东湖区坚持全国文明城市常态长效。层层部署，压实创建工作责任。启动“晚间800”“5+2”“白加黑”，书记、区长高位推动，日调度文明城创建工作，坚决打赢四场复牌迎检工作战。营造氛围，以问题为导向助推创建。组织第三方人员对辖区所有社区、村文明城创建工作共开展五次全面检查，在14个主要交通路口、13条主次干道组织志愿者近2000余人次，在主干道近1200个灯杆上设计制作公益广告道旗，设置公益宣传广告3.2万块，营造浓郁的文明创建氛围。干部带头，群众参与，人人都是创建主力军。开展声势浩大的周末大扫除活动，发动学生带动家长10万人次，共印制发放各类倡议书、公益广告、市民公约近40余万份，基层宣讲近百余场；利用东湖发布每日发布《东湖区深化全国文明城市创建工作简报》。文明提升分指挥部在年底“美丽南昌 幸福家园”环境综合整治工作中位居全市县区（新区、开发区）第一，全年在中国文明网上稿15篇。

【培育精神文明先进典型】 2018年，东湖区推荐1人荣获学雷锋志愿服务“四个100”先进典型活动“最美志愿者”（为全市唯一），1人上榜“敬业奉献”中国好人，1人上榜“江西好人”，2人获江西省“新时代好少年”，1户家庭获“南昌市文明家庭”，8个组织及个人获南昌市志愿服务四个“十佳”。大力开展“东湖暖心人”评选活动，全年共征集线索3000余条，发布榜单12期，编印“东湖暖心人”故事汇编3期，其中“暖心人”交警大队协管员杜青事迹被人民网、新华网、凤凰网等传媒广泛转载。

【“三风”+志愿服务活动】 2018年，东湖区围绕“兴家风、淳民风、正社风”，开展系列活动。举办南昌市“道德讲堂”首场示范堂东湖区专场“时间银行”三风志愿服务道德讲堂。活动以“今天我帮老　明天老有帮”为主题，通过唱歌曲、讲故事、诵经典、提倡仪四个环节重点讲述东湖区推动开展时间银行居家养老志愿服务的故事。举办全国“最美志愿者”——郑小惠先进事迹报告会。通过主人公讲述社会公德和个人品德，用群众身边看得见，学得到的凡人善举，宣扬助人为乐的道德品质，展现模范先进的力量，弘扬社会正能量。举办“奖状博览会·传承好家风”暨传唱志愿者之歌"三风"主题讲堂。讲堂共设"唱歌曲、听故事、学模范、学唱歌、诵经典"五大环节,透过奖状背后的故事,传递正能量,由市文明办原创的《同心同行——南昌市志愿者之歌》首次亮相道德讲堂,旨在积极弘扬"志愿、友爱、互助、进步"的志愿者精神,让这种精神入脑入心,促进社会文明和谐。积极推进居家养老志愿服务"时间银行"工作。按照"低龄存时间,高龄取服务"思路,形成"提供养老服务—量化时间储存—支取养老服务"的良性循环。全年,共建立"时间银行"分行12个,建立并投入运营支行98个,招募志愿者5000人,共开展志愿服务上万次,累计2.6万多小时。为切实保障环卫工人身心健康,促进安全生产,8月29日,市志愿服务联合会会、区志愿服务联合会、区城管委联合社会爱心企业——联发集团,组织志愿服务,为环卫工人送去夏日清凉。开展"我家住在百花洲　百花深处　好人家"颂"三风"读公约活动。活动共有四百多名群众参与,促进了居民文明素质的进一步提高。打造贤士湖"三风"核心价值观主题公园。在传统文化、中华元素的"场景化、生活化、当代化"上下功夫,利用公园外围300米墙体分"时代楷模""身边榜样""平'语'近人""红色阵地"四个板块集中展示近50块"榜样的力量"人物故事宣传长廊,形成东湖正能量的浓厚氛围。

(裘　洁)

机构编制工作

【概况】　2018年,东湖区编办在市编办的关心指导下,在区委、区政府的正确领导下,全体干部职工强化责任担当,狠抓工作落实,着力深化各项改革,优化资源配置,夯实业务基础,强化自身建设,各项工作取得新成绩,荣获"第十七届南昌市文明单位"。

【机构编制管理】　2018年,区编办认真执行年度编制使用计划申报制度,以市、区文件要求和规章制度为依据,严把进人关,进一步从源头杜绝超编进人现象的产生。通过机构和人员编制核查,摸清核准机关事业单位机构和人员编制底数,实现机构清、编制清、领导职数清,实有人员清,为实现财政供养人员只减不增、转变政府职能和深化行政体制改革奠定坚定基础。

【新一轮机构改革】　为贯彻落实2018年中央和省委机构改革的重要决策部署,东湖区提前谋划、周密部署,全面展开新一轮机构改革的调研摸底和分析汇总工作,全力推进2018年的机构改革工作,成立区机构改革领导小组,全区召开机构改革工作会议。在全面梳理党政机构设置情况的基础上,紧紧抓住制定报批改革方案这个重点,按照"优化协同高效"的原则和"一类事项原则上由一个部门统筹、一件事情原则上由一个部门负责"的要求设置东湖的党政机构。

【做好权责清单动态管理】　2018年,区编办贯彻落实《国务院关于取消一批行政许可事项的决定》(国发〔2017〕46号)、《国务院关于取消一批行政许可等事项的决定》(国发〔2018〕28号)、《江西省人民政府关于进一步精简省级行政权力事项的决定》(赣府发〔2018〕1号)、《南昌市政府关于进一步精简市级行政权力事项的决定》(洪府发〔2018〕32号)文件精神,对区级权力清单进行全面梳理,取消和调整区本级行政权力事项119项。其中,取消80项,调整39项(含承接17项、调整13项、整合2项、新增7项)。对取消、下放及调整的行政权力优化办事流程,精简办事环节,提高服务质量。

【军队士官就业安置工作】　2018年,东湖区结合控编减编各项措施,优化资源配置,军队士官安置进展顺利,全面完成工作任务。

(杨　勇)

党史与地方志工作

【概况】　2018年,东湖区史志工作围绕区委、区政府工作大局,认真贯彻落实2010年以来中央和省、市、区各级党委关于加强和改进新形势下党史工作的相关文件精神以及《地方志工作条例》《江西省实施〈地方志工作条例〉办法》,扎实履行史志业务工作职责。全年以持续深入学习宣传贯彻落实中共十九大精神为主线,围绕纪念改革开放40周年大力开展党史宣传教育活动,以《东湖年鉴（2018）》编纂工作为抓手，全力推动地方志工作不断向前迈进。《东湖年鉴（2018）》荣获江西省第四届年鉴质量评比三等年鉴。

【开展党史宣传教育工作】 2018年，东湖区史志工作部门围绕纪念改革开放40周年，主动做好党史宣传教育工作。5月，派人全程参与区委党校在科级干部轮训班中开展《红色家书》的诵读活动，接受革命传统教育，认真撰写《红色家书》学习心得体会。9月，主动配合区委宣传部纪念改革开放40周年大型图片展活动，提供资料3册，图片96张。12月，不断扩大党史宣传教育范围，完成2019年度《党史文苑》的征订发行205份，发行量创历史新高。

【坚持做好月度大事记编写和信息上报工作】 2018年，东湖区史志办公室编写《东湖大事记》12期、约8.5万字；坚持每月向《南昌大事记》（内刊）上报东湖大事信息，编发上报稿件127篇、约1.9万字，用稿90篇，比较准确、及时地反映了东湖区发生的大事和史志工作最新动态。

【编印《东湖大事记（2017）》】 3月，东湖区史志办公室在2017年月度《东湖大事记》资料的基础上，充实完善2017年全区经济社会发展各方面情况的大事、要事资料，按照时间先后顺序，以月、日编排，完成《东湖大事记（2017）》的编印工作。该书为年度大事记（内部资料），以编年体为主，约7.5万字。

【《东湖年鉴（2017）》荣获全省年鉴质量评比二等年鉴】 5月，由中共东湖区委、东湖区人民政府主办，东湖区史志办公室具体负责编纂的《东湖年鉴（2017）》在江西省第三届年鉴质量评比活动中获得二等年鉴，这是《东湖年鉴》创刊以来获得的第一个奖项，也是东湖区地方志工作取得重大进展的一个显著标志。

【做好省、市年鉴2018卷组稿工作】 3月，按照2018年《江西年鉴》《南昌年鉴》编辑委员会的工作要求，东湖区史志办公室严格按照年鉴编纂体例要求，将东湖区2017年度比较有影响和代表性的反映当年全区经济社会发展的大事、要事及部分图片资料，编成文稿材料提供给省、市年鉴编辑部，分别上报年鉴文稿约0.5万字和0.8万字、图片资料共16张（幅），相关上报材料均被《江西年鉴（2018）》和《南昌年鉴（2018）》分别采用。

【制定《东湖年鉴（2018）》编纂工作方案】 2月，东湖区史志办公室按照上级业务部门年鉴编纂“一年一鉴”的工作要求，结合全区年鉴编纂工作实际，从指导思想、篇目结构、稿件要求、篇目及撰稿单位分工等方面详尽、规范地编写《〈东湖年鉴（2018）〉编纂工作方案》，并以“东办字〔2018〕4号”文件下发全区贯彻落实。该方案在2017年的基础上进行了完善，对“法治”“群众团体”“重大项目建设”等类目的相关分目进行调整，使之更加科学合理，做到内容全面、要求明确、操作性强。

【出版发行《东湖年鉴（2018）》】 2018年，东湖区史志办公室按照2月份区委办公室、区政府办公室下发的《〈东湖年鉴（2018）〉编纂工作方案》要求，认真组织开展年鉴编纂工作，收集全区69个相关单位（部门）年鉴资料110余万字、图片资料4500余张（幅），通过工作人员改写、编辑、校稿，10月完成初稿并分别报送上级业务主管部门及相关领导审核。12月，《东湖年鉴（2018）》由方志出版社正式出版发行。该书记述了2017年东湖区政治、经济、文化、社会生活以及人文与自然等各方面的主要资料和信息，为社会各界提供较为翔实的地情资料，具有较强的权威性、指导性、实用性和可读性。全书设28个部类，用图157张（其中彩色图片134张，黑白插图23张），表格38张，共332页，约67万字，印数500册。

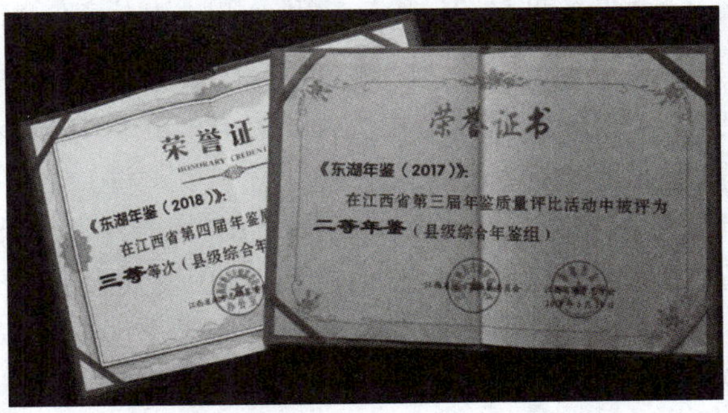

【抓好史志干部队伍建设】 2018年，东湖区史志部门根据全区史志队伍人员变动情况，及时采取措施做好史志工作队伍调整、稳定工作，以《东湖年鉴》编纂工作为平台，调整“东湖年鉴”QQ群部分成员，稳定了一支99人的史志工作队伍。同时，根据新成员史志业务生疏的实际，及时开展大

事记信息采编和年鉴编写的业务培训，主要采取在工作中即时辅导的方式，对23位新调整人员有针对性地就年鉴编纂和大事记编写的业务知识进行指导培训，从而提升了全区史志干部队伍的整体业务水平。

【积极开展党建工作】 2018年，东湖区史志办公室工作人员积极参与区委办公室党支部开展的各项活动。4月，参加党支部组织的诵读《红色家书》活动，认真撰写学习体会。6月3日与党支部党员一起参观小平小道，接受革命传统教育。9月，按照区委组织部《关于开好"坚决全面彻底肃清苏荣案余毒持续建设风清气正政治生态"专题民主生活会和组织生活会的通知》（东组通〔2018〕22号）要求，参加党支部的专题组织生活会，并严肃认真撰写"个人对照检查材料"，在组织生活会上深刻剖析自己，勇于开展自我批评。

（陈耀武）

党校工作

【概况】 2018年，东湖区全面贯彻《干部教育培训工作条例》，充分发挥党校干部教育培训的主渠道、主阵地作用，以实际工作需要为导向，注重党校教学质量，创新培训理念、教学内容、培训模式，努力提升培训效果，大力推进干部教育培训工作的科学化、制度化、规范化。全年，区委党校共举办各类培训班20多次，参训人员1500余人次。

【中共十九大精神宣讲】 1月，区委党校联合区委宣传部，邀请省、市相关领导和省、市、区党校专家学者，深入街道（镇、管理处）、社区（村）、各单位、各系统、非公企业作学习贯彻中共十九大精神宣讲，开展十场大型宣讲，受众2000余人次，开展十余场微宣讲，受众600余人次，深受全区广大干部群众好评，让大家充分了解到中共十九大精神实质，让中共十九大精神在基层落地生根，使得各界干部群众充满奋进新时代的干劲和信心。

【科级领导干部十九大精神轮训班】 5月，区委党校联合区委组织部举办全区科级领导干部学习贯彻中共十九大精神分期轮训班，共三期，参训人员550余人次。邀请省、市委党校专家、学者讲授《认真学好党章，做合格共产党员》《习近平新时代中国特色社会主义思想》《不忘初心，履职担当——新时代领导者素质与新领导力、新领导观》《新形势、新观念、新举措——学习贯彻党的十九大精神，关注国家安全》等课程，进一步树牢了全区领导干部的"四个意识"，坚定"四个自信"，做到"两个维护"。

【党员发展对象培训班】 8月，区委党校联合区委组织部举办党员发展对象培训班。集中学习新党章、中共十九大精神、习近平新时代中国特色社会主义思想等，让广大入党积极分子深入学习党的理论、方针、政策，从而使他们进一步掌握应该如何成为新世纪的合格党员。

【不忘初心牢记使命党性锤炼培训】 2018年，区委党校联合区委组织部组织机关党组织书记赴甘祖昌干部学院开展不忘初心牢记使命党性锤炼培训，联合区检察院组织机关干部到瑞金开展党性锤炼革命传统教育培训，联合区教科体局分二期组织党员干部到甘祖昌干部学院开展红色教育培训，联合工联商组织非公经济人士到遵义开展理想信念教育培训班，使参训学员不忘初心牢记使命，坚定理想信念，增强党性修养。

【业务能力提升培训】 2018年，区委党校联合区政府办举办全区领导干部法治知识专题研讨班，组织领导干部50人赴吉林大学珠海学院开展培训。8月，联合区委政法委开展综治干部专题培训班，分二批共82人分别前往上海和长沙开展实地考察，学习社会治理、平安建设和综治基层基础建设工作。10月，联合统战部开展宗教界人士业务知识培训班。

【《红色家书》诵读活动】 5月，区委党校在科干轮训班中开展有550余人参加的《红色家书》诵读活动，要求学员撰写《红色家书》学习心得体会，带领学员集体诵读《红色家书》。6月，区委党校组织全校干部职工和培训班学员组成汇报演出队，报送《信念——刘伯坚家书》舞蹈情景剧参加全市党校系统"传颂红色家书，传承红色经典"主题读书月活动，并获优秀奖。

（周　凯）

机关事务管理和接待工作

【概况】 2018年，东湖区全面贯彻落实《江西省机关事务管理条例》，深入开展作风建设“大起底”“大扫除”活动，坚持解放思想、求真务实，切实履行“管理、保障、服务”职能，进一步理清思路，振奋精神，攻坚克难，埋头苦干，全局后勤管理水平显著提升，保障能力明显增强，各项工作全面推进。获得2017—2018“国家级节约型公共机构示范单位”、2018年度省、市公共机构节能先进县区、2018年度南昌市公共机构节水型示范单位等荣誉。

【会议接待服务保障工作】 2018年，区机管局贯彻执行中央八项规定等有关规定，本着令行禁止、勤俭节约的原则，做好全区大型活动、重要会议等25次会务保障和服务工作，完成“三看”、区“两会”等重大活动、会议保障。在“三看”期间，高质量地完成了车辆及就餐保障任务。

【事业单位公务用车制度改革】 2018年，根据省、市统一部署，事业单位公车改革于全面铺开。东湖区在总结2016年党政机关公车改革经验的同时，积极稳妥做好全区事业单位公车改革。此次公车制度改革，共计收缴区机关事业单位公务用车189辆，对收缴公车进行资料整理、违章记录核销、统一封存管理等，确保参改单位一个不漏，单位公车一辆不漏。本着“公平、公正、公开”的原则，在广泛征求意见的基础上，根据省市相关文件精神，在全市县区中率先组织公车拍卖。10月28日，在区文化活动中心四楼新闻发布厅开展事业单位公车改革取消车辆专场现场网络同步拍卖会，共计拍卖公车33辆，评估总价36.7万元，拍卖成交总价81.3万元，溢价率121.53%。根据全区事业单位公务用车实际情况，共计完成51辆公车报废手续。

【公共机构节能工作】 2018年，东湖区不断完善节能减排机制，积极打造低碳节能机关。做好全区机关单位水、电、气、油统计工作。加大宣传培训力度，营造区办公大楼节能宣传氛围，全面推进全区公共机构节能工作。5月28日，在区文化活动中心大楼楼顶建成的分布式光伏发电项目正式并网发电，该项目装机容量150千瓦特，预计年发电量约15万千瓦时，（按照火电平均煤耗312克标煤每千瓦时计算）每年可节约标准煤40吨，每年减排二氧化碳约116吨。该项目既节约了大楼运行成本，又降低了顶楼室内温度，并对公共机构及社会起到引领示范效应；根据有关文件要求，机管局在办公大楼内积极开展垃圾分类回收工作。为大楼内各单位办公室统一添置可回收垃圾筒157个，添置更换大楼公共区域三分类垃圾箱200个。6月5日，组织机关干部职工100余人，参观学习江西中再生资源开发有限公司的循环经济示范基地，进一步增强垃圾分类回收意识。6月8日，节能宣传周期间，在办公大楼组织开展垃圾分类回收知识现场培训会、垃圾回收兑换小纪念品活动。

【节约型公共机构示范单位创建】 2018年，区机管局加强与省、市公共机构节能办的对接沟通，在“真节能，强推进”上下功夫：一是自行设计并组织施工，建成储水量10吨位的空调冷凝水、雨水、地下充水收集自动浇灌系统，项目每年可节水600吨；二是对办公大楼进行水平衡测试。为科学管理办公大楼用水工作，提高节水意识，全面了解大楼用水管网状况，查找用水管网和设施的泄露点，堵塞跑、冒、滴、漏，5月3—10日，机管局对整个办公大楼进行水平衡测试；三是对办公大楼开展能源审计。为进一步加强能源科学管理，提高节约能耗意识，通过第三方审计机构，开展了一次能源审计；四是智能垃圾分类有偿回收系统进驻大楼。与小黄狗环保科技有限公司合作，在机关大楼安装使用智能垃圾分类有偿回收系统。机关干部职工可下载App，分类投放垃圾，系统将自动识别、智能称重，将现金打到个人App账户；五是对机关大楼地下车库照明等进行节能改造，更换节能灯泡200余盏。通过一系列节约活动的开展，荣获“国家级节约型公共机构示范单位”荣誉称号。

（张　海）

南昌市东湖区人民代表大会常务委员会

综　述

2018年,东湖区人大及其常委会在中共东湖区委的坚强领导下,坚持以习近平新时代中国特色社会主义思想为指导,坚持党的领导、人民当家做主、依法治国有机统一,服务大局、关注民生、推进法治,全面依法履职,为推进"实力东湖、活力东湖、魅力东湖"贡献新的力量。全年共召开常委会会议8次,主任会议17次,听取和审议专项工作报告21项,开展调研、执法检查6次,作出决议决定16个,任免国家机关工作人员20人次,对26件规范性文件依法备案审查,各项工作取得新的进展。增强推动区委重大决策部署落地生效,围绕中心、服务大局,加强监督、推动工作,紧紧围绕改革发展,积极回应社会关切,努力维护公平正义,用实际行动诠释初心和使命。听取和审议计划、预算、审计工作报告,审查批准区级财政决算和预算调整方案。听取和审议东湖区"十三五"规划纲要实施中期情况报告,促进区政府坚持稳中求进总基调,确保区"十三五"规划目标任务全面完成。围绕优化产业结构,提升发展质效,常委会对沁庐旅、海学茂等重大重点项目开展视察,重点听取和审议区开放型经济、文旅融合工作情况报告,支持政府把高品质现代服务业作为主攻方向,推动全区经济加快转型升级。首次听取区国有资产管理情况和企资中心工作情况报告,支持区政府更好发挥国有资产效益,实现资产保值升值。听取和审议区居家养老工作及医药卫生体制改革工作情况报告,配合市人大开展健康养老服务立法调研,就群众反映的热点难点问题提出意见建议。对环境保护法实施情况开展检查,以打好治理"水污染"攻坚战、压实压细"河长制"责任为重点,从严守护一湖清水。听取和审议区市场监管局工作情况报告,对赣昌水产大市场、扬子洲蔬菜基地和检测中心工作开展执法检查,推动区政府全力守护从田头到餐桌的质量安全。组织代表视察区校园文化品牌建设工作,推进东湖教育事业向更高质量发展。听取和审议区法院金融审判工作、区检察院民事行政检察工作情况报告,进一步支持和督促"两院"提升办案效率,维护良好金融生态,积极化解诉讼矛盾纠纷,着力促进和谐稳定,守护社会公平正义的底线。审议通过《关于实施区政府民生实事项目人大代表票决制工作的决定》,建立党委决策、人大决定、政府实施、公众参与的"四位一体"工作机制,将民生实事项目的征集、决定、监督、评价等诸多环节,引入到人民代表大会制度的轨道上来。

重要会议

【概况】 2018年,东湖区人大及其常委会深入学习贯彻中共十九大精神,紧紧遵循宪法法律依法履职,紧紧围绕中心工作尽责履职,紧紧依靠全体代表积极履职,勇于担当、主动作为、开拓创新、注重实效,依法定位明思路、建章立制强基础、广纳民意聚合力、围绕中心促发展,为全区经济社会健康发展做出了积极贡献。

【区十六届人大三次会议】 于1月3—5日,在东湖区文化活动中心演艺大厅举行。参会的区人大代表234人,列席人员50人。大会举行了3次全体会议。会议听取和审议东湖区人民政府工作报告、东湖区2017年国民经济和社会发展计划执行情况及2018年国民经济和社会发展计划草案的报告(书面)、东湖区2017年财政预算执行情况和2018年财政预算草案的报告(书面)、东湖区人大常委会工作报告、东湖区人民法院工作报告、东湖区人民检察院工作报告,通过了上述各项报告决议。

【区十六届人大常委会第十次会议】 于1月5日在区人大常委会会议室召开。出席会议的区人大常委会委员共计26人。列席会议的有区委常委、区纪委书记、区监察委员会主任刘光荣,区法院院长梁洪、区检察院检察长杜迎春、区人大副县级干部桂兵及区人大、街道相关部门人员和部分区人大代表。会议以电子表决方式进行了人事任免,并进行宪法宣誓。

【区十六届人大常委会第十一次会议】 于3月9日在区人大常委会会议室召开。出席会议的区人大常委会委员共计26人。列席会议的有区委常委、区政府常务副区长夏小兰,区法院院长梁洪、区检察院检察长杜迎春、区人大副县级干部桂兵及区人大、街道相关部门人员和部分区人大代表。会议组织学习《中共中央关于建立国务院向全国人大常委会报告国有资产管理情况制度的意见》《中国共产党中央委员会关于修改宪法部分内容的建议》,传达江西省第十三届人大一次会议精神和南昌市第十五届人大三次会议精神,通过东湖区第十六届人大常委会2018年工作要点与工作安排,听取东湖区人大常委会代表资格审查委员会关于区第十六届人民代表大会代表资格的审查报告,会议以电子表决方式进行了人事任免,并进行宪法宣誓。

【区十六届人大常委会第十二次会议】 于4月19日在区人大常委会会议室召开。出席会议的区人大常委会委员共计26人。列席会议的有区政府副区长童萍如,区纪委副书记、区监察委员会副主任谌卫东,区法院副院长涂小斌,区检察院副检察长罗建珍,区人大副县级干部桂兵,以及区人大、街道相关部门人员和部分区人大代表。会议听取和审议区文广局关于促进文旅融合打造魅力东湖工作情况报告,听取和审议区卫计委关于深化医药卫生体制改革工作情况报告,并以电子表决器方式进行了人事任免。

【区十六届人大常委会第十三次会议】 于6月27日在区人大常委会会议室召开。出席会议的区人大常委会委员共计21人。列席会议的有区委副书记、区长高辉红,区委常委、区纪委书记、区监察委员会主任刘光荣,区委常委、副区长雷强,区法院院长梁洪,区检察院检察长杜迎春,区人大副县级干部桂兵,以及区人大、街道相关部门人员和部分区人大代表。会议听取和审议区政府关于代表意见、建议办理工作情况报告,听取和审议区法院金融审判工作情况报告,听取和审议区检察院民事行政检察工作情况报告,并以电子表决器方式进行了人事任免。

【区十六届人大常委会第十四次会议】 于8月29日在区人大常委会会议室召开。出席会议的区人大常委会委员共计27人。列席会议的有区委常委、区政府常务副区长夏小兰,区法院副院长胡昊,区检察院副检察长谌鲤强,区人大副县级干部桂兵,以及区人大、街道相关部门人员和部分区人大代表。会议听取区人民政府上半年经济运行情况报告,听取区人民法院上半年工作情况报告,听取区人民检察院上半年工作情况报告,听取并审议区开放型经济工作情况报告,听取并审议区市场监管局工作情况报告,会议表决通过区人大常委会关于实施区政府民生实事项目人大代表票决制工作的决定,听取区人大常委会代表资格审查委员会关于区第十六届人民代表大会代表资格的审查报告,并以电子表决器方式进行了人事任免。

【区十六届人大常委会第十五次会议】 于10月10日在区人大常委会会议室召开。出席会议的区人大常委会委员共计24人。列席会议的有区政府副区长袁晨、区监察委员会副主任肖迎春、区法院副院长涂小斌、区检察院副检察长罗建珍,及区人大、区政府、街道相关部门人员。会议邀请部分区人大代表。会议听取并审议区审计局关于东湖区2017年财政预算执行和收支情况的审计工作报告,听取并审议区财政局关于东湖区2017年财政决算的报告(草),通过《南昌市东湖区人民代表大会常务委员会关于批准区人民政府2017年财政决算报告的决定》,听取并审议区财政局关于东湖区2018年1—8月份财政预算执行情况的报告,听取并审议东湖区2018年1—8月份国民经济和社会发展计划执行情况报告,听取区民政局关于居家养老服务工作情况报告,听取区人大常委会代表资格审查委员会关于区第十六届人民代表大会代表资格的审查报告。

【区十六届人大常委会第十六次会议】 于10月24日在区人大常委会会议室召开。出席会议的区人大常委会委员共计23人。会议以电子表决器方式通过市人大代表职务请求的决定。

【区十六届人大常委会第十七次会议】 于12月29日在区人大常委会会议室召开。出席会议的区人大常委会委员共计26人。列席会议的有区政府副区长万明、区监察委副主任谌卫东、区法院院长梁洪、区检察院副检察长谌鲤强,区人大、区政府、街道相关部门人员以及部分区人大代表。会议听取区人大常委会办公室关于东湖区第十六届人民代表大会第四次会议准备工作情况的汇报,审议通过区人大常委会关于召开东湖区第十六届人民代表大会第四次会议的决定,审议通过区人大常委会工作报告,并表决通过区十六届人大四次会议议程(草)、区十六届人大四次会议日程安排(草)、主席团和秘书长名单(草)、主席团常务主席名单(草)、主席团执行主席分组名单(草)、副秘书长名单(草)、列席人员名单(草)、财经委员会主任委员和副主任委员、委员名单(草)、议案审查委员会主任委员、副主任委员和委员名单(草)、区十六届人大四次会议民生实事项目人大代表票决办法(草),审议通过2019年区人民政府民生实事候选项目,听取区政府民生工程情况报告,听取和审议区国民经济和社会发展"十三五"规划实施情况中期评估报告,审议区人民政府关于提请对2018年区级预算调整的议案,通过《区人民代表大会常务委员会关于批准2018年区级预算调整方案的决定》,听取并审议区环保局关于推进生态文明建设工作情况报告,并以电子表决器方式进行了人事任免。

监督工作

【概况】 2018年,东湖区人大常委会着眼于促立足于帮,积极回应群众对更加美好生活的需求,努力使人大依法履职与全区中心工作合拍同步,为东湖发展凝心聚力。同时,加强自身建设,着力提升常委会及其机关履职能力和工作水平。

【促进文化旅游发展】 4月19日,区人大常委会听取和审议区文广局关于促进文旅融合打造魅力东湖工作情况报告,要求进一步加强文化旅游基础建设,优化文旅融合发展环境,推进文化旅游产业项目建设。形成一批具有吸引力强、特色鲜明的文化旅游品牌,着力培育旅游消费新热点。

【关注医药改革】 4月19日,区人大常委会听取和审议区卫计委关于深化医药卫生体制改革工作情况报告,建议重点推进医疗共同体建设,优化基层卫生服务网络,加大财政投入和保障力度,统筹"三医"联动,健全重特大疾病的保障、救助制度。推进区级公立医院职能转变,加强行风建设和医德医风教育,让群众充分享受到更加优质便捷的医疗及公共卫生服务。

【推进市场监管工作】 8月29日,区人大常委会听取和审议区区市场监管局工作情况报告,要求坚持依法行政,完善依法行政的监督机制,全面提升科学行政的能力;以食品药品安全为抓手,强化监管职能,加强执法力度,切实提升东湖食品安全整体水平;以"放管服"改革为导向,优化服务意识,转变监管理念,积极维护并营造良好的市场发展环境。要进一步健全监管机制,切实加强基层食品药品安全监管执法队伍和装备建设,加强一线执法人员培训,不断提高监管能力,健全上下联动机制,增强部门行政执法合力和综合协调能力,确保政令畅通,对群众反映强烈的违法现象,会同公安、城管、卫生等相关部门进行集中整治,加大对涉及食品药品安全违法行为的打击力度。要进一步营造良好氛围,不断强化食药安全宣传工作,加强对镇(街)、村、社区等基层的宣传力度,发挥典型案例的教育警示作用,提高公众的自我保护能力。明确食品药品安全"第一责任人"的角色定位,提高企业守法观念、自律意识和社会责任感,切实从源头上保障食品药品安全,引导社会参与食药安全监管,进一步完善激励机制,实行有偿举报,拓宽参与途径,畅通举报渠道,发挥社会监督作用。

【促进民生改善】 10 月 10 日，区人大常委会听取和审议区居家养老工作及医药卫生体制改革工作情况报告，配合市人大开展健康养老服务立法调研，推动区政府及相关部门认真研究落实，加强养老服务志愿者队伍建设，打造"时间银行"互助养老新模式，努力满足群众养老需求；引导群众树立正确就医观念，不断拓展家庭医生签约服务模式，为健康保驾护航。对环境保护法实施情况开展检查，从严守护一湖清水。听取和审议区市场监管局工作情况报告，对赣昌水产大市场、扬子洲蔬菜基地和检测中心工作开展执法检查，推动区政府全力守护从田头到餐桌的质量安全。组织代表视察区校园文化品牌建设工作，推进全区教育事业向更高质量发展。

【促进生态文明建设】 12 月 29 日，区人大常委会听取和审议区环保局关于推进生态文明建设工作情况报告，要求着力解决突出环境问题，加快相关投诉举报案件整改办结进度。加强环保队伍建设，尽快配齐配强环境监察、环境检测两支队伍，通过特聘专家、项目合作、兼职、购买服务等灵活方式，提升环保队伍实际操作和解决问题的整体实力。强化环境监管和执法力度，坚持入口要严，依法强化环评审批，确保环境影响评价全覆盖，坚持出口要狠，要进一步完善行政与司法联动机制，提高执法手段的科技和信息化水平。加大环境违法行为打击力度，提升环境执法效能加大环保宣传教育力度，强化广大人民群众的生态文明重要性意识。

【推进法治东湖建设】 2018 年，区人大常委会紧扣让人民群众在每一个司法案件中感受到公平正义的目标，强化司法监督。重点听取和审议区法院金融审判工作、区检察院民事行政检察工作情况报告，进一步支持和督促"两院"提升办案效率，维护良好金融生态，积极化解诉讼矛盾纠纷，着力促进和谐稳定，守护社会公平正义的底线。全民普法是依法治国的基础工程，常委会组织代表开展普法宣传志愿者活动，不断提升群众的法治意识，推进"七五"普法工作顺利实施。此外，积极配合上级人大和有关部门就社区、村"两委"换届、残疾人保障法等开展专项监督和调研，有力推动了相关法律法规及决定在东湖得到全面遵守和执行。

【推进民生实事项目人大代表票决制】 2018 年，区人大常委会严格贯彻落实市委、市人大要求，根据区委意见，审议通过《关于实施区政府民生实事项目人大代表票决制工作的决定》，建立党委决策、人大决定、政府实施、公众参与的"四位一体"工作机制，将民生实事项目的征集、决定、监督、评价等诸多环节，引入到人民代表大会制度的轨道上来。在前期协助区政府开展项目征集与初定工作、听取代表意见建议的基础上，审议票决 2019 年民生实事项目。

【强化常委会自身建设】 2018 年，区人大常委会把坚持党的领导贯穿于人大工作全过程，牢固树立"四个意识"，始终保持人大工作正确的政治方向。按照省人大关于开展"学习研究宣传贯彻习近平总书记关于坚持和完善人民代表大会制度的重要思想"专题活动部署，聚焦习近平总书记关于坚持和完善人民代表大会制度的重要思想"十个坚持"。全年共开展党组理论学习 14 次，参与省、市"人大讲堂"学习活动 9 次，发表理论文章、宣传报道 56 篇，撰写心得体会 48 篇，专题活动取得初步成效。坚决贯彻《关于新形势下党内政治生活的若干准则》《中国共产党党内监督条例》等党内法规、规定，切实加强常委会及人大机关党的建设，认真落实全面从严治党的主体责任。深入开展"不忘初心　牢记使命"主题教育，坚决全面彻底肃清苏荣案余毒，认真落实中央八项规定及其实施意见精神，为常委会履行好各项职责提供坚强作风保证。树立"一盘棋"思想，完善上下、内外联系指导和协调配合机制，主动接受市人大常委会工作指导，同步开展监督、调研，扩大人大工作整体效应。总结提升工作经验，推进乡镇、街道人大工作和建设。各专、工委通过实施常委会重点任务，开展执法检查、调研视察、专项督察等工作，有力服务了常委会中心工作。

代表工作

【概况】 2018 年，东湖区人大常委会牢牢把握"两个联系"，把尊重代表主体地位、发挥代表作用作为做好人大各项工作的基础,积极推进代表工作机制、载体和服务创新,保障代表依法履职。

【代表联系群众】 2018年,区人大常委会坚持常委会组成人员联系代表制度,及时整理、交办代表提出的意见建议。推动代表参加执法检查和调研视察、参与专门委员会和工作委员会活动的常态化。全年共接待、走访代表63名,邀请代表列席常委会会议15人次、参加执法检查和调研视察76人次,参与文明城市创建活动20余人次,联系代表方式更加多样,代表的主体作用得到有效发挥。继续巩固和扩大代表联络工作站(室)建设成果,全区14个工作站(室)完成标准化建设,实现了规范化运作。积极拓宽代表联系群众渠道,开展市、区两级人大代表"联系群众活动月"工作,市委书记殷美根代表亲临东湖区与选民、群众见面听取意见建议,包括市及区四套班子领导干部代表在内的共计138名市、区人大代表进站联系选民,围绕民生实事项目征集、生态文明建设和"美丽南昌、幸福家园"环境综合整治等情况听取意见和建议,并形成"任务清单"由人大常委会督促、推进。

【代表意见建议办理】 提出建议是以人民的名义作出的政治表达,办理好代表建议,是对民意作出的积极回应。经过审议交办、办理答复和跟踪督办三个环节的持续推进,区十六届人大三次会议的72件建议如期审议和办理完毕。其中,解决或基本解决的意见建议58件,占80.56%,已列入计划解决的12件,占16.67%。区人大常委会筛选8件未办理完成的建议进行重点督办,有关教师队伍建设、食品安全、停车场建设、共享单车有序停放等一批关系发展和民生的重要建议得到有效落实。

【强化代表履职保障】 2018年,区人大常委会加强代表学习培训,在北戴河全国人大培训基地举办第二期区人大代表履职培训班,根据代表职业和专长建立专家库,通过召开情况通报会、寄送刊物资料等方式,帮助代表深入了解全区经济社会发展情况。同时,围绕常委会会议重要议题,开展专题调研,组织代表小组活动,为代表更好地提出合理化意见、建议奠定基础。

人事任免

【概况】 2018年,根据工作需要,区人大常委会依法选举、补选人大代表5人次,任免国家机关工作人员14人次,组织宪法宣誓4次,为"实力、活力、魅力"东湖建设注入新鲜血液,贡献新的力量。

【选举、任免情况】 东湖区第十六届人大常委会第十次会议,任命谌卫东为东湖区监察委员会副主任;任命肖迎春为东湖区监察委员会副主任;任命梁霁野为东湖区监察委员会委员;任命李娜为东湖区监察委员会委员;任命傅子松为东湖区监察委员会委员;任命金栋为东湖区监察委员会委员;任命张强为东湖区监察委员会委员。东湖区第十六届人大常委会第十一次会议,接受刘江宁、陈军、邵建金、袁思群四人辞去东湖区第十六届人民代表大会代表职务的请求;免去高迪生东湖区彭家桥街道人大工作委员会主任职务;任命张国保为东湖区墩子塘街道人大工作委员会专职副主任;任命涂韶勇为东湖区统计局局长。东湖区第十六届人大常委会第十二次会议,免去齐进斌的东湖区人民法院审判员职务。东湖区第十六届人大常委会第十三次会议,免去陈国梁东湖区政府副区长职务;任命余炜为东湖区政府副区长。东湖区第十六届人大常委会第十四次会议,接受甘增波、陈国梁二人辞去东湖区第十六届人民代表大会代表职务的请求;免去张跃生东湖区法院审判员职务;任命袁晨为东湖区政府副区长;任命戴莉为东湖区法院审判员;任命万云洁为东湖区检察院检察员;任命张海峰为东湖区检察院检察员。东湖区第十六届人大常委会第十六次会议,接受朱敏华辞去东湖区出席南昌市第十五届人民代表大会代表职务的请求。东湖区第十六届人大常委会第十六次会议,接受雷强辞去东湖区人民政府副区长职务的请求;免去李明儿东湖区人大常委会办公室主任职务。

(李　翔)

南昌市东湖区人民政府

综　述

2018年，在市委、市政府和区委的坚强领导下，东湖区人民政府以习近平新时代中国特色社会主义思想为指导，紧紧围绕“创新引领、改革攻坚、开放提升、绿色崛起、担当实干、兴赣富民”工作方针，迎难而上，扎实工作，统筹推进强产业、兴城市、促改革、扩开放、优生态、惠民生等各项工作，在做大做强做优大南昌都市圈中全力展现东湖新作为，较好地完成区十六届人大三次会议确定的主要目标任务，经济社会各项事业取得崭新成绩。

突出高质量抓发展，综合实力持续增强。一是指标增速持续上扬。全年实现地区生产总值513.05亿元，同比增长8.1%；完成财政总收入省口径77亿元，同比增长19.1%；地方一般公共预算收入13.22亿元，同比增长4.7%；城镇居民人均可支配收入达42632元，同比增长8.1%；实际利用内资59.68亿元，同比增长19.82%；实际利用外资2.84亿美元，同比增长7.41%；二是发展质效持续提升。三次产业结构比调整为0.13:7.99:91.88。全年实现服务业增加值491.37亿元，同比增长8.7%，服务业对全区经济增长贡献率达到98.27%，拉动经济增长8.4个百分点。新增“六大产业”企业562家；盈科行网络、百盛中山城百货入围“省级龙头企业”；豫章1号文化科技园蝉联全省文化产业“金杜鹃”奖，获评省级文化产业示范基地。年营收超100亿元的苏宁红孩子母婴用品全国销售结算中心和省级零售总部全面投入运营。海印餐饮、法国科诺荣膺“法国省先进非公有制企业”，荣获“全省发展非公有制经济先进区”。三是争先进位持续向好。500万元以上固定资产投资206.07亿元，同比增长13.3%；社会消费品零售总额318.79亿元，同比增长10.6%，增速位居全市前列。全年税收收入占财政总收入比重和地方一般公共预算收入比重分别为97%和87%，财政收入质量明显提升。项目建设再掀高潮，全年实施60个总投资达466.96亿元的重大重点项目，项目的数量、体量、质量“三量”齐升。在全省市县科学发展综合考评中，荣获一类县区第5名。

突出高标准强建管，城区品质持续提升。一是城市建设“形象”出彩。深入推进“美丽南昌·幸福家园”环境综合整治，投资6.6亿元，实施56项“六改提升”项目。对电政路、下水路等24条道路实施升级改造，实现辖区主要道路“白改黑”全覆盖；推进豆芽巷、象山北路、胜利路北段等6个街区综合改造，实现管线“上改下”；在背街小巷路灯亮化全覆盖的基础上，深化“暗改亮”工程，新增、更换LED路灯1500余盏；对二经路、三经路2条道路实施“绿改彩”提升工程；新建上营坊、章江路小游园；推进上沙窝等12个老旧社区“旧改新”；新建豫章后街、佘山路等11个公共停车场，新增泊位1700个。积极配合全市“一纵一横”道路建筑立面综合整治工程，阳明路、八一大道、北京西路等主要干道焕然一新。二是城市管理“模式”成型。率先实施“一路一单车”共享单车“路长制”管理，为破解共享单车规范停放难题提供新方案；引入小黄狗等智能垃圾分类系统，率先在公园、洪城等4个社区建成全市首批生活垃圾分类示范社区；率先完成城市建成区违法建设专项治理任务，拆除英雄大桥两侧蓝色钢棚1.2

万平方米。积极助力全国文明城市复牌迎检，率先建立“条块结合、上下联动、常态创建、长效管理”创建工作新机制。三是老巷街区“文化”浓厚。统筹推进“拆、改、提、留”，让老房子、老街区重新焕发生机。实施轨道交通四号线下沙沟站、法国省中医院等13个地块、6.42万平方米、800余户的征迁任务；大力开展“净地行动”，青山北路综合管廊、下正街、上沙窝等地块近百个历史遗留问题得到有效解决。在环湖路民德路地块(一期)征迁的基础上，启动百花洲景区提升改造；完成滕王阁周边街区综合改造，助力滕王阁景区成功晋升国家AAAAA级景区。

突出高水平惠民生，社会事业持续进步。一是民生保障不断提升。全年用于保障和改善民生支出17.6亿元，同比增长10.7%，占地方一般公共预算支出的69%。七里村、熊邓村、上沙窝、起凤路等旧城改造安置房建设全面推进。居家养老志愿服务“时间银行”逐步拓展，共建立“时间银行”分行12家、支行102家，打造一批“智慧养老”“健康养老”的典型，医养融合的经验在全省推广。二是民生品牌不断唱响。“学在东湖”品牌持续唱响，投入1200万元实施“校安工程”，对育新学校、扬子洲学校等17所学校基础设施进行提升改造；滕王阁保育院荣获省级示范幼儿园称号；组建育新学校、豫章小学、邮政路小学三大教育集团，推动义务教育由“基本均衡”向“优质均衡”迈进；入选全省唯一“国家义务教育质量监测结果应用实验县区”。文化事业亮点纷呈，围绕“改革开放40周年”，组织开展文艺演出、歌咏比赛、图片展览等活动150余场次；区图书馆获评“国家一级图书馆”；励志社南昌分社旧址、中央南昌飞机制造厂旧址成功申报第六批省级文物保护单位。卫生计生协调发展，新设婚育全程一站式服务中心，实行婚检孕检、孕期保健、儿童保健“三合一”一站式服务；发放计划生育奖扶特扶金460余万元，城镇独生子女父母奖励金3390余万元。三是社会治理不断巩固。积极开展扫黑除恶专项行动，进一步肃清不良社会风气；有效应对安全生产、防汛、食品药品安全等各类突发事件，实现全年重特大事故“零”发生。全力做好中央环保督察反馈问题整改落实工作；全面完成赣江右岸八一桥至二七北路19个排污口截污工程；水环境治理由河长制向湖长制延伸，以贤士湖为代表的水环境治理实现了“水清、岸绿、景美”。70余家大中型餐饮服务单位和学校食堂顺利完成“洁厨亮灶”工程改造。完成1个“6·26”服务中心、10个社区戒毒康复站建设，信息化禁毒经验在全省推广。在全省公众安全感测评中蝉联全市主城区第一名。

区政府会议

【概况】 2018年，东湖区人民政府共召开区政府常务会议14次，区政府办公例会11次，工作会议200余次。

【区政府常务会议】 2018年，区政府共召开14次常务会议，区长高辉红主持，常务副区长夏小兰，副区长雷强(出席其中的第1次至第10次常务会)，区委常委陈俊，副区长童萍如、陈国梁(出席其中的第1次至第5次常务会)、余炜(出席其中的第6次至第14次常务会)、万勇、万明、杨峻、袁晨(出席其中的第7次至第14次常务会)，区政府党组成员查秋滚、肖迎春(出席其中的第1次至第11次常务会)，刘文俊出席会议。

第1次常务会于1月31日下午召开。会议观看《“媒体啄木鸟”行动》光碟，学习传达江西省生态环境保护委员会《关于认真落实领导同志批示精神谋划做好2018年大气污染防治工作的函》《中共江西省委办公厅　江西省人民政府办公厅印发〈关于强化党政同责进一步落实食品安全属地管理责任的意见〉的通知》，会议审议并原则同意区发改委草拟的《关于审议东湖区建立完善守信联合激励和失信联合惩戒制度加快推进社会诚信建设实施方案(征求意见稿)的请示》、区财政局草拟的《关于请求印发东湖区政府性债务风险应急处置预案的请示》、区商务局草拟的《关于审议东湖区人民政府与江西绿滋肴实业有限公司合作协议书的请示》、区商务局草拟的《关于提请审议东湖区人民政府与中建海峡建设发展有限公司合作协议书的请示》。

第2次常务会，3月7日下午召开。会议观看《“媒体啄木鸟”行动》光碟，通报全区列入2018年南昌市重大重点项目情况，会议审议并原则同意区财政局草拟的《关于对区直单位2017年经济工作进行奖励的请示》和《关于对各镇、街办(管理处)2017年经济工作进行奖励的请示》、区经济办草拟的《关于审议2018年经济发展计划的请示》、区农水局草拟的《关于请求印发东湖区水环境综合治理意见的请示》、区河长办草拟的《关于请求印发〈关于加强跨行政区域联合治水的意见〉的请示》和《关于请求印发东湖区2018年河湖整治提升实施方案的请示》、区市场监管局草拟的《关于印发〈东湖区设立创建国家食品安全示范城市工作推进组及职责分工〉的请示》和《关于印发〈东湖区创建国家食品安全示范城市任务分解表〉的请示》、区教科体局草拟的《关于审议〈东湖区加快推进科技创新工作的奖励办法(试行)〉的请示》,会议听取区财政局关于2018年区财政预算安排。

第3次常务会于4月4日上午召开。会议观看《"媒体啄木鸟"行动》光碟,会议传达学习《刘奇在传达学习全国"两会"精神会议上的讲话》,会议审议并原则同意区政府办草拟的《关于请求印发〈2018年政府工作报告主要目标任务分解表〉的请示》、区发改委草拟的《关于请求以区政府名义印发〈关于在市场体系建设中建立公平竞争审查制度的实施意见〉〈关于建立东湖区公平竞争审查工作联席会议制度的通知〉及相关配套文件的请示》、东湖国土分局草拟的《关于审议〈轨道交通融资用地开发整理框架协议书〉的请示》、区财政局草拟的《关于请求组建南昌东湖文化旅游投资发展有限公司的请示》,会议通报《东湖区民兵改革工作实施方案》。

第4次常务会于5月7日上午召开。会议观看《"媒体啄木鸟"行动》光碟,传达学习习近平总书记对朝鲜重大交通事故重要指示精神和《中共南昌市委、南昌市人民政府关于推进安全生产领域改革发展的实施意见》《江西省人民政府办公厅关于进一步严肃会风会纪的通知》、市纪委《关于组织传达学习省纪委关于5起顶风违反中央八项规定精神典型问题的通报》,会议审议并原则同意区城管委草拟的《关于请求印发〈东湖区生活垃圾分类制度工作实施方案〉的请示》、区旧改办草拟的《关于请求同意与江西中医药大学附属医院签订〈江西省中医院地块旧城(棚户区)改造项目房屋征收委托协议〉的请示》、区发改委草拟的《关于请求印发〈东湖区盐业体制改革实施方案〉的请示》。

第5次常务会于5月24日上午召开。会议传达学习《中共南昌市委办公厅、南昌市人民政府办公厅印发〈关于深入贯彻中央八项规定精神进一步改进作风的实施意见〉的通知》,会议审议并原则同意区民政局草拟的《关于请求印发〈东湖区全面推行居家养老志愿服务"时间银行"实施意见〉的请示》、区卫计委草拟的《关于请求表彰2017年度全区计生工作先进单位和先进个人的请示》、区城建局草拟的《关于请求明确道路"白改黑"等五个市政建设项目建设模式的请示》和《关于请求明确百花洲景区改造提升项目建设模式的请示》、区经济办草拟的《关于提请兑现通联支付网络股份有限公司江西分公司等4家企业招商引资优惠政策的请示》和《关于提请给予江西国美等5家企业"一事一议"招商引资优惠政策的请示》。

第6次常务会于6月20日上午召开。会议观看《"媒体啄木鸟"行动》光碟,会议审议并原则同意区综管办草拟的《关于请求印发〈2018年东湖区"美丽南昌·幸福家园"环境综合整治"两年出形象"工作方案〉的请示》、区安监局草拟的《关于请求印发〈关于推进安全生产领域改革发展的实施意见(送审稿)〉的请示》、区城管委草拟的《关于请求印发〈东湖区"厕所革命"三年行动实施方案〉的请示》、区农水局草拟的《关于请求印发关于稳步推进农村集体产权制度改革的实施方案的请示》和《关于请求印发东湖区农村集体经济组织清产核资工作方案的请示》、贤士湖管理处草拟的《关于请求对王家庄地块农房征迁安置补偿方案进行审核的请示》、区教科体局草拟的《关于追加2017年教育经费的请示》。

第7次常务会于7月9日上午召开。会议观看《"媒体啄木鸟"行动》光碟,会议学习《江西省机关事务管理办法》,传达学习《中共南昌市委办公厅、南昌市人民政府办公厅关于认真学习贯彻〈地方党政领导干部安全生产责任制规定〉的通知》,会议审议并原则同意区环保局草拟的《关于请求印发〈东湖区贯彻落实重点流域水污染防治规划(2016—2020年)工作方案〉的请示》、区房管局草拟的《关于下达东湖区象山北路地块(环湖路民德路二期)旧城(城市棚户区)改造项目房屋征收决定书的请示》。

第8次常务会于8月9日上午召开。会议观看《“媒体啄木鸟”行动》光碟,会议学习传达《市委办公厅转发〈省委办公厅关于严明全省深化机构改革“十个严禁”“两个一律”纪律要求的通知〉的通知》和《市委办公厅关于严明纪律切实保证全市机构改革顺利进行的通知》《江西省财政厅关于印发〈江西省本级财政预算执行动态监控管理办法〉的通知》,会议审议并原则同意区民政局草拟的《关于请求印发〈东湖区全面推进殡葬综合改革实施意见〉的请示》《关于请求印发〈东湖区开展绿色殡葬专项行动的实施方案〉的请示》和《关于请求成立东湖区殡葬综合改革工作领导小组的请示》、区市监局草拟的《关于请求审议〈关于落实食品安全党政同责的实施意见(送审稿)〉的请示》、区政府办草拟的《2018年东湖区政务公开工作安排(送审稿)》和《2018年东湖区法治政府建设工作要点(送审稿)》、区安监局草拟的《关于请求审议〈东湖区安全生产委员会成员单位安全生产工作职责分工(送审稿)〉的请示》、区教科体局草拟的《关于印发2018年东湖区推进“新一代宽带无线移动通信网”国家科技重大专项成果转移转化试点示范工作方案的请示》和《关于成立育新、邮政、豫章三大教育集团的请示》、区委宣传部草拟的《关于请求审议〈南昌市东湖区东湖意库项目之合作协议〉(送审稿)的请示》、区房管局草拟的《关于下达东湖区老动物园周边地块(青山南路二七北路南一期)旧城(城市棚户区)改造项目房屋征收决定书的请示》,会议听取区财政局关于会计核算中心向国库支付中心转轨的情况汇报和区委宣传部关于南昌红色记忆展示馆合作协议有关情况汇报。

第9次常务会于8月15日上午召开。会议审议并原则同意区车改办草拟的《关于报请审批东湖区事业单位公务用车制度改革实施方案的请示》、区政府办草拟的《2018年东湖区民生工程安排意见(送审稿)》、区房管局草拟的《关于下达东湖周边(洪都北大道两侧——青山湖西岸登月食品厂地块)一期旧城(城市棚户区)改造项目房屋征收决定书的请示》和《关于下达东湖区青山湖西岸二期2017地块旧城(城市棚户区)改造项目房屋征收决定书的请示》、区委宣传部草拟的《关于请求审议〈南昌红色记忆展示馆合作协议〉(送审稿)的请示》。

第10次常务会于9月17日上午召开。会议观看《“媒体啄木鸟”行动》光碟,会议学习传达《中共江西省委关于坚决全面彻底肃清苏荣案余毒持续建设风清气正政治生态的意见》《中国共产党纪律处分条例》,会议审议并原则同意东湖公安分局草拟的《关于请求印发〈东湖区关于进一步加强防范和处置非法集资工作的实施方案〉的请示》、区金融办草拟的《关于请求印发〈南昌市东湖区金融突发事件应急预案〉的请示》,区农水局草拟的《关于请求印发〈东湖区农业环境污染突发事件应急预案(送审稿)〉的请示》《关于请求印发〈东湖区农业重大自然灾害突发事件应急预案(送审稿)〉的请示》《关于请求印发〈东湖区农业转基因生物安全突发事件应急预案(送审稿)〉的请示》和《关于请求印发〈东湖区突发重大动物疫情应急预案(送审稿)〉的请示》,区民政局草拟的《关于请求印发〈东湖区特困人员救助供养实施细则(送审稿)〉的请示》、区商务局草拟的《关于提请审议〈东湖区2018年度招商引资考核办法〉的请示》、区房管局草拟的《关于下达东湖区北京西路二七北路周边地块(人民公园地块)旧城(城市棚户区)改造项目房屋征收决定书的请示》和《关于下达东湖区临江商务区滨江片区下沙沟地块(市干休所)旧城(城市棚户区)改造项目房屋征收决定书的请示》、区经济办草拟的《关于提请给予江西省产权交易所等3家企业“一事一议”招商引资优惠政策的请示》和《关于提请兑现江西金融租赁股份有限公司等6家企业招商引资优惠政策的请示》。

第11次常务会于10月10日下午召开。会议观看《“媒体啄木鸟”行动》光碟,会议学习传达《省纪委〈关于6起顶风违反中央八项规定精神典型问题的通报〉》《省政府全体会议主要精神及南昌市贯彻落实意见》、市委统战工作领导小组暨市民族宗教工作领导小组会议精神,会议审议并原则同意区农改办草拟的《关于请求印发〈东湖区农村集体产权制度改革以奖代补工作方案〉的请示》、区河长办草拟的《关于请求印发〈关于进一步深化在湖泊实施湖长制的工作方案〉的请示》、区民政局草拟的《关于请求印发〈关于加大城镇贫困群众脱贫解困力度的实施意见〉的请示》和《关于请求印发〈关于成立东湖区城镇贫困群众脱贫解困领导小组的通知〉的请示》、区商务局草拟的《关于提请审议〈东湖区农贸市场管理考核办法〉的请示》、区房管局草拟的《关于下达东湖周边(阳明路以南三期——包家巷、箭道巷、后墙路裴家巷)旧城(城市棚户区)改造项目房屋征收决定书的请示》和《关于下达东湖区江西省中医院地块城市棚户区(旧城)改造项目房屋征收决定书的请示》,会议听取2018年东湖区第三季度经济运行情况汇报。

第12次常务会于11月5日上午召开。会议观看《"媒体啄木鸟"行动》光碟,会议学习《地方政府隐性债务问责办法》和《关于防范化解地方政府隐性债务风险的意见》并听取当前防范化解政府隐性债务情况汇报,会议听取东湖区第一批取消调整政务服务证明事项清单汇报,会议审议并原则同意区政府办草拟的《关于在全区政府系统大力开展忠诚型创新型担当型服务型过硬型政府建设加快推动东湖高质量跨越式发展的实施方案》、区民政局草拟的《关于请求审议〈东湖区殡葬综合改革奖补实施办法〉的请示》、区财政局草拟的《关于呈报东湖区2018年区级预算调整方案(草案)的请示》。

第13次常务会于12月3日下午召开。会议观看《"媒体啄木鸟"行动》光碟,会议学习传达《江西省生产安全事故隐患排查治理办法》,会议审议并原则同意区编办草拟的《关于提请审议〈东湖区关于进一步精简区级行政权力事项的决定〉的请示》、区发改委草拟的《关于提请审议〈东湖区十三五规划中期评估报告(送审稿)〉的请示》、区行政服务中心管委会草拟的《东湖区第二批"一次不跑"和第一批"只跑一次"政务服务事项清单目录(送审稿)的请示》、区商务局草拟的《关于提请区政府审议〈南昌绿地沿江商业中心项目投资框架协议书〉的请示》和《关于提请区政府审议〈南昌市东湖区人民政府与启明星辰信息技术集团股份有限公司战略合作框架协议〉的请示》。

第14次常务会于12月26日上午召开。会议传达学习中央经济工作会议精神,会议审议并原则同意区环保局草拟的《东湖区关于全面加强生态环境保护坚决打好污染防治攻坚战的实施方案》、区教科体局草拟的《东湖区推进创新型城区建设行动方案》、区发改委草拟的《东湖区2019年重大重点项目投资计划》、区经济办草拟的《东湖区2018年经济发展工作考核办法》、区政府办草拟的《关于请求审议2019年东湖区民生实事候选项目的请示》,会议传达学习《中共中央办公厅关于规范党政领导干部接受国际奖励和国内民间奖励的意见(试行)》和《市委办公厅关于南昌市2018年上半年计算机监管数据分析及进驻式保密督查的情况通报》。

【区政府办公例会】 2018年,区政府共召开11次区长办公例会,参加会议的人员为区政府区长、区委常委、区政府副区长以及区政府党组成员等。办公会由区长高辉红主持。

第1次办公例会于1月31日下午召开。会议审议并原则同意区卫计委草拟的《关于保障东湖区城镇居民独生子女父母奖励费的请示》、区文广新局草拟的《关于申请拨付江西省丰成置业有限公司项目发展扶持资金的请示》。

第2次办公例会于3月7日下午召开。会议审议并原则同意区教科体局草拟的《关于2018年东湖区拟向社会公开招聘(选调)60名中小学(园)教师的请示》和《关于请求明确南昌市2017—2020年社会足球场地建设规划的请示》、区人社局草拟的《关于申请调整劳动保障(监察)专干工资待遇的请示》、区城建局草拟的《关于请求拨付43条道路"白改黑"改造工程、东湖区社区改造工程、象山北路综合改造工程项目经费的请示》。

第3次办公例会于4月4日上午召开。会议审议并原则同意区人社局草拟的《关于全区范围购买政府公益性岗位的请示》、区司法局草拟的《关于请求落实政法委机关工作津贴的请示》、区执法局草拟的《关于组建佑民寺执法中队的请示》、公园街办草拟的《关于增拨佑民寺文化街区环卫作业经费的请示》。

第4次办公例会于5月7日上午召开。会议审议并原则同意区教科体局草拟的《关于请求拨付东湖区教育优质均衡发展专项经费的请示》和

《关于要求拨付2018年拟实施区科技项目专项经费的请示》，区法院草拟的《关于东湖法院诉讼服务中心装修改造的请示》，区人社局、区财政局草拟的《关于东湖区促进就业资金2018年度收支预算编制的请示》，区商务局草拟的《关于拨付东湖区2017年度外贸出口专项扶持资金的请示》、区文广新局草拟的《关于请求拨付江西中文传媒艺术品有限公司发展扶持资金的请示》。

第5次办公例会于6月20日上午召开。会议审议并原则同意公园街办草拟的《关于上报江西省汇思人力资源有限公司申请政府资金奖励扶持的请示》，会议听取区城建局关于百花洲景区改造提升项目中八一公园提升改造项目设计方案招标后续相关事宜的汇报和关于东湖区检察院办公楼室外改造有关汇报。

第6次办公例会于8月9日上午召开。会议审议并原则同意区综管办草拟的《关于请求拨付环境综合整治有关工作经费的请示》、区城管委草拟的《关于申请拨付2015年智慧平台租赁费的请示》、区农水局草拟的《关于加强农水局执法大队能力建设的请示》。

第7次办公例会于9月17日上午召开。会议审议并原则同意区文产小组草拟的《2017年度文化产业扶持资金拨付的请示》、区人社局草拟的《关于确定2018年东湖区面向社会公开选调优秀小学教师拟录用人员的请示》、区教科体局草拟的《关于请求与肖瑶等3人签订师范生免费教育协议的请示》、区城建局草拟的《关于请求拨付2018年EPC项目工程费用的请示》。

第8次办公例会于10月10日下午召开。会议审议并原则同意东湖文旅公司草拟的《关于申请南昌东湖文化旅游发展有限公司开办经费的请示》。

第9次办公例会于11月5日上午召开。会议审议并原则同意区民政局草拟的《关于请求印发〈东湖区关于做好2018年度退役士兵安置工作的意见〉请示》、区卫计委草拟的《关于开展2018年度全区干部职工体检的请示》、区城建局草拟的《关于请求拨付江西新媒体广告产业园展厅项目室内装修装饰工程项目费用的请示》，会议听取区人社局关于请求拨付采购区公共就业人才工作综合服务平台场地建设资金的汇报。

第10次办公例会于12月3日下午召开。会议审议并原则同意区民政局草拟的《关于做好2018年义务兵家庭优待金发放工作的通知（送审稿）》、区经济办草拟的《关于提请兑现南昌赣昌砂石有限公司招商引资优惠政策的请示》。

第11次办公例会于12月26日下午召开。会议审议并原则同意区城建局草拟的《关于请求对区委党校改造工程项目立项的请示》、区经济办草拟的《关于提请兑现南昌市东湖区新东方语言学校等5家企业招商引资优惠政策的请示》、区金融办草拟的《东湖区人民政府与中国建设银行股份有限公司江西省分行金融合作框架协议（送审稿）》，会议听取区企资中心关于下属企业开设征收资金银行专用专款账户的情况汇报。

【工作会议】 2018年，东湖区人民政府围绕经济建设、城市管理、社会民生、社会稳定等方面工作，共召开各类会议200余次。重点的工作会议如下：

东湖区2017年旧改工作总结及2018年工作部署会。1月12日下午，在区综合服务大楼常委会议室召开。会议指出，全区广大征迁干部讲政治的境界高，善攻坚的能力强，敢担当的精神足。会议强调，要保持定力，以“归零”的心态积极备战。要充分认识到旧改是城市更新的“先手棋”，充分认识到旧改是改善民生的“牛鼻子”，充分认识到旧改是锤炼干部的“大熔炉”。面对崭新的一年，要继续保持战略定力、实干定力，坚持把旧改作为最大的民生工程，自觉把旧改当作自我提升的最大工程，以“归零”的心态积极备战新一轮房屋征迁工作，征出新的“东湖速度”，征出新的“东湖模式”，征出新的“东湖精神”。要精准发力，以“冲锋”的姿态主动迎战。坚持挂图作战，做到征迁“快”推，以最快速度、最高效率推进各项任务。坚持靶向施策，做到问题“速”清，全力清理“历史旧账”。坚持项目为王，做到土地“优”让，不断带动东湖城市价值整体提升。要凝聚合力，以“必胜”的状态全面奋战。各级各单位要切实加强组织领导，强化调度，主动作为，密切配合。要切实加强部门联动，牢固树立“一盘棋”思想，既分兵把口、各负其责，又密切配合、协同作战。齐心协力，联动共为，做到上下衔接顺畅、左右配合严密，确保房屋征迁快速有序推进。要切实加强配套保障，确保人员、资金、秩序保障到位。要切实加强督查考核，在遵循安全生产“一票否决”前提下，坚持重奖重罚原则，体现干好干坏差别。

东湖区2018年重大重点项目推进工作动员大会。1月20日下午，在区新闻发布厅召开。会议指出，召开重大重点项目推进会主要目的是深化对抓项目重要性和紧迫性的认识，进一步提振大抓项目、抓大项目的精气神；实事求是研究项目工作，抢前抓早剖析项目工作存在的问题，以便对全年的方向和重点有全面把握。同时，通过此次会议，向全区发出项目建设的动员令和集结号，全力以赴打好年度项目建设攻坚战和翻身仗。会议强调：一是认清形势，在深刻反思中警醒起来，坚决扭转项目建设被动局面。全区各级干部要冷静分析、深刻反省，重申任务、强化责任，把更多的精力投入到项目建设、招商引资等工作上来，全力以赴投身项目建设，彻底扭转东湖项目建设被动局面。二是加大力度，在抓实见效中快干起来，全速推进项目建设各项任务。要加快项目推进，切实做到项目审批要快、施工建设要快、协调处置要快；要紧盯项目招商，切实做到招商层级“上档次”，招商能力“上台阶”，招商环境“上水平”；要严抓项目管理，确保质量先行、安全先行、廉洁先行。三是严明纪律，在强化执行中担当起来，层层压实项目建设责任链条。全区各级要下定决心，层层立军令状、签责任书，确保这次会议的部署要求不折不扣落到实处。牵头县级领导要驻守项目、一抓到底，确保重大项目建设一天一个样、天天有进展；责任单位领导要盯紧抓牢、全力落实，真正把各个层次的责任捆绑起来、力量整合起来；职能部门要相互配合、协同作战，努力形成全区上下关心、支持、合力推进项目建设的生动局面。

东湖区低温雨雪冰冻天气防范应对工作部署会。1月25日中午召开，会议强调，全区各单位要立即行动起来，做到“五个务必”，即务必强化责任落实。坚决克服麻痹思想，始终保持高度警惕。各应急指挥部成员单位主要领导要亲自过问、亲自部署。确保每项工作有人抓，每个问题有人管。务必强化预案完善。要根据辖区的防寒任务和可能出现的情况，提前修订完善工作预案。要力求对各类险情做到心中有数，做到纸上有文字，图上有标志，防范有预案，抢险有措施。务必强化隐患整改。各相关单位要结合历年摸排情况及隐患排查情况，进一步列出隐患清单，明确整改责任、整改时限，落实整改措施，对照清单逐一销号，确保平安应对。务必强化有序配合。区应急指挥部各成员单位要认真履行职责，建立部门配合、协同作战的高效联动机制。要进一步完善联合会商机制，要加强与新闻媒体的联系，回应社会关切，正面引导舆论，形成良好舆论氛围。务必强化纪律从严。防寒工作就是一场“战争”，必须要有“军令如山”的纪律。对区委、区政府和区应急指挥部下达的指令，各部门必须坚决服从，立即执行。

东湖区安全生产工作会。1月30日上午，在区政府六楼常委会议室召开。会议指出，当前，春节临近，各生产经营单位产销两旺、满负荷运转，人流、物流、车流加快，安全稳定任务更为繁重、安全生产压力不断加大。各级各部门要把思想认识统一到国务院、省、市、区的部署和要求上来，切实增强责任感和使命感，时刻绷紧安全稳定这根弦，集中排查整治突出问题。会议要求，一要绷紧神经，思想认识要入脑入心。安全生产工作任务艰巨，责任重大。各级各部门要做到时刻警钟长鸣，紧绷安全之弦，要亲自挂帅、亲自督办春节和“两会”期间的安全生产工作，对本系统、本辖区的安全生产形势再进行一次认真、全面、深入的分析，明确具体的责任和目标，统一安排，精心组织，周密部署，对重点区域、重点部位、重点行业要做到分兵把守，确保措施到位。二要加强监管，排查整改要立说立行。各地各部门要按照要求，继续组织安全生产大检查活动，尤其是要针对春节期间对商场、菜场、宾馆、影城、网吧等人员聚集场所和加油站、液化气站等重点单位和部位的安全监管，落实各项措施，消除安全隐患，杜绝火灾、爆炸及类似安全生产事故发生。三要坚守底线，责任落实要不折不扣。全区各单位尤其是扬子洲镇、各街办（管理处）要切实做好春节和“两会”期间的行政和应急值班值宿工作，确保24小时通信畅通；要积极做好应急预案启动的各项准备工作，关键时刻要启得动、能管用；要特别做好低温雨雪冰冻天气灾害预防工作，防止因雪冻灾害引发的各类安全事故。

东湖区重大重点产业项目调度会。2月2日

上午,在区政府常务会议室召开。会议指出,重大重点项目的推进,不仅关系项目建设的本身,更关系东湖区全局,全区上下务必迅速进入到2018年紧张的项目建设工作状态中去,奋力实现产业项目建设的大突破,为助推全区经济社会协调、可持续发展打下坚实基础。会议要求,全区上下要以强烈的危机感,迅速形成“势在必行”的共识,把握好现有项目资源,在推进上实现突破,进一步强化扩投资意识,把心思和精力都集中到产业项目的建设上来;要以坚定的意志力,奋力增强“战而必胜”的信心,做到目标不打折,思想不保守,行动不虚假,争做东湖复兴的实干家;要以实干的责任心,切实提升“志在必得”的合力,各部门要把重大重点产业项目推进工作作为中心工作强部署、快推进、促落实,以坚强的领导、务实的作风、有力的保障、科学的机制,强力突破,早见实效,全力推动重大重点项目建设工作再上新台阶。

东湖区“美丽南昌·幸福家园”环境综合整治调度会。2月5日下午,在区文化活动中心新闻发布厅召开。会议指出,过去的一年,东湖城市面貌大为改善、城市形象大为改观,基本实现“一年有变化”的阶段性目标,得到各级领导和广大市民的纷纷“点赞”。会议强调,要在肯定成绩中不断提振精神,在前期已取得阶段性成果的基础上,继续铆足干劲,一以贯之,以昂扬的斗志和必胜的信心全力以赴做好环境综合整治工作;要在查找问题中不断巩固工作成效,各单位要善于总结梳理工作经验,分工负责、分兵把口,及时、准确查找突出问题,予以解决,形成长效管理、常态管理的工作机制;要在砥砺前行中不断打响品牌,环境综合整治没有完成时,只有进行时,必须要以每日归零的意识,保持定力,持续发力,久久为功,把东湖区长久以来的工作以最好的方式展现给大家,打响“两年出形象”的东湖品牌,真正使全区的环境综合整治工作取得看得到、听得见、摸得着的新成绩。

东湖区信访稳定工作会议。2月25日上午,在区委常委会议室召开。会议指出,中共十九届三中全会和全国“两会”召开在即,全区上下要全力做好信访维稳工作,为大会召开营造良好氛围。各级各部门要高度重视,迅速行动起来。一是把做好信访工作摆上重要议事日程,精心部署安排,紧盯薄弱环节,强化动态排查;二是听从指挥,密切配合形成合力,全力解决化解信访突出问题;三是坚持法律底线,做到真情帮扶;四是勇于担当,严明纪律,失责必究。会议强调,一是要提高思想认识,保持高度的政治敏锐性,牢固树立“稳定是第一责任”意识,充分认清当前信访形势;二是要细化工作举措,围绕重点领域、重点群体、重点问题、重点人员抓好各项工作;三是进一步落实工作责任,确保事有人管,责有人担。

收听收看全市安全生产工作电视电话会议。2月26日下午,东湖区在区政府常务会议室设立分会场组织收听收看,并在电视电话会后立即召开全区安全生产工作暨创建国家食品安全示范城市工作调度会。会议要求,要凝聚共识,思想认识再提高。创建国家食安城是全面贯彻食品安全“四个最严”要求、推进“健康中国”建设的一项重大战略举措,也是提升全区食品安全工作水平、持续改善民生的现实需求和重要抓手,国家食安城更是推动东湖区产业转型升级、提升城市竞争力的重大机遇和重要条件。深入开展国家食品安全示范城市创建工作对于全面提升食品安全监管水平,确保广大人民群众饮食安全,助推经济社会持续健康发展具有十分重要的意义。要突出重点,工作推进再加力。各镇、街办(管理处)、全区各部门要坚持把压实落靠责任作为抓好创建工作的重要前提,坚持把强化源头治理作为抓好创建工作的关键举措,坚持把创新监管体制作为抓好创建工作的重要手段,进一步明确任务,落实责任,紧盯薄弱环节,强化标本兼治,切实增强工作措施的针对性和实效性。要主动作为,工作保障再强化。国家食品安全示范城市创建工作是一项系统工程,内容复杂、任务繁重,大家务必要强化担当,狠抓落实,善作善成,确保创建工作各项任务目标圆满完成。要广泛宣传,营造浓厚氛围。要部门联动,形成工作合力。要强化督查,严肃考核问责。会议强调,国家食品安全示范城市创建工作任务艰巨、责任重大、使命光荣。全区上下要以更加务实的作风、更加科学的举措,高标准完成各项创建任务,为保障全区人民身体健康,实现区域经济快速健康发展做出新的、更大的贡献。

育新学校紫金分校和天骥小学建设进度调度会。3月1日上午,在区政府第一会议室召开。

会议强调，加快推进育新学校紫金分校和天骥小学建设是一项重大民生工程，是为周边居民群众解决上学难的必备之举，民心所向、众望所归，各部门务必要凝聚共识，充分认识学校建设的重大意义，想教育之所想，急教育之所急，办教育之所需，将造福百姓、造福子孙后代的好事实事办好办实；要进一步明确目标，制定详细的实施方案，细化时间安排，责任落实到人；相关单位要敢于担当、敢于作为，及时协调处理项目建设中的各类事务，力争两所学校早日竣工，早日投入使用。

东湖区经济工作部署会。3月17日下午，在区政府常务会议室召开。会议指出，回顾2017年的工作，开局比预想的要难，成绩比预想的要好，这离不开日夜奋战在经济工作一线的全体干部职工所付出的努力。然而，也要清醒认识到，成绩固然可喜，但形势依然严峻。2018年的经济工作既有机遇，更充满挑战。全区上下要以时不我待、只争朝夕的精神，再鼓干劲，趁势而上，全力以赴夺取新成绩。会议强调，一是要分析形势，思想认识要再深化。全区各级各部门要紧紧围绕年初确定的目标任务，进一步坚定发展信心，准确把握当前经济形势，抢抓机遇，真抓实干，找准问题，科学施策，确保一季度实现“开门红”，继续保持经济健康快速发展的良好势头。二是要突出重点，工作举措要再精准。要狠抓项目推进，牵住项目建设的牛鼻子，明确目标，坚持问题导向，不断夯实责任，不断加快全区重大重点项目的推进速度；要紧盯招商引资，坚定不移将招商引资作为贯穿经济工作始终的“生命线”，以良好作风和优质服务树立东湖亲商、安商、富商的良好形象，通过招商推进大投入、带动大建设，实现大发展；要创优发展环境，做好服务企业的“店小二”和“服务员”，加大对企业的金融服务支持，创造良好的人文环境，始终把优化经济发展环境放在更加突出的位置，做到以环境促开放、以环境促发展。三是要强化担当，责任落实要再强化。要压实工作责任，认真对照各自职责、目标要求和工作差距，主动认领、主动担责、主动作为，真正担起东湖经济社会发展的责任；要加强协同配合，牢固树立“一般棋”思想，同心协力，不断加强各部门间的密切配合，做到信息共享、同频共振，紧密对接；要强化跟踪调度，切实做到每周一调度、每天报进度，逐一落实责任主体和责任人员，不断加大督查力度，努力营造干事创业的良好氛围。

2018年东湖区教育工作会。3月22日上午，在新闻发布厅举行。会议围绕“优先发展教育事业”和“发展公平而有质量的教育”两大教育目标，全面总结2017年度的工作并部署2018年度的任务。会议提出：一是不负春光好起步。全体教师要迅速集中心思，围绕工作任务，上好每堂课，教好每位学生；要持续抓好作风建设，树立教师良好形象；二是突出重点打好底。教育发展要抓住重点，找准结合点，深入推进城乡教育一体化，切实加强办学模式改革，大力实施教师队伍改革。要让幼有所育更加温暖，杜绝无证无牌幼儿园扰乱秩序。要让学有所教更加公平，以更暖民心、更惠民的举措打造东湖“20分钟优质教育圈”。要抓住教育质量不放松，为东湖教育整体平衡和充分发展竭尽全力。三是狠抓落实开好局。区直部门要多关心教育、支持教育、理解教育，联动合力做好“学在东湖”金字招牌。区教科体局要精准推进改革任务，细化落实，依时见效。会议强调，一是群策群力，推进优质均衡发展。要充分围绕“优先发展教师事业”宗旨，不断增强教师幸福感，不断提升学校品位，为教育发展奉献智慧和力量。二是倾心尽力，保障教育科研质量。要逐步缩小城区学校和扬子洲片区学校之间的教育差距，破解教育不平衡不充分的矛盾。三是立德树魂，加强师资队伍建设。要打造一支爱岗敬业、素质全面、专业过硬、作风优良的教师队伍，四是定点突破，明确教育改革任务。要着力解决百姓关切的问题，不断提升群众的满意度和幸福感。

东湖区水环境综合治理动员部署暨总河长大会。3月22日上午，在区委常委会议室召开。会议指出，全区上下要全面贯彻落实中共十九大关于着力解决突出环境问题、加快水污染防治、打好污染防治攻坚战精神，迅速打响“兴水惠民、兴水促产、兴水美城”的水环境综合治理攻坚战，努力营造“全面启动、全民参与、全力以赴”的水环境大整治浓厚氛围，助力“美丽南昌·幸福家园”建设。会议强调，治水乃发展大计，必须严肃以待。东湖因水而名、因水而美、因水而兴，水是东湖的生态之本。推进水环境治理功在当代、利在千秋。这不仅是上级的要求、发展的需要、更是群众的期盼。全区上下一定要按照上级要求,严肃对待,切实增强水环境综合治理的思想自觉和行动自觉。治水如去疴除弊,必须科学施策。全区水环境综合治理要围绕“保护水资源、防治水污染、改善水环境、修复水生态、强化水管理、唱响水品牌”六大方面,做到精准治水,开展重点领域大整治,协同治水,推进治水能力大提升,铁腕治水,依法实施环境大执法,全民治水,建立共治共享大体系,全面完成全区各项任务。治水非一日之功,必须担当实干。治水是锤炼各级干部作风和能力的一场硬仗,不可能毕其功于一役,大家要克难攻坚、久久为功,以干在实处的优良作风,确保东湖治水工作走在全市前列。要强化责任担当、强化目标导向、强化宣传动员,以破釜沉舟的决心,敢打必胜的信心,坚决打赢水环境治理这场攻坚战,为东湖经济社会发展提供坚实的环境保障。

东湖区2018年一季度经济运行分析会。3月28日下午,在区政府常务会议室召开。会议在听取区财政局、区统计局、区发改委、区商务局关于一季度经济指标运行情况分析研判的汇报后指出:要认清形势,提高对经济工作的认识。切实增强全区经济稳增长的危机感和紧迫感,理性分析各项经济指标完成情况,正确认识经济运行中的困难和问题,全力以赴赶进度;要高度重视,加强对经济工作的领导。抓项目、增投资是拉动全区经济增长的主要抓手,各责任部门主要负责人必须起到带头作用,不断压实工作责任,打造出一支能打胜仗的队伍;要多管齐下,落实好经济工作的各项举措。严格做好前期摸底准备和潜力项目挖掘工作,服务好企业常态化工作,科学制定方案,确保入库项目全部落到实处。会议强调,全区各相关责任单位要紧紧围绕全年各项目标,集中精力,克难前行,全力以赴做好各项工作,推进经济平稳增长,确保完成完成全年目标任务。

东湖区重大产业项目调度会。4月18日下午,在区政府常务会议室召开。在听取汇报后,会议就加快重大产业项目建设工作提出:一是要加大重视,提高认识。重大产业项目是东湖区经济社会发展的形势所迫、发展所需和未来所在,区委、区政府高度重视,全区上下要紧紧围绕重大产业项目开展各项工作,进一步提高推动项目就是推进经济社会发展的责任意识。二是要加强调度,提升进度。按照“百米赛跑”的要求,紧盯目标计划。项目责任单位和业主单位要互通信息,掌握情况,区重点办要进一步加快项目动态更新进度。三是要加强配合,形成合力。项目业主和责任单位之间加强配合,业主单位要发挥主观能动性,主动借力,责任单位要上前一步,进位服务。各职能单位之间要加强配合,区城建、城管、执法、国土、规划等职能部门要和项目责任单位之间形成联动,提高工作效率,加快项目问题的处置解决力度。会议要求:一是要求以问题为导向,提高工作效率,严格开展“三定三查”督查工作。二是以目标为导向,加快工作进度,企业要“计划好、组织好、实施好”项目工程计划,责任单位要“配合好、协调好、服务好”项目推进。

东湖区扫黑除恶专项斗争调度会。4月20日上午召开,会议要求,各单位要提高认识,深入基层挖掘线索,加强信息沟通和配合。区扫黑除恶专项斗争领导小组副组长区政府副区长、公安分局局长陈国梁要求各单位结合部门职能加强宣传,大力营造良好的宣传舆论氛围,加大线索收集力度,坚持“有黑打黑、无黑除恶、无恶治乱”的原则。会议强调,各单位要提高政治站位,认清扫黑除恶专项斗争的意义,明确工作目标工作主动靠前,各专项工作组和成员单位每周上报工作进展情况,领导小组每月召开1次调度会,各行业主管部门针对监管领域特点结合自身工作职责制度出一套有效的工作方案,各部门形成合力坚决打好扫黑除恶专项斗争攻坚战。

江西省妇幼保健院周边环境综合整治工作动员部署会。4月26日下午,在区政府第一会议室召开。会议指出,随着人民群众对医疗保健服务需求的日益增长,以及国家“全面两孩”政策的实施,赴省妇保就诊患者、分娩的孕产妇,健康体检、保健服务的人员不断增长,医院周边环境不断恶劣,依法打击非法医疗广告和非法行医,依法取缔医院周边违章摊点和违章建筑,整治交通乱象、“群租房”乱象等刻不容缓。会议要求,各责任单位一是要充分提高认识,加强领导,将整治工作列入重要议事日程,做到分工明确、责任落实、推进有序。二是要把宣传引导贯彻整个过程,公开曝光违法行为。三是要多措并举,确保成效,把整治工作作为头等大事来抓。区委、区政府将加强督查，严肃问责，对整治工作中不作为、乱作为、不配合、推诿扯皮、弄虚作假的单位及个人依法依规严肃处理。

东湖区政府创建国家食品安全示范城市中期评估工作推进会。5月3日召开，会议指出，一是材料准备要到位；二是组织领导要到位；三是任务落实要到位；四是督导检查要到位。要全面通过中期评估考核，为创建国家食品安全示范城市做出应有的贡献。会议指出，一要强化综合协调，严格落实责任；二要强化亮点创新，突出示范带动；三要强化氛围营造，抓好宣传教育。

东湖区2018年全区经济运行工作会议。5月4日上午，在区政府常务会议室召开。会上，区财政局、区统计局、区商务局、区发改委、区国税局、区地税局分别就前一阶段牵头经济指标完成情况、存在问题及下一步工作举措进行发言。街道组、区直单位组前三名进行经验交流。会议要求，各经济责任单位一是要趁势而为，争信心；二是要认真分析，找差距；三是要加强调度，抓重点；四是要强化协同，求效率；五是要紧盯目标，抢后劲，确保完成全年经济工作任务。

东湖区政府2018年廉政工作会议。5月7日上午，在区政府常务会议室召开。会议指出，召开区政府2018年廉政工作会议，主要任务是贯彻落实国务院、省政府和市政府廉政工作会议精神，总结2017年政府系统廉政工作，安排部署2018年政府系统廉政工作。会议强调，要以更“清”的视角看形势。2017年以来，全区政府系统认真贯彻落实中央、省、市部署要求，推动党风廉政建设取得明显成效。同时也要看到，仍然存在一些不容忽视的问题，务必要高度重视，拿出过硬的措施和办法切实加以解决。要以更“高”的站位抓落实。全区政府系统要提高政治站位和政治自觉，坚决维护以习近平为核心的党中央权威和集中统一领导，坚守政治信仰，站稳政治立场；严守政治纪律和政治规矩，始终在思想上政治上行动上同党中央保持高度一致，不折不扣落实党中央的决策部署。要以更“实”的举措促发展。全区政府系统要坚持问题导向，狠抓政风建设，强化制度保障，严明行政纪律，为经济社会高质量发展提供有力保障。加大简政放权，着力优化政务环境，聚焦重点领域，严格规范权力运行，强化责任担当，狠抓决策部署落实。要以更“严”的要求转作风。全区政府系统要大力倡导“深、严、细、实”的作风，重点整治不作为、乱作为等作风问题，让每项工作都抓而有实、抓而有效，全力推动各项工作提质提效。充分发挥领导干部“头雁效应”，层层传导和压实责任；不断加强廉洁自律，巩固思想防线；坚持廉洁从政守底线，死死盯紧风险点和薄弱环节，切实让干部守住底线。

东湖区“美丽南昌·幸福家园”环境综合整治工作调度会。5月8日上午，在区政协会议室召开。会议指出，城市建管“建”是基础，“管”是关键。经过一年多的努力，全区环境有了明显改善，得到省市领导肯定、百姓点赞。但要清醒认识到，城市管理永远在路上，需要久久为功才能出实效。会议强调，要再认清形势，善于发现问题，补齐短板，对标达标，力争走在全市前列；要再重视思想，鼓足干劲，以高度的紧迫感和责任感紧盯目标，再接再厉，全力推进环境综合整治工作再上新台阶；要再细化举措，抓好日常维护的同时，针对基础较差、整改难度大的项目进行专题研究，细化举措、立说立行，尽早取得突破；要再凸显效果，在“美丽南昌·幸福家园”环境综合整治工作全面推进阶段中，确保市容环境整治、城市交通畅通、城市文明提升三大工程共同推进，持续加大整治力度，尽早让城市环境顽症痼疾尽早破解。坚持以服务市民为遵循，以提升文明素质和城市文明程度为核心，以完善城市功能为基础，为打造富裕美丽幸福江西“南昌样板”贡献东湖力量。

东湖区2018年重大重点项目推进大会。5月12日上午，在区委常委会议室召开。会议指出，全区上下务必进一步深化对项目建设极端重要性的认识，坚持把项目建设作为稳增长的重要力量、调结构的重要抓手、惠民生的重要举措，狠抓、重抓、强抓项目建设。务必要清醒认识到，肯聚焦才是真重视，必须把项目建设作为一切工作的“牛鼻子”。认识到善操作才是真本事，必须把项目建设作为能力比拼的“赛马场”。认识到会团结才是真境界，必须把项目建设作为同心共进的“协奏曲”。会议强调，要抓贯彻落实。全区各单位要迅速传达和落实会议精神，切实把全区广大干部职工思想真正统一到区委、区政府对当前形势的判断上来，把行动统一到区委、区政府对下步工作的部署上来,确保把各项工作任务落到实处。要抓项目进度。各项目责任单位、承建单位要以争分夺秒、只争朝夕的精神,统筹安排、立即行动、全面提速、加快进度,严格按照工作任务时间表,细化任务、责任到人、倒排工期,确保高质量、高标准完成项目建设任务。要抓督查调度。项目挂点区领导要率先垂范,推动项目建设顺利进行;各项目单位要进一步明确任务、夯实责任,全力抓好项目的筹划、建设和实施工作;各责任单位要切实转变职能,主动为项目建设提供服务;区重点办要会同区委、区政府督查室加大专项督查力度,定期向全区通报进展情况,分析研判形势,努力形成项目建设人人鼓劲、个个出力、真抓实干的良好氛围。全区上下要进一步增强食不甘味的压力感、只争朝夕的紧迫感、义不容辞的责任感,齐心协力抓项目、雷厉风行抓推进,进一步掀起项目建设新高潮,为确保全区经济社会平稳较快发展共同努力。

东湖区2018年旧改工作推进大会。5月12日上午,在区委常委会议室召开。会议指出,一是要依靠"大力度"赢得旧改"加速度"。全区上下要用责任担当克服畏难情绪,要靠倒逼机制克服应付情绪,要以必胜信心克服厌战情绪,以越战越勇的信心和决心,以屡战屡勇的精神状态,全面完成各项征迁任务;二是要拿出"硬措施"啃下旧改"硬骨头"。要做到扫尾干净,妥善处理前期工作遗留的问题,为净地出让、项目进场打下扎实基础。要做到推进快速,不拖泥带水、不左顾右盼,说了的事就做、定了的事就干。要做到方法得当,依法依规按政策、按程序开展征迁工作;三是要亮出"硬作风"扛起旧改"硬责任"。要以问勤治散,对不愿作为者必究,重点解决状态不佳、精神不振等不作为问题,对不思作为、消极懈怠、推诿扯皮的干部严肃查处、严厉问责。要以问效治庸,对不善作为者必究,重点解决办法不多、措施不力等慢作为问题,对未按时完成的单位和个人将究责到底。要以问责治怕,对不敢作为者必究,借此保持昂扬向上的进取心、干事创业的精气神。会议强调,要统一思想,提高认识。各级各相关部门要把思想统一到此次会议精神和要求上来,把行动统一到区委、区政府的决策部署上来,切实增强责任感、压力感和紧迫感,凝聚思想共识,形成发展合力,扎实有效地做好2018年的旧改工作。要强化措施,狠抓落实。各级各部门要按照会议要求,结合各自工作实际,发扬东湖干部敢闯敢拼、攻坚克难的精神,加强协作、密切配合,汇聚征收工作强大合力;同时,对照任务要求,对各自责任进行分解和部署,尽快完成全年的房屋征迁工作任务。要精心组织,稳妥推进。切实做到掌握政策、吃透政策、用好政策,在政策范围内解决群众反映的问题和诉求。切实做到坚持公开、公正、透明,坚决杜绝违反政策乱开口子、营私舞弊等情况的发生。切实做到负起责任,在目标追求上高度统一思想,在工作重点上高度统一思想,在决策落实上高度统一思想,继续保持昂扬的斗志,以必胜的信心再掀房屋征迁工作的新高潮。

东湖区2018年招考委暨高考安全工作会。5月26日上午,在区政府常务会议室召开会议的主要内容是贯彻落实全国、全省高考安全及省、市高考考务工作会议精神及研究部署东湖高考期间各项工作,全力营造良好考试环境,确保东湖区高考安全顺利举行。会议传达学习全国、全省高考安全及省、市高考考务工作会议精神,介绍了2018年高考形势,并对工作做出部署,明确了各部门的工作职责。红谷滩新区教办分管领导、南昌二中、南昌十中、南昌十九中、实验中学校长就高考工作进行发言。区招考委部分成员单位负责人就各自高考安全保障任务完成情况及下一步工作进行发言表态。会议强调,一要提高政治站位,切实增强高考工作的责任担当。二要强化组织保障,以优良的作风确保工作落到实处。三要聚焦关键环节,以务实的举措推动高考平稳有序。最后还强调,高考各项工作已经进入关键阶段,时间紧迫,任务繁重。希望各有关部门、单位和招生考试战线的全体人员恪尽职守,开拓进取,脚踏实地,扎实工作,以对人民群众的满腔热情和对工作极端负责的精神,全力做好2018年的高考组考工作,确保2018年高考安全平稳顺利,向党和人民交上一份满意答卷。

东湖区生态环境保护工作推进大会。5月31日上午,在区政府常务会议室召开。会议指出,近年来,东湖区委、区政府高度重视环境保护工作,始终牢固树立保护生态环境就是保护生产力、绿水青山就是金山银山的理念,坚持生态红线底线,坚持生态保护第一，以持续改善环境质量和解决环境保护问题为目标，深入开展“蓝天行动”，实施餐饮油烟整治，从源头治理大气污染，强力“保卫蓝天”；实施省人民医院周边排污口截污工程，健全完善集中式饮用水水源地“一源一档”，实现饮用水水源保护区常态化管理，大力“保护碧水”；在全区实行畜禽禁养，推广使用生物农药和高效低残留化学农药、测土配方施肥等技术应用，建设生态沟渠、污水净化塘、地表径流集蓄池等设施，逐步实现废弃物资源化利用，有效“守护净土”，确保天蓝地绿水清。会议强调，虽然在大气污染防治、城区黑臭水体整治等环境保护方面做了些工作，但离中央、省、市的要求和广大人民群众的期盼还有一定的差距，下一步，将坚持以问题为导向，以等不起慢不得的气势，深入抓好环境保护工作。要保持头脑清醒。各级各部门务必要进一步强化思想认识，提高政治站位，高度重视环境保护工作，坚决落实中央、省、市关于环境保护的决策部署；要保持高度重视。各级各部门务必要强化责任担当，以“谁主管谁负责、谁审批谁负责、谁属地谁负责”的态度，抓好环境保护各项工作落实，始终保持高度警觉警惕，始终保持高压态势；要开展全面督查。区生态环境保护领导小组及责任单位要在全区开展全面督查，对全区生态环境存在的问题进行大排查、大整治、大扫除，建立工作台账，形成问题清单和责任清单，找准问题根源和症结所在，立查立改；要切实认真整改。针对督察发现的问题，要确保整改措施全面落实，问题整改全面到位，着力加强日常监管，坚持标本兼治，建立健全长效管控机制，抓紧抓实环境保护各项工作，为全力打好污染防治攻坚战贡献东湖力量。

东湖区法治东湖建设、普法工作暨“七五”普法中期督导工作动员部署会议。6 月 4 日下午，在区文化活动中心新闻发布厅召开。会议强调，要认清形势，凝聚共识，切实增强做好法治东湖建设和普法工作的责任意识。做好法治工作是全面推进依法治国方略、贯彻以人民为中心的发展理念和加快推进社会管理创新的必然要求，各级各部门要充分认清形势，凝聚强大工作合力，奋力做好法治东湖建设和全区普法工作。要抓住关键，精准发力，推动法治东湖建设和普法工作取得新突破。抓好领导干部“关键少数”，着力完善和巩固领导干部法制讲座等各类学法制度。抓“抓关键环节”，做到推进依法执政、建设法治政府、维护司法公正、强化全社会法治信仰、抓好法治工作队伍建设，深入推进法治东湖建设和普法工作。抓“关键领域”，以“增强人民群众获得感幸福感安全感”为总抓手，抓好法治东湖建设各领域的创新深化改革，积极适应人民群众多方位的法治需求。要对标考核细则、补齐短板，认真抓好“七五”普法中期检查督导工作。高度重视，进一步用好考核“指挥棒”；查漏补缺，进一步下足普法“绣花功”；压实责任，进一步耕好普法“责任田”；认真细致做好迎接中期检查督导的准备工作。要强化责任，形成合力，确保法治东湖建设和普法工作目标任务落到实处。加强领导，落实责任。全区各单位要始终在区委统一领导下，谋划和落实法治东湖建设和普法工作的各项任务。完善机制，形成合力。要建立健全党委统一领导，各部门单位协调配合，人民群众广泛参与的工作推进机制，形成法治工作的强大合力。加大宣传，浓厚氛围。要充分运用各类新闻媒体，进一步加大宣传力度，扩大法治东湖建设和普法工作的知晓度、关注度和影响力。

东湖区作风建设工作会议。6 月 5 日下午，在区文化活动中心召开。会议认为，加强和改进作风是党性要求的应有之义，是事业发展的客观需要，是人民群众的热切期盼。当前，中央和省委、市委把作风建设摆在更加突出的位置。不久前中办印发《关于进一步激励广大干部新时代新担当新作为的意见》，省、市分别召开作风建设大会，充分表明上级深化作风建设的坚定决心，再次释放了狠抓作风整治的强烈信号。他强调，面对前所未有的高压态势，务必以“对标看齐”的意识进一步凝聚作风建设的共识。全区上下必须对标中央的最新要求，对照省市的决策部署，进一步凝聚持续抓作风、深入抓作风、强力抓作风的共识，以更优作风树立党员干部更好形象，持续巩固拓展作风整治成果，进一步带动全区上下提振精气神、汇聚正能量，以风清气正的良好环境打造“百鸟朝凤”的发展磁场。会议指出，全区上下要认真查摆是否存在畏首畏尾、怯于担当“怕作为”，拖拖拉拉、效率低下“慢作为”，投机取巧、应付了事“假作为”,庸碌无能、安于现状“不作为”,消极懈怠、纪律松弛“乱作为”等“怕慢假庸散”的作风问题。他强调,面对积弊丛生的严峻现实,务必以“自揭家丑”的决心进一步瞄准作风顽疾的靶心。聚焦问题、自揭家丑、刀刃向内,目的就要把干部身上作风问题的“靶心”瞄准,精准发力、严肃整改,形成狠抓作风建设的强劲态势,从而实现“削皮剥肉见筋骨,祛毒强身早康复”,为东湖改革发展各项事业不断向前推进提供重要支撑和坚强保障。会议强调,作风建设永远在路上,全区各级组织和广大干部职工要以此次会议为新的起点,迅速行动起来,以对党、对人民、对事业高度负责的精神,切实改进工作作风,全力提升服务效能,为东湖经济社会又好又快发展提供更加坚强的作风保障!

东湖区中央环保督察问题整改工作调度会。6月11日下午召开,会议传达全市中央环保督察组约谈问题整改工作部署会精神,并就全面落实整改工作作出部署。高辉红强调,要高度重视,深化认识。各级各部门要切实提高政治站位,深刻认识到开展环保督察是党中央、国务院推进生态环境保护和生态文明建设作出的重大制度安排,不断夯实责任,不断增强工作责任感和紧迫感,推动整改工作落到实处。要立说立行,立即整改。各职能部门、各镇(街道、管理处)主要负责人要以上率下亲自抓,对交办的问题清单要立即行动起来,针对重点、难点、焦点问题制定切实可行的方案,不断加大整治力度,加密督查频次,确保做到及时、快速、全面、彻底整改到位。要协调配合,凝聚合力。各级各部门要凝聚工作合力,加强沟通协调和工作对接,切实做到信息通畅、整体推进,形成既各司其职、各负其责,又相互配合、密切协作的工作局面,全力抓好中央环保督察交办问题的全面整改,确保中央生态文明建设的各项决策部署在东湖落地生根、见到实效。

东湖区重点产业项目调度会。6月22日上午召开,会议了解项目进展,查找问题和不足,研究部署下阶段工作。会议指出,区委、区政府十分重视项目建设,始终将项目建设作为促进东湖发展的核心和引领,全区上下要坚定抓项目的决心和信心,不断加强项目调度、加大推进力度,全力推进项目建设各项工作,为项目建成投产奠定扎实基础。会议强调,要坚持目标导向抓项目,始终坚持以促进东湖经济社会的发展和提升为目标,坚持目标导向,始终将项目建设作为发展的重要支撑,一以贯之抓好项目建设工作。要坚持问题导向抓项目,经常深入项目现场,积极与项目建设方和业主沟通衔接,主动掌握项目进度和问题,一个一个分析,一个一个解决,以“解决一个就前进一步”的态度为项目建设开良方、献良策,为项目开工创造有利条件。要坚持建设推进抓项目,制定精准举措,加快推进速度,积极主动推进各项工作开展,尽早改变东湖现代服务业业态格局,尽快提升东湖现代服务业层次和水平,尽早改善东湖百姓享受优质生活的空间和平台。要坚持服务保障抓项目,主动靠前,不断推动服务再高效,切实帮助各项目单位解决项目推进中存在的各方面问题,在依法依规、安全生产的前提下,集中各方力量、各类资源,举全区、全局之合力全速推进项目建设。

东湖区旧改工作调度会。6月25日下午,在区政府常务会议室召开。会议指出,当前全区旧改工作在各分管区领导带领下,在各责任单位共同努力下,取得一定进展和成效,但仍然存在部分地块进展不快和历史遗留问题解决较慢的问题,形势严峻,压力巨大,全区上下务必要统一思想,认清形势,凝心聚力,奋力攻坚,加快推进旧改各项工作。会议要求,一要增强大局意识,同心同向抓旧改。发展是全区工作主题,项目是关键,旧改是基础。只有旧改工作快速推进才能为项目发展提供空间,才能为发展提供坚实基础,各单位务必要增强这个大局意识,全力以赴投入到旧改工作中去。二要增强责任意识,实在实干抓旧改。面对繁重的旧改工作,大家要拿出敢担当、真担当、能担当的责任意识来,用实在实干促工作落实,坚决完成区委、区政府下达的任务。三要增强攻坚意识,善作善成抓旧改。越是到关键时刻,越要干部增强攻坚意识,以任务为目标,做到严守政策,程序到位和真情动迁,同时加强创新,开动脑筋想办法,把难事办成、把好事办好。四要增强荣誉意识,率先争先抓旧改。各级各部门要充分发扬“崇尚荣誉,创先争优”的东湖精神,牢固树立荣誉意识,咬住目标不放松,狠抓落实不松懈,奋力争先,在全区旧改中形成你追我赶、相互赶超的良好局面,推动旧改工作快速有序推进,确保全区旧改任务顺利完成。

东湖区2018年“三看”项目工作调度会。7月16日晚，在区委常委会议召开。会议认为，“三看”活动是压力更是动力，东湖区必须把“三看”活动作为抓发展的良好展示平台，把“三看”项目作为东湖抓产业的主战场，全力以赴谋划好2018年全区“三看”活动，以良好的项目充分展示全区产业发展成果。会议要求，全区重点产业项目推进要进一步提高认识，突出重点，抓好落实，区委每周调度一次项目进展情况，项目挂点领导及责任单位汇报总结上周工作情况，部署下周工作计划，对主打项目更要每周调度，每天过问，以强力调度推动项目进展；各责任单位及项目业主单位要根据计划要求，倒排工期，倒逼任务，一切围绕项目快速安全推进，采取切实有效措施，抓好各项工作落实，确保项目按照时序进度顺利推进。

东湖区2018年旧改工作调度会。7月21日上午，在常委会议室召开。在充分听取各项工作汇报后，会议强调，要充分认清当前旧改征迁工作面临的严峻形势，充分了解当前肩负艰巨任务和巨大压力，切实增强全面完成征收拆迁任务的责任感和紧迫感，以背水一战的勇气，全力以赴加快推进各个棚改旧改项目征迁工作。刘闯要求，要加强调度，坚持挂图作战，每周定期召开专题调度会，听取进展情况，研究旧改征迁工作出现的问题，部署相关工作；要加强领导，负责包挂的领导要牢牢将旧改征迁工作抓在手上，坚持靠前指挥，紧盯一线，及时协调解决遇到的困难和问题。各责任街道、部门的负责人要冲锋在前，主动出击，全力推进各项工作进展；要加强督查，及时了解工作动态，反馈工作进度，对到时间节点仍未完成任务的要严肃问责。全区各责任单位要勇于担当、全力推进，确保完成全年目标任务，以优异成绩向市委、市政府交一份满意的答卷。

东湖区重大重点项目调度会。7月23日晚，在常委会议室召开。会议指出，项目建设事关东湖经济发展和产业发展大局，事关城区形象，是东湖经济社会事业发展的重中之重。当前，在项目推进过程中面临的困难不少、压力不小，大家务必要认清形势，切实增强推进项目建设的紧迫感和责任感。会议强调，要在项目建设中锤炼优良作风。各项目挂点领导和责任单位务必以全省作风建设大会精神为指引，切实强化责任担当，不断夯实责任，充分尽职履职，坚持杜绝“怕慢假庸散”的现象，在项目建设中树立“扬正气、破难题”的坚定决心，不断锤炼优良的工作作风。要在项目建设中提振工作能力。挂点领导要经常深入项目现场，亲自踏勘项目，全面了解项目实施的条件，全面掌握各类情况，并以问题为导向经常性调度工作，及时化解项目存在的困难，努力成为项目建设的“专家”。各责任单位要深入发现问题，及时报告、解决难题。部门之间要加强沟通，形成强大工作合力，全力以赴推进建设进度。要在项目建设中强化督查考核。相关考核部门要强化日常督查，对每个项目做出公平、公正、客观的考核，做好记录及台账并运用到各单位年终考核中。各责任单位务必要严格按照时间节点，倒排工期、狠抓进度，同时，在项目建设过程中务必要落实安全生产相关要求，坚决杜绝安全事故发生，确保项目如期、有序、安全地推进。

东湖区第四次全国经济普查领导小组第一次全体会议。7月24日上午，在区政府常务会议室召开。会议要求：各相关部门一是思想上要绷紧“一根弦”，切实把经济普查作为当前的头等大事来抓；二是行动上要拧成“一股绳”，部门之间要各司其职，通力协作；三是保障上要织牢“一张网”，要做到宣传到位、人员到位、培训到位、经费到位。

东湖区六大专项整治工作暨省安委会巡查组发现问题整改工作推进会。7月27日下午，在区政府常务会议室召开。会议指出，召开此次会议主要目是贯彻落实省安委会巡查督导南昌市安全生产工作反馈大会和全市专项整治工作会议精神，并对下一步工作作出部署，确保问题整改落实到位。会议强调，要以更高的政治站位抓安全生产。抓好安全生产既是贯彻中央和省、市决策部署的体现，也是加强和改进作风建设的体现，更是高质量发展要求的体现。要以更实的行动自觉抓安全生产。强化问题整改，对涉及东湖的相关问题，专人专班、逐一整改、逐个销号；强化隐患排查，重点排查水、电、气，建筑工地，电梯等特种设备等领域；强化机制建设，健全完善排查预警及整改机制，做到常抓不懈。要以更严的工作要求抓安全生产。责任落实要到位，从严执法要到位，协调联动要到位，明确监管责任、属地责任和企业主体责任，推动全流程监管执法，不留盲点、不留死角，做到有案必查、有案必结。

东湖区2018年重点产业项目、城市建管项目工作调度会。7月31日晚，在区委常委会议室召开。会上，区发改委通报全区重点产业项目的进展情况，区综管办通报区城市建管项目的进展情况，区委办、区政府办、区作风办通报产业项目、建管项目督查情况；各挂点区领导对项目进展进行分析并部署下一步工作。会议要求，各有关单位全力以赴推项目。坚持高位推动，以问题为导向，强化调度，推动问题解决，扫清发展障碍；不遗余力强服务。挂点领导和责任单位主动靠前，带着感情加强沟通对接，带着决心迎难而上，带着办法积极作为，以高效优质服务保障项目建设。

东湖区乡镇、街道综治中心实体化建设现场会。8月8日上午，在百花洲街道综治中心召开。会议指出，一要提高认识，思想上要重视，正视为什么要大力建设综治中心这一问题。综治中心实体化建设是上级的要求，是省委的要求，是市委2018年政法工作的重大重点项目之一，是区委的要求，同时也是形势的需要；二要明确目标，方法上要创新，解决怎么样更好建设综治中心这个问题。要按照“因地制宜，实战管用”的原则进行统筹谋划，顺着“搭好架子、充实内容、规范运行、形成经验、不断发展”这个总体思路，一步一脚印推进综治中心建设；三要加强领导，行动上要迅速，回答如何具体推进综治中心建设这一问题。

东湖区VR产业暨全区招大引强项目调度会。8月15日下午，在区委七楼常委会议室召开。会议强调，一要高度重视，各经济责任单位要认真做好招大引强工作计划与安排，将任务分解好。各单位主要领导要高度重视该项工作，分管领导要勤汇报勤请示勤沟通。二要抓紧时间，各经济责任单位要以“天”为单位倒排时间及进度，确保圆满完成任务。三要盯牢任务，牵头单位要根据市考核机制重新调整全区考核数据指标，并指导各经济责任单位在实际工作中做到有的放矢，保质保量完成全年任务。四要有力落实，各经济责任单位要群策群力、发动资源、开动脑筋，努力打破项目推进谈而未决、推而不进困局，确保项目快速、高效落地。

东湖区招商引资工作调度会。8月18日下午，在常委会议室召开。会上，区商务局通报全区招商引资工作情况，各经济责任单位汇报本单位招商引资工作情况，参会区领导就项目引进和项目推进等方面进行分析，并部署下一步工作。会议强调，一是要转变思想，招商引资是经济工作“生命线”，全区上下要有招商意识、有招商压力、有招商氛围，共赴招商一线，精准发力，认真贯彻落实省委常委、市委殷书记提出的“新、准、活、快、优、实”招商引资“六字”要求。二是要以项目为王，项目是经济发展引擎，各单位要注重项目质量选择，聚焦高大上企业、高精尖项目、高成长产业，瞄准世界500强、中国500强和领军企业、上市企业，强化联动，真情服务，开足马力推项目。三是要加紧调度，紧盯项目与指标运行情况，各层级要日跟踪、周调度，对存在的问题早发现、早研判、早处理，通过互通客商信息，共享招商资源、定期交流经验等形式，形成既相互竞争、你追我赶，又联动发展、共同提高的招商氛围。四是要完善奖惩，调动全区上下参与招商引资的积极性，要建立激励与约束相结合的招商引资考核奖惩机制，把招商引资放到更加突出的位置，主动加入到当前日趋激烈的招商引资竞争中来，全力推动东湖经济发展大跨越。

东湖区事业单位公务用车制度改革领导小组工作会议。9月11日下午，在区委第二会议室召开。会议强调，事业单位行业类别众多，单位类型复杂，经费来源多样，人员身份不一，因此，必须充分认识全区事业单位公务用车制度改革的复杂性。确定参改单位留车必须慎重，一是要体现公平、公正、公开的原则；二是要讲政策、守规矩；三是要改出实效，在充分考虑各方面因素的前提下，合理确定保留车辆，确保改革工作有序推进。

东湖区2018年南昌国际马拉松比赛（东湖段）工作部署会。9月28日上午召开，会议对各项筹备工作进行再动员、再部署、再推进。会议指出，全区各级各部门要严格按照市委、市政府的部署和要求，精心组织，周密部署，做到把状态调整好、把精力投进去、把标准立起来，进一步查找问题、对标整改，全力以赴完成好马拉松各项准备工作，确保此次马拉松赛取得圆满成功。会议要求，要统一思想，高度重视抓认识。南昌国际马拉松比赛是市委、市政府重点打造的体育赛事，对于促进体育与城市融合发展具有十分重要的意义，事关全市在全国知名度和影响力的提升。各级各部门务必要统一思想，提高认识，以高度的责任感投入到各项筹备工作中去；要紧盯问题，千方百计抓落实。赛事将近，工作千头万绪，各责任单位要坚持以问题为导向，根据既定方案要求，分类列项，精确完成时限，实行清单管理，确保责任落实到人，工作落实到位；要通力协作，积极配合抓协调。筹备工作是一项系统性的工程，涉及方方面面。综合协调组要加强统筹协调，切实把每一个节点的工作措施到位、责任到人，确保每个环节高效运转、精准到位。各责任单位要增强协作意识，加强协调沟通，积极主动，既各负其责、又通力协作，做到全区一盘棋；要广泛宣传，借势而为促发展。南昌国际马拉松赛事是一个全方位展示东湖人民良好精神面貌和经济社会发展成果的重要契机，对促进区域经济社会发展的拉动有明显作用。本次赛事期间聚集众多世界优秀马拉松选手、体育界人士和新闻媒体，东湖要以此为契机，强化城市宣传，大力推介东湖的良好区位优势和投资环境，进一步提升东湖知名度和影响力，让更多人了解东湖、走进东湖、投资东湖。

东湖区经济运行调度会。11 月 15 日下午，在区综合服务中心政府常务会议室召开，专题调度当前全区经济运行工作。会议指出，年终将至，全区经济工作也到了年终扫尾攻坚阶段，1—10 月经济工作在全区上下共同努力下，取一定成效，部分指标在全市位居前列。成绩值得肯定，当同时也要看到仍有部分指标在全市排名靠后，压力巨大。各级各部门务必要高度重视，把经济指标的冲刺当作年底政府工作的头等大事来抓，确保全面完成年初制定的各项任务。高辉红强调，要在克难奋进中提振信心。在经济下行压力不断加大的情况下，克难奋进，自我加压，保持了全区经济社会发展稳健运行，绝大多数指标都实现稳中向好。各经济责任单位要进一步树立大局意识、提振工作信心，全力以赴抓好经济工作。要在认清形势中正视差距。透过三季度经济指标，可以看到各经济责任单位进度完成情况差别较大，有的已超额完成时序进度，有些进度落后较多。各经济责任单位要深入分析、正视差距、找准问题，充分发挥出能动性，持续加强与企业对接，做好服务。要在聚焦目标中完成任务。各经济责任部门在思想上要有危机、在路径上要有方法、在行动上要有配合，把经济指标任务转化成实实在在的行动，通过深入分析，研究完成目标任务的办法，拿出管用措施，切实加强调度，共同抓紧抓牢最后阶段经济工作，力争全面完成全面目标任务。

东湖区深化全国文明城市创建工作动员部署会。11 月 19 日下午，在区文化活动中心三楼演艺大厅召开。会议强调，要横下一条心，以最坚决的态度对待复牌之战。全国文明城复牌迎检工作已经到了最后冲刺关头，各级各部门务必要保持清醒、提高认识，面对严峻形势，要以“别无选择”的态度深化细化各项创建工作；面对突出问题，以第三方测评及实地暗访问题为重点，下狠功夫彻底整治；面对暗访调研，按照创建要求强化自身建设，着重加强城市建设和管理的日常工作，推进创建工作常态化。要铆足一股劲，以最坚实的举措迎接复牌之战。坚持问题导向，紧盯薄弱环节，深刻剖析根源。在具体推进中要强化举措、精准发力，确保创建工作在短期内发生明显变化，主要是做到“三个聚焦”：聚焦复检指标，逐一过关；聚焦重点难点，各个击破；要聚焦素质提升，共建共享。要共尽一份责，以最坚定的担当保障复牌之战。复牌是一场集体会战，没有旁观者，只有主力军。各级各部门要牢固树立大局意识，共尽一份责任、齐出一份力，确保各项创建工作推进落实到位。强化组织领导之责。区领导要深入一线、靠前指挥，及时协调解决创建过程中遇到的各类问题；区文明办和区综管办承担起统筹各方、沟通协调和管理监督职责；各级各部门党政“一把手”发挥领头人作用，高位推动迎检工作深入高效开展；压紧部门联动之责。各级各部门要牢固树立“一盘棋”思想，既各司其职、各尽其责，又协同作战、合力攻坚；落实宣传造势之责。进一步强化宣传发动，大力营造创建工作良好氛围；严格督查考核之责。全面加强对迎检工作的检查、指导和考评，做到复牌迎检工作开展到哪里，问效问责就跟进到哪里。

东湖区 2018 年总河（湖）长会议。12 月 18 日下午，在区政府常务会议室召开。会议指出，2018 年以来，全区上下认真贯彻执行党中央国务院、省委省政府、市委市政府和区委区政府关于全面推行河湖长制工作的部署要求，真抓实干、精准施策，河湖长制组织体系更加完善，专项整治更加有力,基础工作更加扎实,各项工作取得阶段性的成效。但同时,也要清醒认识到,水体污染问题不寻常,河湖长制工作不平衡,日常巡查管护不规范等问题依然存在。会议强调,要以如履薄冰的危机意识,切实增强做好河湖长制工作的行动自觉,以强烈的历史使命感和责任感,以更高的标准、更严的要求,更大的干劲,深入、全面、扎实、有效推进河湖长制工作。要以抓铁有痕的坚强领导,努力凝聚做好河湖长制工作的强大合力。要强化河湖长履职尽责,坚持守土有责、守土担责、守土尽责;要强化河湖长制考核督查,确保把河湖长制工作放在心上、扛在肩上、抓在手上。要强化河湖长制宣传教育,努力营造全社会关心、支持、参与和监督河湖管护工作的良好氛围。要以凤凰涅槃的强大决心,全面夺取做好河湖长制工作的更大成绩。要切实抓牢基层落实和信息收集,既要立足于治、更要着眼于管,抓好保障和协同,切实把河湖长制工作做细做实做出成效,为打造"实力东湖、活力东湖、魅力东湖",为助推做大做强做优大南昌都市圈,共绘新时代江西物华天宝、人杰地灵的新画卷做出东湖新的更大贡献。

区政府办公室工作

【概况】 2018年,在区委、区政府的正确领导下和市政府办公厅的精心指导下,区政府办公室以习近平新时代中国特色社会主义思想为指导,认真学习贯彻习近平新时代中国特色社会主义思想,秉承"严谨高效、运转有序、和谐共事、有战斗力"的工作理念,按照"具备绝对忠诚的特质、弘扬服务大局的特性、培养奉献担当的特长、树立严谨规范的特色、打造廉洁自律的特征、创立健康活泼的特点"的具体要求,紧紧围绕区政府中心工作,总揽全局、协调各方,狠抓落实,各项工作稳步推进、成效显著。

【政务督查督办工作】 2018年,区政府办公室强督查、促落实,持续推进政务督查督办工作。建章立制,理顺督查机制、严格问责标准,全面提高督查问责成效。着重围绕《政府工作报告》中明确的目标任务、区政府常务会议确定的工作任务和要求,以及区委、区政府的年度重点工作,对全年工作目标进行责任分解到各单位,将工作目标加以细化,开展政务专项督查。围绕重大重点项目建设、旧城改造、城市建管、招商项目、消防安全等重点工作,进行深入细致的实地督查80余次,重大事项督办核查到位率、专项督查核查到位率均为100%。强化人大建议政协提案办理的专项督查,办理人大代表建议76件,政协提案108件,办结率、满意率均为100%。

【办文办会工作】 2018年,区政府办公室重规范、促高效,有效提升办文办会办事水平。一是综合文稿质量高。准确把握发展形势,充分体现领导意图,每一篇文稿都力求做到精益求精。尤其是面对换届后领导调整带来的文稿风格变化,主动对接,全面融入,做到及时换"头脑"、改思路、变文风。全年,共起草各类文稿材料120余篇,其中,政府工作报告、"三看"解说词,区委十二届五次、六次全体(扩大)会议等重要会议文稿得到区领导的充分肯定。二是公文办理水平高。严格落实公文收、办、发、阅、传、存责任制,草拟印发各类政府文件1400余件,均无延误、无滞留,零失密、零遗失。三是会务筹备效率高。认真筹备和保障区政府全体会议、常务会议、办公会议、专题调度会等各类政府会议,协助筹备和保障了各类全区性会议。同时,协助相关部门做好各类大型活动的保障工作,统筹协调、保障旧城改造、迎接市产业及建管"三看"活动等一系列活动的顺利进行。重大活动协调到位率达100%,重要活动、重要事项、重要接待均为"零差错"。

【政务公开和电子政务工作】 2018年,区政府办公室抓公开、促透明,全面加强政务公开和电子政务建设。围绕区委、区政府工作重点,及时、准确、全面提供信息,为市委领导科学决策提供重要依据。全年共报送信息560余条,主动公开各类政务信息2.6万余条。通过"南昌东湖区发布"微信公众号发布信息1000余条,通过微博客户端发布政务微博4000余条。围绕人民群众关心热点、难点问题和全市改革发展中的重点问题,全年共办理省、市、区人大代表建议76件、政协委员提案108件,办结率和满意率达100%。

【应急管理工作】 2018年,东湖区应急管理工作坚持以人民为中心的应急管理体系建设,大力提升事故灾难应急处置能力，成功有效地应对了各类突发事件。一是健全完善组织体系、切实加大投入力度。以全市应急管理基层规范化建设进学校试点为抓手，创造了东湖好经验。属地街办（镇、管理处）、专项应急指挥部办公室参照“16个1”的标准推进规范化建设。应急经费纳入本级财政年度预算。区政府投入167.443万元购置器材装备。将专职消防员人头经费提高到将专职消防员经费定为每人每年7.42万元。及时维护省综合应急系统、市综合应急系统（含手机平台）。二是不断加强应急值守、强化信息报送实效。区应急办（区政府值班室）实行每天24小时值班制度和领导带班制度。在春节、各级“两会”等重点敏感时期，全区各部门实行分类值守，细化节假日应急值守查岗机制，确保分类值守纪律落到实处。强化信息报送时效，细化首报、续报、电话报、书面报、现场粗报、细化精报等程序，确保突发事件信息归口管理、按程序报送。推进总值班室建设。三是深入推进预案编修、强化宣传教育力度。完成《东湖区农业转基因生物安全突发事件应急预案》《东湖区农业重大自然灾害突发事件应急预案》等十余个专项预案、行业预案的编制修订工作；按照灾前、灾中、灾后的不同情况，分类宣传普及应急知识，使公众了解和掌握在遭遇突发公共事件时进行自救、互救及配合政府救援的正确方法；以各级综合减灾示范社区创建为契机，推进社区应急人员疏散体系建设。四是常态开展应急演练、锤炼应急业务能力。区应急委员会制定下发《关于做好2018年度应急演练工作的通知》，全区各单位有关单位根据总体预案、专项预案、工作预案等，结合该辖区、该专项应急指挥部、该单位的工作实际和往年预案演练的情况，瞄准高风险隐患，制定年度应急演练计划。区应急救援大队严格按照《训练大纲》，开展多种形式的小比武、小会操、竞赛活动，提升训练效果。五是强化应急预警防范、妥善开展应急处置。面对1月中下旬的低温雨雪冰冻天气，第一时间下发通知、组织召开专题会议，进行周密部署，确保全区人民群众生命财产安全，正常生产生活秩序。

【民族宗教工作】 2018年，东湖区政府办公室（民宗局）坚持以“和谐稳定”为目标，以落实民族宗教管理“三级网络两级责任制”为抓手，推进民族宗教工作各项任务的落实，依法依政策推进民族宗教事务的管理，努力营造民族更加团结、宗教更加和顺、社会更加和谐的环境。全面推进基督教私设聚会点、佛道教商业化及露天大型宗教造像整治及民间信仰场所普查等工作。强化宗教执法力度，按照“保护合法，制止非法，遏制极端，抵御渗透，打击犯罪”的原则，加大非法宗教的打击力度。强化对宗教场所的日常督促检查。加强重点时段安全保障，特别是加强春节、圣诞等节日宗教场所的安全检查和应急值守工作。结合宗教专项整治工作，切实提高依法管理宗教事务的能力。组织编发发《宗教工作学习手册》《宗教管理应知应会读本》共计2000册，普及宗教工作应知应会知识。举办专题培训班，组织全区宗教界人士、民宗干部进行《宗教事务条例》、宗教管理知识学习。规范发放穆斯林群众牛羊肉补贴。强化辖区少数民族流动人口服务管理，落实《东湖区推进南昌市创建全国少数民族流动人口服务管理示范城市实施方案》，完善服务体系。加强与新疆驻赣人员服务管理工作组的沟通联动，并举办双方座谈会，强化管理。协调解决了20人少数民族流动人口随迁子女就学问题。

【加强自身建设】 2018年，区政府办公室以“严谨高效、运转有序、和谐共事、有战斗力”为标准，多措并举加强机关自身建设，不断优化干部队伍、不断加大人文关怀力度，全办公室上下干事创业的浓厚氛围进一步巩固。一是以“更先一步”的政治自觉，开展专题活动。开展“不忘初心、牢记使命”主题教育，用党的创新理论武装头脑，进一步强化办公室广大党员干部的党性意识。二是以“更深一层”的思想认识，组织理论学习。始终注重干部的思想政治教育工作，多措并举，推动干部职工学习理论、掌握理论、应用理论，确保干部队伍政治素质过硬。深入学习区委十二届五次、六次全体（扩大）会议精神，进一步增强党员干部服务东湖发展的事业责任心。三是以“更实一些”的举措行动，提升服务水平。进一步完善办文、办会、办事流程，促进专业履职、规范履职，提升“三服务”水平。一方面，健全精细化的分工协作机制，将每一项任务分解到岗、分解到人，做到事无巨细；另一方面，健全内部管理制度，细化台账，做到各个环节都有追踪，发现问题可以及时纠偏，确保每一个环节无缝对接。

外事·侨务工作

【概况】 2018年,东湖区外事侨务工作贯彻中共十九大精神这条主线,把习近平新时代中国特色社会主义思想作为做好地方外事侨务工作的根本遵循,积极发挥外事侨务工作的职能作用,开拓创新,积极进取,全区外事侨务工作取得长足的进步。

【因公出国(境)审批】 2018年,区外侨办严格审批纪律和程序,将全区科级以上领导干部名册纳入东湖公安分局出入境管理科同步管理,并及时更新名单,切实做到动态管理,严格控制无实质性内容出访。提供优质服务,本着急事急办,特事特办的原则,及时完成区领导的出国(境)任务审批、政审、护照办理、签证申请等工作。

【对外友好交流合作】 2018年,区外侨办认真做好辖区企事业单位邀请外国人到东湖和辖区内企业申领APEC商务旅行卡等相关事宜的初审工作,为多家企业走出去和请进来等事宜进行审批,并经常进行上门服务。

【为侨服务】 2018年,区外侨办强化基础性台账,在侨情普查工作的基础上,做好全区侨务台账的日常管理,为下一步积极有效地调动侨界力量,更好地利用侨务资源助力“三个东湖”建设。强化送温暖服务。关心归侨侨眷的实际生活,坚持开展春节期间归侨侨眷知名人士和困难户走访慰问工作,加强日常走访和联系,妥善解决归侨侨眷在生活工作中遇到的实际困难,使广大归侨侨眷共享改革发展成果。

信息化建设工作

【概况】 2018年,东湖区紧紧围绕构建“实力、活力、魅力”东湖目标,以信息化优化政务服务,以信息化助推“放管服”改革,求真务实、真抓实干,较好完成各项工作任务,推动全区电子政务和信息化建设迈上新台阶。

【政务网络安全保障】 2018年,东湖区强化政务网络建设。政务网络覆盖范围进一步延伸。为方便各社区接入政务信息网络的外网,办理相关业务,中心添置VPN设备,各未接入政务信息网络外网的单位可通过拨号的方式接入,初步实现区、街道、社区三级政务网架构。政务网络安全稳定性进一步增强。加强政务信息网络的外网的安全运维,中心添置下一代防火墙设备,该设备在政务网络运维全过程内提供对风险的认知、对保护过程的认知和对结果的认知,确保政务网络的安全可靠运行。为保障政务大楼外单位(各镇、街道、管理处、垂管单位等)高效接入政务信息网络,升级大楼外单位汇聚交换机,该交换机可提供超1000台终端的接入能力,保障各政府大楼外单位稳定、快速接入。

【政府门户网、政务服务网建设】 2018年,东湖区进一步加强政府门户网站管理。1月,改造升级后的新版东湖区人民政府网站正式上线运行,新网站的上线进一步提升政府服务效能,提高政务公开质量,更加适应、符合“互联网+政务服务”要求,其已经成为东湖政民互动主要桥梁。为有效对加强政府门户网站日常管理,先后制定《东湖区人民政府网站管理办法》《东湖区人民政府网站信息审核发布制度》《东湖区人民政府网站奖惩办法》等系列文件,建立月度通报制度,每月对各单位在门户网站更新情况进行通报,并将通报结果纳入政务公开考核范围。区政府门户网站在2018年度全省政府网站绩效评估中被省政府办公厅评为优秀网站。完成“政务服务网”平台的升级改造。通过此次升级,促进权责清单管理平台、审批系统、网上办事大厅的整合,推动线上线下政务服务融合,为电子证照建设工作打下坚实的基础。加强网站安全建设。通过内容检测公司对网站发布的内容进行扫描,避免内容上出现安全问题。通过网络安全厂商对网站服务器存在的漏洞进行扫描,避免服务器受到网络攻击,确保政府网站和政务服务网的安全运行。

(丁　一)

政协南昌市东湖区委员会

综　述

2018年，在中共东湖区委的坚强领导和南昌市政协的关心指导下，东湖区政协坚持以习近平新时代中国特色社会主义思想为引领，牢牢把握团结和民主两大主题，认真履行政治协商、民主监督、参政议政职能，为东湖新一轮大建设、大发展、大跨越发挥积极作用。

坚持政治引领，在理论武装上促深化。认真贯彻落实中央和省委关于加强新时代人民政协党的建设工作有关精神，先后向区委请示报告重要工作、重大事项4次，始终将政协工作置于区委的坚强领导下。把学习贯彻习近平新时代中国特色社会主义思想和中共十九大精神作为首要政治任务，通过常委会带头学、微课堂发布学等多种形式组织引导委员全面深入学习，努力做到学懂弄通做实，筑牢同心之基。6月下旬至7月中旬，组织全体委员和机关全体干部深入开展习近平总书记关于加强和改进人民政协工作重要思想学习研讨活动，自觉与区委、区政府同频共振、同向发力。

坚持政协定位，在协商民主上稳推进。首次开展政协大会发言协商，首次全会期间以专委会会议形式开展民主协商。在九届三次大会开幕式上，5位委员分别代表界别和专委会就加强安全生产监管队伍建设等主题作大会发言。大会期间，各专委会组织委员围绕如何“做好美丽东湖新篇章”等五个专题对区政府工作报告进行热烈讨论，民主协商。九届九次常委会对环卫工作进行专题议政协商。

坚持围绕中心，在参政议政上善作为。围绕强产业、兴城市、惠民生等全区中心工作，各专委会找准建言切入点，开展专题调研、视察、协商，提出针对性建议，为东湖经济社会发展当好“智囊”。常委会关注民生热点，专题听取社会化养老服务工作通报，专题协商环卫工作，区政协主席会议专项视察城区防汛和内涝处置工作。九届三次会议以来围绕教育卫生、食品安全、社区养老等方面的民生类提案，全部得到较好落实。

坚持问题导向，在民主监督上求实效。常委会以问题为导向，组织委员通过提案、视察、建议、民主评议等形式议政监督，推动城区高质量发展。三次会议以来立案的101件提案均已办复，委员对提案办理的满意率达100%。常委会先后听取区发改委、民政局、财政局等单位的工作通报，畅通委员知情议政渠道，并提出工作建议。各专委会开展农村五保户生活状况、时间银行养老服务工作、居民区垃圾分类回收处理、预防接种、免费婚检等民生工作监督性视察。

坚持固本强基，在自身建设上抓提升。团结民主有加强。主动安排各民主党派和无党派人士参加区政协各种会议、调研和视察等活动，鼓励他们建言献策。在“三风”活动上强推动，重点打造贤士湖“三风”文化主题公园。专委会建设有细化。对各专委会提出完成一篇专题调研报告等“八个一”的工作要求并落实到位。界别工作有进步。在全区镇、街道挂牌建立15个界别委员社区(村)联络站。委员服务管理有完善。完善委员履职情况登记反馈办法，年初对大会参会情况进行点名通报，年底依据委员履职情况进行考核通报。机关建设有提高。发挥区政协党组领导核心作用，规范党组理论中心组学习制度，提升机关服务效能。

重要会议

【概况】 2018年,区政协始终紧紧围绕区委、区政府工作大局和重心,扎实履行协商民主、民主监督和参政议政职能。共召开1次政协委员全体会议,5次政协常委会议。

【政协东湖区第九届委员会第三次会议】 1月2—4日,中国人民政治协商会议南昌市东湖区第九届委员会第三次会议在区文化活动中心演艺大厅举行。会议应到委员243人,实到委员225人。会议审议批准区政协副主席欧阳桃花代表区政协九届常务委员会所作的工作报告和区政协副主席余坚所作的关于区政协九届一次、二次会议以来提案工作情况的报告;委员们列席东湖区十六届人大第三次会议,听取、讨论并赞同区长高辉红所作的政府工作报告;讨论并赞同区法院工作报告、区检察院工作报告及其他报告。

【区政协九届七次常委会议】 1月4日上午,在东湖区政协常委会会议室举行。应到人员35名,实到30名。会议听取区政协第九届委员会第三次会议各镇、街道委员联络小组讨论情况和各专委会会议讨论情况汇报,审议通过区政协九届三次会议决议(草案)。

【区政协九届八次常委会议】 3月28日上午,在东湖区政协常委会会议室举行。应到人员35名,实到31名。会议专题学习全国"两会"精神,听取区重点项目办2018年全区重大重点项目计划安排工作通报,听取区民政局居家养老"时间银行"志愿服务工作通报,审议通过2018年区政协常委会工作要点,并研究了其他事项。

【区政协九届九次常委会议】 6月27日上午,在东湖区政协常委会会议室举行。应到人员35名,实到33名。会议分两个阶段。第一阶段学习省政协主席姚增科在全省政协系统开展习近平总书记关于加强和改进人民政协工作重要思想学习研讨活动视频大会上的动员讲话精神(书面),学习全区作风建设会议精神(书面),研究了其他事项。第二阶段就环卫工作专题议政性协商。

【区政协九届十次常委会议】 9月20日上午,在东湖区政协常委会会议室举行。应到人35名,实到27名。会议专题学习省委、市委、区委全会精神,听取区政府办有关提案办理工作的情况通报,进行提案办理民主评议,研究了其他事项。

【区政协九届十一次常委会议】 12月28日上午,在东湖区政协常委会会议室举行。应到人员35名,实到29名。会议学习传达习近平总书记在中央政治局常委会会议听取全国政协党组有关情况汇报时的重要讲话精神,学习传达汪洋主席在全国政协十三届第四次常委会议闭幕会上的讲话精神,学习传达全国、省、市民营企业座谈会会议精神,听取区财政局有关财税工作的情况通报,协商通过区政协九届四次会议的有关事项。

提案工作

【概况】 区政协九届三次会议以来,共收到提案107件,经审查,立案101件,不予立案6件,立案率为94.39%。立案提案中,委员个人提案94件,占93.07%;集体提案7件,占6.93%。不予立案的提案,作为委员来信或社情民意转有关部门处理。截至2018年8月底,所立提案全部办复。从提案办理结果看,意见建议被采纳和反映问题基本得到解决的85件,占84.16%;意见建议和反映问题列入计划采纳与解决的14件,占13.86%;因受条件限制或其他原因难以解决的2件,占1.98%。从反馈意见看,委员对提案办理的满意率达100%。

【提案办理工作】 2018年,区政协常委会按照"围绕中心、服务大局、提高质量、讲求实效"的提案工作方针,多措并举,努力提高提案质量,注重选题引导,提案提交无纸化,严格审查把关。多点发力,着力增强办理实效,提案交办精准到位,办理协商广泛深入,同类提案集中协商,加强提案督查。创新方式,促进成果转化,召开提案"回头看",重点提案持续追踪,开展提案"双向评议"。九届三次会议以来提案内容丰富、重点突出,问题导向鲜明、针对性强,为区委区政府科学决策提供了有益参考。区政协对九届三次会议以来的12

件优秀提案和 3 个提案办理先进单位予以表彰。提案办理先进单位是东湖区卫计委、东湖区行政服务中心、东湖交警大队。

政协东湖区第九届三次会议优秀提案一览表

表 3

提案号	优秀提案	提案人	提案人所在单位
第 3 号	《关于推进老旧居住小区适老化改造，把居家养老落到实处的建议》	赖峥丽	江西省城乡规划设计研究院
第 4 号	《关于加强市政设施科学设置和维护管理的建议》	谌鲤强	东湖区人民检察院
第 6 号	《关于延长南昌市建筑物使用时间的建议》	范善田	南昌市豫章中学
第 7 号	《关于电梯安全隐患不容忽视的建议》	陈　飞	南昌市东湖中小企业服务有限公司
第 14 号	《关于行政许可材料建立首受负责制的建议》	执笔：何志勇	百花洲街道委员联络小组
第 16 号	《关于加快我区楼宇配套立体车库建设的建议》	林利平	江西省中恒建设造价咨询有限公司
第 45 号	《关于促进新金融与文化创意产业融合发展的建议》	卢国强	南昌中银财务管理有限公司
第 60 号	《关于在旧城改造过程中深挖历史文化底蕴，做好文物建筑保护工作的建议》	徐顺姣	东湖区房管局
第 74 号	《关于活用“八种方式”，提升招商引资水平的建议》	王妮娜	南昌市工信委综合处
第 75 号	《关于加强我区互联网普法工作的建议》	赵德莲	上海市锦天城（南昌）律师事务所
第 94 号	《关于别让共享单车成为城市牛皮癣的建议》	陈武军	江西省新赣商整合传播有限公司
第 101 号	《关于完善“马路本色”行动中细节的建议》	刘怀京	东湖区金宝贝月嫂中心

调研视察

【概况】 2018 年，区政协组织、引导各参加单位和全体委员通过调研视察、专题协商和座谈研讨等多种渠道和形式，知情问政，参政议政，从不同方面、不同角度、不同层次建诤言、献良策、谋实招，为区委、区政府科学决策提供参考，为促进全区经济社会发展发挥作用。一些调研报告得到区委、区政府主要领导的批示。全年，区委主要领导先后 8 次批示政协调研报告、视察报告、大会发言等，要求区相关单位认真研究、吸收采纳建议，推进工作。

【楼宇经济发展调研】 2018 年，区政协经科委召开座谈会，实地走访，详细摸排全区非学历教育培训机构办学情况，摸清非学历培训机构设置标准、门槛。围绕调研课题赴外地进行调研。提出东湖非学历教育培训市场发展的对策：以打造优质教育品牌为引领,规范培训机构发展,为区域经济发展增添色彩,盘点民办教育培训各类机构,规范民办教育培训市场秩序,区分民办教育培训审批办证;以打造教育培训基地为导向,集聚培训机构发展,为区域经济发展拓宽渠道,布好阵、锁楼宇,汇集各类培训机构定好位、引品牌,精准培育楼宇基地,梳堵清、优结构、发展教育产业园区;以打造全产业链为目标,拓展培训机构发展,为区域经济发展添砖加瓦,建立推广信息平台,挖掘推行新式商圈,培训推动相关产业。区政府主要领导批示调研报告:"剖析问题一针见血,提出的对策翔实可行,为老城复兴,唱响'学在东湖'品牌提出新思路,很有价值"。

【环卫工作调研】 2018 年,区政协人口资源环境城乡建设委员会开展环卫工作的调研。通过向全区发放调查问卷,到街道实地调研,摸清全区环卫工作管理模式、人员情况、环卫经费、机械化设备情况、作业要求和奖惩考核办法。针对存在的问题,提出如下建议:对照国家《城市环境卫生质量标准》的要求,全面提升区环卫作业质量;环卫作业应坚持一把尺子量到底,不能出现空白地段;优化环卫工人队伍年龄结构,增加对环卫工人的关爱;建立以综合考核结果为依据的奖惩机制,促进环境综合整治工作的长效常态;尽快形成将综管办、城管执法、环境卫生、市政园林等职能融为一体的大城管格局,促进环卫工作高效高质;研究制订环卫工作经费增长机制,更好促进区的环卫事业发展;将环卫工作专业化、市场化服务纳入区政府议事日程。区政府主要领导批示:此篇调研,通过环卫工作以小见大,对东湖城市管理工作中存在的问题和现状进行深刻剖析,并提出切实可行的意见建议,很接地气,也很有针对性和操作性,请区综管办、城管委学习、借鉴。

【政务服务工作专题调研】 2018 年,区政协社会和法制委员会对东湖区政务服务工作进行专题调研,并组织区政协、区行政服务中心及相关职能部门赴外地考察学习,提出如下建议:推动政务服务平台建设;选建一支队伍;优化政务服务内容管理;完善政务服务办事流程;畅通政务服务便捷渠道;提高政务服务监管水平。

【学前教育调研】 2018 年,区政协教卫文体委员会在对全区学前教育调研的基础上,为发展区学前教育,进一步坚持公益普惠,绘就东湖"幼有所育"新蓝图,提出以下建议:进一步完善优质学前教育资源的管理机制,形成联席制度、联合督查机制,落实投入增长机制,设立专职学前教育管理机构,科学设置网点布局;加强师资队伍建设,加大招录公办幼儿园在编教师力度;加快推进小区配套幼儿园回收管理工作,发挥政府统筹主导作用,部门协调通力合作,继续推进普惠性民办幼儿园认定和管理工作;规范民办园办园行为,提升保教质量,是创新挂牌督导,坚持办园行为督导评估,落实结对帮扶;坚持多渠道办园途径。

【商旅文融合发展调研】 2018 年,区政协文史学习和"三胞三属"联谊委员会组织委员,围绕"把南昌传统美食融入东湖文化旅游产业中,实现商旅文融合发展"这一课题开展调研,就如何把传统美食文化融入全区经济发展提出建议:以餐饮美食为纽带,打造特色美食街区,构建大东湖旅游圈;加强组织领导;发挥政策导向作用;增强龙头企业创新引领作用;加强宣传,多渠道推广"南昌美食"品牌。

【视察城区防汛和内涝处置工作】 5 月 25 日下午,区政协主席王玮率区政协主席会议成员对全区防汛和内涝处置工作进行主席会议视察。王玮一行先后查看象山北路建德观路口、百花洲路等积水点现场和改造后的广场北路,详细了解区重点易涝点及形成原因。在随后召开的协商座谈会上,区防汛办、区城建局通报全区防汛和内涝处置工作,区政协主席会议成员也纷纷发言,对如何做好城区防汛和内涝处置工作资政建言。

【视察"三风"文化社区(村)建设工作】 10 月 17 日,区政协主席王玮率区政协主席会议成员对全区"三风"文化社区(村)建设工作进行主席会议视察,王玮一行先后来到全区 11 个社区(村),对各镇、街道和管理处上报的 2018 年重点打造的"三风"文化社区(村)和"三风"文化墙建设工作实地查看。王玮要求,全区各镇、街道和管理处要加强工作力度,切实按照年初区委下发的《东湖区"兴家风、淳民风、正社风"活动 2018 年工作安排》文件要求,一项一项活动扎实推进,确保年度 20 项重点"三风"活动顺利完成,不断扩大活动的影响力，形成合力共促精神文明建设的浓厚氛围。

【市政协领导到东湖开展调研评价活动】 11月29日下午，南昌市政协主席周关一行到东湖区就开展习近平总书记关于加强和改进人民政协工作重要思想学习研讨活动取得的成效进行调研评价。市政协副主席周智安、朱东、熊志刚、万敏、胡彬参加。周关一行先后实地察看豆芽巷社区、贤士湖"三风"文化主题公园和火神庙社区"三风"活动居家养老"时间银行"，对区政协的履职成果转化表示肯定，对"三风"活动扎实深入开展予以赞赏。周关指出，东湖区政协的学习研讨活动开展得扎实有效，亮点纷呈，卓有成效；区委、区政府对区政协的工作领导有力、支持给力，区政协的履职成效也很明显。市政协副秘书长、办公厅和各专委会负责人、各县（区）政协主席、开发区（新区）政协工作联络部门负责人等30余人参加调研评价活动。

民主监督

【概况】 2018年，区政协寓监督于经常性工作之中，充分运用视察、调研、提案等载体，畅通渠道，广开言路，做到监之有方，督之有力。

【养老服务改革工作视察活动】 2018年7月20日，区政协社会和法制委员会组织委员对"时间银行"互助式养老服务改革工作进行专委会视察活动。委员们实地查看火神庙支行、小金台支行，认真听取区"时间银行"总行工作情况介绍。座谈会上，区民政局就全区"时间银行"互助式养老服务改革工作情况向委员进行通报，委员们对东湖在全省率先启动居家养老志愿服务"时间银行"工作模式，且经过短短8个月的运行取得良好成效，给予充分肯定。同时也提出要定期开展服务培训，提升专业服务技能；强化"时间银行"宗旨，提升服务精准程度；加强专业队伍建设，创建共驻共建模式等建议。

【提案办理】 2018年，区政协常委会按照"围绕中心、服务大局、提高质量、讲求实效"的提案工作方针，在提高提案质量、增强办理实效、促进成果转化三个关键环节上，做了大量工作，委员对提案办理的满意率达100%。

团结联谊

【概况】 2018年，区政协坚持团结和民主两大主题，充分发挥人民政协联系面广、包容性强以及协调关系、化解矛盾的优势，更加紧密联系各党派团体和社会各界，积极开展对外联谊和友好交往，营造良好发展环境，推进东湖发展。

【民主联谊活动】 2018年，区政协始终自觉加强同各党派、团体和各界的联系，主动安排各民主党派和无党派人士参加区政协各种会议、调研和视察等活动，鼓励他们建言献策，并认真听取他们对政协工作和促进东湖经济社会发展的意见建议，为他们知情明政、议政建言创造条件，营造民主团结、宽松和谐的环境；广泛开展对外联谊，加强与外地政协的联系与交流，先后接待辽宁葫芦岛市龙港区、浙江省杭州市拱墅区等县区政协组织来东湖区考察工作。

【"三风"活动】 2018年，区政协坚持从城区实际和政协组织特点出发，倾力推动全区深入开展"兴家风、淳民风、正社风"活动，对全年20项重点"三风"活动项目化推进。区政协主席会议对全区12个镇（街道、管理处）的"三风"文化社区（村）建设和"三风"文化墙打造情况进行视察，对百花洲街道、区教科体局等14个"三风"活动先进单位进行表彰。在全区推出居民"颂三风，读公约"活动，得到市政协周关主席的肯定和批示："东湖区'颂三风，读公约'这种活动很好，贴近市民，受众面广，影响力大"。重点打造贤士湖"三风"文化主题公园。创新开展"三风＋时间银行志愿服务"主题实践活动，用行动践行互帮互助、敬老孝亲的良好家庭美德和社区和谐风尚。开展"东湖暖心人"评选活动，征集"暖心人"线索3000余条，推出东湖交警大队协管员杜青等一大批身边"暖心人"，用身边榜样的力量助推社会向美向善。

（梅春兰）

群众团体

综　述

2018 年，东湖区各群团组织坚持“向中心聚焦、为大局聚力”，致力打造服务更优、品质更高的工作品牌。牢牢把握新时代群团工作的前进方向，强化政治引领，主动服务大局，深化改革创新，不断增强政治性、先进性和群众性，全力推动全区群团工作再上新台阶。各群团部门紧紧围绕工作职责，以服务东湖发展为己任，以发挥自身优势为路径，努力做到有实绩、有品牌、有特色，在抢抓机遇中找到新坐标，在推进发展中创造新业绩。

各群团组织始终把群团工作置于党的领导之下，坚决贯彻党的意志和主张，更好地引导群众听党话、跟党走。紧扣中心，勇挑重担，找准工作切入点，主动把工作的触角延伸到全区经济社会高质量发展的主战场，围绕推动经济高质量发展、“美丽南昌 · 幸福家园”环境综合整治、“时间银行”志愿服务等全区重点工作争当先进。持续深化群团改革，以问题为导向，抓紧解决制约群团工作发展的难题，进一步巩固改革成果、释放改革效应。从严从实抓好群团组织自身建设，建设高素质专业化群团干部队伍，真正让群团工作活起来、群团干部强起来、群团事业火起来。深入走进群众，坚持问需于民、问计于民，突出基层和群众在评价群团工作中的主体地位。真诚服务群众，把主要精力放在解民忧、增民利上，有针对性地开展创业就业、大病救助、法律援助、居家养老等服务。真心帮助群众，主动关爱弱势群体，做到知民情、解民忧、暖民心。

（区史志办公室）

职工工作

【概况】 2018 年，东湖区总工会以习近平新时代中国特色社会主义思想为指导，深入学习贯彻中共十九大精神，以“6123”工程总体思路全面落实工会各项工作任务，认真履职，团结动员全区广大职工为建设“实力、活力、魅力”东湖建功立业。荣获南昌市第十七届文明单位、南昌市第八届工人运动会团体总分三等奖和优秀组织奖、南昌市基层工会建设先进单位、东湖区社会治安综合治理目标管理综合先进单位等荣誉称号。

【基层工会组织建设】 2018 年，区总工会以“九大员”为突破口，抓好工会组建和职工（农民工）入会工作，依法推进“两新”组织普遍建立工会组织，扩大工会组织覆盖面。组织“九大员”441 人入会，完成市总任务的 111.3%。通过建立区域性、行业性工会联合会，对小微企业工会进行“二次覆盖”，努力消除建会薄弱区。成立东湖区步行街商业工会联合会及东湖区社会组织工会联合会，全区新建工会组织 61 家，新增会员 1693 人，完成建会任务的 152.5%。逐步推进“六型”工会组织建设，全区各级工会按照“六有”的标准，进一步加强规范化建设。全区共打造“六有”基层工会 1208 家，“六型”工会 8 家，其中，南昌市南京路小学工会、南昌市滨江学校工会委员会、南昌市东湖区扬子洲镇前洲村联合工会被市总工会评为四星级“六型”工会，南昌市东湖区文化广电旅游新闻出版局工会委员会、中国教育工会南昌市豫章小学委员会、江西省职业健康协会工会委员会、南昌五湖大酒店有限公司凯美开元名都大酒店工会委员会、江西百盛中山城百货有限公司工会委员会等被评为三星级“六型”工会。推进会员实名制管理,全区工会会员录入6.98万人,超额完成市总6.66万人的任务。

【推进职工服务中心建设】 9月份,区委常委会通过《南昌市东湖区总工会改革方案》,原则同意把原内设机构职工服务中心,增设为直属全额拨款的事业单位,编制3人。

【职工文体活动】 2018年,区总工会组织开展女职工趣味比赛、“我运动 我健康 我快乐”干部职工健步走活动。与区机管局联合组织开展主题为“坚定民族文化自信、弘扬中华传统节庆”的机关干部职工“端午节”包粽子比赛。组织100名干部职工参加“2018南昌城市定向挑战赛”、开展“职业病亚健康”免费义务健康咨询、理疗活动、组织200余人参加南昌市第八届工人运动会、举办“壮阔东湖潮 奋进新时代”庆祝改革开放四十周年全区职工集体跳绳比赛。全年共举办各类活动7次,有2200余名职工积极参加。

2018年12月28日下午,东湖区在区综合服务中心大楼广场举办“壮阔东湖潮 奋进新时代”庆祝改革开放四十周年职工集体跳绳比赛

【扩大职工卡普惠活动】 2018年,区总工会以南昌职工卡为载体,不断扩大办卡覆盖面,为基层和职工提供更加优质的普惠服务。开展东湖区“五一”普惠系列活动:联合旅游一卡通抽奖免费送60张旅游景点门票;抽奖送“五一”大礼包活动;出资45600元,抽取200名职工获取价值228元的自助餐券;出资5766元,组织93名职工参加星期八小镇价值100元的亲子月卡包月活动;组织全区干部职工积极参与市总工会的系列职工卡普惠活动等,让广大职工获得真正的实惠,提高对职工卡的认可度。

【职工维权服务工作】 2018年,区总工会依法维护职工合法权益,指导和帮助职工与用工单位签订劳动合同,代表职工与用工单位签订集体合同,推动提高职工社会保险参保率。组织职工参加“安康杯”竞赛,保障职工群众生命安全和健康权益。聘用“律师、心理咨询师和劳动关系协调师”,开展法律咨询和援助,心理疏导、劳动关系矛盾调解等,促进劳动关系和谐稳定。

【帮扶助困工作】 2018年,区总工会继续通过开展“春送岗位、夏送清凉、金秋助学、冬送温暖”等活动,对困难职工的精准帮扶和互助保障工作,为困难职工办理“住院大病二次保险”等。全年发放中央、省财政帮扶资金43.4万元,惠及困难职工237户,走访4名困难职工,给他们发放慰问金2400元。联合区人社局和扬子洲镇共同举办以“关爱妇女、促进就业”为主题的“三八妇女节”就业创业服务专场活动,免费提供就业创业服务人数600余人次,实现职业介绍300余人次,给妇女提供维权政策宣传和计生保健服务300余人次。开展“夏送清凉”活动,采购价值4.5万元防暑降温物资,给环卫工人、市政、园林绿化等一线户外工人共计300人送去夏季的清凉。“金秋助学”中为1名大学生发放助学金5000元。加强职工互助保障工作,全年完成保费型任务100万元,为20多名职工办理理赔慰问,理赔和慰问共计71863.33元。

【劳动技能竞赛活动】 2018年,区总工会“以当好主人翁、建功新时代”为主题,组织和指导基层工会和辖区非公企业立足本单位、本行业实际,开展多形式、多层次劳动竞赛活动。开展全区工会知识竞赛活动;区卫生系统开展“人民至高无上,患者是我亲友”演讲比赛、课件制作竞赛活动;区文广局开展东湖区外来务工人员卡拉 OK 大赛;区教科体系统开展东湖区第二十九届“骏马·中坚杯”(初中、小学组)教学竞赛;区园林所开展植物造型的修剪、常见病虫害的识别与防治、行道树细化管护、绿地细化养护等四项内容劳动技能大比拼;区档案局举办更换档案盒比赛;百花洲街道开展首届 ppt 制作竞赛;江西新通城有限公司举办第九届文化节切肉丝竞赛及“一勺准”竞赛;区政协举办建功“十三五”,迎“五一”公文写作比赛;区城管局开展环卫作业技能竞赛等。全年共开展劳动大竞赛活动 13 次,参加职工近千余人次。

【大力弘扬劳模精神】 2018 年,东湖区有 4 人获评“五一劳动奖章”称号;区司法局社区矫正管理中心获评江西省“工人先锋号”称号,江西良品铺子食品有限公司获评南昌市“五一劳动奖状”称号,区城市管理行政执法局机动中队获评南昌市“工人先锋号”称号。为大力弘扬劳模精神,东湖区在春节期间走访慰问部分省、市劳模,为 180 名省、市劳模发放慰问金 11.2 万元;“五一”国际劳动节前夕,组织全体劳模进行健康体检,11 名劳模参加全市疗休养。区总工会协助成立东湖区劳动模范协会,全程参与协会名称确定、《劳模协会章程》的制定、协会会员入会申请登记、召开协会成立大会等工作,区总工会拨付 10 万元经费、区政府财政支持 10 万元资金作为协会的活动经费。

(林如霞)

青少年工作

【概况】 2018 年,东湖区青少年工作在中共东湖区委、区政府的领导和关心下,聚焦主业,凝聚力量,围绕中心,服务大局,积极发扬“崇尚荣誉创先争优”精神,共荣获全国优秀团干、全国优秀少先队集体、“江西十大县级团委微信公众号”、全省共青团重点工作推进先进县(市、区)、全市共青团工作先进单位、全市共青团工作流动现场会第一名等多项荣誉。

【名著小书包爱心捐赠活动】 2 月,东青志愿者协会发起为“名著小书包”筹款活动,东湖小学、东湖公安分局、豫章街道等 35 个单位共筹集 88510 余元善款,折合“ 名著小书包 ”324 套。12 月 5 日,共青团东湖区委“青春扶贫扶志　助力文明创建”名著小书包爱心捐赠仪式在东湖区八一嘉实希望小学举行,与会领导和 35 个捐助单位代表给八一嘉实希望小学的贫困小学生发放“名著小书包”99 套。其余 106 个书包由捐助单位自行发放,119 个书包由崛美公益代为发放,所有书包均已全部发放贫困儿童手中。

2018 年 12 月 5 日,团区委在扬子洲八一嘉实希望小学开展“青春扶贫扶志 助力文明创建”爱心捐赠活动

【“时间银行”区校共建模式】 3 月 25 日,东湖区举办居家养老志愿服务“时间银行”区校共建签约授牌仪式,积极探索居家养老志愿服务“时间银行”和青年志愿服务的深度对接融合,着力发挥大中专院校的人力资源和智力技术优势,团区委与南昌大学、江西财经大学、江西中医药大学、南昌市卫校等四所院校团组织建立长期的“区校共建”模式,发动高校青年志愿者参与到此项民

生工程中。成功吸纳2100名青年志愿者为东湖“时间银行”服务，志愿者每周深入社区至少开展一次“时间银行”志愿服务活动，服务时长不少于2小时。全年开展“时间银行”志愿服务活动30期，服务空巢孤寡老人达1000余人次，较好的助力“时间银行”互助养老模式。

【五四青年节活动】 5月2日下午，东湖区第二届“东湖青年五四奖章”颁奖仪式暨践行“三风”青年事迹分享会在区文化活动中心三楼演艺中心隆重举行，共青团江西省委书记马健，市政协副主席黄耀华等出席活动。与会的部分领导给第二届“东湖青年五四奖章”获得者、提名者分别颁奖；5位优秀青年代表先后进行事迹分享，集中展示当代东湖青年的精神品格和价值追求。省青联委员代表，南昌市卫校、中国电建集团江西院勘测分公司的有关领导，各镇（街道、管理处）党委（党工委）书记、分管领导，区委各部门、区直各单位主要负责人以及青年代表、各方阵亲友团代表共计400余人参加活动。

【“团的基层组织建设规范年”活动】 2018年，共青团东湖区委扎实开展“团的基层组织建设规范年”活动，切实增强基层团组织的创造力、凝聚力、战斗力。全面完成村（社区）团组织换届工作，不拘一格地吸纳19名优秀在校大学生到（村）社区团支部开展为期1年的兼职团干工作，为村（社区）的团组织工作和志愿服务活动注入新鲜血液。全面录入“智慧团建”系统，按照时间节点要求录入并及时更新团组织、团干部、团员信息，完成率达100%。

【持续点亮“微心愿”】 2018年，团区委联合关工委开展“六一”扶贫助学慰问金发放工作，共捐助贫困学生、孤儿320人，发放慰问金额共19.2万元。撬动各方资源点亮“微心愿”约1710个助力脱贫攻坚，对接驻区单位完成100份扶贫保险的认领工作。“童心圆梦”公益行社区少年宫坚持每周持续送课进社区服务辖区贫困青少年儿童28期，让贫困青少年儿童享受到家门口的免费优质教育。

【东湖区少年军校夏令营】 8月，团区委联合东湖区公安消防大队举办2018年东湖区少年军校暑期夏令营活动，34名学员学习站军姿、叠军被、消防器材使用和急救包扎等各类技能，顺利完成为期7天的军事训练。2018年全区20所学校均开展“少年军校”进校园活动，每周有近1000人次参加活动。

【团建带队建】 2018年，团区委履行全团带队职责，抓住“六一”国际儿童节、“未成年人保护宣传周”“10·13”建队日等重要节点，组织区属各校大队部开展“你好，新时代”“争做新时代好队员——集结在星星火炬旗帜下”“关爱未成年人心理健康 助力快乐成长”等系列教育实践活动。积极承办“鼓乐铿锵 奏响新时代”南昌市第三届少先队鼓号队、管乐队风采展示大赛，东湖区代表队囊括全市唯一特等奖和唯一一等奖，展现了东湖少先队员们健康向上、积极进取的新时代风貌。

（于 凡）

妇女工作

【概况】 2018年，东湖区妇联团结带领全区各级妇联组织和广大妇女，围绕中心、服务大局，深入基层、服务妇女，为打造“实力、活力、魅力”东湖贡献巾帼力量。

【推进妇女儿童发展服务项目】 2018年，东湖区实施省级妇女儿童发展专项分3个。其中妇女儿童保障维权服务项目包括开展8场“建设法治江西·巾帼在行动”宣传活动，提供维权咨询、婚姻家庭纠纷调解、法律知识培训等服务。家庭家教家风建设服务项目包括开展24场“翁媪春晖·和家庭”系列展览、“默传至淳·传家教”系列讲座、“谆尽善言·识家风”系列朗诵以及“鸢飞鱼跃·识家风”系列亲子活动，推动形成社会主义家庭文明新风尚。农村女性实用人才技术培养及留守儿童家庭教育服务项目包括开展13场农技人才培训、留守儿童志愿服务，依托社区场地资源打造“微笑之家”妇儿服务阵地。

【走访慰问】 春节前夕，开展送温暖心连心走访慰问困难家庭活动，为24户困难家庭送去14000余元慰问金和慰问品。重阳前夕，走访慰问东湖区福利院老人，送去约7500元的慰问品。

【巾帼志愿服务系列活动】 2月13日,区妇联组织巾帼志愿者在彭家桥街办江中花园小区广场开展禁止燃放烟花爆竹、遵守禁爆规定、共建和谐家园活动,提升广大市民对禁燃政策的知晓率,引导市民自觉遵守禁燃规定,弘扬文明、低碳、绿色、环保的生活方式。3月8日,组织开展“敬老爱老·巾帼献爱心”时间银行志愿服务,为社区空巢老人、单亲家庭贫困母亲、失独家庭母亲包饺子,与当天过生日的高龄老人一起庆生,为18位高龄老人发放3600元慰问金。5月4日,区妇联在豫章街办下沙窝社区开展“青春暖夕阳 关爱促和谐”志愿者敬老服务,弘扬中华民族“尊老、敬老、爱老、助老”的传统美德。5月16日,区妇联在董家窑街办贤士二路社区开展“共担防艾责任,共享健康权力,共建健康中国”艾滋病防治宣传活动,倡导健康、文明、科学的生活方式。承办南昌市“时间银行她力量——垃圾分类 姐妹先行”公益项目启动仪式。组织动员广大家庭参与“清洁家庭”创建活动,制作600块清洁家庭牌匾、下发1000余份宣传单、印制1000个环保袋、表彰12户清洁家庭,用实际行动为“美丽南昌·幸福家园”环境综合整治贡献巾帼力量。

【传递家庭正能量系列活动】 三八前夕,区妇联组织开展最美家庭角色评选,活动共评选出12户最美家庭。3月9日,区妇联组织开展“凝心聚力 开拓进取”户外拓展活动,活动组织区妇联执委、各街道、区直各单位分管领导、妇女干部赴梅岭拓展基地开展活动,增强干部核心价值意识、强化个人心理素质、提升妇联队伍的凝聚力。5月15日,区妇联在董家窑街办贤士二路二大院内开展“倡导文明家风,抵制家庭暴力,共享美好生活”反家庭暴力宣传活动,让广大妇女知法懂法,远离家庭暴力伤害。5月17日,在区文化活动中心三楼演艺大厅举办“听懂孩子的心——教练式父母沟通技术”家庭家风教育的专题大型公益讲座,课程由业界知名的台湾昆山科技大学教授,咨询心理学博士陈恒霖主讲,为全场300多名家长提供“教练式父母”营养大餐。8月27日,区妇联在南昌市党章教育馆举办“廉洁文明家风建设”领导干部配偶警示教育活动,全区正科级领导干部,各镇(街道、管理处)副书记、各系统分管党风廉政责任工作的领导干部及2017年1月后新任副科级及以上职务的30余名领导干部配偶参加活动。

【关爱儿童系列活动】 儿童节前后,区妇联组织开展“书香赣鄱”东湖区全民阅读演讲大赛暨“我荐赣版书”大型读书活动、“儿童闹稚节·菖蒲承端午”六一少儿创意手绘乐器活动精彩纷呈,将传统文化与节日有机结合,为少年儿童送上精彩的节日文化传统大餐。世界读书日前夕,走访扬子洲镇八一嘉实希望小学,开展“放飞爱心 书送温暖”为农村留守儿童捐赠图书活动,为在校学生送去价值4250元的书籍。8月3日,在扬子洲镇庙后村森美生态园举办防儿童溺水教育活动,70多名儿童、家长观看预防儿童溺水教育片。

【村(社区)“两委”换届女性成员增加】 2018年,在全区村(社区)“两委”换届,实现了村(社区)妇联主席100%进“两委”,村(社区)女性正职比例超过10%,较上届有大幅增长。

(刘 达)

归国华侨工作

【概况】 2018年,东湖区侨联团结、动员广大归侨侨眷和海外侨胞,在省、市侨联和区委统战部的关心指导下,紧紧围绕区委、区政府的中心工作,始终坚持围绕中心、服务大局,紧紧围绕“为侨服务”这个主题,凝聚侨心侨力,为东湖发展做出贡献。

【“暖心助侨聚侨心”活动】 1月17日,区侨联联合滕王阁街道民巷社区举办“暖心助侨聚侨心”爱心发放仪式,活动为社区归侨、侨眷们送上由华人慈善家、澳大利亚ABC纸业总裁魏基成先生捐赠的棉衣棉被,送去党和政府的慰问,叮嘱他们要保重身体。

【“送法进社区”活动】 4月19日,东湖区委统战部、区政协社会和法制委员会、区侨联在百花洲街道小金台社区联合开展“送法进社区”公益讲座活动。区政协委员、区侨联委员、上海市锦天城(南昌)律师事务所合伙人赵德莲律师就“如何做好民间借贷的法律风险防范”和“遗产继承法”作实务专题讲座。讲座得到社区居民及社区侨属侨眷的欢迎，他们还就约定利息、违约金以及担保、遗产继承及社保退费等法律问题进行现场咨询。

【民巷社区侨胞侨属联谊会成立】 11月1日，东湖区滕王阁街道民巷社区侨胞侨属联谊会暨东湖区留学人员及家属联络站成立大会在东湖区滕王阁街道民巷社区居委会召开。江西省侨联党组书记、主席张知明，党组成员、办公室主任许晓燕以及市侨联主要负责人，区领导贾彧超、焦玉庄出席会议。民巷社区侨胞侨属联谊会暨东湖区留学人员及家属联络站为更好地团结、引导、服务归侨侨眷和海外侨胞提供了新的平台。

【开展新归国人员创新创业调研】 5月，区侨联与区市场和质量监督管理局开通“手牵手办证绿色快速通道”，为新归国人员创新创业创造高效快捷的办证通道。6—10月，区侨联在属地辖区内各街道社区、电子商务产业园、壹号文化科技园、电子商务产业园进行认真摸底和仔细排查，建立健全东湖区新归国人员创新创业人员电子档案，了解全区新归国人员的基本情况，为其排忧解难，促其健康发展，并听取他们对侨联工作的意见和建议。

【“侨企走访月”活动】 9月，南昌市侨联副主席许日强带领调研组到东湖区开展“侨企服务月”活动，走访调研江西省诚茂电子商务有限公司和江西樟树林文化生活公园有限公司两家侨资企业。调研中，调研组与侨资企业负责人座谈。通过大走访、大调研，深入了解侨资企业在经济结构调整中存在的实际困难和需求、侨资企业转型升级情况和侨资企业在经营过程中所遇到的共性问题和政策需求，并送法进侨企，维护侨企的合法权益，为侨企排忧解难。

【组织参加图片摄影大赛】 11月18日，组织侨界人士参加纪念改革开放40周年专刊和“美丽江西”图片投影大赛投稿34件作品，增强了海外侨胞对祖国的文化认同和当地社会人士对中国历史文化的感知，对中华文化在海内外的传承具有积极作用。

（黄　帆）

残疾人工作

【概况】 2018年，东湖区残疾人工作以中共十九大精神和习近平新时代中国特色社会主义思想为指引，以“全省站首位，全国列前位”为工作总目标，扎实做好残疾预防康复、教育就业、组织宣传文化体育、信访维权、扶贫解困等各项工作。被授予“南昌市残疾人工作先进县区”荣誉称号。

【学习宣传贯彻中共十九大精神】 2018年，区残联认真组织党员干部和残疾人专职委员学习中共十九大精神。4月11日，区残联联合区老干局，聘请党员老干部在残疾人之家授课，切实引领残疾人工作者以实际行动为东湖区残疾人事业发展、“美丽南昌·幸福家园”建设做出贡献。

【打造原生态文化创意画室】 2018年，区残联在“残疾人之家”精神残疾日间照料中心，建设打造“寻找精障会员中的毕加索”原生态文化创意画室。画室以原生态、健康为设计理念，购置桌椅、展示柜、画架、烫印化机等设施设备，并引导8名精障会员进行DIY创意伞、艺术水杯、木雕作品、创意手工画等产品的设计加工。会员创作的手工产品，均可在“东湖区八一公园手工艺品义卖中心”景区进行实体展示义卖，所得收入全归残疾人本人。

【“智慧残联”微信公众号上线】 4月，东湖区“智慧残联”微信公众号正式上线，创新“我想要”“我想帮”功能板块，在“我想要”板块中，设置办理残疾证、申领辅具、参加培训、爱心捐赠等一级目录20条，通过制作强大的残疾人大数据系统，残友在报名服务内容中，可自动匹配东湖辖区内所有残疾人的残疾证号、性别、年龄、残疾类别和残疾等级，所有项目均可实现线上申请。1245名残疾人通过点击“我想要”菜单，实现申领辅具一次不跑。26名0—7岁儿童家长通过“智慧残联”推文，了解了政策、得到了补助。

【分享残疾预防综合试验区创建经验】 4月25—27日，全国残疾预防综合试验区南部片区研讨会在南昌市前湖酒店召开，区领导贾彧超代表东湖区做典型经验介绍。中残联康复部领导对东湖积极落实国家残疾预防行动计划、完善工作机制、大力开展宣传教育活动给予高度赞扬。

【残疾预防综合试验区试点中期评估】 11月12—13日,中国康复研究中心副研究员姚志贤率全国残疾预防综合试验区创建试点工作中期评估组一行到东湖区进行试验区中期评估。区领导杨峻就两年来的残疾预防创建工作进行汇报。评估组还就0—6岁儿童监护人、孕产妇、残疾人和一般人群等四类重点人群进行问卷调查,实地调研区扬子洲卫生院、省儿童医院、省妇幼保健院、区百花洲街道社区卫生服务中心、区妇幼保健所计划生育服务中心5个定点机构,对试验区积极落实国家残疾预防行动计划、完善工作机制、大力开展宣传教育活动、群众满意度高给予充分肯定。

【残疾人家庭医生签约工作】 2018年,区残联联合区卫计委,开展残疾人家庭医生签约精准康复入户评估、需求调查活动,为辖区内残疾人提供家庭医生签约、全国残疾人基本服务状况和需求信息数据动态更新、精准康复评估等服务。签约过程中,家庭医生通过筛查体检、问病随访,为残疾人填写《残疾人基本康复服务目录》,对残疾人辅具适配、康复训练等需求进行评估,再区残联为有需求的残疾人进行辅具发放、康复转介服务。全区5225名残友享受到公共卫生基本医疗服务,残疾人签约率达60%。

【推进残疾人就业帮扶】 2018年,东湖区出台《南昌市东湖区扶持残疾人自主创业个体就业暂行办法》,为就业年龄段内具有一定创业能力和创业愿望、自谋职业、自主创业或个体就业的残疾人提供资金扶持。全年,投入资金10.6万元扶持残疾人网吧2家。投入资金9万元帮扶3家盲人按摩示范店进行"五统一"打造。经过打造后的盲人按摩店的9位盲人技师的年收入同比各增加1.5万元。

【举办改革开放40周年歌咏比赛】 11月24日,区残联在残疾人之家举行纪念改革开放40周年歌咏比赛决赛,五大专门协会以及80余名残疾人艺术爱好者及其家属共同参加活动。选手们用心歌唱祖国,用爱传诵经典,《春天的故事》《我的中国心》《撸起袖子加油干》等歌曲的动人演唱,抒发着残疾人朋友对党的无限忠诚,对祖国母亲最美好的祝愿,展现在中国共产党领导下,中华人民共和国从站起来、富起来到强起来的辉煌成就。

【举办《红色家书》诵读比赛】 6月,区残联在残疾人之家举行"跟党走"——《红色家书》诵读比赛(决赛)。区残联党员干部和残疾人一起,围绕着一封封感人至深的红色家书进行诵读、演绎。选手们身临其境地感受到家国情怀和初心使命,充分展示了他们昂扬的精神风貌和爱国情怀。

【"奋斗中的幸福"专题故事会】 2018年,区残联在残疾人之家举办"奋斗中的幸福"专题故事会,故事会先后举办3场,分别邀请中国残疾人事业新闻人物熊俊、"壹公里"互联网冷冻超市创办人罗保兴、独臂阅读大使郝文慧进行宣讲。故事主讲人通过分享自身从残缺,到刻苦求学、艰苦创业、爱心助残、回馈社会的奋斗故事,有效激励广大残疾人自强自立、超越自我精神。

【第二次全国残疾预防日活动】 8月25日是全国第二次"残疾预防日"。区残联联合扬子洲镇残联、前洲村残协,携手在前洲村文化大院举办一场残疾预防知识竞答暨残疾人艺术团进村展演活动,残疾人合唱团、听障舞蹈队、葫芦丝乐队纷纷亮相,用独特的艺术魅力,展现自信阳光、积极向上的精神风貌。活动设置残疾预防知识竞答环节,100余名村残协干部、残障朋友及爱心企业家踊跃上台,参加互动答题,详细了解出生缺陷防控、疾病防控、意外伤害预防、康复治疗等保健预防相关知识,进一步提高了村民对残疾预防知识的知晓率。

【"爱心桥"系列助残公益项目】 2018年,区残联先后对接省民族管弦乐协会、市歌舞团、豫章师范学院,为残疾人艺术团进行文化帮扶,指导编排葫芦丝四连奏、腰鼓《爱我中华》节目。积极联系社会爱心企业,带动省女企业家商会等49家爱心单位,为残疾人提供就业岗位及各项文化活动物资捐赠,爱心公益助残项目深得人心。

(徐　薇)

科普工作

【概况】 2018年,东湖区科协坚持把提高"四服务”能力作为根本职责，坚持把深化科协改革作为动力，认真落实《中华人民共和国科学技术普及法》和《全民科学素质行动计划纲要》，紧紧围绕区委、区政府的中心工作和市科协工作的总体部署，完成年度各项工作任务。北湖小学被评为南昌市优秀科普教育基地，豫章小学被评为南昌市科普教育基地，墩子街道阳明社区评为市优秀科普示范社区。

【科协组织改革】 2018 年，东湖区出台《东湖区全民科学素质行动计划纲要实施方案（2016—2020 年）》《东湖区科协关于提升基层科协组织力“3 + 1”工作方案》，调整充实区全民科学素质工作领导小组成员，制定区科协改革推进表。区科协及全区 1 个镇、9 个街道、2 个管理处科协全面完成“3 + 1”工作，区本级增补“三长”（医院院长、农技站站长、学校校长）兼职科协副主席人选 2 名，基层科协增加“三长”兼职副主席 15 名，占 55.5%。全民科学素质工作领导小组成员新增 3 家成员单位共 14 家，加强了组织力量。

【食品安全科普活动】 5 月 8 日上午，由区科协联合区食品安全委员会、区豫章街道联合举办的“让大众吃得更放心、食品安全从我做起”承诺签名仪式在蓝海广场隆重举行。通过一系列的食品安全科普知识宣传，让居民更直接的了解和掌握一般日常食品安全方面的知识，从而加深对食品安全的理解，对创建食品安全城市起到积极推动作用。科普志愿者 200 余名参加宣誓承诺签名仪式。社区居民 2000 余人参加活动，发放科普资料 5000 余份。

【“百场科普报告进社区”活动】 6 月 7 日，东湖区科协邀请中科院郝晓光研究员在紫金城社区开展百场科普进社区“2018 科学与中国——院士专家讲坛”讲座。郝晓光研究员以“新编世界地图在中国诞生——历史与科学的碰撞”为题，结合与地图有关的历史和文化，以及他自己的研究成果，为现场观众讲解最近引起轰动的“竖版世界地图”的来龙去脉，还通过地图了解了历史，更是一场生动的爱国主义教育。

【系列科普活动】 3 月 12 日上午，在贺龙指挥部文化广场举办 2018 年科普之春暨学雷锋科普志愿者服务月活动。来自科技、教育、环保、卫生等方面的科普志愿为社区居民提供科普咨询、测量血压、发放计生用品和科普宣传等资料。活动当天，摆放科普知识、法律知识和医疗知识宣传展板 30 余块，发放计生用品、科普宣传等资料 5000 余份，参加活动人数 5000 余人。9 月 18 日下午，由区科协主办，区教科体局、区环保局、区卫计委、大院街道、大院街道公园社区联合协办的东湖区 2018 年“全国科普日”启动仪式暨创新生活科普游园会在人民公园正式启动。活动以“创新引领时代、智慧点亮生活”为主题，以科普游园会的形式，融合互动体验及人工智能等创新元素，为大家呈现出一场创新科普盛宴。该活动在南昌一套东湖新闻中播出，并获得江西省优秀科普活动。11 月 25 日上午，区科协在省科普示范社区董家窑街道紫金城社区开展以“示范 + 科普”为主题的“首届科普趣味运动会”，社区居民通过亲身参与，提高消防安全意识以及应对火灾的快速反应和自救互救能力，培养居民垃圾分类环保意识，增强居民的归属感和认同感。在大院街道林苑社区举办 2018 年“科技创安促和谐、平安幸福进万家”为主题的东湖区“科普之冬”体验活动，利用科技手段，以舞台情景剧、扫黑除恶宣传特色展示墙、消防知识演示、综治、安全知识竞答、手印涂鸦绘和谐蓝图、VR、机器人、3D 展示等多种体验活动推动科技促平安、携手共和谐活动引向深入。

【送科技进农村活动】 2018 年，区科协组织开展系列送科技进农村活动。在扬子洲镇森美生态园举办东湖区农业农产品新零售就业创业培训，邀请江西淘宝大学李云奇授课，共计 80 余人参加培训；在南昌市祥华农业发展有限公司举办“垃圾分一分、环境美十分”环保节能竞猜活动；在南州村农技协新建科普 e 站。

（江　莹）

红十字会工作

【概况】 2018 年，东湖区红十字会工作在区委、区政府的正确领导下，在市红十字会的关心支持下，结合实际，红十字 80 个会员单位上下联动发力，开创红十字事业新局，全面完成各项工作任务，获得市红十字会颁发的应急救护培训先进单位、志愿者服务先进单位、造血干细胞捐献先进单位、宣传工作先进单位等荣誉,提升红十字公信力。

【博爱送万家活动】 2018年,开展“博爱送万家”活动,全年筹得物资和现金42.73万元,将棉被、奶粉、粮油等生活用品送到孤寡老人、留守儿童、因病因灾致贫的居民手中,受惠人数达610人次。鼓励引导一一结对助学,筹得助学款8000元。

【扇绘义卖活动】 5月27日,区红十字会联合刘将军庙社区党支部、南昌市少年宫党支部在社区广场开展“凉扇有情　汉墨余香”—南昌市少年儿童现场扇绘义卖活动,筹集的爱心义卖款购买生活用品看望百花洲街道状元桥社区的困难居民。

【红十字日纪念活动】 为了大力弘扬红十字人道精神,纪念第71个世界红十字日,区红十字会开展“人道——为了你的微笑”纪念红十字周系列活动。5月4日,区红十字会组织南昌心远中学优秀团员代表和他们的家长一起到下沙窝社区开展敬老爱老活动,为老人表演朗诵、武术、舞蹈、唱歌、书法等节目,还为老人送去美味的食品。5月8日,区红十字会的全体工作人员深入豆芽巷社区发放红十字宣传折页5000余份,宣传红十字会法、急救知识和技能,并现场进行实践教学。

【组织机关干部开展无偿献血活动】 7月13日区红十字会在区文化活动中心新闻发布厅组织全区机关干部开展无偿献血活动,无偿献血量达61040毫升,献血人数为246人,登记捐献干细胞人数达70人。

【应急救护培训活动】 2018年,区红十字会扎实有序地开展应急救护培训工作,全年共举办26期应急救护培训活动,辐射受惠人数超万人,培训救护员965人。3月2日,区红十字会在豆芽巷社区开展主题为“学习十九大　争做新雷锋”应急救护知识普及志愿者服务活动。3月29日,区红十字会联合区民政局在区文化活动中心新闻发布厅开展培训“时间银行”志愿者活动,有120名志愿者获得救护员证书,培训有效地提升了志愿者为高龄失能老人服务的水平。9月17日,区红十字会聘请南昌市红十字救护培训中心的专业老师,为江西农业大学300余名大学生开展救护员持证培训,参训的大学生们都掌握了基本的应急救护知识,区红十字会为考核合格的大学生颁发应急救护员证书。10月17日,区红十字会进入某部队开展持证培训活动,教会战士们应急知识和技能,就是为他们的生命多加了一道保护线,当天有200余名官兵通过考试获得救护员证书。

【尊老敬老活动】 10月16日,区红十字会在杏苑社区开展一场尊老敬老重阳节联欢活动,老人们在品尝区红十字会提供的新鲜水果、精美糕点、零食的同时,还欣赏了红十字志愿者们带来的娱乐节目。活动既充实了杏苑社区老年人的精神文化生活,提高了青年志愿者的服务意识,又为形成全社会广泛尊重、爱护、学习老人的良好氛围添油助力。

【国际志愿者主题活动】 12月5日,区红十字会在江西农业大学开展“弘扬人道精神　争做文明市民”主题“12·5”国际志愿者日活动。活动环节多,应急救护现场教学、有奖竞答、优秀志愿者代表发言、为优秀大学生志愿者颁奖;活动内容广,涵盖文明创建、应急救护、遗体捐献、造血干细胞捐献、预防艾滋病、普及宪法等众多知识;活动形式好,有展板、海报、条幅、宣传资料、讲解等。这次活动,普及了志愿理念,弘扬了志愿精神,扩大了志愿服务的影响力,营造了文明和谐、团结进步的浓厚社会氛围。

(陶华娟)

工商联工作

【概况】 2018年,东湖区工商联在区委、区政府的坚强领导下,在市工商联和区委统战部的精心指导下,以促进两个健康为目标,以理想信念教育为引领,以服务立会为宗旨,以载体活动为抓手,持续保持着服务高效、特色鲜明、平台宽广、政企认可的良好态势,为打造建设“实力、活力、魅力”东湖做出了积极贡献。截至年底,辖区共有1个镇商会、9个街道商会、1个管理处商会,以及家具行业商会、叠山路商会、东湖闽东商会、市民营企业家东湖分会等商会组织，会员近600名。

【组织开展光彩事业活动】 2018年春节期间，区工商联主动走访慰问辖区内10余名困难群众，并送上慰问金。5月31日，组织商会部分会员在豫章街办滨江社区开展“2018年端午节进社区、话帮扶”慈善活动，点对点帮扶20位社区贫困居民，送去慰问金共计近万元。重阳节期间，组织会员企业赴湾里区招贤镇敬老院开展“爱在重阳 情暖金秋”爱心敬老活动，为敬老院的老人送上牛奶、麦片等节日礼品共计5000余元。

【开展外出招商活动】 3月12—14日，区工商联招商小分队赴合肥开展为期两天的外出招商活动，参观考察欧普康视科技股份有限公司。4月22—27日，区工商联招商小分队赴上海、武汉、长沙主要考察上海昂立教育集团有限公司、流利说英语等非学历教育机构，并对东湖区独特的区位优势、良好的投资环境进行介绍，详细推介区内重点招商地块和楼宇。5月16—18日，区工商联招商小分队赴北京主要考察北京阳光圈子集团、北京开封企业商会、北京商鲲教育控股集团，并相继与企业负责人进行会谈，达成合作共识。

【主席（会长）会】 1月17日，区工商联（总商会）在区综合服务中心南楼八层宣传部会议室，召开2018年第一次主席（会长）扩大办公会。区领导胡涛湘出席会议并讲话，区工商联第五届兼职副主席（副会长）、常委代表、执委代表、区工商联机关全体人员共近30人参加会议。会议审议通过《东湖区工商联（总商会）五届三次执委会工作报告（草）》《东湖区工商联（总商会）第五届执委会管理办法（草）》，通报各小组2017年度评比得分排名情况，并进行副主席、副会长增补提名投票。各小组组长对2018年计划进行讨论交流。

【五届三次执委会】 1月26日，区工商联（总商会）在锦怡会议室召开五届三次执委会，区领导贾彧超、焦玉庄、胡涛湘，区工商联执委班子全体成员，引进落户企业代表，拟入驻客商嘉宾代表及机关全体干部约110人参加会议。会议分两个阶段进行。第一阶段，传达学习中共十九大、省委十四届五次全会、市委十一届四次全会、区委十二届四次全会精神，调整、增补东湖区工商业联合会（总商会）第五届执行委员会委员、常委、副主席（副会长），并且通报区工商联2017年会费收支情况，胡涛湘代表执委班子向大会作工作报告，总结2017年度工作与成绩，并就2018年的工作进行部署。第二阶段，焦玉庄宣读获奖优秀组长和积极先进分子表彰决定，并对优秀组长和积极先进分子进行颁奖，胡涛湘分别与即将落户的3家上市上规公司进行项目签约仪式。

【理想信念教育】 4月17日，区工商联组织会员企业代表40余人，前往小平小道纪念馆开展“五心”主题教育学习活动，接受革命传承的教育和洗礼。7月10—14日，组织执委班子成员代表40余人，远赴革命圣地遵义，举办红色课堂——“不忘初心、牢记使命”红色教育培训班。11月22—23日，组织执委班子成员代表20余人，赴萍乡开展理想信念教育主题活动。通过传承红色基因，使得非公经济人士进一步坚定信念、锐意创新，助推东湖经济社会又好又快发展。

【缔结友好商会】 4月24日，区工商联调研组一行9人，在区领导胡涛湘带领下赴上海闵行区开展调研活动，与上海市闵行区工商联在上海昂立

2018年9月17日，西安市阎良区工商联一行到东湖区开展学习考察活动

教育中心会议室进行座谈交流,了解当地工商联的基本情况、组织构架、民营企业状况、会员发展情况,听取闵行区梅陇镇商会和七宝镇商会明谷分会秘书长分别介绍非教育机构聚集区和明谷楼宇园区商会的基本情况以及商会运行的模式和日常活动开展情况。胡涛湘介绍了东湖区独特的区位优势、良好的投资环境及商会工作进展,希望能与闵行区工商联合作互通,欢迎闵行工商联组织企业家们到东湖区进行考察交流。双方签订友了好商会合作协议。9月17日,西安市阎良区工商联主席王春丽及企业家一行14人到东湖区考察,先后到江西海印餐饮管理有限公司(麦当劳江西区总部)和豫章一号产业园,详细了解企业运营现状及效益等情况,询问东湖区的投资环境。双方签订友好商会合作协议并互赠礼品。

【邀请上海非学历机构到区考察】 5月24—25日,应东湖区工商联邀请,上海市教育评估协会王欣秘书长组织上海市当地非学历教育培训机构一行11人,到东湖区进行为期两天的考察调研。考察团一行先后考察华远和平里、重韶文化苑、凯基大厦、豫章一号等招商载体,企业家们详细了解每栋楼宇的现状以及周边环境情况,精锐教育总裁柯金书当场表达意向,承诺马上派市场部来调研选址。

【2018年区工商联第一次常委会】 8月31日,东湖区工商业联合会(总商会)2018年第一次常委会暨企业恳谈会在阳光假日酒店召开。区工商联第五届常委会委员及工商联机关全体人员共近50人参加会议。会议传达学习省委十四届六次全会、市委十一届五次全会、区委十二届五次全会精神;总结2018年1—8月份工作与成绩,并就下阶段工作提出思路;审议通过《关于举办〈红色家书〉诵读活动的工作方案(草)》;通报各小组2018年项目报送情况、活动开展情况、值班情况及各小组费用收支情况;部署所属执常委企业入库注册工作;最后,观看了东湖区最新招商宣传片。

【信息宣传工作】 2018年,区工商联积极发挥工商联宣传载体作用,利用微信公众号、短信、网站等信息化手段进行宣传报道,共报送各类活动信息15条,都被市联收录在微信公众号上。其中,《讲好故事　以情结商》文章于4月15日刊登在南昌日报上,还有1条活动信息更是在2018年第5期中央统战部杂志上进行刊登。1月26日、12月27日,区工商联分别表彰一批优秀会员,并通过商会平台为受表彰的企业家进行宣传报道,同时号召全体执委和企业家朋友们要以受表彰的优秀会员为榜样,树立非公经济人士的良好形象。

【会员维权服务】 2018年,区工商联为会员提供有关政策、法律、商务服务20余次,为解决企业实际困难,向有关部门及时反映,提振企业信心,累计为企业协调维权10余起,挽回经济损失30余万元。3月下旬,区工商联邀请区政府领导在六楼会议室召开"碧尤蒂酒店消防、装修办理会"为企业协调证照办理事宜。4月中旬,因个体餐馆安装抽油烟机问题,多次前往所在社区进行协调,切实解决企业所面临的实际困难。

【五届四次执委会】 12月27日,由东湖区工商联(总商会)主办的第五届四次执委会暨《红色家书》诵读会演活动在区综合服务中心南楼九层举行。区领导贾彧超、万勇、胡涛湘出席活动。活动在贾彧超致辞中拉开序幕,对优秀组长和积极先进分子进行授牌颁奖,来自区工商联领导班子和四个小组及基层商会组成的11个节目按照顺序通过领诵、齐诵、男女对诵、情景朗诵等多样的表现形式一一登台表演。参与活动的表演者们声情并茂的演绎,展示出革命先烈们的铁骨柔情,道出他们的家国情怀,歌颂他们的坚定的理想信念和为党牺牲的奉献精神。精彩的诵读赢得现场观众一次次的热烈掌声。

【参政议政】 2018年,区工商联推荐的25名人大代表、政协委员,积极履职尽责,共提交建议提案31篇,调研报告3篇,社情民意5篇。其中,《关于大力发展非学历教育机构,繁荣楼宇经济发展》的调研报告得到区委区政府主要领导批示,并在全区传阅;《关于加强办公物业管理　服务东湖经济发展的思考》的建议得到区政协主要领导的高度肯定,在区"两会"中作为工商联界别经济科技专委会大会材料。

(秦　越)

民主党派

综　述

2018年，东湖区有民主党派东湖总支（支部、支社）6个，即民革东湖总支、民盟东湖支部、民建东湖总支、民进东湖总支、农工东湖总支、九三学社东湖支社。共有支部27个，成员747人。

全年各民主党派先后3次参加区委、区政府召开的通报会、协商会、征求意见会，就东湖区当年的社会经济发展情况提出意见建议。同时，利用参加全区“两会”的机会，提交提案、议案50余条。积极参加区委统战部组织的“党委出题、党派调研、政府采纳、部门落实”活动，精心组织力量，深入开展调查研究，形成调研文章6篇。

2018年，在区委统战部的指导下，各民主党派深入学习贯彻中共十九大、十九届三中全会精神，与对口联系社区开展和谐共建活动，加强自身组织建设，广泛开展主题教育活动，继承和发扬老一辈党外人士与党风雨同舟的优良传统，激励全区各民主党派成员为东湖区经济社会更好更快发展提供支持。

2018年东湖区各民主党派基本情况

表4

党派名称	人数（人）	支部数（个）	主要领导
民　革	249	7	主　委：周胜明 副主委：帅钢华　周晓勤　易小春　于文凯　余学军
民　盟	36	—	主　委：肖　贤（女） 副主委：郭爱香（女）　杨林青（女）　魏　群（女）
民　建	198	6	主　委：赵赣涛 副主委：王树珊（女）　王妮娜（女）　裘　峻　邓文辉　晏明智
民　进	168	7	主　委：郑洪健 副主委：陈魏华　胡涛湘（女）　李吁红（女）
农工党	58	5	主　委：陈贞珍（女） 副主委：熊丽萍（女）　赵青武　张毓琴（女）
九三学社	38	—	主　委：何志勇 副主委：练　红（女）

中国国民党革命委员会
南昌市东湖区总支委员会

【概况】 2018年,民革东湖总支在中共东湖区委、民革南昌市委会和各级统战部门的领导、关心、支持和帮助下,紧紧围绕东湖区委、区政府的中心工作,以政治交接为主线,全面加强自身建设;以建言献策为重点,认真履行参政议政、民主监督职能,发挥自身优势,积极开展社会服务,各项工作取得新进展,为东湖区和谐发展做出积极贡献。

【参政议政】 2018年,民革东湖总支有市人大代表1人,市政协委员3人,区人大代表、政协委员共16人。“两会”期间共提交区级提案4件,提交市级提案3件。全年,总支应邀担任市、区级各部门监督员、监察员、督导员的党员8人次,充分发挥民主监督作用。区总支主委参加区政府工作报告党外人士征求意见会,对政府工作报告提出意见和建议。

【参观民革前辈故居】 7月28日,民革东湖总支与青云谱总支利用周末时间组织近40名党员前往安徽合肥,先后参观张治中、冯玉祥将军故居,学习《刘奇在全省作风建设工作会议上的讲话精神》及《民革南昌市委会2018年上半年工作总结及下半年工作安排》等文件。通过活动,党员们更好地了解了民革党史,增强民革党员的荣誉感和使命感。

【理论宣讲活动】 9月1日,民革东湖总支组织开展习近平新时代中国特色社会主义思想理论宣讲活动,从坚持中国共产党对人民政协的领导、坚持人民政协性质定位、聚焦党和国家中心任务履职尽责、紧扣保障和改善民生献计出力等八个方面宣讲习近平总书记关于加强和改进人民政协工作重要思想。

【参观红色教育基地活动】 11月10日,民革东湖总支联合青云谱区、西湖区、湾里区民革总支部,共赴铜鼓县开展红色革命基地教育活动。通过参观学习,民革党员对秋收起义有了更深了解,重温了无产阶级革命家不懈奋斗的艰苦历程。

【“三风”活动实施方案研究会议】 9月17日,民革东湖总支召开“三风”活动的实施意见会议。会上,总支委员积极发表意见和建议,具体规划总支“三风”活动的实施方案。

【吸收新会员】 2018年,民革东湖总支向有关部门推荐党员4人,选派6名党员外出参加各种学习教育培训;积极稳妥地发展新生力量,严把入口关,推荐3名党员担任支部主委;高度注重党员发展质量,发展新党员5人,均为本科以上学历。

中国民主同盟
南昌市东湖区支部委员会

【概况】 2018年,民盟东湖支部积极履行参政党职能,扎实推进自身建设,为东湖区的经济建设、文化教育等各项事业的蓬勃发展竭尽全力,各项工作取得新的成绩。民盟东湖支部被评为南昌市先进盟支部。肖贤、杨林青、罗强、蔡舸、黄铁瑛被评为2018年度南昌市表现突出盟员,郑海平被评为2018年市民盟文艺先进工作者。

【履行参政议政职能】 2018年,民革东湖支部组织盟员参加社情民意培训,全年先后有8人提出11条社情民意,其中有8条合理化建议被盟市委采用。积极撰写调研报告,谢华主持的课题《市场监管中县级监管部门与基层监管部门监管事权的匹配》成为盟省委中标课题,蔡舸撰写的《当前东湖区政务服务工作中存在的问题及建议》获区领导刘闯批示;肖贤撰写《关于落实〈综合防控儿童青少年近视实施方案〉切实保护儿童青少年视力的建议》被市盟讯登载。积极提交提案建议,其中肖贤提交《关于大力发展省会城市文化创意旅游产业的建议》《全力加快紫金城学校建设,让民生实事落地》、谢华提交的《关于加强南昌中小学法制教育的建议》的均得到相关部门的高度重视。

【组织制度建设】 2018年,民革东湖支部依照民主集中的原则,建立《民盟东湖区支部学习管理制度》《民盟东湖支部活动考勤》《民盟东湖区支部新盟员考察制度》《民盟东湖支部经费收支管理制度》《民盟东湖支部盟员履职述职考核制度》

《民盟东湖支部奖励制度》《民盟东湖支部生活会制度》《民盟东湖支部盟员履职述职考核制度》等一系列适合该支部特色的组织运行制度，同时，将支部成员按区域划分为五个小组，通过民主推荐，选举五个小组长，为下一步做好各项工作奠定良好基础。

【开展提高组织凝聚力活动】 2018 年，民革东湖支部组织 8 次全体盟员活动，提高了盟员的政治素养和盟组织的凝聚力，活动包括纪念中共中央“五一口号”发布 70 周年活动系列学习活动、组织社情民意培训、《红色家书》诵读活动、参观东湖区庆祝改革开放 40 周年手机摄影展等。其中，《红色家书》活动中在职盟员编排舞台剧《江诗咏的狱中家书》参加盟市委组织的评比并通过评审。

【社会服务活动】 11 月，民盟市委会专职副主委方燕红看望患重病术后回昌的基层组织困难盟员张慧珍，送去组织的关怀和温暖。12 月，支部的特色活动“烛光行动”——“情系乡村儿童，助推学前教育烛光行动”公益送教活动走进扬子洲镇，受到扬子洲中心幼儿园师生的一致好评。

【岗位建功】 2018 年底，民革东湖支部在职盟员立足本职建功立业，有 4 人次获得国家级奖项，12 人次获省级奖励，7 人次获市级奖励，获区级奖励的有 2 人次，编纂书籍 2 本。

中国民主建国会
南昌市东湖区总支委员会

【概况】 2018 年，民建东湖总支在中共东湖区委和民建南昌市委会的坚强领导下，全体会员共同努力，认真学习贯彻中共十九大和十九届三中全会精神，紧紧围绕东湖区中心工作，立足实际，服务大局，认真履行参政议政职能，全面完成各项工作任务。

【履行参政议政职能】 2018 年，民建东湖总支积极参加民建南昌市委会、南昌市政协、南昌市委统战部、东湖区委统战部举办的各类座谈会、报告会，积极提交提案建议、撰写各类调研文章和理论研讨文章。全年共提交提案建议 6 件，撰写调研报告 1 篇、社情民意文章 3 篇、理论研讨文章 2 篇。其中，王树珊撰写的《东湖区环卫工作情况汇报》得到区领导刘闯、高辉红的批示。

【自身建设】 2018 年，民建东湖总支共有会员 198 人，其中担任市级以上人大代表和政协委员的 4 人，担任区人大代表 3 人，区政协委员 13 人（其中常委 4 人）。4 月，组织 4 名干部参加市委统战部党外干部十九大学习班。5 月，组织 3 名干部参加东湖区委统战部党外干部十九大学习班。8 月，选派 1 名干部参加 2018 年市民主党派骨干培训班。

【服务社会】 1 月，民建东湖总支班子成员对高龄会员进行春节走访慰问，给他们送去组织的温暖和关怀。7 月，周泽高律师走进八一桥街道芭茅巷社区提供免费法律咨询；总支主委赵赣涛，副主委邓文辉参加区政协社会和法制委员会对区检察院、法院司法责任制改革工作、对区民政局“时间银行”互助式养老服务改革工作。11 月，赵赣涛、邓文辉与企业家代表前往鄱阳县芝阳学校为在校学生捐赠课外辅导书 3000 余册。

【和谐共建】 9 月，民建东湖总支与大院街道开展共建和谐社区活动，走访慰问辖区空巢老人，让人民群众体会到党和政府以及民主党派对他们的关心和帮助。

【主题活动】 4 月，民建东湖总支在市委会黄清玉主委的带领下参加江西民建纪念中共中央发布“五一口号”70 周年书画展。11 月，民建东湖主委赵赣涛、副主委邓文辉及会员涂偲偲参加学习民建中央陈文华副主席、周汉民副主席的专题讲座。

中国民主促进会
南昌市东湖区总支委员会

【概况】 2018 年，民进东湖总支在民进市委会和中共东湖区委的领导、关心、支持和帮助下，认真学习贯彻中共十九大和十九届三中全会精神，认真履行参政党职能，在参政议政、民主监督、服务社会和加强自身建设等方面，取得新的成绩，会员胡嫩寒在东湖区“整本书阅读推介设计”活动中获二等奖，指导学生获“第十九届华人少年作文大赛”南昌赛区特等奖。会员程玉玲撰写的《税务人　税务情》在《江西民进》上选用刊登。

【履行参政议政职能】　2018年，民进东湖总支认真履行参政议政职能，在东湖区“两会”上，会员共提交提案建议26件。总支组织撰写的调研报告《大力培育健康养生服务业，引领东湖经济发展新航向》《激活历史文化底蕴　助力东湖文旅共进》，受到区政协和区委统战部表扬。

【直属支部和十中支部人事调整会议】　6月5日，民进东湖总支召开直属支部和十中支部人事调整会议，对总支直属三个支部和南昌十中支部班子进行调整。民进东湖总支主委郑洪健宣读民进东湖总支致叶南燕等人的致敬信。区委统战部副部长、区工商联党组书记黄天祥和民进南昌市委会副主委、秘书长钱瑜琼先后讲话。

【自身建设】　6月，民进东湖总支召开总支扩大会议，举行以“诵读红色家书牢记初心使命”为主题的《红色家书》诵读活动。9月，组织开展学习贯彻习近平总书记关于人民政协工作重要思想系列讲话精神专题宣讲会，提高了会员对人民政协工作的认识。全年，会员30多人次参加省市社会主义学院和南昌市、东湖区委统战部理论学习。严把入口关，发展新会员6名，大多数为医疗、教育行业的中坚力量，均为本科以上学历。

【迎接民进中央调研】　5月9日，民进中央社会和法制委员会副主任萧鸣政、民进中央社会和法制委员会委员方振邦一行5人组成的调研组，到东湖区百花洲街道火神庙社区调研社区治理工作。调研组对该社区推出的“四治一统领”社区治理新模式和东湖区“时间银行”为老服务给予肯定，并对新时代社区治理工作理论、实践提出更高的要求与期望。

【走访慰问活动】　2月，民进南昌市委会副主委、区人大常委会副主任、总支主任郑洪健，总支副主任陈魏华、李吁红到滕王阁街道榕门路社区看望总支帮扶的3名学生，并送上慰问金和过年礼品。3月10日，民进省委会联合东湖总支在东湖区百花洲街道小金台社区开展“学习宣传十九大精神，共建共享平安家园”为主题的综治宣传日暨学雷锋志愿活动，并向6名贫困学生发放助学金和书包。

【“1%工程”志愿服务】　2018年，民进东湖总支“1%工程”志愿者到奉新县、永修县、进贤县、东湖区扬子洲镇等地开展敬老爱老送爱心和义诊志愿服务活动4次，开展给环卫工送清凉活动1次。10月27日，总支组织“1%工程”志愿者到共青城江西省希望工程阳光成长中心开展“播撒爱心，助力成长”慈善公益活动，向中心捐赠三千多元的学习用品、儿童食品、粮油等物资。

【主题读书会】　4月23日，在第23个世界读书日到来之际，民进东湖总支联合民进红谷滩支部开展“书声琅琅 · 声润民进”主题读书会，有23名会员参加读书活动。会上分享阅读了《习近平的七年知青岁月》，探寻习近平总书记在梁家河的青春足印。

中国农工民主党
南昌市东湖区总支委员会

【概况】　2018年，在中共东湖区委和农工党南昌市委会的坚强领导下，农党东湖区总支认真履行参政党职能，大力加强自身建设，各项工作取得新的成绩，荣获农工市委会表彰的“2017年度参政议政工作先进基层组织”称号，党员胡阳、刘怀京分别荣获农工市委会表彰的“2017年度全面先进个人”“2017年度参政议政工作先进个人”称号。截至2018年底，总支现有党员58人，下设5个基层支部。

【自身建设】　3月，党员胡阳参加市委统战部组织的2018年第二期党外科级干部和统战系统科级干部学习贯彻中共十九大精神轮训班。5月，总支主委陈贞珍参加由市委统战部组织的第一期党外科级干部政治理论培训班并被评为“优秀学员”，党员胡阳参加由市委组织部组织的第一期科级干部政治理论培训班并被评为“优秀学员”。8月，总支副主委熊莉萍、党员涂燕政参加由农工市委会举办的暑期骨干党员政治培训班。通过学习培训，党员的政治素养得到进一步提高。

【全国“两会”精神专题学习会】　4月4日下午，

农工东湖总支学习“两会”精神主题会议在区卫生和计划生育委员会会议室召开。会议由农工东湖总支主委陈贞珍主持，总支部分成员和各支部主要成员参加会议。会议要求党员要持续深入学习全国“两会”精神，充分履行参政党职能，积极投身新时代发展。要不断加强自身建设，提升履职能力和水平，不断加强人才队伍建设，不断提升党派工作整体水平。

【党员志愿服务站揭牌】 7月6日，农工东湖总支党员、市政协委员万江田到下水巷社区，举办“万江田教授工作室驻下水巷社区志愿服务站”挂牌仪式，墩子塘街道党工委书记黄芝义为志愿服务站揭牌并致词祝贺。万江田现场为社区老人进行义诊，表示要发挥示范带头作用，积极参与“兴家风、淳民风、正社风”活动，履行委员职责，推动基层“三风”工作不断深化、创新、拓展。

【开展“三风”公益活动】 9月20日下午，农工东湖总支联合小金台社区开展“兴家风、淳民风、正社风—邻里一家亲，情暖中秋圆”活动，农工东湖总支为辖区老人送上佳节祝福和中秋月饼，党员万江田还为社区60名老人送上价值1800元的中药香囊，让社区老人在节日到来前感受到浓浓的节日氛围和关爱。

九三学社南昌市东湖区支社

【概况】 2018年，在九三学社南昌市委会的关心指导下，在中共东湖区委的正确领导下，在区委统战部的大力支持下，九三学社东湖支社以习近平新时代中国特色社会主义思想为指导，精心组织开展各类组织活动，主动关注民生，了解民情，积极围绕区委、区政府中心工作开展参政议政，各项工作再上一个新台阶。

【自身建设】 2018年，九三学社东湖支社积极组织社员参加省、市委会以及省、市、区统战部组织的报告会、座谈会、研讨会、培训班，5月，为纪念中共中央“五一口号”发布70周年，召开组织生活会，组织社员认真学习社章社史。7月，参加社市委组织的红色家书诵读活动，使全体会员普遍接受理论学习教育和历史传统教育。通过学习和培训，增强了自觉履行参政党职能的使命感和责任感，为在各自的工作岗位上尽责出力提供了强大的精神动力。

【履行参政议政职能】 2018年，九三学社东湖支社社员积极参加省、市、区人大、政协组织的“关于分级财税和土地收益分配状况的调研”“实用农产品安全执法检查”“招商引资”“食品药品安全管理”“把南昌传统美食文化植入东湖文化旅游圈，实现商旅文融合发展”等调研、考察活动并提出意见建议，为全市、全区经济社会发展建言献策，社员邓引明《关于加快江西省医疗器械产业发展的建议》获得省领导的批示。2018年支社邓引明、刘伟两人获得社省委参政议政先进个人。

【开展社会服务】 2018年，九三学社东湖支社积极发挥社内科技人才的优势，组织开展丰富多样的社会服务活动。2月，支社对九三学社共建和谐社区“光明社区”的困难群众和社员进行走访。5月，在“六一”国际儿童节前夕，区政协副主席谢保成带领部分支社成员到扬子洲镇八一嘉实小学，开展爱心公益活动，为学校困难儿童送去“六一”国际儿童节的礼物与祝福。9月，为弘扬“三风”活动精神，支社在光明社区开展“送健康、送温暖”中秋慰问贫困户、一线工作人员、百岁老人的活动。

【“三风”主题活动】 2月11日，九三学社东湖支社在社市委指导下，在滕王阁民巷社区开展以“三风”为主题免费书写春联活动。邀请四名书法家和一名书法爱好儿童现场书写春联，有近百名群众参加活动并免费领取春联。活动得到社区群众的一致好评，南昌电视台每日新闻频道在活动现场进行采访报道。

（黄　帆）

法　治

综　述

2018年，东湖区以习近平新时代中国特色社会主义思想为指导，认真贯彻落实中央、省、市政法工作会议精神，发扬攻坚克难，奋勇拼搏的精神，忠诚履职、积极作为，较好完成各项工作任务，以努力建设更高水平的平安东湖、法治东湖，不断推进全区社会治理体系和治理能力现代化为总体要求，以提升辖区公众安全感，对政法部门的满意度，和广大人民群众的获得感、幸福感为奋斗目标，服务区委区政府中心工作，为打造实力东湖、创造活力东湖、塑造魅力东湖提供稳定的社会环境、公正的法治环境和优质的服务环境，确保了全区社会大局稳定和经济社会发展。

2018年，东湖区公众安全感测评综合指数为97.1806%，列全省35位，位居全市第三、主城区第一，由全市第一方阵跻身全省第一方阵，实现历史性的大跨越。政法满意度也进入全市先进行列，其中公安满意度居全省24位，全市主城区第一。东湖区综治目标年度考评在全市12个县区排名第三位，位列全市主城区第一，被评为2018年度全市综治目标管理考评先进区、法治南昌建设优秀单位；东湖公安分局荣立重大安保活动、“双百”缉毒会战两项集体三等功、获评全国平安医院创建、扫黄打非、全警健身三大最高荣誉；区检察院被最高人民检察院荣记集体一等功、被评为全国检察宣传先进单位、全省先进基层检察院；区法院被评为2017年度全省法院信息工作先进单位、全省法院司法宣传工作成绩突出的单位、全市县区法院新闻宣传工作先进集体；区司法局荣获全省精准法律援助先进单位，东湖公证处荣获全省公证质量先进单位、区蓝天调解委员会被评为“全国人民调解工作先进集体”。

（区史志办公室）

政法委及综治

【概况】　2018年，东湖区主动谋划、精心部署，以防风险、保稳定为目标，以严扫黑、抓提升为抓手，以推改革、促智能为动力，以讲政治、强队伍为保障，扎实推进全区政法综治各项工作。

【国安工作】　2018年，东湖区组织各镇、街道、管理处和区直有关部门开展“全民国家安全教育日”、《中华人民共和国反间谍法》颁布四周年宣传教育活动，切实提高辖区居民维护国家安全的意识和能力；利用区委中心组学习机会，邀请国安战线具有丰富反间谍经验的专家作题为“信息安全面临的挑战”的专题讲座；印发《东湖区机关公职人员因公因私出国（境）行前教育和管理办法》和出国（境）安全保密须知，进一步规范东湖区机关公职人员因公因私出国（境）行为，增强和提高国家安全防范意识。积极开展国家安全情报信息收集上报工作，努力构建国家安全情报收集体系，密切与各镇、街道、管理处和公安、信访等有关单位的沟通联系，全力收集国家安全相关情报信息，并及时报送上级国家安全部门，积极配合相关处置工作。

【邪教防范工作】　2018年，区委政法委统一指挥，深度打击盘踞在东湖区的“全能神”邪教组织窝点，9月30日完成“飓风行动”的收网和转审攻坚任务，一举摧毁邪教窝点9处，治安拘留4人，教育转化5人，监视居住1人。强化宣传教育，将滕王阁社区居民、反邪教志愿者魏木根老人的反邪事迹制作成微电影《一位九旬老人的反邪教情怀》，在中国反邪教网、赣韵网等媒体上进行广泛宣传推广；魏木根老人的反邪事迹文章分别在中国反邪教网、赣韵网、江西政法网等重要媒体上刊登发布，在省级媒体赣韵网的阅读量已突破10万，成为东湖区的第一个、也是南昌市第一个突破10万阅读量的宣传稿件，进一步擦亮了东湖区防范工作的名片。

【反恐防暴风险化解】　2018年，东湖区对涉恐涉暴重点人、重点地区、重点部位开展常态摸排工作，特别是对辖区特定人员落实24小时"四见"工作；建立反恐怖情报信息台账，共采集上报各类情报信息19条，对重点工作、重点问题、重点地区、重点时期，形成专班，落实全程巡查监控。在重点要害部位布建特情和信息员，即时掌握动态信息，全面进行架网布控，充分利用各种侦查手段，全方位、全时空打击违法犯罪。完善相关应急预案，确保一旦发生恐怖袭击事件，快速得力有效控制事态；全力督促辖区各单位做好反恐怖工作预案，落实主体责任。

【社会稳定工作】　2018年，区委政法委以"五个到位"（思想认识到位、工作预案到位、行动落实到位、应急处置到位、督查督办到位）的要求，统筹协调各方力量，确保全区社会秩序稳中向好，没有发生影响全区社会稳定的重大群体性事件，做到了全国全省"两会"、"八一"中国人民解放军建军91周年、世界VR产业大会、南昌国际马拉松赛等重要节点、重要时期的全区社会稳定。根据省市要求，按照"承办单位评估、主管部门审查、区维稳办备案"的模式对8项重大项目进行社会稳定风险评估，在已经完成的重大项目和在建项目中，未发生因决策失误或者时机不成熟进而引发影响社会稳定的群体事件。

【社会面管控】　2018年，东湖区以扫黑除恶、"亮剑"等专项行动为牵引，严厉打击违法犯罪，共刑拘625人、行政拘留879人、抓获网逃304人。侦破网络赌博和地下钱庄案等系列大案，冻结资金近5亿元。通过以打促防，有力地压降发案，刑事警情日均5起，全年近10天"零警情"，黄赌警情近30天"零警情"。以"双百"缉毒会战等专项行动为牵引，共刑拘88人，行政拘留394人，强制戒毒186人，"双百"缉毒会战取得全省第四名的优异成绩；特别是侦破部级目标案件，首次将潜逃国外的毒枭抓获归案，全链条斩断了一条通过寄递业跨境贩毒通道。用"入户式"宣传扫盲区，用"常态化"排查除隐患，深入推进东方大厦、妇保群租房等重大火灾隐患联合整治，在全省率先拘留群租房房东，确保了"不增新量、减少存量"。

【综治中心实体化建设】　2018年，为适应社会治理新形势、新任务、新要求，结合东湖区实际，在前期充分调研基础上，着眼实现工作融合、功能拓展、便民利民、服务延伸，积极整合基层综治办、综治中心、信访接待中心、法律援助中心、排调室、司法所、6·26工作室等机构和职能，大力推进东湖区综治中心实体化建设。6月26日，省委刘奇书记来到全区"6·26"服务中心和百花洲街道综治中心，详细了解综治中心的工作开展情况，还通过视联网与社区干部交流，并对街道综治中心的工作给予充分肯定。8月8日，在百花洲街道综治中心组织召开全区综治中心实体化建设现场会，推广百花洲街道综治中心引入第三方调解矛盾纠纷、开展常态化社区治安巡逻等经验做法，并以此为契机在全区部署推进镇街（管理处）综治中心实体化建设。

【平安创建】　2018年，东湖区积极组织全区综治责任单位，广泛开展行业平安创建，通过拓展新领域，努力推动全区平安创建形成双轮驱动的良好局面。一方面持续深化平安小区创建。2018年全区各镇、街道、管理处共打造平安小区点位16个，各平安小区打造点位均普遍采取粉刷墙面、环境整治、新建非机动车停放点、建设平安宣传栏、设立微型消防站等创建举措，创建质量明显提升，平安小区创建工作得到居民普遍认可。另一方面积极推动行业平安创建。以问题为导向，精心选择行业涉及面广、矛盾纠纷多发易发的领域，积极组织区教科体局、区卫计委、区文广新局、区商务局、区市场监管局等行业主管单位，重点推进平安校园示范学校、平安医院、平安景区、平安农贸市场等行业平安创建工作。各行业主管单位联合区综治办制定行业平安创建标准及考核细则,相关行业主管单位及领域的综治责任意识进一步增强、安防力量及设施得到普遍加强,治安防控机制不断完善。充分发挥市、区综治责任单位职能优势,按照科学统筹、扶弱扶差、聚焦平安、注重实效的原则,实行平安帮创工作项目化,推动市、区直单位平安挂点帮创工作落到实处、取得实效,市、区两级综治挂点单位共为东湖区平安建设提供帮扶资金约113万元。

【政法综治项目建设】 2018年,东湖区向市综治办申报"两所一庭两中心"重点项目17个,其中新建基层综治中心4个、改造提升基层综治中心3个、基层派出所4个,基层司法所6个,争取到市财政项目建设奖补资金344.33万元,极大地改善了基层庭、所的办公条件。同时精心打造全区"6.26"服务中心,全面建成1个中心、10个工作站的两级社区戒毒社区康复体系,建立与戒毒所的无缝对接机制,实现了社区戒毒、社区康复建档数倍增,人员签到率、信息采集率、在控率、出所接回率"四个100%"。区法院全面升级改造诉讼服务中心,全新诉讼服务中心并于6月14日正式投入使用,并成立全省首个跨行政区划的金融法庭,办公面积由原来的600平方米扩建为1340平方米,集中审理东湖区、新建区、湾里区、经开区金融一审民商事案件。

【政法综治宣传工作】 2018年,东湖区紧紧围绕中共十九大精神和中央、省、市有关工作精神和工作安排,积极组织开展提升公众安全感和政法综治宣传活动。通过举办"共建平安南昌,共享幸福家园"综治专场文艺演出,组织法、检、公、司、安监、消防、人社等部门,通过开展现场咨询,展出专题宣传展板等形式,积极向群众宣传推介新时期政法综治工作的新理念、新思路、新举措。据统计,现场共计发放各类政法综治宣传资料5000余份。坚持集中宣传与日常宣传相结合,上门宣传与组团宣传相结合,整合基层政法综治部门以及社会各方资源,有效扩大全区综治宣传覆盖面,提升综治宣传影响力。综治宣传月期间,全区各镇、街道、管理处共举办各类基层综治集中宣传活动29场,发放《致辖区群众的一封信》1.4万份。上线"东湖政法"微信公众号。充分利用新媒体扩宽居民群众了解参与政法综治工作的新渠道,进一步提升了辖区群众对新时期东湖政法综治工作的知晓率、支持率和参与率,传播更响亮更动听的东湖政法好声音。

【司法责任制改革】 2018年,东湖区法、检两院现有48名员额法官、22名员额检察官,两院办案机制和内设机构改革基本到位,区法院全面落实院庭长办案制,院、庭长结案占比高达49%,充分起到示范引领作用。为进一步规范内设机构设置,区检察院全面推行"捕诉合一"办案机制,构建职务犯罪新型办案机制,不断提高办案效率和办案质量。东湖公安分局大力推进信息化警务(勤务)机制改革,充分整合资源力量,实现"1+7"模式下的情指一体化运作,推动案件快侦快破;在滕王阁派出所试点推进融警改革,优化警力配置和机制运行,并与市局共同探索市区两级融警,建立八一广场警务工作站,实现了重点区域突发事件1分钟到场、5分钟增援。区司法局深入推进"一体两翼"社区矫正官试点工作,建设现代化社区矫正指挥中心,积极探索运行"正航"助矫工作室,提高东湖区社区矫正工作专业化、社会化水平。

【政法工作信息化建设】 2018年,东湖区全部基层公安派出所建设的二级联情室全部投入使用,组建分局图侦大队,充分利用密布全区的天网探头、社会资源的地网设备构建依靠科技手段实施侦查打击的新型打击网络;区法院开发的掌上微法院集合人脸认证、微信立案、掌上调解、在线庭审、一键执行等17项功能,创造出当事人在线自助、诉讼全程"零跑腿"的全新诉讼模式;区检察院正大力推进检察工作网建设,以更好适应移动检务应用工作开展需要;区司法局在社区矫正工作中,利用电子腕表等科技手段,有效预防和避免传统手机定位监管漏洞,进一步筑牢社区矫正监管"电子围墙";全面推广"乡乡通"远程会见系统,利用现代化设备实现区级层面与各镇(街道、管理处)司法所的远程对接,充分发挥远程指挥、与监所远程会见、远程法律服务等作用。此外,区委政法委为了提升社区治安巡逻效果,为全区各镇(街道、管理处)义务巡逻队配备巡逻执法记录仪,实时采集巡逻中发现的各类治安、消防等问题,便于有针对性整改,提高了巡逻效率。

【社会治理网格化管理】 2018年，东湖区为提升基层社会治理精细化水平，增强服务群众实效，打造“综治中心＋网格化管理”模式，形成覆盖城乡、条块结合、横向到边、纵向到底的基层社会治理网格体系。通过网格划分辖区、数据采集要素、网格服务社区“三个全覆盖”，实现“三个进一步”，即进一步完善了信息及时推送，信息安全管理专人维护；进一步构建了全区各级综治中心适时连接，适时协同作战体系；进一步健全了全区一体化作战指挥平台。

【肇事肇祸精神病人管理服务】 2018年，东湖区通过信息化手段，依托关爱系统，优化完善肇事肇祸精神病人管理服务。对全区严重精神障碍患者情况实行一年一摸排，5月底，完成摸排工作并将严重精神关爱患者基本信息和“四位一体”（家属、社区干部、社区民警、精防医生）患者帮教小组成员信息录入关爱信息系统，对信息实行动态管理，帮教小组成员每月开展随访随医，并将随访随医记录上传系统。截至年底，全区共有精神障碍患者510人，签订“有奖监护”协议126份。

【扫黑除恶专项斗争】 8月31日，区委常委会专题研究扫黑除恶工作，做出加强宣传、保障人员经费、完善“十长制台账”和每季度最少听取一次汇报等项决议。区扫黑办专门召开调度会对扫黑除恶宣传工作进行部署，致力营造浓厚宣传氛围，提高居民群众的知晓率和参与度。充分展示党和政府扫黑除恶决心，进一步打消群众举报、作证的顾虑，为涉黑案件侦办工作创造良好的社会环境。出台公检法会商制度，遇重大案件即三方会商，确保思想上达成一致，保证战果不流失。涉黑恶案件由检察院提前介入，为公安机关案件侦查提供指导性意见，要求检法抽调人员优先处理黑恶团伙案件，全面提高案件办案效能，依法快侦、快捕、快诉、快判。同时由执纪监察组牵头对每一起黑恶势力案件进行调查，核查是否存在“保护伞”，对每一起黑恶势力案件签字背书。

（陶　辉）

法治政府建设

【概况】 2018年，东湖区法治政府建设工作以中共十九大精神为指引，全面贯彻落实《江西省法治政府建设实施纲要（2016—2020年）》，深入推进依法行政，强化政府法制监督，提高法制服务水平，加快法治政府建设，着力营造良好法治环境，全区法制工作迈上新的台阶。

【法制工作纳入决策全过程】 2018年，围绕法治政府建设，东湖区注重高位推动，区政府常务会对法制工作进行专题部署，将法制工作纳入政府目标责任，明确考核内容、考核方式、评分标准，同经济发展工作同部署、同考核。进一步健全重大决策议事规则，严格遵循重大决策经过区政府常务会议，或者区长办公会集体讨论决定，并在会前交由区法制办进行合法性审查，完善了重大事项社会稳定风险评估机制，健全决策失误纠错改正机制。

【行政复议应诉工作】 2018年，区法制办收到行政复议申请12件，受理10件，不予受理2件，办结10件。行政复议案件主要集中在劳动社保、市场监管、行政执法等领域，行政复议被申请人主要集中在区市场监管局、区人社局、区执法局等部门。全年承办区政府一审应诉案件59件。

【规范行政执法行为】 2018年，区法制办坚持推进“双随机一公开”及“两法衔接”工作，“双随机一公开”监管平台录入随机抽查事项104项，检查人员库546人，检查对象库共有4560家企业，开展双随机执法检查11次，检查单位77家，产生执法检查结果77件，录入执法案件661件，“双随机一公开”监管平台未出现红灯预警。督促各行政执法部门通过省级“两法衔接”信息平台移送案件，促进行政执法部门、公安部门、检察机关形成责任明确、程序规范的“两法衔接”工作机制，有效解决有案不移、有案难移、以罚代刑等现象。

【“案卷评查月活动”活动】 2018年，区法制办组织“案卷评查月活动”，全区各行政执法单位共报送行政执法案卷41宗，其中行政处罚案卷15宗、行政许可案卷26宗。评查过程中，对不到位不规范的及时提出整改意见，加强对办案质量和水平的指导，并按评查最终结果选送8宗优秀案卷参加市法制部门的优秀案卷评选。

【法制服务】 2018年。区法制办强化法律支持，组织审查备案政府招商引资合同、招标合同等民商事合同，全年，政府法律顾问为全区重大行政决策事项提供法律意见和建议41次，为涉及城市建设、旧城改造、区域规划、居家养老、金融商务等领域提供优质高效的法律服务，确保所涉条款依法依规。强化法制建设，严格执行《东湖区规范性文件管理办法》，组织全区开展涉及产权保护、民营经济发展等规范性文件清理工作。组织开展全区“减证便民”工作，10月30日公布《东湖区第一批取消调整政务服务证明事项清单》（东府办发〔2018〕67号），共梳理出取消调整各类证明事项75项。强化法制建设，严格执行《东湖区规范性文件管理办法》，组织全区开展涉及产权保护、民营经济发展等规范性文件清理工作。

【依法行政学习培训】 2018年，东湖区坚持领导学法制度化，发挥领导干部带头学法、用法的表率作用，积极落实区政府常务会议学法。加强法治政府建设工作力度，4月举办依法行政暨公平竞争审查培训班，7月在吉林大学珠海学院举办东湖区2018年领导干部法治知识专题研讨班。

（丁 一）

公 安

【概况】 2018年，东湖区公安工作着眼新时代、新要求、新使命，聚焦群众安全感、幸福感、获得感，坚持把工作往严里抓、实里干、细里做，较好完成各项工作任务。在“八一”“十一”、省委全会三大安保工作中荣立集体三等功；实现公众安全感、公安满意度、民调评警连续三年主城区第一；获评全国平安医院创建、扫黄打非、全警健身三大最高荣誉；完成滕王阁派出所网格警务、特巡警两级融警、智能化“6·26”体系三大创新项目；打造视频侦查、现案侦破、网上作战三大实战品牌。

【完成各项安保任务】 2018年，东湖公安分局树立“万无一失，一失万无”安保理念，落实“细致、精致、极致”的工作标准，较好完成各项警卫安保任务。制定方案60份，协调警力4000余人次，完成省委全会、省“两会”、2018南昌国际马拉松赛等大型安保任务76起；深化内部单位“保平安”创建，召开医警协作会3次，开展2轮银行业安全评估，实现345天“无医闹”，获评全省社会安保力量先进单位。

【维护经济秩序】 2018年，东湖公安分局全力防范金融风险，推动制定全区防范和处置非法集资工作方案，先后对全区60余万平方米商业楼宇、4000家企业进行全面摸排，梳理出重点关注企业400家，对60家高风险企业重点管控，取缔存疑企业18家，使辖区没有发生重大非法集资案件，经验在全市推广；配合城管、税务等部门执法，协助拆除违章建筑300余平方米，清除占道经营60余处，收缴价值12万余元的假烟。

【专项行动】 2018年，在贯穿全年的扫黑除恶、“亮剑”等专项行动中，东湖公安分局打破常规，全警参战，共破刑案1759起、行政案件12585起，处理人犯1019人、刑拘黑恶嫌疑人283人、行政拘留1224人、抓获网逃311人。实现刑事类警情数、黄赌警情数、医闹起数、火灾起数同比分别下降20%、24%、30%、60%，现案侦破率、抓获网逃数同比分别上升8%、12%，30天“零黄赌警情”，刑事警情高达252天同比下降。

【屡破现案要案】 2018年，东湖公安分局织密天网，建立两级图侦体系，占打击数近半成，战法在全省推广。建立命案必破、小案快破、串案带破的现案打击机制，年内8起命案快侦快破，发起部督销售假药集群战役，缴获假美容针2000余盒，涉案金额1000余万元；打响全市地下钱庄案第一枪，采取刑事强制措施33人；攻克多起网络赌博案，全省率先拘留消防违法群租房主，抓获“1·3”入盗者，授到省厅贺电表扬。

【禁毒工作】 2018年，东湖区打造体系化、智能化、社会化的全区“6·26”服务中心，建成两级社区戒毒社区康复体系，创新ARVR禁毒教育新技术、APP实时管控新平台，实现人员签到率、信息采集率、在控率、出所接回率四个100%。“双百”缉毒会战等行动战绩全省前列，荣立集体三等功，特别是“秋季扫毒风暴”创造45天刑拘105人全省之最的历史新高；侦破部级目标案，首次国外追逃，全链条斩断了一条通过寄递业跨境贩毒通道，受到省公安厅贺电表扬。

【勤务机制改革】 2018 年，为破解“触角不灵”的难题，东湖公安分局大力推进信息化警务（勤务）机制改革，整合情报、刑侦、图侦、网侦、技侦等资源部门 40 余名警力，建立一体化的情指新中心，实行“1 + 7”模式下的 24 小时全勤情指一体化运作，每日由资源部门主要负责人担任轮值指挥长，做到“猫鼠同步”，在重大安保中，确保重点人员第一时间落地查控，各类大要案件第一时间跟进研判。

【融警机制改革】 2018 年，为破解“合力不够”的难题，东湖公安分局按照融警理念，以基层所队为基点，以网格化为依托，大力改革。率先启动全区公安融警，全力推进公安工作从上到下、从外到内的六个方面融合。试点滕王阁“四格一队一室”的网格化融警，改革经验在《江西改革动态》推介。建立与市局特警“六位一体”的市、区两级融警新模式，改革经验被公安部刊发。

【智慧警务改革】 2018 年，为破解“效能不高”的难题，东湖公安分局通过警务工作智能化驱动警务变革，提升公安工作效能。开发小软件，成立“盾盾工作室”，研发自动银行流水分析、领证提醒、照片采集等小软件，智能处理数据 6000 万余条，极大提升了警务效能；依托网上办事大厅、自助办证机等系统，共办理各类出国境证件 5 万多件、落户 1000 余人、居民身份证 3 万多人（异地办证 1000 人）、居住证 6000 余人，努力提供 24 小时“不打烊”的办证服务。

【党建带队建】 2018 年，东湖公安分局党委健全党建工作指导机制，制定党建考评办法和考评细则，严格落实“两学一做”学习教育、“三会一课”等党建活动，开展重温入党誓词、红色现场教育、红色家书诵读等系列主题教育活动，举办党建业务培训，组织赴延安党性教育，开展扶贫工作，不断规范基层党员组织生活，引导民警不忘初心，岗位建功，涌现出公安部表彰的“正能量”“网红”民警熊水源，一、二等功 5 人，三等功 25 人等先进典型。

【宣传工作】 2018 年，东湖公安分局坚持做好内宣打好基础，及时总结提炼，打造品牌特色，共在省、市发表简报 50 余篇，形成省、市典型经验材料 10 余篇，在市局发表要闻、动态近 300 篇，信息采用量连续七年全市第一；坚持做好外宣塑好形象，抢占宣传阵地，共在各级新闻媒体发 637 篇，其中，中央级 12 篇，省级 351 篇，5 篇论文国家级刊物发表，微电影《双面人》被评为全省政法优秀作品，彰显东湖公安正气，赢得了群众认可。

（陈国栋）

检 察

【概况】 2018 年是改革开放 40 周年，也是检察机关恢复重建 40 周年。东湖区人民检察院坚持以习近平新时代中国特色社会主义思想为指引，强化新时代法律监督，维护宪法和法律权威，各项检察工作取得进位发展。被最高人民检察院荣记“集体一等功”，被评为“全国检察宣传先进单位”“全省先进基层检察院”。

【党建工作】 2018 年，区人民检察院充分发挥党支部战斗堡垒作用，拓宽工作思路，创新活动形式，着力提高党建工作科学化水平。一是抓牢思想政治建设。认真落实“两学一做”学习教育常态化制度化，完善党员领导干部上党课制度，制定党员学习计划，定期组织理论知识学习。二是抓

2018 年 9 月 15 日，区人民检察院组织党员干部到瑞金开展“不忘初心，锻炼党性”主题系列教育活动

牢党建规范建设。优化支部设置,在党员较多的部门单独成立党支部,党员较少的由几个部门联合成立一个党支部。明确工作任务,健全完善工作制度。根据党章、党支部工作条例等党内法规,及时做好基层党组织的换届选举工作,全面改、补、增选机关党总支,选优配强党支部书记、党支部委员会。三是抓牢党风廉政建设。坚持“严管才是厚爱,厚爱不严管是溺爱”的理念,完善管理制度,加强纪律教育,强化督察督导。抓日常管理,扎实开展“怕慢假庸散”作风整治,聚焦突出问题,扎实深挖细查,狠抓整改落实,进一步推动机关作风转变。

【扫黑除恶专项斗争】 2018 年,区人民检察院切实提高政治站位,认真贯彻落实中央、省、市、区关于扫黑除恶专项斗争的决策部署和工作要求,充分发挥检察职能作用,多措并举推动专项斗争持续深入开展。一是坚持依法严惩,确保政治效果、法律效果和社会效果的有机统一。严格依法办案,既从重从快打击黑恶势力犯罪,又严把事实关、证据关、程序关和法律适用关。二是强化内外联动,创新建立协调配合机制,主动与南昌市公安局红谷滩分局、东湖分局进行座谈,就法律认定、线索整理、侦查引导等达成共识;及时与法院就已起诉的涉恶团伙案件的事实认定、法律适用等进行沟通。三是加大宣传力度,在办公大楼摆放扫黑除恶宣传板,悬挂宣传条幅,滚动播放 LED 宣传标语,大力宣传《关于开展扫黑除恶专项斗争的通知》等文件精神,形成浓厚氛围。

【服务和保障辖区经济社会发展】 2018 年,区人民检察院制定《充分发挥检察职能服务和保障辖区经济社会发展工作实施方案》,从四个方面入手,进一步提升服务保障经济社会发展的针对性和有效性。一是强化对产业发展的检察供给,深入贯彻新发展理念,紧紧围绕辖区经济发展战略,全方位提供法律服务和保障,创建优良营商环境。二是着力维护市场经济秩序,聚焦防控风险、服务发展,积极参与整顿和规范市场经济秩序,服务保障经济平稳健康发展。三是织密织牢民生司法保障网,注重社会主要矛盾的变化,积极回应人民群众的司法需求和对美好生活的追求。四是加强和创新社会治理,围绕“打造共建共治共享的社会治理格局”的战略部署,扎实做好检察环节社会治理工作,全力投入平安建设。

【助力打好“三大攻坚战”】 2018 年,区人民检察院认真贯彻中央决策部署,充分发挥检察职能,助力打好防范化解重大风险、精准脱贫、污染防治三大攻坚战,为辖区经济社会平稳健康发展提供坚实的司法保障。一是助力打好防范化解重大风险攻坚战。认真学习“依靠群众就地化解矛盾”的“枫桥经验”,不断深化“仲大姐检察服务热线”和 12309 检察服务平台建设,充实服务团队,完善运行机制,经验做法在全市检察机关得到推广。依托社区检察工作站开展大走访、大宣传活动,走访群众 1200 多户,满意度指数进一步提升。二是助力打好精准脱贫攻坚战。积极走访挂点的扬子洲镇西源村、上房村困难群众 48 户,深入了解困难诉求,并发放慰问金 37600 元。为挂点社区八一桥街办大士院西社区辖区建设微型消防站,进行庭院微改造,进一步提升挂点社区平安建设水平。三是助力打好污染防治攻坚战。紧盯环境保护等与人民群众利益密切相关领域开展专项监督,共发出诉前检察建议 7 件,提起刑事附带民事公益诉讼 2 件,切实维护国家和社会公共利益。

【“捕诉合一”工作】 2018 年,区人民检察院认真贯彻落实上级决策部署,早谋划,早落实,扎实推进“捕诉合一”工作。一是加强学习互助。刑检一部、刑检二部分别挑选业务优秀的检察官,相互进行授课;检察官联席会议、重大疑难案件讨论会共同召开,使办案人员尽快熟悉新的业务。员额检察官、检察辅助人员以及书记员均一一结成对子,通过互帮互助,进一步提升学习效果。二是全面落实分案要求。刑检口所有办案人员按“捕诉合一”要求分到相应案件,保证办案人员对自己批准逮捕案件进行审查起诉。三是建立完善规章制度。认真学习高检院指导意见,结合上海地区的操作规程和其他地区检察机关的经验做法,探索建立新的案件办理机制和轮案规则,并在实践中不断收集问题,摸索经验,逐步进行完善。

【积极参与社会综合治理】 2018 年,区人民检察院针对办案过程中发现的社会问题或管理漏洞,通过发出检察建议等手段,督促有关单位履职尽责、完善管理,共同推动社会综合治理工作开展。

如针对银行金融案件频发、存在监管漏洞的情况，向江西银行发出检察建议；针对餐饮业非法使用添加剂、网络外卖行业无证经营、药店不凭处方销售处方药等情况，向市场监管部门发出检察建议；针对辖区多家酒吧内未成年人犯罪频发、需加强娱乐场所监管的情况，向区文化部门发出检察建议。各相关单位对检察建议给予高度重视并积极进行整改整顿，取得了双赢、多赢、共赢的监督实效。

【留守儿童权益保障工作】　2018 年，区人民检察院联合南昌市洪宇社会工作服务社在辖区留守儿童集中的南昌市阳明学校挂牌成立朝阳护航工作站。朝阳护航工作站由检察官、社工、学校的老师共同为留守儿童开展丰富多彩的关爱活动，将司法保护工作深度融入到校园管理中。区人民检察院坚持立足检察职能，积极探索对留守儿童的司法保护，加大对侵害留守儿童权益案件的打击力度，积极开展留守儿童的司法救助，联合南昌大学心理辅导中心加强对留守儿童被害人的心理疏导、心理帮教，定期到留守儿童较为集中的中小学校开展法治讲课和生活技能培训，培养他们的学习兴趣和乐观开朗的性格，提高他们的法律意识，提升自我保护能力。

【提升群众满意度】　2018 年，区人民检察院坚持以人民为中心，不断增强服务水平，提升群众满意度。一是严厉打击犯罪，加强民生保护，严厉打击各类严重刑事犯罪，严重暴力犯罪、黑恶势力犯罪、涉众型犯罪和“两抢一盗”等多发性侵财犯罪。二是坚持检力下沉，有效服务群众，大力推行“阳光检务”，积极开展法治进社区活动，发放检察工作宣传资料，认真听取群众意见建议。三是深化检务公开，自觉接受监督，公开重要案件信息 12 条、法律文书 301 件、案件程序性信息 475 条。四是加强作风建设，打造过硬队伍，坚持问题导向，切实解决纪律松懈、作风散漫、效率不高等突出问题，大力改进工作作风，提升队伍形象。

【“12309”检察服务中心揭牌】　7 月 31 日，区人民检察院“12309”检察服务中心正式挂牌成立，检察长杜迎春与区人大常委会委员万云初共同为“12309”检察服务中心揭牌。部分区人大代表受邀参加揭牌仪式，并参观该院“12309”检察服务实体大厅，详细了解“12309”检察服务中心建设及“仲大姐”检察服务热线运行情况。

【案件信息公开】　2018 年，区人民检察院采取多项措施，增强案件信息公开工作的规范性、准确性和实效性。一是完善机制，增强案件信息公开的规范性，加强梳理上级院相关制度规定并及时上传至内网，方便全院干警学习查阅。二是严格把关，增强案件信息公开的准确性，对拟公开的案件信息和法律文书，实行案件承办人、部门负责人、分管检察长层层审核，强化内容审核，确保公开的信息已经进行保密审查和技术处理，严防错误、瑕疵内容在网上公开。三是丰富载体，增强案件信息公开的实效性，对广受群众关注的案件，及时通过检察官方微信、微博、今日头条等平台发布批捕、起诉、判决等情况。全年共发布案件程序性信息 3282 条，发布重要案件信息 37 条，公开法律文书 586 份，有力保障了当事人的知情权和监督权。

【荣记“集体一等功”】　11 月 14 日，全国检察机关第九次先进集体、先进个人评选表彰结果揭晓，区人民检察院被最高人民检察院记“集体一等功”。该院秉承“以人为本、敢为人先、无私奉献、追求卓越”的精神，始终将政治建设摆在首位，全面落实党对检察工作的绝对领导，坚决完成上级部署的各项任务；依法履行法律监督职责，在维护国家政治安全、确保社会大局稳定、促进社会公平正义、保障人民安居乐业等方面持续发力；坚持务实创新理念，打造“仲大姐检察服务热线”“朝阳”未检工作品牌、“南昌东湖检察”新媒体品牌等一批检察特色名片，各项检察工作持续健康发展。

【入选“江西十大法治事件”】　11 月 1 日，第七届“江西十大法治人物”暨第三届“江西十大法治事件”揭晓，区人民检察院“破解‘三大难题’保障‘舌尖安全’”从全省 82 件推荐事件中脱颖而出，被入选为“江西十大法治事件”。该院积极回应人民群众的关切，紧扣省会中心城区食品安全影响大的地域特点，针对辖区食品生产、销售领域存在的“非法添加”“超量添加”等突出问题，以法律监督职能为抓手，协调各方力量强力开展“食安风暴”专项活动，有效促进食品领域秩序不断进化，保障了人民群众“舌尖上的安全”。2014 年以来，共建议行政执法机关移送“毒包子”“毒粽子”“毒油条”“毒海鲜”“假性保健品”“毒牛肚”等危害食品安全犯罪案件26件28人，提起公诉28件28人，截至2018年底，已判决29件29人。

（刘华明）

法　院

【概况】　2018年，东湖区人民法院深入学习贯彻习近平新时代中国特色社会主义思想和中共十九大精神，坚持“让人民群众在每一个司法案件中感受到公平正义”工作目标和“争全省首位，创南昌经验”工作要求，奋进拼搏，各项工作取得新的进展。全年受理各类案件21801件。其中新收18797件，旧存3004件。审执结19569件（含旧存），新收和结案数同比上升65.17%和56.13%，结案率89.76%，案件结收比104.11%，收案数、结案数及人均结案数均在全省前列。

【扫黑除恶专项斗争】　2018年，区人民法院成立扫黑除恶专项斗争领导小组，院领导和各部门负责人全部纳入领导小组，指定专人办理涉黑涉恶案件，安排专人负责相关工作联络，确保涉黑涉恶案件高质高效审理。在审判大楼、立案大厅、重要通道及大门宣传栏处均悬挂张贴扫黑除恶标语、举报电话等宣传资料，会同公安、检察院深入社区开展扫黑除恶专项斗争工作宣传。刑事审判庭对2016年以来审结的2000余件刑事案件逐一进行涉黑涉恶犯罪排查，其他审判执行部门亦对工作中发现的相关线索进行梳理。公开宣判全市首例“恶势力”团伙犯罪案件，依法对周某等9名聚众斗殴、非法持有枪支的被告人判处有期徒刑二年六个月至四年六个月不等。

【妥善处理涉军停偿案件】　2018年，区人民法院高效审结涉军停偿案件6件，涉案标的额530余万元，涉军产面积4970余平方米，既确保了涉军资产如期收回，又依法保障了合同相对方的权益。在已执结的解放军某部队申请执行朱某房屋租赁合同纠纷一案中，协调公安、城管部门到场支持，邀请人大代表、社区干部及媒体到场宣传监督，广泛争取理解支持，有效维护了军队形象和社会稳定，涉案部队对区人民法院工作给予高度评价，结案后派专人赠旗致谢。

【设立全省首个跨行政区划金融法庭】　10月8日，南昌市第一金融法庭揭牌，标志着全省首个跨行政区划金融法庭成立。南昌市第一金融法庭依托东湖区人民法院派出法庭——红谷滩法庭组建，负责集中审理东湖区、红谷滩新区、新建区、湾里区、经开区金融一审民商事案件，案件类型包括应由南昌市城区基层人民法院受理的证券、期货交易、信托、保险、票据、信用证、金融借款合同、银行卡、融资租赁合同、委托理财合同等民商事纠纷。法庭办公面积由原来的600平方米扩建为1340平方米，配备标准化诉讼服务中心。

【依法妥处大案要案】　2018年，区人民法院保持对极端暴力犯罪的高压态势，依法严惩杀人、抢劫、强奸、贩卖毒品等严重危害社会治安犯罪，王某（抢劫，判12年6个月）、谢某（贩卖毒品，判15年）等一批极端犯罪分子被依法严惩。依法审结涉民生犯罪案件5件，其中向幼儿园出售变质蛋糕的被告人彭某被以销售不符合安全标准的食品罪被判处有期徒刑4年。在胡某、李某两被告人以工业双氧水泡发毛肚喉管一案中，区人民法院在依法对被告人判处实刑且责令其向全社会公开道歉的基础上，大胆适用从业禁止令，禁止两被告人三年内从事食品销售行业，属全省首例。严惩腐败渎职犯罪，审结职务犯罪案件12件。稳妥审结造成10人死亡、13人受伤的海航白金汇酒店重大火灾事故案，以重大责任事故罪，判处丁某等7名被告人一年八个月至四年不等的有期徒刑。有序审结涉及306名在校学生的“赊宝校园贷”案件，对非法募集资金达254.89万元的该公司实控人高某依法判处有期徒刑十年，并处罚金二十万元。高效审结斑马汽车公司向6038名民众融资7062.8万元的非法集资案，与公安、检察系统联动协作，拒绝就案办案，追回涉案款项2500万元，抽调立案庭、执行局及部分综合部门干警成立工作小组，历时3个多月分批分次完成案款清退工作，取得良好的法律效果和社会效果。

【案件执行工作】　2018年，区人民法院积极迎战第三方评估，有财产可供执行案件实际执结率、2018年终本合格率、执行信访办结率和三年整体执结率的数据均达到最高人民法院预设的要求。强势开展专项执行，先后组织开展“寒战行动”

“攻坚行动”“百日大会战”“金融利剑”等系列专项执行活动，出动警力397人次，强制搜查6起，强制清场9起，全年执行到位金额8.66亿元。严厉打击拒执行为，全年发出协作执行司法建议134份，曝光失信被执行人1567人，推送失信彩铃122条，司法拘留67人，向公安机关移送拒执犯罪线索6件，立案侦查3件，有罪判决1件。

【审执质效提升工作】 2018年，区人民法院极力解决送达难题，通过出台送达规范统一本院送达做法、由送达中心综合采用网络、微信、邮箱等方式开展电子送达、建议金融机构在合同中约定送达地址等方式，提升送达成功率，缩短办案时间。完善简易案件处置机制。继续推行繁简分流工作制度，成立速裁团队，审结速裁案件943件。出台《东湖区人民法院刑事案件认罪认罚从宽制度实施细则》，明确该类案件的适用范围、办理程序及相关要求，最快从开庭到宣判仅2分钟，最迟一个月内审结。适用认罪认罚从宽机制快速审结刑事案件450件，占全部刑事案件的42.49%。优先适用小额诉讼程序审结物业纠纷案件165件，调撤率达90.65%，该项工作获市政法委刘家富书记肯定性批示。快速裁判缩短审限，除当事人要求庭后调解和补证的案件外，简易案件无特殊情况尽量实行当庭裁判，复杂案件一般要求最后一次开庭后五日内作出裁判，未按要求及时下判的，需逐案书面汇报延期裁判事由。

【全面升级诉讼服务中心】 2018年，区人民法院将原立案大厅改建成速裁室、公益律师值班室、诉前调解室、信访接待区、便民休息区等，在二楼大厅搭建全新诉讼服务中心并于6月14日正式投入使用。中心面积由不到360平方米扩大到1240多平方米，实行分区域、规范化、标准化设置。同时，增设虚拟导诉系统、立式屏诉讼服务中心便民展示系统、自助诉讼服务平台、信息交互软件、壁挂显示屏、材料收转云柜等设施，全面提升诉讼服务体验。

【“东湖掌上法院”微信小程序上线】 2018年，区人民法院的“东湖掌上法院”微信小程序正式上线，它将诉讼服务与微信功能深度融合，集“服务、管理、监督”于一体。对于当事人而言，只要下载“东湖掌上法院”这一微信小程序，便可实现人脸认证、微信立案、微信缴费、掌上调解、在线庭审、一键执行等十七项功能，享受线上自助、诉讼全程“零跑腿”的全新诉讼模式。全年通过微信公众号和微信诉讼小程序立案548件，网上收缴诉讼费25.15万元。

【落实司法救助】 2018年，区人民法院为17名困难群众依法减、免、缓交诉讼费12.06万元，为生活困难刑事被害人和申请执行人落实执行救助金53.13万元，为被告人指定辩护13人次，为聋哑当事人指定翻译4人次。畅通信访渠道，全年共通过信访接待、网上举报、远程视频接访、微信投诉端口等渠道受理涉诉信访47件次。

【干警队伍建设】 2018年，区人民法院始终突出思想政治建设。坚决把思想政治建设作为队伍建设的重中之重，按照“领导干部带头学，党员干警集中学、立足岗位自主学”模式，开展诵读红色家书、观看《榜样》系列纪录片、邀请专家授讲主题党课等系列活动，引导干警坚定信念、对党忠诚，强化职业认同，坚守司法良知。高度重视履职能力建设。完善审判工作队伍，按程序增补员额法官3名。争取红谷滩新区管委会的支持，由管委会提供薪资为红谷滩和红角洲法庭招录审判辅助人员18名。加大业务培训力度，安排25名法官参加上级法院业务培训，到兄弟法院参加信息化建设、诉讼服务中心建设等业务交流学习30余人次。持续开展司法作风建设。贯彻廉政建设责任制，常态化落实党建+组织活动会、党风廉政责任落实会与审判执行周例会“三会”合一制度。根据省高院作风建设会议要求，围绕“怕、慢、假、庸、散”等作风顽疾进行深刻剖析。积极配合市中院对东湖区人民法院开展为期两周的司法巡查，扎实进行整改。强化执纪监督，约谈提醒14人次，诫勉谈话1人次，经核实查处违纪干警1件2人。

【自觉接受各方监督】 2018年，区人民法院坚持重大部署、重点工作和重要问题及时向区委、区人大汇报，向常委会作2018年上半年工作报告及金融审判专题工作报告。认真落实人大及其常委会决议，办理代表建议2条，办结代表督办、转办案件2件，办复率100%。完善日常督查联络机制，由院长带头走访全国和全省人大代表5人次，协助上级人大开展专项调研和监督检查2次，邀请人大代表、政协委员与辖区群众、律师、学生代表一起参观法院、旁听庭审、监督执行500余人次。不断提升接受政协民主监督工作水平,充分听取对法院工作的意见建议。认真办理检察建议,邀请检察长列席重大复杂案件审判委员会会议5次。发扬司法民主,普通程序案件人民陪审员参审率达95%以上。加大司法公开力度,上网公布生效裁判文书14400份,开展庭审直播148次,在法院官方网站和各类媒体平台及时发表工作动态、案件报道700余篇,协助制作广播电视新闻28条。6月1日开始启动运营官方微信公众号“东湖法院”,截至年底,发布文章14篇,粉丝数2055人,点击量达37718人次。

(刘国华)

司法行政

【概况】 2018年,东湖区司法行政工作深入贯彻习近平新时代中国特色社会主义思想和中共十九大精神,围绕中央全面依法治国委员会第一次会议、全面深化司法行政体制改革推进会、全国全省全市司法厅(局)长座谈会精神,各项工作取得新进展、实现新突破。2018年,蓝天调解委员会被评为“全国人民调解工作先进集体”,东湖区司法局荣获全省社区矫正执法规范深化年活动“创新突破奖”、全省精准法律援助先进单位,东湖公证处荣获全省公证质量先进单位,东湖区荣获法治南昌建设优秀单位。

【推动重点学法对象全覆盖】 2018年,东湖区以分类指导原则,推动重点学法对象全覆盖。抓住领导干部这个“关键群体”,建立党委中心组、区政府常务会议学法制度,开展法律法规业务培训活动,学法已成为全区领导干部工作的新常态;抓牢青少年这个“重要群体”,着力构建学校、家庭、社会“三位一体”的青少年法治教育格局。

【“法律六进”活动全覆盖】 2018年,东湖区加强与媒体合作,利用“公益律师进社区”普法平台,开设“美丽东湖,幸福家园,法治护航”普法专栏,每月开展主题普法活动,覆盖全区机关工作人员、社区干部、居民、青少年、社区矫正人员及相关重点企业,取得了热烈的反响和不俗的效果。

【法治文化普及】 2018年,东湖区依托“星期8小镇”,打造新的青少年法治教育基地;建成彭家桥街道光明社区、墩子塘街道马家池社区、扬子洲镇庙后村、董家窑街道南京西路南社区等一批社区(村)法治文化广场(阵地)。组建VR游东湖区法治文化阵地集群,通过VR形式将普法阵地展示在手机、电脑等媒体上,方便群众随时随地游览法治文化阵地。依据需求导向,在抖音平台开通官方政务账号,借助抖音平台吸引更多群众关注普法工作,让更多人尊法学法守法用法。

【“一体两翼”社区矫正官试点运行制度在全省推广】 3月,江西省社区矫正工作现场会在东湖区召开,该区开创的社区矫正官“一体两翼”创新做法和典型经验在全省推广。2017年,东湖区在南昌市率先将区社区矫正管理中心更名为社区矫正执法大队,下设3个直属中队、2个片区中队和11个司法所中队,引入社会力量参与社区矫正工作,打造“黄丝带”工作室,创造“一体两翼”(即以“队建制”专业队伍体系为主体,以刑罚执行机制和社会帮扶机制为两翼)社区矫正官试点运行制度,形成可学习、可复制、可借鉴的“东湖模式”,在全市乃至全省起到示范引领效果,社区矫正“一体两翼”的运行制度获得2017年度全省司法行政创新突破奖。“一体两翼”的新做法是加强社区矫正队伍建设,做好新形势下社区矫正工作的积极探索和有益创新。

【组建“正航”助矫工作室】 2018年,东湖区探索动员专业力量和社会组织参与社区矫正工作的有效路径,不断提升社区矫正教育帮扶工作专业化、社会化水平。引入江西交通职业技术学院、江西华邦律师事务所、江西听讼律师事务所、南昌市静心社等组织机构,组建“正航”助矫工作室,积极开展专业心理咨询、成长小组、特殊人群青少年夏令营等一系列活动。

【人民调解工作】 2018年,区司法局联合省司法厅、大院街道共同打造公共法律服务工作站,探索“社区治理+公共法律服务”党建新模式,发掘人民调解、法律援助等基层法律服务职能在社区治理中的独特优势,推进城市基层社区治理创新;联合百花洲街道成立第三方调解委员会,引导辖区内社会组织参与矛盾纠纷调处工作，发挥社会组织在扩大群众参与、反映群众诉求、开展公益服务方面的积极作用，提高了调解针对性和成功率。

【司法所规范化建设】　2018年，东湖区加大司法所基层基础建设力度，推动司法所基础设施、办公条件、业务工作、队伍建设、信息化应用等全面达标。各司法所立足实际，积极开展省级“特色司法所”争创活动，打造“一所一品”。全年，全面完成墩子塘等6个司法所提升改造工程，并由市委政法委验收合格。

（叶华康）

仲　裁

【概况】　东湖区全面贯彻落实中共十九大精神，以习近平新时代中国特色社会主义思想为指导，切实落实深化依法治国实践以及提高和改善民生保障水平，坚持民本为生，不断夯实劳动人事争议处理工作基础，促进调解仲裁规范化、标准化、专业化、信息化，推动健全劳动人事争议处理制度，完善劳动人事争议多元处理工作机制，促进全区劳动人事关系和谐与社会稳定，为维护东湖区社会经济发展提供人才保障和智力支持。

【健全劳动关系三方协调机制】　2018年，东湖区进一步加强政府行政部门、工会组织和企业代表组织三方对涉及劳动关系方面的重大问题的沟通和协商，建立和谐稳定的劳动关系环境。成立南昌市东湖区协调劳动关系三方委员会，建立三方会议机制，定期召开三方会议，研究和解决关系用人单位和劳动者之间的一些热点和难点问题，积极维护劳动关系双方的利益，充分保护、调动和发挥广大职工和企业的积极性，防范和化解劳动关系矛盾而引发的群体事件发生。

【仲裁机构实体化建设】　2018年，东湖区强化劳动人事争议仲裁机构和仲裁员队伍的建设。设立全额拨款事业单位性质的东湖区劳动人事争议仲裁院，配备5名全额拨款事业编制人员，完成全区仲裁机构的实体化建设。仲裁院积极选派人员参加省厅举办的仲裁员业务培训，提高仲裁员的职业化、专业化水平。仲裁案件实行属地管理原则，全区案件审理数量大幅增长，同时审理不少大案、要案，其中不乏许多国际知名外资企业的争议案件。为了解决仲裁办案人员不足的问题，仲裁委还专门聘请两名兼职仲裁员参与案件的审理，充实仲裁员的队伍，增加了案件审理的透明度。区仲裁委着重提高办案效率，注重案件的调解率，为全区的和谐劳动关系缔造更加良好的环境。

【仲裁制度建设】　2018年，东湖区仲裁委强化劳动人事争议仲裁各项规章制度，改进办案方式、办案程序，加强对办案的管理和监督。针对当前争议案件的发展趋势和复杂的劳动关系现状，积极研究改革庭审方式，简化办案程序，健全重大疑难案件合议制度，缩短审理时间，提高办案效率，增强仲裁工作的权威性和公信度。

【劳资双方权益维护工作】　2018年，东湖区仲裁委热心接待来信来访，耐心回答来访者的咨询，积极宣传法律、法规和政策，为用人单位和劳动者提供了满意的服务。加强预防职能，严把审核关。对用人单位在办理解除劳动者劳动关系的备案手续时，对不符合法律程序的手续一律不予备案。同时，督促、指导用人单位完善手续，杜绝争议隐患。全力协助做好维稳工作，全年参与处理较大的群访、信访事件6件，耐心向争议双方宣传劳动保障法律、法规，并告知工作流程和步骤，积极引导双方用合理、合法的方式解决争端。积极做好劳动人事争议案件的调处工作，全年共受理各类劳动人事争议仲裁案件141起，处理144起（含上年末未结案件数），结案率超100%，共为劳动者挽回各类经济损失428.91万多元。区属12个街道（镇、管理处）的劳动争议调解中心共受理各类争议154件，全部调解处理结案，切实维护了劳资双方的合法权益。为了更好地处理集体争议案件，维护劳动者的合法权益，针对集体欠薪案件时有发生，涉及人数多、涉及金额大的问题，区劳动仲裁和区劳动监察部门打破部门界限，相互协作、共同配合，共筑维权坚网，化解了可能引发群访事件的不稳定因素，共同为东湖区的和谐劳动环境打下牢固的基础。

（喻伟文）

军　事

综　述

2018年，东湖区认真落实党管武装工作，努力形成齐抓共管的强大合力。切实把武装工作摆上重要位置，纳入议事日程，围绕建设一个党管武装的好班子、打造一支会抓武装工作的好队伍的要求，认真履行“把方向、抓大事、解难题、谋发展”的职责，从思想上、政治上、组织上加强对民兵预备役建设的领导和指导，真正形成党委统一领导、政府全力保障、军地齐抓共管的工作机制。坚持把国防后备力量建设纳入经济社会发展总体规划，做到统一谋划、统一部署、统一落实。党政主要领导认真履行党管武装“第一责任人”的职责，着力解决国防后备力量建设中的重点、难点问题，确保国防后备力量建设在工作谋划中有位置，在工作部署上有要求，在组织领导上有人管。坚持解难题、办实事，解决好民兵预备役部队建设中的实际困难。认真落实转业干部安置、随军家属就业、军人子女教育、涉军维权事件、入伍优待金发放等拥军优属政策，努力为部队官兵解决后顾之忧，努力在新的起点上推动全区国防后备力量建设全面发展。

（区史志办公室）

民兵和预备役部队

【概况】　2018年，东湖区民兵和预备役部队工作坚持习近平新时代中国特色社会主义思想指导，坚决贯彻军委国防动员部、省军区和警备区党委决策部署，以军事斗争准备为龙头，突出举旗铸魂，聚焦形成能力，持续改作风正风气保稳定。区人武部被江西省军区评为全面建设先进团单位、江西省征兵工作先进单位。

【防汛勘察】　4月下旬，区人武部按照责任落实到位、预案制定到位、队伍组建到位、监测预警到位、检查督导到位的要求，会同区防汛抗旱指挥部到辖区江、河堤坝及历年险工险段现地、防汛物资储备点位和机电泵站、涵闸等重要地点，进行拉网式防汛勘察，充分掌握防汛工作的第一手资料，汛期先后组织200余次民兵应急分队进行巡堤护体，为确保安全度汛做出应有贡献。

【征兵工作】　2018年，区人武部紧紧围绕提高大学生征集比例的目标要求，以“五率”量化考评标准为抓手，切实打好征兵工作主动仗。把兵役登记工作作为国防教育、征兵宣传的重要途径，部领导带领全体职工分片包干督导，进高校食堂、寝室，走村入户指导登记工作。张贴横幅标语50余条，印发宣传手册4万份，群发宣传短信15万条，开设兵役登记站210个，年满18岁登记率达到100%。区征兵领导小组于2月和7月先后两次召开征兵领导小组会议，确定各基层单位征兵任务数。全年征兵工作有序开展，较好完成各类指标任务，征兵“五率”考评位列全省前列。

【枪弹专项清查整治】　2—4月，区人武部按照上级统一部署，围绕查清枪弹底数、查清私存私借私用问题、查清制度落实情况、查清安全防护状况、查清看管队伍建设现状“五个查清”，深入开展枪弹专项清查整治活动，重点清理清查老营院各类仓库、兵器室、器材室、荣誉室，集中收缴干部职工、转业待安置人员和单位私存私借的枪支弹药。

按照动员部署、自查摸排、巩固成果的步骤,一个场所一个场所过、一个环节一个环节地查、一个问题一个问题地纠治,切实摸清枪支弹药底数,彻底堵塞安全漏洞、消除安全隐患,全面提升武器弹药安全管理水平,确保省军区系统改革顺利推进,为中共十九大胜利召开创造安全稳定环境。

【"学、查、训、整"活动】 2月,区人武部按照警备区统一部署,集中半个月时间开展"学条令、查隐患、训共同、整秩序"活动。2月15日,区人武部在警备区动员部署的基础上,进行再动员再部署,充分调动干部、职工参与积极性。在人员上,建立活动考勤登记制度,确保参训率;在内容上,突出"学、查、训、整"四个方面,重点发现解决"五个方面"问题;在时间上,要求各级要妥善处理工作和训练矛盾,确保活动时间;在效果上,每个环节内容均采取考核方式,严把活动质量。通过活动,强化了法规意识、严整了军风军纪,正规了四个秩序,为新年度工作的完成打下坚实基础。

【征兵"宣传月"活动】 2—4月,区人武部聘请南昌陆军学院李景瑞教授、征兵形象大使,在辖区5所高校组织开展国防教育进驻高校暨征兵"宣传月"活动,主要落实"五个一"活动,即召开一次高校兵役登记动员部署会、召开一次所有班级辅导员座谈会、各班召开一次征兵宣传主题班会、每所高校开展一次国家安全形势教育课、每所高校组织一次征兵政策咨询活动。通过系列活动,激发高校青年学子积极应征报名、踊跃参军的热情,为2018年征集高素质兵员打下坚实的基础。

【征兵形象大使进高校宣传活动】 5月,区人武部聘请江西师范大学两名优秀退伍大学生为征兵形象大使,在辖区5所高校开展"征兵形象大使"进高校宣传活动,向大学生们介绍国家鼓励大学生应征入伍的各项优惠政策,分享参军入伍经历和收获,与报名应征大学生座谈交流,激励大学生到部队建功立业,实现自己的人生梦想。

【首长机关训练考核】 11—12月,区人武部按照军事训练大纲要求,组织现役干部围绕"基本理论、基本业务、基本技能、基本体能"四项内答,区分基础训练、强化训练、迎考神刺三个阶段,开展首长机关训练。坚持每日理论过一遍、业务技能练一套、体能一小时,使干部全员熟悉掌握中共十九大精神、新时代强军思想和创新军事理论、国防动员、后备力量建设、兵役工作和边海防建设、人民防空、军民融合等基本理论及法规知识,熟悉掌握本职业务工作,熟练使用军事地形图的能力,参加警备区年度军事考核并取得较好成绩。

【扶贫帮困工作】 2018年,区人武部始终把助力扶贫帮困作为政治任务,重点发力、强力推进,确保扶贫工作落到实处。扎实开展走访慰问。元旦、春节期间,部领导先后上门走访慰问13户贫困党员、困难职工和助学对象,及时了解帮建情况以及家庭生活情况,提供力所能及的资助;组织干部职工参加"慈善一日捐"活动,社会反响较好。

【百日安全活动】 9—12月,区人武部扎实开展"百日安全活动",成立"百日安全活动"领导小组,研究方案计划,细化工作任务、明确责任分工。开展"双四一"活动,了解所属人员思想动态,掌握家庭和交友情况,确保思想清、底数清。9—10月,深入开展网络安全保密政治,确保不出泄密问题。11月,开展"水、火、电、气、油"安全设施专项检修,消除事故隐患。12月,开展涉黄涉赌专项治理和营院环境综合整治,对查出的重点人和事,指定帮带责任人,做好一人一事工作,确保部队安全稳定。

（温道刚）

消防部队

【概况】 2018年,东湖消防大队紧紧围绕年度重点工作目标任务,强化班子建设和党风廉政建设,强化火灾防控工作力度,提高队伍核心战斗力,推进综合应急救援和多种形式消防队伍建设,狠抓经费争取工作,大力开展消防宣传工作。不断提升队伍正规化水平,确保了火灾形势和队伍双稳定。

【年度接处警情况】 2018年,东湖消防大队全年共接警577起,其中抢险救援出动521起(含抢险救援和增援其他城区),灭火出动56起。全年消防车出动954辆,出动警力6495人,抢救被困人员36人,疏散人员315人,抢救直接财产价值6563.3万元,为东湖区经济社会快速、协调、持续发展创造了一个和谐稳定的消防安全环境。

【党建工作】 2018年,东湖消防大队党委始终把学习贯彻中共十九大和习近平总书记系列重要讲话精神作为队伍建设的最鲜明主题,紧紧围绕总书记在授旗仪式上的训词精神,紧抓不放、常抓不懈,坚定学而信、学而思、学而行,引导队员自觉追随、笃定践行,不断提升铸魂育人的质量水平。一是通过专题化学习、全方位解读、对策性研讨,确保先学一步、学深一层。积极开展"十九大精神""三讲三比三服务""改革宣传教育""集中整训教育""牢记总书记训词 建设过硬队伍"等专题学习。二是充分发挥辖区红色资源丰富的独特优势,组织开展读红色书籍、听红色故事、唱红色歌曲、观红色电影、访红色旧址"五红"体验式教育,教育引导队员强化红色记忆、厚植传统底色。三是坚持把学习作为感悟情怀、享受理论魅力、升华思想境界的过程,围绕"依法治警怎么办""不忘初心、牢记使命""传承红色基因、应当改革标兵""不忘初心再出发、投身改革谱新篇""牢记革命传统、争取更大成绩""感党恩、报党恩,我奋斗、我幸福"等主题讨论会、座谈会,使队员们在交流中笃学践行、矢志追随。

【消防队伍建设】 2018年,东湖消防大队积极开展"创五无、保稳定"活动。紧紧围绕"五无"创建活动,大队始终坚持用制度管理队伍,严格按照岗位人员职责及专职队员量化考评细则加强队伍管理。一是完善并落实大队行政会议制度,每天进行交接班工作,坚持每月召开一次队务会,重要工作随时召开,加强指导和服务,及时研究并解决各种问题。二是完善并落实一日生活制度、请销假制度、车辆管理制度、安全防事故制度、请示汇报制度等,按照队伍正规化管理的要求,督促大队人员认真遵守。规范队员的着装、仪容仪表、日常行为及队伍的执勤、工作、训练和生活秩序,培养队员雷厉风行、令行禁止的优良作风,达到"学好共同的、精通本职的、了解相关的、熟记重点的"目的。三是实行一日督察制度,大队值班干部每天对中队执勤秩序、训练秩序、工作秩序、生活秩序等情况督导,对于督察发现的问题,要求及时整改到位,确保内部安全稳定,确保各项重点工作顺利完成。

【战斗力建设】 2018年,东湖消防大队严格按照《训练大纲》,围绕提高保障能力,以"能打仗、打胜仗"为重点。定期分析训练形势,认真研究和解决训练中的倾向性问题,大力加强训练中的思想政治工作,开展多种形式的小比武、小会操、竞赛活动,有效地调动了消防队员的训练热情,利用"班对抗、周考核、月竞赛"充分提升训练效果。消防队员发扬"一不怕苦、二不怕死"的革命精神,切实达到了高标准,严要求的目的。在训练上骨干始终走在队伍前面,身先士卒、科学筹划,大大增强了消防队员的身体素质。

【消防执法】 2018年,东湖消防大队针对消防安全形势,推进电气火灾综合治理,开展商场市场、高层写字楼、商用建筑、住宅小区、酒吧、KTV、宾馆、施工工地、电动车、大型综合体等领域的专项治理。紧盯人员密集、易燃易爆、"三合一"、群租房、老旧住宅和文物古建筑等6类场所,保持排查整治高压态势。严格落实"每日一查"制度和"三真三实"刚性要求,全面提升全区消防监督管理效能,确保消防安全形势平稳。尤其在春节、全国"两会""五一"、国庆期间,大队主动作为、积极履职,狠抓各项工作落实,较好完成了重大节日和全国"两会"消防安保任务。全年,大队共检查单位4815家,发现火灾隐患5625处,下发责令改正通知书4513份,下发行政处罚决定书284份,下发临时查封决定书54份,三停13家,罚款182.6万元,拘留135人。办理消防设计备案抽查96起,竣工验收备案抽查73起,开业前检查29起,受理审核项目5起。

【基层消防能力建设】 2018年,东湖消防大队落实监督干部挂点指导检查公安派出所工作制度,3月中旬在东湖公安分局的组织下,大队对各派出所分管领导、专兼职消防民警和驻社区(村)民警集中开展消防业务知识培训,重点加强对消防民警的培训,规范派出所消防执法行为,对派出所法律文书的下达,行政处罚的审批和职责划分进行规范。通过加大对派出所的消防监督力度,派出所消防工作逐步走向正常化和规范化,社会消防环境大大改善。

【社会火灾防控能力建设】 2018年,东湖消防大队联合各街办、派出所充分发挥消防安全网格员的作用，将“入户式”宣传做实做精准。宣传期间，重点开展群租房、规范电动车充电、施工工地等有针对性的宣传，着力提升消防宣传成效。利用“走街串巷”的方式深入居民家中及沿街商铺发放“九小场所消防安全宣传单”“家庭防火指南”共计六万余份，辖区全部二级重点单位及中小学校发放四万余份，做到辖区内所有重点单位、中小学校、住户及九小场所一户一册。切实提升广大群众特别是弱势群体消防安全意识。同时在全区范围内大力开展一警六员培训工作，大队按照“每日有安排、每周有计划、每月有调度”的要求，周密制定培训计划，定期监督考核进度，及时指导推进实操实训工作。全年，共培训考核通过9072人，在全市各消防大队中排名第一。

2018年东湖区分区域火灾综合情况

表5

项　目		火灾数(起)	死亡(人)	受伤(人)	直接财产损失(元)
合　计		56	1	0	694300
东湖区	八一桥街办	4	0	0	23500
	豫章街办	4	0	0	33700
	墩子塘街办	9	0	0	128000
	百花洲街办	7	0	0	59000
	公园街办	2	0	0	3500
	董家窑街办	8	0	0	164700
	彭家桥街办	9	0	0	111050
	滕王阁街办	4	0	0	51600
	贤士湖管理处	2	0	0	7000
	大院街办	5	1	0	32250
	扬子洲镇	2	0	0	80000
	扬农管理处	0	0	0	0

2018年东湖区月季火灾综合情况

表6

项　目		火灾数(起)	死亡(人)	受伤(人)	直接财产损失(元)
合　计		56	1	0	694300
一季度	1月份	8	0	0	58500
	2月份	8	1	0	117500
	3月份	4	0	0	2500
	小　计	20	1	0	178500
二季度	4月份	2	0	0	11000
	5月份	4	0	0	130000
	6月份	5	0	0	178200
	小　计	11	0	0	319200

续表 6

项　目		火灾数(起)	死亡(人)	受伤(人)	直接财产损失(元)
三季度	7 月份	3	0	0	2500
	8 月份	7	0	0	4900
	9 月份	1	0	0	1000
	小　计	11	0	0	8400
四季度	10 月份	9	0	0	119200
	11 月份	2	0	0	60000
	12 月份	3	0	0	9000
	小　计	14	0	0	188200

(白　云)

人民防空

【概况】　2018 年,东湖区人防工作贯彻落实全省人民防空会议精神,按照“长期准备、重点建设、平战结合”的工作方针,紧紧围绕“把握机遇、融合发展,加快推进人防建设社会化进程”的年度工作思路,精心谋划,用心落实,扎实工作,人防各项建设都取得新的成绩。12 月,按照机构改革部署,区人防办并入区城市建设管理局,城市建设管理局保留区人民防空办公室牌子,原人防工作职责不变。

【机关党建工作】　2018 年,区人防办认真学习贯彻中共十九大精神和习近平新时代中国特色社会主义思想,建立健全党风廉洁建设各项制度,促进机关作风的转变。认真学习新修订的《中国共产党纪律处分条例》《中国共产党廉洁自律准则》等一系列党内法规。坚持“三重一大”事项集体研究、集体决策,认真贯彻落实中央八项规定精神,进一步完善厉行节约等相关制度,加强“三公经费”管理。认真贯彻落实中央关于反腐倡廉新要求,围绕中心大局和人防工作积极履行监督责任,按照职能和分工抓实干部廉政建设和作风建设。

【人防知识宣传教育】　2018 年,区人防办在全区 10 个社区和 2 所学校进行人防知识宣传活动,近千余名学生接受人防知识教育。在“9・18”国防教育宣传日,警报试鸣。区人防办在城区主要街道、社区等人员密集场所进行人防宣传,发放宣传资料 2 万多份,加强人民群众的国防观念和人防意识。

【人防通信警报设施建设】　2018 年,由于老城区改造,区人防办对东湖区两处警报试鸣点进行迁移,按市人防办要求对部分警报点警报器遥控终端升级为数控,计划 3 年内全部完成。9 月 18 日是全民国防教育日,全市警报统一试鸣,鸣响率达 100%。

【人防工程的维护管理】　2018 年,区人防办强化早期人防工程维护与管理工作。对全区人防工事安全责任到人,加强对人防工事的安全巡查,建立安全问题 1 小时汇报制度,加强对责任区域城市建设情况的跟踪管理,发现影响到人防工事的情况时,1 小时内汇报给工程管理股及分管领导。上半年对早期人防工程是否存在影响环保与安全的隐患进行排查。

【人防队伍建设】　2018 年,区人防办抓好人防“准军事化”队伍建设,按照“听党指挥、能打胜仗、作风优良”的要求,开展“不忘初心、牢记使命”主题教育,强化训练演练,实行战备值班执勤,树牢“绝对忠诚、甘于奉献、敢于担当”的良好形象。

(涂　成)

重大项目建设

综　述

2018年,东湖区重大重点项目有力推进,项目建设成效显著。全年60个总投资466.96亿元的重大重点项目开工46个,较2017年同期开工数增加10个;累计完成投资50.07亿元,较2017年同期增加10.21亿元。开工项目数和完成投资数均创历史新高。

2018年,东湖区的重大重点项目主要有三个特点。一是项目体量大、亮点多。投资85亿元的苏宁广场、投资35亿元的中海地产、投资20亿元的中金中心项目、投资16.9亿元的江旅都市方舟等具有引领性、引爆型产业项目建设顺利推进;赣江右岸排污口截污工程项目顺利完工,青山北路综合管廊工程、百花洲提升改造工程、老旧社区改造、旧改安置房等一批城市建管、社会民生项目快速推进。二是项目效益好、带动强。苏宁广场、中海商业、中金中心、都市方舟等一批10亿元以上项目建设如火如荼,有效拉动全区固定资产投资,固投指标增速连续多月位列全市第一。中海商业、力高国际、融创商业、金投商业等一批商业地产项目开工建设,提升青山湖西岸片区整体品质。投资5亿元的海学茂人工智能教育公园将打造全国人工智能产学研基地,引领省市人工智能产业发展。投资3亿元的沁庐旅生活广场项目融合文化、旅游、商业等多种业态,打造全省旅生活精品IP。三是项目后劲足、前景好。投资5亿元招商东湖意库项目启动建设,标志着招商局集团在南昌首个投资项目正式进入建设阶段,将打造国内一流的文化产业创业园。力高总部经济大厦、八一馆商业综合体、洪都国际大酒店、新媒体广告产业园等项目的逐步竣工,将相继引入一批国内外知名品牌、商户落户。青山湖西岸11号地块、原裕丰大厦地块、下沙窝地块相继出让,以及即将出让的下正街、殷家巷等旧改地块,为东湖未来的发展增添新的动力。

2018年,东湖区突出"三抓"推进全区重大重点项目建设。一抓责任分工。全年严格贯彻落实《东湖区2018年重大重点项目推进工作方案》,明确工作职责和工作目标,对项目实施分类推进、分类调度、分类考核。重点推进项目明确由区委常委挂点,起带头示范作用;重大产业项目集合区人大、区政协的领导挂点,加强项目的协调、监督作用;其他重大项目都是由分管区领导挂点,注重项目的推动效率。二抓调度推进。严格执行《重大重点项目管理办法》《重大重点项目推进调度办法》和《重大重点项目推进工作考核办法》三大办法,项目的调度制度更加严谨规范,保障更加充分有力。挂点区领导每周至少1次赴项目现场研究进展,区政府每周分类别召开调度会,区委常委会每季度听取项目总体汇报。区委从7月份开始每周二晚上例行召开重点产业、城市建管项目调度会。围绕"在谈项目促签约、签约项目促落地、落地项目促开工"总方针,层层剖析项目推进的难题。三抓成效落实。突出考核引导,依据《考核办法》对项目考核,在年底进行综合考核排名;督办问题落地,对各级调度会上明确的问题事项的解决情况予以督办,对问题实行销号管理;强化督查问责,在实行例行督查的基础上,开展工作作风整治专项督查。

2018 年东湖区重点工程项目一览表

表 7

类别	项目名称	项目地址	项 目 简 况
产业建设类项目	南昌苏宁广场项目	原省政府大院	南昌苏宁广场项目地跨省政府一、二号地块,规划总建筑面积 58.26 万平方米,建设内容包括商业综合体、办公楼、酒店、公寓、住宅及回迁房等,项目投资 85 亿元
	江旅都市方舟项目	福州路	项目占地 2.612 公顷,用地性质为商业、商务,容积率 4.3 左右,建设体量为 16 万平方米。拟打造时尚消费区,引进国际先进的乐玩、酷玩项目,引领新消费业态发展,项目投资 16.9 亿元
	沁庐旅生活广场项目	苏圃路 91 号	项目总投资 3 亿元,对江西宾馆原旺中旺片区(苏圃路 91 号)进行整体改造,占地面积约 2 万平方米,拟打造成集古城楼茶文化、旅生活馆、精品酒店、餐饮、景观为一体的旅生活综合体
	中海商业项目	青山北路	项目总用地面积约 6 公顷,总建筑面积约 26.7 万平方米,含商业 1.68 万平方米、办公楼宇 4.25 万平方米。其中,商业部分拟结合规划中的城市阳台打造集观光、旅游、休闲、娱乐为一体的地标性商业体
	希尔顿欢朋酒店项目	沿江北大道	项目位于沿江大道水天一色,总面积 1.4 万平方米,内设 200 间高档客房及相关酒店配套设施
	东湖意库项目	中大南路	由招商局蛇口工业控股股份有限公司、中外运长航事业发展有限公司、东湖文化旅游投资发展有限公司三方共同投资运营,总投资 5 亿元,占地超过 8 万平方米,拟打造文化、艺术、历史、生态四位一体的国际文化创意街区
	融创青山湖壹号地产项目	青山北路	项目定位"高品质住区",规划总建筑面积 7 万多平方米,包括高层精装修住宅,丰富的临街商业等
	江湾豪庭商住项目	规划六路	项目地处规划六路以南、爱国路以西,用地面积 1.01 公顷,建筑面积 41782 平方米,其中商业面积 4950 平方米(2 层),土地性质为商业居住用地(2∶8),容积率 3.0
	中金国际交易中心项目	青山南路 18 号	项目占地面积 2.47 公顷,规划建设成中金黄金旗舰店、写字楼及服务中心、五星级酒店及酒店式公寓为一体的"高端商业消费 MALL",总建筑面积约 17 万平方米,绿化率达 25%,停车泊位约 1000 个,项目投资 20 亿元
	原南昌电厂地块商业改造(七里滨江)项目	原南昌电厂	青山湖西岸原南昌发电厂地块,北至富大有堤,南至青山北路,西至青山支路,南至中大路,面积为 121 亩,容积率 2.8,土地性质为商住(1∶9),总建筑面积 225867.8 平方米
	贤士湖大厦项目	贤士湖管理处	总占地面积 0.27 公顷,拟建筑面积约 1.7 万平方米,共 17 层,地下 2 层
	洪都国际酒店	阳明路	该项目由江西洪都国际酒店有限公司承建,打造集住宿、餐饮为一体的多功能综合性大酒店。占地约 0.741 公顷,地上 16 层,地下 1 层,总建筑面积 23461 平方米
	红色记忆展示馆项目	象山路	利用原南昌电影公司行政楼旧址(位于象山北路 85 号)筹建红色记忆展示馆。该旧址地上建筑面积约 828 平方米,为独栋三层小楼带地下室建筑物
	体彩健身场项目	福州路	安装、加固改造、墙体装饰及地面铺贴;体育公益
	海学茂人工智能教育公园	北京西路	项目首期位于北京西路 431 号地铁师大南路站商业综合体,建筑面积约 3000 平方米。园区分三期推进,一期完成投资 3500 万元,年产值将超 1 亿元。2019 年园区将与师大科技园合作,启动二、三期建设。全部建成后,总建筑面积将达 2 万平方米,三期全部运营后,年产值将达 5 亿元

续表 7

类别	项目名称	项目地址	项　目　简　况
城市建管类项目	青山北路综合管廊工程	青山北路	项目业主为市土储中心，承建方为市城投公司
	赣江右岸八一桥至二七路段排污口截污工程	沿江北大道东侧	在沿江北大道东侧下埋设 1 根截污管，将沿江北大道沿线污水分段收集，并分段就近通过泵站分别排入豫章路排水管和三经路排水管
	市政设施综合改造项目	东湖区城区	道路“白改黑”项目：计划对辖区内河东会馆路等 24 条道路实施下水管网清掏、疏浚，人行道改造、沥青摊铺等改造；空中管线“上改下”项目：计划进行朱湖路空中管线“上改下”工程，对道路空中管线进行下地，对道路进行改造
	象山北路综合改造项目	东湖区城区	道路全长 1335 米，对象山北路进行空中管线下地改造、外立面改造、店招改造、人行道改造、路灯亮化改造、城市家具打造等
	百花洲景区综合提升改造项目	百花洲街办	对八一公园、南湖路、北湖路、苏圃路、百花洲路等进行综合改造，对水环境进行提升，对百花洲周边配套设施进行提升
	立面改造及亮化工程	东湖区城区	胜利路、渊明北路、中山路、抚河北路和沿江北大道立面改造及亮化工程
	老旧社区（背街小巷）综合整治项目	东湖区城区	精品社区改造：计划对刘将军庙社区、市委家属院等两个社区进行小区内道路路面改造、给排水管网改造、人行道铺装、路灯改造、绿化外立面改造等；微社区改造：计划对石场街庭院等 10 个老旧社区进行道路改造、排水改造、立面改造、路灯改造
民生实事类项目	停车场建设项目	东湖区城区	完成佘山路停车场等 13 个停车场建设
	滕王阁街道“三个中心”建设装修工程	滕王阁街道	打造街道便民服务中心、文化活动中心、党建服务中心及附属功能设施
	扬子洲农场（垦区）危房改造工程（三期）项目	扬农管理处	项目占地约 1 公顷，总建筑面积 2.3 万平方米，集中新建住宅 220 套
	路灯亮化工程	东湖区城区	在全区范围内安装更换 LED 路灯 1500 盏
	育新学校紫金分校新建项目	紫金城	项目占地 2.73 公顷，建筑面积 24000 余平方米。
	校园基础设施改造工程	东湖区城区	豫章二部、阳明、南京路等学校运动场改造；育新学校（小学部）水电及篮球场改造；扬子洲学校基础设施改造；滕王阁保育院外立面和操场改造
	公园绿化改造项目	东湖区城区	新建民德路、上营坊、射步亭 3 个小游园，提升章江园 1 个小游园；完成二经路、三经路“绿改彩”

（张宏宇）

社会事业和民生实事项目

【概况】 2018年,东湖区用于保障和改善民生投入资金17.6亿元,同比增长10.7%,约占一般公共预算支出的69%。七里村、熊邓村、上沙窝、起凤路等旧城改造安置房建设全面推进。居家养老志愿服务“时间银行”逐步拓展,共建立“时间银行”分行12家、支行102家,打造一批“智慧养老”“健康养老”典型,医养融合的经验在全省推广。“学在东湖”品牌持续唱响,投入1200万元实施“校安工程”,对育新学校、扬子洲学校等17所学校基础设施进行提升改造。新建豫章后街、余山路等11个公共停车场建设,新增泊位1700个。新建上营坊、章江路小游园。70余家大中型餐饮服务单位和学校食堂顺利完成“洁厨亮灶”工程改造,季季红炫谷店、海底捞央央春天店被评为“洁厨亮灶”省级示范单位。完成区“6·26”服务中心、10个社区戒毒康复站建设,信息化禁毒经验在全省推广。

【安置房建设项目】 2018年,东湖区安置房建设加速推进。其中七里嘉和C地块项目:建筑面积33.05万平方米,安置户数2531户,投资约8.8亿元。截至年底基本工程完工,待推进整改尾项施工任务、各主楼已验收完毕,待办理节能、园林、设备、消防和规划验收及档案馆存档资料。七里嘉和AB地块项目:项目总投资约2亿元,用地面积2.26公顷,总建筑面积7.16万平方米,安置户数443套。截至年底,已完成所有主体结构封顶及部分二次结构施工,累积已完成投资约1.6亿元(含前期)。七里嘉和DE地块项目:D地块建设安置住宅,E地块建设产业用房。项目总投资约7亿元,用地面积4.03公顷,总建筑面积17.87万平方米。截至年底,已完成部分地基基础施工,该项目E地块用地划拨受阻,进展滞后,已完成投资约3750万元。工程进度:D地块所有工程桩、塔吊基础和部分护坡工程已施工完毕。起凤路地块(长巷新区)项目:项目总投资额3.22亿元,用地面积3.6公顷,总建筑面积约11.5万平方米,安置户数934套。截至年底,主体结构最高施工至第18层,已完成投资约1.5亿元。工程进度:D04地块:1号楼完成主体结构封顶,2号楼主体结构完成16层,3号楼主体结构完成18层。E08地块:1号楼主体结构完成14层,2号楼主体结构完成18层,3号楼主体结构完成18层。熊邓村地块(贤湖佳苑)项目:项目总投资额约1.45亿元,用地面积约1.688公顷,总建筑面积约5.18万平方米,安置户数386套。截至年底,D09地块多层的1号、3号楼已封顶,其他高层的主体结构最高施工至第23层,已完成投资约1.13亿元。工程进度:D06—1号楼22层柱23层板浇筑完成;D06—2号楼20层柱21层板浇筑完成;D09—1号、3号楼已封顶;D09—2号楼19层柱20层板浇筑完成。上沙窝地块(东湖小区):项目总投资额约1.68亿元,用地面积约1.9公顷,总建筑面积约5.73万平方米,安置户数498套。已完成投资约5000万元。工程进度:1号2号楼及周边地下室底板浇筑完成,2号楼地下室顶板完成一个单元浇筑,3号砖砌胎模基本完成。

【上营坊街头小游园项目】 2018年,东湖区投入资金约400万元新建上营坊街头小游园,占地面积约2200平方米。该游园位于上营坊东湖学校旁,居民区中心,人口密集、道路狭窄,周边整体环境较为凌乱。该地原为旧城改造遗留空置地块。项目设计过程中征求了街办、社区及市民多方意见,始终坚持以人为本、健身娱乐为主的原则,采取保留现有绿化、拆墙透绿,更换树种等设计理念。小游园布置精细雅致,除种植花木外,还有园路、廊亭、铺地和山石等,规划设计因地制宜。施工中通过铺设广场地面,放置健身器材、安装凉亭长廊,并将进入周边的道路铺设沥青,下水管道、污水管道翻新改造,游园周边楼房墙体也进行了立面改造,尽可能多的为市民腾出更多的活动空间,真正做到在改善周边居住环境的同时也满足市民健身娱乐的需求,也让百姓可以出门见绿在家门口锻炼健身。

【校园基础设施提升改造项目】 2018年,东湖区筹措资金1200万元对育新学校、扬子洲学校等17所学校基础设施进行提升改造,项目主要包括屋面翻新、水电改造、楼房外立面粉刷、功能房装修、运动场改建等。项目在2018年底全部完工,顺利通过验收并投入使用。通过项目的实施,育新学校教育集团(小学部)自来水管网、校园内部用电线路全面改造完毕,学校用水、用电安全得到极大保障;阳明学校、南京路小学、豫章小学教育集团紫金校区运动场进行了翻修,重新铺设了更环保、更安全的新型橡胶材料;扬子洲学校对原有闲置校舍进行了翻新,给学生新增了书法室、阅览室、心理咨询室等功能用房,进一步完善了教育教学设施;滕州小学、八一嘉实希望小学、北湖小学等学校对校园内的安全隐患进行了改造,恢复了正常使用。

(李琦 黄斌)

城市建设和管理项目

【概况】 2018年,东湖区以"六改"为抓手,聚焦城市建设和管理不松劲,进一步改善城区形象,提升城市品质。深入推进"美丽南昌·幸福家园"环境综合整治,投资6.6亿元,启动实施56项"六改"提升项目。对电政路、下水路等24条道路实施升级改造,实现辖区主要道路"白改黑"全覆盖;推进豆芽巷、象山北路、胜利路北段等6个街区综合改造,实施管线"上改下"、建筑"面改美",城市"蜘蛛网"逐步消除;完成沿江北大道、苏圃路南段、抚河北路等道路周边立面改造;对二经路、三经路2条道路实施"绿改彩"提升工程;推进上沙窝等12个老旧社区"旧改新";积极配合全市"一纵一横"建筑立面综合整治工程,阳明路、八一大道、北京西路等主要干道焕然一新。

【百花洲景区提升改造项目】 2018年,东湖区将百花洲景区改造提升工程是列入年度重点推进的城建民生工程。为广大市民打造宜居环境。项目投入约6000万元,主要包括以下几项具体改造工程:其一,八一公园改造,改造要求充分挖掘历史文化、打造精品景区,整体提升景区文化氛围,游赏效果和景观标识性。对八一公园亮化、苏圃岛、园区东侧原有建筑及设施进行统一风格改造。八一公园亮化以新媒体技术为手段,通过对山水泉林,楼台轩榭等现实载体的艺术包装,将八一公园变成一个传统文化体验园、一个露天的自然光影博物馆。并在百花洲湖心设置水幕电影,进行定时播放,吸引游客观赏。其二,八一公园沿苏圃路景观带的改造,区块北临民德路,东接苏圃路,建设范围约为1.2万平方米。具体打造贡院登科节点:保护东湖贡院遗井,结合科举文化元素,挖掘本地文化,传承悠悠历史;设计结合场地打造贡院登科广场,保护贡院遗井文物,运用科举文化,设置"状元榜""贡院考棚"文化景墙,其中表达江西通过科举制度考取功名的状元、榜眼、探花等才子名士做一个人物简介,更好宣扬讲古代江西科举文化的繁盛,让游人更了解当地的正文化传承。松蹊穿翠节点:设计将苏圃路和公园衔接界面打开,形成开敞式的沿街公园景观空间,运用现代简约台地的形式增加景观的层次感,展现良好沿街景观面和视线的通透性,保留现状大型乔木,形成林荫休闲公园空间。樟树林广场节点:保留原有高大樟树的基础上,对原有场地进行重塑,增加绿化空间,引入海绵城市理念,设置下凹绿地,雨水草沟、透水铺装等形成雨水循环体系,改善局部微气候,对公园提升改造的同时,运用新的城市建设理念,赋予公园新的生命力。其三,苏圃路建筑立面改造。苏圃路立面设计风格为近代民国风,结合中西建筑的造型元素,注意保留南昌的传统风格,统一主体墙面青砖形式设计,加入柱式与线脚勾勒,统一店招,增加夜景灯光亮化,形式上简洁朴素大方。其四,东湖路建筑立面改造。东湖路通过增加窗套线,增加层间线脚,增加装饰柱,增加玻璃幕墙,统一安装住户防盗窗和晾衣架,增加夜景灯光亮化。

【贤士湖公园提升改造项目】 2018年,东湖区投入7000万元对贤士湖公园进行综合整治,包括水环境治理、公园景观提升和街区改造等工程。其中湖水环境治理工程,通过"食藻虫控藻引导水体生态修复"技术,构建"食藻虫—水下森林—水生动物—微生物群落"共生系统,通过虫控藻、鱼食虫等形成食物链,恢复沉水植被主导的水生态系统,将地表水质提升为III类,还原一个碧水通透的公园。公园景观提升工程,设计体现"海绵城市"新理念,拆除围墙950平方米新增百姓的活动空间500平方米,人工修枝531株,种植绿植13600株绿化1850平方米,为城市中心安装一个呼吸的天然"绿肺"。街区改造工程,对22个住宅小区立面改造6500平方米,道路铺装5万平方米,受惠居民4154户12838人,实现了街区和景区空间上连通旷达。

【道路周边立面改造项目】 2018年,东湖区重点实施胜利路、沿江北大道里面综合改造项目。为了进一步提升整条胜利路的商业环境,亟须对该段建筑立面进行提升改造,最终形成一条风格统一、环境整洁、特色鲜明的胜利路。本次胜利路建筑立面改造,投入经费5200万元,整体以民国时期简欧风格为基准,主要对建筑立面、街景亮化、城市家具、沿街绿化、步行街出入口等进行改造,选取其中几栋体量较小的建筑设计为英式风格,以红色为主色调点缀在街道当中活跃气氛。在现有建筑的具体情况和尊重居民既有意见的基础上,追求视觉统一有序的变化,营造出百年老街和现代商业相融合的气氛,打造出南昌乃至全国的商业街标杆。沿江北大道立面改造,秉持着的历史特色延续、合理性可视、整体控制、可持续性的改造原则,通过对底层进行外墙粉刷,中部运用格栅构成规则的空调机位、遮阳窗户,顶部采用平改坡,优化天际线的手法,对沿江建筑物外立面实现"五个统一":统一规范设置,墙体统一涂装,管线统一梳理包扎,统一"刮胡子洗脸",统一美化亮化。

【豆芽巷文化街区综合改造项目】 豆芽巷文化街区始建于20世纪50年代,涉及房屋20栋,881户住户2668人。2018年,东湖区投入2000万元综合改造。延续"豆芽"文化。新建人物雕塑群1组,logo标识4个,景观标识牌2个,通过雕塑、小品、变电箱彩绘等手法巧妙地将豆芽巷的由来,制豆芽业的工艺融入改造之中,让市民直观的了解豆芽巷的生活状态和历史文化。提升街区品质。运用仿红砖外墙技术改造建筑立面10800平方米,人行道铺装1000平方米,绿化铺装100平方米,围墙改造2000平方米,道路改造800米等,重现祥和、温暖、怀旧的意象。完善"城市"功能。通过对杂乱无序的空中杆线进行强、弱电下地,店招统一更换,增设智能分类垃圾箱等方式,让老旧街区摇身一变为人性化、智能化、可持续的改造典范。

【上沙窝精品社区打造项目】 上沙窝社区始建于20世纪50年代,涉及房屋20栋,881户住户2668人。2018年,东湖区投入2600万元对其进行综合改造。美化小区入口及围墙外观,修复建筑立面43050平方米、清理杂乱植物组团、规整空中管线、粉刷脏污楼道、绿化铺装600平方米,将文化元素植入55个单元楼道和庭院墙面,提升小区颜值。铺装人行道1372平方米、增设路牌5处,垃圾箱15组,景观标识牌1处,恢复一个小区的健康"生态",让家园的美丽一直延续下去。注重打造特色市民文化,通过"一心一区一面多廊"即社区服务中心、宅间休憩区、龙沙景观墙和市民文化长廊建设,使小区成为一个文明庭院小区。

【刘将军庙老旧小区改造项目】 刘将军庙社区属于东湖区百花洲街办,东至百花洲路,西接渊明北路,南通中山路,北达火神庙路,社区现有住户1054户,总人口3727人。2018年,东湖区投入2800万元对该社区进行综合改造。项目主要分为四条街巷与五个宅间休憩庭院的综合整治,总占地面积约28012.12平方米。改造内容是:建筑物外立面清洗粉刷约4000平方米、空调机位晾衣架的安装、店招的安装约500平方米;社区的人行道铺装将近1000平方米、沥青道路铺设将近3000平方米、强弱电下地、下水管网埋设、路灯的安装等。通过改造,将损坏的道路及时修补,照明设施得到增设,方便出行;拆除私搭乱建,腾出场地建设绿地、停车场和休闲健身活动场所等等。居住条件改善了,环境优美了,精神文明建设水平将会自然提升。

【停车场建设项目】 为缓解日益严峻的停车矛盾,依据停车场的服务特性和精准供给、分散布局的规划理念,结合东湖区近年旧城改造、绿地建设,过渡建设等项目,东湖区委托市城规院编制《东湖区停车场三年建设专项规划》,并进行修编。因东湖区属老城区,公共停车场建设用地少,停车位缺口正探索在老旧社区建可移动式立体停车设备来解决。2018年东湖区公共停车场建设任务2300个泊位,规划建设豫章后街(象山路口)地面生态停车场、佘山路地面临时停车场、滕王阁东广场地面临时停车场、赣桥南路地面停车场、下沙窝地面机械临时停车场、渊明北路机械智能停车场、中大路机械智能停车场、民德路地上智能停车场、后墙路地面临时停车场、东万宜巷地面机械停车场、花园角菜场地下机械停车场等11个停车场,增加泊位数1720个。

【排污口截污工程项目】 赣江右岸八一桥至二七路段老城区排水系统建设年代较早,排水体制为雨污合流制,该区域部分临江单位、小区未经处理的污水顺地势通过15个排污口直接排入赣江,致使该段赣江水质恶化,给环境和居民生活带来严重影响。2018年,东湖区启动赣江右岸八一桥至二七路段排污口截污工程项目,工程采用(设计、施工、采购)EPC总承包模式,工程范围位于南昌市城北地区赣江右岸,始于八一大桥,终于二七北路口,主要在沿江北大道东侧绿化带下埋设一根管径500毫米的PE100级塑料截污管,沿线收集污水以豫章路为界南北相向汇入地埋式一体化泵站,而后经泵站出口在沿江北大道绿化带中再埋设一条DN500压力管道,污水经过泵站提升之后通过DN500压力管线经三经路排入城市主污水管网。本工程共埋设排污管道约2922米,新建钢筋混凝土溢流井15座,闸门井1座,检查井20座,一体化泵站1座等。截至年底,泵站运行正常,沿江排污口已全部截流。

【贤士湖公园综合改造工程】 2018年,东湖区梳理历史文化脉络,投入7000万元继续对贤士湖公园进行综合提升改造,包括水环境治理、公园景观提升和街区改造等工程。公园景观提升设计体现“海绵城市”新理念,突出“贤士”文化主题,将“三风”文化和社会主义核心价值观精神融入公园景观中,使之成为全区“三风”文化新阵地、精神文明建设新高地、党建教育新基地,周边市民休闲娱乐的好去处。通过改造,原来令人掩鼻而过的贤士湖,正蝶变成城市里一道靓丽风景线,给市民带来实实在在的生态福利。

【胜利路北段综合改造工程】 2018年,东湖区为进一步提升整条胜利路的商业品质,投入5000万元,对胜利路北段实施提升改造。此次改造致力于实现“三个最”,即一是最全面的改造。共涉及道路周边59栋建筑,包括外立面改造,亮化提升,出入口改造,店招、道路、人行道改造,景观绿化等。二是最立体的呈现。改造后的胜利路,整体实现道路“白改黑”、照明“暗改亮”、管线“上改下”、景观“绿改彩”、立面“面改美”、街区“旧改新”,可以说,胜利路的改造提升工程涉及“六改”内容最多、范围最广、作业最厚实,是“六改”的集中体现。三是最有味的格调。胜利路立面改造整体以民国风格为主基调,彰显历史韵味,以赣文化的特色传承南昌千年商脉,营造商业氛围。

【八一公园景观亮化工程】 2018年,东湖区为策应市委、市政府打造全域旅游的战略部署、再现豫章千年古韵风华,在2017年完成佑民寺南广场改造基础上,投资3.8亿元实施百花洲历史文化旅游街区提升改造,对周边文化景点、配套设施、建筑立面、水质生态等进行一次全方位、立体式的重塑。公园景观亮化工程是百花洲景区周边综合改造项目的核心工程,其将文化特色元素与国际最前沿的文创灯光技术有机结合,精心打造一大核心展项和六大设计亮点。其核心展项是位于中山路、苏圃路湖面区域的MR水幕激光,整个水景设计以“花舞秀”为主题,结合水幕电影、音乐、灯光为一体,生动地展现南昌的历史名人、豫章十景、城市生态三大主题概念。改造后的八一公园已成为南昌市民夜晚休憩的新场所、外地游客夜晚旅游目的地、城市文化的新名片。中央、省、市新闻媒体多次进行报道。

【建筑外立面景观亮化提升改造工程】 2018年,东湖区按照“档次高、品位好、色彩美”的要求,依据“以人为本、突出重点、保证功能、节约能源”的原则,进一步增强中心城区亮度,美化城市夜间景观,凭借世界VR产业大会在南昌举办的“东风”,东湖区重点对胜利路和中山路沿街建筑灯光进行整体提升改造。总体设计运用科技前沿照明手法,融合南昌的城市性格、文化基因及中山路独特历史,照明风格将现代形式与文化内涵高度统一。两条道路亮化提升工程的竣工,将一江两岸灯光秀向南北延伸,使南昌景观亮化层次感更强、内容更丰富、覆盖面更广,并营造了浓厚的现代商业氛围。

(李　琦)

商贸流通和服务业

综　述

2018年，东湖区坚持传统与现代“双轮驱动”发展，不断引进新型业态，商贸流通和服务业不断发展。产业结构不断优化，三次产业结构比调整为0.13∶7.99∶91.88，全年实现服务业增加值471.37亿元，同比增长8.3%，服务业对全区经济增长贡献率达到98.27%，拉动经济增长8.4个百分点。新增“六大产业”企业562户；新增规模以上服务业企业103户，省市服务业龙头企业10家，省市服务业集聚区3个，省市服务业品牌11个。盈科行网络、百盛中山城百货入闱“省级龙头企业”。年营收超100亿元的苏宁红孩子母婴用品全国销售结算中心和省级零售总部全面投入运营。海印餐饮、江西科诺荣膺“江西省先进非公有制企业”。

2018年底，东湖区限额以上贸易业单位共计213家，按行业分：批发零售业单位129家，其中企业118家，增长62家；住宿餐饮业单位84家，其中企业29家，增长11家。随着整体商贸经济的复苏，东湖区消费品市场发展也逐步进入上升通道。全区限上零售额整体市场发展趋势较以前有所回升，共计实现限上零售额184.02亿元，同口径同比增长9.5%。其中批发零售业共计完成零售额178.12亿元，同比增长10.5%；住宿餐饮业共计完成零售额5.9亿元，同比增长3.16%。实现外贸出口2.96亿美元，目标完成比101.18%，同比增长5.2%。实现服务外包接包合同执行总额1.43亿美元，完成比119.5%，其中，在岸接包合同执行金额1.22亿美元，完成比122.49%；离岸接包执行额2091.09万美元，完成比104.55%。

（张颖蕾）

商贸业管理服务

【概况】 2018年，东湖区商贸业管理服务工作以集聚知名品牌、发展特色商业为目标，围绕改造升级后的胜利路步行街等商业街，举办系列活动，增加商业街区的人气与消费，取得较好的经济与社会效益。

【社会消费品零售情况】 2018年，随着商贸经济的整体复苏，东湖区消费品市场发展也逐步进入上升通道。年营收超100亿元的苏宁红孩子母婴用品全国销售结算中心和省级零售总部全面投入运营。全区限额以上贸易业单位共计213家，社会消费品零售总额共计完成318.79亿元，总量在全市排名第二，同比增长10.6%，增速在全市排名第七。限额以上零售额共计完成184.02亿元，同口径同比增长9.5%。服务业对全区经济增长贡献率达到98.27%，拉动经济增长8.4个百分点。

【网络消费持续性增长】 2018年，东湖区限额以上批发零售企业通过公共网络实现商品零售额76.22亿元，占全区限上零售额的比重由上一年度同期的30.3%，进一步扩大到42%，提高近12个百分点，成为限上零售额占比第一的类别，同比增长21.1%，超出全区限上零售额同比增速近12个百分点，拉动限上零售额增长6个百分点，贡献率高达64%。

【“老字号”挖掘】 2018年，区商务局强化“老字号”挖掘工作，“东南饼庄”企业被评为“南昌老字号”。组织辖区“东南饼庄”“三花酒业”老字号企业参加展会活动，完成5家“南昌瓦罐汤”品牌门店的认定工作，并在市餐饮行业协会进行授牌仪式。

【成品油市场治理】 2018年，东湖区严厉打击非法经营加油站（点）和流动加油车等行为，严防安全事故的发生，确保成品油市场的正常经营秩序。全面完成辖区内9家加油站的年检工作，并监督8家加油站进行地下油罐防渗改造工作，截至年底，6家全面完成改造。在扬子洲镇开展《成品油市场管理办法》普法宣传活动，发放宣传资料500余份，现场接受群众咨询100余人次。先后对五纬路化纤厂宿舍拆迁工地、董家窑路228号废弃庭院、青山北路100号等隐蔽窝点进行，掀起东湖区成品油整治的“高压态势”，严守成品油市场监管。

（张颖蕾）

商贸街及商贸活动

【概况】 2018年，东湖区积极推进商业经济的发展，以商业街区打造为载体，强化招商力度，强化政企联动，加大对胜利路、南海等特色商业街的打造，通过名企的集聚效应带动步行街的发展，从提高人流、物流、商业流。引导企业开展线上线下商贸活动，组织企业“走出去”参加各类商贸展会。引导企业适应新业态发展趋势，实现转型升级。

【商业街建设打造】 2018年，东湖区强化商业街打造，通过特色商业街的打造，实现传统商贸业的转型升级发展。致力于将胜利路步行街打造成为“南昌名片、城市客厅、休闲乐园、消费天堂”，将胜利路步行街的服务功能、结构、档次、形象等方面进行全面调整与提升。努力实现胜利路商业街集购物街、休闲街、娱乐街、餐饮街和体验街于一体的趋势。突破各城区城市商业综合体的束缚，以改善道路拥挤、强化配套设施、突出经营模式理念重新提高其重要的商业地位。蓝海商务街以股份合作为基础的合作共赢发展模式，通过系统规划，商业街已形成一定规模的人流、物流和商业流，由于其特色亮点明显，蓝海商业街成功申报为南昌市特色商业街。

【“老字号”不断发展壮大】 2018年，东湖区“江西老字号”品牌南昌三花实业有限公司主营产品“绳金塔三花酒”进军香港、澳门市场，截至年底，累积销售额分别达500万港元和500万葡币，成功迈出东湖“老字号”走向境外的“第一步”。截至年底，成功挖掘并申报南昌亨德利、黄庆仁药栈等国家级老字号企业2家，江西三花酒业、南昌真真照相馆等江西老字号企业2家，东南饼庄、江西宾馆、江西饭店、清真万花楼等南昌老字号企业8家，不断将老东湖的特色技艺发扬光大。

【胜利路步行街商贸活动】 2018年，胜利路地下商业街盛大开业，围绕街区打造方向，区商务局加快步行街文化氛围建设步伐。全年，举办各类活动67次，其中公益活动14次，大小商务及企业形象展示活动53次。街内企业如亨得利、老凤祥、中国黄金、裕泰福、醉风堂摄影、EPY、太平鸟、波司登、三福百货、周黑鸭等纷纷从店内走到店外，进行产品的推广及形象的宣传活动。书法家为市民书写春联活动、“东青小小志愿者”启动仪式、“见义勇为，你行我行大家行”倡议活动、纪念“第十个世界自闭症日”公益宣传活动、纪念建军90周年举办的《军旗升起的地方》话剧演出、省商务厅、市商务局、区商务局联合主办的三级联动普法活动启动仪式等等。通过举办各类活动，取得较好的社会效益，促进了步行街的发展。

【组织企业参加商贸活动】 11月30日上午，第十一届“绿博会”在南昌绿地国际博览中心正式开幕，东湖区携辖区省级老字号品牌“绳金塔”三花酒参展本届绿博会，副市长凌卫一行至绿博会东湖区三花酒业展位参观指导。12月14日至12月16日，东湖区携辖区内百年老店“南昌老字号”清真万花楼参展首届中国赣菜美食节暨第二届饶帮菜美食文化节，广泛弘扬中华美食，深度挖掘、保护和促进赣菜历史文化传承。

（张颖蕾）

楼宇(总部)经济

【概况】 2018年,东湖区突破中心城区土地资源匮乏的空间限制,坚持向空间求发展,向楼宇要效益,大力发展楼宇(总部)经济。截至年底,全区共有亿元楼宇2栋,千万元楼宇15栋,27栋目标楼宇实现税收10.97亿元,同比增幅达到11.47%。全区27栋目标楼宇共入驻企业2206家,行业分布在文化、体育和娱乐业,技术服务业、教育、金融、商务服务、软件和信息服务、批发零售、居民服务等,涵盖第三产业的多个领域。

【建立楼宇网格化信息管理机制】 2018年,区楼宇办进一步做好楼宇基础信息的调查摸底工作,形成覆盖全区所有楼宇翔实具体的数据、资料信息并建立档案,对楼宇信息实行微机化、网络化、动态化管理。街办楼宇信息联络员负责及时将楼宇基本情况、招商情况、合作意向等方面的信息上报并更新楼宇信息平台。

【上门开展营商政策宣传】 2018年,为加快楼宇经济发展,东湖区主动走访楼企,积极上门宣讲解读省市区有关"降成本优环境"政策,统一思想、凝心聚力,准确地把握总体要求和目标任务,加快政策传导,帮助企业更好地掌握政策、用好政策、用足政策。

【投资大厦总部集聚效应初显】 2018年,东湖区以努力提升楼宇品质,壮大楼宇总部经济为重点,做强楼宇效益,做大楼宇总量,投资13亿元的五星级写字楼央央春天招商工作初见成效,通过开展楼宇招商专项推介活动、制作POP宣传展板,精心包装推介,成功引入海底捞、星巴克等知名餐饮企业;随着教育(新东方语言学校、浙江新通留学有限公司)、电子(广州乐金电子中国有限公司)、电器(青岛海信电器营销股份有限公司)、食品(良品铺子)等大型教育及零售批发企业的入驻,央央春天投资大厦总部集聚的效益逐步显现。

【特色楼宇培育】 2018年,东湖区突出特色楼宇培育,区楼宇办和属地街道强化与楼宇业主进行沟通,综合楼宇所在商圈、产业特点、发展趋势,对现有传统商务楼宇进行准确定位,选准特色主攻方向,实现错位发展。采取政策扶持、社会力量参与等方式,推动楼宇总部经济的建设。推进大型总部企业的入驻,提高企业入驻品质,全力打造东湖区"亿元"楼宇。

【领导挂点帮扶总部楼宇企业】 2018年,东湖区出台《开展降低企业成本优化发展环境专项行动工作方案》,组织开展好领导挂点产业帮扶企业活动,帮助企业降成本减负担,促进企业发展。根据产业分类,成立"6+2"挂点帮扶小组,即6个大支柱产业+双创企业+重点企业。总部楼宇企业帮扶小组由区领导刘闯、夏小兰挂点帮扶,积极落实税费减免等涉企优惠政策,协调解决融资难、用工难等生产要素制约问题,帮助争取各级各类支持企业发展的项目和资金。

(杨 絮)

农贸市场建设

【概况】 2018年,东湖区强化农贸市场基础建设和规范化管理,努力打造以农贸市场为主体的民生工程。加大对农贸市场公共厕所、垃圾处理设施、消防通道、活禽统一宰杀点等重点部位的改造,以管理促成效,以细节抓品质,将眼光放长远,切实提升老百姓的幸福感和获得感。截至2018年底,东湖区共有13个农贸市场,其中墩子塘、新公园、四经路3个集贸市场为东湖区市场物业管理站自营市场;文教北路、叠山路、五纬路、章江路、钟鼓楼、贤士花园等6个集贸市场为东湖区市场物管站托管市场;其余董家窑、新建德观、花园角、上沙窝等4个集贸市场为物业管理站租赁经营市场。

【叠山路农贸市场升级改造工程】 叠山路农贸市场农贸市场升级改造工程项目总投资为400万元,资金来源是由区财政、业主单位共同承担,于2018年1月完成升级改造工作。市场面积由原来的1100平方米,扩建为1700平方米,该市场由以前的"脏、乱、差"农贸市场改造成为全新的"高、大、上"便民惠民的农贸市场。

【贤士花园智慧农贸市场打造工程】 贤士花园农贸市场是东湖区面积最大的市场,该市场始建于2000年,总营业面积约3900平方米,服务周边居民约5万人。东湖区投资600万元对贤士花园农贸市场进行升级改造。2018年10月,贤士花园农贸市场与深圳万擎伟业、省建设银行联手打造智慧农贸市场,发挥“互联网+服务”的模式,为减少农贸交易中间不必要的环节,最大限度保留货品新鲜、低价。在市场积极推广龙支付平台,并通过溯源数据,保障货品安全。通过发挥智慧农贸市场的新型模式,使得农贸市场更加服务于民,健康于民,实惠于民。

【农贸市场管理】 2018年,东湖区对农贸市场实行属地化管理,形成街办、行政执法部门、商务部门和业主共同参与管理的道路上来,管理效果显著改善。加大农贸市场卫生保洁力度,先后投资10万元,添置扫地机、高压喷枪等一批清扫装备,大大提高了工作效率。开展农贸市场蔬菜农残药超标检测工作,在检测过程中严格把好食品关,并将检测结果公布到市场LED显示屏上进行循环播放。农贸市场内肉菜追溯系统保持完好运行;深入实施“肉菜粮放心工程”,坚决杜绝未经法定部门检测、检验、检疫的蔬菜、粮食、肉类及其制品进入市场交易;建立从源头到消费者餐桌的食品安全全过程的跟踪,真正守卫老百姓食品安全。先后有各省内兄弟县(市、区)的市场管理部门来东湖考察学习农贸市场管理工作。7月5日,赣州市爱卫会专职副主任戴艳春一行到花园角农贸市场考察学习农贸市场规划建设、环境整治、监督管理等方面的工作。11月15日上午,南昌市商务局黄信红副局长一行,到叠山路农贸市场就农贸市场管理情况进行调研。11月23日上午,商务部市场秩序司副巡视员赵传义、商务部市场秩序司流通安全处处长于世伟、中国国际电子商务中心内贸信息中心流通溯源部负责人任晓涛、省商务厅市场秩序处处长罗陆生、省商务厅市场秩序处调研员韦克非一行到花园角市场调研肉菜流通追溯体系建设工作,南昌市商务局调研员高耀兵、区委常委陈俊等陪同调研。

【平安农贸市场创建活动】 2018年,为了推动农贸市场管理水平上台阶,区商务局组织开展农贸市场平安创建活动,从组织领导、制度制定、宣传发动入手,不断加大硬件投入,安装连接城市主水管网的消火栓、增加电子显示宣传平台以便更好地宣传、引导市场消费,及时提供必要的信息;建设农贸市场微型消防站,添置消防服、消防手套、消防胶鞋、消防头盔、水带、水枪、消防专用扳手、消防腰斧、消防大斧、强光手电、灭火器、喊话器等物品;建农贸市场农残检测室,做好农贸市场服务;安装电子视频监控设施,农贸市场完成覆盖整个市场不少于90%面积的标清视频监控。5家农贸市场获评“平安市场”。

2018年东湖区主要农贸市场一览表

表8

名　称	营业面积(平方米)	摊位数(个)	电　话	详细地址	备　注
墩子塘农贸市场	3400	209	86818387	右营街18号	自营
新公园农贸市场	1100	230	86254083	新公园路21－1号	自营
四经路农贸市场	980	129	88606305	阳明路33号	自营
新建德观农贸市场	620	130	86779807	出新路59号	物管站租赁经营
叠山路农贸市场	1800	150	18779123525	叠山路556号	物管站托管
花园角农贸市场	1600	124	13979158819	戴家巷64号	物管站租赁经营
文教北路农贸市场	1800	135	88502393	文教北路180号	物管站托管
五纬路农贸市场	1000	130	13970828468	五纬路69号	物管站托管
章江路农贸市场	980	100	86709643	子固路72号	物管站托管

续表 8

名　称	营业面积（平方米）	摊位数（个）	电　话	详细地址	备　注
钟鼓楼农贸市场	1800	162	86791969	渊明北路 89 号	物管站托管
贤士花园农贸市场	2600	300	88627007	贤士花园小区	物管站托管
上沙窝农贸市场	970	75	86836946	上沙窝 21 号	集体经营
二七北路共享菜市场	900	50	86393979	二七北路 370 号	自营

（杨　亮　张颖蕾）

日用百货经营

【概况】 2018 年，东湖区以创新为笔，以服务为墨，加大对日用百货的支持力度。在购物渠道及消费习惯随之发生较大变化的当下，传统商业实体店受到的巨大冲击，使传统百货业态面临转型升级。加大促销力度，改变经营理念已经成为必然。加强高端商贸的发展，主打增强高端购物体验为主的消费，以“时尚百货 + 生活超市”的业态组合和货真价实、品种丰富的商品，亲切、便捷、专业的服务，整洁明亮、安全舒适的购物环境，致力于打造城市商圈中端时尚百货，为顾客创造“时尚、平价”的消费价值，成为日用百货业经营趋势。

【线上线下联动促销】 2018 年，为赶上时代潮流，方便居民生活，东湖区通过举行购物节的形式，组织各大百货举办促销活动，活动分为线上，线下。线上就是促使商贸企业大力依托和运用互联网，发展电子商务，开发运用小程序或 APP。线下则是组织百货商场、大型超市、餐饮娱乐、家具建材等商家实体店铺，开展各类促销活动。通过线上线下有机结合，上下互动，打造“线下线上找店铺，自由选择逛洪城”的网络消费平台。运用电子商务，加速了互联网与各行业间的融合，使企业的经营管理水平上了一个台阶。

2018 年东湖区大型商场、超市一览表

表 9

名　称	营业面积（平方米）	日均人流量（人）	电　话	详细地址
百货大楼中山店	48000	23000	0791 - 86222592	东湖区中山路 1 号与八一大道交界
南昌百盛	29000	7000	0791 - 86728888	东湖区中山路 177 号与象山北路交界
财富购物广场	30000	9000	0791 - 86238888	东湖区八一大道 347 号与中山东路交界
华润万家八一大道店	12000	8000	0791 - 86219254	东湖区八一大道 358 号（近江西饭店）与民德路交界
沃尔玛深国投百货有限公司南昌八一广场分店	18000	10000	0791 - 86216215	东湖区八一大道 333 号（万达购物广场旁）与中山东路交界
南昌亨得利黄金珠宝	950	1200	0791 - 86616375	南昌市胜利路 26 号
南昌亨得利钟表眼镜	1140	1200	0791 - 86616375	南昌市胜利路 46 号
沃尔玛深国投百货有限公司南昌青山路分店	14799	3000	0791 - 86862508	青山南路蓝天碧水大厦地上第二层及地上第三层
万达广场八一店	7000	30000	0791 - 86293751	八一大道 333 号
华润万家叠山店	4750	3520	0791 - 87562021	东湖区叠山路 498 号

续表 9

名　称	营业面积（平方米）	日均人流量（人）	电　话	详细地址
蓝海购物广场	69000	8000	0791－88630666	东湖区青山南路 78 号
百货大楼青山店	13500	2500	0791－88604191	东湖区青山南路 418 号
大众百货商店	230000	10900 人	0791－86812802	东湖区叠山路 487 号南昌大众购物中心

（张颖蕾）

旅馆住宿业

【概况】 2018 年，随着居民消费结构的逐步升级，文化旅游、举办 VR 会展及各种大型活动，旅馆住宿业呈现高峰波动式发展态势。行业发展方式从重速度到重质量，经营形式日趋丰富，中高档酒店、民宿等发展迅速。不仅满足了不同层次的消费需求，也为繁荣市场、促进就业和扩大内需发挥了积极作用。东湖区通过开展招商引资，不断创新发展，通过政府支持、引导、吸引外来资本和民间资本进入住宿业，推动东湖区旅馆住宿业整体水平迈向一个新的台阶。

【旅馆住宿业发展状况】 2018 年，东湖区旅馆住宿业在经过几年的调整期后，在 2018 年年初的各方面推动下又出现好转迹象，但年底又呈现下降态势。全区仍有较多中型住宿业企业营业额呈负增长状态。从住宿业的盈利能力来看，整个住宿业和旅游业绩效一样都处在微利水平。从住宿业结构层面看，也存在发展不充分、不平衡的问题，具体表现在消费者对于住宿体验和服务品质的需求日渐多元化与住宿业供给的业态发育不充分、档次结构不合理之间尚存在一定矛盾，区域分布上也存在不平衡。这些问题客观上都倒逼住宿业发展方式必须改变，走上高质量发展之路。

2018 年东湖区主要宾馆旅店一览表

表 10

名　称	星　级	床位数（个）	餐位数（个）	电　话	详细地址
江西宾馆	5	380	550	86206666	八一大道 368 号
东方豪景花园酒店	5	468	2780	86288888	民德路 411 号
江西饭店	4	540	950	88858888	八一大道 356 号
南昌永恒假日酒店	3	200	200	82219388	永外正街 8 号
南昌百瑞四季酒店	4	244	410	88688002	洪都北大道 10 号
南昌七星商务酒店	4	360	360	88866666	南京西路 225 号
京西宾馆	4	267	180	88850666	省府大院南一路 9 号
阳光假日酒店	3	180	100	82108888	二七北路 520 号
南昌花田主题客栈	2	100	—	82211333	象山北路 208 号
欧客快捷酒店	2	162	50	82126888	象山北路 243 号
如家快捷酒店	2	180	50	86777888	象山北路 237 号
锦江之星	2	197	30	82198999	民德路 255 号、南京西路 338 号
惠苑宾馆	2	200	200	86221333	福州路 4 号
南昌瑞颐大酒店	5	470	256	87777777	沿江北路 69 号

（张颖蕾）

餐饮业

【概况】 2018年,东湖区餐饮业逐步形成许多知名餐饮品牌以及连锁店,逐步呈现回升趋势。面对改革发展的新形式,餐饮企业跟上大环境的变化应灵活应变,以优良的品质,过硬的品牌寻求更大更广的发展空间。菜品时尚化但不偏离传统,针对消费者需求的不断提高,菜品在样式上越来越时尚新颖,但对于老南昌人的口味却依然做足,餐饮业结构调整转型虽初显成效。

【餐饮业与互联网技术融合】 2018年,东湖区餐饮业经营者面对市场结构调整,不断推陈出新,主动抢占市场。根据消费水平,东湖区的高端餐饮的定义基本是人均消费在300—500元以上,环境优雅,地址私密,装修豪华,不惜高昂的造价来进行景观、艺术以及内涵的设计,古董收藏、同时还穿插名俗、戏剧表演等。在打造高端餐饮中往往有意境菜、也有自创的私房菜,从行业的角度来说,这些餐饮在某些方面是对传统赣菜文化传承起到推动作用。餐饮业的这些装饰和文化元素的展现为到南昌消费的外地人欣赏了传统文化,从文化传播的角度也是起到积极的作用。多家中档餐饮企业借力网络平台,开启餐饮在线服务模式,从线上搜索、点餐、订餐、支付、点评等服务,到线下与快递公司合作,及时提供餐饮服务,为消费者带来信息化的餐饮体验。在餐饮信息化全面到来时代,互联网技术加速整合传统餐饮资源,针对餐饮业开发的软件应用平台大量产生,给传统餐饮业带来深刻变革,推动传统餐饮经营模式更新换代。

2018年东湖区大型餐饮店一览表

表11

名称	营业面积(平方米)	餐位数(个)	电话	详细地址
0791赣菜新概念	2800	500	86273333	南昌市福州路56号
新东方大酒店	4000	1000	86709997	南昌市沿江中路18号
江湖味道	1600	600	88855068	南昌市环湖路101号
阳光春天大酒店	2000	400	86391688	南昌市福州路98号老字号
一觉渔味店	4200	1000	88602799	南昌市永外正街266号
向塘土鸡店	2000	600	86220060	南昌市福州路3号
南昌相思林金岛饭店	3000	150	88528811	南昌市洪都大道711号
南昌市东方豪景大酒店	2140	428	86288888	南昌市明德路411号
川味红螺馆	180	120	86210993	南昌市民德路123号
红牛春天大排档	2000	500	86801269	南昌市叠山路563号
百盛后街美食	2000	2500	88715175	南昌市中山路百盛后面美食一条街
辣椒炒肉	3000	500	88681777	南昌市三经路女子中学斜对面
渔家概念料理(日料)	300	100	83807676	南昌市阳明东路32号(央央春天3楼)
潮辣重庆火锅	300	100	86899886	南昌市余山路66号
渔乐意境主题餐厅	460	150	86898622	南昌市三经路436号滨江怡景园二楼
海底捞火锅(洋洋春天店)	1000	150	8865303188653032	南昌市八一大道603号央央春天4楼
民间灯火土菜馆	300	100	86817957	南昌市五纬路38号
老萍巷莲花血鸭	300	100	86806677	南昌市三经路136号
名厨世家	360	150	88652008 88672008	南昌市青山南路118号蓝海购物广场南门

(张颖蕾)

开放型经济

综　述

2018年，东湖区通过持之以恒地抓招商、推项目，经济发展在量质齐升中行稳向好，项目建设强势快进，全区产业层次不断提升。全年利用外资实际到位资金28351万美元，同比增长7.41%，完成全年目标任务106.22%，目标完成比列全市第三；其中，现汇进资8460万美元。实际利用内资59.68亿元，同比增长19.82%，完成全年目标任务101.63%，目标完成比列全市第六。利用省外资金项目进资44.86亿元，同比增长20.77%，完成全年目标任务103.84%，目标完成比列全市第二。社会消费品零售总额共计完成318.79亿元，总量在全市排名第二，同比增长10.6%，增速在全市排名第七；限额以上零售额共计完成184.02亿元，同口径同比增长9.5%，增速在全市排名第八。外贸出口2.9647亿美元，增幅5.2%，增幅排名全市第八，目标完成比101.18%，目标完成比列全市第九。服务外包接包合同执行总额14339.92万美元，完成比119.5%，完成比排名位列全市第二；其中，在岸接包合同执行金额12248.83万美元，完成比122.49%；离岸接包执行额2091.09万美元，完成比104.55%。电子商务交易额435.6亿元，完成比101.3%，增长率19.29%。

招商引资

【概况】 2018年，东湖区牢牢抓住招商引资这条“生命线”，通过紧盯“六大产业”，实施精准招商、实现高效对接。全年，全区重大签约项目33个，协议总投资额172.05亿元；招大引强项目26个、立项投资额155.8亿元，其中世界500强企业投资项目4个、国内500强8个、央企2个。2017—2018年开工项目68个，开工率97.14%，排名全市第五；投产项目55个，投产率78.57%，排名全市第四。

【重大重点项目集中开工（签约）仪式】 6月11日，东湖区在八一广场一侧的原省府大院举行南昌苏宁广场暨2018年东湖区重大重点项目集中开工（签约）仪式，集中开工（签约）项目37个，总投资额310.6亿元。其中开工项目22个，总投资额175.6亿元，包括总投资85亿元的南昌苏宁广场项目、投资28亿元的七里滨江项目、投资16.9亿元的江旅都市方舟项目等；签约项目15个，总投资额135亿元，包括总投资50亿元的青山湖西岸商业广场项目、总投资15亿元的南昌印国际中心项目等。南昌苏宁广场是东湖区有史以来投资额最大的招商项目，将围绕苏宁智慧零售的创新商业模式，打造体现苏宁零售发展前沿理念的代表作和南昌城市“客厅”的新坐标。

【招商东湖意库项目合作签约仪式】 9月12日上午，招商东湖意库项目在区综合服务中心举行项目合作签约仪式。此次签约的东湖意库项目是招商蛇口在南昌的首个落地项目，也是政府、国企秉承开放务实、积极创新的理念，落实招商局集团和江西省战略合作成果。招商东湖意库是招商蛇口发展文创产业园主打产品线“意库系列”之一，项目将融合江西本土“古、红、宗、绿”的独特文化优势，主打设计、传媒、生活美学等文创业态，配套创意商业,打造独具特色的招商意库系文化创意领航园区,形成“城市文创名片,创意产业引擎,旅游休闲地标”,留住南昌乡愁,塑造魅力东湖。

【苏宁红孩子母婴用品项目签约仪式】 9月19日上午,南昌苏宁红孩子母婴用品全国采购中心暨江西零售总部项目签约仪式在东湖举行。此次签约的南昌苏宁红孩子母婴用品全国采购中心项目,是继南昌苏宁广场项目正式开工后的首个签约入驻项目,也是省、市、区与苏宁控股集团落实战略合作的又一成果。该项目的落户将对提升南昌市服务业水平、引领整个母婴消费市场的升级,有着十分重大的意义。南昌苏宁红孩子母婴用品全国采购中心项目,预计落户后可实现年超100亿元的全国销售结算和社销额。在未来三年,苏宁红孩子在江西将围绕智慧零售的落地、打造全国布局、全场景覆盖、专业化、贴近用户的生态体系,包括超过500家O2O智慧门店的建设,多端口体验场景,围绕儿童和家庭,提供商品零售、生活服务、培训教育、娱乐休闲、医疗服务等综合性消费服务。

【VR产业大会东湖签约12个项目】 10月20日,在首届世界VR产业大会上,东湖区以此次大会为契机,积极开展VR产业招商,成果丰硕,会上共签约项目12个,投资总额约15亿元,项目内容涵盖VR网络安全、人工智能、技术运用、文化传媒多方面。其中,投资5亿元的启明星辰网络安全产业中心项目作为全市3个重点项目上台见证签约,同时,启明星辰集团高级副总裁李春燕女士作为3个嘉宾之一,在VR大会产业对接会上作主旨演讲。

【招才引智工作】 2018年,在首届世界VR产业招商过程中,东湖区引进人才29名,其中创业型人才17名,VR人才12名。其中不乏国内外知名企业,有留美博士严望佳女士创建的拥有自主知识产权的网络安全高科技企业启明星辰信息技术集团股份公司、全国创新创业好青年朱伟创建的国内知名文化教育公司上海韦林文化传播有限公司、北京大学博士林小俊创建的中关村高成长企业北京众荟信息技术股份有限公司等等。同时,通过引进海学茂人工智能教育主题公园等项目,汇集美国哥伦比亚大学、美国斯坦福大学、澳大利亚悉尼大学、澳大利亚蒙纳士大学、香港理工大学、浙江大学等海内外名校人工智能教育科技资源的公司高层次优质人才,为全省招才引智工作作出较大贡献。

海学茂人工智能教育主题公园项目效果图

2018 年东湖区引进重大港澳台商投资项目一览表

表 12

企业名称	投资方式	投资总额（万美元）	注册资本（万美元）	投资地区	行　业	批准月份	项目地址
南昌视界房车有限公司	合资	765.205	765.205	台湾	商贸	1 月	东湖区胜利路 59 号 401 室 A 区
江西傲名企业咨询有限公司	港资	31.1798	31.1798	香港	金融	6 月	东湖区北京西路 485 号 2 栋 3 单元 102 室
南昌港科实业发展有限公司	港资	151.135	151.135	香港	文化创意	7 月	东湖区董家窑路 112 号商业 C－119（第 1—3 层）
江西国发互联网创新产业发展有限公司	合资	145.366	145.366	香港	互联网信息	10 月	东湖区阳明路 15 号南昌东湖区电子商务产业园三楼 3028 室
江西海学茂文化发展有限公司	港资	1441.82	1441.82	香港	文化创意	12 月	东湖区北京西路 431 号

2018 年东湖区引进重大外商投资项目一览表

表 13

企业名称	投资方式	投资总额（万美元）	注册资本（万美元）	投资国别	行　业	批准月份	项目地址
南昌视界航空有限公司	中外合资	789.965	789.965	日本	总部经济	3 月	东湖区胜利路 59 号 401 室（四楼）
南昌市可可阿里餐饮管理有限公司	外资	12.61968	12.61968	巴基斯坦	餐饮	5 月	市东湖区永外正街 266 号 3 栋 4 单元 101 室
江西吉野家餐饮管理有限公司	中外合资	315.41145	220.0545	日本	餐饮	8 月	东湖区小金台 70 号

（徐志朋）

非公有制经济

综　述

2018年,东湖区全力贯彻落实省、市商事制度改革决策部署,大力推进工商登记制度改革,积极放宽市场准入,努力优化营商环境,积极释放改革红利,为非公经济发展提供强劲动力。江西海印餐饮、科诺信息荣膺"江西省先进非公有制企业"称号,东湖区获评"全省非公有制经济发展先进区"称号。

2018年,东湖区认真落实结构性减税和清费减负政策,积极鼓励金融机构加大对民营企业特别是小微企业信贷扶持,促进实体经济持续健康发展。精简审批流程,推进互联网+政务服务,开展双告知,执行一次告知制、落实减证便民政策,推进"双随机、一公开"措施,不断放宽准入管制,降低创业成本,打破阻碍非公有制经济组织发展的壁垒。改革监管方式,突出重点监管、协同监管、抽查监管、信用监管、自律监管,建立权责一致的行政审批和监管体制。通过提供全程跟踪指导等手段,支持新兴产业及电子商务发展,推动非公有制经济组织到东湖落户。加大对商标侵权、不正当竞争等违法行为的查处,营造公平竞争的市场环境。严厉查处违法行为,认真开展查处取缔无照经营工作,切实助推非公经济健康发展。在登记注册工作中,严把市场准入关,严格按照法律法规的规定审批申请企业的前置审批条件,对企业登记实行跟踪服务,全面地推进全区企业登记规范化管理进程。以深化商事制度改革为重点,在更深层次、更大范围内推进简政放权优化服务。对全区设立登记和变更登记的企业和个体工商户统一实施"多证合一"及"两证合一"工作,进一步减少制约创业创新的不合理束缚,优化了营商环境。

全年,东湖区新增企业1662户,新增注册资本77.29亿元,新增个体工商户3675户,新增个体从业人员8283人,新增注册资金3.27亿元。继续推行企业及个体工商户简易注销改革工作,保障了市场主体退出渠道的通畅,共有456家企业办理简易注销业务。

个私民营、中小企业服务管理服务

【概况】　2018年,东湖区转变服务理念,强化个私民营、中小企业服务管理服务。落实首问负责制,为企业提供详尽清楚的咨询,指导企业填写有关表格。落实首办责任制,对材料齐全的各类申请,即时给予受理,提高企业的办照进程以及登记效率,促进个体私营经济和中小企业全面、稳定、健康、科学发展。

【压缩非公经济组织设立时间】　2018年,东湖区将原本需要受理、审查、审批、制证办结多个环节的审批事项,均压缩为2个环节以内,企业大部分的登记事项办结从原先承诺的5个工作日提速到48小时。部分简单登记事项可实现当场受理、即时办结,解决了企业营业执照登记审批流程烦琐、时间较长等问题。

【精简非公经济组织登记流程】　2018年,东湖区推进"放管服"改革,精简办事材料证明,凡没有法律依据的一律取消,能通过个人现有证照或凭证来证明的一律取消,能采取申请人书面承诺、签字声明或提交相关协议等方式解决的一律取消，营业执照、身份证复印件一律取消，最大限度减少办件材料。解决17个堵点问题，对群众反映的“反复提供身份证复印件”“法人身份证明原件不便外带”“需要详细填写企业基本信息”等堵点问题均作出相应整改，实行免费为申请人提供身份证等证件打印，并通过网上查阅营业执照等电子版证件核对相关信息。对于暂无权限或由于政务系统整合不全面导致信息壁垒而需要申请人提供材料的情况，根据相关政策及法律条款作出详细的书面解释。

【推行“不见面审批”】 2018年，区市场和质量监督管理局借助江西政务服务网优势，加快政务服务网在移动客户端、自助终端的推广应用，实现“不见面审批”。企业可以在网上申请核名、设立、变更、注销等事宜，并在网上电子签名后。经办人带身份证原件即可当场核发营业执照，实现企业“最多跑一次”办好营业执照的承诺。5月24日，区市场和质量监督管理局发放首个电子营业执照，实现企业“一次不跑”办妥营业执照。

【履行“双告知”职责】 2018年，区市场和质量监督管理局在行政审批窗口落实“双告知”制度。即在办理企业登记时，一方面通过书面形式告知企业经营项目中涉及审批的事项，另一方面，通过联合监管平台将需要办理审批的企业，推送至有关行政许可审批部门，按照谁审批谁监管的原则，做好事后监管。

【全面推行“多证合一”】 2018年，区市场和质量监督管理局实施“多证合一”登记模式，在原“五证合一”的基础上，先期将交通运输、林业、商务、房管、文广新、旅发委、公安等部门的登记备案事项进行整合，实现“三十九证合一”。截至年底，发放“多证合一”执照6815件。

【防控非公经济准入诚信风险】 2018年，针对公民身份证被冒用注册公司类案件存在取证困难，区市场和质量监督管理局本着急诉求人所急的原则，通过搜集当事人的报案记录、笔迹司法鉴定、实地核查公司经营场所等证据材料，作出撤销提供虚假材料公司的设立登记申请的决定。

【非公经济事中事后监管】 2018年，区市场和质量监督管理局根据双随机工作方案的要求，突出监管重点，针对金融、教育培训、医疗美容、环保、知识产权领域的企业进行实地排查；针对企业信息公示及未公示2016年、2017年企业年报工作进行抽查；其中通过登记的住所或经营场所共抽查企业617户，无法联系的企业共有511户，依法办理列入经营异常名录。2018年下半年，针对住所在东湖且在省、市、区市场和质量监督管理局登记的10074户企业进行实地排查，根据排查情况撰写调研报告。

【建设非公经济信用信息系统】 2018年，区市场和质量监督管理局依托“全国企业信用信息公示系统”平台，积极采取各种措施加强宣传，督促企业及时公示信息，并为社会公众提供全面翔实的信用信息基础数据，依法公示注册登记、行政许可、年度报告以及其他应当公示的信息，并向社会提供综合查询服务。开展重点领域的企业诚信体系建设，建立失信企业惩戒制度，通过信用约束促进非公经济组织诚实守信。严格落实经营异常名录制度，对未按规定时间申报年度报告的市场主体，及时列入经营异常名录，向社会提示风险，形成“一处失信、处处受限”的信用监管效应，保障公平竞争，促进了企业自律。

【吊销“僵尸户”工作】 2018年，区市场和质量监督管理局主动与税务等相关部门沟通，逐户核查，比对分析，摸清底数，取得企业未从事经营活动超过6个月的证据，依法吊销长期停业未开展经营企业和未年报被列入经营异常名录企业的营业执照工作，完成企业吊销2850户。

（万苇莹）

金　融　业

综　述

2018 年，东湖区按照“协同互补、错位发展”的思路，不断创新金融服务方式、狠抓金融招商成效，成功引进海尔集团全资子公司海尔云链科技有限公司在东湖新设一家注册资本为 2 亿元的融资性担保公司，利用其集团资源及风控能力优势打造一个融资性担保行业样板，为完善东湖现代金融产业链条，形成区域类金融中心增添强军。积极引导金融服务实体经济，帮助企业解决融资难题，通过企业自主报名、区各相关单位摸排推荐等方式，共收集企业融资需求信息 97 条，确认有效信息 50 条。根据融资信息，区金融办与建设银行、中国银行等 10 家银行进行及时对接，全年，签约企业 10 家，签约金额总计 2.26 亿元，发放贷款 1.55 亿元。加大金融市场监管力度，金融生态环境建设效果显著，对管辖权限内的小额贷款公司、融资性担保机构等民间金融机构加强日常监督指导，深入开展金融知识宣传教育，做好打击和处置非法集资工作，确保不发生区域性系统金融风险。

2018 年底，东湖区辖区银行金融机构本外币存款余额 3930.21 亿元，同比增长 8.39%；贷款余额为 3738.25 亿元，同比增长 10.09%；贷存比 95.12%；小额贷款公司近三年累计发放贷款 11.72 万笔，贷款数 19.05 亿元，占全市小额贷款业务总数 24.29%；融资性担保公司月末在保责任余额 0.34 亿元，占全市融资性担保业务总量 0.31%。辖区内各类金融机构市级（含）以上总部 127 家，其中：银行 9 家，约占全市 31.03%；证券公司（营业部）20 家，约占全市 38%；保险公司（营业部）10 家，约占全市 33%；期货公司（营业部）2 家，约占全市 15.38%；融资性担保公司 3 家，占全市 20%；小额贷款公司 3 家，占全市 10.71%；网络小额贷款公司 1 家；融资租赁公司 3 家；金融租赁公司 1 家；财务公司、资产评估、投资管理公司、第三方支付、保险经纪公司、保险公估公司等金融服务企业总部 74 家。

小额贷款公司

【概况】　截至 2018 年末，东湖区设立小额贷款公司 3 家，总注册资本 6 亿元，当年累计发放贷款 399 笔，贷款数 3.57 亿元，占全市小额贷款业务总数 44.83%，其中：50 万元以下小额贷款和纯农贷款金额为 1.51 亿元；全区 1 家网络小额贷款公司，注册资本 5 亿元，当年累计发放贷款 116063 笔，贷款数 9.35 亿元，其中：50 万元以下小额贷款和纯农贷款金额为 8.74 亿元．在当前整体经济大环境艰难与机遇并存的情况下，小额贷款公司立足本土，坚持合规经营，努力开创突破，有效拓宽了中小企业的融资渠道，有力地支持了东湖的经济发展。

【捷信小额贷款公司】　南昌市东湖区捷信小额贷款有限责任公司是经省政府批准，以洪客隆集团旗下的江西洪客隆投资集团有限公司，泰豪集团旗下的南昌创业投资有限公司，煌上煌集团旗下的江西合味原酒店管理有限公司，正邦集团旗下的江西维雀乳业有限公司，蓝天学院旗下的江西中嘉投资有限公司等八家省内实力雄厚的知名企业共同出资设立的小额贷款非银行金融机构，注册资金 30000 万元，于 2009 年 7 月成立，为江西省第一批小额贷款公司试点企业。公司拥有一支具备丰富银行经验的管理团队,组织架构科学、管理规范,贷款品种多样、方式灵活,操作流程高效务实。公司设四个部门:信贷业务部、风险控制部、财务部、行政部。服务和促进区域经济发展。改善省市中小企业、个体工商户和"三农"等资金需求,实行可供客户选择的分期还本付息或一次性还本、分期付息等多种方便的还本付息方式,以日对日据实计算,适应中小企业"短、小、频、急"的融资特点。面对激烈的市场竞争,公司强化整体服务意识,加强员工培训,整体提升员工素质,致力向社会和客户提供一流的服务。公司始终把控制和防范信贷投放风险置于突出位置,坚守资产质量"生命线",积极调整贷款结构,增加低风险贷款比例,进一步压缩高风险贷款规模。截至2018年底,公司累计发放贷款35.55亿元,贷款余额3.01亿元。

【邦信小额贷款公司】 南昌市东湖区邦信小额贷款有限责任公司自成立以来,一直以"做小微企业的合作伙伴,做小贷行业的企业标杆"为愿景,致力于改善小微企业融资环境,规范小贷行业,大力服务于中小微企业、个体工商户及三农企业,所有投放贷款均为300万元以下的小微贷款,所投放行业均为涉及老百姓基础衣、食、住、行的民生行业。根据南昌市场的客观情况,南昌邦信小贷保持攻坚克难的干劲,为公司实现可持续发展夯实基础。努力开发市场潜力,推进业务渠道的建设,进一步提升公司的获客能力。2018年,通过与本土的中介机构中环金融合作取得较大突破,共续作客户70户,贷款金额2200万元。坚持"规模服务于质量,质量优先于效益"的经营理念,在有效平衡好业务发展和风险控制之间关系的前提下,积极稳健地推进公司业务的发展。针对监管环境及市场变化的情况,一方面对存量房抵贷业务进行风险排查,做到早预警、早发现、早退出;另一方面严把新增业务关,从源头上把控风险,提高质量、精耕细作、稳健发展。加强学习和培训力度,提高信贷员的专业能力、风险识别能力、风险控制能力及市场营销能力。同时要加强贷后管理,解决好"重投放、轻贷后"的现象。进一步完善"激励机制"和绩效管理办法,调动员工的主观能动性。截至年底,公司共有员工21人,全年累计投放贷款345笔,共计13871万元,其中"房抵贷"贷款333笔,12719万元,公司年底贷款结存余额13287万元,贷款结存规模较2018年初下降1983万元。

【随行付小额网络贷款公司】 南昌随行付小额网络贷款有限公司是随行付支付有限公司由支付领域走向互联网金融领域重要环节,该公司秉持随行付支付有限公司一贯审慎经营的原则,履行用户谨慎拓展的原则,充分发挥随行付支付有限公司在支付领域积攒的用户、商户规模优势;严控用户借款场景,构建庞大线下消费场景;逐步完善大数据风控模型,建立机器模仿及学习能力,发挥商户测数据累计的优势,建立一套随行付特有的风控模式。截至2018年底,南昌随行付小额网络贷款有限公司,从业人员191人;各项存款余额0.68亿元;各项贷款余额4.86亿元,累计放款金额9.35亿元。

担　保

【概况】 2018年,东湖区各融资性担保机构聚焦股权结构、业务经营模式调整,积极开展追偿工作,全力处置未全额代偿的风险项目,积极寻找新的担保模式,发展业务,服务企业,对缓解中小微企业融资难和防控信贷风险起到有效作用,推动东湖区域经济安全、有序发展壮大。截至年底,东湖区辖区有融资性担保公司共3家,总注册资本1.96亿元,月末在保责任余额0.34亿元,其中:为小微企业担保余额0.31亿元。

【南昌市科技担保有限责任公司】 南昌市科技担保有限责任公司是市政府常务会议审议,报省金融办批准成立的融资担保机构,是南昌科技和金融结合的试点平台。于2012年元月正式挂牌运营,公司是以政府资金为引导,民间资本参与,按照现代企业制度要求、采取市场化运作模式,主要是为南昌科技型中小企业创新创业提供融资性担保服务。公司把防范和化解风险作为公司经营管理的核心,不断完善风险防范机制。公司坚持以诚信为本,不断开拓新思路,强化内部管理制度,以解决当前科技型中小企业贷款难、融资难为己任,在化解风险的同时,积极寻找新的担保模式,发展业务,服务企业。2018 年,公司未开展业务工作,公司积极开展追偿工作,全力处置未全额代偿的风险项目,深化与律师事务所的合作,成立案件推进工作小组,妥善处理历史遗留问题,完成股权结构调整。

【南昌市个私民营企业信用担保有限责任公司】

南昌市个私民营企业信用担保有限责任公司是经市政府批准于 2001 年成立的国有控股的有限责任公司,市财政注资 3000 万元,并稳妥吸收民营资本,2009 年 8 月 13 日,增资扩股后实收资本达 9610 万元。是全市唯一一家与国家开发银行签订合作协议的担保公司。公司内设四部一室,即资信评估部、担保业务部、风险管理部、投资发展部、综合办公室。公司开展的业务品种主要包括企业信用担保、抵(质)押担保、票据承兑担保、个人创业及经营担保等融资性担保业务,为企业发展、个人创业提供全方位、个性化服务。公司合理设置内部机构,建立分权制衡机制和良好的外部约束和相互牵制机制;健全科学决策体制与程序,建立健全集体决策与个人分工负责、责任落实到人的风险预防机制,加强制度建设,从制度上保证了经营的合规性。制定一系列的管理措施和风险防范机制,包括《南昌市个私民营企业信用担保有限责任公司贷款担保审批管理暂行办法》《南昌市个私民营企业信用担保有限责任公司担保评审委员会工作规则》《南昌市个私民营企业信用担保有限责任公司 A、B 角制度》,完善的制度建设,有效地防范了风险,公司成立以来始终保持着零代偿零损失的信用记录。公司的担保对象均为南昌市的中小企业,截至 2018 年末,已累计为 595 户中小企业提供融资担保贷款 24 亿多元,其中 2018 年无新增融资担保,在保余额 3100 万元。与浦发银行、民生银行、南昌银行、农商行等 9 家银行达成长期合作协议,单笔担保额度为 960 万元,担保最大倍数 10 倍,最大可实现 10 亿元的综合授信。

(邓　菁)

财政·税务

综　述

2018年，东湖区克服政策性减收因素影响，把“财政收入稳增长”作为第一要务，紧扣年初预期目标，积极发挥协税护税和税收保障职能作用，攻坚克难，真抓实干；稳妥推进国地税合并各项工作，主动服务，有力有序地推进社保缴费、非税收入征管职责划转和业务优化整合等改革。财政收入实现有质量的增长，全区财政总收入（省口径）成功突破70亿元大关，财政总收入（市口径）首次迈上80亿元台阶，税收占比创近五年同期新高，税收收入占财政总收入（省口径）比重达到96.5%，较上年同期提高近2个百分点，一般公共预算收入中税收比重达到86.93%，较上年同期提高6个百分点。

（罗　婷）

财　政

【概况】　2018年，区财政部门重点围绕区委、区政府的总体部署，积极应对复杂多变的经济形势和严峻的财政增收挑战，着力深化财税体制改革，大力组织收入，不断优化支出结构，着力改善民生，强化财政资金监督管理，提高资金使用效益，深化预算管理改革。

【税收占比创近五年同期新高】　2018年，全区财政总收入（省口径）成功突破70亿元大关，财政总收入（市口径）首次迈上80亿元台阶。财政收入实现有质量的增长，税收收入占财政总收入（省口径）比重达到96.5%，较上年同期提高近2个百分点，一般公共预算收入中税收比重达到86.93%，较上年同期提高6个百分点，两项税收占比创近五年历史新高。

【规范“两业”税收征缴】　2018年，东湖区积极开展对房地产、建筑安装等行业的税收专项征管，对全区60个重大重点“两业”项目实行“一项目一档案”管理，在项目生成、落地开工、投产扩产等方面推行全产业链条、全生命周期的跟踪服务，真正实现向管理要收入，增收与服务并行。

【保障民生领域财政资金】　2018年，东湖区进一步将政策支持和财力保障的重点向民生领域倾斜，全年全区用于保障和改善民生投入资金17.6亿元，约占全区一般公共预算支出的69%，基础养老金标准继续上调，迎来“十四连涨”。积极落实社会保障体系建设的各项资金需求，全年，财政累计投入社会保障和就业支出7.1亿元，对教育事业累计投入4.1亿元，累计拨付城乡社区事务经费3.6亿元，投入医疗卫生与计划生育支出2.8亿元。

【财政预算绩效管理】　2018年，东湖区将财政绩效管理工作纳入全区高质量发展目标管理工作考核体系，不断增强绩效管理的重要性和必要性。全力做好2017年度区本级财政项目支出事后绩效评价工作，涉及项目277项，金额共计3.5亿元。在单位自评基础上，委托第三方评价机构对部分民生重点项目进行绩效再评价，将评价结果作为下一年度项目资金预算安排的重要依据。

【资金监督检查】　2018年，区财政局会同区纪委、区审计等部门全面开展全区乡镇“小金库”专项治理工作以及对2017年民生工程项目资金使用开展专项检查，通过建章立制巩固专项整治成果，维护财经秩序。

【政府采购监管】 2018年，东湖区继续加快政府采购电子化改革进程，切实规范采购资金预算管理。全区货物及服务类政府采购实际金额约为6814万元，节约率为10.03%。

【财政投资评审】 2018年，东湖区不断完善财政投资项目在工程概算、预算和竣工结算等方面的评估审查，确保项目资金安全合理有效运行。共受理基本建设工程预算评审业务69件，评审定案金额约为3842万元，核减率为10.45%。

【国库集中支付】 2018年，东湖区明晰预算执行和会计管理的主体责任，完成全区53个预算单位的会计核算移交工作，通过组织多种形式的业务培训、购买第三方咨询服务等方式，确保移交工作顺利推进。以财政支付业务电子化上线为契机，健全完善预算执行管理监督反应机制，大力提升国库集中支付动态监控水平。

（罗　婷）

2018年10月18日，东湖区财政局开展“党员应知应会测试”活动

税　务

【概况】 2018年，东湖区税务工作坚持以习近平新时代中国特色社会主义思想为指导，深入贯彻落实中共十九大精神，紧紧围绕国税地税征管体制改革总体要求，有力、有序、有效地推动各项工作，取得良好成效。全年共组织各项收入278647万元，比上年同比（国地税合计入库）增长21.43%，增收49177万元，完成一般预算收入58488万元，与上年同比增长17.39%。

【纳税服务】 2018年，区税务局以纳税人需求为导向，加强内部信息资料的流转和共享，节省信息重复流转。深化“放管服”改革，深入开展“便民办税春风行动”，简化办税程序，减少审批手续和审批环节，办税大厅窗口一律调整为综合服务窗口。对办税场地进行优化调整，并为各综合服务窗口安装辅助软件，调整前台人员办税系统权限，做到人员、流程、权限相互匹配，为“一人通办”提供系统支持。针对原国税地税办税服务厅人员的知识结构差异，采取多种形式分类开展培训。以全国第26个税收宣传月和“七五”普法活动为载体，集中开展税收宣传活动。加强对新出台的税收政策和管理措施的宣传解读，特别是加强纳税人对征管体制改革工作的理解和支持。

【党建工作】 2018年，区税务局坚持以学习贯彻中共十九大、十九届三中全会精神为主题，制定党委中心组学习计划，全年组织专题学习10余次，提高领导班子政治理论水平。严格落实民主集中制原则，凡机构改革相关问题及“三重一大”有关事项，坚持集体研究、集中决策。始终把加强党的全面领导贯穿各项工作始终，在改革的特殊时期，全局上下从政治高度看待改革，从政治考量谋划举措，从政治角度落实任务，切实筑牢理想信念。认真落实“三会一课”，每个月开展主题党日活动，共开展大党日活动20余次、组织活动16次，上党课13次，收到学习心得500余篇。在机构改革过渡期，尤其注重党内生活的有序性。坚持纪律挺在前面，对关键人群、重要时间节点加强检查监督。坚持一岗双责、“一案双查”，推进监督检查工作常态化。全年共开展廉政谈心谈话300人次，提醒谈话6人次。加强“红包”问题常态化管理，着力查处吃拿卡要报等问题，持续优化税收营商环境。

【税收征收管理】 2018年，区税务局全面推行《税收征管规范》，落实简政放权、放管结合、优化服务的要求，转变税收征管方式，提高税收征管效能。成立税收风险管理股，打造专业风险应对团队，做好对上级局下发风险疑点数据的承接分析、应对实施、结果反馈和成果应用，建立集中化分析、团队化应对、靶向化落实的风控机制，全面应对税收风险。充分发挥税收执法信息管理系统的监控作用，切实加强疑点信息核查工作，进一步规范税收执法行为，有效遏制执法随意性，全年执法正确率达100%。

【稳步推进机构改革工作】 2018年，东湖区在国税地税征管体制改革过程中，涉及改革的东湖国税局、东湖地税局分层面多次召开会议，确保思想统一、认识到位、步调一致，营造好改革进程推行的环境。坚持从“一把手”做起，把营造良好改革氛围、保持干部队伍稳定作为重大的政治责任扛牢抓实。始终严格按照国家税务总局、省局、市局统一的路线图、时间表，强化工作衔接，顺畅有序做好各项工作。成立区局非税收入征管职责划转专项组，积极与区财政、人社等部门加强横向沟通，获取社保费征缴管理相关数据、资料和现行应用手册类材料，以及财政决算报告，并进行差异分析。根据市局统一部署，分三批次开展数据比对核查工作，共核查比对数据25106条，修改数据888条。分批次安排业务骨干进驻区社保局、医保局、就业部门三个社保经办机构跟班学习，全面熟悉社保费征收流程。

【东湖区税务局挂牌成立】 7月20日上午，国家税务总局南昌市东湖区税务局挂牌成立，标志着南昌市东湖区国税地税征管体制改革迈出关键一步。该机构是在原南昌市东湖区国家税务局、原南昌市东湖区地方税务局基础上合并而成，具体承担东湖区各项税收、社保费和非税收入征管等职责，继续为纳税人提供优质高效的服务，让纳税人切实享受改革红利。新机构的成立，是落实国税地税征管体制改革部署的具体行动，东湖区税收事业的改革发展翻开了新的历史篇章。

（熊　莹）

经济管理与监督

综　述

2018年，东湖区以习近平新时代中国特色社会主义思想为指导，紧紧围绕“创新引领、改革攻坚、开放提升、绿色崛起、担当实干、兴赣富民”工作方针，迎难而上，扎实工作，统筹推进强产业、兴城市、促改革、扩开放、优生态、惠民生等各项工作，在做大做强做优大南昌都市圈中全力展现东湖新作为，经济社会各项事业取得新成绩。

主要指标稳步攀升。坚持稳中求进工作总基调，排难前行，力争上游，经济社会保持稳中有进、进中向好的发展态势。全年实现地区生产总值513.05亿元，同比增长8.1%；500万元以上固定资产投资同比增长13%，增速位居全市前列；社会消费品零售总额318.79亿元，同比增长10.6%，其中，限额以上零售额总量位居全市首位；规上服务业营业收入40.76亿元，同比增长16.1%；完成财政总收入（省口径）77亿元，同比增长19.1%；地方一般公共预算收入13.2亿元，同口径增长4.7%；城镇居民人均可支配收入达42632元，同比增长8.1%，总量居省、市第一。税收收入占财政总收入比重和地方一般公共预算收入比重分别为97%和87%，财政收入质量明显提升。

产业结构稳步优化。三次产业结构比调整为0.13∶7.99∶91.88，全年预计实现服务业增加值471.37亿元，同比增长8.3%，服务业对全区经济增长贡献率达到98.27%，拉动经济增长8.4个百分点。新增“六大产业”企业562户；新增规模以上服务业企业103户，省市服务业龙头企业10家，省市服务业集聚区3个，省市服务业品牌11个。盈科行网络、百盛中山城百货入闱“省级龙头企业”；豫章1号文化科技园蝉联全省文化产业“金杜鹃”奖，获评省级文化产业示范基地。年营收超100亿元的苏宁红孩子母婴用品全国销售结算中心和省级零售总部全面投入运营。海印餐饮、江西科诺荣膺“江西省先进非公有制企业”，东湖区荣获“全省发展非公有制经济先进区”。

发展质效稳步提高。全年实施60个总投资达466.96亿元的重大重点项目，项目的数量、体量、质量“三量”齐升，创历史新高。其中，16个产业项目开工率100%、年度计划投资完成率100%。新增注册企业1631户、注册（认缴）资本达75.57亿元；新增个体工商户3675户，同比增长1.4%，新增个体从业人员8283人。新增税收亿元楼宇1栋，千万元以上楼宇达15栋，楼宇总建筑面积、商务面积分别为59.3万和44.6万平方米，入驻目标楼宇企业2128家，产生税收约10.8亿元，目标楼宇贡献率同比提高9.6个百分点。在全省市县科学发展综合考评中，荣获一类县区第5名。

（张宏宇）

宏观经济管理

【概况】　2018年，东湖区严格贯彻落实江西省投资项目在线审批监管平台有关政策精神，建设好、运行好、维护好区投资项目在线审批监管平台，逐步建立透明、规范、高效的投资项目纵横联动协同监管机制，规范权力运行，提高行政效能。提高服务型政府办事效率，确保投资项目网上受理、办理、监管“一条龙”服务，让信息多跑路，让企业和项目少跑腿，当好暖心服务的“店小二”。

【项目审批立项工作】 2018年，东湖区批复的政府投资项目共计51个，项目总投资65316万元，主要包括城市建设类、民生工程类、基层党建类和文化产业类等。全年通过平台赋码的投资项目57个，项目备案39个，项目总投资722994万元。

【实行“平台之外无审批”】 2018年，东湖区将非涉密的所有审批、核准、备案的投资项目全部纳入平台办理，各投资项目审批部门投资项目审批事项也全部纳入平台办理，积极推行“平台之外无审批”。

【依法实现“一项一码”】 2018年，东湖区项目审批、备案实现“一项一码”，针对投资项目报批、建设时间跨度较长的特殊性，为方便项目单位办理有关手续，对已经在发改委立项批复的项目采取补充赋码的措施，确保其他相关部门在平台上正常办理项目。

【推进“不见面”审批、一站式服务】 2018年，东湖区进一步细化申报材料要求，及时更新办事指南、优化办事流程、精简办事材料，取消“法律法规规定的其他材料”等模糊表述。提升一审一核事项比例和即时办结率。根据《企业投资项目核准和备案管理条例》(国务院第673号令)、江西省发展和改革委办公室关于严格规范企业投资项目备案办理工作的通知(赣发改办投资〔2018〕173号)的文件要求，对实行备案管理的项目按照属地原则备案。企业在开工建设前通过在线审批监管平台将项目基本信息告知区发改部门，即对企业项目进行备案。企业备案实现“一次不跑”，对申报企业区发改委主动对接，做到1个工作日内通过在线审批监管平台或者电话告知企业是否符合备案要求，不设置任何前置性条件，不要求企业提供任何申报材料，对符合东湖区产业发展规划要求备案的企业可自行通过在线审批监管平台打印备案通知书。企业备案全部实现网上审批，为企业提供了极大的便利。

（胡晨路）

企业资产管理

【概况】 2018年，东湖区企业资产管理工作紧扣稳定、改革、发展这条主路线，以创新管理为动力，以维护稳定工作为重点，以民生工程为根本，认真履行职责，取得良好成绩。区企资中心获南昌市文明单位。

【资产监管】 2018年，区企资中心面对实体经济下行压力，采取给部分店面承租户按比例降租、起诉一批以政府道路改造等原因拒不交纳租金的承租户、空置店面“一店一评”的方式，严格按照东湖区《关于经营性房产租赁管理规定》，完成150余处到期店面的续租，实现租赁性收入3700多万元。对因市场下行导致的空租店面交由第三方评估机构进行市场评估，定价后在网上公共资源交易平台进行公开拍租，成功盘活胜利路、象山北路等20余处空置店面。

【涉区属企业维稳工作】 2018年，区企资中心扎实做好企业职工的稳定工作，切实解决职工反映的难点热点问题，切实维护好企业稳定。全年共接待上访人员700人次，赴京接访劝返一批2人次，完成网上信访25件，妥善解决南昌微型电机厂余水泉的信访，并已签订停访息访协议。积极稳妥做好安全生产和消防工作，年初与各归口管理单位签订安全生产责任书并将安全生产、消防工作目标责任进行分解，形成安全生产、消防工作一把手负总责，安全生产消防工作分工负责，安全生产人人有责的管理体系。组织企业参加安全生产教育培训百余人，在印刷四厂组织安全生产消防演练，制作安全警示牌、标语30余处，更换灭火器90余个，排查隐患12处，改正12处，全年未发生安全生产事故。

【经济工作】 2018年，区企资中心作为全区主要经济责任单位，强力推进招商引资及协税护税工作，完成一企一策税收50万元，新增税收120余万。依托自有店面资源，采取一个项目一个工作组的办法，对空置厂房店面采取“一店一评”的方式，由遴选确定的评估公司进行市场评估进行招拍租，成功引入注册资金达1亿元江西臻恒建设工程有限公司、注册资金3000万江西永邦文化产业有限公司、注册资金1000万江西国邦珠宝有限公司、注册资金1000万江西易弗森节能科技有限公司、注册资金1000万江西金合石化能源有限公司、注册资金1000万江西乾元利亨贸易有限公司等一批实力企业。

【职工帮扶】 2018年,区企资中心积极主动为退休职工办理计生证明,把政策用好、用足;利用企业厂房、店面拆迁资金解决皮件布轮厂、百花洲童鞋厂、交通电器厂职工社保滞纳金的问题,为一批下岗职工调增生活费,结合春节期间走访离休干部及慰问困难职工与军转干部共计460余人,共发放慰问品慰问金50余万元。

(梁国荣)

行政审批

【概况】 2018年,东湖区在市行政审批局、市优化办的指导下,在深化"放管服"改革工作、"互联网+政务服务"等领域不断探索,推进实体大厅与网上办事大厅一体化融合的审批服务;积极推进"一次不跑""只跑一次"改革工作,解决办事群众堵点问题;切实做好网上审批系统运行及应用工作,持续优化服务行为,以实实在在的成效着力提高群众满意度,营造良好的经济发展环境。2018全国地方政务服务能力排行榜发布,东湖区在全国36个主要城市下辖区县"互联网+政务服务"评选中,以优异的第三方评测结果位列全国第5名,成为全省唯一上榜的县区。

【深化"两集中、三到位"改革】 2018年,东湖区以企业和群众办事"只进一扇门"为目标,推进实体大厅与网上办事大厅一体化融合,形成"大厅之外无审批"的审批机制,杜绝事项"体外循环"、申请人"两头跑",全面实现"应进必进"。东湖公安分局出入境办证大厅、东湖交警大队车辆办证大厅、区人力资源和劳动保障服务分中心、区婚姻登记处、区残联等各专业性服务大厅(分中心)全部整建制入驻中心服务大厅办公。婚姻登记、港澳通行证、护照、社保、医保、不动产抵押和注销、公证等46项涉民、涉企较密切且具有公共服务事项在中心实现"一站式"办理。1月,新网上审批系统正式上线运行后,所有区本级行政许可审批事项219项(行政许可122项、其他服务事项97项)全面实现在线受理,基本形成"进一扇门、进一张网、办全部事"的审批格局。

【"最多跑一次"改革】 2018年,东湖区以企业和群众办事"少跑腿"为目标,推进一批与企业和群众关系密切、反映强烈、办理频率高的事项实现"一次不跑"和"只跑一次"。落实首问负责制、一次性告知制、简化优化服务流程等举措。梳理后,全区权责清单事项共计1078项(其中行政许可事项122项),公共服务事项(办事指南类)共计97项。第一批"一次不跑"事项清单共计8项(其中行政许可3项,公共服务5项),第二批"一次不跑"事项清单共计6项和第一批"只跑一次"事项清单共计71项(其中行政许可21项,公共服务办事指南类20项),第三批"一次不跑"事项清单共计7项和第二批"只跑一次"事项清单共计28项(其中行政许可21项,公共服务办事指南类7项)。区本级依申请类政务服务事项"一次不跑"和"只跑一次"办理率超过50%。

【政务服务网建设】 2018年,东湖区优化升级政务服务网,推动更多事项网上办理,提高区本级依申请类政务服务事项网上可办比率。重点围绕群众反映强烈的民生堵点问题,以推进政务信息系统整合共享为突破口,推进实现全市政务服务"一网通办"。全年,区行政服务中心管委会收到共计100个堵点问题,解决62个堵点,15个堵点问题需要打破数据信息孤岛才得以解决,23个堵点问题区级无相关职能权限。完善政务服务网服务功能,按照"应上尽上、全程在线"的要求,通过网上审批系统接单的培训会,积极推进政务服务事项(行政许可事项和便民服务事项)网上办理。采取定期检查和不定期抽查相结合、网上检查和网下检查相结合的方式,加强审批平台后台日常维护和审批服务事项流程动态监管,及时受理窗口单位审批事项和政务服务事项动态调整申请。

【启动错时延时服务工作制】 12月15日起,东湖区政务服务大厅及11个街道(管理处)、镇便民服务中心高频多发的窗口单位推行错时延时预约服务,其中15个窗口单位试行延时服务,5个窗口单位同时提供双休日及节假日错时、预约服务，分别是：南昌市不动产登记中心东湖分窗口、东湖区人力资源和社会保障局窗口、东湖区市场和质量监督管理局窗口、东湖区民政局窗口、东湖交警大队窗口和东湖出入境管理大队窗口。东湖区11个街道（管理处）、镇便民服务中心参照执行《东湖区政务服务系统启动错时延时服务工作制的通知》。同时，加强错时延时、预约办理事项清单管理，维护清单的实用性、规范性和便民性，保障企业和群众双休日、节假日能够办成事。实行错时延时服务工作制后，全区各政务服务窗口办理业务累计820件。

（张淑华）

市场和质量监督管理

【概况】 2018年，东湖区以中共十九大和习近平总书记系列重要讲话精神为指引，不断强化市场监管执法，努力推进干部队伍建设。进一步加强市场重点领域监管，不断创新举措助推品牌战略，切实保障“三大安全”，全力营造宽松、公平、合法的市场经济秩序，各项工作稳中有进、稳中向好。全年未发生食品、药品和特种设备等安全事故。区市场监管局荣获南昌市“十佳文明示范窗口”。

2018年12月21日，东湖区市场和质量监管局召开东湖区集中交易市场开办者行政约谈会

【推进网格化监管】 2018年，区市场和质量监督管理局积极推进网格化监管模式，专项整治与“双随机”抽查相结合，加大行政执法力度，营造安全规范的市场环境。全局11个分局共划分35个网格，切实做到分片包干、责任到人，使监管方式由粗放变为精细，使每位监管人员都有自己的“责任田”。全区13家食品生产企业、2024家食品流通户、2050家餐饮服务单位、2家药品生产企业、3家药品批发企业、152家药品零售企业、220家医疗器械经营企业、1家医疗器械生产企业、274家医疗机构、459家特种设备使用单位及其他市场主体全部入网入格，切实做到各监管环节无缝衔接，有效防止和消除执法盲区和监管空白。

【消费者维权案件办理】 2018年，区市场和质量监督管理局加强投诉举报系统升级改造，进一步提高热线畅通率。区“12315”、“12331”、“12365”网络接到消费者投诉举报3480件，办结3480件，办结率100%；收到群众投诉举报信函35件，办结率100%。接听群众来电咨询和现场投诉370余起，做到件件有诉必接，有诉能投，投诉必有结果；受理各类“12345”市民服务热线410件次，办结410件，其中政府回访评分为5星33件，评分为4星27件，评分为3星360件，满意率100%。对消费者群体投诉的“品曼尼”“红杜鹃”等预付卡消费纠纷案进行重点的登记和调查，并将调查情况向市、区有关部门进行报告、通报。组织管辖分局对江西省红杜鹃家政服务有限公司东湖区分公司进行行政约谈并发出行政建议书，组织各分局对全区的预付卡情况进行大排查。

【品牌商标培育】 2018年，区市场和质量监督管理局持续提高产品服务的品牌价值和影响力，推动区属管辖的江西品牌向中国品牌转变。截至年底，东湖区商标注册申请件数为1497件、注册件数为982件、有效注册量为5147件，并为届满续展的两件省商标“久鸿”“EM 原露”进行续展申报工作。对新注册的市场主体,做到发放《商标与字号一体化注册行政指导建议书》全覆盖。

【服务业品牌建设】 2018 年,区市场和质量监督管理局指导帮助 3 家企业成功申报江西名牌。东湖区服务业品牌方面,近二年新增 4 家三甲医院,3 项省级非物质文化遗产,南昌七星商务酒店获银树叶级绿色旅游饭店,江西中文传媒艺术品有限公司(集雅斋)获江西省第七批文化产业示范基地,江西日报传媒集团有限公司“豫章 1 号”获省级广告产业园,滕王阁景区也由国家 AAAA 级景区升至 AAAAA 级,协助东湖区提前 2 年完成 4 年 12 个服务业品牌任务指标。

【餐饮服务“洁厨亮灶”工作】 2018 年,区市场和质量监督管理局在东湖区有条件的餐饮服务单位率先开展“洁厨亮灶”工程,并逐步推广。采取透明隔断、开放明档、视频传输、网上晒厨房和设置参观走廊、参观窗口等多种形式,将餐饮服务单位的食品切配加工、烹饪制作、餐饮具清洗消毒等重点环节和关键部位的加工过程亮晒出来,公开接受消费者监督,促进企业自律。截至年底,全区已有 70 家大中型餐饮服务单位和学校食堂完成“洁厨亮灶”工程改造。3 月,江西省食品药品监督管理局“洁厨亮灶”省级示范单位评定小组对东湖区的季季红麻辣涮炫谷店和海底捞央央春天店进行现场审核,两店被评为“洁厨亮灶”省级示范单位。

【重大活动食品安全保障工作】 2018 年,区市场和质量监督管理局共对省“两会”、中共江西省委十四届六次全会(扩大)会议、南昌 · 世界名校赛艇邀请赛、世界 VR 产业大会、省食药监局核查处置暨案件管理工作推进会等 5 起重大活动(会议)进行餐饮服务食品安全保障。重大活动(会议)期间,东湖区市场和质量监督管理局派出执法人员进驻会议接待单位,对菜谱、采购的食品原料、餐饮具消毒、加工制作过程、食品留样、从业人员健康状况等进行 24 小时全程监督,并运用现场快速检测设备对食品及食品原料进行食品安全现场快速检测,共快检食品 300 余批次。

【食品安全宣传周活动】 7 月 29 日,区市场和质量监督管理局联合东湖区社会组织孵化中心开展以“尚德守法、食品安全让生活更美好”为主题的 2018 年食品安全宣传周科普宣传活动,以万人红歌、演讲与竞赛、咨询与宣传等多种形式引导广大群众学习食品安全知识,了解政策法规,营造全社会共同关注全民学习食品安全知识的浓厚氛围。

【国家食品安全示范城市创建工作】 2018 年,东湖区制定《2018 年东湖区创建国家食品安全示范城市宣传工作方案》,通过开展宣传四进活动,张贴“创食安城”宣传贴画、刊登食品安全科普知识及制作宣传专栏等共计 3100 处、野生毒蘑菇防控宣传贴画 5000 份,入户宣传 5 万多户、大型户外宣传牌 110 处、悬挂宣传横幅 165 条、利用 LED 电子显示屏播放宣传标语 770 处,进一步提升食安城创建群众知晓率。出台《关于落实食品安全党政同责的实施意见》,将食品安全考核纳入全区 2018 年目标考核,考核权重增加至 3%,加大目标管理考核力度,实现食品安全监管纳入政府工作报告、纳入政府议事日程、纳入政府财政预算、纳入政府考核“一票否决”,确保食品安全监管工作责任落实到人、到岗。

【药品药械监管】 2018 年,区市场和质量监督管理局深化 GSP 跟踪检查工作,加大对特殊药品的日常动态监管,药品监管以及医疗器械巡查达到全覆盖。对全区 2 家药品生产企业、1 家药品批发企业、152 家药品零售企业、220 家医疗器械经营企业、3 家医疗器械生产企业、274 家医疗机构(重点对 8 家三级甲等医院)的监管频次增加。做到对药品生产企业、批发企业、零售企业、重点监测药品使用单位的全覆盖检查,完成南昌市食品药品监督管理局对放射药品、麻醉药品、精神药品、医院制剂的监管检查频次。

【食品药品检验检测】 2018 年,区市场和质量监督管理局对辖区内医疗机构和药品经营单位的药品进行抽样检验 183 批次;化妆品完成省市计划抽验 14 批次;食品抽检完成省市局抽检计划 757 批次,完成区本级抽检 650 批次。同时,充分利用东湖区餐饮服务食品安全快检室对福州路及周边餐饮服务单位提供免费检测服务,及时消除食品安全隐患。全年,快检室共检测各类样品 13864 件,平均合格率为 99.9%。

【特种设备安全监管】 2018 年,江西省安全生产委员会特种设备安全专业委员会将区市场和质量监督管理局上报的江西省人民医院6台在用压力容器未进行注册且未经检验、武汉天源物业管理有限责任公司南昌分公司在中大青山湖花园小区注册在用的8台电梯检验不合格两起隐患纳入江西省安全生产十大专项整治行动重大安全隐患挂牌督办清单。区市场和质量监督管理局依法督促使用单位积极整改并已整改到位。督促辖区459家特种设备使用单位开展“五个一”活动及风险辨识评估、分级管控工作，确保东湖区特种设备安全。

【打击传销示范点创建工作】 2018年，为使创建“无传销社区”工作开展顺利，区市场和质量监督管理局多次组织召开全区打传工作联席会议，和各成员的单位共签订责任状27份，就打击传销的宣传工作和排查工作进行部署，与其他部门构建横向到边、纵向到底的“打、防、控、管”网络，形成政府主导、部门联动、齐抓共管、协调作战的局面，为打击传销工作的全面开展奠定了基础。

【非法集资专项整治活动】 2018年，区市场和质量监督管理局联合东湖区公安局经侦大队及相关街办开展“非法集资风险企业”专项整治活动。出动执法人1200余人次，对辖区内3700余家相关企业进行现场检查及宣传。各基层分局在巡查中发现疑似非法集资企业6家，并及时将线索上报东湖区金融办，其中包括已定性为非法吸收公众存款的“天地自然股份有限公司”。

【市场监管执法】 2018年，区市场和质量监督管理局共立案查处各类经济违法案件536件，结案520件，其中虚假宣传2件，商标侵权7件，广告违法案件10件，食品安全85件，无照3件，擅自变更2件，药品药械安全6件，产品质量案件6件，特种设备案件12件，网监2件，公司逾期未开业401件，移送东湖区公安局案件3起，罚没款340.67万元，暂扣42.92万元。通过核审办结的案件，均做到事实清楚、证据确凿，定性准确，处理恰当，程序合法，核审率为100%。

（万苹莹）

安全生产监督管理

【概况】 2018年，东湖区坚持以习近平新时代中国特色社会主义思想为指导，认真贯彻落实习近平总书记、李克强总理关于安全生产的系列重要指示精神和省、市有关要求，牢固树立安全生产红线意识、底线思维，充分发挥安全生产综合协调和监管职能，完成了安全生产各项指标任务，全年未发生较大安全生产事故，无重特大火灾，安全生产态势总体平稳。被省安委会评定为“综合考核好”的县区。

【安全生产责任体系建设】 2018年，东湖区按照“管行业必须管安全、管业务必须管安全、管生产经营必须管安全”的要求，出台并印发《东湖区安全生产委员会成员单位安全生产工作职责分工》，确保各成员单位安全生产职责分工覆盖无盲点、空点。依据省市相关文件，成立危险物品、城市运行等十个专业委员会，由各专业委员会监督、检查、指导、协调、调度本专业委员会各成员单位的安全生产工作，实现安全生产与职能工作同计划、同部署、同落实、同检查、同考核的监管机制。

【强化安全基础能力建设】 2018年，东湖区不断强化安全基础能力建设，努力做到七个到位：一是上线运行到位。认真对接省安监局安全生产隐患排查治理暨行政执法信息系统，及时跟踪和监督辖区注册企业是否按照两个15日要求上线运行；二是信息公开到位。对辖区有安全生产不良记录的企业，上报至市安全生产诚信体系信息平台并及时通过区政府网站向社会公开；三是标准化建设到位。完成南昌陶氏化工实业有限公司、中石油江西南昌海源油库、中石化江西南昌相思林加油站、洪北加油站和董家窑加油站五家危险化学品生产和经营企业安全生产三级标准化建设；四是防治规划到位。制定东湖区职业病防治“十三五”专项规划，明确当前主要任务及有关保障措施，督促南昌陶氏化工实业有限公司进行生产工艺转型；五是预案编制演练到位。制定《东湖区生产安全事故综合应急预案》《东湖区危险化学品生产安全事故应急预案》及《东湖区烟花爆竹生产安全事故应急预案》，区安委会各成员单位结合实际制定本单位、本辖区安全生产应急救援预案，各行业监管部门对所监管领域的企业结合行业特点分别组织开展应急救援演练；六是“七进”宣传到位。针对东湖位处中心老城区、火灾隐患较多的实际，采取应急演练、消防培训、知识讲座等方式，面向机关干部、社区民警、居民群众、中小学生普及安全生产法规和消防安全知识，覆盖受益人群6000余人次。七是安全培训到位。严格按照上级要求组织各安委会成员单位领导、安监员、辖区经营业主、中小学生和居民群众参加市安全警示教育基地学习，全年共组织人员达到3200余名。

【安全生产监督管理执法】 2018年，东湖区不断强化安全生产执法监管执法力度。通过制定“双随机、一公开”实施细则，建立区安监局执法检查人员和检查对象名录库，公布随机抽查事项清单，开展安全生产大检查大整治工作，与辖区内11家危化品经营企业签订安全生产工作承诺书。按照“双公示”要求，全年公开危险化学品经营许可(乙证)18项，对执法过程中发现赣昌水产品市场等重大隐患和企业典型违法行为通过南昌市电视台、新法制报、市安监局公众微信号以及区政府网站安监局页面上进行曝光。

【开展“生命至上、安全发展”主题活动】 6月22日上午，东湖区在紫金城社区举行“安全生产月”宣传咨询日活动，各安委会成员单位分管领导、干部及居民群众共计200余人参加。活动围绕“生命至上、安全发展”主题展开，陈列安全文化宣传展板20余块，悬挂安全标语10余条，接受居民安全咨询20余人次，发放宣传单页3000余份。

【安全生产文化普及活动】 1月，区安监局与团区委共同发出《关于评选东湖区青年安全生产示范岗的通知》，在企业一线生产车间、班组、岗、机、台等基层安全单位进行示范岗评选，评选出南昌市燃气集团有限公司新能源事业部洪北加气站等3个单位为优秀“青年安全生产示范岗”。面向全区开展井冈山安全生产发展论坛安全生产论文征集活动，共收集论文36篇，甄选《浅谈培智学校校园安全管理工作》和《守望者》两篇参加全省井冈山论坛。携手大院街道院二社区开展安全生产月书画作品展，共收集到宣传安全生产文化内容的各类书画作品50幅；在全区组织开展安全隐患“随手拍”活动，共收到来自社区干部、基层执法人员隐患“随手拍”作品186件。12月5日，联合南昌市安全生产监督管理局安全生产宣传教育警示基地开展《中华人民共和国安全生产法》警示教育进社区宣传活动，该活动受到居民群众的热烈欢迎，并在掌上南昌和南昌新闻一套节目中登载和播出。

【重点行业专项整治】 2018年，东湖区按照《江西省2018年安全生产十大专项整治行动工作方案》要求，区政府于3月30日、4月25日、4月28日、7月13日、7月27日五次召开专项整治部署会，确定由区安监局、区城建局、东湖交警大队、东湖消防大队、区市监局等部门负责牵头开展六大行业领域安全专项整治。其中，危化品专项整治，全面检查全区范围内危化品生产经营单位，共排查企业隐患94条，完成整改93条。城市运行专项整治，出动检查人员207人次，排查企业76家，排查隐患84条，完成隐患整改84条，约谈企业4家。交通运输专项整治，出动员106人次，排查企业52家，排查隐患73条，完成隐患整改73条，约谈企业12家。建设工程施工专项整治，对辖区内21家建设工程项目进行全面排查，出动检查人员75人次，排查隐患10条，完成隐患整改10条。消防专项整治，共检查单位2345家，发现火灾隐患2896处，整改火灾隐患2727处，下发责令改正通知书2239份，下发行政处罚决定书142份，下发临时查封决定书34份，三停9家，罚款101.75万元，拘留41人；在东湖消防大队微信公众号对其中142家存在火灾隐患的单位进行公示，督促其将火灾隐患整改到位。特种设备专项整治，共出动特种设备安全检查人员1156人次，检查特种设备使用单位459家，排查隐患61条，完成隐患整改61条，对12家企业实施罚款，处罚金额38.9万元。

(丁 好)

价格管理

【概况】 2018年，东湖区紧紧围绕中央、省、市各项价格政策，坚持稳中求进工作总基调，坚持新发展理念，按照高质量发展的要求，着力抓好价费管理、价格检查、价格服务等工作，扎实推进价格工作新进展，为促进全区经济平稳健康发展与社会和谐稳定营造良好价格环境。

【价格监管】 2018年，东湖区着力强化市场价格监管，努力创造优良价费环境。一是建立公平竞争审查制度，营造公平竞争市场环境。出台《东湖区人民政府印发关于在市场体系建设中建立公平竞争审查制度的实施意见》，建立由20个区政府相关部门组成的公平竞争审查工作联席会议制度，负责指导、协调推进全区公平竞争审查工作，并按照“谁制定、谁清理”的原则，开展清理现行排除限制竞争政策措施；举办全区依法行政暨公平竞争审查培训班，提高全区依法行政、公平竞争审查工作水平。二是加强重点节日市场价格的监管，营造良好节日市场环境。对元旦、春节、“五一”等重要节假日和节庆活动的市场价格监督检查，着力解决消费市场价格领域突出问题。三是清理规范电网和转供电环节收费。按照市发改委《关于加快清理规范电网环节收费工作的通知》（洪发改商字〔2018〕3号）文件精神，约谈江西财富广场有限公司、南昌万达广场商业管理有限公司、南昌蓝海酒店商业经营管理有限公司、江西百盛中山城百货有限公司四家商业综合体负责人，传达南昌市物价局转发《江西省发展改革委〈关于降低一般工商业电价有关事项的通知〉的通知》（洪价字〔2018〕38号）文件精神，同时下发省、市相关文件及“东湖区清理规范商业综合体转供电加价情况登记表”，要求企业按实际情况填写并按时上交，清理规范4家商业综合体共计629个商户，减负金额达354万元。四是开展转供电环节电价重点检查。组织开展转供电环节电价重点检查，并按照“双随机”原则随机抽取四家转供电主体进行检查。

【价格举报】 2018年，东湖区实行举报与检查联动机制，强化投诉件在受理、批办、查处和反馈等各环节的规范化管理，畅通价格咨询和举报渠道，并严格执行《价格违法行为举报规定》，遵守《江西省12358价格举报工作制度》，认真受理群众价格投诉受理工作。全年，共受理价格举报件309件，其中“12345”平台举报件262件；“12358”平台举报件41件；上级交办2件；来访来电咨询件2件；信访举报件1件；微信投诉件1件。在处理价格投诉举报和咨询案件时基本做到件件有着落，维护了广大群众的合法权益。

【价格服务】 2018年，东湖区持续优化价格公共服务，不断提升价格工作水平。一是扎实做好农产品成本调查工作。完善农产品成本农本调查工作制度，规范政府价格主管部门与农本调查户双方的权利和义务，推行与调查户签订农本调查协议工作制度，与10位农调户签订《农产品成本调查协议书》，并根据2018年度调查情况，精心组织，统筹安排，保质保量地完成2018年度扬子洲镇七个蔬菜品种的成本调查工作任务。二是进一步加强平价商店监管。从稳价惠民、明码标价、日常管理多方面对全区15家平价商店履行责任义务情况进行定期与不定期考核，不断巩固和提升平价商店建设质量，充分发挥平价商店在“稳物价惠民生”中良好作用。三是做好景区明码标价服务工作。在滕王阁景区周边发放价格宣传材料500余份，免费发放价格标签5000余张。四是开展价格普法宣传。结合《中华人民共和国价格法》实施20周年纪念活动，在门户网站首页挂《中华人民共和国价格法》和配套法律法规宣传浮标，发布《中华人民共和国价格法》实施20周年标语，制作宣传展板，让群众知法、懂法，依法维护自身合法权益；组织全委人员参加《价格法》学习，并在线参加专题考试，检验学习成果。

（吴慧丽）

统计管理

【概况】 2018年，东湖区统计工作以习近平新时代中国特色社会主义思想为指导，围绕打造“实力、活力、魅力”东湖的目标，开拓进取、创新服务，有条不紊地开展各项统计工作，不断加强统计数据的监测及预警，为东湖区经济社会发展提供统计保障。

【统计预警监测】 2018年，东湖区进一步做好对现有专业的月报、季报数据的质量控制和评估分析,对采集到的统计数据及时、针对性的提前介入,深入研究,做到事前预测重效率、提速度,事后统计重分析、探规律,特别是对地区生产总值、社会消费品零售总额、固定资产投资、服务业等重要指标进行分析,进一步发挥好决策智囊团的作用。

【统计调研分析】 2018 年,区统计局通过对区域内重点行业、企业及特色产业开展多种专项调研,有效地增强对经济走势预测的前瞻性与准确性。截至 12 月底,累计印发《东湖统计动态》11 期,《东湖统计月报》11 期,各类网站、期刊发表调研分析文章 38 篇,被省、市统计部门网站及东湖党委信息、政务信息采用的信息 520 余篇,全面、客观地反映东湖经济社会发展情况,为区委、区政府决策提供了有力的依据。

【优化统计资料】 2018 年,为了更好地当好东湖经济社会发展的参谋助手,区统计局在以往数据资料编印的基础上,全面升级优化各类统计资料。其中包括《东湖统计年鉴》《东湖区情》《数字看东湖》《统计月报》等统计数据资料,通过完整的图表和翔实的文字更加直观地展现东湖区经济社会发展情况。

【全国第四次经济普查】 2018 年,东湖区推进的全国第四次经济普查各项工作,在普查过程中始终坚持依法依规,严格按照《中华人民共和国统计法》《中华人民共和国统计法实施条例》《全国经济普查条例》《国务院关于开展第四次全国经济普查的通知》及相关规定组织开展,做到查实情、报真数,坚决反对和抵制弄虚作假行为。在普查数据上始终坚持保质保量,针对填报来的数据要与之前三经普数据、现有基本单位名录库数据进行比对分析,评估数据质量,确保数据准确可靠。

【统计干部队伍建设】 2018 年,区统计局深入、系统学习习总书记系列重要讲话、党章党纪党规、省市区重大决策部署,扎实推进"两学一做"学习教育常态化制度化工作,进一步强化党员领导干部政治意识、大局意识、核心意识、看齐意识,激发全局上下干事创业的工作热情,营造奋发向上的工作氛围。坚持把加强统计人员业务培训、提升统计队伍业务能力摆在重要位置,针对当前形势下统计面临的新问题、新挑战,结合自身实际,围绕统计报表、方法制度、程序操作等相关内容,制定培训方案、创新培训方法,不断提升培训质量、保证培训效果,确保干部队伍素质够高、专业够强。

【机关党建工作】 2018 年,区统计局党组建立健全党建工作责任制,形成一把手亲自抓、分管领导具体抓、其他班子成员配合抓的良好工作格局。深化党员领导干部党建工作联系点制度,督促党员领导干部到党建联系点开展工作。深入落实党建例会制度,定时召开会议研究党建工作,切实做到党建工作与统计工作同谋划、同部署。始终坚持抓早抓小抓常原则,重拳整治"怕、慢、假、庸、散"等五大顽疾,切实从严管理干部、严肃工作纪律,做到敢于揭短亮丑、勇于正视问题,坚决杜绝不想为、不敢为、不肯为等现象,根除思想放松、工作虚浮、生活散漫等行为。

【统计法治建设】 2018 年,区统计局抓牢基本面,以各专业年报及日常业务培训会议为契机,向企业法人和统计员宣传统计法律知识,责任意识和守法意识不断增强。其次是拓宽受众面,抓牢区、局、街道三级党政领导,通过发放《统计工作手册》、开展统计法律课堂等方式,切实增加党政领导对统计法律法规的了解,提高党政领导依法统计意识。严格落实"双随机一公开"工作要求,开展统计执法专项检查,针对排查出来的问题,特别是对于迟报、漏报、拒报报表以及弄虚作假、虚报瞒报的单位及个人,坚决整改处理,确保落实到位。

(谭伟锋)

审计管理

【概况】 2018 年,东湖区审计部门共完成各类审计项目 34 个。其中:经济责任审计项目 8 个,财务收支审计项目 1 个,工程竣工结算审计项目 19 个,保障性住房工程跟踪审计项目 1 个,领导干部自然资源资产任中审计项目 1 个,国家重大政策措施落实情况跟踪审计项目 4 个。为国家节约财政资金 464 万元,审计发现非金额计量问题 48 个,向被审计部门提出整改建议 52 条,被采纳 52

条，采纳率100%。审计决定落实率100%，较好地发挥了公共财政的“卫士”职能。审计工作在严肃财经法纪、推进依法行政、维护群众利益、促进廉政建设等方面发挥了积极作用，有力地保障了经济社会健康较快地发展。

【首次开展自然资源资产任中审计】 2018年9月，东湖区首次对扬子洲镇党政领导干部自然资源资产任中审计试点工作，通过调查、走访、实地勘察及其他专业技术测量手段，对扬子洲镇的土地资源、水资源、林业资源和有关生态环境治理情况进行审计查证，从机制体制方面反映了存在的问题和不足，有效增强了领导干部履行自然资源资产管理和生态环境保护工作的意识，实现了对该镇自然生态环境保护工作的倒逼，促进了节约资源和保护环境基本国策的落实，审计工作取得明显成效。

【经济责任审计监督】 2018年，按照“积极稳妥、量力而行、提高质量、防范风险”的原则，区审计局对区卫计委、区文广局、区扬农管理处等8个单位的原主要负责人进行离任经济责任审计，对审计对象任职期间的经济目标完成情况、财政经济决策情况、重大建设项目、重点资金管理情况和领导干部个人廉洁守纪情况进行审计和评价，促使领导干部进一步增强了法纪意识，也为相关部门评价和选拔任用干部提供了重要依据。

【政府建设投资项目审计】 2018年，东湖区加大对重点项目决算、现场勘察、项目质量的审计力度，共对光明学校校园提升改造工程、东湖区党建标准化建设工程、民政局失能老人照料中心工程等19个项目进行竣工结算审计，为国家节约财政资金464万元，有效地防止了财政资金的流失，促进了建设和施工单位不断提高工程质量和投资效益。同时，为了规范监管工程造价咨询机构在政府投资项目审计中的行为，区审计局出台一系列措施，将监督管理落到实处。一是采取公开招标方式，建立工程造价咨询机构备选库，并采取年度考核动态管理模式。二是出台《东湖区审计局委托社会中介机构参与政府投资建设项目审计管理暂行办法》，用制度规范审计人员及投资审计工作。三是采取不定期检查的方式，将审计纪律监督贯穿于审计全过程。

【开展财政同级审计】 2018年，区审计局注重转变审计理念，进一步聚焦审计重点，创新工作方式方法，在2017年度本级预算执行情况审计的基础上，延伸审计东湖区卫计委、东湖区文广局、东湖区八一桥街办、东湖区扬农管理处等4个单位2017年度部门预算执行情况。同时，财政审计首次对区属一级预算单位（八一桥街办）2017年度部门决算进行审计。区人大常委会高度重视此次预算执行审计，并高度评价在区人大常委会上所作的《关于2017年度区本级预算执行及其他财政收支审计情况的审计工作报告》，提出要进一步加强审计与人大的监督合力，运用好审计成果，督促被审单位抓好审计揭示问题的整改。区审计局按照要求，向多个相关单位下发《审计整改通知书》和《整改建议清单》，促使被审计局进行整改，整改完成率100%，较好地实现了以审计整改倒逼工作。

【重大政策措施落实情况跟踪审计】 2018年，东湖区以推动各项重大政策措施落实到位，促进经济平稳运行、健康发展和转型升级为目标，对东湖区国家重大政策措施落实情况进行跟踪审计。重点关注供给侧结构性改革、“放管服”改革深化，促进经济社会健康发展和实体经济发展；关注“三大攻坚战”相关政策落实；关注地方政府隐性债务情况。贯彻落实中央八项规定精神，严肃揭示“四风”问题，促进政令畅通，发挥实效。区审计局按季度对稳增长促改革调结构惠民生防风险政策措施落实情况进行了跟踪审计，并及时向南昌市审计局报送了审计报告。

【旧改拆迁成本资金审核】 2018年，区审计局配合东湖区旧城改造工作指挥部的工作，对裕丰大厦地块、殷家巷地块、谌家坊李家庄地块、轨道2号线地块的拆迁成本进行审核、对省府大院SF01－01、03地块渣余土二次转运费用及SF01－04地块平整费用进行审核，对下正街场地平整及土方转运工程费用进行审核，对东湖区“老营房飞机库旧址”异地迁移工程进行跟踪审计，有效促进了拆迁改造专项资金使用的规范管理，保证了资金的使用效益，维护了群众的根本利益。

（陈曼灵）

城市建设和管理

综　述

2018年，东湖区以“城市让生活更美好”为追求，坚决落实“干干净净、漂漂亮亮、井然有序、和谐宜居”的城市建管工作要求，突出高标准强建管，城区品质持续提升，成效突出。

东湖区深入推进“美丽南昌·幸福家园”环境综合整治，投资6.6亿元，实施56项“六改提升”项目。对电政路、下水路等道路实施升级改造，实现辖区主要道路“白改黑”全覆盖；推进豆芽巷、象山北路、胜利路北段等6个街区综合改造，实现管线“上改下”；在背街小巷路灯亮化全覆盖的基础上，深化“暗改亮”工程，新增、更换LED路灯1500余盏；对二经路、三经路等道路实施“绿改彩”提升工程；新建上营坊、章江路小游园；推进上沙窝等老旧社区“旧改新”；新建豫章后街、佘山路等公共停车场，新增泊位1700个。积极配合全市“一纵一横”道路建筑立面综合整治工程，阳明路、八一大道、北京西路等主要干道焕然一新。率先实施“一路一单车”共享单车“路长制”管理，为破解共享单车规范停放难题提供新方案；引入小黄狗等智能垃圾分类系统，率先在公园、洪城等4个社区建成全市首批生活垃圾分类示范社区；率先完成城市建成区违法建设专项治理任务，拆除英雄大桥两侧蓝色钢棚1.2万平方米。积极助力全国文明城市复牌迎检，率先建立“条块结合、上下联动、常态创建、长效管理”创建工作新机制统筹推进“拆、改、提、留”，让老房子、老街区重新焕发生机。实施轨道交通四号线下沙沟站等地块征迁；大力开展“净地行动”，青山北路综合管廊、下正街、上沙窝等地块近百个历史遗留问题得到有效解决。启动百花洲景区提升改造，完成滕王阁周边街区综合改造。

（区史志办公室）

2018年，东湖区不断改善居民居住环境。图为该区该年打造的上沙窝精品社区

城市建设

【概况】 2018年，东湖区找准城市建设和管理的结合点，挖掘和展现老城区的历史和文化内涵，补足城区基础设施短板，推进高标准、高质量的城市

建设，城市建设迈向新台阶。

【建筑行业管理】 2018年，东湖区城建局与各施工单位签订建筑工地文明施工责任状共52份，流动人口计生责任状共46份。进一步加强对旧改安置房在建工地文明施工安全生产监管力度，配合南昌市安全监督管理站加强对建筑工地“创建全国文明城市”工作督导，对在旧改安置房项目不定期地进行巡查，发现安全隐患及时下达整改书，共发放整改书10份，安全事故发生率为零；制定《建筑装饰装修工程施工许可管理暂行办法》，宣传国家安全生产政策、法律法规，树立“不伤害自己，不伤害别人，不被别人伤害”的安全生产观念，同时举办2期文明施工、安全生产培训班，发放装饰装修施工许可证4份。按照公开、公平、公正原则，严格执行《中华人民共和国招投标法》，推行招标控制价和工程量清单报价制度，规范操作，细致管理，完成16个房屋建筑和市政基础设施工程项目招投标监管工作，累计中标金额约6.337亿元，招标率达100%，监理招标工作全面进入正常轨道。

【交通运输市场管理】 2018年，东湖区运管部门通过加强汽车客运站源头、包车客运安全和旅游客运市场的监管，重点打击客运非法营运行为，共查处非法营运车辆70余辆次，查扣52辆次，处罚金额44.15万多元。联合区交警大队、区执法局全面开展治理货运车辆超限超载工作，共检测车辆1236辆，查扣车辆385辆，切割非法改装车辆86辆，累计卸货6217.22吨；完成辖区内的客运、驾培、机动车维修、货运企业的2017年度质量信誉考核工作；完成机动车维修企业普查工作，未办理道路经营许可证的有36家，下达整改通知书限期整改。

【燃气安全监管】 2018年，东湖区城建局认真履行燃气安全监管责任，联合南昌市燃管处、消防、公安、街办、电视台等单位，对辖区非法液化气服务点和加气站进行专项整治，对全区餐饮店、装修切割店进行重点检查，对超期钢瓶实行强制性送检制度、强制报废制度，确保无燃气责任事故发生。全年共排查餐饮店98次，液化气服务点35次、加气站20次，收缴不合格钢瓶55只，下达燃气整改书78份，下达立即停止违法（章）通知书15份，查处面包车存放煤气罐1起，室内装修使用报废瓶装气罐切割1起，地下室使用煤气钢瓶1起。在董家窑加气站举行应急演练1次。

【数字城管运行平台】 2018年，东湖区城建局以创新体制机制为保障，以建立健全平台为载体，数字化城市管理覆盖本局职能公用设施、道路交通、园林绿化等动态管理事件的监管和处置，被管理对象的信息都可以用数字完整、准确地表达出来。与此相适应，系统运行各主体的责任清晰无误地界定，使城市管理的部件、事件一一对应责任单位。按照“条块结合、以块为主”的管理思路，明确相关部门之间的权责关系，强化部门间的协调配合，建立三级案卷采集平台，新增一线采集案卷人员10人，并利用数字管理微信平台，落实快速反应工作机制。全年共接到城市管理整改问题共计4486件，已整改到位4463件，整改率为99.5%。

【市政设施维护管理】 2018年，东湖区加大人力、物力投入，实行全员道路排查制度并形成常态机制，在市政服务热线“88605395”的基础上，成立民情投诉热线接待站，新增对外公开投诉电话“88601110”，做到“件件有回音、事事有答复”。共维修车行道水泥2020平方米、车行道沥青565平方米、人行道水泥1240平方米、人行道彩板6073平方米、维修检查井99座、雨水井38座、新建检查井14座、雨水井7座、新安装路沿石177米、新建Φ400波纹管90米、Φ300波纹管66米、Φ800波纹管3米、安装PVC管150米。

（周　菁）

城市绿化和管理

【概况】 2018年，东湖区以创建文明城市为核心，以市区重大项目及为民办实事项目为重点，以日常管养为基础全面开展园林绿化建设工作，着力打造“生态、精致、时尚、充满人文关怀”的民生园林。截至年底，拥有园林绿地面积479.93公顷，绿化覆盖面积472.06公顷，绿化覆盖率29.67%，人均公共绿地面积7.18平方米。

【绿化项目】 2018年，区城建局园林工作以

"种"为先,提高园林绿化景观和园林绿化的管理和养护。严抓细节,把好绿化项目质量关,从整地、填土到选定品种、采购苗木、挖坑、栽植等环节,进行严格的技术指导和过程监管,以确保苗木成活率和景观效果。在二经路、三经路种植的樟树成活率达到100%,长势良好。

【园林绿化养护管理】 2018年,区城建局在园林绿化养护方面实行新举措,严格实行"两个五"养护标准,即按照"五无"和"五定"(无杂草、无垃圾、无裸土、无缺株死苗、无病虫害,定高、定型、定冠幅、定时修剪、定量施肥喷药)的标准实施绿化养护。完成乔木定型定高修剪6000多株,造型灌木修剪2.6万株,绿篱修剪共计180万平方米;加强病虫害防治,组织开展4次大规模喷药作业,有效控制黄榕、大红花等植物病虫害的蔓延;抢抓有利季节开展施肥、松土工作,施放有机肥1000多包,复合肥约10吨,确保绿化植物生长良好。

【八一公园管理】 2018年,东湖区严格按照城市精细化管理标准要求,扎实做好八一公园管理工作。制定《公园管理考核办法》,坚持每月对园区道路、绿地、乔灌木的养护管理情况进行全面检查,每季度进行综合评定。八一公园管理处抓住园容园貌的工作重点,在园容园貌的净化、美化上下功夫。狠抓环境卫生,分片、分区域清理排查卫生死角,责任到人,加大保洁力度,保证垃圾随产随清、不留空换挡。加大绿地、乔灌木的养护力度,适时修剪、合理浇灌施肥,及时防治病虫害,保证绿化植物造型优美、状态良好。充分利用春季植树季节营造绿色景观,优化公园生态环境,全园共新植乔木300余株,花灌木5000余株,绿篱植物12000株。

(周　菁)

城市环境保护

【概况】 2018年,东湖区坚守发展和生态两条底线,凝心聚力,克难而进,环境保护工作取得较好成绩。

【中央第四环保督察"回头看"工作】 6月1日至7月1日,中央第四环保督察"回头看"进驻江西,历时1个月时间,共交(转)办涉及东湖区范围的信访件41件。截至年底,已办结11件,其余30件正在整改中,其中停产整改6家、立案处罚5家,罚款10.5万元。

【禁养区整治工作】 2018年,东湖区环保局加大执法力度,对扬子州区域存在的畜禽养殖情况进行全面取缔,至12月31日,全区范围内无畜禽养殖现象。

【建立土壤环境数据库】 2018年,根据国家生态环境部的关于《土壤污染防治计划》的要求,东湖区环保局于3月份组织构建东湖区土壤环境信息化管理平台,并在年底完成土壤环境基础数据库建设。

【土壤污染预防工作】 2018年,东湖区严格排查控制农业污染源及生活污染源,对回收加工电子废物、废旧轮胎、废旧塑料等可再生利用及拆解活动的手工式作坊进行清理整顿,关闭3家无证照回收加工作坊,防止了产生的污染源污染土壤和地下水。

【燃煤锅炉整治工作】 为加强特种设备的安全生产及污染的监管,6—7月,东湖区环保局联合区安全生产监管局江西专项整治活动,在扬子洲镇排查到存在燃煤锅炉现象,并对19台燃煤小锅炉(无压)全部拆除或(关闭)。

【扬尘污染治理】 1—10月,东湖区国控点江西省外事办公室站点、国控点江西省林业公司站点的PM2.5分别为32和26,比上年同期下降15.8%和21.2%,PM10分别为58和64,比同比下降22.7%和22.0%。空气质量优良率为88.1%和89.9%,分别比上年提高9.5和7.1个百分点。

【餐饮油烟治理】 2018年,东湖区开展"蓝天保卫战"计划,对福州路、民德路、建德观、豫章后街等周边区域的餐饮店强化环保督察,取缔油烟扰民严重、占道烧烤摊点25家。这些重点区域共有餐饮企业700余家,其中安装油烟净化设施的餐饮店达到89.7%。

【赣江东湖段排污口整治】 2018年,东湖区启动赣江东湖段的江西省人民医院周边排污口截污工程,项目由东湖区城市建设局具体负责实施,总投资约2100万元。截至年底，排污口截污工程基本完成。

【固体废物大排查】 3月，东湖区组织固体废物大排查，排查出产生医疗废物单位16家，医疗废物产生量为2305.84吨，均按规定委托南昌市医疗垃圾处置中心进行处理。洪都北大道7家汽车4S店，废机油产生量约为70.4吨，均按规定委托有资质的废机油处置公司进行处置，辖区内无危险废物处置利用企业。

【加油站地下油罐更新改造】 2018年，东湖区按照《大气污染防治计划》要求，对所有加油站全面进行从进油到出油回收改造。辖区内8家加油站已有5家地下油罐更新改造完毕，1家停业，2家正在整改。

（谢 宁）

城市管理

【概况】 2018年，东湖区城市管理工作以服务和保障民生为出发点，以“美丽家园·幸福南昌”两年出形象、全国文明城“复牌行动”、百日攻坚净化行动为抓手，不断提升城市管理质量效益，为建设富裕美丽现代化江西“南昌样板”东湖篇章贡献力量。在全市城市管理综合考评城区组中荣获第二名的好成绩。

【提升智慧城管水平】 2018年，东湖区通过“智慧城管”4579路摄像头，实现现场点位的实时监控，通过与人工巡查相结合，及时发现问题，处理市数字中心下派案件18.15万件，区级数字城管平台采集案件17.15万件。同时，定期组织执法、公安、环保、市场、卫生等部门召开城市管理联席会议，协调解决问题，实现“横向＋纵向”的良性互动。在一至三季度全市城市管理综合考核（城区组8个）中，取得2次第二名、1次第三名的成绩。

【环卫作业机械化】 2018年，东湖区对全区25条严控区道路实行大型机冲机扫作业，共出动机械化作业车辆6205台次，作业时间约37230小时；每天冲洗、机扫面积130万平方米。为配合旧改爆破房屋和大气污染整治，先后共出动雾炮车320台次，作业时间3520余小时。

【垃圾中转站日常管理】 2018年，东湖区对全区垃圾站进行升级改造，每个垃圾中转站安装监控设备，及时掌握各垃圾站实时动态。在全市最大的垃圾中转站——洪都大道垃圾中转站新建竖式装箱，在洪都大道、南京西路、肖公庙3座垃圾站安装除臭设备，积极推进9座垂压设备的垃圾站更新改造工作以及3辆垃圾对接车的购置工作。全年，共清运垃圾2.47万车，约14.64万吨，做好了生活垃圾日产日清工作。

【“马路本色”行动实现全覆盖】 2018年，东湖区将“马路本色”行动由城市主干道向小街巷和社区延伸，实现全覆盖，在主干道上全面推行“以克论净”。每天安排六辆洒水车、四辆扫道车、一辆雾炮车，昼夜不间断作业，白天以维护冲洗，保证降尘作业为主，0:00—7:00全面冲洗作业。每天安排36余台小型高压冲洗车冲洗人行道、灰沙带。各街办安排300余人对88个社区庭院进行冲洗、清理道路落叶、冲洗果壳箱、垃圾桶，规范庭院电动车、共享单车、自行车停放。

【渣土清运管理】 2018年，东湖区加强对全区范围内建筑垃圾渣土清运工地的监控，在工地出入口安装监控系统，实现对工地的24小时监控及智能分析，加大对开工工地路面污染和渣土流失查处力度。夜间，安排督查三班人员通宵值守督查，确保清运工地沿线路面整洁干净。完成苏宁广场项目工地、起凤路旧改安置房工地等拆迁工地清场，做好2018年东湖区重大重点项目集中开工仪式等重点工程场地平整等渣土清运工地的监控、督察，确保清运工地及运输沿线路面的干净整洁。

【推进垃圾分类管理】 2018年，东湖区在辖区洪城社区、公园社区、滨江社区、锦苑春天社区、光明社区5个试点小区开展试点垃圾分类工作，全面推广政、企合作模式，鼓励社会资本参与垃圾分类宣传、收集、运输和处理，引入小黄狗智能分类垃圾箱，打造一套“互联网＋生活垃圾分类回收”的城市生活垃圾分类体系，前端精准分类投放，中端分类密闭运输，终端资源化处理，以点带面，形成示范带动机制。抓好垃圾分类源头投放，购置1100个三分类果壳箱，全面更新严控区、控制区道路分类果壳箱。广泛开展垃圾分类宣传教育活动，印发倡议书、分类指南、宣传彩页、指导手册等多种宣传资料,提高市民群众对垃圾分类重要性的认识,养成自觉分类投放垃圾的意识。

【开展“厕所革命”】 2018 年,东湖区新建公厕 4 座并对外开放。截至年底,全区直管公厕共有 85 座,其中市政公用集团管理公厕 81 座。根据有关文件精神,市政公用集团负责管养的公厕将逐步移交区属管理。

【垃圾广告专项整治】 2018 年,东湖区开展专项整治行动,将清理乱张贴纳入环卫日常市容管理,采取分段包干的方式,提高清洗效率,协调执法部门严厉打击散发宣传单、小广告的行为。全年,在全市季度考核中,东湖区获得 1 个第一名、1 个第二名、1 个第三名,获得奖金 7.5 万元。

【城乡环境综合整治】 2018 年,东湖区按照省、市百日攻坚“净化”行动安排,从 9 月 1 日起,在全区开展为期 100 天的城乡环境综合整治百日攻坚“净化”行动。专门成立整治领导小组,制定整治方案,明确城市绿化彩化、社区微“改造”工程、道路“白改黑”工程、建筑立面“面改美”工程、路灯照明“暗改亮”工程、深化“马路本色”行动、优化共享单车管理、铁路沿线综合环境长效治理等 16 项整治内容及责任单位。整治过程中,区委、区政府主要领导亲自抓调度,分管领导具体抓落实,所有区领导全部挂点到街道、社区(村)。全年,完成二经路、三经路、胜利路、象山北路、沿江北大道、八一公园的绿化、美化。投入 1.5 亿元完成上沙窝、刘将军庙、朱湖路等精品社区建设;实施“两建三改五新六清”工程,投入 2000 万元完成对南南社区等 94 个老旧小区的微改造;投入 5000 万元对全区约 40% 436 个社区庭院进行改造,改造过后的小区“路平、院净、绿美、楼新”。投入 3500 余万元对福州东路、省图南路等 43 条道路实施“白改黑”等综合改造,提升道路通行能力。充分融入南昌人文底蕴和历史文化元素,完成对胜利路、中山路、沿江北大道建筑立面综合改造。对背街小巷路灯实施“暗改亮”工程,累计更换路灯 1280 盏,实施路灯照明全覆盖,亮灯率达到 95% 以上。推行共享单车“路长制”新模式,对辖区内叠山路、南京西路、象山北路等 5 条路段实行“路长制”管理,促使共享单车“投放有数,疏导有序”的良好态势和局面。

【城管行政审批工作】 2018 年,区城管委行政审批窗口共受理行政审批清运建筑垃圾、工程渣土垃圾处置核准事项 5 件、其他类服务门店招牌设置指导登记指导备案事项 177 件,各类办件均在承诺办事期限之内办结,办结率 100%,零投诉。审批窗口延时、预约服务按规定正常开展,各项工作稳步推进。

【党建工作】 2018 年,区城管委党委结合“两学一做”学习教育常态化制度化,围绕基层党建工作重点任务,学习贯彻习近平新时代中国特色社会主义思想和中共十九大精神,按照“认真负责、高效落实”的要求,抓好党建工作,激发党建引领动力,为推动城市管理各项工作提供坚强组织保障。一是加强政治理论学习。坚持中心组理论学习制度,落实每月 1 次集中学习,做好学习记录;开展周五党员学习日活动,以支部为单位,通过上党课、专题辅导、集中培训、撰写学习体会、收看红色教育片等方式,强化理论学习;开展专题性学习,先后开展学《中国共产党章程》、诵读《红色家书》,收看红色电影《信仰者》《浴血广昌》,赴方志敏广场开展“重温入党誓言、不忘入党初心”教育实践活动等形式多样活动,丰富理论学习内容,区城管委先后荣获东湖区红色家书诵读比赛三等奖、南昌市城管委红色家书诵读优秀奖。二是创新党建工作机制。制定领导班子“联系单位、联系党员、定期下基层”相关制度,开展在职党员下基层“1+X”服务活动,结合部门工作职能,引导在职党员积极参与志愿服务。全年组织党员 200 余人次先后到青山南路社区、贤士湖长巷村、公园村开展冰雪天气清理断裂树枝、百日攻坚战大扫除、清理社区庭院卫生死角、文明创建社区志愿劳动等市容环境整治活动。三是严格落实组织生活制度。以支部为单位,定期开展“三会一课”,高质量、严要求的召开 2017 年度组织生活会、廉洁文明家风专题组织生活会、肃清苏荣案余毒专题民主生活会。经常性与党员谈心交心,定期分析党员思想状况,关心慰问困难党员。全年,看望慰问退休老干部、患病及生活困难老党员 10 人,发放困难职工帮扶资金 3000 元。

(刘智闻)

国土资源管理

【概况】 2018年,东湖区国土资源管理工作紧紧围绕"服务经济发展,提升整体素质"这个中心,扎实推进各项工作有序开展,有力地保障了东湖区经济发展的用地需求。东湖国土分局先后被评为第十七届"市级文明单位""东湖区综合治理先进单位"、南昌市"四星级党支部"、2018年南昌市国土系统土地储备及棚改工作先进单位。

【旧城改造土地出让情况】 2018年,东湖区出让土地3宗(青山湖西岸十一号地块、裕丰大厦地块、下沙窝地块)面积共73.224亩,土地收益12.07亿元。其中,在10月出让的纯住宅用地下沙窝地块以溢价59.12%,楼面价9060元/平方米出让。土地出让单位面积、单宗土地成交价双双创新。

【耕地保护】 2018年,东湖区为做好耕地保护工作,将年度耕地保护责任目标任务层层分解,切实将耕地保护责任落实到人,紧守耕地红线。东湖区扬子洲现有耕地保有量1.5032万亩,远超市政府下发的0.9万亩耕地保有量。

【用地预审】 2018年,东湖国土分局完成青山湖西岸七里村安置房工程(D、E地块)项目、东湖区金家山、香江家具城地块(控规JC201－A12)旧城改造安置房(香江佳苑一区)项目、东湖区金家山、香江家具城地块(控规JC201－C08)旧城改造安置房(香江佳苑二区)项目、南昌市第三十中学改扩建工程项目共4个项目共计14.6552公顷(219.828亩)的用地预审工作,保证了全区安置房建设工作顺利推进。

【地籍数据库汇交工作】 2018年,东湖区完成年度地籍数据库成果汇交。全区宗地数量共计6894宗,其中集体土地所有权278宗、国有建设用地使用权宗地3953宗、集体建设用地使用权2663宗。

【第三次全国国土调查启动】 2018年,东湖区完成第三次全国国土调查工作实施方案编制、人员培训工作,并召开东湖区第三次全国国土调查工作动员大会。

【房地一体调查】 2018年,东湖国土分局全面完成东湖区农村宅基地和集体建设用地使用权确权外业测量工作。完成户数7424户(其中扬子洲镇6666户,贤士湖管理处758户),合计换算完成房屋栋数9073栋(其中扬子洲镇8147,贤士湖管理处926栋)。

【农垦系统国有土地确权发证】 2018年,东湖国土分局完成扬农管理处农垦国有土地使用权登记发证工作。实际国有土地确权调查总面积1731亩,已登记发证面积1670亩,发证率达95%。

【党风廉政建设】 2018年,东湖国土分局党组织以"四种形态"的抓落实为依托,坚持抓早抓小,坚持"四必谈",把纪律挺在前面。坚持落实"一把手""六个不直接分管规定的落实和监督";坚持"三重一大"集体决策;坚持个人重大事项报告制和"五个一"制度的落实监督;坚持纪检监督和业务工作同抓共管。对重要、重点工作,纪检部门全程跟进,做到事事留痕,完善监督机制。积极开展"廉洁南昌"四大专项行动,深入开展各种明察暗访,特别是严格落实节日廉情监督,做到节前教育提醒、节中明察暗访、节后公示反馈,通过"怕慢假庸散"问题的查找,"办公用房、公车使用"的自查,发现一些苗头性问题,及时整改到位。通过"廉洁文明家风"活动的开展,深入开展家访政治监督,及时掌握干部职工思想和行动状态,倡导好的家风形成,提高全面从严治党的实效。

【党建工作】 2018年,东湖国土分局党组织按照党建工作的部署,认真深入学习贯彻落实中共十九大精神,推进"两学一做"制度化、常态化。积极落实"三会一课"制度,每月开展"党员活动日",分局领导班子成员带头严肃党内政治生活,积极参加支部、党小组活动,过好"双重"组织生活。开展干部作风大转变教育整治活动,结合重点节假日、敏感节点进行党风廉政告诫提醒活动,严明纪律,加强对落实中央八项规定精神的监督检查力度,保证了作风的有效转变,优化了干事环境。利用基层党员示范教育基地,打造坚强有力、团结奋进的党组织,加强干部职工培训、教育力度,提高依法行政意识和能力。

(杨爱武)

城市房产管理

【概况】 2018年,东湖区住房保障和房产管理工作围绕旧城改造这个中心,紧扣房产管理、物业管理两条主线,确保全年无重大安全生产、信访维稳事故,确保住房保障工作做到"应保尽保",为东湖房管事业高质量发展奠定良好基础。

【党建工作】 2018年,东湖区房管局严格按照新时代党的建设总要求,以政治建设为统领,全面推进全系统党的政治建设、思想建设、组织建设、作风建设、纪律建设,不断提高党建工作质量。抓好党员活动日,安排中共十九大学习要点、新党章、中共十九大报告学习辅导手册、红色家书等学习内容,开展红色家书读书交流会、做好"党性指数"提升工程民主测评等工作,在全系统分两轮开展贯彻学习中共十九大精神党员轮训。组织学习郑德荣等7名"全国优秀党员"的先进事迹、集中观看教育纪录片《厉害了,我的国》《榜样》、参观江西省博物馆、省革命烈士纪念馆、方志敏革命烈士纪念广场。坚持组织生活制度,开好2017年度组织生活会、肃清苏荣案余毒专题组织生活会、廉洁文明家风专题组织生活会;继续深入推进"两学一做"学习教育常态化制度化,落实好"三会一课"等各项制度,全年开展红色家书、红船精神、讲政治有信念三堂专题党课;深入贯彻落实意识形态工作责任制,增强阵地意识,牢牢守住课堂、论坛、访谈、网站、书刊五大阵地。组织参加全区"红色家书"诵读比赛并荣获二等奖。

【住房保障工作】 2018年,东湖区按照"应保尽保"工作原则,积极做好各项住房保障工作。落实公租房退出机制,全年共按政策办理解除限购取消公共租赁住房保障资格336户。做好公共租赁住房货币补贴发放工作,全年共为5937户无房户、困难户发放租赁补贴,自南昌市启动廉租住房租金补贴以来,累计发放补贴金额1891万元。推进经济适用住房上市回购工作,全年共审核《上市申请审批表》801户,其中651户报市经房办审批,并由市不动产局核验发证。按照国家和省、市主管部门相关文件要求,对清(腾)退公租房房源进行统筹分配,全年分两轮进行2017年度公共租赁住房分配公开摇号工作,253户符合申请条件的低保家庭中签分配到新房。加强公共租赁住房网上年审、动态审核、异议复核及公共租赁住房租赁补贴网上新申请工作,全年共受理动态审核1105户,年审652户,租赁补贴网上新申请284户。

【房产管理工作】 2018年,东湖区房管局及时更新、完善356个直管非住宅店面的租赁管理台账,做到账实相符,真实详尽;对局系统租赁期到期店面招、拍、调租工作做到提前跟进提醒、事中加强指导协调、事后及时上报审批。优化房产资源,充分发挥现有房产的最大经济效益,全年直管公房收缴租金1511.54万元;自管产租金收入完成987.53万元。行政服务中心窗口共受理审批事项2863件,符合要求并准予许可审批事项2707件,其中房屋装饰装修申报登记810件,城市房屋(住宅)出租或者转租登记备案审查1878件,城市房屋(非住宅)出租或者转租登记备案9件。

【安全生产工作】 2018年,东湖区房管局根据安全生产工作态势和气候变化,布置安排各单位做好各项安全生产应对防范措施。在雨季汛期,加强对辖区直管D级危旧公房的巡查,发现险情立即劝说住户安全撤离,确保人身安全。及时制订直管危旧房维修工作计划和方案,妥善解决房屋安全和漏湿问题,2018年完成胜利路38号、73号、下水巷19号、射步亭40-1号等28处危旧房维修。积极指导协助各街办、扬子洲镇、贤士湖管理处做好辖区老旧危楼监管工作,建立危房台账,实行动态监管;对已建档的D、C级危房实行24小时监控,存在安全隐患的老旧危楼由街道及时向产权人或使用人下发整改通知书,督促其及时整改,对不能整改的及时通知住户撤离。

【旧城改造工作】 2018年,东湖区旧改工作以土地出让为重点,以服务全区中心工作和产业发展为主线,做到"三个确保、五个加强",即确保市区重大重点工程、确保地铁四号线、确保安置房建设;加强对各指挥部和动迁人员的业务指导,加强对全区各单位征收人员的调配,做到科学用人,加强对旧改征收经费的管理使用和监督,加强对旧改征收过程中安全生产、环境保护、信访维稳工作的管理,加强对原历史遗留问题的调度力度。全年完成环湖路民德路地块二期、江西省中医院地块、青山湖西岸登月食品厂地块、轨道四号线下沙沟(干休所)等9个地块、5.1万平方米、573户的征迁任务。在计划任务外,东湖区自我加压,启动4个项目,分别是江西省中医院地块、箭道巷地块、包家巷周边地块、后墙路裴家巷地块,截至年底,完成征收户数231户,征收面积1.32万平方米。大力开展"净地行动",青山北路综合管廊(塘山镇教师楼)、康桥体检中心,上下沙窝地块二粮库、下正街地块下正街水厂、香江家具城地块军转大厦、罗家坊、长青村,临江商务区滨江片区地块江西造纸厂、紫金城10号等地块218个历史遗留问题得到有效解决,涉及征迁面积58111.47平方米。

【物业管理工作】 2018年,东湖区房管局为适应新时代发展要求,加强对辖区内物业管理企业及业主委员会的指导及备案审验工作,加大对各类物业投诉的受理调处工作力度,缓解业主与业委会、物业企业之间的矛盾,促进物业管理行业规范、健康发展。全年,共受理物业投诉225起(市长热线投诉112起,民声通道投诉4起,市房管局转办件3起,业主电话及上门投诉104起,信访件2起),调解率达100%;全年办理业主委员会备案11个。

【沟管、化粪池维护管理】 2018年,东湖区房管局共完成网上报修、啄木鸟报修、民生通道、社区、居民电话报修等各类沟管、化粪池堵塞、满溢的报修任务1102处,开挖沟管81处、1620米,新做窨井243座,疏通沟管27550米,清掏化粪池327座,更换、修补盖板194块,清运污物344车。根据辖区沟管化粪池具体情况,有针对性地对一些陈旧老化、问题突出的沟管化粪池进行开挖改造,全年共计改造沟管化粪池81处,投入经费300余万元。

【经济工作】 2018年,东湖区房管局招商引资实际利用内资计划数12960万元,实际完成12960万元,完成率为100%;实际利用外资计划数403万美元,实际完成402万美元,完成率为100%;现汇任务数101万美元,完成率为100%;新增税收(一企一策)计划指标数40万元,实际完成65.6万元,完成率为164%;完成新增项目18个。

(郑明阳)

城市交通管理

【概况】 2018年,东湖区城市交通管理工作紧密结合"美丽南昌·幸福家园"环境综合整治行动,以疏堵治乱为主责深入推进执法规范化,以整治"四大行动"为契机扎实开展作风建设,深化"放管服"改革,运用交通管理大数据,拓展宣传平台,全方位推动城市交通管理各项工作。东湖交警大队被南昌市公安局评为优秀基层单位。

【打好秩序整治攻坚战】 2018年,南昌"一纵一横""地铁施工""高架衔接"以及路面沥青和污水管网改造等多项工程交叉施工,东湖交警大队加强整治力度,见警率和管事率双提升,高峰和平峰无缝衔接,日间和夜间整治不放松,全力做好疏堵保畅通,奋力推进秩序整治工作。增列榕门路、董家窑路、讲武堂路等多条禁停严管道路,增设电子警察抓拍点位62处,上禁停、抓拍提示牌68块。增加非机动车等候区施划路口2个,添置单行道抓拍设备3个,持续完善交通设施,助推东湖区交通秩序持续好转。优化背街小巷交通组织。讲武堂、沿江北路、赣桥北路水产市场周边等区域进行交通优化,缓解交通拥堵,减少事故发生;强力查缉布控。抽调专人培训,专门负责查缉布控重点交通违法车辆工作,巧妙运用"查缉布控平台"精准有效阻击假牌、套牌、逾期未年检等违法行为整治行动,战果丰硕。截至年底,大队共纠处交通违法383945起,其中涉牌涉证422起,酒驾202起;暂扣车辆624辆。

【"放管服"改革】 2018年,东湖交警大队大力推行"放管服"改革,提升窗口服务水平。停车场窗口迁移,完善服务窗口的便民措施。清理停车场、非机动车上牌点"黄牛"广告,规范办理流程,改善为民服务窗口的办公环境,让人民群众真正享受"马上办、网上办、就近办、一次办"的高效服务,切实解决办事难、难办事、多头跑、来回跑的问题,提升服务形象。继续深化公安交管"互联网+政务服务",深度运用交通事故办案APP、公安移动警务平台,交管“12123”服务平台,通过网上采集、录入各类交通违法情形和交通事故案件处理,规范民警接处警工作,有效监督民意执法办案程序,从而提高执勤执法的正规化。

【道路安全隐患排查整改】 2018年,东湖区共发生一般道路交通事故46起,死亡12人,伤人事故40起,直接经济损失109600元,其中生产经营性道路交通事故9起,死亡5人。东湖交警大队充分利用交通事故数据信息平台,依据近三年交通事故数据,梳理路面实际情况,对东湖辖区开展一次拉网式排查,重点排查出交通安全隐患道路扬新路,组织人员研究整改措施,制定整改方案。在扬新路上急弯、岔路口、陡坡处安装交通警示标志,临水沟、水渠旁安装反光柱。在未整改到位的地方,安排警力加强巡逻,并向相关职能部门下达整改意见,力求整改到位。

【世界VR产业大会安保任务】 2018年10月18日至21日,世界VR产业大会在南昌市隆重举行。东湖交警大队举全队之力,加班加点、多次部署、再三演练,大队领导分工驻点巡线,抽调优势警力负责安保线路关键点位,在八一大桥、抚河北路、沿江北路、阳明路等部署分流岗位,减少东湖区交通因安保任务带来的影响;大队全体干警警容严整,秉承“理性、平和、文明、规范”执法理念,对信号灯控制、指示引导、事故接处警等进行精细化要求,较好完成此次交通安保工作任务。

【交通安全宣传】 2018年,东湖区启动警医、警校家、警企等多方联动协作,凝心聚力,齐抓共管,强化道路交通安全意识。东湖交警大队开辟微信、微博“双微”平台,通过微信公众号方便快捷地展现交通安全知识、曝光交通违法行为、典型事故案例应对办法、发布交通法律法规、讲解驾驶技巧和车辆维修保养知识等丰富内容。网络直播方式,展示民警给江西省中医院外国留学生上交通安全课,通过抖音热门视频传播大队辅警扶老人过街。

【干警队伍建设】 2018年,东湖交警大队提高思想认识,结合“三会一课”制度,采取集中学习、参观红色教育基地、个人自学、上党课、看电视教育片、座谈讨论等形式,认真领会上级领导重要讲话精神,扎实开展“传承红色基因　筑牢时代警魂　锤炼过硬作风　树立江西形象”“解放思想　改革开放　创新驱动　科学发展”大讨论等专题组织生活会,肃清苏荣案余毒,贯彻落实加强作风建设会议精神,大力整改“怕慢假庸散”五风问题。落实专人管理,建立案件卷宗管理长效机制,进一步明确交通事故案卷档案管理责任制,推进信息化录入,上半年,顺利通过公安机关省特级复检。邀请交管局职能部门、大队业务骨干组织四期法制培训讲座,收集问题、探讨学习,将法制培训作为长期培训计划。9月,顺利完成大队党总支及七个支部的换届改选工作。

2018东湖区道路交通事故一览表

表14

项目	次　数			死亡人数			受伤人数			经济损失		
	数量(次)	比2017年增减(次)	增减(%)	数量(人)	比2017年增减(人)	增减(%)	数量(人)	比2017年增减(人)	增减(%)	数量(元)	比2017年增减(元)	增减(%)
东湖区	46	17	58.62	12	0	—	40	16	66.67	109600	79450	263.52

(邓　武)

社会管理和服务

综 述

2018年，东湖区牢固树立"以人为本"的理念，坚持全心全意为人民服务的宗旨，以做好新时代民生工作为目标，始终把增进民生福祉作为最高要求，不断加大投入、完善政策、提升服务，社会事业持续进步。民生保障更富全面性，全年用于保障和改善民生支出17.6亿元，同比增长10.7%，占地方一般公共预算支出的69%。新增就业人数10091人，"4050"人员再就业人数2096人，零就业家庭安置率100%。率先实施养老保险参保缴费"一站式"服务，参保人数达5.3万人，累计发放养老金5.9亿元。城镇基本医疗保险参保人数达19.11万人，征缴基金总额达1.76亿元。保障公共租赁住房4914户，为5937户无房户、困难户累计发放租赁补贴1891万元；为2680户4142人发放城市低保金2796.7万元。新设婚育全程一站式服务中心，实行婚检孕检、孕期保健、儿童保健"三合一"一站式服务。居家养老志愿服务"时间银行"逐步拓展，共建立"时间银行"分行12家、支行102家，打造了一批智慧养老、健康养老典型，医养融合的经验在全省推广。

（区史志办公室）

人口和计划生育

【概况】 2018年，东湖区围绕优化计生服务的理念，坚持计划生育基本国策，扎实推进人口计生工作。全面两孩政策有序实施，加大政策宣传力度，认真查处党员干部违法生育行为，依法打击"两非"，控制出生性别比。优化流动人口、特扶家庭服务，做好免费孕前优生和免费婚检工作。截至年底，全区总人口56.74万人，共出生婴儿4888人，出生性别比108，出生率为8.79‰，自增率5.22‰，出生政策符合率98.47%。

【全面落实计生政策】 2018年，东湖区全面落实城镇居民独生子女父母奖励费、失独家庭一次性补助、计划生育家庭奖励扶助、独生子女伤残、死亡家庭特别扶助、计生家庭新农保配套优惠补助、阳光助学、中考加分、爱心保险等各项奖励优惠政策。全年，发放城镇居民独生子女父母奖励费3391万余元，发放失独家庭一次性补助23万元。全区计划生育奖扶对象123人，发放14.76万元，特扶对象609人，发放450.684万元。春节期间，给354户特扶家庭送去春节慰问金，共计发放慰问金21.24万元。7月，在省人民医院体检中心开展2018年计划生育特殊家庭免费体检主题月活动，为全区609名特扶对象提供免费体检，做到无病早防，有病早发现、早治疗。投入35.322万元为609名特扶人员进行团体人身意外保险的投保。购买爱心保险2.214万元，新农合新农保补助17.148万元，2018年中考加分10人，其中7人通过加分录入高中，发放阳光助学奖励金0.8万元，优秀女孩成才奖1.1万元。

【完善考核制约机制】 2018年，东湖区贯彻落实中央和国务院办公厅《关于坚持计划生育目标管理责任制的意见》的通知精神，科学制定目标考核方案，逐步将人口发展政策协调、人口信息共享等重要指标纳入目标管理责任制考核内容，严格依法行政，落实计划生育"一票否决"制。坚持优质服务,做到奖励与惩罚并举。

【强化计划生育基层工作网络】 2018年,东湖区健全管理科学、服务优质、运行规范的计划生育工作网络。建设结构合理、素质优良、保障有力的计划生育基层工作队伍。全面推进诚信计生工作,建立完善人口计生基层群众自治长效机制,促进人口与计划生育工作健康发展。年初,向扬子洲镇,各街办、管理处和区直12个系统下发人口计生工作任务书,制订全区人口计生工作目标管理考核方案和职能部门落实计生职责考核方案,坚决落实“一票否决”和“责任追究”制。建立常态化预警约谈机制,出台《关于实行人口计生工作预警通报制度的通知》。组织计划生育综合工作考核,对考核结果进行通报,对排位后三名的单位进行批评,要求其制定整改措施,限期整改到位。全面推行网上申报、受理、审批,改原来的“人在路上跑”为“事在网上办”。共办理生育服务卡和生育证共计4086个,其中一孩、二孩生育服务卡4001个(一孩1981个、二孩2020个),再生育生育证85个。

【母婴设施建设】 2018年,进一步完善配套政策措施,东湖区卫计委、发改、城建、城乡规划、文广新旅、工会、妇联等七部门联合发文,出台《关于加快推进母婴设施建设的实施意见》,制定《东湖区卫计系统关于加强母婴室建设的实施方案》,充分认识推进母婴设施建设的重要意义,明确各部门的职责和任务,对辖区大型公共场所、医疗机构、车站、旅游景点母婴设施建设情况进行摸底调查,下发文件,布置相关任务,并进行督查和指导。截至年底,公共场所、旅游景点、车站、医疗机构共建成母婴室19个。

【全员人口信息质量管理】 2018年,区卫计委每月定期对全员人口信息系统数据质量进行分析、通报,督促街办和管理处修改逻辑错误项,提高信息准确率;督促街办及时反馈全员人口信息协查和办证信息协查。通过数据分析,查找不足,发现问题,及时采取有效措施落实整改,有效指导计生工作的开展。开展打击“两非”专项行动,对辖区内核准了妇科、产科、妇产科及B超检查项目的医疗机构开展专项执法检查,重点检查B超医务人员执业情况、第二代身份证验证阅读器配置使用、孕产妇超声检查及终止妊娠实名登记情况。已完成“两非”案件5起。

【打造婚育综合服务中心】 2018年,东湖区投入70余万元,建设婚育综合服务中心。整合婚检、孕检、生育登记中心,实现婚检、孕检“两检”同做,婚姻登记、生育登记“两证”同登模式,打造婚检孕检、孕期保健、儿童保健等“三合一”一站式服务。群众只需进一道门、抽一次血,就可轻松办完三件事,同时也推进了出生缺陷干预工程的实施,达到利民惠民便民的效果。

【流动人口基本公共卫生计生服务工作】 2018年,东湖区完成流动人口健康档案32154份,占流动人口总数99.68%。开展流动人口“两癌”筛查工作,开展“把健康带回家”为主题的专项关怀关爱活动,让流动人口成为健康关怀的受益者和健康生活理念的传播者。依托贤湖留守儿童健康驿站开展活动,推进青春期健康教育工作,促进留守儿童全面健康成长。开展留守儿童“携手关爱·助力成长——健康行”活动,为146名留守儿童健康体检,留守儿童心理辅导70人。抓好流动人口示范创建,滕王阁街道和滕王阁社区卫生服务中心被评为2018年全省流动人口基本公共卫生计生服务均等化示范单位。

【孕前优生健康检查】 2018年,东湖区认真实施国家免费孕前优生健康检查项目,通过健全制度、加强监管、规范运作、全程质控,保证免费孕前健康检查工作的规范化和标准化。坚持以“便民利民,服务工作重心下移”为原则,尽力方便育龄群众参加孕前健康检查。全年完成孕检任务2530人,对检查过程中发现的问题给予相应指导和相关的治疗。

(周　伟)

人力资源和社会保障

【概况】 2018年,东湖区人社工作坚持以习近平新时代中国特色社会主义思想为指导,贯彻落实省、市人社部门和区委区政府的决策部署,找准人社工作服务全区中心工作大局的切入点、着力点,坚持以保障和改善民生为根本,做优民生实事,深人开展“双带双创双促”行动，大力推进忠诚型、创新型、担当型、服务型、过硬型“五型”人社建设，强化政治自觉、思想自觉、行动自觉，当好区委、区政府重大决策部署有效落实的实践者、推动者和保障者。

【创业担保贷款服务进校园】 10月19日，东湖区创业贷款担保中心参加由江西省高等院校毕业生就业工作办公室、江西省创业贷款担保中心主办的“创业担保贷款服务进校园”专场活动。围绕大学生创业工作开展情况、就创业担保贷款的意义与作用、创业担保贷款政策和办理流程接受现场咨询，为想创业的大学生答疑解惑。

【职业技能培训和创业培训工作】 2018年，东湖区推广免费职业技能培训和创业培训，不断加大职业培训力度，为广大劳动者提供符合就业需求的各类培训服务，全年家庭服务业培训人数805人，完成全年任务的112%；创业培训540人，完成全年任务的100%（其中SIYB创业培训240人，电商培训300人）；青年见习基地建设4家，青年见习学员完成48人。

【人才服务工作】 2018年，根据公共就业和人才服务改革的精神，人才服务工作整合至区公共就业人才服务局。该局积极完善服务标准和服务流程，推进服务的规范化和精细化，制定服务规章制度，不断满足服务对象的基本需求，克服业务不熟经费没有到位的困难，积极核对各项资料，封存移交档案，建立健全人防、物防、技防“三位一体”的安全防范体系，建立专用档案保管库、电脑等设备用于档案保管，并安排专人成立相关部门负责此项工作，所有档案实现基础信息计算机管理。全年，共接收包括大学毕业生等各类人员档案共计7294份，其中新增大中专院校毕业生档案1716份，为流动人员提供了优质高效的服务。

【做好散工劳务服务工作】 2018年，东湖区散工劳务超市主要面向外来务工人员中的散工提供信息发布、政策咨询、休息娱乐、学习培训、计生服务等公共服务。截至年底，东湖区散工劳务超市累计登记外来务工人员2797人，用工单位登记434家，派工达16551人次；其中2018年新增登记外来务工人员275人，用工单位登记67家，派工达2645人次。

【春风行动】 2018年，东湖区为促进农村贫困人口“转移就业，促进转移就业、支持返乡创业、助力增收脱贫”，举办多场春风行动。3月8日，东湖区在扬子洲镇举办“2018年春风行动”，进场招聘企业共20家，提供就业岗位1200个，达成用工意向有118人。3月9日，在湾里岭秀湖广场举办春风行动招聘会，帮助居民在“家门口”就业，进场招聘企业共40家，提供就业岗位1460个，发放“春风卡”806份，达成用工意向有145人。

【职业指导活动】 2018年，东湖人力资源市场不断创新就业服务模式，坚持把高校毕业生就业服务作为重点工作来抓，有效地为高校毕业生提供就业服务。10月8日，在东华理工大学首次举办“大学生面试沟通技巧”职业指导活动，参加活动的学生有400余人。通过讲解面试基本礼仪、面试技巧、面试禁忌、常见问题如何回答、如何缓解紧张情绪，帮助大学生提升就业面试综合能力，从而在面试中脱颖而出，有效提高大学生就业率。

【高校毕业生就业服务月活动】 2018年，东湖区人力资源市场全面开展高校毕业生就业服务月活动。4月11日，在江西财经大学举办“送岗进校园”大型专场招聘会活动，有105家用工企业，共提供1236个岗位，并首次引进涉外类50个岗位，达成用工意向有185人。10月12日，在东华理工大学举办“2018年东湖区高校毕业生就业服务月活动”的专场招聘会，组织165家用人单位、8543个岗位，发放“大学生创业贷款”宣传资料360份，达成用工意向有427人。

【2018东湖区洪城创业故事汇】 9月30日，“2018东湖区洪城创业故事汇”决赛暨颁奖典礼在东湖区文化活动中心演艺大厅举行，参加决赛的15强选手被授予“2018东湖区洪城创业故事汇感动大使”称号，区残联、彭家桥街办、董家窑街办获组织奖。脱颖而出的15名选手在10月份代表东湖区参加全市复赛，他们中有朝气蓬勃的在校大学生，有创业一直在路上的70岁老阿姨，有自立自强的残障女孩，有下岗创业回报社会的民营企业家，有用工匠精神锤炼产品的手艺人等。“2018东湖区洪城创业故事汇”历时近四个月走进东湖大街小巷，发现身边的创业者，记录、分享他们的奋斗足迹，在全区鼓动创业热潮，激发创业

活力，积聚创业创新资源。

【社会保险征缴工作】 2018年，东湖区城镇职工养老保险参保缴费人数26952人，基金征缴10756万元；退休人数15845人，共支付养老金和丧抚费43191万元。机关事业单位养老保险参保缴费人数7702人，基金征缴9013万元；退休人数3249人，共支付养老金15661万元。城乡居民社会养老保险参保人数19015人，基金征缴287万元，待遇领取人数5681人，支付金额480万元。城镇职工基本医疗保险参保21030人，完成全年任务的102%，基金征缴3372万元，完成全年任务的126.3%。城镇居民基本医疗保险参保170094人，完成全年任务102.3%，基金征缴11100万元。工伤保险参保11700人，完成全年任务的100%，工伤保险基金征缴121万元，完成全年任务的145.8%。生育保险参保4965人，完成全年任务的102.2%，生育保险基金征缴总额66万元，完成全年任务的101.5%。失业保险参保4500人，完成全年任务的100%，失业保险基金征缴127万元，完成全年任务的139%。帮助困难缴费人员补缴参保，全年，共有18人办理助保贷款，发放贷款金额共计80余万元。

【企业退休人员基本养老金调整待遇工作】 2018年，东湖区全面完成2018年企业和机关事业单位退休人员养老金调整待遇工作。其中，企业调整待遇14969人，补发1—7月份调资额1270万元，机关事业单位调整待遇3164人，补发1—7月份调资额351万元。

【机关事业单位养老保险制度改革】 2018年，东湖区根据上级部署，推进机关事业单位养老保险基金收支结算工作。完成2014年10月份以来，机关事业单位退休人员专业技术人员职务晋升后的退休养老金待遇调整工作，为452名人员进行待遇调整。按政策规定为315名机关事业单位退休人员按新办法进行养老待遇改办，并完成新老待遇差额补发工作。

【拓展“互联网＋业务”便民模式】 2018年，区人社局积极拓展“互联网＋业务”模式，利用手机微信进行资格认证，建立“东湖区异地居住退休人员群”。退休人员只需手持本人身份证和当日报纸或者当日电视新闻录制小视频发到微信群，就可以完成认证，实现“足不出户、一次不跑”即可办理业务，为异地退休人员提供了极大便利。

【养老保险参保缴费“一站式”服务】 2018年，区人社局不断创新经办服务模式，努力提升经办管理水平，秉承让群众只跑一次或一次不跑的服务理念，在全市率先实施养老保险参保缴费“一站式”办理。即从参保登记、信息录入、缴费核定、刷卡缴费实行经办大厅“一站式”服务。

【养老保险实现手机APP缴费】 2018年，为方便灵活就业人员缴纳养老保险费，区人社局率先推出养老保险手机APP缴费新举措。只要在东湖区参加城镇职工养老保险的灵活就业人员与社保机构签订缴费档次协议，都可以通过登入工商银行官网或下载该行手机银行APP，自主完成养老保险缴费。做到足不出户，每天24小时随时可轻松缴纳养老保险费。

（喻伟文）

民政事业

【概况】 2018年，东湖区民政工作牢固树立“民政为民、民政爱民”工作理念，突出抓好居家养老志愿服务“时间银行”、脱贫解困和殡葬改革等民生重点工作，着力加强社会救助和抚恤保障，积极创新社区治理，不断强化民政公共服务，全区民政工作法治化、标准化、信息化、社会化、亲情化水平得到进一步提升。

【居家养老“时间银行”志愿服务】 2018年，东湖区积极拓展养老服务内涵，引导志愿服务与养老服务相结合，打造居家养老志愿服务“时间银行”特色品牌，大力开展创建示范“时间银行”活动，推进居家养老“时间银行”志愿服务纵深发展。成立区级总行、12家“分行”、81家“支行”，研发“时间银行”管理系统、手机APP，打造“时间银行”大数据智能平台。不断壮大志愿者队伍，截至年底，拥有志愿者4500人（其中注册志愿者2532人），注册志愿服务团队39个；着力加强志愿者队伍正规化建设，设计制作“时间银行”志愿服务徽标，订制“时间银行”志愿者工作服。全年开展志愿服务上万次、提供志愿服务2万多小时，得到民政部、省委和省民政厅主要领导高度评价，人民日报、南昌日报等主流媒体相继报道，多个外省市民政单位慕名前来参观学习，社会反响强烈。“时间银行”志愿服务品牌效益逐步形成，被评为“树敬老孝老新风　扬居家养老特色　创志愿服务品牌综合示范创建活动”省级综合示范创建区。

【城镇贫困群众脱贫解困工作】　2018 年是城镇贫困群众脱贫解困三年攻坚战的第一年，东湖区全面启动城镇贫困群众脱贫解困工作，决定从 2018 年起至 2020 年，用三年时间实现城镇贫困群众“两不愁三保障”，确保小康路上一个都不掉队。区政府认真做好脱贫解困的调查摸底工作，制定相关政策，确保城镇贫困群众脱贫解困工作有章可循，相继出台《东湖区特困人员自理能力评估工作实施方案》《东湖区特困人员救助供养实施细则》《关于加大城镇贫困群众脱贫解困力度的实施意见》，充分发挥精准帮扶、托底保障功能。

【推进殡葬改革】　2018 年，东湖区按照省、市统一部署，推进全区殡葬综合改革深发展。开展调研摸底，摸清“三沿六区”坟墓情况、贤士湖管理处现有骨灰堂情况及外地购买墓地情况，摸排居民群众的思想状况，进村入户了解群众想法收集意见建议。出台《东湖区全面推进殡葬综合改革实施意见》《东湖区绿色殡葬专项行动实施方案》《关于成立东湖区殡葬综合改革工作领导小组的通知》等系列文件，为全区殡葬综合改革提供依据。扩大殡葬改革政策的群众知晓率，做到户户皆知，人人皆晓，营造有利于推动殡葬改革的良好氛围。截至年底，取得了阶段性成效，“三沿六区”散埋乱葬的坟墓得到有效整治，共整治坟墓 1191 穴，全区丧葬陋俗现象得到有效制止。

【社会救助】　2018 年，东湖区实行困难群众保障标准动态调整机制，1 月 1 日起，低保标准提高 50 元，达到每人每月 610 元，特困人员供养标准提高到 793 元。共保障低保对象 2683 户 4166 人，发放低保金 2365 万多元，月人均补差达 521 元，发放春节慰问金 155 万多元，发放临时救助资金 33 万多元，救助 163 人次。继续大力实施困难群众医疗救助工作，全区实施医疗救助 7995 人次，发放救助资金 373 万多元，充分发挥了精准帮扶、托底保障功能。

【村(居)委会换届选举】　2018 年，东湖区推进第十届村(居)委会选举工作，至 3 月底基本结束，在全市率先完成 94 个社区 20 个村的换届任务，其中直选社区 78 个，直选比例 83%，9 个村自荐直选，11 个村海选提名，共登记选民 153578 人，参与正式选举投票有 122862 人，参选率达 80%。新当选的村(居)委会班子结构不断优化，新当选居委会成员 468 人。其中，女性 430 人，占 91.9%；党员 168 人，占 35.9%；大专以上学历 356 人，占 76.1%。新当选村委会成员 63 人，其中，女性 18 人，占 28.6%；党员 54 人，占 85.7%；大专以上学历 39 人，占 61.9%。从政治素质看，新当选“两委”干部中党员 222 人，占 47.4%，比上届多 25 人。从文化结构看，大专以上学历 395 人占 84.4%，比上届多 90 人。从年龄结构看，全区新当选村委会成员平均年龄 40.1 岁，比上届年轻 1.5 岁；新当选居委会成员平均年龄 40.4 岁，比上届年轻 3.3 岁。

【第二次全国地名普查工作通过验收】　2018 年，历时 4 年的第二次全国地名普查阶段任务全部结束，东湖区在地名数据入库、成果质量、档案整理和文化挖掘等方面做了大量工作。基本查清全区的地名情况，共采集 11 大类地名信息共 1685 条，地名普查工作顺利通过市、省的验收，并接受国家的检查，得到上级部门的充分肯定。

【地名普查成果转化】　2018 年，东湖区扎实推进地名普查成果转化工作。组建专业小组，成立东湖区地名图录典志编纂委员会，聘请地名、史志、文化、地理、民俗等方面的专家 5 名，组成编写工作小组，确保成果转化目标清任务明，专业到位保障给力；保障工作经费，区财政列支 50 万元专项资金，专门用于地名成果转化工作；加强研讨培训，区民政局多次召开地名普查培训研讨会，探讨研究成果转化流程、标准和目标，4 月，组织专家组到江苏省溧阳市考察追溯“偰家塘”历史地名文化；按照程序招标，提高资金使用效益，采取由政府组织实施与向社会购买服务相结合模式，实施公开招标，选取有实力有业绩有口碑的单位参与公开竞争。

【民政领域扫黑除恶专项斗争】 2018年,区民政局把扫黑除恶专项斗争作为一项重大政治任务,按照上级扫黑除恶部署要求,制定专文、召开专会、明确专人、信息专报、完善专账,积极推进展扫黑除恶专项斗争。紧扣民政工作职能,瞄准关键环节,认真摸排查处民政领域黑恶势力,调查摸排第十届村(居)委会选举期间涉黑、涉恶现象,协同公安、信访、纪检等相关部门对候选人员的信访记录、违法犯罪、社会综治、计划生育等进行全面调查,确保“两委”干部队伍纯洁。加强刑满释放人员的社会救助工作,对245名符合条件的刑满释放人员,按程序纳入最低生活保障或特困人员救助供养,给予医疗救助或临时救助,确保全区民政系统扫黑除专项斗争工作取得实效。

【福利机构安全管理工作】 2018年,东湖区加强社会福利机构消防安全管理,强化隐患排查力度,提高社会福利机构消防安全管理能力。区民政局会同消防等有关部门对社会福利机构开展消防安全隐患排查、整治和专项工作检查等行动,对发现的问题进行备案登记,限时整改,逐条销账。在突出抓好专项检查的同时,注重经常性检查和监管工作,安排专人负责,对区福利院、区居家养老服务中心、扬子洲敬老等机构通过不定时检查、电话问询督促等方式加强管理,充分掌握真实情况,做到心中有数,及时处置,不留尾巴。

【优抚安置工作】 2018年,东湖区严格落实各项优抚政策,按时足额发放各项优抚资金,切实保障优抚对象的合法权益。全年为“三属”、伤残军人、在乡老复员军人等优抚对象737人发放伤残抚恤补贴、定抚定补、两参人员生活补助、公益性岗位等资金1470余万元,在春节期间,为重点优抚对象发放慰问金78多万元。认真做好2018年度退役士兵报到、审档、落户、取证工作,为退役士兵发放自主就业和自谋职业补助金26万余元,动员退役士兵参加免费职业教育培训,使退役士兵早日学到一技之长。

【婚姻家庭辅导服务】 2018年,区民政局针对当前家庭领域一些闪婚闪离,家庭责任感缺失的现象,为建立和维护平等、和睦、文明的婚姻家庭关系,及时化解婚姻家庭矛盾纠纷,在婚姻登记处挂牌设立婚姻家庭辅导室,积极开展婚姻家庭辅导服务。辅导员采取倾听当事人倾诉,分开进行辅导,找准矛盾根源,认真分析指导,传递正面理念等方法。及时将各类婚姻家庭矛盾纠纷化解在基层萌芽状态,减少非理性离婚现象的发生,筑起婚姻家庭矛盾纠纷“第一道防线”,促进社会和谐稳定。全年调解婚姻家庭近800对,劝和离婚家庭129对,挽救了情感未完全破裂的边缘婚姻家庭,受到了当事人及亲属和社会的一致好评。

【社会工作人才队伍建设】 2018年,区民政局着力推进民政领域社会工作发展,加大对社会工作的宣传力度,通过举办“牢记社工使命,建好时间银行,服务居家老人”主题宣传活动,展示社会工作丰富的职业内涵、社会价值及广大社工的职业风采,提高全社会对社会工作的知晓度和认同度,号召一线社工和广大志愿者发挥技能优势,投身居家养老“时间银行”志愿服务,活动得到《中国社区报》等新闻媒体的聚焦报道。推进社会工作人才队伍的职业化、专业化建设。组织开展社会工作者职业水平考试和评价工作,坚持社会工作者登记制度,培养造就一支政治过硬、数量充足、结构合理、素质优良、作用明显的社工队伍。社区干部中有22人通过职业水平考试取得资格证书。截至年底,全区取得专业资格证书的社工124人,其中,初级社工师92人,中级社工师32人,社会工作人才队伍正在逐年发展壮大。 (邓建平)

教　育

综　述

截至2018年底，东湖区共有九年一贯制学校7所，全日制小学13所，特殊教育学校1所，幼儿园57所，民办教育机构49个（含24个民办幼儿园），青少年宫1所。全区在校中小学生25857人，教学班558个；幼儿园在园人数11453人，教学班451个。全区现有在职教师1639人，其中全国优秀教师4人，省级特级教师6人，省学科带头人22人，市级学科带头人71人，77个名师工作室。省级素质教育示范校1所，市级素质教育示范校6所，省级文明校园2所，市级文明校园17所，市名校4所。

2018年，东湖区秉承“民生之本，教育为先”理念，以“两个坚持”为中心、“六个深化”为举措，创新义务教育“两化两力、内联外引”办学改革，创建育新、豫章、邮政路三大优质教育集团，加快发展学前教育，大力投入特殊教育，依法规范民办教育，努力实现“优质、均衡、特色、卓越”发展目标。先后被评为全国中小学信息技术教育实验区、全国幼儿教育先进区、全国推进义务教育均衡发展先进地区、全国义务教育发展基本均衡县区、国家义务教育质量监测结果应用实验县区（全省唯一）、全省义务教育发展优质均衡试点县区。2018年，被评为国家义务教育质量监测县级优秀组织单位、全省党政领导干部履行教育职责督导评价优秀县区、全省义务教育基本均衡工作积极贡献集体；国家基础教育成果二等奖、第二十一届全国青少年“五好小公民”主题教育活动先进集体、全省中小学红色、绿色和古色文化教育活动先进单位；第二十八届全国城区体育工作研讨会优秀组织奖；江西省第五届全民健身运动会“全民健身贡献奖”。

学前教育

【概况】 2018年，东湖区把学前教育作为基础教育的重要组成部分，积极探索以公办幼儿园为示范、以社会力量兴办幼儿园为主体、公办与民办相结合的多元化办园格局，推进学前教育的区域发展。推动实施第三期《东湖区学前教育三年行动计划》，完成谌家坊幼儿园装修工程，推进城北幼儿园装修设计，启动光明保育院建设工程；开展东湖区普惠性民办幼儿园认定工作，评出普惠性民办幼儿园4所。2018年，规划中央、省、市奖补资金920余万元，加大公办幼儿园建设，着力帮助普惠性幼儿园改善办园条件，提升保教质量。不断加强地区学前教育制度管理，通过严格审批、清理整顿等措施，有效促进学前教育管理的科学化、规范化。积极开展“以园为本教研制度建设”项目实验，率先开展区域联动式教研，构建幼儿园、片区、全区三级教研网络，提升了幼儿教师专业化水平。到2018年底，东湖区经教育部门审批注册的合法幼儿园（保育院）有57所，其中教育部门办3所，事业单位办13所，企业单位办7所，街道办7所，民办24所。乡镇中心幼儿园1所，小学附属幼儿园2所。现有幼儿园中，优秀省级示范幼儿园5所，省级示范幼儿园4所，市级示范幼儿园1所。

【学前教育三年行动计划】 2018年，东湖区积极推动实施《学前教育三年行动计划（2018—2020

年)》,不断扩充资源,加大公办幼儿园建设,优化学前教育结构。启动光明保育院建设工程,该院位于青山支路以东,建筑面积1915.99平方米,计划开设6个班,可容纳180余名幼儿。

【公办幼儿园年审工作】 9月,东湖区教科体局对全区30所公办幼儿园进行年审,审查幼儿园提交材料,实地督查幼儿园依法办园、食堂管理和安全管理工作,提出具体指导意见。

【普惠性民办幼儿园认定工作】 8月,东湖区教科体局开展东湖区普惠性民办幼儿园认定工作,评估组按照《南昌市普惠性民办幼儿园评估标准》,通过查阅资料、实地考察,从“办园条件、园务管理、保教队伍建设、安全卫士保健、教育教学管理”五方面对幼儿园进行全面评估认定。经过评估组公平公正公开的评估,最后评出A类普惠性幼儿园1所,B类普惠性幼儿园2所,C类普惠性幼儿园1所。

【谌家坊幼儿园项目】 2018年,东湖区完成谌家坊幼儿园项目装修工程。该幼儿园位于谌家坊安置小区,占地面积0.13公顷,建筑面积1000余平方米,是可容纳100余名幼儿的公办幼儿园。

【滕王阁保育院获评省级示范园】 4月,滕王阁保育院通过“省示范园评估”,被评为“江西省示范幼儿园”。该院坚持以《3—6岁儿童学习与发展指南》为指导思想,以“玩中学习,做中成长”为办学理念,以“科艺小舞台、快乐小玩家”为办院特色,以“幼儿日常生活科学启蒙教育”为载体,创设独特的院所精神文化。

【幼教跨区教研活动】 12月19日,出新幼儿园承担南昌市幼教跨区教研活动中的现场教研展示,教研活动基于主题“幼儿餐后活动游戏化策略”,围绕破冰游戏、案例分析、小组研讨、分享交流、经验梳理五个环节展开,以丰盛的“美食大餐”呈献给在座每位教师。

【学前教育获奖情况】 5月28日下午,东湖区“以园本教研纵向推进,以联片教研横向协作”学前宣传短片及选送的三个节目在2018年南昌市“彰显学前教育成果　展示幼师新风采　传播教育新理念”展示活动暨全市学前教育宣传月启动仪式上展示。6月,在南昌市幼儿园优秀自制玩教具评选活动中,滕王阁保育院老师的2件作品获一等奖,滕王阁保育院、东湖幼儿园、出新幼儿园教师8件作品获二等奖。东湖幼儿园参赛课例《快乐撕名牌》在全省第24届江西省中小学、幼儿园教师优秀教学资源展示活动中获整合课例项目一等奖第一名。出新幼儿园、滕王阁保育院参赛课例《疯狂动物城》《跳芭蕾舞的牛》在2018年南昌市中小学、幼儿园教师优秀教学资源展示活动中获整合课例项目一等奖前两名。

义务教育

【概况】 截至2018年底,东湖区共有区属义务教育学校20所,其中九年一贯制学校7所、小学13所,特殊教育学校1所,民办培训机构25所,青少年宫1所、教研中心1所,在校学生25857人,教学班558个,教师1639人。全区现有幼儿园、保育院55所,其中公办园33所、民办园22所,普惠性幼儿园覆盖率达到78.2%,幼儿占比81.8%,在园幼儿11566人,教学班451个。全区拥有优秀省级示范园5所,省级示范幼儿园9所,市级示范幼儿园1所。2018年东湖区成为全省义务教育发展优质均衡试点县区,国家义务教育质量监测结果应用实验县区(全省唯一)。以奋进之笔书写教育的“六大行动”为目标,贯彻落实教育部《中小学德育工作指南》,秉承“立德树人”根本,以“书香浸润校园　文化滋养生命”2018读书学习年、小青苗宣讲团“红色文化进校园”“兴家风、淳民风、正社风”“三项”文化教育活动为抓手,培育和践行社会主义核心价值观,提升东湖区中小学校德育工作整体格局,促进全区未成年人思想道德建设工作迈上新台阶。全年为24名身患重大疾病的学生和352名贫困学生发放助学金共计139900元;“六一”国际儿童节期间,为577名贫困学生发放书包等慰问品。

【履行教育职责督导评价】 1月31日,党政领导干部履行教育职责督导评价市级复评组到东湖区进行实地核查。市级复评组专家成员、市教育局党委委员、纪检组长张敏,市政府教育督导室副主任邹白玉参加汇报会。区领导高辉红出席会议并致欢迎词,童萍如作工作汇报。复评专家组先后深入阳明学校、南林小学、东湖小学、滨江学校、培智学校、育新学校教育集团初中部六所学校实地察看。3月26日上午，省政府教育督导委员会第六次全体(扩大)会议在南昌市召开，省政府副省长、省政府教育督导委员会主任孙菊生出席会议并发表重要讲话，省政府教育督导委员会副主任、省委教育工委副书记、省教育厅厅长叶仁荪主持会议。会上，区领导刘闯作题为《党政主导谱教育发展　全区同心绘优质均衡》典型经验发言，孙菊生高度肯定东湖区创新"两化两力"办学管理模式。4月24日，省人民政府教育督导委员会公布《关于2017年度县(市、区)党政领导干部履行教育职责督导评价结果的通报》(赣教督委字〔2018〕3号)，东湖区被评为"优秀县(市、区)"。6月28日，由浙江大学原党委书记金德水为组长的国务院检查组对到东湖区开展实地核查，江西省教育工委委员、省教育厅总督学曹伴好，江西省教育督导委员会办公室主任杨美珍，南昌市副市长龙国英，市教育局党委书记、局长谢为民，省教育厅基础教育处副处长陈蔚，省教育厅职成处主任科员杨涵深，市教育局副局长陈瑜陪同核查。区领导高辉红、童萍如等与国检组一行会面，交流、探讨东湖教育情况及改革创新思路和举措。

【成为国家义务教育质量监测协议区】　2018年，为了进一步关注和提升东湖区所辖区域义务教育现状和质量，东湖区教科体局与北京师范大学中国基础教育质量监测协同创新中心签订协议，将东湖区纳入国家义务教育质量监测协议县区范围。

【蝉联"教育发展"考评第一】　2018年，省人民政府教育督导委员会办公室发布《关于2017年度全省市县科学发展综合考核评价指标"教育发展"考评结果的通报》，在2017年度全省市县科学发展综合考核评价指标"教育发展"考评中，东湖区蝉联全市第一，全省排名第三，大踏步前进八位，实现东湖教育再跨越。

【国家义务教育质量监测工作】　2018年国家义务教育质量监测于5月24日举行。本次监测涉及数学和体育两个学科，体育测试含有室外项目，对学校的组织工作、安全工作提出更高要求。豫章小学教育集团、南京路小学等12所小学，育新学校教育集团、光明学校等8所中学作为样本校参与此次监测。

【"放牛班的春天"夏令营活动】　7月4—6日，东湖区教科体局为切实关爱贫困留守儿童，为他提供一个免费享受优质教育资源、开阔眼界，圆研学梦的机会，举行"放牛班的春天"贫困、留守儿童公益研学夏令营活动，区属20所学校200名贫困、留守儿童及带队老师参加活动。

【获选义务教育质量监测结果应用实验区】　7月20日，"国家义务教育质量监测结果应用实验区工作会议"在北京市召开。东湖区被教育部选定为"首批国家义务教育质量监测结果应用实验区"，也是全省唯一一家获此殊荣的单位。东湖区的经验做法被选为大会交流材料。

【"一校一品"德育特色展示活动】　12月18日，八一嘉实希望小学、南林小学举行"一校一品"德育特色展示活动。东湖区连续十七年开展"一校一品"德育特色展示活动，扬子洲镇学校是首次参与。两所学校全面展示学校办学特色、德育亮点、品质课程和师生良好的精神风貌，彰显了"立德树人"根本目标，体现了东湖区义务教育均衡发展、城乡教育一体化成果。

2018年12月18日，八一嘉实希望小学举行"一校一品"校园文化特色展示活动

【成立三大教育集团】 8月，东湖区为全面推进区域内义务教育优质均衡发展，进一步拓宽优质教育资源覆盖面，创新“两化两力”办学管理模式，以育新学校、邮政路小学、豫章小学三所市级名校为龙头，成立育新、邮政、豫章三大教育集团，着力解决义务教育发展不平衡不充分的问题，更好满足人民群众对优质教育的迫切需求。

【被授予“县级优秀组织单位”荣誉称号】 2018年，教育部基础教育质量监测中心公布《关于下发2018年国家义务教育质量监测实施优秀组织单位名单的通知》（教质监〔2018〕60号），东湖区被授予“县级优秀组织单位”荣誉称号。

【迎接中小学校责任督学挂牌督导】 12月3—4日，以重庆市南川区教育委员会副主任王灿为组长的实地核查组，在教育部教育督导局督学管理处调研员高磊陪同下，对东湖区创建“全国中小学校责任督学挂牌督导创新县（市、区）”进行实地核查。市政府副秘书长黄琰，省教育督导委员会办公室副调研员李明，市政府教育督导室主任付青岚，区领导高辉红、童萍如参加汇报会并陪同核查。

【重庆市教育科学院到东湖考察】 12月13日，由重庆市教育科学研究院教育督导研究所副所长张鸿一行五人组成的教育督导考察团到东湖区学习考察责任督学挂牌督导工作。考察团先后实地走访育新学校教育集团初中部、北湖小学，了解责任督学挂牌督导工作，参观校园文化建设。

【东湖区义务教育成果显著】 2018年，东湖区义务教育工作通过全体教职员工的共同努力，各方面都有长足发展，取得骄人成绩。在2018年全省中小学红色、绿色和古色文化教育活动中，区教科体局被评为先进单位，阳明学校、向荣小学被评为先进学校，全区43名学生分获省级主题征文、讲故事、古诗文、才艺展示等比赛一二三等奖。5月30日下午，东湖小学作为南昌市唯一的一所红军小学参加由省委教育工委、省教育厅举办的“回望峥嵘读初心——江西省高校‘诵读红色家书 讲述英烈故事’”比赛展演活动。6月1日，豫章小学教育集团开展的“奖状博览会”活动在中央电视台《新闻联播》中播出。8月，在南昌市“三风”办、南昌市教育局、南昌日报社联合发起的最美“三风”校园推荐活动中，豫章小学教育集团、东湖小学、向荣小学入围，豫章小学教育集团最终获得南昌市最美“三风”校园荣誉。11月1日，在“鼓乐铿锵奏响新时代”南昌市第三届少先队鼓号队、管乐队风采展示大赛上，豫章小学教育集团红领巾鼓号队获特等奖，邮政路小学教育集团小枫杨管乐队荣获一等奖。11月29日至12月2日的江西省少先队辅导员风采展示省级活动中，育新学校教育集团荣获大赛团体一等奖。12月，豫章小学教育集团被评为“2018年度全国优秀少先队集体（学校）”，是南昌市唯一获得“全国优秀少先队集体”称号的单位。

2018年6月1日，豫章小学教育集团豫章路校区开展庆“六一”特色活动——奖状博览会

特殊教育

【概况】 2018年，东湖区继续加大对特殊教育的扶持力度，在培智学校设立特殊教育康复资源中心，为东湖区随班就读学生提供保障。该校构建了一套科学规范、优质高效的管理模式，形成了自己的办学特色，成为省、市智力障碍儿童康复训练示范中心，江西省首家智障人员教育技能培训中

心，江西省特奥训练基地等，历年被评为“全国特奥先进单位”，成为江西省特殊教育示范性窗口学校。

【第28个“全国助残日”宣传活动】　5月17日上午，由东湖区培智学校主办、东湖区残联、百花洲街道包家巷社区爱心单位协办，爱心志愿者及亲属等200余人参与的“全面建设小康社会，残疾人一个也不能少”大型宣传倡导活动在胜利路步行街举行。

【江西省第一届智力残疾人秋季运动会】　10月27日上午，江西省智协协同培智学校在东湖小学举办2018年江西省第一届智力残疾人秋季运动会，展示了智力残疾人良好的体育素养和道德情操，形成积极乐观的生活态度，共享社会精神文明的成果。

【东湖区特殊教育成效斐然】　5月，在江西省特奥田径比赛活动中，培智学校鄢雨婷同学揽获“体育道德风尚奖”、女子400米第一名、女子立定跳远第一名，刘邹伟同学获女子铅球第二名、立定跳远第三名、女子100米第八名，江丹霞同学获女子400米第一名、女子100米第二名、女子立定跳远第一名，刘子庆老师获“优秀教练员”的称号。5月，在全国第七届特奥会足球个人技能比赛活动中，培智学校刘尚坤获足球个人技能项目第二名，高宇翔同学获足球个人技能项目第三名。11月，在江西省智障学生生活技能比赛活动中，培智学校金俊宇同学荣获中段水果拼盘比赛三等奖，刘邹伟同学荣获高段水果拼盘比赛二等奖，胡令超和官顺昌两位教师荣获优秀指导奖。9月，培智学校的课题“新课标背景下学前培智生活主题教学与康复结合模式研究”获江西省2018年基础教育省级教学成果优秀成果奖。11月，在江西省特殊教育年会论文评比活动中，培智学校校长戴玉华撰写的论文《社会故事干预增进自闭症幼儿社交技巧成效研究调查分析报告》荣获二等奖。

民办教育

【概况】　2018年，根据《中华人民共和国民办教育促进法》及其实施条例和《江西省民办教育促进条例》规定，东湖区坚持属地管理、有效管理、权责统一、“谁主管谁负责”的原则，贯彻“积极鼓励，大力支持，正确引导，依法管理”的社会力量办学方针，大力发展多元化民办教育，使之真正成为公办教育的合理补充，努力消除无证办学行为，满足人民群众对教育的各种不同需求。截至年底，东湖区共有49所民办教育机构，包括25所非学历教育培训机构和24所民办幼儿园。

【民办学校年审工作】　4月，东湖区教科体局对全区11所民办非学历教育培训机构、21所民办幼儿园进行年审，认真核查民办学校审查登记表、财务审计报告书和办学许可证等。进一步规范民办学校办学行为，促进全区民办教育健康发展。

【招生简章和广告备案工作】　9月，东湖区教科体局开展2018年民办学校招生简章和广告备案工作，将学校招生简章和广告备案情况作为年度督导评估检查的重要内容和依据，组织各民办教育机构认真学习文件，明确备案要求。各民办教育机构积极履行招生简章和广告备案程序，按照要求和时间办理招生简章和广告备案。

【民办学校办学水平督导评估】　12月开始，东湖区对全区民办学校、幼儿园进行2018年度办学水平督导评估工作。通过学校自评、教育局实地督查相结合的方法，采取“听、看、查、谈”的方法，从“依法办学、诚信办学、规范招生行为、加强常规管理、促进教师队伍建设、提高办学水平和教育质量、改善办学条件”等方面的对民办学校、幼儿园进行督导评估。最后，对参与督导评估民办学校和幼儿园进行评比，分别评出一、二、三等奖若干名。通过督导评估工作，督促民办学校、幼儿园总结办学经验、找出差距，加大投入，改善办学条件，进一步加强管理、规范办学、提高质量、增强活力，全面提高民办教育的整体水平，促进东湖区民办教育规范有序发展。

【清理整顿民办培训机构】　2018年，东湖区有民办培训机构107家，其中无证培训机构94家。全年共开展执法行动40余次，先后对豫章社区、马家池社区、民德路社区、大士院社区、杨家厂社区、蓝天碧水小区和央央春天小区等进行实地督查，下发《停办通知书》51份、《整改通知书》33份。

对涉及教育行政部门难以解决的问题,区教科体局主动争取区政府支持,联合市场监管、民政、公安、消防有关职能部门组成联合执法队,实行综合治理,确保清理整顿工作取得成效,维护社会稳定。

教育教学科研

【概况】 2018年,东湖区教研中心设有小学教研部、初中教研部、电教部、培训部、课程部五个职能部门,是东湖区教科体局的直属业务单位,担负着全区教学研究、教育科研管理、教育信息化及指导、教师培训、区教育学会和课程改革等工作。有教职员工20人,其中在职研究生1人,教育硕士1人,本科学历18人;中小学正高级教师2人,中小学高级教师7人,中小学一级教师11人。省特级教师2人,省学科带头人6人,市学科带头人10名。教研中心以实施素质教育为目标,紧紧围绕省、市、区教育工作重点,以促进课程深度改革为核心,以课堂质量与效益提升为重点,以教师队伍建设为根本,以创新教学研究的内涵与形式为主导,以全面培养师生的学科素养为目标,促进全区义务教育进一步高位优质均衡发展。

【举办系列教研业务活动】 2018年,东湖区教研中心针对全区教育工作实际,积极开展教育教学科研活动,不断推动全区义务教育优质均衡发展。1月23日下午,召开区属学校业务副校长会暨信息化应用活动颁奖会,颁发中小学电脑制作活动最佳组织奖、教师优秀教学资源展示活动最佳组织奖和中小学网上冬令营——“华夏文明之旅”活动最佳组织奖。3月6日下午,召开东湖区2017—2018学年度第二学期教学工作会,对新学期教学工作进行部署。3月7—9日,组织新学期小学各学科各备课组大组活动,通过各学科教研员与老师们交流分享,让老师们深刻理解并渗透在平时的教学工作中。3月22日下午,举办全区中小学综合实践活动学科教师专题培训活动。3月29日,举办以“提高教研活动质量,构建研究型教研组”为主题的第四次教研培训的讲座。4月8日至5月25日,举办青年教师三字一画教学基本功培训,共147人参训,培训分2批次共8场进行。5月18日,开展全区小学语文“班班通”教学资源应用竞赛活动,育新学校教育集团青桥校区教师陈玲拔得头筹,被推荐参加“南昌市第八届中小学教师‘班班通’教学资源应用成果展示活动”。7月13—22日,组织近200名骨干教师分两批到广东第二师范学院参加全区骨干教师专业核心素养提升研修班,研修分为教导主任班、骨干教师班、班主任班、校长班。8月22—24日,开展2018年度新教师培训活动,对近三年参加工作的153名新教师进行全方位、多角度的上岗培训。9月3日下午,召开全区2018—2019学年第一学期业务副校长会,对全区教育教学工作和教研中心工作进行总结,并部署下一步工作。9月,举行东湖区“沙盘游戏在中小学心理辅导中的应用”——心理健康教育教师培训活动,区属校园30多位心理健康教育学科的教师参加。

【承办南昌市相关教育科研活动】 3月13日上午,由东湖区承办的南昌市“出彩课堂”小学综合实践学科展示、研讨活动在滨江学校泽才楼演播厅举行,各兄弟县区教研员及全市近300名教师参加,活动由获得全国综合实践活动课程第十五届研讨会现场说课一等奖获得者、东湖小学教师万莹进行创意设计课《剪窗花》的说课展示,豫章小学教育集团教师胡菲莉为大家展示了角色体验课《我做图书管理员——行前准备》。同日上午,东湖区承办的南昌市心理健康教育课例研讨暨新学期工作布置会在光明学校召开,光明学校教师廖艳艳展示了一堂心理健康教育课《守护心灵的那扇窗——克服虚荣心》。

【“中小学教师网络学习空间创建”培训活动】 4月13日,东湖区教研中心在百花洲小学组织开展“中小学教师网络学习空间创建”培训活动,江西省电教馆研究部主任黄利华就2018年江西省网络学习空间创建展示的活动背景、工作目标、时间接点和评价指标等进行解读,为大家展示国内优秀网络空间的主题特性,指导大家围绕建设主题,收集创建原创素材,丰富空间内容。江西省电教馆网络部王卉和科大讯飞公司的技术人员演示了平台的操作流程,并指导大家上机实践操作,解答疑难问题。

【做好名师工作室年度考评工作】 3月26—27

日，南昌市教科所组织四位专家到东湖区对该区优秀名师工作室进行2016—2017年度工作考评。全区21个工作室的34位主持人及工作室所属学校校长参加考评会。

【小学生语言文字素养检测展演活动】　4月19日下午，东湖区第四届小学生语言文字素养检测暨整本书阅读经典片段剧展演活动在阳明学校演播厅拉开举行。江西省教育厅教研室主任杜侦，南昌师范学院教育评估院院长叶存洪，南昌市教科所所长黄志远，东湖区教科体局主要负责人以及区属各校党政主要负责人参加。区属各校300余师生参加两个下午的展演，评出一等奖两名，二等奖四名，三等奖六名。11月27日下午，东湖区第五届小学生语言文字素养检测暨汉字听写大赛在阳明学校拉开帷幕，有20支队伍100名选手参赛，邮政路小学教育集团、豫章小学教育集团获得一等奖，育新学校教育集团等4所学校获二等奖，滨江学校等6所学校获三等奖，比赛还评出一、二、三等优秀选手奖和优秀指导老师奖。

【教育信息化工作】　2018年，东湖区教育信息化工作发展势头良好，较好推动全区教育稳步发展。5月5日上午，在全国基础教育信息化应用典型案例交流推进会上，东湖区报送的《依托互联网＋教研　促师生共成长》案例被推选为首批全国基础教育信息化应用典型示范案例。5月9日下午，教育部科技司信息化处长任昌山、中央电教馆培训处长刘峰到东湖小学调研信息化及网络学习空间建设工作。10月24—25日，在南昌市教育信息化工作推进会上，东湖区再次获得“先进县区”称号（全市共3个），城北学校要再次获“先进学校”称号，东湖区作为全市唯一县区代表作《融合实践　慧通未来》发言，与参会代表分享东湖区教育信息化应用工作的做法和经验。

【优秀课展示获奖】　5月18—24日，在第十二届全国小学英语教师教学基本功大赛活动中，南昌市豫章小学熊妮娜老师代表江西省参加比赛，荣获课堂教学优秀课评比全国一等奖。10月29—31日，在江全省基础教育优秀教学课例（“赣教杯”）初中道德与法治现场展示活动中，区教研员熊唐倩获2018年江西省基础教育优秀课例现场展示一等奖。

【“华应龙数学名师培养基地”落户东湖区】　11月16日上午，东湖区举行2018化错教育年度峰会暨华应龙名师工作室展示汇报活动，全国各地教育同仁800余人参加。会议历时两天半，26个省市的与会代表观摩了14节精彩课堂教学、2个主题沙龙，聆听2个大会报告、4次专家点评。全国著名特级教师、正高级教师、“苏派名师”、首批“首都基础教育名家”华应龙将江西省首个“华应龙数学名师培养基地”在东湖区落户。

【区教育学会第十一届三次年会】　12月20日下午，东湖区教育学会第十一届三次年会暨“抢抓新机遇，增创新优势，再创新辉煌”专题研讨活动在南京路小学举行。南昌市教科所所长黄志远出席并讲话。区教科体局、教研中心主要负责人、分管负责人，区属学校（幼儿园）校（园）长，分管副校（园）长，教师代表140余人参加活动。

辖区教育资源

【概况】　东湖区是省会南昌的核心城区，有着丰富、优质的教育资源。截至2018年，东湖区内有江西省人民政府和教育部共建的“211工程”重点建设大学南昌大学，江西省本科办学历史最为悠久的普通高等院校江西师范大学和江西中医药大学等3所大学，有8所中学、1所九年一贯制学校和1所直属于南昌市教育局的南昌师范附属实验小学，其中南昌二中、三中、十中、十九中、豫章中学、八一中学、实验中学等7所学校均为全省重点中学。

（杨林斌）

科学技术

综述

2018年，东湖区科技工作围绕打造“实力东湖、活力东湖、魅力东湖”的目标，紧抓科技创新升级这一主线，推进企业技术创新能力、科技项目管理水平和科技服务效能升级，为加快把南昌打造成为带动全省发展的核心增长极做出努力。全年培育南昌市公路勘察设计院等33家企业，分两批申报高新技术企业，其中30家通过了国家高新技术企业认定；全年累计受理登记技术合同439份，技术交易金额达4.03亿元；向省市申报科研项目立项17个，争取科技经费260万元，促进科技成果转化，提升企业自主创新能力；制作科普宣传图片及展板120块，编印科普宣传资料1.2万册，下发到全区各区直单位和社区，并在东湖区政府、樟树林文化生活公园、阳明公园、紫金广场、东湖青少年宫和全区中小学校进行巡展；以东湖区科普安全宣教中心为基地，开设各类科普讲座50场，举办各类实践培训100余场，共培训2万多人次。

科技管理

【概况】 2018年，东湖区全面贯彻落实党的科技方针政策，解放思想与时俱进，锐意进取措施得力，成效显著亮点频现，科技创新工作，不断强化科技创新对经济社会发展的支撑引领作用，完善科技创新体系，激发科技创新活力，推动科技与经济相结合、科研机构与企业发展相融合，全区科技创新显著提升。

【高新技术企业培育和认定工作】 2018年，为进一步促进全区高新技术企业发展壮大，加快战略性新兴产业和高新技术产业发展，区教科体局扎实开展高新技术企业培育工作，并推荐条件成熟的企业进行南昌市高新技术企业认定，推荐东湖区33家企业进入高新技术企业培育计划入库，其中南昌市公路勘察设计院、南昌如鱼电子商务有限公司、江西金恒生信息产业有限公司、江西百旺金赋科技有限公司等30家企业顺利获得国家高新技术企业认定。

【完善创新创业机制】 2018年，东湖区扎实抓好众创空间管理工作，配合市科技局委派的评估专家对辖区众创空间的办公场地、办公设备、互联网资源等设施，用以支持青年创业者、大学生创业者开展创业融资、创业交流等活动，进行现场考核评估。指导各众创空间继续开展好创业辅导工作，基本建成“互联网+开放创新+研发协同+智能制造”的开放创新和联合创业平台，完善创新创业机制，不断推进大众创业万众创新。全年，全区众创空间累计服务企业数量超过500余家。

【技术合同认定登记】 2018年，东湖区强化技术合同认定登记宣传工作，对企业进行技术合同认定工作培训，指导企业完善技术合同条款，提高技术合同的履约率，减少技术合同纠纷。同时，指导企业建立统一的技术合同管理制度，更好地保护知识产权和科研人员的合法权益。截至年底，全区累计受理登记技术合同439份，技术交易金额达4.03亿元。

科技活动

【概况】 科学技术的高速发展，使社会经济、生活、文化等诸多方面发生了巨大变化，对科普活动也提出新要求。让现代科技服务群众，努力提高群众的生活质量和幸福指数，是城区科技工作重要内容之一。为充分体现"以人为本、科学发展"的科普理论，2018 年，东湖区不断加强科学普及工作，努力实现科技惠民。认真组织群众性科技活动，开展科普之春、科技活动周、青少年科技创新月等多种形式的科技活动，取得较好的效果，全区科技氛围不断浓厚，创新水平日益增强。

【市领导调研东湖区青少年科普工作】 1 月 29 日下午，南昌市副市长马骏到北湖小学调研青少年科普工作，区领导高辉红、童萍如等陪同。马骏一行来到北湖小学参观校园文化建设，该校的"发现之旅""科技之路"、文化石、科普长廊以及鲜明科技特色文化、整洁优美的校园环境、独具匠心的班级文化、各具特色的楼道文化等给领导们留下深刻印象。北湖小学从 2001 年起连续十七年获得头脑奥林匹克竞赛大奖，多次评为全国"头脑奥林匹克特色学校"，2018 年组队参加在韩国举行的 DI（目的地想象）全球总决赛，获得大赛最高奖项文艺复兴奖（金奖）和团体综合银奖。

【开展"洪城科创券"宣传推广】 2018 年，东湖区教科体局工作人员深入辖区单位，扎实开展"洪城科创券"（"洪城科创券"是政府向企事业单位、创新团队无偿发放的电子有价凭证，用于购买技术创新服务、自主开展技术创新）宣传推广工作，力争做到宣传推广全覆盖。2 月 27 日，工作人员到江西省通信产业服务有限公司宇创网络科技开发分公司和江西省中医药研究院，详细介绍南昌市科技创新公共服务平台注册以及登陆的方法，"洪城科创券"的使用范围、流转方式、特色亮点，加深辖区内科技企业对"洪城科创券"的了解。

【开展企业研发活动统计调查】 2018 年，东湖区认真贯彻落实全市企业研发活动统计工作会议及相关文件精神，扎实开展规模以上工业企业研发活动统计调查工作，主动会同区统计部门一起指导企业建立研发辅助账目和填写研发活动统计报表，对大中型企业进行跟踪指导服务。充分利用微博、微信、QQ 群、短信等多种形式宣传做好研发活动统计工作对企业的重要意义，让企业充分知晓了解企业研发投入所享受的各项优惠政策。

【青少年科技培训活动】 2018 年，东湖区教科体局举办第六届"创新体验成长"中小学生、幼儿科技节系列活动。结合赛事活动，专门聘请多名专家，先后在豫章小学二部、城北学校和东湖青少年宫开设航海模型、航空航天模型、3D 打印和机器人培训班。全区 20 所中小学校科技辅导员、赛事教练员及各校精心挑选的参赛队员 300 多人参加培训。培训专家组织参训人员系统解读竞赛项目、竞赛规则及参赛要求，深入指导中小学生了解航海模型、航空航天模型、3D 打印和机器人的设计、制作、竞赛的流程。

【开展中小学生专利基础知识讲座】 5 月，东湖区知识产权局在育新学校教育集团举办 2018 年度东湖区中小学生专利基础知识讲座。邀请金轩知识产权集团张文宣教授授课，全区部分学生代表 200 余人参加听讲。

【承办南昌市第六届幼儿科技节活动】 6 月 3 日，由滕王阁保育院承办的南昌市第六届幼儿科技节竞赛在滕王阁保育院举行，全市约 150 人参加各比赛项目。作为承办单位，该院每个项目都选拔出幼儿选手参加，幼儿认真比赛，现场比赛氛围热烈。

【科技计划项目验收工作】 6 月 23 日，东湖区教科体局受南昌市科技局委托，组织有关专家对东湖区万家田园农民专业合作社承担的南昌市科技计划项目"波尔山羊繁殖推广"进行验收。与会专家听取了汇报，审查了资料，经质询、讨论，认为该项目完成了实施方案规定的各项考核指标，一致同意通过验收。该项目引进波尔山羊繁育推广，以养羊专业户和大户为主体，实行统一管理，产业化经营等"六个一"模式，辐射带领周边农户积极参与。该项目充分利用基地 376 亩外滩河床天然草场资源，形成"草—羊—粪—菜"的循环养殖模式，羊舍、羊棚科学搭建，能有效预防疫病的发生，产生了良好的经济效益和社会效益。

【第八届头脑奥林匹克竞赛】 9月20日下午,东湖区第八届头脑奥林匹克现场挑战赛在滨江学校举行,区属各校160名参赛选手分别参加击中靶标、吊篮结构、纸风火轮三个项目的现场挑战。比赛分现场制作和现场挑战两个阶段举行,城北学校王昊和刘章锃获击中标靶赛第一名,八一嘉实希望小学魏征和熊金哲获吊篮结构赛第一名,豫章小学教育集团紫金校区姜为峰获纸风火轮赛第一名。

【青少年纸飞机选拔赛】 10月26日,东湖区青少年纸飞机选拔赛在豫章小学教育集团拉开帷幕,区属中小学的90名学生参加比赛。纸飞机选拔赛设纸折飞机奥运五环靶标赛和纸风火轮单向积分赛、直线飞行、留空飞行四个项目。经过激烈角逐,北湖小学、豫章小学教育集团、右营街小学、育新学校教育集团、城北学校、邮政路小学教育集团、八一嘉实希望小学、扬子洲学校八所学校脱颖而出,选拔代表东湖区参加南昌市青少年纸飞机竞赛。

【获评全国基层赛事优秀组织单位】 12月,由中国科协、教育部、科技部、生态环境部、体育总局、知识产权局、自然科学基金会、共青团中央、全国妇联联合举办的第三十三届全国青少年科技创新大赛,东湖区再结硕果,东湖区教科体局荣获全国基层赛事优秀组织单位。

【科技活动获奖情况】 3月9日,在第39届世界头脑奥林匹克中国区决赛中,豫章小学教育集团、北湖小学两支队伍代表江西省参加比赛,北湖小学代表队获《铁人三项》赛题小学组二等奖、《让表情包说话》三等奖,豫章小学教育集团获《铁人三项之旅》小学组三等奖。

4月21—22日,在2018年南昌市青少年航海模型竞赛中,八一嘉实希望小学、邮政路小学教育集团、光明学校分获小学组团体总分第一名、第四名、第五名,城北学校、育新学校教育集团分别获初中组团体总分第五名、第六名。

5月19—20日,在2018年南昌市青少年航空航天模型教育竞赛暨第二十届“飞向北京—飞向太空”全国青少年航空航天模型教育竞赛活动南昌选拔赛上,东湖区累计获得个人一等奖60个、二等奖75个、三等奖98个,育新学校教育集团青桥校区、育新学校教育集团、阳明学校分别获中学组团体总分第一名、第四名、第五名,育新学校教育集团小学部、北湖小学、育新学校教育集团青桥校区分别获小学组团体总分第二名、第三名、第六名,育新学校教育集团、阳明学校同时获得优秀组织奖。

5月27日,在2018年南昌市青少年机器人竞赛和3D打印教育竞赛中,东湖区包揽机器人和3D打印教育两项竞赛团体总分前四名。其中,豫章小学教育集团、北湖小学、滨江学校(小学组)、育新学校教育集团(小学组)分别获小学组机器人项目团体总分第一名、第二名、第三名、第四名,城北学校(小学组)、邮政路小学教育集团、右营街小学、南京路小学分别获小学组3D打印项目团体总分第一名、第二名、第三名、第四名,育新学校教育集团、城北学校分别获中学组机器人项目团体总分第二名、第三名,阳明学校、城北学校分别获中学组3D打印项目团体总分第二名、第三名。

7月,2018年南昌市青少年信息学(计算机)奥林匹克竞赛共有125人获奖,在41个一等奖中,东湖区占37个。其中,豫章小学教育集团28人,邮政路小学教育集团7人,北湖小学2人,豫章小学教育集团五(1)班的谌厚伊同学以92分夺得全市第一名。另外,育新学校教育集团、豫章小学教育集团、邮政路小学教育集团和北湖小学有50名学生获得二、三等奖。

8月22日,在第三十三届江西省青少年科技创新大赛上,东湖区荣获一等奖5个、二等奖12个、三等奖2个,获奖数量位列南昌市各县区第一名;东湖区教科体局荣获全省优秀组织单位并被推荐参加评选全国青少年科技创新大赛基层优秀组织奖。另外,北湖小学教师龚明荣获“江西省十佳优秀科技辅导员”称号。12月,在第三十三届全国青少年科技创新大赛活动中,东湖区教科体局荣获全国青少年科技创新大赛基层优秀组织单位。

10月20—21日,在2018年南昌市青少年车辆模型教育竞赛暨第二十三届“驾驭未来”全国青少年车辆模型教育竞赛活动南昌选拔赛和2018年南昌市“美丽南昌·幸福家园”青少年建筑模型竞赛活动中,光明学校、豫章小学教育集团、右营街小学分别获车辆模型竞赛小学组综合团体总分第一名、第五名、第六名，扬子洲学校获车辆模型竞赛中学组综合团体总分第二名，八一嘉实希望小学、阳明学校、东湖小学分别获建筑模型竞赛小学组综合团体总分第四名、第五名、第六名，阳明学校、扬子洲学校分别获建筑模型竞赛中学组综合团体总分第二名、第三名。

11 月，在 2018 年江西省青少年车辆建筑模型比赛暨第二十三届“驾驭未来”全国青少年车辆建筑模型教育竞赛活动江西选拔赛中，光明学校取得团体总分全省第三名的佳绩。其中，获金牌 1 枚、银牌 3 枚，一等奖 5 个、二等奖 5 个、三等奖 4 个。

12 月 2 日，在 2018 年南昌市未来工程师教育竞赛中，东湖区收获金牌 4 块、银牌 3 块、铜牌 4 块（全市最多），获得个人一、二、三等奖 82 个（全市获奖比例最高），其中一等奖 29 个（全市最多）。北湖小学、右营街小学、育新学校教育集团小学部分别荣获小学组团体总分第二、三、四名。

科技成果与奖励

【概况】 2018 年，东湖区坚持自主创新、重点跨越、支撑发展、引领未来的科技工作方针，着力提高全区自主创新能力，实践科学兴区和人才强区战略。科技工作以增强科技创新能力为目标，集聚创新资源、激活创新要素、转化创新成果，完善以企业为主体、市场为导向、产学研结合的技术创新体系，全面推进科技进步与自主创新。

2018 年江西省自然科学奖东湖区获奖项目

表 15

项目名称	完成单位	主要完成人员	获奖等级
电纺碳纳米纤维复合材料的制备及性能研究	江西师范大学 江苏大学	侯豪情　郭乔辉　由天艳 刘　东	二等奖
森林天然更新过程中鼠类——种子相互作用研究	江西师范大学 华中师范大学	易现峰　张洪茂　王振宇	三等奖
食管癌个体化放射治疗的基础研究	南昌大学第一附属医院 山东省肿瘤防治研究院	钟小军　韩大力	三等奖
白花丹素经 PI3K/Akt/mTOR 通路激活自噬促癌细胞凋亡	南昌大学第一附属医院 中山市小榄人民医院	邱嘉旎　潘淑婷　黎艳聪	三等奖

2018 年江西省科学技术进步奖东湖区获奖项目

表 16

项目名称	完成单位	主要完成人员	获奖等级
微创技术在新生儿先天性消化道畸形诊治中的运用	江西省儿童医院	黄金狮　陶　强　陈　快 陶俊峰　杨慎华　晏萍兰 樊　纬	一等奖
公路隧道智慧建养关键技术及应用示范	江西省高速公路投资集团有限责任公司、江西交通咨询公司、同济大学、上海同岩土木工程科技股份有限公司、江西省交通工程集团公司	俞文生　刘学增　朱合华 杨志峰　曾　勇　彭蓉蓉 桑运龙　肖冬华	二等奖
脓毒症 MODS 综合诊治方案的研究及应用	南昌大学第一附属医院	钱克俭　刘　芬　江　榕 曾振国　刘　洋　聂　成 詹以安　丁成志	二等奖

续表 16

项目名称	完成单位	主要完成人员	获奖等级
吞咽障碍康复诊疗关键技术的创新及推广应用	南昌大学第一附属医院	冯　珍　邵秀芹　刘玲玲 杨初燕　帅　浪　王　珺 全莉娟	二等奖
多节段脊髓型颈椎病外科治疗的系统性优化策略及临床应用	南昌大学第一附属医院 南昌大学第二附属医院	刘志礼　刘家明　陈宣银 周　扬　张国姝　何来昌 黄山虎　姜　建	二等奖
介入下胶原酶溶解术治疗颈椎间盘突出症	南昌大学第一附属医院	张达颖　张学学　王志剑 章　勇　魏建梅　喻燕波	三等奖
大隐静脉曲张手术方式和器材的改进	江西省人民医院	曾庆黎　周　凯　傅　平 陈　伟　段思佳　彭星宇	三等奖
产碳青霉烯酶肺炎克雷伯菌致病、耐药机制及荚膜血清分型检测方法的应用	南昌大学第一附属医院 玉山县妇幼保健院	刘　洋　万腊根　徐群飞 魏丹丹　曹先伟　邓　琼	三等奖
骨骼肌疾病诊断新技术的临床应用	南昌大学第二附属医院	丁卫江　漆学良　李　银 黄　卫　邓丽影　王春芝	三等奖
血透患者血管通路的优化选择与维护	南昌大学第一附属医院	鄢　艳　杨　柳　程　静 陈钦开　张　莉　李　敏	三等奖
微创玻璃体切割手术治疗玻璃体视网膜疾病的临床应用	南昌大学第二附属医院	游志鹏　毛新帮　付书华 谢　琳　吴宏禧　彭　灵	三等奖
中药膳食调理烧伤机体免疫功能紊乱方法的建立与临床应用	南昌大学第一附属医院	詹剑华　游浩元　罗锦花 严　济　孙俊锋　黄翠兰	三等奖
山蜡梅繁育特性及黄酮类成分含量变化产业化应用	江西佑美制药有限公司、江西省林业科学院、江西本草天工科技有限责任公司	江香梅　聂　韡　邱凤英 黄丽莉　宋晓琛　戴小英	三等奖

知识产权

【概况】 2018年,东湖区围绕全市知识产权工作重点,深入贯彻好江西省知识产权促进条例,加快推进知识产权战略,着力提升知识产权创造、运用、保护、管理能力与水平,配合市局认真做好市场监管和打击侵犯知识产权、走私贩私、假冒伪劣商品工作,确保区内无影响恶劣的侵犯知识产权、假冒伪劣商品事件,促进了知识产权工作又好又快发展。全年专利申请量完成972件,同比增长20.6%;授权量525件,同比增长20.4%,为推动东湖区创新型城区建设提供了有力的知识产权支撑。

【知识产权执法】 11月1日,南昌市知识产权局、东湖区教科体局(知识产权局)工作人员一行四人开展联合专利执法检查工作。执法检查过程中,执法人员对有专利标识标注的产品名称、规格型号、专利号、生产厂家等信息进行逐一核查登记,对涉嫌假冒专利的产品进行拍照取证。此次共检查各类商品100余件,登记专利商品20余件,发现3件商品涉嫌假冒专利。执法人员对存在问题的商家提出限期整改意见,对涉嫌假冒专利的商家下达《假冒专利处罚前告知书》。

【举行知识产权知识竞赛】 12月7日,2018年东湖区知识产权知识竞赛在东湖区青少年宫举行，区属各校的80名小学生代表参加活动。豫章小学教育集团（紫金校区、豫章路校区）、豫章小学教育集团爱国路校区、光明学校、右营街小学分别获前四名。比赛以知识产权中的商标权、著作权、专利权为主要竞答内容，让青少年进一步培养创新精神和实践能力，形成尊重知识、保护知识产权的意识，并积极参与到知识产权保护行动中。

（杨林斌）

防震减灾工作

【概况】 2018年，东湖区坚持贯彻“预防为主，防御与救助相结合”的防震减灾工作方针，深入落实“预、防、救”三大工作体系齐抓共管的工作思路，大力普及防震减灾知识，努力增强全民的防震减灾意识，提升地震应急处置能力，使防震减灾工作稳步推进。

【“5·12”防震减灾科普宣传活动】 5月11日，由江西省减灾委员会主办、东湖区具体承办，以“行动起来，减轻身边的灾害风险”为主题的“5·12”纪念汶川地震十周年防灾减灾宣传活动在育新学校隆重举行，活动包括参观防灾减灾科普展板、观看地震VR体验室、防震减灾手抄报展示、观摩地震应急演练等四个部分，参与演练的学生达2000余人，出动消防车3辆，搭建救灾帐篷2顶，动用地震救援装备50余件，搜救犬10只。活动充分展示了东湖区先进的搜救技术和地震应急救援风采，有效帮助了演练师生掌握正确的应急避险方法、学习掌握防震减灾知识。这次活动规格高、参加人数多、效果好，演练达到“检验预案、完善机制、磨合队伍、提升能力”的预期目标，得到中央电视台《新闻联播》等重要媒体报道。江西省副省长胡强、省地震局副局长陈家兴以及区领导刘闯、杨峻等参加活动。

【“7·28”防震减灾科普宣传活动】 7月26—27日，区防震减灾局以“7·28”唐山大地震42周年纪念日为契机，组织开展地震VR体验活动。活动针对不同年龄段的体验者，调整完善科普宣传手段，创新优化科普宣传形式。通过地震VR体验活动，铭记历史，弘扬抗震救灾精神，提升群众防震减灾意识和自救互救能力，让防震减灾知识走进千家万户。活动发放宣传册3000份，参与体验地震VR项目达500余人。

【防震减灾知识培训会】 2018年，区防震减灾局十分重视扬子洲镇等地农村民居及“三网一员”人员的防震减灾知识培训，专门邀请省、市局有关专家和业务素质过硬的骨干，对镇、街道（管理处）“三网一员”人员分期分批开展培训工作。全年，围绕农村自建房按照抗震设防要求规范、地震应急避险逃生、地震自救与互救等内容，培训社区（村）干部及群众150余人，有效增强了群众防震减灾法律意识，提升自救互救能力。

【协助推进人民公园应急避难场所建设】 南昌市人民公园地震应急避难场所项目，是国家Ⅱ类高配地震应急避难场所建设项目。该项目总投资约为5054万元，截至2018年底，项目实际到账资金2843万元，其中：中央划拨资金800万元，市级财政专项资金2043万元。2018年，区防震减灾局积极与人民公园管理处对接，查看国家Ⅱ类地震应急避难场所项目建设情况，了解应急指挥中心、应急停机坪、应急棚户区、应急供水、应急通道、应急标识等项目施工进度，并就项目建设标准、重点、布局等方面进行指导交流，协助推进该项目建设。

【开展地震VR体验项目“四进”活动】 2018年，区防震减灾局深化地震科普VR项目体验板块研发，引进PicoNeo便捷式VR一体机，开展进机关、社区、学校、企业“四进”活动，活动体验人数主要以青少年、成年人为主，人数分类占比划分如下：青少年（8—18岁）占比41%；成年人（18—50岁）占比54%；中老年（50岁以上）占比5%。通过体验操作地震VR系统，不断优化完善系统，让更多不同年龄层次人参与进来，提升防震减灾意识。

【打造地震宏观观测体系信息化平台】 2018年，根据市防震减灾局工作要求，区防震减灾局积极对接，在南昌市东湖区八一公园架设远程视频监测探头，实现全区地震宏观观测远程视频监控零突破，提升全区地震宏观观测质量和水平。

（习　鹤）

体　　育

综　述

2018年，东湖区体育事业以“增强人民体质，提高生活质量，打造体育强区，促进社会发展”为目标，以群众性体育活动和青少年阳光体育活动为主阵地，积极参加各级各类体育赛事，加快体育场地、设施建设，开创了体育事业发展的新局面。全年，全区共有已登记、授牌的全民健身站点100个，240条健身路径，各级社会体育指导员2065人。全区共有全国校园足球学校6所、篮球学校2所，江西省体育传统学校6所，南昌市体育传统学校4所，南昌市三大球特色校5所，体育专职教师118名。

群众体育

【概况】 2018年，东湖区坚持“增强人民体质，提高生活质量，打造体育强区，促进社会发展”为目标，围绕夯实“15分钟健身圈”普及开展群众性体育活动，新增全民健身站点12个。截至年底，全区共有社会体育指导员2065人；举行各类群众体育活动并积极参加各级比赛并获奖。在江西省十五届运动会群众比赛项目（社会部）南昌市广场舞、健身气功预选赛中，东湖区获得规定套路、自选套路的一等奖，获得八段锦集体比赛第一名、八段锦和导引养生十二法集体比赛一等奖。

【开展健身气功进社区活动】 2018年“美丽南昌·幸福家园”东湖区健身气功进社区活动于3月10日在紫金广场举行，来自东湖辖区近120名健身气功爱好者参加。活动旨在帮助和推动东湖区健身气功运动的广泛开展和普及，增进辖区拳友之间的了解，普及、推广和提高健身气功运动，不断丰富东湖区全民健身运动的内涵。

【“新时代全民健身动起来”全民健身日活动】 8月3日，2018“新时代全民健身动起来”全民健身日启动仪式暨全民健身活动站点展示活动在滨江学校举行，仪式为筛选出的第七批符合要求的12个站点授予“东湖区全民健身活动站点”称号。启动仪式结束后，各站点进行广场舞、健身操和太极剑等健身项目的展演，展现了东湖区健身爱好者们良好的精神风貌。

2018年8月3日，东湖区举办全民健身日活动

【参加南昌市游泳预选赛】　5 月 12 日，由南昌市体育局、南昌市体育总会主办，南昌市游泳协会承办的美丽南昌·幸福家园“我要上省运　健康江西人”江西省第十五届运动会群众比赛项目南昌市游泳预选赛在南昌航空大学游泳馆举行，东湖区 22 名运动员与来自 4 个县区近百名的运动员一起参加本次比赛，东湖区选手以 511 分的总成绩获得比赛团体第一名。

【举办社会体育指导员培训班】　5 月 15 日，2018 年东湖区三级社会体育指导员培训班开班，全区 120 多名体育爱好者参加。培训班进一步满足了全民健身活动实践对社会体育指导员的需求，充实了全区基层体育骨干力量。

【参加南昌市第八届迎新健步走活动】　12 月 31 日，东湖区组织 100 名健身爱好者组成东湖区方阵与来自南昌市各县区、新区、市直各单位共 25 个方阵 5000 名健身爱好者一起参加 2018 年“走进新时代共创新辉煌”南昌市第八届“迎新健步走”活动。

学校体育

【概况】　2018 年，东湖区强力推进学校体育工作。组织举办东湖区各类学校体育比赛，形成活动常态。促进交流提高，积极参加各级各类学校体育活动。创建体育特色校，积极创建各类体育特色校，促进各类体育活动进校园。在 2018 年南昌市中小学生田径运动会上，以团体总分 223 分获得县区小学组第一名，并获体育道德风尚奖。

【2018 年东湖区中小学生田径运动会】　9 月 29 日，东湖区在南昌市国际体育中心体育场举行为期两天的 2018 年东湖区中小学生田径运动会，区属学校 20 支代表队、654 名运动员参加。本届运动会分设初中组、小学甲组、小学乙组三个组别，包括 100 米、跳高、垒球、三项全能等 12 个竞赛项目。经过激烈角逐，育新学校教育集团初中部、滨江学校、扬子洲学校分别获中学组团体总分前三名，邮政路小学教育集团、豫章小学教育集团、育新学校教育集团小学部、东湖小学、百花洲小学、北湖小学分别获小学甲组团体总分前六名，阳明学校、扬子洲学校分别获小学乙组团体总分前两名。

2018 年 9 月 29—30 日，东湖区举办中小学生田径运动会

【中小学生棋类比赛】　3 月 24 日，2018 年东湖区中小学生棋类比赛暨全国象棋业余棋王赛江西赛区南昌市东湖区预选赛在育新学校教育集团青桥校区举行，比赛项目涵盖围棋、象棋、国际象棋，全区 20 所学校 316 名学生参加。育新学校教育集团初中部彭慷荣获得初中组冠军、豫章小学小学教育集团紫金校区黄思明荣获得小学 4—6 年级冠军、东湖小学游振麟荣获小学 1—3 年级冠军。江西省象棋协会主席周铁液和东湖区教科体局副局长熊金辉为获奖队员颁发由中国象棋协会认证的小棋王荣誉证书。

【体育、艺术“2＋1”展示活动】　5 月 21—23 日，东湖区开展体育、艺术“2＋1”展示评比活动。本次活动邀请专家组成评委组，采用一个年级一个项目的展示方式，将各校的体育、艺术“2＋1”活动开展情况生动地呈现出来。

【参加全市“滕王阁杯”体传校田径比赛】　5 月 27 日，东湖区组队参加“滕王阁杯”2018 年南昌市体传校田径比赛。育新学校教育集团、邮政路小学教育集团、豫章小学教育集团、百花洲小学共派出68名运动员参加。邮政路小学教育集团、育新学校教育集团、豫章小学教育集团分别获得团体总分第二名、第五名、第七名。

【参加全市“滕王阁杯”体传校乒乓球比赛】 6月9—10日,东湖区组队参加在阳明学校举办的“我要上省运”第十五届省运会俱乐部组乒乓球比赛选拔赛暨“滕王阁杯”2018年南昌市体传校乒乓球比赛。该区派出育新学校教育集团、城北学校、邮政路小学教育集团、东湖小学、百花洲小学、南京路小学共60名运动员参加。邮政路小学教育集团、育新学校教育集团、百花洲小学获得团体总分前三名,东湖小学、南京路小学、城北学校分别获得团体总分第四名、第六名、第八名。

【新增2所校园篮球特色学校】 11月30日,教育部公布2018年全国青少年校园篮球特色学校名单,育新学校教育集团、豫章小学教育集团经过自主申报、上级教育行政部门审核推荐、国家教育部组织专家综合认定,最终被命名为首届“全国青少年校园篮球特色学校”称号。

【“滕王阁杯”青少年体育系列联赛】 2018年,东湖区举办南昌市“滕王阁杯”青少年联赛东湖赛区比赛,共有1455名运动员进行1212场比赛。

3月30—31日,东湖区在阳明学校举行南昌市“滕王阁杯”青少年乒乓球联赛(东湖赛区)暨2018年东湖区中小学生乒乓球比赛,区属7个中学代表队、20个小学代表队共计310余人进行115场团体比赛和214场单打赛比赛。光明学校和育新学校教育集团分别获得中学男女组团体冠军,邮政路小学教育集团和东湖小学分别获得小学组男女组冠军。

4月12—13日,在樟树林羽毛球馆举行南昌市“滕王阁杯”青少年羽毛球联赛(东湖赛区)暨2018年东湖区“星耀杯”中小学生羽毛球比赛,区属7支中学代表队、20支小学代表队共计302名运动员参加824场比赛。育新学校教育集团和扬子洲学校分别获得中学男子、中学女子组团体冠军,豫章小学教育集团获得小学男子、小学女子组冠军。

5月4日,在紫金城社区网球场举行南昌市“滕王阁杯”青少年网球联赛(东湖赛区)暨2018年东湖区青少年网球比赛。育新学校教育集团王雨涵获得小学女子组单打冠军、东湖小学姚思彤获得亚军;东湖小学李瑀枫、育新学校辜亦洋、东湖小学周偲桐获得小学男子组前三名。

5月3—4日,在育新学校教育集团初中部体育馆举行南昌市“滕王阁杯”青少年排球联赛(东湖赛区)暨2018年东湖区中学生排球比赛,区属6支中学代表队共计119名运动员参加比赛。滨江学校荣获双冠军,扬子洲学校、城北学校分别获中学男子组二、三名,城北学校、扬子洲学校获得中学女子二、三名。

4月23日至5月8日,在育新学校教育集团初中部足球场举行南昌市“滕王阁杯”青少年足球联赛(东湖赛区)暨2018年东湖区中小学生校园足球比赛,区属四个组别的23支中小学代表队共计256名运动员参加比赛。育新学校教育集团获得初中组冠军,南京路小学包揽小学男子U12、U10两个组别的冠军,东湖小学获得小学女子组冠军。

5月9—16日,在樟树林球馆举办南昌市“滕王阁杯”青少年体育联赛(东湖赛区)暨2018年东湖区“至尚杯”中小学生篮球比赛,区属20所学校55支中小学生男女代表队458名运动员参赛。滨江学校获得中学男子、中学女子组冠军,豫章小学教育集团获得小学男子、小学女子组冠军。

【开展校园体育活动督查工作】 12月17日,东湖区教科体局组织检查组启动为期一周的全区中小学广播体操评比、《国家学生体质健康标准》数据抽测及体育艺术“2+1”项目抽测活动。检查组严格按照评分标准对全区各校广播体操、体育艺术“2+1”项目进行抽测打分,同时针对全区各校《国家学生体质健康标准》数据进行抽测,督促全区各校继续加强学校体育工作,促进学生全面发展和健康成长。

竞技体育

【概况】 2018年,东湖区竞技体育继续坚持走体教结合道路,完善人才梯队,取得令人瞩目的成绩。在由省体育局、省教育厅举办的全省最大规模、最高级别的江西省第四届百县青少年“五人制”足球运动会及“三人制”篮球运动会中，东湖区连续第四年拿下足球一等奖；男子篮球代表队以全胜战绩勇夺总冠军；女子篮球代表队连续三年以全胜战绩再次取得总冠军并创开赛以来历史首个“三连冠”的骄人成绩。

【获全省百县青少年足球运动会一等奖】　8月21—27日，东湖区组队参加江西省在九江市体育中心举办的2018年江西省第四届百县青少年“五人制”足球运动会，经过11轮激烈拼搏，东湖区代表队荣获一等奖及体育道德风尚奖。这是东湖区足球健儿连续四年获得省百县足球运动会一等奖。

【育新学校教育集团女子篮球队获奖】　7月1—5日，在江西省第四届青少年“未来之星”阳光体育大会暨江西省第十五届运动会青少年部俱乐部组女子组篮球比赛中，育新学校教育集团女子篮球队代表南昌市参加本次比赛，荣获女子组冠军。

【东湖区青少年篮球队获男女双冠军】　7月25—31日，江西省第四届百县青少年“三人制”篮球运动会在九江市体育中心举行，东湖区男子篮球代表队以全胜战绩勇夺总冠军，女子篮球代表队连续三年以全胜战绩再次取得总冠军并创开赛以来历史首个“三连冠”成绩。两支代表队均获得赛会体育道德风尚奖。

【李诗沣力夺青奥会羽毛球比赛男子单打冠军】

北京时间10月13日凌晨，在阿根廷首都布宜诺斯艾利斯举行的2018年第三届青奥会羽毛球单打比赛上，东湖区输送的运动员李诗沣代表中国队出战，在决赛中以2∶0战胜印度球员拉克什亚夺得青奥会男子单打冠军，这是江西羽毛球运动员在青奥会历史上取得的第一枚金牌。

【“滕王阁杯”青少年体育联赛获奖】　2018年12月22日至2019年1月13日，2018南昌市“滕王阁杯”青少年体育联赛足球、篮球、排球、乒乓球、羽毛球、网球、田径7个项目总决赛顺利举行。东湖区组织区属9所学校、138名运动员、23名领队教练员参加7个项目的总决赛。东湖区篮球队获得所有组别第一名、团体总分第一名，蝉联总冠军；乒乓球队获得团体总分第一名，蝉联总冠军；足球队获得团体总分第二名；田径队获得团体总分第三名；羽毛球队获得团体总分第四名。

辖区体育资源

【概况】　体育场馆建设是提升社会文明和人民群众健身品位的重要工作。截至2018年底，东湖区共有健身路径240条，为辖区居民开展体育健身运动提供了的良好条件。

2018年东湖区主要运动场馆一览表

表17

名　称	占地面积（平方米）	体育场馆面积（平方米）	电　话	详细地址
天泉水都游泳馆	7000	6000	13177888083	南昌市子固路45号
东海羽毛球馆	1200	900	86832525	南昌市三经路（女职旁边）
樟树林综合馆	7000	6000	88617518	南昌市佘山路66号
天天羽毛球馆	1200	800	88603303	南昌市青山南路下沙沟42号
东湖区全民健身中心	1200	800	88502368	南昌市洪都北大道480号
江西省体育馆	20000	18620	86294651	南昌市福州路28号
上营坊社区国家级社区体育健身俱乐部	300	200	86289426	南昌市上营坊1号

续表 17

名　称	占地面积（平方米）	体育场馆面积（平方米）	电　话	详细地址
彭家桥街道国家级社区体育健身俱乐部	1200	800	88504434	南昌市洪都北大道480号
江西省体育场(内场)	22000	20000	86294603	南昌市福州路28号
江西省体育场(外场)	22000	20000	86294603	南昌市福州路28号
江西师大田径场(外场)	22000	20000	88506324	南昌市北京西路437号
江西师大田径场(内场)	5000	4800	88506324	南昌市北京西路437号
江西师大篮球场	8000	7200	88506324	南昌市北京西路437号
江西师大网球场	4000	3600	88506324	南昌市北京西路437号
省中医学院田径场	22000	20000	86800041	南昌市八一大道461号
江西财大篮球场	2000	1800	88626900	南昌市青山南路596号
豫章中学田径场	2200	2000	86837595	南昌市豫章路125号
育新学校田径场	4200	4000	86215641	南昌市北京西路287号
育新学校篮球场	1500	1200	86215641	南昌市北京西路287号
东湖小学田径场	4000	3200	86267380	南昌市上营坊57号
右营街小学乒乓球馆	600	300	86812612	南昌市右营街120号
豫章二部综合馆	1600	1300	88634433	南昌市起凤路218号
豫章二部田径场	4000	3200	88634433	南昌市起凤路218号
邮政路小学乒乓球馆	300	200	86793430	南昌市邮政路9号
东湖区体校游泳馆	600	380	88600878	南昌市规划七路87号
水上世界游泳馆	1500	1250	13910053758	南昌市福州路93号
江西少儿体育培训中心游泳馆	600	400	86294605	南昌市福州路28号
江西师大游泳池	1500	1250	88506324	南昌市北京西路437号
天奥物业游泳池	500	350	13767407677	南昌市五纬路286号
中寰物业游泳池	250	180	13707092629	南昌市叠山路532号
恒兴物业游泳池	100	60	88593339	南昌市南京西路524号
阳明学校田径场	5000	3200	88502368	南昌市洪都北大道480号
二七北路东湖区体育文化休闲广场	3000	2400	88634455	南昌市二七北路靠近青山南路
豫章街办新星社区室外灯光篮球场	800	600	18979108955	南昌市青山南路72号
董家窑街办新华社区室外灯光篮球场	800	600	18170901055	南昌市佘山路59号

（杨林斌）

文化·旅游

综 述

2018年，东湖区紧紧围绕中央全面深化改革的总体部署，不断完善公共文化服务体系建设。通过创新工作思路，大胆探索文化管理模式，努力营造活跃、丰富的文化环境；充分利用省市区各级资源“上搭天线、下接地气、左右逢源”，打造多元文化供给，不断提升公共文化服务的张力，把文化精品资源“送下去”、把社区居民优秀节目“搬上台”、把甄选的特色节目“送出去”，把高端的文化艺术“请进来”，助推人民群众“动起来”，真正引导广大群众在文化建设中自我表现、自我教育和自我服务。

以大型专题活动开展为主打，东湖文化的感染力进一步提升。围绕“美丽南昌·幸福家园”主题，以文艺演出、歌咏比赛、流动电影放映、红色书籍阅读等形式开展新春文化节、公共文化服务配送新春社区行、“歌颂十九大　阔步新征程”“我们的节日——三风进万家”等专题活动150余场次，惠及群众15万多人次，涌现出《天女散花》（第二十二届全国戏曲小梅花集体节目荟萃十佳优秀奖）等一批文艺精品。

以文化服务互动共享为路径，东湖文化的影响力进一步提升。2018年5月，东湖区图书馆荣获“国家一级馆”称号，同时新升级的东湖区数字文化馆正式上线，在原有活动预约、场馆预订、文化资讯、文化培训等传统模块的基础上，新增总分馆、文化日历、艺术鉴赏、文化遗产、文艺社团、志愿服务等模块，让公共文化服务供需精准对接。

以文化资源全面普查为基点，东湖文化的亲和力进一步提升。通过查阅古籍、拜访专家、实地查看，详细了解辖区历史文化资源的分布、现状，初步整理出《东湖区历史文化资源》汇编资料；根据东湖历史建筑的总体数量、空间分布、风格特征和保护利用现状等，初步整理出《南昌市东湖区历史文化建筑》（附分布图）汇编资料并按“一物一档”原则建立档案。励志社南昌分社旧址、中央南昌飞机制造厂旧址列入第六批省级文物保护单位名单。

以文化市场专项整治为抓手，东湖文化的免疫力进一步提升。开展无证无照文化经营场所专项整治行动；配合省网吧协会，全区40余家网吧监控软件安装实现全覆盖，建立以“技防”代替“人防”的长效机制；对辖区网吧、歌舞娱乐场所、电影院业主开展法律培训；召开第三届“文明示范网吧”表彰会暨文化市场业主大会，树立“工人文化宫网吧”等一批典型。推进“扫黄打非”进基层工作，全区10个镇（街道）113个社区均成立“扫黄打非”工作机构，有专（兼职）工作人员339名、信息员113名。

2018年东湖区以滕王阁景区晋级国家AAAAA级旅游景区为新机，东湖旅游的吸引力进一步提升。10月，滕王阁景区正式晋升为国家AAAAA级旅游景区并作典型发言。东湖区高标准完善全区旅游景区景点、乡村旅游点的停车场、游客中心、旅游公厕等旅游基础设施建设；推进景区“旅游厕所革命”，组织景区申报旅游厕所建设项目，顺利完成2016—2017年度旅游厕所建设项目验收数据上传。制定《东湖区“平安景区”创建工作实施方案》，组织辖区景区（点）召开平安景区创建工作培训会，推荐滕王阁景区为“平安景区”创建单位；规范旅游行业发展，加强安全隐患排查，全区全年未发生重特大旅游安全事故。

文艺创作

【概况】 2018年，东湖区围绕国家、省、市、区各级各类赛事活动，积极创作，涌现出一批文艺精品。原创小品《“卡门”和谐曲》荣获第十四届“华东六省一市戏剧小品”大赛金奖。

【原创廉文化小品《兄弟》】 3月，为了进一步营造崇廉尚洁的良好社会氛围，东湖区文广局积极创排原创小品参加南昌市纪委主办的“方正杯”廉文化小品大赛。参赛作品《兄弟》讲述了一个发人深省的纪检故事：国企老总的哥哥因为行贿入狱，身为纪检干部的弟弟前往监狱探视。曾经的好丈夫、好父亲、好儿子，因为经不起诱惑，走上违纪违法的道路，妻离子散，以深刻写实的方式让党员干部深受警示教育。

【原创小品《“卡门”和谐曲》】 9月，第十四届“华东六省一市戏剧小品”大赛在山东省济南市圆满落下帷幕，东湖区选送的小品《“卡门”和谐曲》在32个参赛作品中脱颖而出，斩获大赛金奖，是全省在本次比赛中获得的最高荣誉。小品《“卡门”和谐曲》讲述的是一个“微型社会”的故事，里面有劫匪、盲人、恋人等角色，他们之间貌似毫无联系，但是冲突和矛盾巧妙的让他们联系在一起，期间不仅有啼笑皆非的误会，更有看似离奇的遭遇。最终真善美战胜邪恶，唤醒了每个人内心中那个最质朴的自己，最终谱写一曲和谐温馨的大团圆结局。舞台上演员们以饱满的热情，精湛的演技完美地诠释了角色，他们的演出得到了评委和观众的一致认可。

2018年东湖区文艺创作及获奖情况

表18

作品名称	作　者	获奖名称
原创廉文化小品《兄弟》	区文化馆	南昌市“方正杯”廉文化小品大赛一等奖
原创小品《“卡门”和谐曲》	帕拉方剧场	第十四届“华东六省一市戏剧小品”大赛金奖

文化活动

【概况】 2018年，东湖区文化馆、图书馆、方志敏广场坚持免费开放。区文化馆持续举办舞蹈、器乐、时装表演、书法等免费培训班，围绕欢度新春主题，开展“说民俗　展年俗　南昌味道南昌年”“团圆家国梦　奋斗正当时”外来务工人员元宵文艺会演、2018年公共文化服务配送新春社区行等新春文化活动；围绕学习贯彻中共十九大精神主题，举办“颂歌十九大　阔步新征程”江西书画名家展等活动；围绕“三风”主题，开展“我们的节日——三风进万家”等活动，惠及群众10余万人次。区图书馆持续开展全民阅读、好书推荐、讲座及系列少儿活动，唱响“传播经典文化·传承传统节日”“少儿成长计划”“书香东湖书香梦”“东湖大讲堂”“精神湿地·文化长廊”展览五大活动品牌。方志敏广场获评“南昌市党性教育示范基地”，开展“继承革命文化　传承红色基因”2018年豫章清明追思活动暨廉文化作品诵读会、“诵读红色家书，传承红色基因”等主题活动。

【元旦文艺会演】 “筑梦新时代　大美新东湖”2018年东湖区元旦文艺会演在八一公园倾情上演。毓秀艺术团带来的精彩舞蹈《春天礼赞》，让观众感受到春天的气息；独唱《草原之夜》，感受草原之夜的神奇美妙，令人激情荡漾；豫章黄梅戏团带来的《女驸马选段》，曲折离奇的戏剧情节，塑造了一个善良、勇敢、聪慧的古代女性形象，赢得现场掌声阵阵；五十六个民族，五十六枝花，各民族团结一心，共创美好未来，演出在心连心艺术团带来的舞蹈《民族大团结》中结束。

【江西书画名家东湖新春作品展】 1月30日至2月4日，“颂歌十九大　阔步新征程”2018年江西书画名家东湖新春作品展在东湖区文化馆美术展览厅开幕。参展作者以中青年为主,得到江西省书画名家的大力支持。展览围绕幸福中国、大美江西、魅力东湖等内容,共收到作品40余幅,作品或以魏晋而书,或以唐楷畅怀,气势磅礴;或以皴擦写意,或以工笔白描,或以钩以情怀,直抒胸臆。有的重浊质朴,纵横笔墨写万壑气势、自然挥洒;有的英姿勃发、气韵自生;有的为书为画风格朴素、真挚、不拘一格,书画随心境,淡然又悠然。均反映出新时代的精神风貌,更好构筑中国精神、中国价值、中国力量,为广大群众提供精神指引。

【2018年新春免费文化培训班】 1月,东湖区文化馆推出新春免费文化培训班,受到广大市民热捧,共开设舞蹈、书法、剪纸、声乐、语言表演等8个培训班,招收学员近300人。

【第九届“大伯大妈”歌手PK赛】 2月11日,东湖区第九届“大伯大妈”歌手PK赛在八一公园举行。活动参赛选手由区文化馆总馆、分馆、服务点和各街道、乡镇、管理处选送,共有19位优秀的“大伯大妈”参加比赛;邀请南昌市音协主席施惠媛、南昌市音协副主席付文静、南昌市音协秘书长胡敏担任评委。经过激烈的角逐,最终评选出一等奖1名,二等奖2名,三等奖3名。豫章街道选送的选手张志春,一曲《儿行千里》,感人至深,“儿行千里母担忧”的真情实感,让现场观众感同身受、热泪盈眶;“大伯大妈”歌手PK赛作为东湖炙手可热的活动品牌,已经连续举办九届,活动旨在丰富社区居民的文化生活,为广大群众搭建展示的平台,倡导“健康向上”的生活方式,激发群众的热情,让辖区中老年朋友参与到文艺活动中来,愉悦身心,促进交流。

【迎新春系列活动】 1—2月,区图书馆举办“庆元旦、迎新春”系列活动,包括“罕识画梦·涂抹朝阳”少儿元旦画风筝活动、少儿折纸花球、少儿贝壳画、“神奇的蜕变”少儿电影展播、“鼓角童心过新年”少儿水钻画、手工十二生肖杯、手工花盆活动,“新春纳福·春联送喜”流动书屋进社区、“正月十五花灯俏.锣鼓喧天闹元宵”猜灯谜、画灯笼等活动。

【红色文艺轻骑兵走基层系列巡演】 3月,东湖区“红色文艺轻骑兵”系列活动分别在扬农管理处、光明社区、八一公园三处举办,用歌唱,诵读,舞蹈,武术等丰富多彩的艺术形式展现新时代文化工作者的精神面貌,传递东湖文化服务新声音。

【“鸟语花香雷锋季”系列少儿活动】 3月,区图书馆开展以弘扬雷锋精神为主题的“鸟语花香雷锋季”少儿活动,进一步弘扬雷锋精神和“奉献、友爱、互助、进步”的服务精神,让青少年树立正确的世界观、人生观、价值观,弘扬中华传统美德,传播为人民服务的理念。

【清明追思活动暨豫章诗歌会】 4月3日,东湖区2018年清明追思活动暨豫章诗歌会在方志敏广场举行。在方志敏烈士雕像前,广大党员干部、文化工作者、文化志愿者、艺术家、少年儿童以及群众百余人组成的方阵,肃穆而立,鞠躬默哀,敬献花篮,深切缅怀革命先烈方志敏的丰功伟绩,表达对革命先辈的崇高敬仰和沉痛哀悼。在烈士雕像下,全体党员高举右手,面向鲜红的党旗齐声宣誓“入党誓词”,以重温“入党誓词”的方式,再次接受革命传统和党性教育,激励自己勿忘“入党初心”。

【第八届读好书活动】 4月15—29日,区图书馆开展“共筑中国梦　书香润东湖”第八届读好书活动。该活动由“翰墨书香　激扬梦想”现场书法比赛,“读圣贤书,做文明人”亲子手绘图画书,“传承优良精神　弘扬传统美德”流动书屋进社区,“书香承载历史,阅读洗涤心灵”之汉服表演,“关爱留守儿童　爱心助未来”留守、流入儿童捐赠,“馨香悦读　激扬梦想”你选书、我买单活动,“快乐书童·争当故事大王”讲故事比赛活动,“书香悦读—读好书·荐好书”好书荐读活动,“和你一起读世界”世界读书日朗诵会,“读一本好书像交一个益友”之古典文学名师讲座,“少而好学读书月”少儿系列活动组成,进一步浓厚了东湖读书氛围,筑牢了东湖人文基础,得到各界好评。

【庆五一干部职工劳动竞赛】 4月27日,“阔步新时代　劳动最光荣”2018年东湖区庆五一劳动节文化会演在八一公园百花大舞台举行。活动在开场舞《不忘初心》中拉开帷幕。诗朗诵《南昌我的家》表达了在南昌打拼的外来务工人员对南昌的热爱;独唱《双脚踏上幸福路》唱出了劳动者用自己的努力奋斗踏上梦想之路的欣喜;武术《中国功夫》的表演者是一群农民工咏春爱好者,他们娴熟的表演了一套咏春拳,深受观众的喜爱。精彩的演出博得了现场观众的热烈掌声。

【悦读悦美成长梦服务宣传周活动】 5月25日至6月3日,区图书馆服务宣传周活动启动。该活动由“悦读悦美成长梦”之“社区亲子行·共绘同心圆”服务宣传周大型公益活动、“悦读悦美成长梦”之“勤学起苗·振翅而飞”宣传周创意撕贴画活动、“书香赣鄱”东湖区全民阅读演讲大赛暨“我荐赣版书”大型读书活动决赛、“关于儿童教育”服务宣传周少儿讲座、“悦读悦美成长梦”之“创意手绘乐器”儿童节暨服务宣传周少儿活动组成,在全社会营造了良好的阅读氛围,大力推动全民阅读,促进市民多读书、读好书。

【欢度端午主题活动】 6月14日,东湖区“我们的节日”系列活动之“粽米飘香艾蒲长　千家万户粽是情”在八一公园九曲桥头举行。广大市民和学生共同做传统手工、赏传统节目、品传统文化。活动以四大特色展开,创意民俗开展包粽子、画彩蛋、画蒲扇比赛,当场评出各项目一等奖1名、二等奖2名、三等奖3名,并发放奖励。当天还举办“话端午”趣谈民俗活动,增长了市民对传统民俗文化知识。

【“红色家书”诵读交流系列活动】 6月,方志敏广场接待滕王阁保育院、东湖区城市管理执法局、高新区纪检监察机关等20多家单位开展“红色家书”诵读交流系列活动,参观人员面向鲜红的党旗,重温入党誓词,有序地参观方志敏爱国事迹陈列馆,并就此次学习活动畅谈感受,发表对革命先辈们的崇敬之情。

【书画艺术边疆行活动】 7月20日,由江西省文化厅、云南省文化厅主办,东湖区人民政府、大理州文化体育局、东湖区文化广电旅游新闻出版局承办,东湖区文化馆、大理州群众艺术馆、江西四方书画院协办的2018年文化和旅游部“春雨工程”东湖书画艺术边疆行——江西四方书画院书画展在云南省大理州群众艺术馆隆重开幕,展览持续6天。此次书画艺术边疆行活动,得到江西四方书画院的大力支持,共展出画院十二位画家近年来潜心创作的100幅精品力作,涵盖山水、花鸟、人物等门类,通过此次“东湖书画艺术边疆行”活动入选文化和旅游部“春雨工程”大展台之机,书画家们用翰墨丹青传递文化真情,让东湖的艺术春雨滋润着边疆人民的精神文化生活。

【基层文化骨干数字信息培训班】 8月2日,在区文化馆举行2018年基层文化骨干数字信息培训班。参加此次培训的有分馆、服务点数字信息文化专干、团队文化专干。培训由上海创图科技培训讲师主讲。通过培训让文化专干们对数字文化馆有了初步的了解,大家纷纷表示,这是一个很好的展示交流平台,可以让市民更进一步了解文化馆的工作职能,参与到文化馆的各项活动体验中来,更好地享受家门口的公共文化服务。

【八一南昌起义暨中国人民解放军建军91周年纪念活动】 8月,区图书馆举办纪念“八一”中国人民解放军建军节系列主题活动,如“八一”国防教育知识讲座、“红色八一”少儿活动、“八一建军节、中外强军史”专题图书馆推荐、“八一建军节”朗诵等活动。

【八一建军节主题系列活动】 8月,方志敏广场接待三十余家单位,开展“忆峥嵘岁月　做薪火传人”“八一”中国人民解放军建军节主题活动,让参与者了解革命先烈们为人民的幸福、民族的解放,抛头颅洒热血、奋斗终生的伟大事迹。

【暑期免费培训班】 7—8月,区文化馆2018年暑期免费培训班开课。暑期培训班设舞蹈班、手工剪纸班、朗诵班、合唱班、美术班、葫芦丝班等15个,其中老年班3个,计划培训学员400多名。

【悦读悦美成长梦暑期系列少儿活动】 7—8月,区图书馆开展2018年暑期系列少儿活动,包括“手绘文化衫”兴家风亲子专栏、立成朗诵培训班、“一根有趣的线条”淳民风创意联想画、少儿兴家风绘本故事分享会、“重返侏罗纪”淳民风乐儿科普园系列少儿活动、“冰爽夏季”兴家风黏土制作、“海底世界”淳民风儿童绘画、“纸绳艺术”兴家风手工小制作、“神奇的亮片”兴家风创意立体画、少儿暑期志愿者等活动,丰富了低幼儿童、中小学生暑期文化生活。

【全民诵读系列活动】 9月23日,区图书馆举办纪念改革开放40年暨庆中秋迎国庆全民诵读系列活动,该主题系列活动由“共度中秋·喜迎国庆”改革开放40周年大型诵唱表演、“冰皮巧动手·甜蜜迎中秋”冰皮月饼DIY亲子活动、“壮阔东方潮·奋进新时代”纪念改革开放40周年流动书屋、“改革开放40年·与书同行”电子图书推荐等环节组成。在国庆中秋双节齐至的特殊日子里，为广大读者送上特殊的节日祝福。

【文化和旅游部到东湖区调研文化志愿服务工作】 9月27日，文化和旅游部调研组到区文化馆调研文化志愿服务工作。调研组一行首先来到东湖区“阳光工程”项目实施村——前洲村，察看前洲村文化大院的文化建设情况，听取前洲村文化志愿服务工作情况的汇报。随后，到区文化馆进行调研参观，详细了解志愿服务队伍建设情况和志愿服务活动开展等情况。座谈会上，调研组听取区文化馆志愿服务工作开展情况汇报并查阅相关资料，详细了解基层文化志愿服务工作的做法、工作中遇到的难题，并同各级文化部门、文化志愿者进行深入交流，对东湖区文化志愿服务工作的开展及成效给予高度评价。

【手机摄影大赛】 9月29日，庆祝改革开放40周年手机摄影大赛获奖作品评选会在区文化馆会议室开展。此次作品征稿自7月15日至8月30日，收到作品234幅。经省、市专家评委认真评审，共评选出一等奖1名、二等奖3名、三等奖6名、优秀奖30名及特邀参展作品36幅。获奖作品真实记录了新时代江西省城乡建设的新面貌，展现了江西的人文历史、变化和变迁，具有重要意义。

【中秋月少儿活动】 9月，区图书馆“欢乐在中秋·情浓意更浓”中秋月少儿活动，该活动包括“彩色花园”兴家风亲子手绘、“不织布贴画”淳民风少儿创意画、“手工彩灯”——淳民风中秋节少儿活动、“生活大变革”纪念改革开放四十周年淳民风儿童绘画等活动，让孩子们更好的缓解紧张学习带来的压迫感，丰富少儿读者课外文化生活，进一步提高图书馆公共文化服务能力。

【中秋暨“三风”文艺晚会】 9月，豫章中秋夜·邻里一家亲——“兴家风　淳民风　正社风”2018年中秋文艺晚会在董家窑街道锦苑春天社区举办。文化志愿者队员们身着盛装，精神振奋，载歌载舞，用舞蹈、唱歌、黄梅戏、情景剧、南昌道琴、朗诵等形式多样、丰富多彩的表演方式为庆祝节日的到来。南昌道琴表演和红星艺术团的歌舞《方卿戏姑》《不忘初心》等节目更是给现场增添喜庆气氛。“我们的节日——中秋”送文化进社区已成为多年来的一个传统，把节日祝福送给社区百姓，通过丰富的文艺节目搭建出一个邻里互动的平台，营造出浓郁的节日氛围。

【“缤纷秋日收获季”系列少儿活动】 10月，区图书馆举办“缤纷秋日收获季”系列少儿活动，该活动由“麦田里的守望者”少儿绘画、“缤纷秋日”亲子手工制作、“手心里的艺术”创意搓纸画等活动组成。几个生动有趣的小故事，几堂充满想象的手工课程，让孩子们度过充实且难忘的周末。

【庆国庆系列活动】 10月，区文化馆为市民准备丰富多彩的文化大餐，动静相宜：有热闹喜庆的庆祝改革开放40周年暨国庆文艺会演、2018年市民音乐节及黄梅戏专场演出，也有静心欣赏的庆祝改革开放四十周年——“墨韵东湖　锦绣华章”江西四方书画院艺术精品展。东湖区每年国庆期间都会准备丰富的文化大餐与市民共度国庆，打造“国庆三天乐”品牌，为国庆假日营造了欢乐祥和的氛围。

【“方志敏精神进校园”系列活动】 11月5日，“方志敏精神进校园”系列活动第一站到城北小学。方志敏广场的宣讲员以少年方志敏为主题，组织一堂“红色启蒙课”，用生动而富有激情的讲述和视频图片交互穿插，把孩子们带入过去的时光。在讲述“方志敏去游法国公园”时，孩子们表情凝重，静静聆听；当故事转到“方志敏两条半枪闹革命”时，孩子们的激动和雀跃则溢于言表。

【方志敏广场获评示范基地】 11月，方志敏广场顺利通过南昌市档案教育示范基地评审小组专家的实地评审，正式批准为第三批南昌市档案教育示范基地。此次授牌将进一步拓展基地的教育示范作用，共同推进档案事业发展。

【感恩月系列少儿活动】 11月，区图书馆开展“不忘初心·感恩于行”感恩月系列少儿活动，该活动包括“我眼中的家园”纪念改革开放40周年少儿绘画、“巧手编织”亲子活动专栏、“艺术盆栽”感恩节主题活动、“创意手工盘”手工制作等活动,让孩子们在手工制作与绘画的过程中找到乐趣,学会成长。

【基层文化活动示范点授牌】 12月31日,东湖区基层文化活动示范点授牌仪式在文化馆培训报告厅举行。区文化馆为30个基层文化活动示范点进行授牌,包括未成年人活动示范点和外来务工人员示范点。评选结合"推荐+考察"的方式,根据各街道(镇、管理处)的推荐,再通过实地综合考察,最终评选出30个基层文化活动示范点。此次授牌仪式旨在加强对全区基层文化活动的指导和帮扶,把更多的基层文化活动中心纳入到指标体系中,让文化发展的成果惠及更多的社区百姓,做好"文化最后一公里"的铺路工作。

【"情暖冬日·书香童行"系列少儿活动】 12月,区图书馆开展"情暖冬日·书香童行"系列少儿活动,该活动由"雪的世界"少儿绘画,"时钟设计"手工制作,少儿绘本故事分享会,"趣味圣诞"亲子活动组成。活动对于孩子们来说不单是一次提高和丰富自己的行为,也同样收获了技能、快乐,也许还有更多。

【"东湖大讲堂"大型公益活动】 2018年全年,区图书馆持续开展30余场"东湖大讲堂"大型公益活动,由"女子防狼术"讲座、"数码照片后期处理"讲座、"美丽的月球"讲座、"东京审判"讲座、"老人人权益保护"讲座、"致敬,我们的青春"讲座、"阅读世界的角度"讲座、"《大话西游》"解析讲座、"议和大纲中用词的新解"讲座、古典小说的现代解读与文化反思讲座、普法知识讲座、健康知识讲座、节日安全讲座等组成。

【方志敏广场多举措促文明创建】 2018年全年,方志敏广场管理处多措并举,倡导全民参与,让文明创建深入人心,文明之风吹遍每一个角落。一是利用LED电子屏24小时滚动播放社会主义核心价值观,展示60幅"图说我们的价值观",设置12块文明用语指示牌,设立道德模范学习宣传栏,举办南昌市道德模范先进事迹展,弘扬好家庭好家风好家训。二是开展文明旅游、文明交通、文明出行、文明祭扫等活动,推动文明创建工作。三是方志敏广场管理处招募志愿者23名,形成一支长期、高效、热情的学雷锋志愿服务队,组织开展了丰富多彩的学雷锋志愿活动,产生了良好的社会效果。

【"精神湿地·文化长廊"展览活动】 2018年全年,区图书馆持续开展"精神湿地·文化长廊"系列展览活动,共举办8场,分别为"掌声聚民心开启新时代"学习十九大报告图文展、"过年"图文展、"德耀赣鄱"全省道德模范和"身边好人"先进事迹图文展、《中华人民共和国公共图书馆法》宣传图文展、《描绘多彩之梦——外国少儿绘本推介展》等系列讲座及少儿活动、《小人书里寻"小人儿"——连环画里的童年记忆展》《家国情怀》——红色家书荐读、《孟子》插图版本展。

文化市场

【概况】 2018年,东湖区加强对网吧、游艺厅、书店、歌舞娱乐场所等文化市场的监管,强化事中事后监管,做到严把关、严巡查、严整治、严处罚同时,又优化服务、提高服务水平和能力。推出错时制拉网式排查、联合执法、专项整治等,出动文化市场执法人员780余人次,检查网吧、娱乐场所、影院、出版物市场、电子游艺场所等1400余家次,受理举报案件50起,立案查处各类案件36起,查缴盗版违法书刊500余册,取缔游商摊贩3家,查处并拆除非法地面卫星接收设施8处共20余个,有力地打击了各类违规违纪行为,文化市场得到了健康有序的发展。

【文化市场专项整治】 3月1—20日,区文广局在全国"两会"期间开展文化市场专项整治,重点检查网吧、出版物市场、歌舞娱乐场所等文化市场经营主体是否依法依规开展经营活动,督促业主做好消防安全工作,防止发生安全责任事故,保障"两会"期间文化市场的安全、稳定、健康。4月24—28日,区文广局联合相关执法部门,依法查处取缔辖区内无证经营的娱乐场所2家。

【文化市场安全生产大排查行动】 3月1—15日、4月30日至5月15日,区文广局深入辖区网吧、歌舞娱乐场所、动漫城等文化经营企业,通过看现场、查设备等进行地毯式安全大排查,重点对消防设施是否完好,消防通道是否畅通,消防制度是否落实进行认真排查,对检查发现的安全隐患当场责令立即整改或限期整改。行动共检查100余家文化企业，发现安全隐患22处，立即整改17处，限期整改5处，并与企业主要负责人签订《安全生产履职承诺书》。同时要求经营业主增强安全生产经营意识，健全完善安全生产规章制度和应急预案，组织开展应急演练，切实做到安全经营、文明经营、守法经营。

【文化市场业主大会】 4月10日，区文广局联合东湖网监大队、东湖消防大队、区市监局召开东湖区2018年文化市场业主大会，开展法律培训，提升业主法律意识。会上，对“工人文化宫网吧”等6家网吧给予表彰。

【出版物市场业主大会】 5月13日，区文广局召开东湖区2018年出版物市场业主大会暨“扫黄打非”联络员工作培训会，与全区60余家出版物市场业主签订“扫黄打非”承诺书和安全生产责任状。

【中高考期间网吧市场专项治理】 6月5—19日，区文广局启动为期半个月的“中高考期间网吧市场专项治理行动”工作。加强对校园周边的网吧检查，突出对考试休息时间、中午及晚上休息时间的全面覆盖，加强对网吧市场的消防安全、经营内容和时间、噪声状况的检查，保障高考期间学生有一个良好的学习、考试、休息环境。

【强化网吧暑期管理工作】 7月1日至9月1日，区文广局制定《东湖区文广局2018年暑期网吧、电子游戏营业场所专项治理实施方案》。召开暑期专项整治动员大会，与辖区内40家网吧经营业主签订暑期安全稳定责任状，联合区安监局、区公安网监大队、区消防大队，重点检查网吧违规接纳未成年人、实名制登记上网落实情况、安装违规违法游戏、消防安全责任及制度落实等情况。

【文化娱乐场所安全专项检查】 7月15日至8月15日，区文广局配合公安、消防等有关职能部门，开展文化娱乐场所安全专项检查，督促网吧、歌舞娱乐、游艺娱乐、营业性演出等经营场所落实安全生产制度，加强扫黑除恶专项工作的宣传和线索摸排，严防火灾等恶性事故，确保文化市场安全有序。

【打字复印店专项整治】 9月3—6日，区文广局组织执法队员对辖区内打字复印店进行拉网式专项检查，实现“扫黄打非”责任状和“五项制度”上墙的全覆盖。

【圣诞期间娱乐场所专项整治行动】 12月24—25日，区文广局对辖区文化娱乐场所开展专项整治行动。严厉监管超负荷容纳消费者、违规接纳未成年人、非法点播境外歌曲曲库、从业人员无统一着装、无证经营、安全制度健全和落实到位情况；场所疏散通道和安全出口是否畅通，疏散指示标志、应急照明是否齐全完好及经营秩序混乱和娱乐场所噪声扰民等问题。

【“双打”系列活动】 12月，区文广局加大日常检查力度，加强联合执法检查，重点检查各类出版物经营户是否亮证亮照经营、是否销售淫秽色情、暴力血腥、宣传邪教、恐怖主义、盗版等违法违规出版物、进货票据是否齐全，坚决查处各类侵犯知识产权和制售假冒伪劣商品的行为。全年出动执法人员300余人次，检查各类出版物经营单位103家次，缴获侵权盗版出版物200余册。

【“扫黄打非”系列活动】 2018年，区文广局持续深入开展“扫黄打非”工作，旗帜鲜明地打击盗版侵权行为，维护良好的社会主义文化市场秩序。开展“护苗”“净网”“清源”“秋风”四个专项行动以及高校及周边打字复印店整治、非法地面卫星接收设施专项整治等行动，重点查缴下列品种：非法政治性出版物；淫秽色情出版物；非法盗版侵权出版物；非法地面卫星接收设施。积极推进“扫黄打非进基层”工作，建立113个“扫黄打非”基层工作站。全年共出动执法人员1000余人次，检查书店、网吧等文化市场经营主体800余家次，共查缴、拆除非法地面卫星接收设施8处共20余个，非法出版物和盗版少儿卡通书刊300余册。

【校园周边文化市场整治】 2018年，区文广局以中、小学及周边为重点整治区域，以书店、报刊亭、网吧等为重点整治场所，以网吧违规接纳未成年人、销售非法侵权盗版出版物等为重点整治内容，开展5次校园周边文化市场专项整治行动。出动执法人员600余人次，检查各类文化经营主体400余家次，立案查处违法经营行为8起，缴获盗版出版物200余册。

【网吧监控软件安装工作】 2018年，按照省、市上级职能部门的要求，配合省网吧协会，对全区40余家网吧监控软件安装实现全覆盖，建立以“技防”代替“人防”的长效机制，为未成年人的健康成长打造安定、有序的环境。

文物·博物

【概况】 2018年，东湖区贯彻“保护为主、抢救第一、合理利用、加强管理”的十六字文物保护方针，以文化资源全面普查为基点，积极探索历史文化资源利用方式，文物保护工作成效显著。

【文物安全保护工作】 1月开始，区文广局开展针对国家级文物保护单位每月一次、省级文物保护单位两月一次、市级文物保护单位及不可移动文物登记点半年一次的文物消防安全检查，全年累计检查274家次文物点，发现并整改消防安全隐患7个，多次阻止违反文物保护法的施工建设行为，有力保障文物点的安全。

【新增两处省级文物保护单位】 3月22日，东湖区辖区励志社南昌分社旧址、中央南昌飞机制造厂旧址两处旧址被列入第六批省级文物保护单位名单。截至年底，全区共有文物保护单位11处，其中国保4处、省保5处、市保2处。

【文化建筑保护信息化建设】 6—12月，区文广局以文物普查数据为基础，结合现代数字技术，对东湖区100余栋历史文化建筑进行VR仿真模型再现和室内虚拟漫游。该项目通过现场实地测量，使用全景相机及VR摄像机，无人航拍机等先进设备，将东湖区历史文化建筑等比还原到东湖区地图之上。通过PC或手机端两种方案，十分快捷方便地把东湖区历史文化建筑展现在眼前，是探索保护历史文化建筑的新形式，更加有利于对这些历史建筑的保护及利用。

【文物建筑保护性修缮工作】 12月，民德路159号民国小洋楼、榕门路229号（原印刷二厂）、励志社南昌分社等文物点保护性修缮工作完成。文物建筑修复工作本着“修旧如旧”原则，依照法律法规邀请专家评审维修方案，维修过程中加强督查，严格把关验收，维修后历史风貌得以恢复，文物保护工作取得成效显著。

【整理《南昌市东湖区历史文化建筑》】 2018年，东湖区通过组织专家普查队，通过查阅古籍、实地查看，根据东湖区历史建筑的总体数量、空间分布、风格特征和保护利用现状等，对《南昌市东湖区历史文化建筑》一书进行整理，并按“一物一档”原则建立档案。

非物质文化遗产

【概况】 2018年，东湖区的非物质文化遗产得到有效保护传承，开展“文化和自然遗产日”非物质文化遗产系列活动。举办省级非遗“赣发绣”2018年新春展、大年三十佑民寺非遗展、“活态传承　活力再现”2018年非物质文化遗产展示活动；开设寓教于乐的非遗体验课，泥塑体验课、豫章绣体验课等。

【开展“赣发绣”2018年新春展】 1月24日，由区文广局、区非物质文化遗产研究保护中心、南昌永红赣绣发展有限公司承办的“经纬翰墨——省级非遗项目赣发绣”2018年新春展正式开展。展览以传承、工艺、个性化定制三个方面全面展示省级非遗项目在保护传承工作中所取得的成果，共展出46幅作品，展出持续5天，让众多参观者一饱眼福。

【开展泥塑体验课】 5月，区文广局在区文化馆非遗展览厅开展东湖区泥塑体验课，有15名青少年及家长通过微信平台报名参加。南昌泥塑代表性传承人罗清华老师细致讲解如何用泥巴做成正方体、圆形、椭圆等常见的形状，并耐心指导每一位参与者。

【南昌清音传承培训】 5月，区文化馆联合贵林社开展南昌清音培训活动。培训老师现场示范唱段《今日犹闻翰墨香》等地方文化特色的作品，并将作品与学员交流，手把手地传授南昌清音坐唱、站唱、走唱等艺术形式，学员通过倾听、体验、参与的形式“零距离”感受“非遗”的魅力。

【省级非遗项目豫章绣进高校】 6月6日，省级非遗项目豫章绣进高校揭牌仪式在江西师范大学

（瑶湖校区）美术学院举行。活动由江西师范大学美术学院苏敉副院长主持，江西师范大学美术学院院长给豫章绣代表性传承人余正连、周南英颁发聘书。非遗校园研究基地为学生坚定文化自信和文化自觉提供了实践平台和机会，让学生触摸传统文化、认识传统文化、研究传统文化，从而创新继承传统文化。

【开展非遗展示活动】 6月8日，由区文广局主办，东湖区非物质文化遗产研究保护中心、江西樟树林文化生活公园承办的2018年东湖区非物质文化遗产展示活动在樟树林文化生活公园举行。活动旨在弘扬优秀传统文化，传承民俗民风。东湖区7个非物质文化遗产展示项目现场展示制作工艺，它们是省级非遗项目赣发绣、豫章绣、南昌瓦罐煨汤制作技艺、东湖胎发毛笔制作技艺，市级非遗项目豫章刻瓷、婴儿传统理发礼仪风俗、民间工艺豫章篆刻等。其中6位非遗代表性传承人进行现场技艺展示，展示传承人代表作品。市民在了解工艺流程和工艺知识的同时，体味传统工艺的精妙绝伦。

【开展“文化和自然遗产日”活动】 3—6月，东湖区开展“文化和自然遗产日”非物质文化遗产系列活动，其中有豫章绣基础培训班及作品展、东湖区“庆五一”传统手工艺展示活动、东湖区非物质文化遗产传承与发展专题讲座、古琴与楚调唐音艺术品鉴会等。通过非遗展览展示、非遗传承人现场展示、非遗演出等，全面展示东湖区非物质保护传承工作成果。

【开展豫章绣体验课】 7月，区文化馆特邀豫章绣代表性传承人余正连老师为大家传授刺绣制作技巧。老师细致的讲解刺绣入门技法，让学员能够简单刺绣出图案。丰富了市民的业余文化生活，让更多人全方位了解非遗项目。

【举办非物质文化遗产知识竞赛】 11月，2018年东湖区非物质文化遗产知识竞赛在区文化馆国学堂举行。竞赛以笔试形式进行，内容涉及联合国教科文组织《保护非物质文化遗产公约》《中华人民共和国非物质文化遗产法》《江西省非物质文化遗产条例》及相关保护案例，共有20人参加竞赛，其中省级非遗项目南昌瓦罐煨汤制作技艺代表凭借出色表现最终获得此次比赛的一等奖，省级非遗项目赣发绣代表、胎发毛笔制作技艺代表性传承人、董家窑、彭家桥等街道文化专干获得比赛二等奖，省级非遗项目豫章绣代表性传承人、市级项目南昌泥塑代表性传承人、百花洲街道文化专干等获得比赛三等奖。

【区图书馆公共服务能力建设】 区图书馆全年365天免费对外开放，利用RFID无线射频技术，实现全馆自助办证、自助借还、与省、市、区图书馆的通借通还，通过总分馆数字化平台体系，实现全区、街道（镇、管理处）、社区（村）的公共图书馆场馆及资源的无缝对接以及信息整合，实现公共图书馆信息资源服务免费查询、免费借阅，形成“一馆办证、多馆借书、多馆还书、通借通还、资源共享”的服务模式。同时，区图书馆引进博看微书屋数字资源，可在电子报刊阅读机及手机终端上使用；建立了超星移动阅读平台，可在移动终端上使用；引进了超星视频资源，可在图书馆门户网站观看。

旅游管理与服务

【概况】 2018年，东湖区加大旅游重点产业项目和旅游规划线路建设工作力度，强化旅游宣传促销工作，加强旅游行业管理，推动旅游业快速健康发展。设计制作《人文东湖》旅游宣传折页，推介历史文化旅游资源。全区旅游接待人数约1413万人次，旅游总收入166.39亿元，旅游产业吸纳劳动就业人数1万多人。2018年，全区共审批备案登记4个旅行社分社、25个服务网点，注销旅行社分社4个，注销旅行社服务网点9个。组织旅游企业申报并获得省市级旅游资金130余万元。凯美开元名都大酒店被评为金树叶级绿色旅游饭店。

【开展文明旅游主题活动】 1月19日至2月6日，在紫金城社区、刘将军庙社区等8个社区开展“天下英雄城，旅游更文明——文明旅游进社区”活动，印制文明旅游进社区宣传袋2500余份，发放文明旅游和安全旅游知识宣传提示资料3000多册，利用现场设置的展棚，开展旅游商品展示、非遗项目展示、现场咨询、答疑解难等互动活动，宣传推介东湖区旅游景区(点)和旅游商品。

【春节文化旅游活动】 2月15日,在佑民寺历史文化街区举办"说民俗·展年俗　南昌味道南昌年"新春活动,并得到中央、省、市媒体的广泛宣传和报道。

【开展旅游安全隐患排查】 4月7—10日,区文广局对辖区滕王阁景区、樟树林文化生活公园、扬子洲生态旅游景区加大安全排查力度,全面排除旅游安全隐患,加强安全维护和运行监管,坚决遏制重特大旅游安全事故发生。

【"小创客·创益集市"开市】 6月2日,东湖区集科技创新、爱心环保、实践体验为一体,全国首家面向青少年常态化开放的"小创客·创益集市",在樟树林文化生活公园开市。

【拍摄东湖区旅游宣传推介片】 6月6日,东湖区与携程网合作,由东湖区区长高辉红担任致辞嘉宾,拍摄东湖区旅游宣传推介片《诚邀天下客,共聚东太湖》参加由市旅发委组织的香港旅游促销活动,推介宣传东湖旅游市场。

【第三届滕王阁金婚典范活动】 10月24日,滕王阁旅游区以九九重阳为契机,以名楼名阁传承中华文明为宗旨,于重阳节当天举办第三届滕王阁九九重阳"尊老爱亲尚家风"金婚典范活动。本届金婚盛典活动以"致敬改革40年,相敬如宾50载"为主题,以"情满重阳,爱在夕阳"为口号,面向社会征集99对身体健康、行动方便的金婚伴侣,携手共赴此次金婚盛典联欢会。

【滕王阁景区晋升为国家AAAAA级】 10月29日,文化和旅游部举行新晋国家AAAAA级旅游景区授牌仪式,滕王阁名列其中,并作典型发言。11月1日,滕王阁旅游区举行国家AAAAA级旅游景区揭牌仪式。滕王阁旅游区弥补了江西省会城市的国家AAAAA级旅游景区空白,也填补了江南三大名楼全部晋升国家国家AAAAA级旅游景区的空白。

辖区文化资源

【概况】 东湖区有着丰富的文化资源,截至2017年,建有街道(镇)文化中心11个,社区文化活动室114个,社区文化广场21个,信息资源共享服务点区级分中心1个、基层服务点10个,农家书屋6个,市级爱国主义教育基地1个,外来务工人员子女艺术教育培训中心1个,电影院7家,博物馆、纪念馆6家。配合省共享工程中心完成5个街道公共电子阅览室和17个社区公共电子阅览室的建设,完成21个城中村"农家书屋"建设,其覆盖率在全市率先达到100%。

东湖辖区文化资源相对集中,八一起义和八一广场旧址、贺龙指挥部、朱德旧居、叶挺指挥部、朱德军官教导团、江西省革命烈士纪念堂等革命遗址,体现了东湖厚重的革命历史文化;省歌舞剧院有限责任公司、省京剧团有限责任公司、省话剧团有限责任公司;南昌市歌舞剧院、南昌市京剧团合并改为南昌市艺术中心。南昌万达国际电影城、南昌聚丰影城、漫威国际影城等主要影院、艺术剧院,江西省图书馆、南昌市图书馆、区图书馆3个公共图书馆,均在辖区内。随着樟树林生活文化公园、南昌市艺术品交易所、滕王阁古玩城、791艺术街区、豫章一号等文化创意产业的注入,为推动建设科教文卫中心区增强了和谐发展动力。同时,方志敏广场及方志敏爱国事迹陈列馆,已成为全市乃至全省新的党风廉政教育基地、爱国主义教育基地和红色旅游新基地。

【民间文艺团队蓬勃发展】 2018年,东湖区民整合辖区剧团文化资源,成立了一大批颇具规模的民间文艺团队:如东湖毓秀艺术团、红歌舞汇艺术团、心连心艺术团、锦苑春天舞之队、东湖区青蓝少儿京剧社、红星艺术团、八一合唱团、山之声合唱团、松柏艺术团、阳明之花艺术团、警官艺术团、豫章黄梅戏、南昌鼓艺团、江西省二胡艺术中心、南昌市夕阳红协会、墩子塘七彩舞蹈队及南昌田园艺术剧团等。同时,拥有江西歌舞剧院合唱团等专业合唱团7支、江西省老年大学、南昌市老年大学合唱团等社会性合唱团15余支、江西省直机关合唱团等机关合唱团8个、江西师大合唱团等院校合唱团8支、夕阳红合唱团、红歌舞汇艺术团、百花合唱团等社区群众合唱团7支。

2018年东湖区主要影院、艺术剧院一览表

表19

名　称	占地面积（平方米）	座位数（个）	电　话	详细地址	备　注
南昌市星濠影城	3340	1030	13755976880	南昌市二七北路328号1927商业体四楼	南昌星濠国际影城有7个现代化的专业电影激光放映厅，可同时容纳1030名观众；所有影厅都经过专业建筑声学设计，全部配置进口专业电影数码还音处理系统处理器，音效逼真，3D数字立体电影让人身临其境，放映厅全部采用超宽超大的座位
南昌天幕影城蓝海店	2723	1083	88616060	南昌市蓝海购物广场3楼	影城位于蓝海购物广场，多条交通线路直达，拥有大型停车场。影城拥有杜比全景巨幕厅，4K厅，视觉及听觉效果较好
完美世界影城	1500	393	18110079908	南昌市胜利路263号炫谷青年街3楼	地处南昌市老城区胜利路步行街上，共设5个厅、393座，属于社区型影城，装修风格采用复古风，2012年9月开业，观影效果一直颇受好评
南昌市聚丰主题影城	3200	760	15159625034	南昌市阳明东路66号投资大厦4楼	影城建筑面积3200平方米，拥有11个影厅，共设760个豪华舒适的座椅。其中有5个主题厅，4个豪华厅，1个VIP厅和1个情侣厅，是一家拥有先进的设计理念和人性服务的星级影城
漫威国际影城	3617	1235	18070073871	南昌市佘山路66号樟树林创意商业综合体9座	影城将于2019年1月正式开张营业，巨幕厅为影院一大亮点，另设有沙发厅和VIP尊享沙发厅
汇鸿至潮影城	1630	435	18870916970	南昌市渊明北路3号	该影城是一家全方位360度观影的电影院，有全城热恋厅、至潮主题厅、超级玛丽厅、招财猫厅、赌神厅、星际厅、异域风情厅七个主题厅，全部电动沙发椅，可舒适观影
南昌万达国际电影城	5246	1514	86311113	南昌市八一大道333号万达广场四楼	影城位于南昌城市中心位置，与城市地标八一广场相邻，影城拥有IMAX\VIP特色影厅各1个，地铁一号线无缝对接，交通四通八达
江西省艺术剧院（“南昌·琴岛之夜”剧场）	12200	1200	13767991688	南昌市八一大道365号	“南昌·琴岛之夜”剧场按五星级剧院标准精心打造完成，2013年5月成功首演，演出节目有大型视频秀、大型歌舞、国际水准杂技、搞笑音乐剧、相声、通俗歌曲、摇滚歌舞等

（汪　莉）

档案事业

【概况】 2018年,东湖区档案工作紧扣工作重点和目标任务,积极服务民生、服务全区经济社会发展,用踏石留印抓铁有痕的干劲扎实开展各项工作。

【强化馆库安全管理】 2018年,区档案局不断强化档案安全防范措施,筑牢馆库安全防线。明确局(馆)重点部位、重要设备的管理和安全防范责任,落实档案安全工作责任制;坚持日常巡查与节假日安全大检查相结合,对存在的隐患及时进行整改。将报警系统终端无缝接入区政府大楼的安保系统,实现全天候人员监控,确保技防、物防、人防保障到位。

【档案事业统计年报工作】 1月初,区档案局印发《关于做好2017年度全区档案事业统计年报工作的通知》,明确工作要求、上报时间节点,指派专人负责业务指导和数据收集汇总工作,全区52家单位完成数据填报,为及时掌握全区档案事业基本情况,对全区档案事业实行科学管理提供了可靠、科学的依据和参考。

【民生档案远程共享平台全覆盖】 东湖区将民生档案远程共享平台建设作为民生工程,计划用三年时间在全区所有镇、街道(管理处)完成共享平台建设。2016—2017年,先后在区档案馆查阅大厅及彭家桥街道、大院街道等8个便民服务中心成功搭建。2018年8月,扬子洲镇、滕王阁街道、公园街道3个便民服务中心的平台网络正式运行,至此,实现了东湖区街道(镇、管理处)民生档案远程共享利用全覆盖,方便群众异地查询跨馆出证,打通档案服务群众“最后一公里”。

【开展社区档案工作调研】 3月上旬,东湖区档案局与南昌市档案局先后对马家池、刘将军庙、大士院西、上营坊、院一社区开展社区档案工作调研。充分了解社区档案工作人员配置、档案资料归档、存放及利用等情况,现场进行业务指导,为《南昌市城市社区档案管理实施细则》的制定出台,提供参考价值。

【丰富档案馆藏】 2018年,区档案局加大档案接收力度,尤其是民生档案的接收,对东湖区房管局的房屋征迁和农房档案,从档案资料的收集、归档整理、数字化加工到完工验收等全过程进行业务督导。截至年底,东湖区沿江北大道旧城改造工程(1—2期)纸质档案4000卷、农房纸质档案5109卷及数字化档案已移交进馆并完成数据挂接。此外,新增到期文书档案43卷4120件。

【档案利用工作】 2018年,区档案局不断改变工作作风,简化查档流程,档案利用率得到进一步提高。全年共接待社会各界查档3132人次5156卷次。馆藏的下放居民档案、死亡干部档案、婚姻登记等民生档案,为群众办理养老保险、申领独生子女奖励、房屋买卖、财产继承、户籍办理、补办工龄等提供了重要的佐证,受到利用者的好评。

【开展档案宣传活动】 2018年,区档案局通过档案专题讲座、现场咨询、主题展览等形式,紧扣“档案见证改革开放”主题,开展系列档案宣传活动。5月22日,在墩子塘街办党家巷社区开展民生档案远程共享平台专题讲座。6月1日,在董家窑街办新华社区举办“档案见证改革开放”专题讲座和现场咨询活动。6月7日,在区文化活动中心一楼举办“档案见证东湖发展”主题展览。

【机关档案工作规范化管理】 2018年,区档案局按照《江西省机关档案工作规范化管理标准》,继续在全区开展机关档案管理晋级评定工作。全年新增六个档案管理省三级单位,即东湖区红十字会、东湖区环境保护局、中共东湖区委党校、东湖区金融工作办公室、东湖区商务局、东湖区市场监督管理局。

【档案执法检查工作】 12月5—6日,区档案局通过“双随机一公开”行政执法监督平台,抽取出区纪委、区总工会、区委党校、区商务局、公园街办、大院街办等6家单位为检查对象,以实地核查、全程记录、现场反馈的方式进行档案执法检查,对问题突出的单位下达整改通知书,责令限期整改。

(吴佩红)

卫　生

综　述

2018 年,东湖区卫生工作坚持以服务民生为根本导向,以“健康东湖”建设为抓手,以群众满意为检验标准,铆足“精气神”,争当“排头兵”,全面落实区委、区政府决策部署和各级卫生工作会议精神,以推动医药卫生体制改革为主线,突出卫生服务能力建设,进一步完善公共卫生服务体系和医疗服务体系,加强重大、重点疾病和突发公共卫生事件防控,强化卫生监督执法工作,着力加强卫生行风建设,提升卫生人才队伍建设,深入推进爱国卫生运动,不断提高全区人民健康水平。

2018 年,东湖区卫生部门不断加强领导班子自身建设。区卫计委党委加强理论武装,深入学习贯彻中共十九大精神,学习习近平新时代中国特色社会主义思想,贯彻落实省、市、区一系列重大战略部署。系统地学习领导科学、党的理论、法律以及卫生专业知识等。班子成员系统学习《习近平谈治国理政》等重要论述著作。班子成员既各司其职、独当一面,又积极沟通、团结协作,在合作共事中加深了解,在相互支持中增进团结,促成了委领导班子一盘棋。认真贯彻执行民主集中制有关规定,发挥班子成员集体领导作用,对涉及全局的重大问题、中心问题集体商量,会议决定。完善“三重一大”事项集体决策议事规则,推行政务公开,接受区人大、政协监督等,依法执政,促进决策民主化、科学化、规范化。落实医疗机构、医师、护士电子化注册管理改革。截至年底执业(助理)医师 1049 人(其中备案医师 185 人),注册护士 1091 人,医师护士电子化注册完成率为 100%,走到全市的前列。不断完善基本药物制度管理。全年发放社区医疗机构基药补助 397.71 万元,基层医疗机构使用的国家基本药物(包括增补目录药物)超过 1120 种,国家基本药物配备比例达 78.71%,销售基药 796.75 万元。深入开展重大疾病免费救治。开展“光明微笑”工程,“儿童两病”免费救治工程,贫困患者尿毒症免费血透工程,贫困家庭重性精神病免费救治工程、农村贫困家庭妇女“两癌”免费手术工程等 5 项 8 个病种的工作,实施 15 种疾病专项救治。实施白内障患者实施复明手术 99 例,累计复明手术 2463 例;白血病新增救治 1 例,累计救治 12 例;儿童先天性心脏病新增救治手术 18 例,累计救治 139 例;对需维持血液透析的尿毒症困难患者(城镇低保、农村五保、城镇“三无”人员、福利院供养孤儿、新增四类优抚对象和低保边缘户)新增救治 7 例,累计实施血液透析免费救治 110 例。免费严重精神障碍新增救治 13 人,累计免费救治 266 人。同时,实现了重性精神疾病双向转诊。不断夯实基层卫生服务体系。建成了以公有制社区卫生服务中心为主体,形成了以公有制社区卫生服务中心下设社区卫生服务站和社会力量举办的社区卫生服务站为补充的社区卫生服务体系,打造了城区“15 分钟社区卫生服务圈”。持续提高基本公共卫生服务均等化水平。全区基本公共卫生服务财政年人均补助标准提高到 57 元,2018 年度基本公共卫生服务区级配套资金 558.6 万元。委托第三方对开展服务的社区卫生服务机构进行绩效考核,按照绩效考核结果和服务量向 23 家社区卫生服务机构累计核拨补助经费 2281.88 万元。社区卫生服务机构签约服务家庭累计 13.8 万人,重点人群签约服务率达到 60%,乡村医生签约服务实现全覆盖。已为辖区居民建立规范基本健康电子档案43.95万份，规范建档率达83.31%；发现登记高血压15425人，规范化管理13266人；发现登记糖尿病人5048，规范管理糖尿病人4201人；发现登记重性精神疾病患者人2438，管理患者2160人。

医政管理

【概况】 2018年，东湖区医政管理工作坚持以全国健康大会精神为指导，紧紧围绕全区卫生工作要点和医政妇幼中医工作重点，以进一步深化医药卫生体制改革，规范医疗机构执业，提高医疗服务质量、保障医疗安全为主线，认真落实政府的各项民生工程，深入开展“平安医院”创建、民营医疗机构集中整治活动，全力做好“光明·微笑”工程、尿毒症患者免费血透救治、“儿童白血病、先天性心脏病”免费救治，继续深入开展好“三好一满意”活动，保障群众看病就医安全。

【规范医疗机构执业】 2018年，东湖区严格规范医疗机构、社区卫生服务机构、诊所、卫生所的执业行为，对在人员设施管理方面不符合法律法规要求的单位，责令整改直至停业取缔。5月1—8日组织相关专业人员对辖区210所医院、社区卫生服务机构及门诊部、诊所进行医疗安全和规范执业检查，对存在问题的152家机构进行现场整改或限期整改，对存在严重问题的3家医疗机构进行停业整顿的处罚。对92家机构进行医疗机构执业许可证换证。按规范要求新设美容门诊部5家、中医备案诊所6家、口腔门诊部3家、诊所2家、中西医结合门诊部2家。接受医疗机构校验82家。

【医疗从业人员管理工作】 2018年，东湖区严格医疗机构及卫生从业人员的执业行为，实行医师注册、变更网络化管理，受理、办理医师注册、变更共321人次，办理护士首次注册、延续注册、变更注册679人次，并进行不定期网络审查，对不符合注册、变更、再注册的从业人员坚决不予准入，牢牢把住医疗服务从业人员的入口。实现了医师电子化注册工作进展走到了全市的前列，全区医师电子化注册已完成率为100%。

【农村卫生服务规范化建设】 2018年，按照《江西省村卫生室(所)建设标准》，大力实施村卫生所规范化建设。东湖区有14所村卫生所实现“五分开”“三统一”“五达标”，对于房屋建设不达标的村卫生所要求其按省卫计委标准落实业务用房，截至年底，辖区已有8家村卫生所业务用房在120平方米以上。对辖区11名年满60周岁、从医满20周年的村医每月发放养老生活补贴80元，对承担公共卫生服务的28名村医每人每年1800元的补助经费，均按标准发放到位。辖区基本实现城中村“一村一所”的村卫生所管理模式，基本实现村民“小病不出村”，达到了政府、百姓和卫生所三方面都满意的目的。

【医疗从业人员培训】 2018年，东湖区加强对医疗机构从业人员医德医风教育的同时，通过双卫网、专业知识大巡讲等手段加强对卫生技术专业人员的“三基”培训与管理，通过继续医学教育提高辖区广大医护医技人员的专业技术水平。加强在职培训，提高医护质量。建立健全较完善的医学终身教育制度，提高了对医学继续教育的认识。积极鼓励各机构卫生专业技术人员参加各种进修培训，学习培训形式多样，学习时间长短各异。全年，辖区注册登记的1689余名卫生专业技术人员参加各类专业知识培训1213人次，累计办理双卫网继教卡780张，参加继续教育学习(包括双卫网参加网络继续教育学习)1845人次。通过请进来的方式，聘请国家、省、市、区级专家学者对委属、委管医疗卫生机构卫生专业技术人员进行6次培训，提高了广大卫生工作者的专业素质，开阔了学术视野。强化全科医学培训，提升社区卫生服务质量。依托现有的培训力量和设施。2018年，已累计开办专项培训8次，培训医护人员522人次。参加省、市、区级组织的社区卫生服务医、护、管理人员培训累计525人次；完成村卫生室培训卫生人员58人次。

【社区中医药服务体系建设】 2018年，东湖区加强社区中医药服务体系建设。按照创建省级社区卫生服务先进单位的建设标准和要求，巩固和提升已建立中医药特色社区卫生服务机构的中医药服务能力，90%的中心设置中医科室和中药房，中医药人员配置达20%以上,90%社区卫生服务站开展中医药服务,全区社区中医药服务量基本达到目标任务。加强中医医院软硬件建设。适应中医医疗机构的发展要求,注重中医药文化氛围建设,积极争取省级中医馆建设项目,用于滕王阁中心、扬子洲中心和彭家桥中心中医药服务能力建设,提升上述中心的技术服务质量与形象。加强重点专科专病建设。滕王阁、墩子塘等中心中医科,积极开展中医治“未病”、冬病夏治和结合公共卫生服务项目开展中医辨证施治工作,深受辖区居民的欢迎。积极开展中医药文化义诊宣传活动。印制《中医药保健知识手册》28500册,免费发放给各社区卫生服务机构,用于各中心开展中医药宣传活动时免费发放给居民。各中心举办中医药免费义诊12次,通过举办中医药义诊宣传活动,弘扬了中医药文化,使社区居民进一步认识和了解了中医药在维护生命与健康、防治疾病、养生保健与康复等方面的基本理念、方法和作用,为中医药的推广与发展又营造了良好的社会氛围,加深了社区居民了解中医、认识中医、感受中医,为中医药在维护人民群众的健康服务奠定了基础。全年,各坐堂医诊所对前来就诊的病人均免收挂号费、诊疗费,免费接受医疗诊疗咨询2682人次,每月接诊病人1250人次。月均中药饮片销售26.3万元。大大降低了居民基本医疗服务的价格门槛,减轻了患者的医疗负担。由于中药饮片方剂处方价格低廉,各诊所病人数量呈现逐月上升的趋势。中医坐堂医诊所的开设促进了药品零售企业的中药饮片的销售,也增加了药品零售企业的公信力,促使机构规范执业的理念进一步的增强。

【医疗民生工程管理】 2018年,东湖区对所有符合救治条件的白内障、唇腭裂患者和白血病、先天性心脏病患儿纳入常态化管理,实施免费救治。光明微笑工程全年实施白内障患者实施复明手术99例,累计2349例;无白血病新增救治,累计救治11例;儿童先天性心脏病新增救治14例,累计救治120例;贫困重性精神疾病患者新增免费救治11人,累计救治253人。对需维持血液透析的尿毒症困难患者(城镇低保、农村五保、城镇“三无”人员、福利院供养孤儿、新增4类优抚对象和低保边缘户)当年新增救治14例,累计实施血液透析免费救治102例。

【医疗维权事件处理】 2018年,东湖区为患者办理医疗事故鉴定17例,其中送省医学会鉴定2例,移送市卫计委3例,市医学会医疗事故鉴定12例,每一起鉴定均在规定的时限内送达上级医学会。全年共接到对辖区各级各类医疗机构医疗服务电话、信件、现场投诉58起。对投诉者的每一起投诉均及时进行认真仔细的调查、耐心细致解释、公正公平的处理、迅捷满意的答复,做到件件有答复,事事有回音,结案率100%。

社区卫生服务

【概况】 2018年,东湖区社区卫生工作以推进城市基本公共卫生服务项目、巩固实施国家基本药物制度成效、实施社区家庭医生责任制、推广全科医师签约服务为重点,着力于优化社区卫生服务资源、提高医务人员服务水平、提升社区卫生服务质量,全力守护的居民健康。

【实施基本公共卫生服务项目】 2018年,东湖区将城乡基本公共卫生服务经费补助标准增加到每人57元,按照全区52.75万人口,每人9.8元的标准,区级财政补助基本公共卫生服务配套资金516.95万元。年度按照52.75万居民基数,全区累计建立居民电子健康档案44.38万份,电子建档率84.14%。高血压患者健康管理17554人,糖尿病患者健康管理6013人。重性精神疾病患者健康管理2437人。全年,中央、省、市、区各级财政投入基本公共卫生服务项目资金3006.75万元。为全区60岁以上老年人、0—3岁儿童、孕产妇、妇女、低保残疾人等人群进行免费健康服务29万人次。辖区社区卫生服务机构开展公共卫生服务项目宣传“五进”即进机关、进企业、进学校、进社区、进乡村22533人次。

【社区公共卫生服务专项资金管理】 2018年,东湖区通过建立社区公共卫生服务领导小组、技术指导小组、绩效考核小组和督查小组,健全年终“第三方”绩效考核机制核算补助资金机制,全区公共卫生服务工作保持了规范、稳步地开展,专项资金管理进一步规范。全年对辖区21所开展公共卫生服务项目的机构进行考核。对在公共卫生服务项目考核为优秀的机构进行奖励，对绩效考核不合格的彭家桥街道北京西路等4所社区卫生服务站扣减约30%项目补助经费。

【社区卫生服务机构建设】 2018年，东湖区依据《关于转发〈江西省城市社区卫生服务机构设置和编制标准实施办法〉的通知》（洪编办发〔2010〕32号）文件精神，按照政府举办的社区卫生服务机构编制为公益性事业单位，按其公益性质核定的社区卫生服务机构编制为财政补助事业编制。区财政按照每人每月1680元的标准纳入财政预算，以保障社区卫生服务机构的公益属性。

【家庭医生责任制】 2018年，东湖区全年累计签约服务13.03万多人，各机构建立家庭医生签约服务团队64个，接受巡诊服务10026人次。建立慢病患者自我管理小组数53个，参加自我管理小组慢病患者人数1139人。签约计划生育特殊家庭599人，签约残疾人5371人。

2018年6月28日，东湖区卫计委在区文化活动中心开展"家庭医生签约服务进机关"活动

【全面落实基本药物制度】 2018年，全区在10所社区卫生服务中心全部实施国家基本药物制度，严格执行基药网上集中招标采购，做到药品分库、分架管理。截至年底，各机构使用的国家基本药物（包括增补目录药物）超过1120种，国家基本药物配备比例达78.71%。销售基药796.75万元，对13所实施基药的社区卫生服务机构核拨财政补助经费397.71万元。

【加强全科医学培训】 2018年，东湖区实行全员的卫技人员培训机制，不断强化全科医学培训，提升社区卫生服务质量。依托百花洲、滕王阁、墩子塘街道等3所社区卫生服务中心"全科医学教育社区实践培训基地"，定期邀请专家学者讲学授课，加强辖区社区卫生服务机构全科医师、专科医师、管理干部培训，全年累计开办专项培训6次。参加省、市、区级组织的社区卫生服务医、护、管理人员培训累计780人次；完成村卫生室培训卫生人员56人次，重性精神疾病医护人员及管理人员培训130人次，家属培训1525人次。

疾病预防控制

【概况】 2018年，东湖区疾病预防控制工作以医改为契机，大力加强自身能力建设，认真履行基本公共卫生服务职责，不断提高疾病预防控制工作的使命感和责任感，努力完成上级下达的重大重点传染病防控、慢性病防控、艾滋病和结核病防治工作，突出卫生应急处置，实施国家扩大免疫规划等重点工作，保障全区人民的健康安全。

【做好国家扩大免疫规划工作】 2018年，东湖区儿童办理预防接种3477人，其中常住儿童2653人，流动儿童824人，办证率达100%。各类基础疫苗接种率均达90%以上。全区接种单位全面完成预防接种信息管理系统建设和儿童预防接种证的电子打印，实现资源共享。进一步完善AFP监测系统和麻疹控制工作，加强对定点医院的主动监测，全年辖区各医疗机构共报告AFP病例70例，麻疹、风疹疑似病例39例，均及时进行病例流行病学调查、标本采集和送检工作；加强乙脑、流脑、百日咳和新生儿破伤风的监测工作，全年，辖区各医疗机构报告3例15岁以下儿童乙肝病例，2例乙脑病例，81例百日咳病例，1例新生儿破伤风病例，尚未报告流脑病例。全区疫苗相关性疾病监测与往年同期监测结果相比，麻疹、风疹、百日咳病例报告呈下降趋势，AFP和乙脑病例呈上升趋势。

【霍乱监测、食源性疾病监测工作】　2018年，东湖区制定《东湖区霍乱监测方案》，5月份及8月份对辖区9家县级以上医院的肠道门诊进行两轮技术指导，以“六专”为基本要求，规范东湖区肠道门诊建设，落实“逢泻必检，逢疑必报”。4—10月，辖区医院肠道门诊共收治腹泻病人1800例，检索316例，检索率17.56%，无一例阳性；中心检测水（海）产品样280份，检出2例无毒力型霍乱弧菌，环境水样98份，无阳性。为市疾控中心采集140份水（海）产品样，检出其中6份无毒力型霍乱弧菌。全年收集到监测点医院报告的食源性疾病病例信息监测病例分别为江西省儿童医院病例信息报告数为16例，江西省人民医院病例信息报告数为52例，江西省妇幼保健院20例，南昌大学第二附属医院病例信息报告数为21例。食源性疾病病原学监测南昌大学第一附属医院病例信息报告数为142例，南昌市第一医院病例信息报告数为33例，食源性疾病病原学监测南昌大学第一附属医院137份样品，检出14株沙门氏菌、1株副溶血性弧菌；南昌市第一医院33份样品，检出4株沙门氏菌、1株副溶血性弧菌。

【传染病疫情管理】　2018年，东湖区辖区网络报告传染病病例21767张（其中无甲类报告，乙类11932张，丙类6453张，其他2008张），及时审核率100%。辖区共报告甲乙类传染病1003例，发病前五位的疾病分别为乙肝327例（32.6%）、肺结核325例（32.4%）、梅毒158例（15.75%）、淋病88例（8.77%），丙肝51例（5.08%）。

【公共卫生应急处置】　2018年，东湖区在成立人感染高致病性禽流感、埃博拉出血热、手足口病应急处理领导小组，制定防治方案的基础上，调整部分应急队员的名单。全年，共处理疫情46起，其中布鲁氏菌病疫情32起，重症手足口病疫情2起，聚集性疫情6起，出血热疫情1起，急性中毒疫情1起，单增李斯特菌疫情1起，斑疹伤寒疫情1起，接触性皮炎疫情1起。

【艾滋病综合防治城市示范区建设】　2018年，东湖区加强艾滋病感染者和病人随访下沉管理。召开东湖区卫计系统艾滋病防治工作协调会，会议重点布置艾滋病病毒感染者和病人随访管理下沉工作，举办东湖区艾滋病感染者/病人随访管理暨咨询检测培训班，组织下沉单位随访管理人员赴贵溪市CDC现场学习随访管理档案管理工作，使基层工作人员掌握艾滋病病毒感染者和病人的随访管理工作要求。2018年，社区卫生服务中心共下沉241名艾滋病患者。贫困家庭艾滋病机会性感染患者救治工作。按照省里下达的工作任务控制工作，截至12月31日，治疗前体检33人，开支金额18273.44元；治疗后体检234人，开支金额172841.48元；机会性感染救治51人，开支金额217012.72元，随访1528人次（其中有效随访1396人次）。截至年底，救治各项工作累计支出757127.64元。

【“国家慢性病综合防控示范区”建设】　2018年，东湖区进一步巩固慢性病综合防控工作，切实做到组织、经费、政策、队伍保障“四到位”。以“三减三健”为内容的健康支持性环境建设，在江西省卫健委建设支持性环境（打造健康小屋1个、健康步道1条和健康食堂1个）。开展死因监测、肿瘤登记等监测工作，全年共报告死亡5208人，肿瘤病例2148例。开展2018年成人慢性病与营养监测，完成调查600人，完成脑卒中高危人群筛查与干预共计4016人。开展城市癌症早诊早治项目，完成筛查1000人次以上任务。东湖区疾控中心在中国慢性病及其危险因素监测现场调查组织实施及质量控制工作中表现突出，荣获先进集体奖。

妇幼卫生保健

【概况】　2018年，东湖区妇幼保健工作坚持以保健为中心，以保障生殖健康为目的，实行保健与临床相结合，面向群体，面向基层和预防为主的卫生工作方针,认真贯彻落实"一法、两纲"工作,不断强化母婴安全意识,加强妇幼保健适宜技术推广,确保两个纲要工作的落实。

【儿童保健管理】 2018年,东湖区7岁以下儿童数34085人,7岁以下系统管理32653人,儿童保健覆盖率为90.58%;3岁以下儿童16958人,3岁以下系统管理15471人,系统管理率为91.23%;5岁以下儿童数27516人,5岁以下儿童死亡人数26,死亡率5.79‰;婴儿死亡人数17人,婴儿死亡率3.78‰,新生儿死亡人数12人,新生儿死亡率2.67‰,无新生儿破伤风发生;托幼机构管理率达100%。

【免费婚前医学检查】 东湖区为全省实行免费婚检试点区,2018年,东湖区妇保所在区婚姻登记处旁设立"免费婚检处",建设打造婚姻登记、免费婚检一站式便捷服务模式。通过一对一咨询指导等方式对每一位婚检对象做好婚育相关知识宣传教育,保守婚检对象的隐私权,健全婚检档案资料管理,全年,免费婚前医学检查2639人,婚检率为80.12%,检出疾病总人数264人,疾病检出率7.34%,均给予相应的医学指导。

卫生行政执法

【概况】 2018年,东湖区卫生行政执法工作以查办卫生计生违法案件为主线,以重点检查和专项整治为抓手,以加强综合执法工作为重点,不断强化依法行政和服务意识,全面加强公共卫生、医疗卫生、计划生育监督管理工作,有效维护和保障人民群众的健康权益。

【卫生监督能力建设】 2018年,东湖区积极实施国家卫生监督业务用房改造项目,业务用房900平方米,前期设计已完成。卫生监督信息化建设全面落实。为所有卫生监督员配备新的手持移动执法终端,为卫生监督协管员配置新的协管助手。配备20台现场执法记录仪,实现卫生计生监督执法信息化。

【卫生投诉举报案件处置】 2018年,东湖区卫生执法部门开通24小时投诉举报电话,对每一起患者投诉举报,做到受理记录,及时调查处理,按时办结回复。全年共受理各类投诉举报38起,及时处理38起,投诉举报及时处理率100%。

【"双随机、一公开"工作】 2018年,按照上级卫生行政部门的要求,东湖区卫生执法部门全年在时间节点内共完成128家单位的双随机监督检查工作,检查结果均在政府网站公示。

【医疗机构监管】 2018年,东湖区卫生执法部门以开展专项整治为抓手,以查办违法案件为核心,组织人员对辖区183家医疗机构进行全覆盖监督执法检查。对存在不良执业行为的医疗机构,进行不良行为的记分。全年共取缔无证行医3起,立案查处医疗卫生类违法案件26件,处罚金额6.74万元。

【二次供水卫生监管】 2018年,东湖区卫生执法部门对辖区85家二次供水单位按照相关法律法规的标准,在证照、制度管理、设备卫生防护等进行监督检查,监督覆盖率达100%。

【学校卫生监管】 2018年,东湖区为保障广大师生的健康安全,防控传染病和公共卫生健康危害事故的发生,全年对辖区内30所学校进行全面的监督检查,检查频率为2次/年。组织人员对辖区学校开展春秋二季的卫生专项检查,并重点加大对民办学校卫生进行监督管理。

【计划生育综合监管】 2018年,东湖区履行计划生育综合监督职责,共出动监督员56人次,对辖区内的11家核准妇科、产科、妇产科及B超检查项目的医疗机构开展全面督查。全面完成2018年全年打击"两非"案件的任务。

【做好VR大会公共卫生工作】 2018年,东湖区卫生执法部门为迎接2018世界VR产业大会的召开,认真做好代表团下榻期间的公共场所卫生监督保障工作,派出5名卫生监督人员,进驻东湖区会议接待单位南昌瑞颐酒店全程保障,并协助红谷滩新区接待宾馆做好保障工作。

【卫生计生监督协管服务工作】 2018年,东湖区继续积极推进和落实卫生计生监督协管工作,全年共对辖区公共场所、二次供水单位、学校和医疗机构巡查2100户次,协助175家公共场所经营单位办理卫生许可证,通知612个从业人员及时办理健康证,要求78户未亮证经营单位规范亮证。

【专项执法检查】 2018年，按照省、市卫生计生监督执法机构下发各类文件的要求，紧抓关键行业、关键环节，组织开展打击非法医疗美容、非法行医、集中空调、渗冲洗液和电切灌洗液等冒充消毒产品5次专项整治行动。开展游泳场馆、消毒产品、影剧院公共卫生安全、“3·15”健康维权、餐饮具集中消毒服务、住宿行业、规范口腔科执业行为和严查无证行医机构9次专项监督执法检查。所有的整治及检查工作均取得实效，消除了全区公共卫生安全隐患，有效防范了突发公共卫生安全事故的发生。

【公共场所卫生监督管理】 2018年，东湖区采取日常卫生监督与专项执法检查相结合的方式，以查办案件为抓手，对辖区780家公共场所经营单位进行卫生监督执法检查和卫生监督量化评分。特别在节假日和重大活动期间，紧抓关键行业、关键环节，对辖区重点区域和路段上的住宿等重点行业开展重点监督检查，严防公共场所发生安全隐患。全年共对685户公共场所单位开展现场监督量化评审工作。共查处违法经营案件63起，处罚到位63起，罚款金额5.5万元。

爱国卫生运动

【概况】 2018年，东湖区不断强化爱国卫生组织管理工作，扎实开展城区环境卫生整治、病媒生物防制、健康教育等工作，积极改善城区环境卫生面貌，切实保障人民群众身体健康，努力打造美好健康城市，取得较好的成绩。

【“爱卫月”活动】 2018年，东湖区制定爱卫月实施方案并成立领导小组。各街办均成立领导小组，制定方案，并利用各种形式宣传爱卫月活动的意义，并把爱卫月工作落到实处。全区共出黑板报100余期，发放宣传资料20000余份，悬挂爱卫月宣传横幅600余条；全区组织机关干部、社区干部及辖区单位等相关人员大搞室内外环境卫生，清理楼道800余次，清除、粉刷垃圾广告10000余条，清除垃圾死角2000余处，清运各种垃圾100余吨，城区面貌有了较大的改观。为了切实增强广大群众的卫生防病意识，区爱卫办在光明社区居民休闲广场开展以“关注小环境，共享大健康”为主题的“爱卫月”活动，并接受记者采访。活动现场悬挂多条爱卫月宣传条幅，电子屏反复播放爱国卫生的宣传片。区爱卫办组织区城管委、区疾病预防控制中心、中科体检中心、彭家桥街道社区卫生服务中心、专业有害生物防制公司等相关单位进行中医健康咨询、发放传染病防治及除“四害”宣传折页、宣传垃圾分类知识等，共悬挂条幅10余条，摆放宣传展板6块，发放灭鼠药、灭蟑螂粉、鼠标垫、刨皮器等纪念品1000余份，各类宣传册、折页1000余册，增强了居民群众除害灭病、预防疾病的能力，提高了居民的知识知晓率。

【病媒生物防制工作】 2018年，东湖区积极开展春季灭鼠、夏季灭蚊蝇、蟑螂、秋季灭鼠工作。及时制定方案，并免费向居民发放灭鼠毒饵60000包，灭蚊片30000支、灭蟑螂粉30000瓶，并向全区各相关单位发放溴氰菊酯30箱，顺式氯氰菊酯微乳剂100箱，辛硫高效氯氟12箱，高氯残杀威乳油37箱，康宇列卫胜45箱，苏云金杆菌悬浮剂10箱等消杀药品，“四害”密度明显下降，受到好评。扎实开展世界害虫日活动。5月29日上午，区爱卫办联合墩子塘街道在阳明公园开展以“控制有害生物，保障食品安全”为主题的世界害虫日活动；区爱卫办紧扣活动主题，组织省胸科医院、区卫计委、区城管委、墩子塘街道社区卫生服务中心、专业有害生物防制公司等相关单位进行现场健康咨询、有害生物知识讲座、宣传折页发放等活动。现场共悬挂条幅10余条，摆放宣传展板20余块，发放灭鼠药、灭蟑螂粉、灭蚊药1000余份，各类宣传册、折页1000余册。

【开展“烟草和心脏病”主题宣传活动】 5月30日上午，由区卫计委、区爱卫办主办，南昌市卫计委宣教中心、区健康教育所、区健康教育协会协办，区疾控中心、南昌八一公园承办的世界无烟日宣传活动在八一公园内开展，这次活动的主题是“烟草和心脏病”，有7家社区卫生服务中心人员进行现场控烟咨询、免费测量血压、发放宣传资料，现场共量血压500余人次，悬挂条幅10余条，摆放宣传展板20余块，各类宣传册、折页1000余册。活动进一步提高了居民对吸烟危害的认识了解，营造健康、清洁、无烟的社会环境。

【健康教育工作】 2018年,东湖区开展各项健康教育活动。3月8日结合“三八”国际妇女节举办健康教育进社区宣传活动,“3·24”结防日宣传咨询,4月25日开展计免日宣传咨询活动,5月31日开展世界无烟日宣传咨询活动。督查指导辖区社区卫生服务机构、学校、公共场所、街道社区机关事业等单位共60多家,在健康教育工作中存在问题及时提出整改意见。各街道社区结合各卫生宣传日,开展形式多样的健康教育活动,并做到年度有安排,季度有小结,使辖区各街道社区健康教育工作有条不紊地进行。发挥东湖区健康教育协会作用,开展各项健康教育活动,开展青少年艾滋病防治知识宣传,开展社区健康素养巡讲活动和健康教育师资培训等。充分利用资源,扩大健康教育传播范围。开展“3·24”世界结核病宣传日、“4·25”全国预防接种日、“5·15”碘缺乏病宣传日、科技宣传周、第三十个“世界无烟日”等健康教育主题宣传活动,活动共发放宣传资料4000余份,宣传物品1000余份。

辖区医疗资源

【概况】 截至2018年底,东湖区区卫生计生系统共有编制328人,在职在编职工250人,空编78人。其中卫生技术人员190人,退休干部297人,高级职称20人,中级职101人,初级职称69人。全区现有医疗卫生机构248家,其中医院10所(含中医医院1所)、口腔病防治所1所、社区卫生服务机构24所、门诊部92所、诊所64所、卫生所35所、村卫生所19所、疾病预防控制中心1所、卫生计生综合监督执法局1个、妇幼保健机构1所,卫生技术人员2565人。全区有执业(助理)医师1049人,平均每千人拥有区级执业(助理)医师数1.99人,拥有注册护士1091人,平均每千人拥有注册护士2.07人,每千人拥有病床(区级医院)0.796张。

2018年东湖区主要医院一览表

表20

名　称	卫生技术人员(人)	床位数(个)	电　话	详细地址	备　注
南昌大学第一附属医院	3806	3154	88692711	南昌市永外正街17号	省属
南昌大学第二附属医院	2338	2479	86300473	南昌市民德路1号	省属
江西省人民医院	2155	2200	86895515	南昌市爱国路92号	省属
江西省儿童医院	1536	1319	86803758	南昌市阳明路122号	省属
江西省妇幼保健院	1468	906	86226882	南昌市八一大道318号	省属
江西省口腔医院	291	40	86362356	南昌市福州路49号	省属
江西省中医院	1414	1741	86361058	南昌市八一大道445号	省属
南昌市第一人民医院	1591	1500	88862269	南昌市象山北路128号	市属
南昌市洪都中医院	862	600	86781658	南昌市民德路264号	省属
江西省胸科医院	596	1000	86784107	南昌市叠山路346号	省属
合　计	16057	14939			

(周　伟)

镇、街道办事处、管理处概况

扬子洲镇

【简况】 2018 年,扬子洲镇总面积 38.6 平方千米,人口 32800 余人,9000 余户,辖三联、联民、为民、庙后、前洲、新村、滕洲、熊万、上房、莘洲、长村、渔业、南洲、林场、臣港等 15 个村委会,有自然村 79 个。镇政府驻庙后村,距市中心 5 千米。

2018 年,扬子洲镇以习近平新时代中国特色社会主义思想为指导,坚持稳中求进工作总基调,持续发扬"三坚"精神和"三实"作风,以"稳、提、动、改"为主抓手,聚焦"八重八头"中心工作任务,强党建、谋发展、惠民生、重整治、抓创建、严规范、促改革、策解禁,较好地完成 8 个大类 49 项工作内容。荣获 2018 年市级武装工作先进单位。

全年财政总收入 23856.53 万元,同比增长 68.56%;完成一般公共预算收入 5333.74 万元,同比增长 19.99%;实际利用外资 922 万美元,同比增长 20%;完成现汇进资 230 万美元,同比增长 15%;实际利用内资 2.02 亿元,同比增长 20%;500 万元以上固定资产投资完成 1.23 亿元,同比增长 8.5%;实现农民人均收入 16780 元,同比增长 6%。

2018 年,扬子洲镇全力推行惠民政策,确保"基本民生"兜得牢,"热点民生"抓得紧。妥善发放低保、五保、优抚等各类补助约 530 余万元,切实保障城镇低保户、城镇特困人员、高龄老人及优抚对象等群体基本生活。新增和再就业人数 133 人,发放小额担保 21 人次 210 万元,为就业人员、失业人员、自主创业者和中小企业创业提供保障。为全镇 1706 户农户的 3780 余亩水稻种植进行投保,实现水稻保险投保全覆盖。配合区农水局完成 157 艘渔船的船检工作,发放渔船补助资金 320 余万元。

【镇域经济发展】 2018 年,扬子洲镇加大招商引资力度,激发市场活力,稳中有进夯实经济基础。坚持"以情招商、以商招商、以诚招商",接待客商 48 次,开展招商小分队出击 6 次,前往珠海、深圳、云南等地招商洽谈,实地考察房地产开发、酒店管理、商务服务、高科技新能源环保材料、国际化现代软件生产等一批特色项目。整合挖掘优势资源,通过腾笼换鸟,引鸠筑巢,优化发展空间,促成江西省晨源园林工程有限公司、南昌京控光伏电力有限公司、江西省姐妹莲联味餐饮管理服务有限公司、南昌华远驾驶员培训有限公司、江西钰派智能家居有限公司、江西富仁农业发展有限公司等 6 家注册资金千万元以上企业落户扬子洲,为镇村经济发展注入生机和活力。

【基层党建工作】 2018 年,扬子洲镇守正出新,实现基层党建协调推进、整体提升。一是聚焦政治建设,坚定理想信念。镇党委始终把思想政治建设摆在首位,深入学习贯彻习近平新时代中国特色社会主义思想和中共十九大精神,通过"一周一学、一月一考、一季一查、一年一评"的方式,扎实推进"两学一做"学习教育常态化制度化。持续推进全镇"两学一做 · 三巡""洲尚讲堂洲上行""洲尚读书会""走出去 · 学起来"等各类活动 60 余次,带领镇、村党员干部代表参加全区"传颂红色家书、传承红色经典"主题活动演出并获得一等奖。二是聚集八方资源,洲上党建更温暖。镇党委致力于打造接地气、有温度的党建,用心探索"党建 + 志愿服务"新模式,鼓励党员干部将

“红色信仰”转变为“红色行动”，组建和壮大洲上志愿者联盟、“三帮三包三促”党员干部志愿服务队、“吾改吾美”文明劝导志愿服务队等6支特色志愿服务队伍，开创“洲洲爱心帮帮店”，搭建线上线下供需一体的志愿服务网络平台。通过“党建+社会治理”的有机结合，创建熊万村“佬倌俚”工作室，走出一条“佬倌不是官、烦事管得宽”的和谐新路，使党员服务群众的种子扎根沃野。三是聚合心智心力，坚固基层堡垒。镇党委全面推行党建“一岗双责制”，层层压实责任，不断推进村级干部队伍强筋壮骨，有序完成包括联民村在内的全镇15个村的“两委”换届选举工作。建立健全党建目标管理、定期督查、述职评议等工作机制，新增村支部书记党建年终述职大会，通过“每半月一调度、每月一通报、每季一考评、每年一总评”，促使各村党建工作变压力为动力，党建基本功越练越扎实。四是聚力正风肃纪，“两个责任”更紧实。镇党委进一步完善和实施《镇村干部管理办法》及补充规定，将100余名村“两委”干部纳入监察管理对象，实行监察全覆盖。按照“六有”要求，完成谈话室等纪委标准化规范化建设。重点聚焦“怕慢假庸散”等作风顽疾，查处2人，通报13人；全年共约谈67人，立案6件，函询7人，给予党内警告1人，撤销党内职务1人，留党察看2人，问责4起。

【控违工作】 2018年，扬子洲镇始终坚持把城建控违工作放在讲政治的高度去抓，持续构建公开公平公正控违新秩序和巩固市、区、镇、村四级联控模式，保持“零违建”局面不松劲。一是违章建设持续严控。进一步健全“及时巡查、及时发现、及时报告、及时拆除”的快速反应机制，开展自拆行动46次，拆除违法建设94处，拆除违法建筑面积约6670平方米。二是住房刚需持续改善。完成28户D类危房维修改造；帮助7户住房困难户完成房屋维修加固或改造提升；为37户低保家庭申请享受住房保障政策，其中27户申请到公租房，10户家庭享受了租赁补贴，住房困难户住房压力得到适当缓解。三是土地管理持续规范。开展日常土地违法巡查，对违法占用土地案下达处理通知书4份；有序推进扬子洲镇农村宅基地和集体建设用地使用权确权登记工作。

【环境综合整治】 2018年，扬子洲镇创新开展“吾改吾美·百千万攻坚”环境综合整治行动，重点围绕“拆掉蓝帽子、整掉脏里子、治清黑池子、管出好路子”四方面，瞄准问题靶心，确保精准发力。一是开展农村水环境治理。清理门塘15个近150亩，清理主干道沿线及村庄内垃圾杂物和水面漂浮物等3000余吨；对接中央环保督察组“回头看”和中央环保饮用水源地督查，对市级水源地双港水厂一二级保护区内的企业进行整治，关停3家，关闭污染企业3家；投入17万余元，对三联村岸线码头进行整改复绿，农村宜居宜业环境不断改善。二是通过“整管结合”，制定镇环境综合整治绩效考核办法（试行），组建洲上志愿者联盟、“三帮三包三促”党员干部志愿服务队、“吾改吾美”文明劝导志愿者服务队和应急突击队等。整治出店经营、流动摊点1080余起；拆除了洪都大桥两侧沿线蓝色钢棚88户，103处，面积约13084.8平方米；拆除陈年废旧垃圾屋和垃圾池50余座。

【法治政府建设】 2018年，扬子洲镇坚持依法治镇、法治惠民。建立完善领导干部学法守法用法考评机制，开展6次领导干部学法活动，92次学法讲座，组织900余人次参加网上法律知识考试；落实法律顾问制度，推动重大事项依法科学民主决策。开展禁燃禁放、散埋乱葬整治、扫黑除恶专项斗争等专项行动。开展“五型”政府建设，优化办公环境，强化机关作风效能建设，查处作风问题7起，通报批评13人次，诫勉谈话2人，立案查处2人。从严控制“三公经费”等公务消费支出，规范财务管理工作流程，完成事业单位公车改革。积极推进政务、村务公开，全年主动公开各类政务信息1011条，办结民生通道交办事件2件，处理和承办“12345”市长服务热线平台下派工单171起，办结率100%。

【民生实事】 2018年，扬子洲镇坚持重投入、强民生，发展福祉得到提高。投入30万元，创建长村村区级计划生育示范村，提升改造熊万村市级计划生育示范点，帮扶臣港村提升计划生育硬件和软件。投入50万元，建设莘洲村、长村村居家养老服务中心，对前洲、熊万、渔业、南洲四个村居家养老服务中心进行优化升级。开展送戏16场、送电影148场、送书500余册。举办农村才艺大赛、"洲尚好声音"村歌大赛、"迈向新时代·展现新农村"文化巡演等文艺活动16场。开办广场舞、太极拳、少儿绘画、朗诵、写作、书法等培训10场。投入8万元备足防汛储备物资，投入25.8万元完成国有公益性水利工程维修养护项目，投入10万元完成林场村圩堤险段应急处理工程，投入35.5万元完成9处村级小农水项目建设，投入100万元完成北江路长村段路面硬化工程，投入100万元完成中心沟渠及部分支渠清淤清杂，投入200万元对15个行政村共计59.4公里农业线路进行改造。

【社会综合治理】 2018年，扬子洲镇不断加强社会治安防范和管理工作，强化4个重点集聚区防火防盗禁赌禁毒的监管监控，严厉打击非法集资、非法传销和邪教活动。开展安全生产、消防大排查，取缔无证小作坊17家，拆除锅炉16座，限期整改企业30家。提高农产品质量安全监管力度，加强非洲猪瘟疫情防控。严格执行《信访维稳十八条》和落实信访"一岗双责"制度，结合"三帮三包三促"开展提升公众安全感大走访活动。全年处理和办结各类信访件28起，调处突出矛盾纠纷4件，切实做到"小事不出村、大事不出镇"。

【殡葬改革】 2018年，扬子洲镇党委、政府认真落实省、市、区关于殡葬改革工作的决策部署，以摒弃丧葬陋俗、倡导文明新风为目标，以整治"三沿六区"范围内存在的散埋乱葬坟墓为切入点，逐步将殡改工作向纵深推进。将占地60亩的扬子洲镇蔬菜科技园改建为园林式的骨灰临时存放点，为后续迁坟的顺利实施创造了良好条件。充分发挥党员干部的先锋模范作用，干部带头迁坟，群众积极响应，形成镇、村同心同向促殡改的良好局面。全年，两桥范围及沿线可视100米范围内，共迁坟706座。

【农村集体产权制度改革】 2018年，扬子洲镇各村为市、区农村集体产权制度改革试点单位，7月上旬启动改革，突出"三关五步"工作法。"三关"即清产核资关、清人分类关、股权设置关。经聘请第三方会计师事务所进行核查，全镇各村经营性资产为1369.66万元。"五步"即在清人分类环节，第一步召开村两委扩大会形成初步草案，第二步召开村小组长会议讨论草案后提前两天公布，第三步召开村民代表大会进行讨论，第四步再次召开村两委扩大会对村民代表提出的意见进行归纳总结形成最佳草案，第五步第二次召开村民（代表）大会讨论表决通过并张榜公布。在股权设置方面，人性化配置奖励股、扶贫助残股、敬老股等，大部分村对纯女户、独生子女户给予双倍股份，做到公平和利益的兼顾。全年，全镇完成14个村的股改工作，并对股份合作社进行统一授牌。其中熊万村、上房村荣获南昌市农村集体产权制度改革工作一等奖、南洲村荣获二等奖。

2018年扬子洲镇村民委员会一览表

表21

村委会名称	主任姓名	户数（户）	总人口（人）	村民小组（个）	办公地址	办公电话
三联村委会	黄祖根	1698	5295	4	扬子洲镇三联村委会	88671863
联民村委会	熊顺飞	1375	4273	7	扬子洲镇联民村委会	13870845889
为民村委会	黄正根	654	2024	7	扬子洲镇为民村委会	86861646
庙后村委会	黄　凯	978	3219	6	扬子洲镇庙后村委会	88670517
前洲村委会	陶国庆	735	2536	5	扬子洲镇前洲村委会	88670425
新村村委会	陶小勇	623	2198	8	扬子洲镇新村村委会	86861045
滕洲村委会	陶柱发	568	1883	4	扬子洲镇滕洲村委会	13870810401
熊万村委会	万仁友	385	1316	2	扬子洲镇熊万村委会	13979151878
上房村委会	郭小云	465	1788	2	扬子洲镇上房村委会	13767103607

续表21

村委会名称	主任姓名	户　数（户）	总人口（人）	村民小组（个）	办公地址	办公电话
莘洲村委会	郭小金	589	2043	8	扬子洲镇莘洲村委会	88670134
长村村委会	郭启年	332	1095	5	扬子洲镇长村村委会	86863426
渔业村委会	郭友谊	334	1385	2	扬子洲镇渔业村委会	88695239
南洲村委会	徐凤娇	763	2354	3	扬子洲镇南洲村委会	13970098918
林场村委会	郭玉兰	340	1140	4	扬子洲镇林场村委会	13699502288
臣港村委会	陶　晟	78	252	2	扬子洲镇臣港村委会	88618143

（陈书伟）

八一桥街道办事处

【简况】　八一桥街道办事处前身为大士院街道，因地处八一大桥桥畔故于1979年更为现名。截至2018年底，辖区面积0.42平方千米，共有住户13819户，户籍人口37898人，下设有7个社区居委会。辖区内驻有江西省地方志编撰委员会、江西省党史研究室等机关事业单位13个。辖区内有教堂1座，休闲广场3个。街道党工委下辖17个党支部，共有直管党员630名。

截至2018年底，八一桥街办共有低保户367户537人，享受金额378461元，2018年全年新增低保32户，停发低保82户，变动调整66户，大病救助38人次，救助金额211739元。发放义务兵优待金共计97815元，6人；发放居家养老券5人次，发放金额8200元；发放高龄补贴14368人次，发放金额1682690元；全年共办理居民火化报销6人，报销金额2450元。

【建成街道党建服务中心】　2018年，八一桥街办将原办公地改建成街道党建服务中心，面积约1100平方米，于12月正式运行。中心秉承“心中有党旗，服务零距离”的宗旨，以强化政治功能和服务功能为目标，以提升组织力为重点，按照党建展示教育厅、便民服务中心、综治中心、消防应急体验中心、人大政协联络中心、社会组织孵化室、廉政教育中心、党员活动室、健康驿站、党性教育基地、新时代文明实践基地“一厅八区两基地”进行功能布局。以“四通八达”为品牌模式，四通：将四层的党建服务中心按楼层和功能定位分为“一通民情，二通舆情，三通党情，四通政情”；八达：为贯彻落实习总书记提出的扩大基层党的组织覆盖和工作覆盖，将街道党建服务中心8大功能服务区的服务理念和职能辐射到8类党组织和工作，达4类党组织（街道机关支部、社区党组织、综合党委、共建共驻单位党组织）4类工作（公共服务、公共管理、公共安全、公共教育）。中心为党员群众提供全方位的党建、政务服务和党性教育，将党建工作与公共服务、公共管理、公共安全、公共教育相融共生，推动了党建工作共驻共建共享，实现了党建工作的溢出效应和辐射作用，真正做到“党建零距离、服务无死角”。

【主要经济发展指标】　2018年，八一桥街办深入贯彻落实全区经济工作会议精神，以招商引资四年倍增行动计划为抓手，财政税收为落脚点，强基础、重招商、突项目、提服务、保增长。全年实现财税总收入9554.43万元，同比增长11.74%；地方一般公共预算收入2580.32万元，同比增长11.05%；完成新增税收123.98万，同比增长1.13%。完成实际利用内资1.3亿元、利用省外资金进资8017万元、利用外资615万美元、现汇进资153万美元，分别同比增长16.63%、19.89%、18.04%、12.5%。引进项目11个，其中亿元项目1个，千万元以上7个，出口创汇企业1个，外资企业1个，VR企业1个。新增固定资产投资项目5个，其中5000万元以下项目1个、5000万元以上项目4个。限额以上社会消费品零售总额增长41.57%；规模以上服务业增长37.76%。主要经济指标位居全区前列。

【人民武装工作】 2018年，八一桥街办强化宣传工作力度，在所辖社区设立兵役登记站，全街办适龄青年登记率为96%。强化民兵训练，组织民兵参加基础军事、通信、信息情报等科目训练，发挥民兵队伍的应急队作用，配合执行各类任务出动民兵若干人次。规范配备武装部物资器材室，健全各项规章制度，为基层武装部规范化建设提供坚强有力的后备保障。

【社区微改造】 2018年，八一桥街办对五台庵、重光里、半步街沿街房屋及叠山路西社区三区15栋房屋进行微改造。对墙体立面修补与粉刷，对辖区楼道内、社区外的管线进行归整美容，对破旧的雨棚进行更换，增设安全扶手和休闲设施。针对辖区内居民电线上晾晒衣物存在安全隐患的问题，将叠山路西社区和大士院西社区的可用空间充分利用起来，安装晾衣架，以方便居民生活，改善老旧社区居民的人居环境。

【"书香八一"全民读书系列活动】 4月20日，八一桥街道机关支部在八一桥文化活动中心开展"书香八一"全民读书系列活动。活动围绕"阅读喜爱的经典"主题，分享关于对红色经典、道德经典、文学经典等经典著作的读书体会或自己的读书故事。民读书系列活动提高了党员读书意识，营造了全民读书、终身学习的良好社会氛围。

【市人大代表征求意见座谈会】 10月11日，八一桥街道人大工委在大士院南区社区会议室召开市人大代表征求意见座谈会。有市人大代表罗咏琴、申继明及辖区居民代表共18人参加。居民代表对市、区人大工作以及城市管理、文化教育、医疗卫生、社会保障、交通等人民群众普遍关注的热点、难点问题发表意见并提出10余条建议。这次活动增强了人大代表与选民之间的联系，为架构起政府与群众桥梁奠定了坚实基础。

【赴南昌市党章教育馆参观学习】 9月7日上午，八一桥街道党工委组织街道党员干部及党建联席会成员党员40人到南昌市党章教育馆开展参观学习活动。全体党员干部在廉政教育室观看警示教育片、听取专业讲解员讲解党章内容和发展历史、全国优秀共产党员李泉新等人的感人事迹，并现场进行党章知识测试。参观学习之后，大家表示，要时刻牢记全心全意为人民服务的宗旨，不断增强廉洁自律意识，永葆共产党员的政治本色。

2018年八一桥街道社区居委会一览表

表22

居委会名称	主任姓名	户　数（户）	总人口（人）	居民小组（个）	办公地址	办公电话
大士院西区社区	万　红	2438	7669	4	阳明路426号	86819984
大士院北区社区	刘秋仙	2261	5326	8	半步街81号	86819974
大士院南区社区	聂　婷	2216	4995	5	大士院住宅四区三栋	86819714
叠山路西社区	刘晓究	2340	7020	3	叠山路601号	86820440
裘家厂社区	范有根	1646	5745	4	裘家厂住宅17栋	86822291
芭茅巷社区	肖云霞	2056	4764	3	豫章后街25栋	86819136
豫章后街社区	熊　玲	862	2469	4	叠山路521号	86820394

（蔡璐璐）

豫章街道办事处

【简况】 豫章街道办事处地处东湖区核心区域，辖区面积4.1平方千米。截至2018年底，辖区户籍数22351户，户籍人口70721人，常住人口约7.2万人。辖12个社区居民委员会，1个家委会，社区工作人员102名。辖基层党组织53个，其中党委10个、党支部40个、非公有制经济党组织3

个，直管党员共1405人。驻区有财政部驻江西专员办、江西省军区、江西省人民医院、省供销社、省卫健委、省人防办、省红十字会等中央、省、市企事业单位30个，辖区有党风廉政教育基地方志敏广场，南昌市名校省军区幼儿园、豫章小学、南昌十中。

2018年，街道党工委以习近平新时代中国特色社会主义思想和中共十九大精神及习近平总书记对江西工作提出"新的希望、三个着力、四个坚持"重要指示精神为指导，围绕"强产业、兴城市、促改革、优生态、惠民生、重党建"的中心工作，找准落实中央、省、市、区部署与街道社区工作实际的契合点，通过转变作风优环境，高效务实惠民生，尽心竭力抓落实，直面挑战、砥砺前行，经济社会保持健康良性发展，较好地完成区委、区政府确定的各项任务目标。街办及所辖社区先后荣获江西省巾帼建功先进集体、南昌市第十七届文明单位、南昌市环卫先进集体、南昌市消防先进单位、南昌市2018年度五四红旗团委、南昌市五四红旗团(总)支部、东湖区2018年度社会治安综合治理目标管理先进单位等荣誉。

2018年，街办围绕全年目标任务，内抓统筹，外抓接轨，全面完成各项经济指标任务。全年地方公共财政预算收入8041万元，增幅16.15%；社会消费品零售总额完成1840161万元，增幅10.24%；规模以上服务业累计完成40750万元，增幅10.03%；其他营利性规模以上服务业企业累计完成26288万元，同比增长12.07%。深入推进重大重点项目建设，抓好招商引资，辖区江阅商务中心、新城公馆、慧铭广场等重点项目稳步推进。

2018年，街办牢固树立"民政为民、民政爱民"的工作理念，持续完善社会救助体系，推进社会事务发展。全年，新增城市低保14户19人，停发75户138人。审核提交经适房上市119户，公租房(实物、补贴户)新申请户173户，动态核查72户，核发残疾人补贴410人次30.5万元、高龄补贴1.8万人次200多万元。全年核发医疗救助79人次16.1万元，临时救助16户6.5万元。从南昌市红十字会领取20床棉被、20件大衣，分配到各社区困难户；全民遗体免费火化申报6人，发放金额1910元；协调辖区单位、社会力量累计慰问61人次。全年新增就业1070人，其中困难人员256人，完成再就业小额贷款610万元，帮助61人实现创业，带动205人实现就业，共为辖区6872位退休人员进行养老金资格认证；就业技能培训134人，创业培训73人，培育创业者16人，保持城镇新增就业人数，公益性岗位人员信息数据录入率达100%。劳动合同签订率达100%，集体合同签订率达98%。实现居民医疗保险11538人参保，养老金发放率达100%。2018年流动人口健康纸质建档1700人，电子建档1200人，为126位流动人口育龄妇女免费体检和环孕情检查。加大计生政务改革，优化简化办事程序6项，开展一、二孩网上办证425对；申报计生困难扶助家庭60户，其中失独家庭36户，伤残家庭24户；发放独生子女父母奖励费67.69万元；2018年新增申请独子子女父母奖励费人员467人，计划生育率99.27%、优惠政策落实率、及时率均达到100%。围绕"三减三健"，落实食药安全"网格化、痕迹化"监管责任，检查辖区内的食品流通企业、餐饮店、食品加工企业，造册登记，建立档案，全面了解和掌握食品安全情况，并定期进行安全隐患排查，为4家满意早餐店办理备案手续，创建健康社区1个，食药安全度大大提升。

【城市基层党建】 2018年，街道党工委始终把服务城市、服务社区、服务居民作为基层党建工作的出发点和落脚点，从建立健全"五项机制"入手，努力构建以街道党组织为核心、社区党组织为基础、区域内基层党组织和党员共同参与的城市基层党建工作新格局。创新开展《红色家书》"七个一"主题学习教育活动，开展《红色家书》集体诵读研讨会和微信公众号"《红色家书》播音室"栏目，选送的《初心可鉴　正气永存》朗诵节目获得区委组织部举办的红色家书朗诵活动三等奖。扎实开展年度"两学一做"学习教育常态化制度化四个专题活动，党的思想建设进一步加强。全年发展入党积极分子5名，发展对象1名，预备党员2名，正式党员4名。持续推进"两新"组织两个覆盖工作，批复成立2个新的非公企业党支部。以"组织机构联网、文明创建联动、思想教育联手、在职党员联管、志愿服务联送、党内活动联办，共建项目清单化、共建内容契约化、共建体系开放化"("六联三化")工作机制为抓手，打造城市基层党建多维“朋友圈”，与党工委与江西省委办公厅、江西省供销合作社等40余家驻区机关事业单位、国有企业、教育单位、金融机构等签订共建协议。全年，与省、市、区各级单位开展各类共建活动30余次，参与党员群众达1500余人，共建活动被省市各级媒体相继报道。党工委坚持党建引领下的自治、共治、德治、法治“四治”一体化推进，在下沙窝社区美福庭院试点庭院自治管理新模式。以“三活”自治管理机制为保障，以“1234”服务运行机制为支撑，形成“居民群众全参与、各类服务全覆盖、大小矛盾全掌控、邻里氛围更和谐”的庭院新貌。聆江社区试点成立社区“大党委”，建立社区“五位一体”议事协调机制，“融合”党建的探索让基层治理“活”起来。

【“五型”政府建设】 2018年，街办扎实推进“五型”政府建设，从成立领导小组、出台工作方案、召开动员大会、编好工作简报（督查月报）四个方面明确建设要求和具体分工安排，从严从实抓好各项重点工作的推进落实。在街办微信公众号公布业务办理流程，告知注意事项，居民可在微信公众号留言咨询业务内容，让老百姓办事更加便利快捷。街办各科室对承担的业务进行梳理，精简业务办理环节，编写业务办理流程一次性告知单，包括党组织关系转接告知内容、计生工作办证程序、办理城乡居民基本养老保险的方法、办理城乡居民基本医疗保险程序等11项39条内容，精简不合法、不合理证明、佐证材料9类，减少办事环节和层级28个，以简单、直接的方式使群众对业务流程和办理流程一目了然，并在街办及12个社区窗口摆放1500余份告知单供群众浏览、查询。全面推行延时错时服务实行政务服务“不打烊”，解决“服务群众最后一公里”问题。11月12日，“南昌12345”微信公众号将街办处置小区业主装修破坏承重墙的案例作为优秀案例予以通报表彰。

【党风廉政建设】 2018年，街办扎实推进廉洁南昌四大专项行动，坚决整治干部队伍中的“怕、慢、假、庸、散”等突出问题。全年在《中国纪检监察报》上稿3篇，开展党风廉政纪律讲堂12次，开展《以案说纪》警示教育、“廉洁文明家风”“怕、慢、假、庸、散”组织生活会等作风建设专题活动27次。组织干部职工对标负面清单开展作风问题自查42人次，征求意见建议128条，梳理出街道班子问题8个、班子成员问题14个、干部职工个人作风问题156个，形成整改方案台账32个，并完成班子问题整改8个，班子成员问题整改14个，干部职工问题整改152个。大力推行“四个结合”“五项制度”“廉政档案”“社区巡察”等制度，开展督查9次，约谈干部职工71人次，函询8人次，立案处理1人。

【新时代意识形态工作】 2018年，街办把学习贯彻习近平新时代中国特色社会主义思想和中共十九大精神、全国“两会”精神及习总书记“新的希望、三个着力、四个坚持”重要指示精神、省委十四届五次、市委十一届四次、区委十二届四次全会精神和市、区政府工作报告精神作为首要政治任务，不断创新工作思路，正确把握舆论导向，加强基层宣传文化阵地建设，维护网络意识形态安全，深入做好新时代意识形态工作。举办街道机关全体党员干部参加的《红色家书》诵读研讨会，在街办微信公众号开设“《红色家书》播音室”专题栏目。全年开展理论宣讲活动32场次，为干部职工、党员群众赠送应知应会手册400多册，用党中央的最新部署和习近平总书记的最新指示、最新思想统一党员干部的思想意识，筑牢党员干部学习贯彻、担当实干、勤政为民的精神引擎。

【人民武装工作】 2018年，街办坚持党管武装，优化组织结构，改进编组方法，扎实抓好民兵整组工作，做好兵役登记，投入3万多元资金完成兵役服务站的建设，组织第一批民兵应急分队到民兵训练基地参加12天的集训任务，完成了民兵应急分队、通讯分队点验任务。

【法治街道建设】 2018年，街办坚持全面依法治街理念，认真落实普法规划，深入开展法治宣传教育活动。机关集中普法10场，利用各种法律法规的颁布日，纪念日等开展大型法治宣传教育，开展“三月综合宣传月”“6·26”国际禁毒宣传日、“12·4”全国法制宣传日等宣传活动24次，组织民政、妇联、派出所、工商所交通行政执法人员开展街头宣传和法律咨询服务，发放各种宣传资料15000余份，接待群众咨询600余人次。

【安全生产工作】 2018年，街办严格落实安全生产党政同责、一岗双责、失职追责要求,持续开展全方位、拉网式安全生产检查36次,累计检查行政事业、企业、生产经营门店1514处,专项开展快递物流隐患整治、高层建筑消防安全、老旧建筑安全检查、危险化学品安全检查、平房院落建筑安全、用煤、用电安全检查、电动车违规充电、冬春季火灾隐患专项整治行动16次,排查电动车停放点17个,下发整改单242份,立即整改187处,限期整改55处;排查居民楼道的杂物堆积、线路乱接老化情况、安全通道畅通情况、消防设施配备情况,共计1640处,清除庭院楼道堆放物千余车;新增灭火器282具,换药117具,创建了安全稳定的发展环境。

【平安街道建设】 2018年,街办围绕综治中心建设和社区平安小区建设,初步完成人员、场地、阵地的配置建设。实施矛盾纠纷化解“三前”“三步”工作法,摸排各类矛盾纠纷80件,化解80件(其中简易79件、疑难1件),接待疏导来访人员104人次,回访重点信访人员42人次,切实做到矛盾早化解、隐患早平息、萌芽就遏制。本着坚持“教育、感化、挽救”的方针,有序地开展对刑释解矫人员的教育和就业安置工作,确保安置帮教工作真正落到实处。深入开展扫黑除恶专项斗争,利用宣传标语、横幅、会议、微信群等形式,累计开展宣传活动12场次,发放宣传资料1万多份,对全市确定的12类打击重点进行摸底排查,开展重点领域、重点群体“问题”和“苗头”的双重梳理摸排活动,强化部门协同,全网联动覆盖。

【社区“两委”换届工作】 2018年,豫章街道党工委认真贯彻落实市、区有关社区“两委”换届工作会议精神,广泛宣传“两委”换届选举工作的目的、意义、规程及时间,按照换届要求,扎实做好会议议程、时间节点、候选人产生及产生后的资格审查等工作。还成立“两委”换届工作督导小组,随时督查“两委”换届情况。3月22—26日,街办所辖各社区分别召开居民委员会选举大会,选举产生新一届社区主任、副主任和委员,11个社区的“两委”换届选举工作圆满完成。

【文明创建工作】 2018年,街办围绕公共文化示范区创建工作,以阳明路、沿江北大道、三经路立面改造为契机,对辖区主干道、背街小巷、驻地单位等区域进行公益广告宣传。发送文明创建、志愿服务短信23000条;开展道德讲堂12次,参加人数1860人次;开展志愿服务活动231次,参加人数2680人;文化进社区活动39次;推报好人线索182条;与辖区11家单位签署结对共建协议书,开展文明共建等各类文化活动122场次。通过开展道德讲堂、东湖“暖心人”评选、文明家庭评选、“三风人物评选”等多种方式,提高居民群众对文明创建的知晓率和支持率。江药社区刘中一家庭入选《南昌市廉洁文明家风优秀家规家训》。

【市领导考察省委北院垃圾分类工作】 8月20日上午,南昌市市长刘建洋到东湖区豫章街道省委北院小区查看垃圾分类工作。该小区通过市场化运作引进北京首创环境投资有限公司进行居民垃圾分类试运行。小区内共设置4组自助垃圾分类箱,两组负责回收金属、玻璃、塑料、纸张以及电子垃圾等;设置10组地埋式环保垃圾桶,解决老式垃圾的污水外溢、异味扰民的问题。小区内每个家庭都有一张磁卡,自助垃圾分类箱会依照每次回收的垃圾计算积分,居民可以累计积分去兑换不同的生活用品,从而激发居民主动进行垃圾分类回收的热情。刘建洋对省委北院小区垃圾分类工作给以充分肯定。

【市纪委督查街道纪检标准化规范化建设】 11月19日下午,南昌市纪委、市监委督查组在市纪委副书记、市监委副主任寇立群带领下到豫章街办督查乡镇(街)纪(工)委标准化规范化建设工作,区领导刘光荣陪同。督查组查看了街道纪工委办公室、信访室、谈话室,详细了解街道纪工委人员配备、日常管理、经费保障等情况,逐项检查办公、谈话场所设置、办案设备配备和案件资料管理情况,对街道纪检工作取得的成绩给予高度肯定,并要求保质保量完成纪委规范化建设任务,确保纪检工作跨上新台阶、新高度。

【江柴社区成立】 8月31日,经东湖区人民政府批准,江西柴油机厂(新柴管理处)家属区向属地移交,江柴社区纳入全区居民委员会统一管理,工作经费按现行财政管理体制解决,时间自2018年9月1日起执行。

【街道党建服务中心投入运行】 2018年,街办在区级财政的支持下，投入200万元建成的党建服务中心。中心设有街道党校、红色文化展厅、廉政文化厅、宣誓厅、组织生活室、党代表工作室、党员志愿者工作室共1校3厅3室，提供宣誓仪式、教育培训、形象展示、社会动员、指导协调五大功能。党建服务中心聚焦党建和基层治理的融合点，以不断增强基层党建工作为抓手，以政治功能和服务功能为主线，努力打造开放式、共享式、枢纽型的城市基层党建平台，推动社区党组织、驻区单位、两新组织党建融合发展。

【上沙窝236号老旧庭院改造】 2018年，上沙窝236号小区有8栋楼房、616户1848人居住，小区建于20世纪80年代。针对小区地下管网堵塞、墙面地面坑洼破损、私搭乱建严重、公共设施滞后的现象，区财政当年投入1000余万元，本着“以人为本”的原则“六改”并举对小区进行整体改造提升。通过道路“白改黑”、增设路灯“暗改亮”、立面“老改新”、拆违拆临，地下管网改造“堵改通”、管线“上改下”、绿化带，彩绘变电箱“绿改彩”，引入垃圾分类回收试点，小区环境得到大为改观，深受居民群众欢迎。

【聆江社区建立青年空间】 5月，东湖区豫章街道聆江社区青年空间依托社区服务中心，建立了青年空间。青年空间位于沿江北大道998号聆江社区内，总面积100平方米，内设文体活动室、图书阅览室、青少年学习室、绿色网吧和志愿者活动室。意在打造共青团的品牌化活动平台，青少年温馨的家园。社区现有团员29名，有青年志愿服务队员42名。活动中心紧紧围绕“党建带团建，团建促党建”工作主线，充分发挥青年在加强社区管理，服务居民及促进社区建设方面的先锋作用，激发广大团员青年的积极性和创造性。

2018年豫章街道社区居委会一览表

表23

居委会名称	主任姓名	户　数（户）	总人口（人）	居民小组（个）	办公地址	办公电话
滨江社区	肖长凤	1778	6223	6	上沙窝95号	86805856
江药社区	熊飞霞	1046	3122	12	五纬路38号	86807372
聆江社区	杨小梅	1972	5615	22	三经路998号	86813157
上沙窝社区	樊招香	2859	8677	26	五纬路218号	86820814
下沙窝社区	陈　珊	2416	7696	24	沿江北大道1198号	86847447
新星社区	林国英	1299	3459	8	五纬路378号	88624549
下正街社区	胡桥莲	1202	4092	5	爱国路92号	17770053996
东濠街社区	陶乐乡	1616	4784	6	爱国路109号	86820774
洪城社区	秦海鹰	2573	8642	28	豫章路50号	86240055
经纬路社区	刘春英	1758	5800	18	二纬路1号	87288604
四经路社区	雷燕祎	1721	5233	6	四经路7号	86801440
江柴社区	丁红丽	2111	7379	20	四经路1号	86847007

（郁　刚）

墩子塘街道办事处

【简况】 2018年，墩子塘街道办事处辖区面积0.54平方千米，有住户13717户，户籍人口4万人。街道党工委下辖基层党组织10个，直管党员902人。辖区共有8个社区及省儿童医院家委会、江西中医药大学家委会2个家属委员会。

2018年，墩子塘街办深入学习贯彻习近平新时代中国特色社会主义思想，认真履行党工委主体责任，以提高群众满意度为目标，以深化改革为动力，以党建工作为抓手，不断完善服务管理模式，改善工作作风，推进经济社会各项事业发展。顺利完成社区“两委”换届，建立健全居委会各项民主制度。在优化阳明社区党建品牌的基础上，辖区31家单位积极参与所在社区基层党建联席会，城市基层组织共建规模形成。扎实推进“两学一做”学习教育工作常态化，开展诵读《红色家书》系列活动，落实“三会一课”制度，开好街道领导班子民主生活会和肃清苏荣余毒案专题民主生活会，对照“怕、慢、假、庸、散”问题强化作风建设，抓好社区党建述职述评，基层党建标准化建设水平得到明显提高。认真执行中央八项规定，做好廉洁家访活动，严肃整改“政治巡查”“环保巡查”，“审计专项检查”反馈问题，举一反三强化机关效能建设。

2018年，墩子塘街办完成右营街、下水巷等社区居家养老服务中心、党群服务中心和文化活动中心建设，全面推进社区“时间银行”支行居家养老，重新打造街道便民服务中心，推行延时错时和预约服务。按照“抓早、抓准、抓紧、抓好、抓实”的工作要求，完成实际利用外资605万美元，占年计划的100%，现汇进资151万美元，实际利用内资1亿元，利用省外资金项目进资6300万元，完成千万元以上项目6个，全年地方公共财政预算收入4098万元；社会消费品零售总额完成8500万元，增幅11.41%；固定资产投资完成总额为3.98亿元，增幅11%；规模以上服务业累计完成0.86万元，增幅17.2%；其他营利性规模以上服务业企业累计完成2236万亿元；同比增长26.7%。

2018年，墩子塘街办先后获得档案工作规范化管理省三级、南昌市第十七届文明单位、全市科普宣传先进单位、全市健康教育先进单位、全市消防先进单位、市级社会救助经办能力建设先进单位；街道城管办被评为“南昌市环卫先进集体”、党家巷社区获得全省防震减灾示范社区。

【精神文明创建活动】 2018年，墩子塘街办深入挖掘、评选和宣传“道德模范”“身边好人”“最美家庭”“美德少年”、创业创新典型的感人事迹。开展“缅怀烈士·寄语祖国”签名等系列活动。墩子塘社区携手南昌市直机关工委党总支、市公路局党总支、市文新局直属机关党委，在阳明公园举行“党建结对”八一纳凉晚会；党家巷社区与省审计厅机关党委开展“践行社会主义核心价值观·共建文明和谐诚信社区”活动，组织参观朱德军官教育团基地，走访慰问社区困难孤寡老人；马家池社区与党建联席单位开展“迈进新时代·重阳情意浓”畅谈改革开放40周年主题活动。

【“三风”建设】 2018年，墩子塘街办以“不忘初心，牢记使命，弘扬职业道德，用实际行动践行十九大精神”为主线，开展“新时代、新气象、新作为”的道德讲堂活动。各社区以倡导遵纪守法、友善互助、关爱感恩、孝老爱亲、文明礼貌、移风易俗为主要内容，通过丰富的内容、多样的形式，积极引导广大居民群众参与活动。为优化社会环境，墩子塘街办充分发展人大工作站、社区人大联络工作室作用，收集群众意见建议20余条，帮助解决实际困难9件。开展“献一份爱心慰问困难学生·代表在行动”走访活动，通过帮扶，人大代表和街道党员干部共为60多名辖区困难学生发放慰问金3万多元。在精神文明建设中，辖区单位江西省儿童医院、国网江西省电力有限公司南昌供电分公司被评为全国文明单位；南昌市公路运输管理处等5家单位被评为省级文明单位；南昌市二十八中、东湖区疾控中心等11家单位被评为市级文明单位。全年街道报送精神文明建设信息198条，公布好人榜45人，精心提炼街道“暖心人物”事迹99个。

【基层公共文化阵地建设】 2018年，墩子塘街办完成8个社区文化阵地建设，继续落实街道文化活动中心、社区文化室对外开放，加强街道、社区、学校、企业文化共建，全面落实学校社区“四点半”活动室制度，街道公共文化服务体系逐步完善。持续开展“学典型　读红书　践初心”主题党员活动，推进“我与健康同行”、“6·26”国际禁毒日、法律服务进社区和居家养老“时间银行”工作自愿服务。全年，墩子塘街办共投入40余万元改善街办本级、墩子塘社区和下水巷社区硬件设施建设，完成阳明宜居社区的廉政文化园、基层党建示范点打造，推出马家池、张家厂社区的科普文化和党家巷学习型社区等文化亮点品牌。

【“扫黑除恶”专项斗争】 2018年，墩子塘街办认真贯彻上级开展“扫黑除恶”专项斗争相关部署，利用街办社区宣传栏、社区黑板报及LED电子滚动屏等多种载体，张贴《关于依法严厉打击黑恶势力违法犯罪的通告》265份、“扫黑除恶”宣传画1000余份，发放《致居民群众一封信》12658封。在叠山路、环湖路主干道及下水巷设置“扫黑除恶”工作大型固定宣传栏5块，张挂“扫黑除恶”横幅8条。利用警民恳谈会、社区居民会开展社会面集中宣传80余次，走访3万多群众，收到意见建议150余条。联合市直机关工委、省卫生监督所等共驻共建单位开展综治宣传月活动，联合洪城公证处在马家池文化广场开展宪法宣传周暨“扫黑除恶”斗争法律宣传活动。居民群众积极举报涉黑涉恶线索，立案2起涉黑涉恶案件，刑拘17人。

【打造“阳明先锋”社区党群服务典范】 2018年，墩子塘街办投入30余万元，大力打造阳明社区的廉政文化园和党建文化长廊建设，社区党群服务功全面得到完善。阳明社区获评全国防震减灾示范社区、南昌市第十七届文明单位、2017—2018年荣获全省“绿色社区 美丽家园”创建活动示范社区、2018年南昌市“基层科普行动计划”先进单位。阳明社区2016年4月成立，经过社区干部的努力，探索出以社区党总支为核心的“三强化、三提升”特色党建模式，就是在社区网格划分基础上建立网格党员家庭户、网格党小组、网格支部、社区党总支“四级党建网格体系”，统筹网格服务力量，开展“阳明先锋”党员设岗定责和承诺践诺活动，组建党员志愿者服务队伍，定期为居民群众开展各类志愿服务活动，加大提升社区党组织的引领力。每月组织召开社区“党员活动日”，依托党员活动室、公园休闲广场等活动场所开展“文化进社区”“法律进社区”“平安进社区”等丰富多彩的精神文化活动，定期开展“阳明党课”教育班，组织党员传唱经典红色歌曲，激活党员先锋力量，筑牢坚强战斗堡垒。社区依托“阳明先锋”主题活动，开展“保护母亲河 · 党员在行动”“我是党员我带头 · 阳明先锋在行动”“共享单车 · 文明骑行”“提倡垃圾分类放 · 绿色环保我先行”“奋进新时代 · 文明我先行”等志愿服务活动；整合社区党建资源，挖掘社区党员潜力，先后创办“党员红色画室”“党员爱心理发室”“党员社工室”等一批党员志愿服务品牌，促进了社区各项工作稳步发展。

【开展红色电影展播活动】 2018年，墩子塘街办为深入学习贯彻中共十九大精神，不断激发广大党员干部的爱国爱党热情，开展“学习十九大 · 传播正能量”之红色电影展播系列活动。10月12日，首场电影《百团大战》在阳明公园放映；11月6日，组织街道社区全体党员和居民群众观看《红海行动》。通过播放红色电影，让广大党员干部不忘初心、牢记使命，竭尽全力做好居民群众服务工作。

【举办党员政治生日会】 12月7日，为进一步增强党员身份意识以及党员的光荣感、责任感和使命感，激发党员发挥先锋模范作用，墩子塘街道党工委在阳明社区党员活动室举办党员政治生日会活动。活动以“不忘初心忆入党往事、砥砺前行做先锋榜样、集思广益话党建”为主题，全体党员在重温入党誓词后，重温峥嵘岁月，共话美好时代。辖区老党员周鑫群将年夜饭当作儿子婚宴、李春发与农村朋友交往几十年、万尚斌稳妥平息“粮荒”事件等动人故事，感染了所有党员，大家纷纷表示，将始终铭记党员身份，牢记党员使命，永葆共产党员的政治本色，以实际行动为党旗增光添彩。

2018年墩子塘街道社区居委会一览表

表24

居委会名称	主任姓名	户　数（户）	总人口（人）	居民小组（个）	办公地址	办公电话
北湖社区	刘巧巧	2298	7945	20	北湖路3号附2号	86775240
阳明社区	袁妙蓉	501	2448	10	阳明路156号	86853534

续表 24

居委会名称	主任姓名	户　数（户）	总人口（人）	居民小组（个）	办公地址	办公电话
下水巷社区	袁国英	2212	5868	11	下水路 68 号	86775994
张家厂社区	周　璇	1147	4315	10	张家厂 7 号	86808744
墩子塘社区	谢联英	1056	3856	66	沙坝巷 16 号	87883675
马家池社区	余玉兰	1474	4747	12	马家池 73 号	86812169
右营街社区	罗秀玲	1289	3867	10	右营街 84 号	86825345
党家巷社区	付明霞	1685	6752	11	永内谌家巷 18 号	86808577

（周　鹭）

百花洲街道办事处

【简况】 2018 年,百花洲街道办事处辖区总面积 0.98 平方千米,有 11 个社区居民委员会和 1 个家委会,住户 16010 户,户籍人口 53069 人。辖区内中央、省、市事企事业单位 34 个。街道共有基层党组织 17 个,党员 917 名,其中,直管党员 914 名。街办以习近平新时代中国特色社会主义思想和中共十九大精神为指导,深入学习贯彻中共十九大精神,围绕“两学一做”,推进“一统领四治理”新模式,积极探索基层“放管服”改革,尽心尽力做到思想到位、行动对标,较好地完成区委、区政府确定的各项目标任务。

2018 年,百花洲街办广泛开展社区自治“放管服”、共治“建理享”、德治“传帮带”和法治“严宣依”。顺利完成辖区社区“两委”换届工作,调整 6 名社区党组织副书记和 20 余名社区干部。与 28 家驻区单位签订共建协议,3 家省直、4 家市直、4 家区直单位与社区开展“双联双解”机关党员进社区活动。抓住招商引资、新增税收、外向型经济、固定资产投资、重点工业、产业项目推进和楼宇经济等工作,实现一般公共预算收入 7454.73 万元,完成全年任务的 123.42%;新增税收 794.25 万元,超全年任务的 397.13%,税收服务站开具房产税共计 428.44 万元;固定资产投资 56150 万元,限额以上批发零售业和住宿餐饮业零售额完成 179243.1 万元;累计实施服务业重大项目数 2 个,净增规模以上服务业企业 1 户;引入外资企业 1 个,引入省外亿元以上项目 1 个,引入 1000 万元以上项目 8 个,引入出口企业 1 个;引进招商项目 10 个,其中注册资金 5000 万元以上的企业有 3 家,注册资金 1000 万元以上的 3 家。其中,江西昊川力建设工程有限公司注册资金 3.6 亿元,雄鹰世纪航空股份有限公司注册资金 1 亿元。

2018 年,百花洲街办党政班子及综治委成员从“领导、宣传、调处和创新”四方面入手,多措并举强力推进综治工作。改造升级街道综治中心、信访接待中心,实现综治中心一体化办公,提升社会治理体系和治理能力现代化水平。进一步完善社会治安防控体系,因地制宜地组织开展专项行动。成立一支 43 人的街道治安联合巡逻队,由各社区、各辖区单位、热心居民、老党员等组成平安志愿服务队,利用街道现有的郁金香、白玉兰社会工作室、德济爱民公益协会等公益组织和热心公益、知名律师、心理咨询师、博士后等专业人才成立第三方调解委员会,参与疑难问题的调处工作。

2018 年,百花洲街办开展残疾人精准康复工作,签约精准康复的残疾人 958 人,体检 90 人;发放残疾人辅助器具 300 余件,办理新增残疾人两项补贴 57 人;全年发放残疾人两项补贴 40 万元。走访困难优抚对象共 30 户,登记退伍军人信息。发放低保金 2950117 元,发放医疗救助款 202105 元,发放临时救助款 24279 元;为 3913 人次发放独生子女父母奖励金共计 4568900 元。为 99 户 0—6 岁家庭办理爱心保险,为 5 户失独家庭一次性发放抚慰金 25000 元。为 58 户特扶家庭建立计生特殊家庭联系人制度,每一户配有 1 名医生、社区联系人、志愿者开展结对帮扶工作。

【街道党建工作】 2018年，百花洲街道党工委落实了书记第一责任人、副书记负主责、其他成员为骨干的责任制，推出“党建+三风”“党建+四治”“党建+志愿服务”“党建+时间银行”“党建+第三方调解”等特色工作。全街道11个社区认真贯彻落实区委“231”党建先导工程，以社区党群服务中心为平台，以智慧党建APP为纽带，以为民服务项目化常态化为牵引，大力开展街区党建活动和机关党员“1+X”活动。加强党员教育管理，坚持组织关系接转“四必看”，联合派出所、综治办、卫计办等开展党员违规违纪排查，办案1起，开除党籍1人。社区利用“党员活动日”外出参观学习10余次，邀请驻区单位党组织走进社区、服务群众，开展共驻共建活动。

【“时间银行”居家养老志愿服务工作】 2018年，东湖区探索推出“时间银行”居家养老志愿服务新模式，百花洲街办作为试点单位在全省率先启动。“时间银行”居家养老志愿服务以“低龄存时间，高龄取服务”为总体思路，按照“政府搭台、社会参与、居民互助”工作原则，形成低龄老人帮助高龄老人的互助养老新格局，打造以“传承、互助、循环、温暖”为主题的居家养老“时间银行”。街办本级成立“时间银行”分行，下设11个社区“支行”，招募志愿者和志愿服务队伍注册总人数达896人；引入“章金媛爱心奉献团”“微爱公益”等12支专业公益团队，服务100余位高龄、孤寡、失能、失智老人；与华东交大、南昌大学、江西财经大学、江西中医药大学、南昌市卫校等五所院校共招募签约2100名志愿者，开展日常问候、精神慰藉、应急帮助等多方面志愿服务近万人次、累计服务时长达8000个小时。与此同时，按照“政府投一点、社会帮一点、企业捐一点、居民筹一点”的思路，成立“时间银行”公益基金，主要用于建设“时间银行”爱心超市、“时间银行”互助服务公益项目，购买“时间银行”供兑换的物品、配备志愿服务者装备、志愿服务者的保险和教育培训以及优秀志愿者的奖励。“时间银行”是在传统的居家养老模式上，将其与“时间银行”社区互助式养老服务结合在一起，有效的运用政府、社会和居民志愿者——低龄健康老年人及其他志愿者群体，共同支撑老年人的生活、生命与质量，传承和弘扬中华民族敬老爱老的优良传统，让助老为老成为风尚。

【“东湖区百花洲街道办事大厅”小程序上线】 2018年，百花洲街办按照“服务型政府”的转型要求，着力提高服务意识和办事效率，利用科技手段探索移动政务新方式，依托微信公众平台“东湖区百花洲街道”，在全省创新推出便民小程序“东湖区百花洲街道办事大厅”，实现《流动人口婚育证明》等35项政务服务事项的网上咨询、申请和受理功能，打造“指尖上的政务服务”。解决了行政审批工作中纵向沟通和横向联合的不畅现状，推动了政务服务网络化，提升了基层治理能力，大大压缩办事时限，有效解决服务群众“最后一公里”难题。得到《江西日报》、《南昌日报》以及江西电视台、网络等相继报道。

【党建宣传片《时间银行》获奖】 2018年，百花洲街道党工委制作的H5视频《时间银行》，在江西省委组织部的第十五届全省党员教育电视片观摩交流活动、市委组织部的党员教育电视片观摩交流活动中均获二等奖。该片讲述百花洲街道党工委在创新运用“党建+时间银行”居家养老志愿服务模式以来，辖区内党员模范带头、“储户”爱心接力、群众广泛参与，共同帮助和照顾高龄孤寡老人、失能失智群体的生动场景。

【社会治安综合治理工作现场会】 8月8日上午，东湖区社会治安综合治理工作现场会议在百花洲街办召开。区领导胡志强出席会议并讲话。会上，百花洲街办作为全区综治中心打造的试点单位就综治中心建设作典型经验介绍。胡志强在讲话中高度肯定百花洲综治工作，并要求其他街道、镇、管理处根据市政法委的要求，结合实际，借鉴百花洲街道综治中心模式，全面开展综治中心建设的任务。全区政法系统单位相关负责人以及各镇、街道、管理处综治委主任、综治办专职副主任等共计32人参加会议。

【上门纳税服务】 2018年，百花洲街办街道税收服务站为辖区企业商户依法依规缴税，打造纳税便利通道，街办经济办开展了为辖区所有企业商户提供上门代收房产、建安税金，代开、代送发票等服务，为企业商户合法纳税提供帮助，推动了街道财税工作的建设和发展,完善了财税管理工作模式。

【亮化惠民行动】 2018 年,百花洲街办街道结合“美丽南昌·幸福家园”两年出形象的要求,大力推进“点亮百姓门前灯,照亮居民回家路”的惠民便民利民工程,在辖区居民单元楼道上以“居民出一点、单位赞助一点、社区筹备一点”的方式,筹措资金为辖区 374 栋开放式楼栋、870 个单元安装楼道灯 5408 盏,让辖区居民楼告别“黑楼道”,深受居民群众赞许。

2018 年百花洲街道社区居委会一览表

表 25

居委会名称	主任姓名	户　数(户)	总人口(人)	居民小组(个)	办公地址	办公电话
包家巷社区	刘　珊	1156	3468	7	杨家厂 93 号	86781244
白马庙社区	陶秀春	1867	5719	16	繁荣巷 25 号	86795717
火神庙社区	陈金香	1586	5683	12	东湖区火井巷 9 号	86772154
杨家厂社区	黄莉春	1650	8049	7	杨家厂路 26 号	86782794
渊明北路社区	王丽珍	2123	6080	24	上水路 26 号	86735194
状元桥社区	黄小燕	1428	4368	7	毛家园 26 号	86783724
桂旺巷社区	涂　琛	1261	4138	10	桂旺巷 14 号	86781174
刘将军庙	胡华丽	1059	3727	8	东湖书院 7—8 号	86736533
邮政路	付　玲	1012	3660	8	后墙路 10 号	86774549
小金台	唐惠萍	1508	4217	7	小金台 70 号	86781944
南湖路	张　泉	1360	3960	6	南湖路 6 号	86776423

(魏海艳)

公园街道办事处

【简况】 2018 年,公园街道办事处辖区面积 0.62 平方千米,有居民 9334 户,户籍人口 33391 人。下辖 6 个社区居委会及 1 个家属委员会。街道党工委下辖 24 个基层党组织,其中 6 个社区党委、18 个党支部,共有直管党员 926 人。驻区内有省外办、省建行、江西宾馆、江西饭店、省二附院、省妇保、市警备区、佑民寺(市佛协)、朱德军官教导团、市博物馆、百货大楼、华润万家、南师附小、南昌二中、南昌卫校等单位 35 家。街道党工委坚持以中共十九大精神为指引,聚焦“建设品质示范公园”总目标,抓品牌、提品质、树形象,街道经济建设、民生事业、城市管理、综合治理等各项工作全面持续稳定发展。年内,街道及所辖社区先后荣获“南昌市第十七届文明单位”“市级社会救助经办能力建设先进乡镇(街办、管理处)”“全国模范司法所”等荣誉称号。

2018 年,公园街办完成公共财政预算收入 7150 万元,同比增长 9.01%;房屋租赁税收入 1026.2 万元,同比增长 433.08 万元;限额以上社会消费品零售额 11.79 亿元,固定资产完成 4.04 亿元,服务业营业收入 1.37 亿元,均完成全年计划任务数;完成 1000 万元以上项目 6 个,江西国特传媒有限公司 1600 万元、江西二俊建筑工程有限公司 1000 万元、江西捌祥建筑工程有限公司 1000 万元、江西铂金楼阁房屋租赁有限公司 1000 万元、江西理淼建筑工程有限公司 1000 万元、南昌洼碘科技有限公司 1000 万元;完成省外亿元项目 1 个,江西省谶彩科技有限公司 1 亿元。全年发放低保救助金 1337895 元、优抚金 119292 元、独生子女奖励 2954900 元;发放“一站式”医疗救助金额 270841 元，166 人次；发放临时应急补充救助 6599 元，1 人次；发放小额贷款 300 万元；安置新增就业人数 678 人；安置“4050”就业人数 150 人；安置家庭服务从业人员 300 人。

【打造街道党建服务中心】 2018 年，公园街道党建服务中心改造项目投入使用。中心位于上营坊 26 号附 1 号，建筑面积约为 495 平方米，为一栋三层混合结构的建筑物。中心集政治功能、服务功能、融合功能为党员和群众提供综合性服务的支撑平台，设有街道特色文化长廊、理疗室、家长驿站、党的光辉历程、健身文体活动中心、党员活动室、电子阅览室、童乐室、廉政文化、舞蹈室、社会组织服务站、青年空间、书画室/手工艺室。中心以“情系社区，服务万家”为宗旨，围绕“群众在哪里，服务就到哪里”的理念，为社区居民特别是老年人、残疾人、青少年和社区家庭提供多元化综合服务，及党员和群众教育、管理、培训、展示、服务和娱乐于一体的全新的综合性服务平台，为社区居民打造了一个以人为本的“幸福家园”。街道依托该中心，推进“一心三圈四色”特色党建模式，将其打造成团结引领群众的政治中心、宣传教育群众的文化中心、联系服务群众的便民中心。

【打造城市基层党建新品牌】 2018 年，公园街办紧紧围绕党建工作两大核心任务，大力加强街道社区党组织建设，努力构建以街道社区党组织为核心，辖区各单位、行业、领域党建工作有机联合、资源共享、机制衔接、功能优化的城市基层党建工作体系。成立街道基层党建联席会，驻区 30 余家单位参加，共商共议，积极为街道发展献计献策。

【基层综治中心实体化建设】 2018 年，公园街办全面贯彻落实综治中心建设、综治信息化建设、网格化管理建设“三项建设”工作要求，对办公场所院内建筑面积约 120 平方米的“原环湖路、民德路地块兑付大厅”办公场所重新规划设计，打造成为街道综治中心。中心集合综治办、信访办、网格中心等多部门，整合力量，规范运作，实行“一站式”服务窗口接待群众，推动综治信息化建设，让信息多“跑路”、群众少“跑腿”。进一步明确综治工作中心的主要职能，以方便群众办事为综治中心建设的理念，全面落实各项安全防范措施，维护社会秩序，保障社会稳定。

【环民德路地块二期房屋征收工作】 2018 年，街道辖区环民地块二期改造项目征收工作正式启动，公园街办在环民地块二期改造项目推进过程中，共组织各级各类调度会议 70 余次。保持和发扬“主动履职尽责、积极担当作为”的优良传统，高效推进拆迁工作，完成 78 户房屋征收，较好完成征拆工作任务。

【环境综合整治工作】 2018 年，公园街办高度重视环境综合整治工作，充分利用墙报、宣传栏、条幅、黑板报、小喇叭、LED 屏、入户走访等宣传形式，将城乡环境综合整治工作进一步宣传到家庭，引导群众树立文明意识，养成文明习惯，实现“美丽南昌，幸福家园”“两年出形象”目标，发放《共创全国文明城市倡议书》2 万多份、宣传册页 1 万余份、垃圾分类指导手册 5000 余份、张贴公益性广告 1 万多块。街道综合运用“考、比、树”的方法，对社区实行日巡查、周讲评、月考核，对各单位居民楼院管理、市容市貌、环境卫生、小区物业管理等工作实施考核，检查评比。同时由街道督查室、城管办人员组成督查组，对发现问题跟踪问效，严管重罚。通过一系列的环境治理的长效机制，为辖区居民提供一个更加宜居的环境。

2018 年公园街道社区居委会一览表

表 26

居委会名称	主任姓名	户数（户）	总人口（人）	居民小组（个）	办公地址	办公电话
上营坊社区	胡建英	2468	8070	12	上营坊街 67 号	86289426
环湖路社区	曹永会	1498	7000	20	环湖路 59 号	86392910
经堂巷社区	姜平平	1283	4490	3	经堂巷 36 号	86395091

续表 26

居委会名称	主任姓名	户　数 (户)	总人口 (人)	居民小组 (个)	办公地址	办公电话
戴家巷社区	涂永红	1233	4315	7	叠山路 136 号	86297442
民德路社区	陈卫民	1588	5082	3	花园角 45 号	86289204
永宁社区	顾　�	1264	4434	8	环湖路 71 号	86661823

(龚欢欢)

大院街道办事处

【简况】　大院街道办事处辖区面积 1.8 平方千米。截至 2018 年底,辖区共有居民 1.2 万多户,户籍人口 7.2 万多人,其中省人才市场集体户 3.2 万余人。街道设有 8 个社区居委会。辖区内有省住建厅、省司法厅、省农业厅、省体育局、省粮食局等厅局级机关及其二级单位 30 余个。辖区内历史文化底蕴深厚,省文联、省艺术剧院、省革命烈士纪念堂均坐落在辖区内;商贸经济繁荣,财富广场、沃尔玛八一店、万达广场形成核心经济辐射圈,经济发展活跃。辖区内还有南昌市名校育新学校。2018 年,街道实现一般公共财政预算收入 11160 万元,社会商品销售总额 839116 万元,规模以上服务业总额为 72730.8 万元,固定资产投资额为 403200 万元。

【城市基层党建工作联席会议】　11 月 30 日上午,大院街道城市基层党建工作联席会议召开,江西省直机关工委委员、宣传部部长刘大胜,区领导贾彧超和 70 余家共建单位代表出席会议。会议宣读文明创建倡议书,大院街道党工委书记在会上汇报前期城市基层党建工作进展情况和下一步工作思路。联席会议成员单位现场签订共驻共建协议 58 份,对城市基层党建共建项目认领清单的九个大类、25 个项目进行 230 次认领,其中,深化文明创建项目认领 73 次。贾彧超在讲话中高度肯定大院街道党工委以党建推动精神文明创建工作的做法,希望更好地扛起抓党建主体责任,以更高政治站位、更强责任担当,突显特色,强化以群众需求为导向的城市基层党建精品项目建设,更好地把党员群众凝聚在党组织周围,实现城市基层党建效率和水平整体提升,打造新时代城市基层党建样板地。

【街道公共法律服务工作站建设】　2018 年,大院街办学习和发扬“枫桥经验”,积极整合辖区司法资源,联合江西省司法厅共同建成全省首个街道公共法律服务工作站。通过组建专业志愿者队伍、设立法律顾问等多个方面,达成“社区治理+公共法律服务”模式全新共识,在党建统领下,改变和优化传统法律志愿服务,引导自治、法治、德治向社区群众推广和延伸,实现城市综合治理新体系发挥更大效能。工作站从维护群众权益、构建和谐社区、维护辖区稳定出发,围绕化解矛盾纠纷,着力推动法律援助、人民调解、法制宣传等一系列公共服务。为扩大站点的知悉度和影响力,工作站组织开展法律明白人培训、志愿者交流座谈、“三点半课堂”等一系列活动。工作站成立以来,接待群众 1700 多人次,接受咨询 150 余人次,调解矛盾纠纷 72 件,调解成功率高达 98%。

【开展《红色家书》诵读活动】　4 月 26 日下午,大院街道城市基层党建联席会 24 家成员单位,齐聚一堂,开展共读红色家书活动。活动中,街道党工委联合江西省农业厅机关党委、江西省慈善总会机关党支部、江西省文联机关党委共同发起慈善义捐拍卖活动,以“书香赣鄱”全民阅读宣传月为契机,助力南昌市崛美公益发展中心发起的“名著小书包”公益项目,江西省农业厅、江西省文联的书法家们捐赠 41 幅书画作品用于此次拍卖,通过义捐拍卖的形式筹集善款,准备为偏远乡村的儿童们捐赠一批装满优秀读物的小书包,解决劣质口袋书泛滥的阅读危机。

【“名著小书包”捐赠活动】　9 月 10 日,大院街办携手城市基层党建联席会成员省农业厅直属机关党委，邀请南丁格尔奖章获得者邹德凤老师前往枧田街乡丰田小学大源教学点，开展点亮希望之光，助梦童心暨“名著小书包”捐赠活动，为孩子们送上联席会成员捐赠的价值2万余元的88个“名著小书包”。

【开展社区网络春晚文艺演出活动】 1月5日，大院街道二七北路社区党委联合老年学校学员在二七北路255呈拉伙文艺馆内，举办喜迎新年倡三风“走进新时代 共筑中国梦”全国社区网络春晚文艺演出。活动旨在加强基层宣传思想文化建设，大力弘扬中华民族优秀传统文化，凝聚居民同心共筑中国梦的精神力量，辖区党员、文艺队伍、社区居民、共驻共建单位代表等200余人参加。活动现场，社区老年学校的学员们表演了歌唱、舞蹈、京剧等精彩节目，赢得大家的阵阵掌声。此次活动获得全国社区网络春晚组委会颁发的“优秀组织奖”，《茉莉花》《万喜中国喜》《养生舞》入围节目奖。

【垃圾分类示范点建设】 2018年，大院街办辖区的育新路平安小区纳入东湖区智能垃圾分类试点。为了推进试点工作，公园社区通过多种方法，积极引导居民参与垃圾分类工作。一是加大垃圾分类宣传力度。先后开展“东湖区推进垃圾分类工作义务宣传日”“垃圾分类 从我做起”“大手牵小手垃圾分类宣传活动”“垃圾分类 全民参与”等活动，并邀请十余家媒体对社区垃圾分类工作进行宣传报道。二是指导居民使用智能管理系统。工作人员详细介绍智能APP垃圾分类管理系统，演示投放流程，让居民了解垃圾分类常识，使居民了解到通过扫码分类、处理垃圾，还可以获得积分和兑换奖品。三是发放环保生活垃圾袋、洗衣液、垃圾分类宣传手册等宣传小礼品，鼓励居民群众积极参与。通过社区工作人员的努力，社区居民逐步形成了垃圾分类的习惯。

2018年大院街道社区居委会一览表

表27

居委会名称	主任姓名	户数（户）	总人口（人）	居民小组（个）	办公地址	办公电话
二七北路社区	刘洪燕	1043	4296	9	二七北路185号（东晖育才苑）	86371715
体苑社区	朱建兰	1098	4096	19	福州路28号	86222680
林苑社区	崔兆涛	580	1680	2	福州路90号	86663532
育新社区	王　丽	589	2400	2	二七北路185号东辉育才苑6栋	88621148
院二社区	张秋莲	1698	5943	6	北京西路69号17栋西	86263304
院一社区居委会	孙　慧	1076	5300	9	北京西路69号45栋	86274814
公园社区	周　亮	1552	5520	8	育新路20号	86268473
广场北路社区	史雪琴	1256	4068	7	广场北路249号5—6栋之间	86227554

（陆丽娜）

董家窑街道办事处

【简况】 截至2018年底，董家窑街道办事处辖区总面积5.3平方千米，户籍人口10.0736万人，有江西省旅游发展委员会、江西省信访局、南大一附院、南昌市实验中学、国美电器、七星商务酒店等驻区省、市企事业单位80余个。有22个社区居民委员会，其中单位社区1个。街道共有基层党支部80个，党员人数2082个。

2018年，董家窑街办创新党建工作模式，提升党建工作品质。加强区域党建工作，组建全区首个“医疗卫生行业城市基层党建联席会”，建立商约、签约、履约、评约的“四约”工作法。其中，豆芽巷社区党委成立驻区单位区域化大党委，构建“五位一体”协调议事机制。紫金城社区以阵地多功能、轮值多商量、常驻多联络的“三多”模式激活党建原动力。推动锦苑春天社区党建+廉政文化建设、紫金城社区党建+文明和谐社区构建、杏苑社区党建+医疗卫生行业志愿者服务等一批社区党建品牌。结合朱湖路改造，街道利用墙体立面打造朱湖路文化街区，建立豆芽巷社区雷锋精神传承馆，并作为全市“三看”点位和市政协“三看”点位，受到各级领导的好评。

2018年，董家窑街办经济发展稳步推进。地方公共预算收入9085.08万元，同比增长1656.81万元，增幅22.3%。规模以上服务业增速为9.4%，其中十二大行业的增速为7.6%；社会消费品零售总额增速为24.07%。街办税收服务站完成税务部门委托代征房产税款400余万元。

2018年，董家窑街办积极推进“美丽南昌·幸福家园”环境综合整治行动，先后开展“出形象”城市管理26项专项整治。投入资金155322元，完成金家山社区601支路大众商场宿舍、新华社区59号等社区庭院环境整治改造。投入资金20余万元，完成朱家湖社区、豆芽社区、新华社区庭院外墙立面美化、亮化。投入资金60500元购买改装成小型电动冲洗车4台，完善小型机械化机冲日常作业的常态化、网格化管理。拆除铁路沿线违章搭建，清理沿线杂草垃圾，铲除菜地，共清理垃圾杂物30处，清运垃圾45车。投入资金6.6万元，购置100组分类果壳箱，在锦苑春天小区进行垃圾分类试点，开展垃圾分类宣传，并在辖区机关事业单位逐步投放设置分类垃圾桶。联合东湖交警大队开展“五车”专项整治，共查缴非法营运车辆、无牌车辆、超标车辆共52辆。全年共查处违法建筑11处、拆除违法建设面积543平方米，查处住宅小区违法建设9处、拆除违法建设面积438平方米，拆除大型户外广告30余块，小型户外灯箱400余块；查处出店经营2039起、查处流动摊贩1081起、查处夜市摊点860余起，全年行政案件处罚47万多元。

2018年，董家窑街办民政计生工作有序展开。新增低保16户22人，调整47户，停发51户98人，累计发放最低生活保障金3028630元；医疗救助77人次，发放救助金额258516元；临时救助33人次，发放临时救助金121387元；慈善救助14人次，发放慈善救助金57000元。认定需救助供养特困人员3户3人，完全不能自理2人送东湖区福利院集中供养。完成“数字民政”录入工作，完善医疗救助电子和纸质档案，退役军人登记人数4030人。协调驻地单位先后建立青山路汽车客运站、南昌大学第一附属医院、南昌市第一医院北院3个母婴室；全年共办理一胎生育服务卡338余人，二胎生育服务卡382人，再生育服务证11人。开展《江西省城镇居民独生子女父母奖励》的登记工作，共审核登记符合条件享受江西省城镇居民独生子女父母奖励人数5355人，奖励金额631.8万元。推广居家养老服务模式，成立街道本级“时间银行”分行，社区成立支行，完成豆芽巷、南京西路南、南京西路北、青桥、贤士花园第二社区等5个社区居家养老站的建设并投入使用。

2018年，董家窑街办消防及安全生产工作扎实有效。与各社区、单位、店面签订安全生产责任书2000余份；先后排查辖区单位103个、店面1198个、人员密集场所12个、高层建筑99处、易燃易爆物品经销点（存放点）7个、电动车停放点42处。排查出各类隐患119处，立即整改74处，下发限期整改单45处。设立宣传栏23处；张贴消防安全海报406张；禁燃烟花爆竹、电动车禁止在楼道内充电海报600张；发放宣传单页、画册1187份；累计播放小喇叭504人/次；日常巡逻393次；多次组织基层协商民主会议，通过提取维修基金和居民集资等形式，完成青山小区10栋脱落外墙的维修。

2018年，董家窑街办社会综合治理工作大力推进。加强线索排查，利用一封信、横幅、小喇叭、LED显示屏、微信群等多种形式，在群众中深入开展“扫黑除恶”专项斗争宣传报道，营造良好的社会治安氛围。积极开展南昌市综治信息平台信息录入工作，综治专网数据录入实有房屋信息32540条，户籍人口信息91879条，流动人口信息3679条，特殊人群信息295条，重点青少年2人，留守人员25人，完成事件采集4001件。

【佘山家委会移交属地管理】 3月29日，根据洪府厅抄字〔2018〕117 号抄告单同意佘山家委会改制为佘山社区居委会，并将其纳入全市社区居委会管理序列。市城乡社区建设领导小组核定佘山社区居委会工作者职数 7 名。11 月 8 日，东府办抄字〔2018〕368 号抄告单，同意将佘山社区纳入全区居民委员会管理序列，时间自 2018 年 11 月 1 日起执行，社区居委会成员选举产生。根据 2017 年 11 月 17 日，街道与江西油脂化工厂签订职工宿舍区移交属地管理协议，家委会移交 1112 户、4003 人、费用 260 万元，同步移交位于青山南路 409 号 7 栋旁原油化厂留守处两层办公楼、面积约 332 平方米。

【江纸集团家委会移交属地管理】 3 月 29 日，洪府厅抄字〔2018〕117 号抄告单同意江纸集团家委会改制为龙沙社区居委会，并将其纳入全市社区居委会管理序列。市城乡社区建设领导小组核定龙沙社区居委会工作者职数 9 名。11 月 8 日，东府办抄字〔2018〕368 号抄告单，同意将佘山社区纳入全区居民委员会管理序列，时间自 2018 年 11 月 1 日起执行，社区居委会成员选举产生。根据 2017 年 11 月 17 日街道与江西纸业集团有限公司签订职工宿舍区移交属地管理协议，移交 2069 户、7171 人、费用 330 万元，同步移交位于下沙沟 1 号江纸集团所属原退休办第二层办公用房、面积约 350 平方米。

【组建首个“医疗卫生行业城市基层党建联席会”】 8 月 29 日，董家窑街办根据辖区“健康卫生行业多、医护从业人员多、医院党组织多”优势，联合辖区内江西省职业病防治研究院、南昌大学第一附属医院、南昌大学第三附属医院北院、南昌大学口腔附属医院、江西省中医药大学附属医院、南昌市按摩医院、二七医院、康健生殖医院等 8 家医疗单位，成立董家窑街道医疗卫生行业城市基层党建联席会议，为全区首个。通过建立商约、签约、履约、评约的“四约”工作法，着力构建“三向三联三圈”城市基层党建共同体，有效提升街道区域化党建的整体效应。

【成立驻区单位区域化大党委】 9 月，董家窑街道豆芽巷社区联合省直机关工委党校、江西财大继续教育学院、省戒毒管理局、南昌市公路局青山湖分局等 4 家省市驻区单位和江西雄鹰救援队、南昌益源社工服务中心 2 家驻区社会组织党委，成立以社区党组织为中心，社区驻区单位、社会组织为成员的社区大党委，设立社区党组织、社区居委会、民情理事会、业主委员会、物业公司“五位一体”的议事机制，通过共同讨论决定社区建设与管理、社区服务、社区文化、社区民主自治、精神文明建设和社会治理等方面的重大问题，实现辖区资源共融，凝聚城市基层党建整体合力。

【打造朱湖路“三风”文化街区】 1 月，董家窑街办结合全区“美丽南昌 · 幸福家园”环境综合整治行动朱湖路改造工程，利用朱湖路沿街墙面，再现豆芽巷的生产、生活场景，还原豆芽巷 500 年的市井文化，展示豆芽巷的人文历史和民风民俗，打造朱湖路 49 号（诚苑）、朱湖路 59 号（和苑）等 2 个“三风”庭院，集中展示了社会主义核心价值观、“三风”文化和豆芽巷历史传承，着力打造融党建、三风、廉洁文明家风为一体的朱湖路“三风”文化街区。10 月，豆芽巷社区结合朱湖路“三风”街区打造，在朱湖路 49 号院建立议事亭，为辖区居民协商议事提供了场所，提升了基层党组织的凝聚力。

【打造园林宿舍平安小区】 2018 年，董家窑街办投入 7 万余元，在南京西路南社区辖区内南昌市园林局宿舍小区安装监控探头 3 个、建设非机动车停放点 2 个、设置综治宣传栏 2 块、投放灭火器 11 个，并在小区组建一支由 5 人组成的义务巡逻队，每天在小区内义务巡逻，打造园林宿舍平安小区。

【雷锋精神传承馆开馆】 10 月，在董家窑街办大力推动下，雷锋主题收藏人李文文、豆芽巷社区居委会和李文文学雷锋志愿服务队三方合作，建立豆芽巷社区雷锋精神传承馆。雷锋精神传承馆以宣传雷锋精神为主线，讴歌时代奉献精神，无偿展示李文文先生收藏的刊有雷锋文章的报纸杂志、印有雷锋头像的邮票、书签、笔记本、明信片、年历片等 500 余件雷锋文化藏品。

【谭翠兰红色文化馆】 谭翠兰红色文化馆是青阳社区红色文化物品收藏爱好者谭翠兰，在自己居住的两室一厅居室里，将收藏的有关党史、军史类书刊、画报、照片、服装、日常用品等 5000 多件红色文化物品建立起来的，《南昌日报》、南昌电视台等10多家媒体竞相报道,拍摄视频20多个。先后有中华演艺义工协会、中国东方文化研究会等30多个机关、企事业单位和志愿者团体5000余人次到收藏馆参观,年均接待团体来访30余次,其本人也多次带着藏品参加省、市、区、街、社区组织的红色文化宣传活动。

【紫金城社区基层党建】 2018年,紫金城社区以"阵地多功能""轮值多商量""常驻多联络"的"三多"模式激活党建原动力。"阵地多功能"开放了党群服务中心的健身房、书画沙龙、党课支教点、信息化图书馆等服务场所;"轮值多商量",发挥党建联席会"轮值主席"的作用,定期讨论开展辖区内党建工作并协商解决问题,将"百家事"变为"自家事";"常驻多联络","三社联动"将社区、社会组织、共建单位合作方式由"临时进驻"升华"常驻多联络",为变"飞鸽牌"为"永久牌"。

【锦苑春天社区打造廉洁文明社区】 2018年,锦苑春天社区以阵地宣传示廉、家属参与助廉、社区监督促廉的"三廉"工作模式开展特色廉政建设,在2017年建设宣传阵地"清风亭"的基础上,继续打造廉政宣传长廊、廉政文化长廊、家风文化墙、党纪书屋、纪律讲堂等宣传阵地,先后开展廉政书法展、廉政灯谜、廉政晚会等各类廉政特色活动,力求打造党员干部8小时以外风清气正社区环境,成功将锦苑春天社区打造成为廉洁文明社区。

【科普进社区活动】 6月7日,紫金城社区邀请中科院测量与地球物理研究所郝晓光研究员到社区举办"换个角度看世界"科普讲座。为社区居民阐述新编垂直世界地图,并从东西南北四个视角和经度、纬度两个方向展示中国与世界的地理关系,将看似枯燥的历史地理变成有趣的故事。不仅让大家知晓了新编地图的来龙去脉,还通过地图了解了历史,变地理课为生动的爱国主义讲座。

【四方画院的十二篇】 2018年,青山南路社区"全市榜样人物""全市文明家庭"的方学晓家的12位方家画家、书法爱好者,共同摘抄"习近平用典"中"敬民篇、为政篇、立德篇、修身篇、劝学篇、任贤篇、天下篇、廉政篇、信念篇、创新篇、法治篇、辩证篇"共12篇,在社区新时代文明实践站展示,凸显了中共十八大以来习总书记系列讲话、文章、访谈等风采,成为社区居民爱听、爱读、爱看的经典名句,启迪思想、激荡精神。

2018年董家窑街道社区居委会一览表

表28

居委会名称	主任姓名	户　数(户)	总人口(人)	居民小组(个)	办公地址	办公电话
贤士一路社区	方丽娟	1755	5556	4	贤士一路7号1栋2单元102	88624544
贤士二路社区	卢向阳	2218	6830	5	贤士二路133号29栋旁	88612514
贤士花园第一社区	朱振波	1645	5500	4	贤士二路275号	88675632
贤士花园第二社区	殷　红	2147	6840	4	贤士花园G栋1单元201室	88611520
南京西路南社区	邱昌莲	2274	7959	21	福州路307号	86292475
南京西路北社区	徐　平	2423	7369	6	永外正街266号	88624744
殷家巷社区	陈明香	2130	6390	4	二七北路618号	88596770
杏苑社区	周莉芳	947	3540	5	永外正街158号康嘉苑小区	88699239
南永和路社区	陈　冬	1585	5568	5	青山南路85号院内	88634424
青阳社区	刘文勇	1406	4318	4	南永和路21号院内	88621851
青桥社区	徐小丽	1210	3993	3	二七北路990号	88634455

续表 28

居委会名称	主任姓名	户　数（户）	总人口（人）	居民小组（个）	办公地址	办公电话
青山南路社区	张晓茜	1904	5712	6	佘山路 98 号	88624914
金家山社区	熊旭华	2375	6250	3	董家窑路 290 号国金印象 8 栋 1 单元 2 楼	88624944
朱家湖社区	何园珍	3089	10800	4	赣桥南路 138 号滨江雅居 2—2—101	88651758
豆芽巷社区	王小文	2615	7800	8	朱湖路 108 号	88625044
五纬路社区	余康凤	2162	6484	4	沿江北大道 1377 号	88624844
新华社区	江韶琴	811	1860	4	佘山路 59 号	88636125
锦苑春天社区	罗　彤	1276	3326	7	起凤路 317 号 3 栋 2 单元 A 层	86716457
紫金城社区	熊兰勇	3830	12300	3	证券街 179 号 20 栋商铺二楼	86287902

（张　滨）

彭家桥街道办事处

【简况】　截至 2018 年底，彭家桥街道办事处辖区总面积约 5.42 平方千米，有 13 个社区居民委员会，1 个家委会。辖区户籍数 22742 户，户籍人口 7.046 万人，常住人口约 7.8 万人。辖区中央、省、市事企事业单位 28 个。街道所辖基层党组织 116 个，其中党委 13 个，党总支 3 个，党支部 100 个。其中，非公企业和社会组织综合党委 1 个，个体工商户联合党支部 12 个，社会组织联合党支部 11 个，社会组织独立党支部 10 个，街道直管党员共 1106 名。2018 年，街道坚持党的建设为引领，以经济工作为中心，以党风廉政建设为保障，以为民服务为根本，大力弘扬“崇尚荣誉 · 创先争优”东湖精神，有力推进了街道经济社会建设的协调发展。

2018 年，彭家桥街办经济工作总体运行平稳，完成地方公共财政预算收入 32653.47 万元，同比增 2113.61 万元；跟踪服务亿元以上项目 1 个，完成 1000 万元项目 5 个；列入区产业发展类项目共有 4 个，在建项目 3 个，招商项目 1 个。

2018 年，彭家桥街办坚持“以民为本，为民解困，为民服务”的民政工作宗旨，使民政工作为推动建设全面小康社会充分发挥作用。至 10 月底，新增低保对象 2 户 12 人，停发低保对象 4 户 4 人，累计发放城市低保 149 户 201 人，累计发放城市低保资金 532695 元，医疗救助 10 人次，发放医疗救助金 31120 元；高龄老人生活补贴新增人数为 194 人，死亡人数为 68 人，街道总发放人数为 1192 人，累计发放金额 1208380 元，发放城市困难群众 15 床棉被、流浪乞讨人员发放 10 床军用大衣；重阳节走访 3 位百岁老人 3000 元，春节期间走访 50 户残疾人，向每户各发放慰问金 200 元，并向残疾人发放春联；开展残疾人辅助器具需求摸底并发放 100 根拐杖；开展办证宣传，共有 11 名残疾人新办理残疾证，其中 0—6 岁残疾儿童 2 名；发放 2017 年第一季度季度残疾人两项补贴共计 39400 元；受理申请公租房实物配租 7 户，租赁补贴 80 余户；对低收入家庭总计 312 户，低保家庭 30 户进行公租房年审。

2018 年，街道党工委扎实推进基层党建工作，制定《彭家桥街道意识形态宣传工作实施方案及考核奖惩办法》；狠抓宣传报道工作，街道新闻宣传工作位列全区街道组第一名。组织召开党建城市基层党建工作联席会议，深入推进文教路北社区“大党委”“五位一体”议事协调机制和光明社区“红心驿站”三个试点。文教路北社区“五位一体”议事协调机制初见成效，课题被选送参加全省党务技能竞赛获优秀奖。光明社区被表彰为全国民主法治示范社区、全省离退休干部正能量活动示范点、南昌市学雷锋活动示范点。大力开展"怕、慢、假、庸、散"教育整治,组织"廉洁文明家风"大走访70余人,提醒约谈36人,函询谈话2人,查处违纪党员1人。

【"光明红心驿站"建设】 2018年,彭家桥街办"光明红心驿站"是以驻区单位和十个群众团队党组织为中坚力量,从引入高等院校党员、引入驻区单位党员、引入机关在职党员"三引"和拓展服务领域、拓展服务项目、拓展服务范围"三拓"入手,成立"光明红心驿站"。成功把支部建在群众团体上,16个党支部合力形成"光明支部联盟"成为团队核心,夯实"内环"自身党组织建设;与驻区单位搭建起"光明红"系列品牌志愿服务项目,加强"中环"党组织共驻共建;吸纳江西省社会科学院以及省内外各大重点高校,充盈驿站智库,拓展延伸"外环"党组织力量。联合党组织力量开展各类接地气的活动,鼓励"三亮一帮四公开"行动,要求党员亮身份、亮特长、亮职责,鼓励每一位每年至少帮社区居民做一件好事,且对党员身份、服务承诺、公共事务以及便民服务四项内容进行公开。开展订制"红心服务菜单",让志愿服务更加暖心。组建张则林爱心帮忙团、李恒敏书法工作室等特色服务团队16个,登记党员为主的志愿者1000余名;订制"红心服务菜单",群众可点单享受"光明红·连心桥""光明红·翰墨薪传""光明红·智学充电宝""光明红·筑梦童年""光明红·书香伙伴""光明红·医路相伴""光明红·便民惠民"等服务项目。

【文教路北社区提升基层治理能力】 2018年,文教路北社区打造"五位一体"议事协调机制,以社区党委为核心的社区"大党委"定期召集和主持联席会,通过"五位一体"议事协调机制讨论决定社区的重大问题。通过"意见联集制度、议题联审制度、会前联酿制度、决议联定制度、执行联动制度、效果联督制度"六项制度,充分发挥党在社区所有工作中的领导核心作用,形成党组织引领下的多方合力基层治理体系。社区"大党委"梳理出需求清单和责任清单,形成决议;业委会、物业公司通过党支部接受党的领导,在各自的组织内落实好工作;再通过居民理事会的民主协商,寻找到"最大公约数",获得双方或者多方可以接受的结果,形成一个完整的议事协调链条。

【卫生计生工作】 2018年,彭家桥街办共办理一孩生育登记126例,二孩生育登记155例,办理再生育审批2例,抚养费征收2例;审核2018年申请通过独子生女父母奖励294人,退出15人,年审通过继发2036人。2018年流入人口总数为305人,流出人口为9人,为流入人口建立健康电子档案74份,流动人口健康教育宣传活动3场,关怀关爱流动人口健康义诊活动数4场。流动人接收省外协查、通报22例,发出协查、通报246条,接收省内协查及通报15条,本地查验婚育证明3396条;参与2018年全国的流动人口动态监测,抽取5个社区计40户流动人口参加活动,完成问卷40份,社区问卷二份;全面推动全面二孩政策及一二孩生育登记制度。

【社会保障服务】 2018年,彭家桥街办全年发放小额贷款690万,新增就业985人,就业困难人员实现就业人数159人,完成任务的110%;家庭服务业从业人员119人,失业人员再就业人数567人,失业人员签到320余人,发放失业金67万元。为辖区失业人员办理就业失业登记证130余人,灵活就业35人。居民医保参保人数7600余人,居民社保参保人数60人。积极与辖区内企业建立青年见习基地。全年完成前台养老认证6600余人。开展全民参保上门登记工作,共完成7941人登记工作。

【环境综合整治】 2018年,彭家桥街办街道坚持以"美丽南昌·幸福家园"环境综合整治活动为抓手,大力实施"两建三改五新六清"庭院微改造工程。全年,共粉刷楼道23560平方米,新增统一大型规范的"便民信息张贴栏"便民服务栏64块,小型680块,制作卡片式便民服务260余条、便民信报箱300余个。共处理各类违章违规案件362起,其中三乱292起,罚款30490元整。处理其他违章案件70起,罚款84800元整。每周街道综合执法队对辖区"三乱"集中整治2次;规范出店占道经营约1450起;取缔流动摊点约660起;规范非机动车乱停乱放约2640辆;收缴占道广告牌约130块;整治乱挂乱掉110起;发送限期拆除违法建筑通知书130份，拆除违建1900平方米。坚持巡查、清扫双管齐下，组织成立16人专业清洗队伍，花费60万元采购改造1台五吨洒水车、十台小型高压冲洗车辆，重点对洪都北大道、富大有路、南京西路、文教路、阳明东路进行定期清洗。广泛开展庭院卫生大清理活动，共发动7686人次参加劳动，清理暴露垃圾629处，屋檐顶棚垃圾838处，楼道堆积物426处，卫生死角220处，庭院杂物1248处；修整路面4处，坑洼15处；疏通、修理化粪池13处。街道在完成社区庭院“微”整治基础上，重点挑选群众反映强烈、基础较差的三个社区庭院，投入60万元进行精品打造文教路省电信宿舍、文教路北路电信宿舍、文教路省烟草公司宿舍庭院。做好文明城复查迎检各项准备工作，街道在二季度全市评比中排名第一。

【平安创建】 2018年，2018年，彭家桥街办与社区、各相关部门及辖区单位共签订综治责任书58份。加大矛盾纠纷排查调处力度，排查调处矛盾68起，调处成功率100%。狠抓社区戒毒站运行，接收社区戒毒或康复对象35名，社区康复执行率达160%，列全区前三名。扎实开展扫黑除恶专项斗争，在辖区内新建大型固定宣传栏2块，新建平安小区2个，非机动车停放点2个。

【媒体走进光明社区】 12月12日，光明社区开展“文明与城市共成长——庆祝改革开放40周年南昌媒体行”活动，人民网、新华网、央广网、国际在线、中国日报网、大洋网、胶东在线、深圳新闻网、龙虎网、青岛新闻网、杭州网等中央、省、市媒体以及网易、凤凰网、腾讯网等门户网站共60余位媒体总编，齐聚南昌走进彭家桥街道光明社区实地感受南昌改革开放40年来城市发展的脉动与嬗变。参观团先后参观社区宣传栏、“优秀家训展示栏”“三风”好人墙、社区办事大厅、李恒敏书法工作室、党员之家、玩具接力坊。在多功能文化活动室，参观团被幸福大妈合唱团的排练感染，邀请大妈们合唱《越来越幸福》将气氛送上高潮。60余位媒体人士感受到了新时代人民群众日益增长的幸福感，大家纷纷表示这里有着改革开放以后人民群众幸福生活的缩影。

2018年彭家桥街道社区居委会一览表

表29

居委会名称	主任姓名	户　数（户）	总人口（人）	居民小组（个）	办公地址	办公电话
北京西路社区	张天华	1522	7280	7	北京西路485号	88503503
文教路社区	罗　雁	1582	4746	7	文教路356号	88504910
建新社区	邱红莲	1831	6510	3	福州路456号	88567565
福州路北社区	熊淑青	2368	6780	7	洪都北大道258号	88502294
文教路北社区	刘小芳	2152	6560	5	阳明东路719号隆兴民居	88537809
湖滨南路社区	赵华兰	2056	6156	3	洪都北大道488号	88556507
李家庄社区	施兰英	1805	4512	10	洪都北大道1211号	88622894
光明社区	刘云娟	1685	5816	59	青山支路26号	88607629
七里街社区	邓永华	1680	3816	10	中大南路28号	88682381
青山北路社区	陈　晨	496	1625	2	青山北路20号	88626915
江中花园社区	谢清华	2010	6061	6	洪都北大道919号	88611662
观欣社区	张　昕	1892	5486	5	李庄路59号康馨苑	86827023
新祺周社区	司军莲	821	2463	8	新祺周社区江绸宿舍	83068207
江西师大家委会	于　英	842	2649	1	北京西路437号	88506964

（徐艳江）

滕王阁街道办事处

【简况】 截至2018年底，滕王阁街道办事处辖区面积为0.98平方千米。辖区有9个社区居委会，居民小组108个，居民住户13177户，总人口为40442人，流动人口数1740人。

2018年，滕王阁街办地方公共财政预算收入完成4332.41万元，税收服务站房产税代征完成491.37万元。固定资产投资按照序时进度完成任务，并新增5个5000万元以下项目。社会销售品零售总额完成增速15%，规模以上服务业完成增速13%。社消新增10家个体，服务业新增企业3家。亿元项目全年完成1个。1000万元以上项目，全年完成8个。

2018年，滕王阁街办以“美丽南昌·幸福家园”活动为抓手，全面实现环境卫生常态长效精细化管理。“马路本色”行动见成效。新添置大型冲洗车1台、小型冲洗车4台、小型机械化垃圾清运车5台；添购分类式果壳箱约50个、社垃圾桶约700个，实现向全方位、高质量、高效率的人机结合的工作模式转变。通过投入加码、力度加强、考核加压、制度加温，全力保障“马路本色”行动由主干道向社区延伸。全年清理反弹的堆积杂物共计约1141处，清运生活、楼道杂物垃圾共计269车次，清理楼道广告垃圾的约2.3万条，粉刷墙面1982平方米，整治管线5410米。社区环境得到有效的改善。扎实开展垃圾分类试点工作。在铁街社区开展垃圾分类试点。发放垃圾分类宣传单发放约1000多册，在社区范围内添置分类果壳箱30个。组织辖区幼儿园小朋友、党员在铁街开展“今天分一分　明天美十分”垃圾分类主题宣传活动。引导市民养成爱护环境、勤俭节约、物尽其用、减少废弃的文明生活习惯。

2018年，滕王阁街办安全稳定有了新提升。认真开展矛盾纠纷排查调处，维护社会大局稳定。做到第一时间发现、处置和稳控各类矛盾纠纷和涉稳问题。全年共排查化解各类矛盾纠纷229起，调解成功率达100%，实现信访维稳零非访。全力提升治安防范水平，确保辖区和谐安定。整合辖区居民代表、驻区单位职工、社区干部、公安民警、文明志愿者等群防群治力量，根据网格划分，组建网格巡逻队。定人定点定岗开展巡逻，实现巡防全覆盖。重点推进老旧社区的人防、物防、技防设施提质改造。打造在上凤凰坡、滕王阁、民巷、李家巷4个“智慧平安小区”，建成216平方米街道综治中心。有效整合街面、小区视频监控“天网”工程和义务巡逻队、红袖章志愿者“地网”体系的功能，大幅度下降社区可防控性案件发生率，部分社区还实现全年“零发案”的好成绩。全力推动扫黑除恶专项斗争深入开展。广泛深入开展宣传，向全街道群众发放宣传资料2000余份，在全街道主要道路和显著位置张贴公告9处，悬挂横幅17幅，LED宣传屏滚动播放23处。对辖区内的重点人群进行全面梳理排查，确保无一起重点人员涉案情况发生。

2018年，滕王阁街办圆满完成社区换届工作，充实9名社区的新生力量。社区人员结构得到优化，大专学历占90%以上，人员素质普遍提高。积极开展扶贫济困工作。全年，共有低保户371户，564人，发放救助款金额265483元；申请医疗救助46人次，临时救助9人次，发放求助款23.2万元；发放申请高龄补贴14209人次，发放金额166.242万元。积极推进“时间银行”试点工作。投入10余万元打造时间银行示范社区，全年开展80多次志愿活动，招募志愿者200余人，探索居家养老工作新路子。大力推进殡葬改革工作。制定殡葬综合改革方案，街道党工委2次召开会议殡葬综合改革工作，劝阻殡葬陋习现象10余次，实现火化率100%。寓教于乐，开展多处形式的健康教育活动。开展以中医药保健、疾病防治、控烟等为主题的知识讲座和义诊活动各种形式的健康教育活动。制作街道和社区健康教育专栏60期，发放各类资料3000份。倡导健康的生活方式，深受广大居民的好评。确保计生各项工作落实。全年出生人口294人，计生率为98%。利用各类纪念日针对性开展各类宣传活动，共发放各类宣传单7000份，宣传品4000份。开展优质服务工作。组织育龄夫妇207人参加国家免费孕前优生优育检查。加快推进母婴设施建设，在滕王阁景区建成标准化母婴设施。

【党建工作】 2018年，滕王阁街办成立城市基层党建联席会，吸纳42家辖区单位参与。启动街道

"大工委"、铁街社区"大党委"试点工作。协调省文化厅、市机关事务管理局与子固路社区、李家巷社区结对共建。开展红色家书诵读活动，在全区展演评比中获二等奖。拍摄电教片《我宣誓》在全市进行展播，入闱全省评比并荣获二等奖。腾出办公楼优先解决子固路社区党群服务中心场所，辖区9个社区全部实现标准化建设。参与滕王阁水上救援协会在赣江沿岸开展的公益性活动，成为南昌市民间公益救援组织的标杆。开展"我与国旗合个影，我为文明出点力"活动，成为国庆期间滕王阁景区东门一道亮丽风景线。举办第三届滕王阁重阳金婚庆典等、第三届滕王阁兰花展等系列活动，通过中央、省市各级媒体报道，引来社会极大关注。积极运营街道微信公众号，创设"书香滕阁"等精品栏目，建立微信矩阵，探索网络直播。打造榕门路三风文化长廊，成为滕王阁景区内一条靓丽的风景线。

【"滕阁讲堂"开讲】 2018年，滕王阁街办创新党员教育工作，围绕"在哪教""教什么""谁来教"这三个方面进行有益的探索，创新开设"滕阁讲堂"。全年共举办12期，邀请32位教师授课。通过实践，"滕阁讲堂"犹如"播种机""直通车""讲解台"。街道、社区党员干部在其中开阔了视野、增长了见识、提升了能力。在全省首届党务技能比赛党员教育项目中，以《激活载体，"滕阁讲堂"让党员教育活起来》参赛，荣获三等奖。

【最美滕阁人评选】 2018年，滕王阁街办围绕凝聚滕阁力量，弘扬"最美"精神，开展最美滕阁人评选活动。按照"最美党员"等九个类别，通过公开推选、征求意见、网上公示投票、专家评审等环节，确定并表彰"百名最美滕阁人"和"九大最美滕阁人物"，并在东方豪景酒店召开表彰大会。授予方梅等9人"九大最美滕阁人物"荣誉称号，授予杨斌等90人"最美滕阁人"荣誉称号。这次表彰的"最美滕阁人物"，都是来自街道辖区内各行各业代表，都有着感人至深的事迹，在他们身上集中体现了中华民族的传统美德，生动诠释了社会主义核心价值体系的丰富内涵，全面展示了当代滕阁人的精神风貌。

【安全生产工作】 2018年，滕王阁街办以年初两起火情为警示，通过反思，不断强化安全生产检查力度。真正做到逐门逐户，不留死角，消除安全隐患。结合节假日，抓好专项安全生产检查整治，不走过场。全年召开安全生产专题会议10余次，开展入户式精准消防活动，共与辖区内的680余家临街店面以及单位签订安全生产消防责任状，发放12000余份消防安全宣传单。排查辖区内拆迁工地、高层建筑、老楼危楼、合用场所、燃气站点、幼儿园、饮食服务业、烟花爆竹销售、个体工商户等2200余家单位，隐患处600余处，立即整改560余处，限期整改40余处。

【综治宣传工作】 2018年，滕王阁街办以深化"平安街道"建设为主线，进一步提高群众知晓率、参与率、满意率。全年街道共组织全体机关人员、社区干部及公安民警，上门入户40000余人次，发放《致居民群众的一封信》40000余份，入户宣传单60000余份，悬挂宣传标语横幅83条，更新宣传展板60块，制作综治宣传黑板报36期，开展警民恳谈会25次，开展综治专题宣讲活动9次，并已建成社区好人墙9块。

【"三风"进社区成效明显】 2018年，滕王阁街办积极推进文明创建，全面打造"三风"主题文化社区。结合"兴家风、淳民风、正社风"的精神开展形式多样、有特色、群众喜闻乐见、易于参加的文体活动和各类文化培训，繁荣社区文化，丰富群众精神文化生活，提高居民的文化素养。8月1日，团省委马健书记、团市委书记盛炜到民巷"青年空间"考察指导，11月1日，省侨党组书记、主席张知明参加民巷侨胞侨属联谊会，高度评价街道和社区的工作。

【群众性精神文明创建活动】 2018年，滕王阁街办所辖9个社区根据自身优势，充分利用辖区内资源，全年共开展"我们的节日"、家风家训、志愿者服务、助残扶困、移风易俗、关爱老人、健康教育、道德讲堂、技能培训、免费义诊等多种形式的特色活动120余次，收益人群超过1万人次，极大地丰富了居民群众的文化生活，提升了居民文明素质，彰显了社区文化特色。

2018年滕王阁街道社区居委会一览表

表30

居委会名称	主任姓名	户　数（户）	总人口（人）	居民小组（个）	办公地址	办公电话
子固路社区	曾丽娟	1508	4329	12	子固路237号	86700261
李家巷社区	李　洁	1434	4136	11	东龙须巷5号	86706044
民巷社区	章　华	2001	6003	18	后墙路108号	86792314
滕王阁社区	涂冬妹	1170	3980	11	子固路135号	86700704
榕门路社区	魏　瑛	1432	3283	10	棕帽巷34号1楼	86700264
章江路社区	汪纪文	1688	5857	12	民德路511号	86700694
上凤凰坡社区	周梅兰	1174	3969	12	上凤凰坡12号附1号	86633454
射步亭社区	胡　梅	1646	5761	12	李家路24号	86706174
铁街社区	蔡晶晶	1124	3124	10	民德路490号	86632874

（唐文清）

贤士湖管理处

【简况】 2018年,贤士湖管理处按照“新时代、新要求、新论断、新目标、新任务”的要求和打造“实力、活力、魅力东湖”的目标,秉承“坚持党建统领,实现党建惠民”的理念,结合实际,以继续深入推进“一、二、三、四、五”工程为抓手,坚持问题导向,围绕热点、聚焦重点、突破难点,以改革创新、担当有为、锐意进取、加力奋进的饱满热情和精神状态,推动管理处各项事业再上新台阶。

2018年,贤士湖管理处实现地方一般公共预算收入1320.44万元,同比增长11.02%,规模以上服务业企业累计完成1.38亿元,同比增长41%。实际利用内资12960万元,利用省外资金项目进资7776万元,均实现同比增长20%,利用外资实际到位资金605万美元,实现现汇进资151万美元,全年共引进项目10个,其中千万元项目7个,亿元项目2个,出口创汇企业1个。社消限上零售额、固定投资“两大指标”均实现年初增长任务。

坚持以人为本,推进各项民生工程建设。推进实施“红色物业”管理模式,充分发挥党组织在物业管理中的积极作用。继续实施小区微改和综合环境整治工作,对公园村殷家巷,永溪村汤家坊,贤湖村玉河北苑,长巷村香樟小区、谌家坊花园,七里村嘉兴小区等6个住宅小区实施微改造。强化品牌引领。进一步发挥党建服务中心载体功能,把文化惠民引入深入,进一步优化资源,深化品牌,以服务群众为根本,增强群众的幸福感和满意度。继续开展每年一度的男子篮球赛、家庭运动会以及“身边十个最美”评选,坚持“小六娃”志愿服务常态化,圆梦微心愿。深化“廉文化”建设,坚持举办廉洁文明家风书法展,让廉政文化深入民心。探索“城中村”居民居家养老服务模式,强化民生保障。整合村党群服务中心阵地资源,在公园村进行居家养老服务试点,根据“城中村”的特点,重点关注缺乏生活照顾、需要居家看护的“孤老”困难群体,普及关爱辖区60岁以上老年人群体,为他们提供以解决日常生活困难和丰富业余精神生活为主要内容的社会化志愿服务。

以维护辖区稳定为目标,促进社会管理上新台阶。加强法制宣传教育,增强依法办事的工作能力。抓好处村的橱窗宣传,及时向村民宣传政府的方针政策,抓好上户的面对面宣传,组织发放各类宣传单。加强排查矛盾,解决隐患。成立推进涉法涉诉信访案件化解工作小组,制定化解工作方案,做到矛盾尽量在村、处两级解决,继续维护管理处和谐稳定的状态。切实加强信访工作。针对2018年农房拆迁工作的遗留问题中殷家巷、贤湖村的还建房问题长期无果,导致群体信访事件不断发生,接访任务繁重。通过区、处、村三级联动,加大宣传力度的同时,贤士湖管理处坚持疏导,宣传政策,工作人员上门上户与村民面对面进行劝解安抚工作。四是巩固安全生产、消防工作,杜绝火灾隐患。定期开展消防安全隐患排查，各村每季度组织辖区居民参加消防演练，切实增加群众应对紧急事件的能力。

【“党建＋干部素质提升”工程】 2018年，贤士湖管理处在完成村两委换届选举的基础上，继续大力实施“党建＋干部素质提升”工程。一是以“不忘初心、牢记使命”为主题，分三期对全处300余名党员进行中共十九大精神集中轮训，确保学习贯彻习近平新时代中国特色社会主义思想和中共十九大精神培训工作在管理处全覆盖。二是开展红色家书系列活动。通过组织全体党员干部学习、收看纪录片、开展“三级书记”讲党课、开展党性分析、撰写心得体会、开展主题党日活动、举行集体诵读等，缅怀革命先烈，发扬红色精神，提升了广大党员干部的党性修养。三是强化日常管理工作。每季度开展党建督查工作，通过实地检查、交叉检查、查阅资料、应知应会测试等方式方法，发现并指出党建工作中存在的不足，明确整改要求、整改时限。认真落实党员干部签订承诺书、专题组织生活会、观看专题教育片活动、组织“廉内助”培训及红色家书朗诵等活动，并在全处在职党员中开展“优秀家训、优秀家书”评选活动。充分运用廉政文化广场等活动阵地，倡导廉洁文明、健康向上的生活。

【探索村集体经济多元化发展】 2018年，贤士湖管理处强化对村集体资产、资金、资源的管理，一方面进一步加强对现有店面的管理，对长巷、贤湖、永和到期店面实现公开招标，实现收益最大化；另一方面紧盯重点项目，积极助推南昌中金国际交易中心、洪茂大厦、贤士湖大厦等重大项目，截至年底，洪茂大厦已完成招商工作，贤士湖大厦正在进行内部装修。抓住地铁建设的有利契机，争取以“地铁经济”带动村集体资产保值增值，贤湖村与地铁集团签订代建协议，永和村区外集体用地（铝型材厂）与地铁公司沟通合作，整体项目规划处于申报中。通过将盘活村集体资产，实现集体经济的持续增长。

【“党建＋文化惠民”工程】 2018年，贤士湖管理处依托各村党群服务中心的优质资源，发挥志愿者组织的作用，与持续推进“三风”文化村建设相结合，通过“资源共享、外引内联、差异布点、全面覆盖”的方式，重点建设老年之家、妇女之家、青年之家、少儿之家、职工之家等，组建群众性文体组织，并开展系列文化品牌活动，在继承和发扬中华优秀传统文化，弘扬正能量的同时，持续推动民风、社风转变，把党群服务中心真正打造成为“群众满意之家”。长巷村的幸福小手学堂、瑜伽课堂，贤湖村的国学讲堂，公园村的“V”笑之家等村民群众活动项目实现常态化开展。开展系列文化品牌活动，在继承和发扬中华优秀传统文化，弘扬正能量的同时，持续推动民风、社风转变，把党群服务中心真正打造成为“群众满意之家”。

【农村集体产权制度改革】 2018年，贤士湖管理处按照“定方案、清资产、确成员、量股份、准分红、建组织”的思路，从7月开始组织下辖长巷、七里、永溪、贤湖、公园、永和6个行政村陆续开展集体产权制度改革工作，有序推进农村集体经营性资产股份合作制改革，逐步建立“归属清晰、权能完整、流转顺畅、保护严格”的中国特色社会主义农村集体产权制度，构建完善的农村集体经济运行新机制。12月31日，公园村、贤湖村、永和村、永溪村同时进行股份经济合作社挂牌揭牌仪式，全面完成农村集体经济产权制度改革工作。

【实行“红色物业”品牌】 2018年，贤士湖管理处在各村物业管理取得一定成效的基础上，以“红色物业”为品牌，不断提升城市综合管理水平。一是党员有岗位，为物业运行添加红色引擎。建立物业党组织，强化党对物业工作的引领。各村先后成立以“党组织”为核心的物业管理公司，在管理层实现村党组织与物业公司“双向进入，交叉任职，一步到位”。小区党员亮身份。在小区推行党员示范服务机制，让党员带动群众。划定党员责任区。党员参与物管服务项目，充当物管的“先锋队”和“主力军”。大力倡导小区党员“当先锋”，当“红色物业”的代言人。每个党员家庭带头，影响亲朋好友，左邻右舍，打响“红色物业”的主动仗。党建引领下的物业管理，“红色的基因”渗透到小区的每一个角落，小区的每一个角落也闪耀着“党旗的光辉”，“红色物业”实至名归。二是党员有队伍，为物业服务聚集红色力量。组建政策宣讲队伍。告诉群众“什么是物业管理，为什么要搞物业管理”，特别是要解决物业费的收取问题。截至年底,所辖的村有的小区收费率达95%以上,极大减轻了集体经济的支出负担。组建志愿服务队伍,上门入户,帮困解难。常年不亮的楼道灯亮了,无人问津的堆积物不见了,进出小区虽然不那么随意了,但内心感觉更踏实了。老百姓"看在眼里,暖在心里",小区入住率大幅提高。组建协商民主队伍,让协商民主不再流于形式。"民事民议、协商解决",推动了移风易俗,促进了邻里和谐。现在,"有困难,找物业"已经成为小区居民的共识。三是党员有平台,为物业文化注入红色基因。截至年底,已经建成红色广场6个,红色长廊7个。定期开展系列"红色主题"活动,让"听党的话,跟党走"成为主旋律。住在小区里的党员不再认为亮身份是种"负担",而是感觉很光荣。因地制宜建设活动场所,免费或低收费向群众开放,引导他们参与其中,享受其乐。定期举办六村联动的大型活动,让群众感受到"红色"的实惠。

2018年贤士湖管理处村民委员会一览表

表31

村委会名称	主任姓名	户 数(户)	总人口(人)	村民小组(个)	办公地址	办公电话
长巷村委会	谌天伟	450	1920	7	长巷新村266号(香樟住宅小区内)	88623771
七里村委会	陶国强	966	2743	10	青山北路水岸观邸旁	88623255
永溪村委会	殷润强	308	1057	4	洪都北大道697号	88502682
公园村委会	殷国平	249	494	3	二七北路殷家巷95号	86217365
贤湖村委会	魏黎明	180	540	—	东湖区二七北路636号	88635673
永和村委会	王 强	275	844	—	永外正街352号	88636058

(熊 瑛)

扬农管理处

【简况】 扬农管理处辖区面积2.67平方千米,防洪圩堤长度2.35千米。截至2018年底,总用地面积228.03公顷,国有土地面积136.8公顷,宅基地面积40.53公顷,耕地总面积96.27公顷,租约耕地面积72公顷,水域总面积20.4公顷。下辖两个社区,即德成社区和绿苑社区。现有人口549户共1346人,男705人、女644人,其中60岁以上人口有368人,适龄劳动人口714人。辖区基层党组织3个,有党员126名。

2018年,扬农管理处坚持"科学储备、民生改善、发展升级、环境改造、服务优化、组织建设"的工作思路,团结带领全处广大干部群众攻坚克难,扎实苦干,使垦区危房改造民生工程加速推进,违章建筑零增长,环境整治初见成效,基层党建卓有成效,廉政建设有效推进,社会事业全面进步,各项工作都取得良好的成绩。获"南昌市第十七届文明单位""2018年度社会治安综合治理单项考评公众安全感先进单位""2018年度社会治安综合治理目标管理先进单位"等荣誉称号。

2018年,扬农管理处加大招商引资力度,制定考核办法,梳理项目场所,努力谋求经济发展增长点。全年实现新增税收收入29.648万元,实际利用内资8952万元,利用外资463万美元,利用省外资金项目进资5371万元。共引进项目9个,其中千万元项目6个,亿元项目2个,出口创汇企业1个。

2018年,扬农管理处优化民政服务,推进落实社会保险、社会救助、优抚政策等,落实城乡低保、临时救助等各类配套资金,为低保户、优抚对象、困难群众等提供扶贫解困。春节慰问走访贫困职工群众86人,发放慰问金35900元;重点做好低保户摸底排查、规范和完善城乡居民最低生活保障,全年新增低保1户,停发1户,调整2户,至2018年底,管理处共有低保户11户,20人。审核登记80岁以上老人高龄补人数为39人,其中90岁以上3人，发放高龄补贴52360元。启动推进“时间银行”、完善居家养老服务中心。完成申请上报落实失独家庭享受国家补贴、新生儿录入等工作，进一步加强二孩政策宣传工作。为20名新生儿录入信息，其中男孩8人、女孩12人；落实奖扶1户；按照省、市、区对防癌筛查安排工作目标要求，组织全处近300名育龄妇女及65岁以上老人进行两癌筛查及常规体检，并组织4名特扶家庭在人民医院进行体检；深化人口计生宣传服务，先后在各社区开展活动5余次；及时上门给两位失独人员申请办理国家特扶。加强社会治理，认真开展矛盾纠纷排查调处工作，积极消除化解各种不稳定因素及历史遗留问题。全力推进辖区殡葬改革工作，投入约70万元完成114穴坟墓迁移安置工作；全面提升公众安全感，召开专项工作调度会，住户走访覆盖率达100%，实现全区公众安全感满意度测评全年第一；做好信访维稳工作，实现长青村征迁赴京访2人顺利交账，两位上访户还送来锦旗。开展扫黑除恶专项斗争。利用宣传栏、宣传墙、微信群等广泛宣传，设置举报箱、公开举报电话，畅通信息渠道。每月组织干部对辖区涉黑涉恶势力进行线索摸排，确保扫黑除恶专项行动取得实实在在的成效。

2018年，扬农管理处注重选育“为民、开拓、务实、清廉”的优秀人才，选优配强社区“两委”班子，于3月顺利完成社区“两委”换届工作。积极探索“01365”基层党员管理逆向思维机制，加强党员教育管理。落实“三会一课”和民主评议党员制度、开展中共十九大精神党员教育培训、组织党员活动日活动、细化党员发展制度，举办“红色家书”诵读会，完成以“孝”为主题的党员电教片制作，党员电教片《引领》获得市级三等奖。

【加快推进垦区危房改造】 2018年，扬农管理处继续推进2013年启动的垦区危房改造工程。改项目占地约1公顷，建筑面积2.2万平方米，新建3栋高层220套，同时配套建设文化活动中心、卫生医疗中心、便民服务中心、社区用房、物管用房等。于4月1日开工建设，截至年底，已完成1号楼、2号楼7层施工，3号楼已启动办理新增基坑支护项目和电梯手续。

【农垦国有土地使用权确权登记发证】 2018年，扬农管理处按照省、市、区的部署，积极推进农垦国有土地使用权确权登记发证工作，依法依规通过招投标方式确定作业单位，经过测量、指界、协调等，全年，完成农场范围内农用地、建设用地的划分并形成独立宗地37宗，完成所有建设用地范围内的地籍测量。15宗农用地全部确权发证。

【党员电教片《引领》获奖】 2018年，扬农管理处组织拍摄党员电教片《引领》。该片以老党员郭国英因为生活不顺心、儿女不孝顺欲自杀为题材，介绍了管理处党工委专题研究应对辖区孤寡、空巢老人生活不顺心问题，成立传承“孝”文化的品孝堂带动辖区小事孝亲、大事孝国，成立爱心农场党性教育基地，传承红色革命基因。在2018年全市党员教育电视片观摩交流活动中，获得三等奖。

【做好防汛抗旱工作】 2018年，扬农管理处扎实做好防汛抗旱工作，成立由管理处领导任总指挥，分管领导任副总指挥，各部门、各社区负责人为成员的防汛抗旱工作领导小组，制定《扬农管理处2018年防汛抗旱应急方案》，组建一支56人的防汛抗旱应急队伍。加强物资储备，在原有防汛的基础上投入4万元补充块石、编织袋和土工布等，储存块石290立方米、卵石260立方米、草袋2350条、麻袋1000条、编织袋4000条、土工布1000平方、桩木5立方米和救生衣、发电机、钢管、铁锹砍刀等防汛物资。投入1.46万元对防汛堤面进行清杂工作，为防汛工作打下扎实基础。

【探索“01365”基层党员管理模式】 2018年，扬农管理处在党员教育管理方面，积极探索“01365”基层党员管理逆向思维机制，针对当前党员存在轻视社会和家庭行为的状态，党内活动与社会家庭行为实际融合不紧密，导致党内活动和社会家庭行为存在“两张皮”现象，党工委以品孝堂唤醒党性初心“0”为突破口，制定1张党员分类管理五色图，实施365天心愿交换所服务，促进基层党员树立“小事孝亲、大事孝国、忠诚为党”的思想理念不断提升，实现了家庭、社会、党内监督、量化评议、长效机制。印发200余本宣传册，向党员、群众宣传宣传党员管理新模式。

【创新成立“品孝堂”】 2018年，扬农管理处为弘扬民族精神，构建和谐社会，推动乡村移风易俗，创新成立“品孝堂”。以本单位移风易俗工作开展为着力点，从倡孝、评孝、践孝、承孝4个方面警示和感化现代人的价值观，体现崇尚孝道、移风易俗的时代理念。一是倡孝：孝义为先，崇尚文明。发放倡议书，编写“百善孝为先——移风易俗从孝开始”顺口溜并全员发放，编制干部群众日常尽孝“十要十不要”和日常行为规范十二个一，并研究写入居民公约形成长效道德规范。二是评孝：评孝议风，辨新除陋。每月开展党员干部评议评孝会，每季度定期开展居民评孝论德亲情会。由社区居民结合自己的所见所闻，对年轻人有没有尽到孝、如何尽孝以及整个家庭关系进行评价；同时开设网络评孝栏目，发动辖区居民参与网络评孝，对评选出来的孝子及文明家庭进行表彰。每月发布一期好人榜，将爱岗敬业、诚实守信、孝老爱亲、助人为乐、见义勇为等好人事迹传播到千家万户，营造良好氛围，形成良好风俗。三是践孝：端作家风，正行社风。按照“十要十不要”和日常行为规范，发动党员、干部、群众关爱老人、关爱小孩、关爱自然，进一步践行“小事孝亲，大事孝国”，促进家庭和睦。拒绝赌博、拒绝燃放烟花爆竹、拒绝铺张浪费、拒绝大办婚丧宴席，发放禁燃承诺书。并依托“心愿交换所”志愿者服务平台，将良好家风向社会扩散，为孤寡老人、生活困难群众、小孩、独子户等完成微心愿，发动党员志愿者，开展关爱环境、清扫母亲河行动，管理处机关党支部与广爱义工支部携手关心帮扶扬子洲、新建县等敬老院、困难学生200余人。四是承孝：唱古颂今，传承发扬。开办三点半课堂，在辅导留守儿童、放学儿童实行托管辅助教育的基础上增加孝、礼、廉、德文化教育课程，倡导孩子们每天为父母做一件力所能及的事，鼓励孩子们为社区做一件公益事。全年开展以“简单也是幸福，文明更是永恒”为主题的新婚仪式、“年年重阳节，浓浓社区情”暨辖区老年人一起过重阳观看怀旧电影活动、“扬三风，颂传承——关爱辖区儿童　让爱相伴成长”“汨罗楚辞韵　情深粽香浓”包粽子活动，促进机关作风转变，宣扬敬老、爱老的社会风尚，增强了社区的凝聚力，增进了邻里和谐。

【深化心愿交换所实效】　2018年，扬农管理处心愿交换所定位为政府倡导、社区动作、群众参与的志愿者网络组织，将学雷锋志愿活动贯穿其中，让更多社区党员群众加入到志愿者服务队伍中来。“心愿交换所”倡导“奉献、友爱、互助、进步”的精神，恪守“志愿参与、诚信动作、我为人人，人人为我”的宗旨，口号是“今天我帮你，明天他帮我”。“心愿交换所”经营的项目是“志愿服务时间”，机关、社区（含驻区）党员群众，以家庭为单位，凡是热心社区公益事业的居民都可以到“交换所”开户。交换所给每位群众发放“心愿存折”，存折上记录着群众心愿及志愿者储户提供免费服务的时间、地点、内容、服务时长、累计服务时长及见证人等信息。在自己有需求时，储户也可通过接受他人的免费服务来支取时间。对身体残疾、体弱多病需要帮扶的人来说，“心愿交换所”可提供“无息服务贷款”。全年共开展200余次心愿交换活动。

【“时间银行”分行运行】　2018年，扬农管理处按照全区统一部署，成立“时间银行”分行，通过政府搭台、社会参与、居民互助，以社区为基础，吸收低龄老人和志愿者，挖掘和发挥他们的空闲时间和专业技能，为高龄老人提供养老服务，推动形成低龄老人帮助高龄老人的互助养老新格局，形成“提供养老服务—量化为时间存储—支取养老服务”的良性循环。志愿者可以在爱心银行登记“开户”，领取一份“爱心存折”，登记成为爱心储户，并在社区的牵线搭桥下，就能与居家老人结对“认亲”，为老人提供“一对一”或“多对一”的志愿服务。全年，“时间银行”分行招募志愿者40余名。

2018年扬农管理处社区居委会一览表

表32

居委会名称	主任姓名	户　数（户）	总人口（人）	居民小组（个）	办公地址	办公电话
德成社区	陶爱节	187	591	2	扬农路871号	88677052
绿苑社区	陶勇杰	582	1128	2	扬农路1029号	88670500

（邓凤玲）

人　物

区级领导机构成员名单

（副县级及以上，截至2018年12月31日）

中国共产党东湖区委员会

书　记：刘　闯

副书记：高辉红　贾彧超

常　委：焦玉庄　胡洪水　唐铭市　刘光荣

夏小兰（女）　陈　俊　胡志强

张　恩　雷　强（任至9月）

南昌市东湖区人民代表大会常务委员会

主　任：喻国泰

副主任：彭雅琳（女）　余　瑾（女）

谢　蓉（女）　郑洪健

谭阿莉（女）　万里涛

南昌市东湖区人民政府

区　长：高辉红

副区长：夏小兰（女）　雷　强（任至9月）

童萍如（女）　陈国梁（任至6月）

余　炜（6月任）　万　勇　万　明

杨　峻　袁　晨（7月任）

中国人民政治协商会议南昌市东湖区委员会

主　席：王　玮（女）

副主席：欧阳桃花（女）　谢保成　冯于水

谢　华　余　坚　胡涛湘（女）

胡　薇（女）

南昌市东湖区人民武装部

部　长：张　恩

政　委：邱建新

副部长：朱苏辉

（余逸凡）

区直机关各单位（含垂管单位）负责人名单

（正科级及以上，截至2018年12月31日）

区委工作机构

区委办公室

主　任：杨　斌

区委台湾工作办公室

主　任：黄赏辉（2月任）

区委组织部

部　长：唐铭市

常务副部长：张庆川

区直机关工委

书　记：张庆川

区委老干部局

局　长：龚武红（女）

区委宣传部

部　长：胡洪水

常务副部长：邱　波

区委统战部

部　长：焦玉庄

常务副部长：朱莉群（女，2月任）

区侨联
主　席:朱莉群(女,任至2月)
区委政法委
书　记:胡志强
常务副书记:谈　浔
区综治办
主　任:陶新政
区委、区政府信访局
局　长:唐　浩(任至2月)
区纪委(监委)
书　记(主　任):刘光荣
副书记(副主任):谌卫东　肖迎春(女)
区编委办公室
主　任:魏桂文(女)
区委党校
校　长:赵兴中
区防范办
主　任:罗长水(2月任)
区史志办公室
主　任:陈耀武
区机关事务管理局(区委、区政府接待办)
局　长(主任):赵英姿(女)

区人大机关

常委会办公室
主　任:李明儿
内务司法工作委员会
主　任:万云初
法制专门委员会
主　任:肖黎超(女)
财政经济专门委员会
主　任:胡雪洪
教科文卫工作委员会
主　任:唐芸璞(女)
农业和城乡建设环保工作委员会
主　任:张祎星(女)
选任联工作委员会
主　任:万　雯(女)
代表履职服务中心
主　任:朱晓磊

区政府工作机构

区政府办公室
主　任:查秋滚
区发改委
主　任:易年忠
区教科体局
局　长、书　记:舒小红(女)
区司法局
局　长、书　记:罗咏琴(女)
区民政局
局　长、书　记:许前佐
区财政局
局　长、书　记:廖　军(女)
区人力资源和社会保障局
局　长、书　记:毛　青(女)
区审计局
局　长:陈　峰(女)
区环境保护局
局　长、书　记:李青峰
区城市建设局
局　长、书　记:万晓荣
区城管委
主　任、书　记:周春雷
市城市管理行政执法局东湖区分局
局　长、书　记:熊林梁
区住房保障和房产管理局
局　长、书　记:钟　华
区商务局
局　长、书　记:焦旭晖
区市场监管局
局　长、书　记:黄　超
区文化广电旅游新闻出版局
局　长:陈贞珍(女)
书　记:胡　薇(女,任至2月)
程　航(2月任)
区卫计委
主　任、书　记:涂　勇
区统计局
局　长、书　记:涂韶勇(2月任)
区安全生产监督管理局
局　长:蔡　舸(女)

书　记:徐文平

区人民防空办公室(区民防局)

主　任(局长):卢国华

扬子洲镇

书　记:唐榕星(女)

镇　长:邹　斌

八一桥街办

书　记:杨　峰(9月任)

主　任:杨　峰(任至9月)

豫章街办

书　记:许　强

主　任:黄　灿

墩子塘街办

书　记:黄芝义

主　任:饶接华

百花洲街办

书　记:付振海

主　任:黄　征

公园街办

书　记:陈海龙

主　任:傅　军

大院街办

书　记:喻　菡(女)

主　任:程小浪

董家窑街办

书　记:万　华(女)

主　任:刘志坚

彭家桥街办

书　记:张　勇

主　任:李良清

滕王阁街办

书　记:冯玉成

主　任:姚　涛

贤士湖管理处

书　记:杨征宇

主　任:黄际财(任至9月)

扬农管理处

书　记:谌　洁(女)

主　任:谌　洁(女,任至2月)

徐国华(2月任)

区档案局

局　长:熊　伟

区行政服务中心

主　任:张　焰(女)

区企业资产管理服务中心

书　记:周　璐

区金融工作办公室

主　任:张　璇(女)

区防震减灾局

局　长:邓小燕(女)

区农业水务局

局　长:张志忠

区政协机关

办公室

主　任:谢建平

研究室

主　任:吴　蕾(女)

专门委员会办公室

主　任:王树珊(女)

提案办公室

主　任:刘　婷(女)

委员联络办公室

主　任:徐名宏

区群团组织

区总工会

主　席:欧阳桃花(女,任至9月)

谭阿莉(女,9月任)

常务副主席:李永兴(任至2月)

唐　浩(2月任)

团区委

书　记:车丽娟(女)

区妇联

主　席:熊丽芳(女)

区科协

主　席:廖德厚

区工商联

主　席:胡涛湘(女)

区残联

理事长:熊春萍(女,任至9月)

区红十字会

会　长:童萍如(女)

常务副会长:胡海燕(女)

区人民法院

院　长:梁　洪

区人民检察院

检察长:杜迎春(女)

区垂管单位

东湖公安分局
　局　长:陈国梁(任至6月)　余　炜(6月任)
东湖区税务局
　局　长:吴彬文(7月任)
市地税直属分局
　局　长:马云南
东湖交警大队
　大队长:彭亚东
　教导员:彭筱敏
市国土资源局东湖分局
　局　长:吴有根
东湖消防大队
　大队长:何　军
　教导员:聂　珞
市城乡规划局东湖分局
　局　长:江　丹

(余逸凡)

先进个人

【概况】 2018年,东湖区持续深入学习宣传贯彻中共十九大精神,坚持用习近平新时代中国特色社会主义思想武装头脑,全区广大干部群众爱岗敬业、艰苦奋斗、勇于创新,在各自岗位上建功立业,为全区经济发展和社会进步做出贡献,涌现出一批先进人物和典型。

(区史志办公室)

【"五一劳动奖章"获得者】 2018年,东湖区有4人获得"五一劳动奖章",他们是江西省"五一劳动奖章"获得者何金珍(圳昌装饰工程集团有限公司);南昌市"五一劳动奖章"获得者邹红平(南昌华远和平里酒店有限公司)、上官印良(南昌市东湖区新东方语言学校)、杜颖妮(南昌市阳明学校)。

(林如霞)

【"三八红旗手"】 2018年,东湖区广大妇女学先进赶先进,大力弘扬刻苦学习、岗位建功的创先争优精神和自尊、自信、自立、自强的时代女性精神,有18人获得"三八红旗手"称号,她们是:聂华(东湖区八一桥街道党工委委员、副主任)、刘玲(东湖区扬子洲镇党委委员)、罗莉娟(东湖区百花洲街道党工委委员)等3人荣获2018年度南昌市"三八红旗手";黄永芳(东湖区财政局国库支付中心主任)、刘秋燕(东湖区城市管理局办公室主任)、涂华丽(东湖区城市管理局财审科科长)、刘燕青(扬子洲镇前洲村妇联主席)、刘琳(八一桥街道司法所长)、杨小梅(豫章街道聆江社区党支部书记、主任)、周璇(墩子塘街道张家厂社区主任)、胡华丽(百花洲街道刘将军庙社区党支部书记、主任)、鄢媛丽(公园街道永宁社区党支部副书记)、余松(大院街道党政办主任)、周莉芳(董家窑街道杏苑社区党支部书记、主任)、邓永华(彭家桥街道七里街社区党支部书记、主任)、左蓉(滕王阁街道党政办主任)、左美兰(贤士湖管理处公园村妇联主席)、陶艳芳(扬农管理处卫计办专职干部)等15人荣获2018年度东湖区"三八红旗手"称号。　(刘　达)

2018年东湖区获省部级及以上单位表彰的先进个人

表33

姓　名	工作单位	奖项名称	颁奖部门	颁奖时间
王　磊	东湖区人民法院	全国法院先进个人	最高人民法院	2018年1月
郑小惠	东湖区文化广电旅游新闻出版局	全国2017年学雷锋志愿服务"四个100"先进典型	中宣部、中央文明办等部门	2018年2月

续表 33

姓　名	工作单位	奖项名称	颁奖部门	颁奖时间
刘云娟	东湖区光明社区	全国三八红旗手	中华全国妇女联合会	2018 年 3 月
袁莉华	豫章小学教育集团	江西省特级教师	江西省人民政府	2018 年 12 月
赵红英	南昌市百花洲小学	江西省特级教师	江西省人民政府	2018 年 12 月
邓小燕	东湖区防震减灾局	2018 年度全国防震减灾人员考核先进工作者	中国地震局	2018 年 12 月
朱金辉	东湖区人民法院	全国法院办案标兵	最高人民法院	2019 年 1 月

2018 年东湖区获市厅级单位表彰的先进个人

表 34

姓　名	工作单位	奖项名称	颁奖部门	颁奖时间
李恒敏	东湖区光明社区（志愿者）	第二届“兴家风、淳民风、正社风”南昌市榜样人物	政协南昌市委员会	2018 年 1 月
何金珍	圳昌装饰工程集团有限公司	“五一劳动奖章”	江西省总工会	2018 年 4 月
黄　林	东湖区教科体局	江西省优秀工会工作者	江西省总工会	2018 年 6 月
刘云娟	东湖区光明社区	南昌市优秀共产党员	中共南昌市委	2018 年 6 月
杨征宇	贤士湖管理处	南昌市优秀共产党员	中共南昌市委	2018 年 6 月
喻　菡	大院街道办事处	南昌市优秀党务工作者	中共南昌市委	2018 年 6 月
莫　讯	东湖区委统战部	2018 年度中国统一战线宣传工作先进个人	中共中央统战部中国统一战线杂志社	2018 年 7 月
阙丽娟	东湖区人民法院	2016—2017 年度全省优秀法官	江西省高级人民法院	2018 年 8 月
胡　琴 徐　晓	东湖区文化馆	江西省集中展演活动编排的广场舞《鄱湖韵》荣获优秀编导奖	中共江西省委宣传部江西省文化和旅游厅江西省体育局	2018 年 10 月
刘国华	东湖区人民法院	2018 年度全省法院司法宣传工作成绩突出个人	江西省高级人民法院	2018 年 11 月
邓小燕	东湖区防震减灾局	2018 年度江西省防震减灾工作先进工作者	江西省地震局	2018 年 11 月
冯玉成	滕王阁街道办事处	南昌国际马拉松先进个人	南昌市人民政府	2018 年 11 月
吴卫兵	东湖区人民法院	第二届全省审判业务专家	江西省高级人民法院	2018 年 12 月
徐　斌	东湖区人民法院	人民法院工作三十年“荣誉天平奖章”	江西省高级人民法院	2018 年 12 月
伍建平	东湖区人民法院	人民法院工作三十年“荣誉天平奖章”	江西省高级人民法院	2018 年 12 月
赵国文	东湖区人民法院	人民法院工作三十年“荣誉天平奖章”	江西省高级人民法院	2018 年 12 月
胡玉兰	东湖区人民法院	人民法院工作三十年“荣誉天平奖章”	江西省高级人民法院	2018 年 12 月
胡必华	东湖区人民法院	人民法院工作三十年“荣誉天平奖章”	江西省高级人民法院	2018 年 12 月
胡美兰	东湖区人民法院	人民法院工作三十年“荣誉天平奖章”	江西省高级人民法院	2018 年 12 月

续表 34

姓　名	工作单位	奖项名称	颁奖部门	颁奖时间
魏　群	东湖区人民法院	人民法院工作三十年“荣誉天平奖章”	江西省高级人民法院	2018 年 12 月
徐荣根	东湖区人民法院	人民法院工作三十年“荣誉天平奖章”	江西省高级人民法院	2018 年 12 月
戴晓红	东湖区人民法院	人民法院工作三十年“荣誉天平奖章”	江西省高级人民法院	2018 年 12 月
陈小凤	东湖区人民法院	人民法院工作三十年“荣誉天平奖章”	江西省高级人民法院	2018 年 12 月
熊贵生	东湖区人民法院	人民法院工作三十年“荣誉天平奖章”	江西省高级人民法院	2018 年 12 月
王玉珍	东湖区人民法院	人民法院工作三十年“荣誉天平奖章”	江西省高级人民法院	2018 年 12 月
张跃生	东湖区人民法院	人民法院工作三十年“荣誉天平奖章”	江西省高级人民法院	2018 年 12 月
才建军	东湖区人民法院	人民法院工作三十年“荣誉天平奖章”	江西省高级人民法院	2018 年 12 月
熊小辉	东湖区人民法院	人民法院工作三十年“荣誉天平奖章”	江西省高级人民法院	2018 年 12 月
傅绍华	东湖区人民法院	人民法院工作三十年“荣誉天平奖章”	江西省高级人民法院	2018 年 12 月
万　芸	东湖区人民法院	人民法院工作三十年“荣誉天平奖章”	江西省高级人民法院	2018 年 12 月
康　斌	东湖区人民法院	人民法院工作三十年“荣誉天平奖章”	江西省高级人民法院	2018 年 12 月
邓俊尔	东湖区总工会	全省职工互助保障工作先进个人	江西省总工会	2018 年 12 月
闵　洁	南昌市育新学校	江西省辅导员风采大赛一等奖	江西省少工委	2018 年 12 月
叶欣欣	南昌市育新学校	江西省辅导员风采大赛一等奖	江西省少工委	2018 年 12 月
涂思慧	南昌市育新学校	江西省辅导员风采大赛一等奖	江西省少工委	2018 年 12 月
方　实	南昌市育新学校	江西省辅导员风采大赛一等奖	江西省少工委	2018 年 12 月
杨圆圆	南昌市育新学校	江西省辅导员风采大赛一等奖	江西省少工委	2018 年 12 月
冯玉成	滕王阁街道办事处	2018 年全省首届党务技能大赛三等奖	中共江西省委组织部	2019 年 1 月
喻　菡	大院街道办事处	全省首届党务技能大赛二等奖	中共江西省委组织部	2019 年 1 月
李美荣	南昌市百花洲小学	江西省五一巾帼标兵	江西省总工会	2019 年 3 月
舒小红	东湖区教科体局	江西省“三八红旗手”	江西省妇联	2019 年 3 月
饶接华	墩子塘街道办事处	2018 年度全省消防工作先进个人	江西省消防安全委员会	2019 年 4 月

（区史志办公室）

专业技术人员

【概况】 2018年，东湖区不断加强人力资源和专业技术人才队伍建设，针对各专业技术职务系列的专业特点，坚持以业绩为主要依据，以品德、知识、能力为重要条件，认真开展专业技术人才职称评定工作。有21名专业技术人员晋升为副高级职称。

（区史志办公室）

2018年东湖区晋升为副高级职称人员

表35

姓　名	学　历	毕业学校	工作单位	晋升职称	评定时间
胡　红	本科	江西科技学院	东湖区园林绿化管理所	高级工程师	2018年10月
熊润兰	本科	南昌大学	东湖区扬子洲卫生院	副主任医师	2018年11月
万　春	本科	江西师范大学	东湖区青少宫	中小学高级教师	2018年12月
王小琏	本科	江西省教育学院	东湖区青少宫	中小学高级教师	2018年12月
高　菁	本科	中国广播电视大学	东湖区八一嘉实希望小学	中小学高级教师	2018年12月
胡　璐	本科	江西师范大学	南昌市东湖小学	中小学高级教师	2018年12月
陶永红	本科	江西师范大学	南昌市邮政路小学	中小学高级教师	2018年12月
周　晶	本科	江西师范大学	南昌市邮政路小学	中小学高级教师	2018年12月
李毛崽	大专	江西师范大学	南昌市南京路小学	中小学高级教师	2018年12月
邵欢然	本科	江西师范大学	南昌市阳明学校	中小学高级教师	2018年12月
程兰兰	本科	江西科技师范学院	南昌市阳明学校	中小学高级教师	2018年12月
刘湾梅	本科	南昌大学	南昌市阳明学校	中小学高级教师	2018年12月
徐　绛	本科	南昌广播电视大学	南昌市向荣小学	中小学高级教师	2018年12月
胡乐红	大专	南昌市委党校	南昌市北湖小学	中小学高级教师	2018年12月
柳闻莺	大专	南昌教育学院	南昌市豫章小学	中小学高级教师	2018年12月
谢美兰	大专	南昌大学	南昌市豫章小学	中小学高级教师	2018年12月
周爱红	大专	南昌大学	南昌市城北学校	中小学高级教师	2018年12月
夏晓红	本科	江西师范大学	南昌市育新学校	中小学高级教师	2018年12月
陶春红	本科	江西科技师范学院	南昌市扬子洲学校	中小学高级教师	2018年12月
陈魏华	大专	江西省教育学院	南昌市滨江学校	中小学高级教师	2018年12月
单文萍	大专	江西师范大学	东湖区滕洲小学	中小学高级教师	2018年12月

（区人社局）

重要文献

南昌市东湖区人大常委会工作报告

（2019年1月10日在东湖区第十六届人民代表大会第四次会议上）

东湖区人大常委会主任　喻国泰

各位代表：

我受区人大常委会委托，向大会报告工作，请予审议。

过去一年的主要工作

2018年是全面贯彻党的十九大精神的开局之年，区人大常委会在中共东湖区委的坚强领导下，坚持以习近平新时代中国特色社会主义思想为指导，坚持党的领导、人民当家做主、依法治国有机统一，服务大局、关注民生、推进法治，全面依法履职，全年共召开常委会会议8次，主任会议17次，听取和审议专项工作报告21项，开展调研、执法检查6次，作出决议决定16个，任免国家机关工作人员20人次，对26件规范性文件依法备案审查，各项工作取得了新的进展。

一、增强监督实效，推动区委重大决策部署落地生效

东湖正处在稳增长、促转型的关键时期。围绕中心、服务大局，加强监督、推动工作，是人大工作的重要职责。常委会紧紧围绕改革发展，积极回应社会关切，努力维护公平正义，用实际行动诠释初心和使命。

——助推改革发展。关注经济运行形势，听取和审议计划、预算、审计工作报告，审查批准区级财政决算和预算调整方案。听取和审议区“十三五”规划纲要实施中期情况报告，促进区政府坚持稳中求进总基调，确保我区“十三五”规划目标任务全面完成。围绕优化产业结构，提升发展质效，常委会对沁庐旅、海学茂等重大重点项目开展视察，重点听取和审议区开放型经济、文旅融合工作情况报告，支持政府把高品质现代服务业作为主攻方向，推动全区经济加快转型升级。首次听取区国有资产管理情况和企资中心工作情况报告，支持区政府更好发挥国有资产效益，实现资产保值升值。

——力促民生改善。围绕“老有所养”“病有所医”，常委会听取和审议区居家养老工作及医药卫生体制改革工作情况报告，配合市人大开展健康养老服务立法调研，就群众反映的热点难点问题提出意见建议，区政府及相关部门认真研究落实，加强养老服务志愿者队伍建设，打造“时间银行”互助养老新模式，努力满足群众养老需求；引导群众树立正确就医观念，不断拓展家庭医生签约服务模式，为健康保驾护航。对环境保护法实施情况开展检查，以打好治理“水污染”攻坚战、压实压细“河长制”责任为重点，从严守护一湖清水。继续开展食品安全工作监督，听取和审议区市场监管局工作情况报告，对赣昌水产大市场、扬子洲蔬菜基地和检测中心工作开展执法检查，推动区政府全力守护从田头到餐桌的质量安全。组织代表视察区校园文化品牌建设工作，推进我区教育事业向更高质量发展。

——推进法治东湖建设。常委会紧扣让人民群众在每一个司法案件中感受到公平正义的目标，强化司法监督。重点听取和审议区法院金融审判工作、区检察院民事行政检察工作情况报告，进一步支持和督促“两院”提升办案效率，维护良好金融生态，积极化解诉讼矛盾纠纷，着力促进和谐稳定，守护社会公平正义的底线。全民普法是依法治国的基础工程，常委会组织代表开展普法宣传志愿者活动，不断提升群众的法治意识，推进“七五”普法工作顺利实施。此外，积极配合上级人大和有关部门就社区、村“两委”换届、残疾人保障法等开展专项监督和调研，有力推动了相关法律法规及决定在东湖得到全面遵守和执行。

——推进民生实事项目人大代表票决制。常委会严格贯彻落实市委、市人大要求，根据区委意见，审议通过了《关于实施区政府民生实事项目人大代表票决制工作的决定》，建立党委决策、人大决定、政府实施、公众参与的“四位一体”工作机制，将民生实事项目的征集、决定、监督、评价等诸多环节，引入到人民代表大会制度的轨道上来。在前期协助区政府开展项目征集与初定工作、听取代表意见建议的基础上，本次大会将审议票决2019年民生实事项目。

二、强化服务保障，代表工作更加富有活力

人大代表是党和政府联系人民群众的桥梁和纽带。常委会牢牢把握“两个联系”，把尊重代表主体地位、发挥代表作用作为做好人大各项工作的基础，积极推进代表工作机制、载体和服务创新，保障代表依法履职。

——密切联系代表和群众。坚持常委会组成人员联系代表制度，及时整理、交办代表提出的意见建议。推动代表参加执法检查和调研视察、参与专门委员会和工作委员会活动的常态化。全年共接待、走访代表63名，邀请代表列席常委会会议15人次、参加执法检查和调研视察76人次，参与文明城市创建活动20余人次，联系代表方式更加多样，代表的主体作用得到了有效发挥。继续巩固和扩大代表联络工作站（室）建设成果，全区14个工作站（室）完成标准化建设，实现了规范化运作。积极拓宽代表联系群众渠道，开展市、区两级人大代表“联系群众活动月”工作，市委书记殷美根代表亲临东湖区与选民、群众见面听取意见建议，包括市及区四套班子领导干部代表在内的共计138名市、区人大代表进站联系选民，围绕民生实事项目征集、生态文明建设和“美丽南昌、幸福家园”环境综合整治等情况听取意见和建议，并形成“任务清单”由人大常委会督促、推进。

——认真办理意见建议。提出建议是以人民的名义作出的政治表达，办理好代表建议，是对民意作出的积极回应。经过审议交办、办理答复和跟踪督办三个环节的持续推进，区十六届人大三次会议的72件建议如期审议和办理完毕。其中，解决或基本解决的意见建议58件，占80.56%，已列入计划解决的12件，占16.67%。去年5月，区人大常委会筛选了8件未办理完成的建议进行了重点督办，有关教师队伍建设、食品安全、停车场建设、共享单车有序停放等一批关系发展和民生的重要建议得到有效落实。

——强化代表履职保障。加强代表学习培训，在北戴河全国人大培训基地举办第二期区人大代表履职培训班。根据代表职业和专长建立专家库。通过召开情况通报会、寄送刊物资料等方式，帮助代表深入了解全区经济社会发展情况。同时，围绕常委会会议重要议题，开展专题调研，组织代表小组活动，为代表更好地提出合理化意见、建议奠定基础。

此外，依法任命首届区监察委副主任和委员，确保区监察委如期挂牌。

三、提升履职能力，常委会自身建设更加扎实

加强自身建设，是依法履行职权的基础和保证。常委会把坚持党的领导贯穿于人大工作全过程，牢固树立“四个意识”，始终保持了人大工作正确的政治方向。开展上下联动，实行工作协同，以改革创新精神、法治思维方式，努力打牢履职尽责的根基。

——筑牢做好新时代人大工作的思想基础。习近平总书记关于坚持和完善人民代表大会制度的重要思想，是习近平新时代中国特色社会主义思想的重要组成部分，为新时代长期坚持、不断完善人民代表大会制度，做好人大工作指明了前进方向、提供了根本遵循。按照省人大关于开展“学习研究宣传贯彻习近平总书记关于坚持和完善人民代表大会制度的重要思想”专题活动部署,常委会专门制订实施意见、成立领导小组、完善学习制度,聚焦习近平总书记关于坚持和完善人民代表大会制度的重要思想“十个坚持”,进一步提升政治站位,统筹推进、着力贯彻,不断深化对新时代人大工作规律的认识和把握,做到内化于心、外化于行。全年共开展党组理论学习14次,参与省、市“人大讲堂”学习活动9次,发表理论文章、宣传报道56篇,撰写心得体会48篇,理论学习蔚然成风,专题活动取得了初步成效。

——*从严落实党的建设责任*。坚决贯彻《关于新形势下党内政治生活的若干准则》《中国共产党党内监督条例》等党内法规、规定,切实加强常委会及人大机关党的建设,认真落实全面从严治党的主体责任。进一步健全常委会党组学习、议事、决策等方面的工作制度和机制,及时把区委的部署和意图贯彻落实到常委会工作中去,营造了良好的政治生态。深入开展“不忘初心　牢记使命”主题教育,坚决全面彻底肃清苏荣案余毒,认真落实中央八项规定及其实施意见精神,为常委会履行好各项职责提供坚强作风保证。

——*着力提升人大工作质效*。树立“一盘棋”思想,完善上下、内外联系指导和协调配合机制,主动接受市人大常委会工作指导,同步开展监督、调研,扩大人大工作整体效应。总结提升工作经验,推进乡镇、街道人大工作和建设。各专、工委通过实施常委会重点任务,开展执法检查、调研视察、专项督察等工作,有力服务了常委会中心工作。按照建设学习型、服务型、创新型机关要求,加强对人大机关工作的领导,全面做好会务安排、文件处理、宣传报道、信访办理等各项日常工作,保障常委会顺利有效履职。

各位代表,常委会过去一年所取得的成绩和进展,是中共东湖区委正确领导的结果,是常委会全体组成人员和各位代表共同努力的结果。我们的各项工作,得到了区“一府一委两院”及有关部门和各代表小组的积极配合,得到了全区群众的大力支持。在此,我谨代表区人大常委会表示衷心的感谢!

同时,我们也清醒认识到,常委会工作与时代发展要求、人民群众期待、宪法法律赋予职责还有差距。主要是:监督工作的刚性和实效性有待提升,代表履职的服务保障还需进一步优化,常委会及机关建设还存在薄弱环节。我们将在今后的工作中,自觉接受人民监督,虚心听取代表意见,切实加以改进。

2019年的主要工作

各位代表,区委十二届六次全会对我们提出了新的要求。在新的一年里,区人大常委会工作的指导思想是:坚持以习近平新时代中国特色社会主义思想为指引,深入学习贯彻习近平总书记关于坚持和完善人民代表大会制度的重要思想,准确把握人大常委会作为“工作机关”和“代表机关”的新时代定位,更加自觉地坚持以人民为中心,有效履行法定职责,为东湖在共绘新时代江西物华天宝、人杰地灵新画卷,做大做强做优大南昌都市圈中的强烈担当和应有作为贡献更大力量,以优异的成绩庆祝祖国70华诞!

——*深入推进“学习、研究、宣传、贯彻习近平总书记关于坚持和完善人民代表大会制度的重要思想”专题活动*。按照学懂弄通做实的要求,深入学习贯彻习近平总书记关于坚持和完善人民代表大会制度的重要思想,持续推进专题活动取得新成果。以栗战书委员长将总书记重要思想精准概括的“十个坚持”为主要内容,对标、对表,结合东湖实际认真贯彻落实。健全完善常态化、长效化学习制度,切实把学习成果转化为推进人大工作的强大精神动力,推动总书记的重要思想更好地贯穿学习实践,融入组织实施;突出党对人大工作的全面领导,协助区委开好全区人大工作会议并出台相关文件;紧扣区委重大决策部署,紧扣民生改善和厉行法治,抓紧抓实各项工作;巩固和完善宣传阵地,加大对人大监督、代表、理论研究工作进展和成效的宣传力度,做人大制度的忠实维护者、实践者和推动者,为东湖发展提供坚实民主法治保障。

——*有效落实重大事项决定权,扎实开展正确监督、有效监督*。切实落实市委《关于健全人大讨论决定重大事项制度、各级政府重大决策出台前向本级人大报告的实施办法》有关要求,研究确定区人大常委会讨论、决定重大事项年度工作计划,推动政府科学民主依法决策。完善区政府向区人大常委会报告国有资产管理情况制度。

听取和审议计划执行情况报告，审查批准年度决算。着重在促进产业转型升级、落实重大项目建设、提升居家养老服务水平、创新城市综合管理等方面精准发力，推动经济社会发展主要目标和重大任务顺利完成，事关群众切实利益的“关键小事”得到解决。对代表票决产生的政府民生实事项目，建立健全一对一监督机制，严格依规开展评估工作，确保项项落实、件件兑现。继续加强监督工作，围绕“放管服”改革开展视察调研，听取和审议区法院刑事审判、区检察院诉讼监督等专题报告，对环境保护法、食品安全法、传染病防治法等实施情况开展执法检查，加强备案审查制度和能力建设。

——充分发挥代表主体作用，保障代表依法履职、为民履职。建立健全代表建议办理责任制，听取和审议代表建议办理情况报告，对代表建议反映比较集中的问题，交由有关专、工委重点督办，推动解决。充分发挥代表密切联系群众优势，不断完善人大代表特别是领导干部代表进站听取群众意见、向选民述职工作，努力做到“民有所呼、我有所应”。促进“一府两院”同代表的联系，重视代表审议意见的落实，组织各行业代表发挥专业特长开展课题调研，积极为东湖发展建言献策，为人大及其常委会和政府决策提供参考。以本届内完成全员轮训为目标，继续开展人大代表培训工作。探索街道人大工委“一街一品牌”特色创建工作。围绕政府民生实事项目实施，精心组织代表小组活动，做到代表“人人有任务”、民生项目“事事有监督”。

——着力推进人大及其常委会自身建设，不断提升履职能力、创新能力。不断增强做好人大各项工作的责任感和使命感，以高质量开好人民代表大会会议、常委会会议、主任会议为目标，努力打造政治过硬、专业过硬的人大干部队伍，不断提升常委会把握大局、反映民意、依法履职、推动落实的能力和水平。增强创新意识，充分发挥专门委员会、工作委员会的职能作用，加快工作步伐，提高工作效率，实现常委会和人大机关工作有新亮点、新突破。坚持求真务实，扎实练好调查研究这项基本功，畅通社情民意表达和反映渠道，帮助群众排忧解难。开展“宪法日”主题宣教活动，弘扬宪法精神，维护宪法权威。严格落实中央八项规定精神和党风廉政建设责任制，驰而不息地推进作风建设，树立清正廉洁、务实高效的良好形象。

各位代表，当前东湖发展所处的历史方位赋予了我们新的使命任务，人民群众对美好生活的向往激励我们不断开拓奋进。让我们更加紧密地团结在以习近平为核心的党中央周围，高举中国特色社会主义旗帜，在中共东湖区委的坚强领导下，秉持东湖精神，干在实处，奋勇拼搏，在共绘新时代江西物华天宝、人杰地灵新画卷，做大做强做优大南昌都市圈中全力展现东湖新作为而努力奋斗！

（区人大常委会办公室）

中国人民政治协商会议
南昌市东湖区第九届委员会常务委员会工作报告

（2019年1月8日在政协东湖区第九届委员会第四次会议上）

欧阳桃花

各位委员、同志们：

我受政协东湖区第九届委员会常务委员会的委托，向大会报告工作，请各位委员审议，并请列席会议的同志提出意见。

九届三次会议以来工作回顾

九届三次会议以来，区政协九届委员会在中共东湖区委的坚强领导下，坚持以习近平新时代中国特色社会主义思想为引领,以学习贯彻中共十九大精神为主线,牢牢把握团结和民主两大主题,认真履行政治协商、民主监督、参政议政职能,为东湖新一轮大建设、大发展、大跨越发挥了积极作用,做出了积极贡献。

一、坚持政治引领,在理论武装上促深化

把坚持党的领导作为根本政治原则,全面加强区政协党的建设,认真贯彻落实中央和省委关于加强新时代人民政协党的建设工作有关精神。一年来,先后向中共东湖区委请示报告重要工作、重大事项4次,始终把党的领导贯穿履职全过程,将政协工作置于区委的坚强领导下。把学习贯彻习近平新时代中国特色社会主义思想和中共十九大精神作为首要政治任务,通过常委会带头学、委员联络小组座谈学、微课堂发布学、学习专刊辅导学等多种形式组织引导委员全面深入学习,努力做到学懂弄通做实,武装头脑,传承初心之志,筑牢同心之基,增强政治定力。

6月下旬至7月中旬,区政协组织全体委员和机关全体干部深入开展习近平总书记关于加强和改进人民政协工作重要思想学习研讨活动。通过学习研讨活动,区政协机关和全体委员更好地把握了新时代推进社会主义协商民主和加强人民政协工作的新部署新要求,切实把习近平新时代中国特色社会主义思想作为统揽政协工作的总纲,以理论大学习、思想大武装促进履职工作大提升,自觉与区委、区政府同频共振、同向发力。

二、坚持政协定位,在协商民主上稳推进

充分发挥协商民主重要渠道和专门机构作用,不断完善协商议政内容和形式,推动协商民主广泛、多层、制度化发展。首次开展政协大会发言协商。在九届三次大会开幕式上,5位委员分别代表民盟界别、九三界别、经济界别、无党派人士界别和区政协人资环城建委就加强安全生产监管队伍建设、加强民国小洋楼保护、促进类金融服务业发展、推进学校法治教育和制订社区环境改造行动规划,全面提升东湖城区品质等主题作大会发言,为东湖发展议政建言。区委书记刘闯在协商发言材料上批示:“各位委员选题准确,调研翔实,建议实在,有很好的操作性。请区各单位、各镇、街道(管理处)党政主要负责同志认真学习,积极对接”。并要求区委办公室将发言材料下发全区学习。首次全会期间以专委会会议形式开展民主协商。大会期间,各专委会组织委员围绕如何“做好美丽东湖新篇章”“扩大民生覆盖面,提高公共服务能力和水平”“全面推进依法治区,建设法治东湖”“强化产业支撑,促进经济发展提质增效”和“激活城市文脉,打造历史文化名区”等五个专题对区政府工作报告进行了热烈讨论,民主协商。讨论中,委员们畅所欲言,对区政府的工作提出改进意见,为东湖发展点赞支着。区委、区政府班子成员参加了专委会民主协商,认真听取委员意见和建议,现场回应委员关切,共谋东湖发展。认真开展常委会专题议政性协商。九届九次常委会对环卫工作进行了专题议政协商,区城管委等职能部门现场答复委员建议,区政府分管副区长就如何做好环卫工作与委员们面对面沟通交流。区委副书记贾彧超参加协商会,肯定区政协常委会专题议政协商环卫工作主题突出,围绕区委工作中心,调研报告和委员建言为区委、区政府科学决策、推动工作提供了有益参考。区长高辉红批示调研报告,要求区综管办采纳建议,邀请政协委员参加社区环境卫生检查打分评比,推动市容环境综合整治工作。

三、坚持围绕中心,在参政议政上善作为

聚焦东湖发展进程,突出重点,为提升经济发展质效、优化城市功能品质、保障改善民生履职尽责。区委书记刘闯对区政协的参政议政工作予以高度肯定,逐一批示区政协各专委会的5篇调研报告,一年来先后8次批示政协调研报告、视察报告、大会发言等,要求区相关单位认真研究、吸收采纳建议,推进工作。围绕强产业集思聚智。经科委找准建言切入点,开展“大力发展非学历教育机构,繁荣楼宇经济发展”专题调研、视察、协商,助推楼宇经济发展,为提升城区核心竞争力当好“智囊”。区长高辉红批示调研报告:“剖析问题一针见血,提出的对策翔实可行,为老城复兴,唱响‘学在东湖’品牌提出了新思路,很有价值”。文史学习和“三胞三属”联谊委通过实地走访、邀请专家学者座谈和外出考察等方式,集聚众智,建议以助推滕王阁创建5A级景区为契机,挖掘本土美食资源,为东湖旅游经济发展当好“推手”。社法委开展了行政审批工作专题视察调研,对我区政务服务工作中存在的问题进行细致剖析,提出针对性建议，为营造最优发展环境当好“参谋”。围绕兴城市议政建言。为更好实现“美丽南昌·幸福家园”环境综合整治工作“两年上台阶、三年出形象”目标，区政协常委会专题协商环卫工作；区政协主席会议专项视察城区防汛和内涝处置工作；区政协将委员关于改进“马路本色”行动细节的提案作为重点提案督办；人资环城建委对口协商城市建管工作，开展社区改造工作视察；社法委、提案委联合区政府办公室、东湖交警大队先后召开两场同类提案集中协商会，就委员提出的“共享单车规范管理”等11件同类提案、“提高道路交通能力，减少交通拥堵”等6件同类提案进行民主协商，全力推动城区交通顺畅。区政协持续多层次广角度建言加强城市建管力度，提升东湖“颜值”“气质”，推动城市更新，使城区更显活力魅力。围绕惠民生参政献策。常委会关注民生热点“老有所养”，专题听取了社会化养老服务工作通报，助推全区养老服务事业加快发展。作为区政协年度协商内容之一，教卫文体委切实开展“坚持公益普惠，绘就东湖幼有所育新蓝图”专题协商，建言补齐民生短板，公益普惠推动我区学前教育事业。区政协九届三次会议以来围绕教育卫生、食品安全、社区养老、物业服务等方面的民生类提案，全部得到较好落实，助推了一些民生问题的有效解决。如对委员提出的组建教育集团提案，区政府采纳了委员建议，安排450万元专项工作经费，组建起育新学校、邮政路小学和豫章小学等三个教育集团，以集团化办学模式改革推进我区优质教育均衡化发展。

四、坚持问题导向，在民主监督上求实效

以问题为导向，组织委员通过提案、视察、建议、民主评议等形式议政监督，大力加强和改进民主监督工作，推动城区高质量发展。提高提案办理实效。注重选题引导，在提高提案质量上下功夫。通过交办提案精准到位、办理协商广泛深入、同类提案专题协商等多种形式，着力增强办理实效。进行了提案“回头看”，对重点提案持续追踪，促进提案分阶段、有步骤加以办理落实。开展了提案双向评议，促进了提案质量和提案办理质量的双提升。三次会议以来立案的101件提案均已办复，委员对提案办理的满意率达100%。推进民主监督活动。常委会先后听取了区发改委、民政局、财政局、文广新局、综管办等单位的工作通报，畅通委员知情议政渠道，并提出工作建议。常委会对全区重大重点项目建设工作进行了视察，为城区高质量发展助力。各专委会注重围绕群众关心的热点难点问题，先后开展了农村五保户生活状况、时间银行养老服务工作、家庭医生签约工作、公共图书馆建设、居民区垃圾分类回收处理、预防接种、免费婚检等民生工作监督性视察，了解工作状况，提出对策建议，推进工作开展。各镇（街道）委员联络小组、界别活动小组组织委员开展了形式多样、内容丰富的视察、调研、走访、考察等活动，为委员知情问政、诚恳谏言拓展了空间，起到了促进工作的积极作用。加强社情民意信息工作。印发了《东湖区政协社情民意信息工作奖励办法》，举办了社情民意信息工作培训会，紧扣社会热点，对供水安全、分级诊疗、校园周边交通秩序管理等问题提出意见建议，反映民声民愿，向市政协和区委、区政府报送社情民意信息23期，为区委区政府及时把握社会动态，加强社会建设提供决策参考。并认真与有关部门就社情民意信息的办理情况进行沟通，一些意见建议得到落实，较好发挥了社情民意的“直通车”作用。

五、坚持城区实际，在“三风”活动上强推动

始终坚持从城区实际和政协组织特点出发，全力协调，倾力推动全区深入开展“兴家风、淳民风、正社风”活动，把社会主义核心价值观日常化、具体化、形象化，彰显东湖文明城区的形象和风采。区党政领导亲自抓，对全年20项重点“三风”活动项目化推进。区政协主席会议对全区12个镇（街道、管理处）的“三风”文化社区（村）建设和“三风”文化墙打造情况进行了视察，对百花洲街道、区教科体局等14个“三风”活动先进单位进行了表彰。在全区推出了居民“颂三风，读公约”活动，得到了市政协周关主席的肯定和批示：“东湖区‘颂三风，读公约’这种活动很好，贴近市民，受众面广，影响力大”。在传统文化、中华元素的场景化、当代化上下功夫，突出宣传展示社会主义核心价值观、时代楷模和身边的榜样人物，重点打造了贤士湖“三风”文化主题公园。创新开展了“三风＋时间银行　志愿服务”主题实践活动，用行动践行互帮互助、敬老孝亲的良好家庭美德和社区和谐风尚。开展了“东湖暖心人”

评选活动,征集“暖心人”线索3000余条,推出了东湖交警大队协管员杜青等一大批身边“暖心人”,用身边榜样的力量助推社会向美向善。

六、坚持固本强基,在自身建设上抓提升

积极适应新时代政协事业发展的新要求,切实加强区政协思想建设、组织建设、制度建设、作风建设,为履行职能奠定坚实基础。团结民主有加强。始终把团结各界、凝聚人心的工作摆在重要位置,自觉加强同各党派、团体和各界的联系。主动安排各民主党派和无党派人士参加区政协各种会议、调研和视察等活动,鼓励他们建言献策,并认真听取他们对政协工作和促进东湖经济社会发展的意见建议,为他们知情明政、议政建言创造条件,营造了民主团结、宽松和谐的环境。组织党派界别委员开展了专题讲座、送爱心等公益活动,广泛开展联谊联络活动,密切对口联系。积极开展走访委员活动,提升了政协组织的凝聚力和向心力。专委会建设有细化。对各专委会提出了完成一篇专题调研报告、召开一次民主监督专题协商会议、督办一个重点提案、组织一次视察活动、走访一次对口联系单位、开展一次公益活动、组织一次对口联系界别活动、开展走访委员活动等“八个一”的工作要求并落实到位。界别工作有进步。下发了《关于建立界别委员联络站,进一步加强界别活动发挥界别作用的通知》,在全区镇、街道挂牌建立了15个界别委员社区(村)联络站,把区政协工作进一步向社区(村)延伸,为发挥委员主体作用搭建了新平台。委员服务管理有完善。完善了委员履职情况登记反馈办法,年初对大会参会情况进行点名通报,年底依据委员履职情况进行考核通报,对极个别委员进行了约谈,对1名不适宜担任委员的同志进行了劝退。机关建设有提高。发挥区政协党组领导核心作用,规范党组理论中心组学习制度,加强机关党的建设,认真开展“传颂红色家书,传承红色经典”主题活动,扎实推动“两学一做”学习教育常态化制度化。紧盯“怕慢假庸散”等作风突出问题,认真开展作风建设整治活动,召开了机关查摆问题座谈会,认真查找并改进了机关作风建设方面存在的问题,提升了机关服务效能。

各位委员、同志们,九届三次会议以来,区政协的工作取得了一定的成绩。这些成绩的取得是区委坚强领导、区政府全力支持、社会各界积极参与的结果,是区政协各参加单位紧密协作、广大政协委员积极作为的结果。在此,我代表区政协常委会表示衷心的感谢。同时我们也清醒地看到,区政协的工作还存在差距和不足,特别是委员履职的积极性、主动性和创造性有待进一步激发、政协履职成果的转化有待进一步提升等,真诚希望广大委员对常委会工作提出意见和建议,帮助我们把工作做得更好。

2019年主要工作

2019年,是新中国成立70周年、人民政协成立70周年,是决胜全面建成小康社会第一个百年奋斗目标的关键之年,是做大做强做优大南昌都市圈的起始之年,是我区加快旧城复兴的奋进之年。常委会工作的总体要求是:以习近平新时代中国特色社会主义思想为指导,深入学习贯彻中共十九大精神,在中共东湖区委的坚强领导下,始终高举中国特色社会主义伟大旗帜,聚焦区委的重大决策部署,紧紧围绕团结和民主两大主题,认真履行政治协商、民主监督、参政议政职能,坚持服务大局、注重民生、促进和谐、推动发展,为在做大做强做优大南昌都市圈中展现东湖更大作为做出积极贡献。

一、深入学习,政治引领强化思想建设

政协是政治组织,政治方向是第一位的。旗帜鲜明讲政治,把思想政治建设摆在各项建设的首位,深入学习、全面贯彻习近平新时代中国特色社会主义思想和中共十九大精神,更好地把握党对一切工作领导的原则,更深地理解习近平新时代中国特色社会主义思想的丰富内涵和精神实质,牢固树立“四个意识”,坚定“四个自信”,更加坚定地维护习近平总书记的核心地位,维护党中央权威和集中统一领导,巩固共同思想政治基础,确保政协事业沿着正确的政治方向前进。深化对习近平总书记关于加强和改进人民政协工作重要思想的学习研讨,为政协工作更精准、更科学、更有效地履职尽责夯实基础。认真学习统一战线和人民政协理论,充分认识人民政协的性质、地位和在我国政治生活中的重要作用,凝聚共识,汇聚力量。认真学习中共东湖区委十二届六次全会精神,努力将贯彻落实十九大精神和推动东湖发展紧密结合，切实把中央、省市区重大决策部署贯彻落实到区政协工作的全过程，转化为区政协履职的自觉行动，使政协工作更好地融入全区中心工作。

二、围绕中心，建言献策推动东湖发展。

紧紧围绕区委、区政府工作部署，在服务大局中主动融入，在推动发展中发挥作用，在积极参与中有效作为。推进协商民主。谋划和实施好年度协商工作，努力构建多层次、全方位协商格局。紧紧围绕"旧城复兴"目标，以推动城区高质量发展和保障改善民生工作为重点，丰富协商形式，运用专题协商、对口协商、界别协商、提案办理协商等平台和载体，就全区经济社会发展重大问题和涉及人民群众切身利益的实际问题广泛协商，主动献计出力，凝聚各方力量，提高协商质量，为东湖发展建言出力。改进民主监督。寓民主监督于履职全过程，拓展监督广度深度，探索行之有效的监督载体。加强对区委、区政府重大决策部署贯彻落实情况的监督，加强对各部门工作质量、作风、实效的监督。进一步提高提案的质量和办理实效，提升提案工作质量。积极参政议政。按照"少而精，深而实"的思路，围绕促进产业升级、推进城市建管、深化改革攻坚、促进民生改善等重点工作，广泛深入调查研究，提出有见解、有操作性的意见和建议，使政协履行职能的活动真正成为区委、区政府广集民智、民主科学决策的重要环节，为推动我区的科学发展谏诤言、献良策，提高建言资政的精准度和实效性。精心组织好委员视察活动，重点视察全区经济发展重点工作和民生工作，提升委员视察效果，为区委、区政府决策、解决问题提出建议，提供参考。

三、发挥优势，凝心聚力构建和谐东湖

牢牢把握团结和民主两大主题，充分发挥人民政协联系面广、包容性强以及协调关系、化解矛盾的优势，团结一切可以团结的力量，充分调动各方面的积极性和创造性，促进爱国统一战线的巩固和发展，画出最大同心圆，营造良好发展环境，推进东湖发展。把实现和维护好最广大人民的根本利益作为开展工作的出发点和落脚点，关注民生，解民生之忧，谋民生之利，回应群众新期盼，增强百姓获得感、幸福感。深入推进"兴家风、淳民风、正社风"活动，为民办实事，做好事，促进社会稳定和谐。同时进一步畅通社情民意信息的渠道，加强社情民意工作，促进各界群众的相互理解和沟通，营造和谐氛围。

四、与时俱进，夯实基础推进自身建设

积极主动作为，不断改进和加强自身建设，切实提高适应新时代政协工作的能力和水平。全面加强区政协党的建设，完善以区政协党组理论中心组学习为引领的学习制度，持之以恒推进区政协的学习工作，用习近平新时代中国特色社会主义思想武装头脑，广泛凝聚共识，推进工作。突出思想政治引领，探索建立党组成员联系界别、党员委员联系党外委员等制度，推进党的工作对政协委员的全覆盖。探索加强对党员委员的教育、管理和监督工作，充分发挥党员委员在坚持党对政协工作全面领导中的模范引领作用。进一步加强专委会之间的协调与配合，密切专委会与界别、委员之间的联系，提高专委会整体工作水平。以界别委员社区（村）联络站为平台，积极开展多种形式的界别活动，探索发挥界别作用的方法和途径，为界别开展活动创造条件，提供保障，搞好服务。进一步加强委员服务和管理，开展委员教育培训，打造"懂政协、会协商、善议政、守纪律、讲规矩、重品行"的委员队伍。开展走访委员活动，探索建立委员列席常委会制度，引导委员积极发挥主体作用。进一步加强机关党的建设，进一步建立健全政协机关规章制度，以作风建设为抓手，推进机关思想、制度和作风建设，提升机关服务水平，推动新时代政协工作提质增效。

各位委员、同志们，新时代担当新使命，新征程呼唤新作为。新时代为人民政协事业发展提供了广阔舞台，让我们更加紧密地团结在以习近平同志为核心的党中央周围，在中共东湖区委的坚强领导下，不忘初心，牢记使命，担当实干，奋力前行，为在做大做强做优大南昌都市圈中展现东湖更大作为做出新的更大贡献，以优异成绩向新中国和人民政协成立70周年献礼！

（区政协办公室）

东湖区人民法院工作报告

(2019年1月10日在东湖区十六届人民代表大会第四次会议上)

东湖区人民法院院长　梁　洪

各位代表:

现在,我代表区法院向大会报告工作,请予审议,并请列席会议的同志提出意见。

2018年工作回顾

2018年,我院在区委的坚强领导和上级法院的精心指导下,在区人大及人大常委会的有力监督,以及区政府、区政协和社会各界的大力支持下,紧紧围绕全区工作大局,深入学习贯彻习近平新时代中国特色社会主义思想和党的十九大精神,坚持"让人民群众在每一个司法案件中感受到公平正义"工作目标和"争全省首位,创南昌经验"工作要求,忠诚履职,奋进拼搏,各项工作取得新的发展进步。全年共受理各类案件21801件(其中新收18797件,旧存3004件),审执结19569件(含旧存),新收和结案数同比上升65.17%和56.13%,结案率89.76%,案件结收比104.11%,收、结案数及人均结案数这三大数据均位列全省第一。

一、践行服务大局使命,扎实推进法治东湖建设

全力优化发展环境。扎实开展扫黑除恶专项斗争,成立了扫黑除恶专项斗争领导小组,院领导和各部门负责人全部纳入领导小组,指定专人办理涉黑涉恶案件,安排专人负责相关工作联络,确保涉黑涉恶案件高质高效审理。在审判大楼、立案大厅、重要通道及大门宣传栏处均悬挂张贴了扫黑除恶标语、举报电话等宣传资料,连同公安、检察院深入社区开展扫黑除恶专项斗争工作宣传,营造强大舆论声势和浓厚氛围。刑事审判庭对2016年以来审结的2000余件刑事案件逐一进行了涉黑涉恶犯罪排查,其他审判执行部门亦对工作中发现的相关线索进行了梳理。公开宣判全市首例"恶势力"团伙犯罪案件,依法对周六盛等9名聚众斗殴、非法持有枪支的被告人判处有期徒刑二年六个月至四年六个月不等。

积极助推重点工作。高效审结涉军停偿案件6件,涉案标的额530余万元,涉军产面积4970余平方米,既确保了涉军资产如期收回,又依法保障了合同相对方的权益。在已执结的解放军某部队申请执行朱某房屋租赁合同纠纷一案中,我院协调公安、城管部门到场支持,腾房现场处置有序,加之邀请人大代表、社区干部及媒体到场宣传监督,广泛争取了理解支持,有效维护了军队形象和社会稳定,涉案部队对我院工作给予高度评价,结案后派专人到我院赠旗致谢。妥善开展违规经济适用房清理工作,受理相关案件531件,考虑到涉案业主众多、问题敏感、维稳压力大等因素,我院积极配合区政府和区住房保障和房产管理局工作部署,使该批案件全部实现了快审快结。

主动延伸审判服务。挂牌成立全省首个跨行政区划的金融法庭,依托原红谷滩法庭组建成南昌市第一金融法庭,办公面积由原来的600平方米扩建为1340平方米,配备标准化诉讼服务中心,于2018年10月8日开始,负责集中审理东湖区、红谷滩新区、新建区、湾里区、经开区金融一审民商事案件。积极参与综治维稳,院领导到区政府和信访局参与值班接访12人次,安排法官进学校、进企业、进社区开展普法宣传18人次,参与创全国文明城市志愿者服务83人次。

二、狠抓执法办案要务,充分保障社会公平正义

依法推进平安东湖建设。保持对极端暴力犯罪的高压态势,依法严惩杀人、抢劫、强奸、贩卖毒品等严重危害社会治安犯罪,王宏建(抢劫,判12年6个月)、谢玉强(贩卖毒品,判15年)等一批极端犯罪分子被依法严惩,维护了社会稳定。依法审结涉民生犯罪案件5件,其中向幼儿园出售变质蛋糕的被告人彭乐辉被以销售不符合安全标准的食品罪被判处有期徒刑4年。在胡华香、李庆两被告人以工业双氧水泡发毛肚喉管一案中，我院在依法对被告人判处实刑且责令其向全社会公开道歉的基础上，大胆适用从业禁止令，禁止两被告人三年内从事食品销售行业，属全省首例。严惩腐败渎职犯罪，审结职务犯罪案件12件。审理一批大案、要案、难案。稳妥审结了造成10人死亡、13人受伤的海航白金汇酒店重大火灾事故案，以重大责任事故罪，判处丁辉辉等7名被告人一年八个月至四年不等的有期徒刑。有序审结了涉及306名在校学生的“赊宝校园贷”案件，对非法募集资金达254.89万元的该公司实控人高正贵依法判处有期徒刑十年，并处罚金人民币二十万元。高效审结了斑马汽车公司向6038名民众融资7062.8万元的非法集资案，与公安、检察系统联动协作，拒绝就案办案，追回涉案款项2500万元，抽调立案庭、执行局及部分综合部门干警成立工作小组，前后历时3个多月分批分次完成了案款清退工作，取得良好的法律效果和社会效果。

*决胜“基本解决执行难”。*积极迎战第三方评估，有财产可供执行案件实际执结率、2018年终本合格率、执行信访办结率和三年整体执结率的数据均达到最高人民法院预设的要求。期间，为确保评估指标圆满完成，有干警因连续加班而晕倒在岗位上、有干警不得不一再推迟婚纱照拍摄时间、有干警深夜加班在单位度过生日……相关敬业事迹被上级法院官微官网转载报道。强势开展专项执行，先后组织开展了“寒战行动”“攻坚行动”“百日大会战”“金融利剑”等系列专项执行活动，出动警力397人次，强制搜查6起，强制清场9起，全年执行到位金额8.66亿元。严厉打击拒执行为，全年发出协作执行司法建议134份，曝光失信被执行人1567人，推送失信彩铃122条，司法拘留67人，向公安机关移送拒执犯罪线索6件，立案侦查3件，有罪判决1件。

*多措并举提升审执质效。*极力解决送达难题，通过出台送达规范统一本院送达做法、由送达中心综合采用网络、微信、邮箱等方式开展电子送达、建议金融机构在合同中约定送达地址等方式，提升送达成功率，缩短办案时间。完善简易案件处置机制。继续推行繁简分流工作制度，成立速裁团队，审结速裁案件943件。出台《东湖区人民法院刑事案件认罪认罚从宽制度实施细则》，明确该类案件的适用范围、办理程序及相关要求，最快从开庭到宣判仅2分钟，最迟一个月内审结。适用认罪认罚从宽机制快速审结刑事案件450件，占全部刑事案件的42.49%。优先适用小额诉讼程序审结物业纠纷案件165件，调撤率达90.65%，该项工作获市政法委刘家富书记肯定性批示。快速裁判缩短审限，除当事人要求庭后调解和补证的案件外，简易案件无特殊情况尽量实行当庭裁判，复杂案件一般要求最后一次开庭后五日内作出裁判，未按要求及时下判的，需逐案书面汇报延期裁判事由。

三、践行司法为民宗旨，积极回应群众司法需求

*全面升级诉讼服务中心。*将原立案大厅改建成速裁室、公益律师值班室、诉前调解室、信访接待区、便民休息区等，在二楼大厅搭建全新诉讼服务中心并于6月14日正式投入使用。中心面积由不到360平方米扩大到了1240多平方米，实行分区域、规范化、标准化设置，彻底改变了原来立案大厅场地狭小、条件简陋等问题。同时，增设了虚拟导诉系统、立式屏诉讼服务中心便民展示系统、自助诉讼服务平台、信息交互软件、壁挂显示屏、材料收转云柜等设施，全面提升诉讼服务体验。

*及时上线微信诉讼服务程序。*上线“东湖掌上法院”微信小程序，将诉讼服务与微信功能深度融合，集“服务、管理、监督”于一体。对于当事人而言，只要下载“东湖掌上法院”这一微信小程序，便可实现人脸认证、微信立案、微信缴费、掌上调解、在线庭审、一键执行等十七项功能，享受线上自助、诉讼全程“零跑腿”的全新诉讼模式。全年通过微信公众号和微信诉讼小程序立案548件，网上收缴诉讼费25.15万元。

*不断深化各类便民服务举措。*开通绿色通道，对涉及追索赡养费、抚养费、医疗费、拖欠工资等弱势群体的案件，一律实行优先立案、优先审理、优先执行。继续提供上门立案、电话立案等便民立案服务，受理跨域立案468件。加大司法救助，为17名困难群众依法减、免、缓交诉讼费12.06万元，为生活困难刑事被害人和申请执行人落实执行救助金53.13万元，为被告人指定辩护13人次，为聋哑当事人指定翻译4人次。畅通信访渠道，全年共通过信访接待、网上举报、远程

视频接访、微信投诉端口等渠道受理涉诉信访47件次。

四、贯彻从严治院要求,全面加强队伍建设

始终突出思想政治建设。坚决把思想政治建设作为队伍建设的重中之重,按照"领导干部带头学,党员干警集中学、立足岗位自主学"模式,深入学习贯彻习近平新时代中国特色社会主义思想和党的十九大精神,配合开展了诵读红色家书、观看《榜样》系列纪录片、邀请专家授讲主题党课等系列活动,引导干警坚定信念、对党忠诚,强化职业认同,坚守司法良知。

高度重视履职能力建设。完善审判工作队伍,按程序增补员额法官3名。争取红谷滩新区管委会的支持,由管委会提供薪资为红谷滩和红角洲法庭招录审判辅助人员18名。加大业务培训力度,安排25名法官参加上级法院业务培训,到兄弟法院参加信息化建设、诉讼服务中心建设等业务交流学习30余人次。

持续开展司法作风建设。贯彻廉政建设责任制,常态化落实党建+组织活动会、党风廉政责任落实会与审判执行周例会"三会"合一制度。根据省高院作风建设会议要求,围绕"怕、慢、假、庸、散"等作风顽疾进行了深刻剖析。积极配合市中院对我院开展为期两周的司法巡查,扎实进行整改。强化执纪监督,约谈提醒14人次,诫勉谈话1人次,经核实查处违纪干警1件2人。

五、自觉接受各方监督,促进提升司法公正公信

依法接受人大监督。坚持重大部署、重点工作和重要问题及时向区委、区人大汇报,向常委会作2018年上半年工作报告及金融审判专题工作报告。认真落实人大及其常委会决议,办理代表建议2条,办结代表督办、转办案件2件,办复率100%。完善日常督查联络机制,由院长带头走访全国和全省人大代表5人次,协助上级人大开展专项调研和监督检查2次,邀请人大代表、政协委员与辖区群众、律师、学生代表一起参观法院、旁听庭审、监督执行500余人次。

认真接受其他监督。不断提升接受政协民主监督工作水平,充分听取对法院工作的意见建议。依法接受检察机关法律监督,认真办理检察建议,邀请检察长列席重大复杂案件审判委员会会议5次。发扬司法民主,普通程序案件人民陪审员参审率达95%以上。

加大司法公开力度。上网公布生效裁判文书14400份,开展庭审直播148次。在法院官方网站和各类媒体平台及时发表工作动态、案件报道700余篇,协助制作广播电视新闻28条。6月1日开始启动运营官方微信公众号"东湖法院",发布文章14篇,目前粉丝数2055人,点击量达37718人次。

各位代表,过去的一年,区法院各项工作取得了新成绩、新突破。这离不开区委的正确领导,离不开区人大及人大常委会的有力监督,离不开区政府、区政协和社会各界的大力支持,离不开各位代表的关心帮助。在此,我代表区法院和全体干警表示衷心感谢并致以崇高敬意!

在总结成绩的同时,我们也清醒地看到,区法院工作还存在一些问题和困难:一是案多人少矛盾仍然存在,法官助理急缺,案件多,责任重,今年我院48名员额法官(其中3人系9月份才入额办案)人均结案408件,部分员额法官压力过大,萌发退额思想;二是虽然我院结案数在全省法院名列前茅,但结案率排名偏低,少数干警不能适应法律和司法解释的快速更新,满足于吃老本和靠经验办案,有的则审判技巧不足,不能快速应对庭审中的突发状况等,整体司法质效和少数干警的司法能力均有待提高;三是基层基础建设不强,法庭硬件不佳,三个法庭的用地面积都极为紧张,不符合"双达标"考核标准;四是队伍建设有短板,个别干警纪律意识不强,存在个人事项报告不实、纪律观念松懈、业外行为约束不严等问题。对此,我们将予以高度重视,采取有效措施,切实应对解决。

2019年工作打算

2019年,是新中国成立70周年,是决胜全面建成小康社会第一个百年奋斗目标的关键之年。我院将全面贯彻落实习近平新时代中国特色社会主义思想和党的十九大精神,切实按照党委和上级法院工作部署,主动适应经济发展新常态,公正司法,忠诚履职,为服务全区发展大局提供公平公正的法治环境和和谐稳定的社会环境。

一、立足审判职能,力求在服务大局上有新贡献。强化沟通协调,积极向区委区政府汇报法院重点工作安排部署，争取司法合力。认真研判审执工作中发现的新情况新问题，助力决策前瞻调研，为党委政府依法履职提供司法保障。依法打击危害国家安全和社会稳定型犯罪，继续深入开展扫黑除恶专项斗争，严惩涉及食品药品安全、非法集资、网络传销、电信诈骗、侵犯公民个人信息等涉众型、风险型犯罪，增强人民群众的安全感。紧紧围绕区委区政府和上级法院决策部署，积极策应供给侧改革，妥善审理涉及破产拆迁和产业功能调整案件，促进经济发展方式转变。加大诉权保障，平等保护各类市场主体合法利益，为推动高质量发展营造良好法治环境。

二、压实争创责任，力求在提升绩效上有新举措。进一步加强绩效考核。继续实行每月对各员额法官结案数、实际执结率等情况进行通报制度，努力压降存案数量。适时修订调整办案竞赛活动方案，采用监督、服务并举的方法，引导、督促法官合理安排工作任务，多办案、快办案、办好案。进一步挖掘办案潜力。完善优秀书记员向法官助理的养成选任制度，尽快推动法官助理外招工作，缓解法官助理不足和案多人少难题；试行金融机构、物业公司等类案当事人派员驻庭协助办案制度，缓解送达、扫描、装卷等事务性工作压力。进一步打造审判品牌。依托金融法庭和物业、道交、医疗案件速裁庭，开展规模化、专业化审判，统一裁判标准和尺度，提高类案审执质效，做大做强审判品牌。

三、探索配套改革，力求在深化司法改革上有新作为。稳步开展内设机构改革，加强人员分类管理，完善审判团队建设，合理分配司法资源，激发团队活力。完善审判方式改革，继续健全案件繁简分流、强化节点管控制度，探索兼顾工作均衡的分案机制，落实员额法官绩效考核和淘汰、退出机制，把改革不断引向深入。落实权力监督改革。一方面加强案件质效监管，全面铺开案件庭审直播，扩大司法公开，倒逼司法规范。另一方面落实中央监察制度改革要求，完善法官权力监督机制，使法官有权不任性。

四、加强技术支撑，力求在智慧法院建设上再上新台阶。继续加大信息化建设的投入和应用力度，全面拓展和运用“收转发 E 中心”功能，完善辅助办案系统，探索类案推送、文书辅助生成、同案不同判智能预警等精准化智能服务，加快推进技术应用建设，让现代科技更好地服务法官办案、服务司法管理、服务人民群众，全面提升新时代法院工作信息化、智能化、现代化水平。

五、推动硬件升级，力求在强基层打基础方面有新进步。扎实推进南昌市第一金融法庭建设，通过规模化、专业化审判，统一裁判标准和尺度，为防范化解系统性金融风险，促进全市经济和金融良性健康发展提供助力。加快扬子洲法庭的装修改建步伐，做好扬子洲土地解冻后大量开发建设导致案件激增的应对准备。

六、坚持从严治院，力求在打造过硬队伍上有新提升。强化政治建设，引导干警牢固树立“四个意识”，坚定理想信念，确保绝对忠诚可靠。强化技能培训，提升队伍正规化、专业化、职业化水平。强化廉政教育，织密审判权运行的制度笼子，确保公正高效廉洁司法。强化组织保障，落实从优待警要求，提升干警幸福感。

各位代表，在新的一年里，我们将按照本次大会决议要求，以良好的精神状态和扎实的工作作风，振奋精神，重新出发，为不断开创“实力东湖、活力东湖、魅力东湖”新境界做出新的更大贡献！

部分用语说明（仅供参考）：

1. 涉军停偿案件：为贯彻落实中央军委《关于军队和武警部队全面停止有偿服务的通知》及公安部《关于公安现役部队全面停止有偿服务的通知》中要求部队全面停止对外有偿服务的政策，最高人民法院印发了《关于做好军队和武警部队全面停止有偿服务提供司法保障工作的通知》，我院按该通知的要求，对该类案件按规定时间节点做到快立、快审、快结。

2. 违规经济适用房清理：2018 年 4 月，应国家审计署的要求，南昌市住房保障和房产管理局对南昌城区部分经济适用房购房人在尚未申请上市取得完全产权前又购买（含继承、受赠）其他住房的情况进行了清理，由此引发了大量诉讼。为配合南昌市东湖区住房保障和房产管理局的清理工作，我院共受理相关案件 531 件。目前，已全部审结。

3. 南昌市第一金融法庭：由原红谷滩法庭改建而来，负责集中审理东湖区、红谷滩新区、新建区、湾里区、经开区金融一审民商事案件,包括证券、期货交易、信托、保险、票据、信用证、金融借款合同、银行卡、融资租赁合同、委托理财合同等民商事纠纷。

4. 从业禁止:刑法修正案九在刑法第三十七条之后增加了一条从业禁止,作为刑法第三十七条之一。

第三十七条之一因利用职业便利实施犯罪,或者实施违背职业要求的特定义务的犯罪被判处刑罚的,人民法院可以根据犯罪情况和预防再犯罪的需要,禁止其自刑罚执行完毕之日或者假释之日起从事相关职业,期限为三年至五年。

被禁止从事相关职业的人违反人民法院依照前款规定作出的决定的,由公安机关依法给予处罚;情节严重的,依照本法第三百一十三条的规定定罪处罚。

其他法律、行政法规对其从事相关职业另有禁止或者限制性规定的,从其规定。

5. 走私、贩卖、运输、制造毒品罪量刑标准:

刑法第三百四十七条　走私、贩卖、运输、制造毒品,无论数量多少,都应当追究刑事责任,予以刑事处罚。

走私、贩卖、运输、制造毒品,有下列情形之一的,处十五年有期徒刑、无期徒刑或者死刑,并处没收财产:

(一)走私、贩卖、运输、制造鸦片一千克以上、海洛因或者甲基苯丙胺五十克以上或者其他毒品数量大的;

(二)走私、贩卖、运输、制造毒品集团的首要分子;

(三)武装掩护走私、贩卖、运输、制造毒品的;

(四)以暴力抗拒检查、拘留、逮捕,情节严重的;

(五)参与有组织的国际贩毒活动的。

走私、贩卖、运输、制造鸦片二百克以上不满一千克、海洛因或者甲基苯丙胺十克以上不满五十克或者其他毒品数量较大的,处七年以上有期徒刑,并处罚金。

走私、贩卖、运输、制造鸦片不满二百克、海洛因或者甲基苯丙胺不满十克或者其他少量毒品的,处三年以下有期徒刑、拘役或者管制,并处罚金;情节严重的,处三年以上七年以下有期徒刑,并处罚金。

单位犯第二款、第三款、第四款罪的,对单位判处罚金,并对其直接负责的主管人员和其他直接责任人员,依照各该款的规定处罚。

利用、教唆未成年人走私、贩卖、运输、制造毒品,或者向未成年人出售毒品的,从重处罚。

对多次走私、贩卖、运输、制造毒品,未经处理的,毒品数量累计计算。

6.“赊宝校园贷”案件:2013年,被告人高正贵注册成立赊宝网络科技有限公司,并从2015年11月开始,派遣员工在南昌多所高校摆展台、发传单,招收学生代理,向在校学生宣传其公司推出的“你分期,我还款”购车业务。该活动要求学生自主选择若干月的分期付款用来购买某品牌电动车,再与天津易生小额贷款公司签署协议书,申请电动车市场价3倍左右的贷款,并同意将贷款委托支付至赊宝公司账户。赊宝公司再与学生签订承诺书,承诺学生每月完成公司宣传要求,公司会将当月电动车月供款返还至学生账户。此后,易生公司停止审核放贷,赊宝公司无法按期偿还学生贷款。截至案发,被告人高正贵采取上述手段向306名在校学生募集资金2548907元,已偿还612332.26元。我院审理后以集资诈骗罪判处其有期徒刑十年。一审判决后,被告人高正贵不服并提起上诉,南昌市中级人民法院审理后裁定驳回上诉,维持原判。

7.“基本解决执行难”第三方评估:最高人民法院院长周强曾于2016年在十二届全国人大四次会议上承诺,要用两到三年实现基本解决执行难问题。为做好基本解决执行难评估验收,最高法院引入第三方评估机制,由中国社会科学院法学研究所承担具体评估工作。评估考核指标主要围绕如何建立长效机制、如何解决执行工作中的突出问题调整建立,包括一级指标15个,二级指标90个,三级指标270余个。其中三个核心指标特别确立为适用“一票否决”指标,分别是:“无财产可供执行案件的办理合格率不低于90%”,“有财产可供执行案件在法定期限内实际执结率不低于90%”,“执行信访的办结率不低于90%”。

8. 认罪认罚从宽制度:是指刑事案件的犯罪嫌疑人、被告人自愿如实供述自己的罪行,承认指控的犯罪事实，愿意接受处罚的，可以依法从宽处理。人民检察院在审查起诉时，发现犯罪嫌疑人自愿认罪，同意量刑建议和程序适用的，应当在辩护人或者值班律师在场的情况下签署认罪认罚具结书。人民法院对于认罪认罚案件依法作出判决时，除刑事诉讼法规定的五种情形外，一般应当采纳人民检察院指控的罪名和量刑建议，但经审理认为量刑建议明显不当，或者被告人、辩护人对量刑建议提出异议，人民检察院不调整量刑建议或者调整量刑建议后仍然明显不当的，人民法院应当依法作出判决。

（区人民法院）

南昌市东湖区人民检察院工作报告

——2019年1月10日在东湖区第十六届人民代表大会第四次会议上

东湖区人民检察院检察长　杜迎春

各位代表：

现在，我代表东湖区人民检察院向大会报告工作，请予审议，并请列席会议的同志提出意见。

2018年主要工作

2018年是改革开放40周年，也是检察机关恢复重建40周年。一年来，我院在区委和市检察院的坚强领导下，在区人大及其常委会的有力监督下，坚持以习近平新时代中国特色社会主义思想为指引，强化新时代法律监督，维护宪法和法律权威，各项检察工作取得进位发展。被最高人民检察院荣记“集体一等功”，被评为“全国检察宣传先进单位”“全省先进基层检察院”。

一、讲政治，始终坚持党对检察工作的绝对领导

检察机关首先是政治机关，必须始终把讲政治摆在首要位置，不断强化政治意识，坚定政治方向，提高政治站位，把讲政治落实到检察工作实际中。

——加强思想政治建设。深入推进“两学一做”学习教育常态化制度化，积极组织开展十九大精神讲座、红色家书诵读等形式多样的活动，全面掀起学习宣传贯彻习近平新时代中国特色社会主义思想和党的十九大、二中、三中全会精神热潮。扎实开展“不忘初心、牢记使命”主题教育活动，坚定理想信念，确保始终坚持正确的政治方向。严格执行重大事项向党委请示报告制度，就重大案件、重大事项向区委报告14次。进一步增强抓好党建工作的责任感，严肃党内政治生活，加强支部建设，以党建带队建促业务，推进党建工作与检察工作深度融合。

——狠抓意识形态工作。认真贯彻落实意识形态工作责任制，建立联席会议制度，明确责任主体、细化工作任务，构建齐抓共管的工作格局。注重强化舆论阵地建设，积极利用“两微一端”新媒体平台主动发声，通过“南昌东湖检察”微信公众号发布案件信息、检察故事、普法文章共156期，及时回应群众关切，弘扬法治正能量。充分履行维护国家意识形态安全职责，严厉打击煽动颠覆国家政权、故意散播谣言及有害信息等犯罪，如依法以利用邪教组织破坏法律实施罪对犯罪嫌疑人滕茶英批准逮捕。

——深入推进“扫黑除恶”专项斗争。坚决落实中央决策部署，将“扫黑除恶”作为一项重大政治任务高位推进。迅速成立“扫黑除恶”领导小组和专业办案团队，院领导靠前指挥，亲自办理涉黑涉恶案件。通过提前介入案件侦查、召开检察官联席会议、邀请侦查人员列席案件讨论等举措，确保打准、打狠，打出实效。共批准逮捕涉黑涉恶类案件6件33人，提起公诉1件4人。依法办理了中政委、高检院挂牌督办的熊小将等18人组织、领导、参加黑社会性质组织案[1]。在办案中注重深挖彻查“保护伞”“关系网”，在办理闵文凯等18人涉恶性质“砂霸”案件[2]中发现“保护伞”线索,坚决及时移送有关部门,努力实现扫黑除恶与打伞破网同频共振。

二、顾大局,努力满足人民日益增长的美好生活需要

扎实开展“服务发展保障大局,优化营商环境”专项活动,找准检察工作与经济社会发展的结合点、着力点,为经济社会持续健康发展提供坚实的法治保障。

——切实维护社会大局稳定。充分履行审查逮捕、审查起诉职能,依法打击各类刑事犯罪,积极回应人民群众的平安诉求。共受理审查逮捕案件992件1474人,受理审查起诉案件1168件1663人。依法办理了“7·1”民德路持刀杀人案[3]等一批社会影响大、群众关注度高的刑事案件。认真贯彻宽严相济的刑事司法政策,对涉嫌犯罪但无社会危险性的,决定不批捕108人;对犯罪情节轻微、依法不需要判处刑罚的,决定不起诉88人。高度重视对涉罪未成年人的教育、感化和挽救,依法不批捕50人,不起诉28人;探索将亲职教育[4]引入帮教体系,积极开展涉罪未成年人集体亲职教育活动,并针对个案开展亲职教育57次。

——服务打好“三大攻坚战”。立足辖区实际,突出抓好金融领域风险的防控化解,依法办理了“博越车行”[5]、“金三江养老”[6]、“小猪理财”[7]等一批涉案金额大、受害群众多、社会影响广的金融犯罪案件,切实维护国家金融体系安全。深入践行“枫桥经验”,不断深化“仲大姐检察服务热线”建设,成立12309检察服务中心[8],努力向社会大众提供更加便捷高效的“一站式”检察服务,经验做法在全市检察机关推广。创新涉检信访工作机制,通过引入法学专家、代表委员、社区干部等第三方力量参与信访矛盾调处,成功化解信访积案2件。助力打好精准脱贫攻坚战,先后投入资金18万元,为挂点街办、社区(村)居民解决基础设施建设、改水改厕等实际困难。把司法救助与扶贫攻坚紧密结合,对因案致贫的低保户家庭给予国家司法救助。围绕打好污染防治攻坚战要求开展专项监督,推动解决群众身边的生态环境问题。针对中央第四环保督察组反馈的保杰印刷厂违法开工、污染周边空气环境的问题,向环保部门发出检察建议,督促对该厂进行了关停整顿;向水务部门发出检察建议,督促加强对红谷滩新区长埈水厂、牛行水厂取水口饮用水水源二级保护区范围内排污口的监管;与区农水局联合设立检察工作室,定期交流会商,共同推进区域生态文明建设。

——全力保障群众“舌尖安全”。持续开展“食安风暴”专项监督活动,建议行政执法机关移送涉嫌危害食品药品安全犯罪案件9件11人,防止问题食品流入百姓餐桌。紧盯未成年人食品安全健康问题,组织编写《守护祖国花朵从舌尖上的安全做起》宣传手册,并向辖区学生及校园周边经营户发放,警示业者守法经营。我院积极破解难题,维护食品药品安全工作得到了上级领导和社会各界的广泛关注和一致肯定,被评为第三届江西省“十大法治事件”。

——积极参与社会综合治理。针对办案过程中发现的社会问题或管理漏洞,通过发出检察建议等手段,督促有关单位履职尽责、完善管理,共同推动社会综合治理工作开展。如针对银行金融案件频发、存在监管漏洞的情况,向江西银行发出检察建议;针对餐饮业非法使用添加剂、网络外卖行业无证经营、药店不凭处方销售处方药等情况,向市场监管部门发出检察建议;针对辖区多家酒吧内未成年人犯罪频发、需加强娱乐场所监管的情况,向区文化部门发出检察建议。各相关单位对检察建议给予了高度重视,积极有效地进行了整改整顿,取得了双赢、多赢、共赢的监督实效。

三、谋发展,坚定不移践行新时代中国特色社会主义检察道路

深入贯彻落实中央全面深化改革战略部署,主动适应《人民检察院组织法》和《刑事诉讼法》修订后的检察新常态,以新理念引领检察工作实现新发展。

一是深耕主责主业,做实做强法律监督,努力让人民群众在每一个司法案件中感受到公平正义。

——刑事诉讼监督工作。立案监督方面,依法监督公安机关立案16件16人,监督撤案[9]3件3人;建议行政执法机关移送涉嫌犯罪案件9件10人,已作有罪判决7件9人。侦查活动监督方面,纠正漏捕36人,纠正漏诉21人,向侦查机关发出纠正违法通知书7件。探索建立重大监督事项案件化办理机制，制定出台实施细则，并依此启动了对全省首例辩护人伪造证据案[10]的监督。刑事审判监督方面，提出刑事抗诉案件7件，已改判5件；检察长列席同级法院审判委员会5次，共同助力司法公正。

——刑事执行检察工作。推动社区矫正检察常态化建设，针对矫正机构提出书面建议3次，口头建议1次，均被采纳；办理羁押必要性审查[11]案件33件，提出变更强制措施建议22件，被采纳18件。积极开展暂予监外执行专项监督活动，将3名暂予监外执行人员列为重点检查对象，并对8名因病暂予监外执行人员进行了集中抽检。

——民事行政检察工作。全面履行对民事行政审判活动的监督职能，审查各类民事行政案件42件，对1件金融借款合同纠纷案件提请抗诉；对审查起诉过程中发现的虚假诉讼案件提出再审检察建议1件。积极开展行政执法监督工作，推动依法行政，发出督促履职检察建议9件，目前已被采纳8件。

——检察机关提起公益诉讼工作。成立公益诉讼专门办案组，配齐配强办案团队。进一步强化内部协作，建立内设机构线索双向移送机制。积极走访法制、环保、市场监管等部门，加强沟通联系，形成工作合力。紧盯食药安全、环境保护等与人民群众利益密切相关领域开展专项监督，共发出诉前检察建议7件，提起刑事附带民事公益诉讼2件，切实维护国家和社会公共利益。

二是以高度的政治自觉和责任担当，加快推进中央与上级院各项改革部署落地见效，以改革激发内生动力，提升司法办案质效。

——扎实推进司法责任制改革。推动建立新型办案组织，确定了22个独任检察官办案团队和8个专业化办案组，突出扫黑除恶、生态检察、公益诉讼等重点工作，办案专业化程度不断提升。落实检察官办案责任制，制定检察官权力清单，规范建立司法档案，全面、真实反映检察官履职绩效。深化内设机构改革，进一步优化职能配置，将全院13个内设科室整合为8个部门。积极推行“捕诉一体”改革，探索建立专业化、专门化刑事诉讼办案机构，做到一个案件、一类事项由一个办案组或检察官负责到底。

——不断深化“以审判为中心”的诉讼制度改革。发挥检察机关诉前主导和审前过滤作用，坚决排除非法证据，对事实不清、证据不足的依法不批准逮捕136人，不起诉18人；邀请侦查人员观摩庭审，引导规范取证，防止案件“带病”进入审判环节。落实认罪认罚从宽处理制度，在区司法局的支持配合下，在全市率先建立值班律师制度，切实保障犯罪嫌疑人的诉讼权益。积极探索轻案快办、繁简分流，认罪认罚案件起诉周期大幅缩短，达到了提速增效的良好效果。

——努力构建职务犯罪新型办案机制。积极适应监察体制改革后职务犯罪办案新形势，建立健全检察机关与监察委员会协调衔接机制，形成反腐合力。改革后已受理审查起诉职务犯罪案件6件6人，其中副处级以上3人。依法对南昌市监察委办理的首起留置案件——南昌工业控股集团有限公司原党委委员、副总经理蔡永建涉嫌贪污、受贿、私分国有资产案[13]提起公诉。

四、重自强，以过硬本领担当起新时代赋予检察机关的新使命

不断加强正规化、专业化、职业化建设，打造一支信念坚定、执法为民、敢于担当、清正廉洁的检察队伍。

——努力提升业务素能。分层分类分岗开展领导素能、任职资格、专项业务、岗位技能培训，不断提升业务能力，注重培养青年干警，为东湖检察可持续发展锻造生力军、主力军。在今年开展的全市检察机关诉辩对抗赛中，我院两名干警分获比赛第一名和第三名。

——完善内部监督机制。扎实推进“执法规范深化年活动”，开展“三书比对”[14]860份，进行案件质量评查229件，强化规范意识，提升办案质量。进行案件风险评估2435件，并就87件风险案件制定了处置预案，涉检信访总量有效控制在低位运行。严格落实党风廉政建设主体责任，切实把纪律和规矩挺在前面，推动从严治检向纵深发展。召开全院作风建设大会，深入开展“怕、慢、假、庸、散”问题大排查、大整改。以“零容忍”态度强化执纪监督问责，就改革落实、作风纪律等方面开展检务督察29次。坚持“以谈促廉”，开展履职谈话38人次、提醒约谈7人次、廉政家访11人次。

——自觉接受外部监督。坚持以公开促公正，通过网络平台公开案件程序性信息1503条，公开重要案件信息58条,公开法律文书948份,公开率100%。邀请省、市、区人大代表到我院开展视察活动3次。针对一些在辖区有重大影响的案件,邀请人大代表、政协委员、人民监督员、特约检察员和社区群众参与观摩庭审。依托社区检察工作站开展大走访、大宣传活动,累计走访群众2200多户,发放宣传资料4000多份,群众满意度得到进一步提升。

各位代表,2018年,是东湖检察事业发展史上极不平凡的一年。继国家监察体制改革之后,司法责任制改革、内设机构改革、"捕诉一体"办案模式改革等多重改革任务叠加,《刑事诉讼法》《人民检察院组织法》修订,检察工作面临新的职能调整、新的工作任务和新的机遇挑战。东湖检察全体干警凝心聚力,迎难而上,拼搏进取,勇立潮头,检察工作的政治方向更加坚定,服务大局的理念更加牢固,司法办案的质量稳步提升,司法改革的效益逐步显现,检察队伍的精神面貌焕然一新。这些成绩的取得来之不易,离不开区委和市检察院的正确领导,离不开区人大及其常委会的有力监督,离不开区政府、区政协和社会各界的关心支持。在此,我谨代表东湖区人民检察院全体干警,向关心、支持东湖检察事业的各位代表以及社会各界人士致以最衷心的感谢和最崇高的敬意!

与此同时,我们也清醒地认识到,新形势下制约东湖检察工作发展的问题仍然存在:一是与人民群众日益增长的司法需求相比,诉讼监督职能发挥还不够充分;二是司法责任制改革后,新的办案模式和监督管理机制还未完全磨合到位,综合配套改革需加快推进;三是检察信息化投入不系统,科技强检项目推进较为缓慢。我们将以务实的态度直面问题和困难,在党委、政府和代表委员的关心支持下,采取有效措施,切实加以解决。

2019年工作安排

2019年,我院将继续坚持以习近平新时代中国特色社会主义思想为指引,围绕辖区实际,创新工作机制,切实履行检察职能,努力维护国家政治安全、确保社会大局稳定、促进社会公平正义、保障人民安居乐业,奋力推动检察工作再上新台阶。

*一是毫不动摇服务发展大局。*始终坚持党对检察工作的绝对领导,牢固树立"四个意识",坚定"四个自信",坚决做到"两个维护",自觉把检察工作放到全区发展大局中来谋划推进。始终保持高压态势,坚决依法严惩涉黑涉恶犯罪,加强对背后"保护伞"的深挖彻查,加强与政法各部门的协作,坚决打赢"扫黑除恶"专项斗争。做大做强金融检察工作品牌,在严格依法办案的基础上,更加注重金融领域重大风险防控。不断深化"仲大姐检察服务热线"和12309平台建设,积极参与社会综合治理。

*二是毫不动摇维护公平正义。*聚焦主责主业,严厉打击各类严重影响人民群众安全感的犯罪,保障人民群众安居乐业,维护社会安全稳定。依法严惩民生领域刑事犯罪,继续深化危害食品药品安全犯罪专项立案监督。及时转变司法理念,在监督中办案,在办案中监督,构建起侦查监督、刑事审判监督、刑事执行监督、民行监督、专项监督、两法衔接等全方位、体系化的法律监督大格局。

*三是毫不动摇推进改革创新。*深化司法责任制改革,推动各项机制体系化、标准化、精细化、信息化。完善内设机构改革,优化资源配置,持续释放改革红利。推进"捕诉一体"改革,健全办案配套机制,优化办案团队组建,加强制度约束和内部监控。加快推进智慧检务建设,重点打造检察工作网、智慧检察办案区、数字档案室等重点项目,实现以科技提升办案质效。

*四是毫不动摇加强队伍建设。*扎实开展"不忘初心、牢记使命"主题教育活动,进一步抓实意识形态工作,始终保持正确政治方向。坚决落实"一岗双责",着力加强队伍教育、管理、监督。加大岗位练兵和技能培训力度,全面提升干警综合素能。建立检务督察和案件管理相衔接的执法办案动态监督机制,完善廉政风险防控机制,构建制度防线,确保检察队伍清正廉洁。

各位代表,改革和发展是新时代的主旋律、最强音,人民检察事业在新的时代背景下,承载着比以往更为艰巨而光荣的历史使命。风正潮平,自当扬帆破浪;任重道远,更须快马加鞭。新的一年,东湖检察全体干警将不忘初心共奋进,牢记使命再出发,以优异的成绩向新中国成立70周年献礼!

(区人民法院)

关于东湖区2018年国民经济和社会发展计划执行情况及2019年国民经济和社会发展计划草案的报告

（2019年1月9日在东湖区第十六届人民代表大会第四次会议上）

东湖区发展和改革委员会主任　易年忠

各位代表：

受区人民政府委托，我向大会报告东湖区2018年国民经济和社会发展计划执行情况及2019年国民经济和社会发展计划草案（书面），请予审议，并请各位政协委员和列席人员提出意见。

一、2018年国民经济和社会发展计划执行情况

今年以来，在区委、区政府的坚强领导下，在区人大的监督支持下，全区上下紧紧围绕构建“实力、活力、魅力”东湖目标，大力弘扬“崇尚荣誉·创先争优”东湖精神，聚焦区十六届人大三次会议确定的目标任务，担当实干，克难奋进，各项工作取得扎实成效，计划执行情况总体良好，全区经济社会继续保持平稳健康发展态势。具体而言，主要体现在以下四个方面：

（一）经济发展在蓄势裂变中行稳向好

一是总量提升增添了实力。全年预计实现地区生产总值528.59亿元，同比增长8.6%；500万元以上固定资产投资同比增长13.0%；社会消费品零售总额250亿元，同比增长10.5%；完成财政总收入（省口径）77.0亿元，同比增长19.1%；地方一般公共预算收入13.2亿元，同口径增长4.7%；规上服务业营业收入40.2亿元，同比增长16%；城镇居民人均可支配收入达42278元，同比增长7.8%；实际利用外资2.8亿美元，同比增长25.9%；实际利用内资60亿元，同比增长20.45%；出口总额2.93亿美元。所有经济指标均达到或者超额完成年初制定的计划目标。

二是项目提速增强了动力。总投资466.96亿元的重大重点项目开工47个，累计完成投资50.07亿元，投资体量和投资效益创历史之最，项目开工数和完成投资额均为历史同期最高。总投资224.9亿元的16个产业建设项目全部开工，投资85亿元的苏宁广场、20亿元的中金中心、20亿元的江旅都市方舟等重大项目正强力推进。此外，为加快文创产业发展，成立区文化旅游发展有限公司，并同500强企业——招商蛇口工业合资推进招商·东湖意库文化创意园项目，标志着百年央企——招商局集团在南昌首个“意库系列”文创产业园项目正式落户东湖。

三是产业提档增蓄了潜力。深入实施《服务业四年发展行动计划》，产业集聚阵势渐次拉开、程度不断上升。服务业占GDP比重为92.96%，全年实现服务业增加值491.37亿元，同比增长8.7%，服务业对全区经济增长贡献率达到98.27%，拉动经济增长8.4个百分点。实现规模以上服务业企业103家，豫章1号文化科技园成功入选“省级服务业集聚区”“江西省第八批文化产业示范基地”；南昌亨得利股份有限公司、江西沃尔得农资连锁集团股份有限公司等6家企业获评“省级服务业龙头企业”。

（二）城市形象在精雕细琢中焕然一新

一是精致建设重“品质”。纵深推进“美丽南昌·幸福家园”环境综合整治，强力推进总投资6.6亿元的56项“六改”项目。完成豆芽巷、象山北路、胜利路北段等6个街区综合改造，实施管线“上改下”、建筑“面改美”；对电政路、下水路等24条道路实施升级改造，实现辖区道路“白改黑”全覆盖；对二经路、三经路2条道路实施了“绿改彩”提升工程；推进上沙窝等12个老旧社区“旧改新”；启动豫章后街、佘山路等11个公共停车场建设，新增泊位1700个；贤士湖水生态修复工程完工；玉带河北支黑臭水体整治全面完工并顺利通过生态环境部、住建部检查验收；“青山湖电排站”断面通过了省河长办重点工作考核，劣Ⅴ类水质基本消除到位；赣江右岸八一桥至二七路段排污口截污工程已完工；水环境治理从河长制向湖长制延伸。

二是精细管理树“品牌”。“马路本色”全面进社区,形成了立面、地面、道路、社区“四位一体”新模式;率先实施共享单车管理“路长制”,得到新华社等中央、省、市媒体广泛关注;率先建成洪城北社区等全市首批生活垃圾分类示范社区;率先实行城中村“物业化”管理;率先完成城市建成区违法建设专项治理任务;率先建立“条块结合、上下联动、常态创建、长效管理”创建工作新机制;率先完成城市建成区违法建设专项治理任务。“智慧城管”全年共受理市区两级数字城管案件27万余件,处理率达100%。

三是精塑文化显“品位”。积极响应市委、市政府打造全域旅游的战略部署,实施百花洲历史文化旅游街区提升改造,再现豫章千年古韵风华,并将结合东湖、南湖、北湖水生态修复工程进行系统重塑。建设全市首个湖面“水幕电影”,八一公园、贤士湖公园以全新的面貌向社会开放。完成中山路、沿江北大道、八一公园等景观亮化工程。助力滕王阁景区圆梦国家5A级景区,实现了南昌国家5A级旅游景区“零突破”。重塑豆芽巷文化街区,新建上营坊、射步亭等4个小游园,进一步提升了城区文化内涵。

(三)改革开放在聚力突破中深化拓展

一是改革攻坚“步伐稳”。新一轮机构改革有序开展,共涉及18家单位的职能转变、名称调整、整合组建;国家税务总局南昌市东湖区税务局挂牌成立,税收征管体制改革迈出关键一步。“放管服”改革力度加大,取消和调整区本级行政权力事项119项、各类证明75项;14项实现“一次不跑”,71项实现“只跑一次”。深入推进全国残疾预防试验区创建试点工作,以优异成绩顺利通过中期评估。殡葬改革稳步推进,“三沿”范围内坟墓迁移安置顺利完成;全面完成农村集体产权制度改革清产核资工作,18个行政村成立股份经济合作社。积极推进全区事业单位公车改革工作,共计收缴公车189辆。

二是开放提升“成效好”。全年注册亿元以上项目24个,立项投资额110亿元。举办了南昌苏宁广场暨2018年东湖区重大重点项目集中开工(签约)仪式,集中开工项目22个,总投资175.6亿元。超100亿元的苏宁红孩子全国销售结算中心和省级零售总部项目正式投入运营。参与了世界VR产业大会等重大招商活动,与启明星辰等知名企业签约项目17个,成功促成金投·铂翠、新城央镜、慧铭广场、招商·东湖意库、新地商务中心等一批亿元以上项目顺利落户。

三是创新创业“氛围浓”。东湖区被评为全省非公有制经济发展先进县区,扶持众创空间5家、小企业创业基地4家;江西海印餐饮管理有限公司和江西科诺信息产业有限公司获得“江西省先进非公有制企业”称号,进一步激发了非公经济发展的活力。师大科技园“众创空间”项目,力促江西师大获得2018年度全国创新创业典型经验50强高校,大学生创业典型姚智德荣获全国大学生就业创业年度新闻人物。帮助迪创科技等30家企业通过高新技术企业认定,推动技术交易额达4亿元。通过“财园信贷通”等帮扶功能为303家创新企业和小微企业发放贷款13.51亿。荣获“2018洪城创业故事汇”优秀组织奖。

(四)民生福祉在共建共享中持续增进

一是做实“常规”,群众获得感持续增强。全年用于保障和改善民生支出17.6亿元,同比增长10.7%,占地方一般公共预算支出的69%。全年新增就业10091人,“4050”人员再就业人数2096人,零就业家庭安置率100%。城镇基本医疗保险参保人数达19.11万人,征缴基金总额达1.76亿元;在全市率先实施养老保险参保缴费“一站式”服务,参保人数达5.3万人,累计发放养老金5.9亿元。为5937户低收入住房困难家庭发放租赁补贴1891万元,为2680户4142人发放城市低保金2796.7万元。家庭医生签约服务14.2万人,增长24.6%;发放计划生育奖扶特扶金460余万元,城镇独生子女父母奖励金3390余万元。

二是打造“特色”,群众幸福感持续增强。在全省率先探索居家养老志愿服务“时间银行”,共建立“分行”12家、“支行”102家,拥有志愿者5000余人,开展志愿服务上万次,累计3万余小时。组建育新学校、豫章小学、邮政路小学三大教育集团,义务教育由“基本均衡”向“优质均衡”迈进;投入1200万元实施“校安工程”,作为全省唯一县区荣获首批国家义务教育质量监测结果应用实验区、2018年国家义务教育质量监测县区优秀组织奖,并在全省“教育发展”考评中蝉联全市第一。为42个社区及单位新增、更换健身路径器材共计190件；荣获2014—2017年度江西省群众体育先进单位；夺得2015—2018年江西省县（市、区）竞技体育贡献奖一等奖第一名；荣获南昌市滕王阁杯篮球、乒乓球、网球三项总冠军。以列入江西省首批公共图书馆、文化馆总分馆制试点建设县区为契机，在全省率先实施两馆总分馆制，初见成效；整理编撰《南昌市东湖区历史文化建筑》，对全区97处129栋具有文物保护价值的建筑进行了清查建档；励志社南昌分社旧址、中央南昌飞机制造厂旧址成功申报第六批省级文物保护单位。

三是守住“底线”，群众安全感持续增强。深入推进法治东湖、平安东湖、诚信东湖建设，大力开展扫黑除恶专项斗争，积极推进综治中心实体化。建立了1个中心、10个工作站的两级社区戒毒社区康复工作体系，信息化禁毒经验在全省推广。在滕王阁派出所试点了“四格一队一室”的融警改革，并在全市推广。禁燃工作成效显著，连续实现了春节、清明等重要节假日“零燃放”。以创建国家食品安全示范城为抓手，开展各类专项整治行动，取缔小作坊7家；70余家大中型餐饮服务单位和学校食堂顺利完成“洁厨亮灶”工程改造，季季红炫谷店、海底捞央央春天店被评为“洁厨亮灶”省级示范单位。健全隐患排查治理体系和安全预防控制体系，实现重特大安全事故“零发生”。圆满完成全国“两会”、国庆、世界VR产业大会、南昌国际马拉松赛等重大会议节庆活动保障任务。全省公众安全感测评连续三年位居全市主城区第一名。

一年来的奋斗，过程艰辛不易，但收获令人欣慰：在2017年度全省市县科学发展综合考评中，东湖位列一类县（市、区），排名第5，为2013年该考核设置以来首次上榜；荣获“全省发展非公有制经济先进区”称号；作为全省唯一县区被教育部选定为“首批国家义务教育质量监测结果应用实验区”；作为全省唯一上榜县区位列全国36个主要城市下辖县区“互联网＋政务服务”评选第5名；作为全省唯一“人民网省委书记留言诉求件办理”典型县区，接受人民网采访并在2018全国网上群众工作高峰论坛开幕式上播放展示；光明社区作为全市唯一社区入选第七批“全国民主法治示范村（社区）”。

对于已经取得的成绩，我们要自豪但不能自满，制约经济社会发展的一些深层次问题仍需引起高度关注：一是稳增长的动能储备不容乐观。当前，内外环境错综复杂，经济发展的不确定不稳定性因素增多。今年我区集中实施了一批重大重点项目，有效支撑了整个经济基本面稳定向好，但受土地、规划、政策等诸多因素制约，老城区在重特大项目引进落户方面处于劣势，尤其是随着大规模旧改征迁的结束，可供出让的大宗地块将越来越少，引进重特大项目将越来越难，稳增长的动能储备不容乐观。二是促平衡的操作难度不容低估。随着“营改增”全面推行、政府结构性减税降费进一步深化，省以下分成体制调整执行以及省市大力打造新城等政策性因素影响，地方一般公共预算收入增幅呈放缓趋势，同时工资、社保、民生事业、城市建管等刚性支出持续加大，收支矛盾日益加剧，促平衡的操作难度不容低估。三是优环境的作风建设不容懈怠。随着市场经济的不断完善，无论是国外还是国内投资者，都把以行政机关工作效能为代表的软环境作为投资决策的重要评估因素。对照新时代营商环境建设的新任务新要求，下一步要以“五型”政府建设为抓手，继续下大力气抓作风、提效能、正风气，以硬措施改善软环境，以良好的软环境促进快发展。

二、2019年经济社会发展计划和主要任务

2019年是新中国成立70周年，是“五型”政府建设重要一年，也是决胜全面建成小康社会关键一年，做好今年工作意义重大、影响深远。

制定2019年全区国民经济和社会发展主要目标，要继续坚持稳中求进工作总基调，既立足实际稳扎稳打，又登高望远寻求突破。对此，需做好三方面衔接：一是衔接省市2019年预期目标；二是衔接“十三五”规划目标；三是在全市县区排名进位争先。根据区委、区政府研究讨论意见，结合现阶段我区发展实际，确定我区2019年经济社会发展计划目标是：

地区生产总值增长7.5%左右；

500万元以上固定资产投资增长10%左右；

社会消费品零售总额增长10%左右；

规上服务业营业收入增长13%左右；

财政总收入增长5%左右；

地方一般公共预算收入增长3%左右；

利用外资实际到位资金增长 20% 左右；

实际利用内资增长 20% 左右；

城镇居民人均可支配收入增长 7.6% 左右.

根据以上要求和目标，今年要重点抓好以下几个方面工作：

1. 三量齐升，全力打造“幸福产业”新高地。聚焦以健康、绿色、时尚、智慧为特征的“幸福产业”，立足东湖文化、旅游、医疗、教育资源丰富的独特优势，在北起阳明路、南至中山路、西起抚河路、东至八一大道 4 平方公里区域打造一个“幸福产业”集聚区。一是扩增量。依托现有楼宇资源和可供出让土地，全力对接推进地铁上盖物业、下正街商务中心以及青山湖西岸商业改造等重点项目；加速推进苏宁广场、中金中心、江旅都市方舟、慧铭广场、招商·东湖意库、城泰 0728 广场、沁庐旅生活广场等重大重点项目，争取早日投产见效。二是盘存量。对区域内现有资源进行全面盘点，重点对九鼎紫金城商业、新媒体广告产业园进行全面盘活，着手对区属企业下的 300 余处、近 10 万平方米（含厂房、店面）物业进行整合，通过融资平台规模化、集约化运营，提升自身“造血功能”，破解资金紧张问题；同时，加大民营企业对接资本市场力度，深入实施“映山红”行动，扶持江西飞尚林产有限公司、江西盈科行网络信息股份有限公司等企业上市。三是提质量。走“轻资产、重资本”道路，着力引进一批兼具体量与质量、构成产业骨架和支撑的重大项目以及延伸产业链条、引发产业集聚的关键项目，力争落户一批亿元号、旗舰型大项目、大企业。目前，正在调整优化教育、人力资源、金融、环保等生产性服务业和商贸、文化、旅游、养老等生活性服务业扶持办法，最大程度实现地区资源与企业需求精准对接。

2. 内外兼修，奋力呈现“和谐宜居”新面貌。坚持“精”字统揽、内外兼修，全面打造“品质一流、管理长效、特色鲜明”的美丽东湖。一是“拆”在细微处。随着国家政策调整，市里明确下一步的旧改要按照“三个结合”（政策、民生、项目）的方向推进。全年计划实施旧城改造项目 4 个，占地面积 61 亩、征迁面积 6.2 万平方米、征迁户数 600 余户。二是“建”出个性美。坚持“设计精美、建设精致”理念，注重功能品质和文化内涵，按照“一街一品位、一街一特色、一街一文化”的思路，继续高标准谋划实施一批“六改”和社区“微”改造项目。重点推进百花洲景区提升改造，实施苏圃路等道路架空管线“上改下”，对东、南、北湖进行水质提升；计划实施 10 个老旧社区“旧改新”；对辖区主次干道沿线建筑物进行亮化提升，安装 LED 路灯 1000 盏；新建八一大道、新湖滨西路等 4 个停车场。三是“管”向常态化。稳步推动“智慧城管”向“智慧城市”升级；“马路本色”争取全覆盖；继续推进“垃圾分类”，力争生活垃圾回收利用率达到 30% 以上；实施“以克论净”环卫质量标准，进一步购置新式大型清扫保洁作业车，力争严控区、控制区道路机械化作业率达到 80% 以上。推动“厕所革命”向精细化发展，力争到 2020 年“厕所革命”全面达标。同时，深入推进文明创建，全面提升市民文明素质和社会文明水平，基本形成“全民参与、共建共享”的城市管理新格局。

3. 多措并举，着力构建“改革开放”新格局。继续把改革开放作为推动发展的强大引擎，以更大力度、更实举措、更高标准促改革、扩开放、优环境。一是以更大力度推动改革再攻坚。深化“放、管、服”改革，加大简政放权力度，继续精简各类审批、证照等事项，梳理公布“最多跑一次”事项清单，分批次推行“一次不跑”和“只跑一次”审批服务；加快建成全省统一的政务外网数据共享交换平台，全面实行“互联网 + 政务服务”。稳步推进经营类事业单位改革、农村集体产权制度改革、殡葬改革等重点领域改革工作。二是以更实举措推动开放再提升。坚定不移深化对外开放，念好“新、准、活、快、优、实”招商引资六字诀，着力在创新招商机制、利用开放平台、拓展互动合作上下功夫。聚焦实体经济和主导产业，围绕“6 + X”产业体系，开展科学精准的补链、延链、强链招商，力争引进一批投资体量大、技术含量高、带动能力强的好项目、大项目。积极主动“走出去”，注重“借船出海”，积极参加“赣港”“赣台”“赣京”“赣深”等经贸合作交流会，全面对接重大招商活动；加大力度“引进来”，积极组织筹办招商引资专题推介会等自办招商活动，吸引、对接一批境内外知名企业前来投资兴业。努力打造政策最优、成本最低、服务最好、办事最快的“四最”营商环境。三是以更高标准推动环境再优化。大力开展营商环境再升级行动，继续开展“降成本、优环境”专项行动,降低实体经济成本,降低制度性交易成本,进一步减轻企业负担;发扬“店小二”精神,有针对性解决市场和企业反映的突出问题,在投资审批、行政服务等方面狠下功夫,培优培厚有利于企业发展的土壤,努力打造政策最优、成本最低、服务最好、办事最快的营商环境。

4. 普惠共享,努力增进“美好生活”新福祉。坚持民生工作优先推动、民生资金优先安排、民生问题优先解决,让发展更有温度、幸福更有质感、小康更有内涵。一是保好“基本”。实现全民有保、应保尽保。全面推进城镇贫困群众脱贫解困和基本民生政策精准落实,确保贫困群众实现“两不愁、三保障”。实施更加积极的就业政策,力争全年新增城镇就业9200万人;拓展养老保险业务网上经办范围。建立健全住房保障体系,完善退出机制,保证保障性住房的可持续发展。二是做优“常规”。深入实施民生实事人大代表票决制,妥善推进殡葬综合改革,统筹推进安置房建设、“厕所革命”“蓝天、碧水、净土”行动等民生工程。启动城北、扬农幼儿园装修工程,对滨江学校等14所校园进行维修提升改造,持续推进光明保育院、邮政路小学天骥校区建设。完成《南昌市东湖区历史建筑文化研究》编撰工作;围绕庆祝新中国成立70周年等主题开展公共文化活动;助力赣发绣、南昌清音项目冲击国家级非物质文化遗产项目。打造市第二中西医结合医院、市第八医院2处中医馆,积极创建全省中医示范区。整合文化数字资源,打造集文化馆数字平台、百花洲主题特色库、方志敏广场可视化官网平台等于一体的文化服务云平台。继续推进综治中心实体化建设,大力推进“网格化”巡逻,扎实推进社区矫正官改革试点工作,深入开展扫黑除恶专项斗争,全力推进“两所一庭两中心”建设,持续化解信访积案,全面落实安全生产责任制,坚决遏制重特大安全事故。三是擦亮“特色”。继续完善居家养老志愿服务“时间银行”运行管理体系,加快形成可复制可推广的标准模式,并以适当方式固化确立下来,推动“时间银行”行稳致远,为更多老年群体带去“福音”。探索打造“幼有所育、病有所医、老有所养、生活便利、精神丰富、和谐宜居”的“15分钟”社区邻里中心。

各位代表,发展未有穷期,奋斗永不言止!我们相信,在区委、区政府的坚强领导下,在区人大、区政协的监督和指导下,只要全区上下不忘初心、牢记使命,担当实干、接续奋斗,就一定能谱写新时代老城复兴新篇章,就一定能在共绘新时代江西物华天宝人杰地灵新画卷、做大做强做优大南昌都市圈中做出东湖新的更大贡献!

（区发改委）

关于东湖区2018年财政总预算执行情况和2019年财政总预算(草案)的报告

（2019年1月9日在东湖区第十六届人民代表大会第四次会议上）

东湖区财政局局长　廖　军

各位代表:

受东湖区人民政府委托,由我向大会报告2018年区级财政总预算执行情况和2019年区级财政总预算(草案),请予审议,并请各位政协委员和列席会议的同志提出宝贵意见。

一、2018年区级财政总预算执行情况

(一)关于对区级财政收支预算指标进行调整的说明

1. 收入预算调整情况

省财政厅分配我区2018年第一批新增地方政府一般债券规模为9213万元,区级地方政府一般债券收入相应调增9213万元。经报区人大常

委会批准,2018 年,全区收入计划数由 136400 万元调整为 145613 万元,调增收入预算 9213 万元。

2. 支出预算调整情况

由于收入预算调整,相应地增加了区级可用财力,经报区人大常委会批准,2018 年,全区支出计划数由年初预算的 143000 万元调整为 152213 万元,调增支出预算 9213 万元。按照中央、省和市有关规定,此次下达给我区的政府债券资金主要用于我区城市基础设施建设。

(二)财政预算收入执行情况

2018 年,全区实现财政总收入按省口径统计为 769954 万元,同比增长 19.13%;按市口径统计为 853331 万元,完成年初区人大确定增幅 7.5% 的奋斗目标,同口径增长 20.55%。

2018 年,全区实现一般公共预算收入为 132175 万元,完成年初区人大确定增幅 4.5% 的确保目标,按照市财政部门统计口径计算,剔除上年同期税收上解数后增幅为 4.66%,其中:由税务部门组织的收入 117888 万元,同比增长 8.96%,由财政部门组织的收入 14287 万元,同比下降 35.98%。

一般公共预算收入中,各主要收入项目完成情况是:

税收收入 114906 万元,同比增长 8.93%;

非税收入 17269 万元,同比下降 30.98%。

(三)财政预算支出执行情况

2018 年,全区完成一般公共预算支出 254779 万元(含扬子洲镇),同比增长 7.75%。

其中,区本级累计完成财政支出 251706 万元,占调整后支出预算 152213 万元的 165.36%,同比增长 7.55%,按支出来源划分:区本级当年预算安排支出 152213 万元,上级财政各项专项补助支出 65124 万元,上年结转支出 2629 万元,区本级专项追加拨款支出 31740 万元。

区本级各主要支出项目情况是:

一般公共服务支出 34752 万元,同比下降 18.52%,主要是区本级上年同期追加拨付了贤士花园和叠山路农贸市场升级改造工程款、智慧平安小区建设资金、预拨村(社区)党组织工作经费及村(社区)党组织标准化建设工作指导经费等;

国防支出 193 万元,同比下降 29.96%,主要是区本级上年一次性增拨了征兵工作经费以及网络化体检信息管理系统构建经费;

公共安全支出 24920 万元,同比下降 9.43%,主要是区本级上年同期追加拨付了办案工作经费;

教育支出 41074 万元,同比增长 15.15%,主要是区本级追加拨付了教育经费补助;

科学技术支出 2233 万元,同比下降 10.14%,主要是区本级上年同期一次性追加拨付了全区科技投入经费;

文化体育与传媒支出 1788 万元,同比下降 7.76%,主要是上级专项转移支付资金减少;

社会保障和就业支出 70731 万元,同比增长 42.09%,主要是区本级追加拨付了基本养老保险补助和上级专项转移支付资金增加;

医疗卫生与计划生育支出 27579 万元,同比下降 1.78%;

节能环保支出 1010 万元,同比增长 3.39%,主要是区本级追加拨付了 2018 年环境工作及监察监测专项经费;

城乡社区支出 35525 万元,同比下降 3.68%,主要是区本级 2018 年城区基础设施建设项目资金量较上年同期有所减少;

农林水支出 1735 万元,同比增长 3.98%,主要是上级专项转移支付资金增加;

资源勘探信息等支出 921 万元,同比下降 23.67%,主要是上级专项转移支付资金减少;

商业服务业等支出 1030 万元,同比增长 17.3%,主要是上级专项转移支付资金增加;

国土海洋气象等支出 218 万元,同比下降 19.41%,主要是区本级上年同期一次性追加拨付了土地利用总体规划及集体建设用地报批等专项经费;

住房保障支出 1984 万元,同比增长 7.99%;

其他支出 5569 万元,同比增长 345%,主要是列支了地方政府一般债券支出、追加拨付了入股南昌综合保税区建设投资发展有限公司资本金以及东湖文旅公司注册资本金等;

债务付息支出 35 万元;

债务发行费用支出 10 万元;

基金支出 399 万元,同比下降 39.73%,主要是上级专项转移支付资金减少。

(四)社保基金预算执行情况

2018 年,全区各项社保基金预算收入完成

92365万元，同比增长35.46%；各项社保基金预算支出完成79407万元，同比增长11.64%，当年收支结余12958万元，上年结余35807万元，年末滚存结余48765万元。收支增幅较大的原因主要是：支出方面，基础养老金标准继续上调，迎来"十四连涨"，为人民群众带来了实实在在的获得感；收入方面，各级财政部门积极优化支出结构，进一步加大对社保基金的投入力度，促进社会保障事业健康发展。

根据年终报表预测，2018年我区实现了财政收支平衡，略有结余。具体平衡情况待市财政局审核批复我区2018年财政收支结算后，再向区人大常委会作专题报告。

二、2018年财政预算执行的主要工作

回顾2018年，我区财政工作成效明显，亮点纷呈，为全区经济社会发展做出了积极贡献。

（一）多方联动，多措并举，提质增量再上新高点

2018年，在全区财税干部的通力协作下，东湖区全力克服政策性减收因素影响，顺势而为，迎难而上，措施扎实有力，质效同步提升，全区财政总收入（省口径）成功突破70亿元大关，财政总收入（市口径）首次迈上80亿元台阶。财政收入实现了有质量的增长，税收收入占财政总收入（省口径）比重达到96.50%，较上年同期提高近2个百分点，一般公共预算收入中税收比重达到86.93%，较上年同期提高6个百分点，两项税收占比创近五年历史新高。一是完善协调联动机制，夯实税源征管基础。以国税地税机构合并为契机，积极推动税务部门整合征管资源，稳步跟进纳税系统合并转换，全面梳理国、地税征管分局分离企业情况，共享涉税信息，提升税收服务水平，确保了改革平稳过渡、税源清晰可控。二是科学研判税收形势，健全收入调度体系。密切关注国家、省市重大税制改革动向，全面运行财政收入分析平台，分部门、分街道、分行业进行预警预测分析，加强了对各经济责任单位的调度协调，组织镇、街办（管理处）对辖区各类型纳税户进行全面摸排形成台账，持续强化综合治税体系。三是坚持财源培育主线，壮大主体税源规模。紧盯优势产业集群和龙头企业建设项目，高度关注中小企业发展，积极落实结构性减税和清费减负政策，鼓励金融机构加大对民营企业特别是小微企业的信贷扶持，解决企业融资难问题，促进实体经济健康发展。四是强化重点税种管理，规范"两业"税收征缴。积极开展对房地产、建筑安装等行业的税收专项征管，对全区2018年60个重大重点"两业"项目实行"一项目一档案"管理，在项目生成、落地开工、投产扩产等方面推行全产业链条、全生命周期的跟踪服务，真正实现向管理要收入，增收与服务并行。

（二）优化结构，优先民生，惠民事业取得新成效

2018年，东湖区进一步将政策支持和财力保障的重点向民生领域倾斜，更加注重民生扶持的切入点和覆盖面，着力统筹好经济发展和改善民生工作，切实提升了老百姓的获得感和满意度。全年全区用于保障和改善民生投入资金17.6亿元，约占全区一般公共预算支出的69%。一是社会保障更加成熟完善。支持"时间银行"等新型养老模式试点运行，推进最低社会保障、社会福利等保障制度完善，强化对社会弱势群体的扶助力度，积极落实社会保障体系建设的各项资金需求。2018年，财政累计投入社会保障和就业支出7.1亿元。二是教育事业得到蓬勃发展。持续改善学校办学条件，加大校园硬件升级投入，安排资金用于校舍维修改造、学校安全防卫设施提升，提高义务教育生均公用经费标准。2018年，财政对教育事业累计投入4.1亿元。三是生活环境不断优化改善。及时拨付"美丽南昌·幸福家园"等环境提升项目资金和省级城市生活垃圾分类试点补助，加快43条道路"白改黑"改造工程、社区改造工程和象山北路综合改造工程等城市基础设施建设步伐，加大农贸市场升级改造、市场管理等方面经费投入，逐步提升居民生活环境品质。2018年，累计拨付城乡社区事务经费3.6亿元。四是公共卫生服务持续提升。坚持推进公共卫生服务均等化，全面落实城乡居民医保补助、城乡大病医疗救助等民生政策，支持创建国家食品安全示范城市建设，努力为城乡居民健康提供有力的保障。2018年，财政投入医疗卫生与计划生育支出2.8亿元。

（三）加大力度，加强管理，精细理财催生新变化

2018年，东湖区加快完善公共财政体系步

伐,着力健全体制机制,加强科学化管理,进一步提高了财政运行效能。一是积极推进全区预算绩效管理。将财政绩效管理工作纳入全区高质量发展目标管理工作考核体系,不断增强绩效管理的重要性和必要性。全力做好了2017年度区本级财政项目支出事后绩效评价工作,涉及项目277项,金额共计3.5亿元。在单位自评基础上,委托第三方评价机构对部分民生重点项目进行绩效再评价,将评价结果作为下一年度项目资金预算安排的重要依据。二是持续加大资金监督检查力度。会同区纪委、区审计等部门全面开展全区乡镇“小金库”专项治理工作以及对2017年民生工程项目资金使用开展专项检查,通过建章立制巩固专项整治成果,维护财经秩序。三是逐步加强国有资产规范管理。全面分析全区行政事业单位各类国有资产的总量、结构、分布等主要情况,并向区人大常委会作专题报告,进一步理清国有资产管理的思路和措施。四是不断强化政府采购监管职能。继续加快政府采购电子化改革进程,切实规范采购资金预算管理。2018年,全区货物及服务类政府采购实际金额约为6814万元,节约率为10.03%。五是稳步提升财政投资评审质量。完善财政投资项目在工程概算、预算和竣工结算等方面的评估审查,确保项目资金安全合理有效运行。2018年,我区共受理基本建设工程预算评审业务69件,评审定案金额约为3842万元,核减率为10.45%。六是圆满完成会计集中核算向国库集中支付转轨。明晰预算执行和会计管理的主体责任,完成全区53个预算单位的会计核算移交工作,通过组织多种形式的业务培训、购买第三方咨询服务等方式,确保了移交工作顺利推进。以财政支付业务电子化上线为契机,健全完善预算执行管理监督反应机制,大力提升国库集中支付动态监控水平。

回顾一年来的工作,我们遇到的困难比预料的多,但取得的成绩比预期的好,在肯定成绩的同时,我们也要清醒地认识到财政运行和财税工作中存在的问题:随着“营改增”、政府结构性减税降费以及省以下分成体制调整执行等因素影响进一步深化,保持财政收入稳定增长的基础不够牢固;财政收入的结构不尽合理,一般预算收入占财政总收入比重偏低,区级可用财力增长缓慢;同时保工资、保运转、保民生继续提标提档,统筹社会事业发展的刚性支出压力逐年加大;另外,老城区城市更新所需的基础设施改造以及重大重点项目工程建设需要投入大量资金,财政支出压力持续加大,收支矛盾日益突出。针对上述问题,我们将高度重视,并在今后的工作中采取有效措施,切实加以解决。

三、2019年区级财政总预算草案

2019年是新中国成立70周年,根据国家和省市对财政工作提出的新要求,结合我区财政工作实际,2019年全区财政工作总体思路是:坚持以习近平新时代中国特色社会主义思想为指引,认真落实中央经济工作会议和全国财政工作会议部署,紧紧围绕区委、区政府确定的工作重点和具体目标,加快推进财税体制改革,进一步落实减税降费政策,完善税收管理机制,提高财政收入质量;不断优化支出结构,牢固树立过紧日子的思想,严格压缩一般性支出,加强保障和改善民生,努力提高资金配置效率;全面实施预算绩效管理,加强资金运行监控,加大专项资金管理力度,切实提高财政预算执行水平,努力为全区经济社会发展提供坚实的财力支撑。

遵循以上指导思想,综合考虑全区经济形势和各项收支增减因素,按照收入预算实事求是、积极稳妥、留有余地,支出预算统筹兼顾、突出重点、有保有压的原则,2019年区级财政预算拟作如下安排:

(一)区本级收支预算安排情况

2019年,全区财政总收入(省口径)计划完成808500万元,同比增长5%。其中,地方一般公共预算收入计划完成136200万元,同比增长3%。

按我市现行财政体制测算,2019年地方一般公共预算收入为136200万元,加上中央、省市财政提前下达项目补助资金7844万元,以及上级各项补助、转移支付补助(不含上级一次性专项追加补助)33525万元,剔除上解上级支出19780万元,2019年区级可用财力合计为157789万元。本着“量入为出,收支平衡,略有节余”的原则,2019年地方一般公共预算支出计划安排156844万元。

需要说明的是,根据上级要求,今年将上级提前下达给我区2019年项目补助资金7844万元列入区级收支预算，若剔除该新增因素，今年区本级支出预算安排为 149000 万元。

各主要支出项目安排是：

一般公共服务支出 25565 万元；

国防支出 205 万元；

公共安全支出 21475 万元；

教育支出 27240 万元；

科学技术支出 3077 万元，其中科技三项经费 2980 万元；

文化旅游体育与传媒支出 999 万元；

社会保障和就业支出 22351 万元；

卫生健康支出 11634 万元；

节能环保支出 437 万元；

城乡社区支出 19398 万元；

农林水支出 673 万元；

资源勘探信息等支出 617 万元；

自然资源海洋气象等支出 3 万元；

住房保障支出 2803 万元；

灾害防治及应急管理支出 337 万元；

预备费 2980 万元；

其他支出 8800 万元；

债务付息支出 406 万元。

（二）全区社保基金收支预算安排情况

2019 年，全区各项社保基金预算收入计划完成 88187 万元，其中：保险费收入 32373 万元，财政补助收入 53771 万元，其他收入 2043 万元；各项社保基金预算支出计划安排 85420 万元，本年收支结余 2767 万元，上年结余 41349 万元，年末滚存结余 44116 万元。

四、坚定信念，担当实干，全力推进财政工作高质量发展

2019 年，全区财政工作将坚持落实新发展理念，坚持推动高质量发展，切实履行自身职能，优化财政资源配置，促进全区经济持续健康发展和社会大局稳定，努力推进各项工作取得新突破。

（一）稳护存量做大增量，筑牢增收运行基础

“稳增长”。2019 年，我们将以增强财政发展后劲为主要目标，进一步巩固基础财源，壮大主体财源，开辟新兴财源，确保地方财力的可持续稳定增长。一是抓数据监控。积极协助税务部门健全完善收入分析、纳税评估、监控稽查的良性互动机制，将大数据转化为信息可视化呈现，为有针对性的做好调度工作提供数据支撑。二是抓按月调度。加强对各经济责任单位的收入任务调度，按月通报税收完成情况，科学调整工作思路举措，切实做到抓月保季，抓季保年，进一步增强组织财税收入的主动权和实效性。三是抓税务联络。及时与合并后的税务机关加强联系，同频共振，互促共进，有力有序地配合税务部门推进社保缴费、非税收入征管职责划转和业务优化整合等后续改革，努力在逆境中抓机遇、促增长。四是抓部门联动。继续加强多部门、多行业涉税信息的交换传递，不断完善我区由政府主导、财税牵头、各经济部门共建的涉税信息管理机制，充分调动街镇、相关部门的积极性，全面掌握重点税源企业经营情况及纳税情况，夯实各部门齐抓共管的良好治税基础。五是抓企业走访。积极应对新城挤压，大量重点税源企业变更注册地或意向迁出的不利因素，积极发挥政策扶持的引领作用和协税护税的职能作用，以重大项目、总部企业、楼宇经济为依托，在重点关注异动企业的税收情况，确保税源不流失的同时，吸引更多的优质企业来东湖发展，努力培育新的财税增长源。六是抓项目跟踪。深入研究相关税收政策变化情况，密切关注苏宁广场、江旅都市方舟等全区 2019 年重大重点投资项目工程进度，细化房地产业、建筑安装业台账管理，及时为企业提供纳税业务辅导和全程服务，确保经济发展成果及时转化为财政增收。

（二）推进绩效优化结构，硬化预算执行约束

“重绩效”。2019 年，我区将把实施全面预算绩效管理工作列为财政重点工作推进，努力实现全区所有预算单位和全区所有财政项目资金两个全覆盖。一是促观念形成。通过分批开展专题培训班等形式，进一步加深各预算单位主要负责人对全面实施绩效管理重要性的认识，强化预算单位主体责任，牢固树立“花钱必问效、无效必问责”绩效理念。二是促机制落实。有序推进全区财政项目资金事前绩效目标申报审批程序，将项目的产出和效益指标作为部门预算和财政收支计划安排的重要依据，积极探索建立“预算编制有目标、预算执行有监控、预算完成有评价、评价结果有反馈、反馈结果有应用”的全过程管理体系。三是促实操到位。组织第三方中介服务机构对各部门各单位定期进行专业培训，加强具体经办人

员对绩效评价工作的认知学习,指导项目资金使用主体开展绩效自评,确保单位自评情况客观准确,确保专项资金用好用实。四是促平台监控。实现国库集中支付平台和部门财务管理平台互联互通,设立专管员对单位的预算执行情况和专项资金使用分配情况进行统筹分析,对项目的执行过程以及资金使用情况进行运行监控,及时纠正各预算单位项目支出执行绩效与绩效目标的偏离情况。五是促结构优化。建立绩效评价结果与预算安排和政策调整挂钩机制,提高预算编制的完整性和精确度,将单位基本支出和项目支出重新划定,对低效无效资金削减或取消,力争让财政的每一分钱都花在"刀刃"上。

(三)深化改革突出创新,提升管理能力水平

"强管理"。2019年,我们将严格执行财经法规和制度,进一步创新财政管理机制,努力提升财政管理水平。一是深化预算编制改革。以科学的定额标准体系和严格的项目预算管理程序,全面推进2019—2021年部门中期财政规划预算编制工作,跟踪了解全区各单位中期财政规划管理情况,不断提高预算编制的准确性和有效性。二是加强国有资产监管。理顺国有资产管理机制,强化对区属国有企业资产的资产负债、经营损益等财务状况及经营状况的监管,全面掌握我区国有资产情况,逐步推进建立国有资产综合报告制度,努力实现监管全覆盖、清查全口径的国有资产管理目标,以维护国有资产安全、防范国有资产流失。三是健全"收支两条线"管理。积极主动与有关执收部门协作配合,贯彻落实取消、停征和免征的行政事业性收费政策,在推进我区非税收入征缴系统和电子票据一体化的上线工作的同时,加强与代收银行合作,全面提升非税收入征缴工作效率,确保各项非税收入及时缴入财政专户。四是探索采购管理新模式。尝试建立宣传策划服务类采购事项事前评审专家库,对20万元以上采购项目进行事前专家咨询及询价工作;大力推行"互联网+政府采购",积极组织开展电子商城采购,努力打造"一站式"政府采购新模式。五是完善政府投资评审机制。进一步在百花洲景区改造提升等重大重点工程项目中推进全过程跟踪评审,加强对中介机构审结项目的复核力度,不断提高评审质量和评审工作水平。六是推进财政资金整合。积极盘活各领域财政沉淀资金,全面清理整合专项资金、暂存暂付款及其他资金,进一步加大对财政结余资金的统筹使用力度,全力支持民生重点领域和发展薄弱环节,努力提升全区民生支出占比。七是规范政府债务管理。全面掌握政府隐性债务规模,稳妥推进防范化解政府性债务风险工作,建立健全债务管控长效机制,及时开展重大支出项目财政承受能力论证,坚决遏制隐性债务增量。

各位代表,2019年是全面建成小康社会的关键之年,也是我区深化财税改革的攻坚之年,意义深远,责任重大。我们将在区委、区政府的正确领导下,在区人大及其常委会的监督指导下,认真贯彻本次人代会的各项决议,扎实工作,锐意进取,全力以赴完成今年财政各项工作任务,为共绘新时代江西物华天宝、人杰地灵新画卷,做大做强做优大南昌都市圈中展现东湖新的更大作为而努力奋斗!

(区财政局)

东湖区2018年国民经济和社会发展统计公报

东湖区统计局

（2019年4月3日）

2018年以来，面对复杂多变的外部形势、竞争激烈的发展环境，东湖区紧紧围绕“创新引领、绿色崛起、担当实干、兴赣富民”工作方针，始终聚焦重点难点、狠抓落实落地，全区经济社会发展总体保持健康良好发展态势。

一、综合

经济总量：初步核算，全年地区生产总值513.05亿元，按可比价计算，同比增长8.1%。其中第一产业增加值0.66亿元，同比增长1.4%；第二产业增加值41.00亿元，同比增长5.6%；第三产业增加值471.38亿元，同比增长8.3%。第一产业增加值占地区生产总值的比重为0.13%，第二产业增加值比重为7.99%，第三产业增加值比重为91.88%。全年人均地区生产总值10.14万元。

非公经济：全年地区生产总值中，非公有制经济增加值222.45亿元，按可比价计算，同比增长8.0%，占地区生产总值的比重为43.4%。

财政收入：全年财政总收入77.00亿元，同比增长19.1%，其中地方一般公共预算收入13.22亿元，同比增长4.7%。税收收入11.49亿元，同比增长8.9%；非税收入1.73亿元。

全年地方一般公共预算支出25.48亿元，同比增长7.8%。其中教育支出4.12亿元，增长15.1%；社会保障和就业指出7.10亿元，增长41.8%；城乡社区事务支出3.77亿元，同比增长10.4%。

物价水平：全年居民消费价格总指数（CPI）比上年上涨2.3%。其中食品烟酒上涨2.0%；居住上涨2.3%；交通和通信上涨2.0%。商品零售价格总指数上涨0.8%。

二、固定资产投资

全年500万元以上固定资产投资同比增长13%，增速全市排位第一，高于全市平均速度2.1个百分点。其中新开工计划投资5000万元以上项目20个，5000万元以上项目投资额同比增长24.2%；民间投资同比增长26%；房地产开发投资同比增长168.2%。

三、国内贸易

消费品市场：全年社会消费品零售总额318.79亿元，同比增长10.6%，其中限额以上零售额184.02亿元，同比增长9.5%。按行业统计，批发业实现零售额12.3亿元，同比增长6.4%；零售业实现零售额252.99亿元，同比增长12%；住宿业实现零售额3.1亿元，同比增长2.4%；餐饮业实现零售额50.4亿元，同比增长5.9%。

商品交易市场：截至年底，区内亿元市场有3个，实现成交额57.8亿元，较上年同期增长7.6%。

四、建筑业

全年区内资质以上建筑业企业75家，其中有工作量企业73家。建筑业总产值128.71亿元，同比减少14.5%，其中建筑工程产值103.67亿元，安装工程产值16.47亿元。建筑业从业人员平均人数为2.25万人，建筑业企业签订合同额394.5亿元，房屋建筑施工面积为148.79万平方米。

五、对外经济

对外贸易：全年区内外贸企业进出口总额29647万美元，同比增长5.2%。

招商引资：全年实际利用外资28351万美元，同比增长7.41%，现汇进资8460万美元；实际利用内资59.68亿元，同比增长19.82%。

六、教育和卫生

教育：全区共有区属义务教育学校20所（其中九年一贯制学校7所、小学13所），在校学生25655人，教学班560个，专任教师1585人。特殊教育学校1所，在校学生163人（含送教上门3人），教学班9个，专任教师31人。幼儿园（保育院)57 所,其中公办园 33 所、民办园 24 所,在园幼儿 11453 人,教学班 420 个,专任教师 957 人,拥有优秀省级示范园 5 所,省级示范幼儿园 9 所,市级示范幼儿园 1 所。

卫生:截至年底,区内各类医疗机构有 276 家,其中区管各类医疗机构 256 家。卫生机构从业人员 2512 人,其中卫生技术人员 2076 人。执业(助理)医师 864 人,注册护士 1091 人,药剂人员 46 人,检验人员 75 人。床位数 663 张,每千人口医院病床数为 0.796 张,每千人口卫生人员数为 3.94 人,每千人口医生数为 1.64 人,每千人口护士数为 2.07 人。

七、人口和人民生活

人口:年末全区总人口 503610 人,其中城镇常住人口 501596 人,人口城镇化率为 99.60%,比上年末提高 0.02 个百分点。出生人口 4888 人,其中男性 2538 人,女性 2350 人,出生率为 8.79‰。死亡人口 1982 人,死亡率 3.56‰。自然增长率为 5.22‰。

人民生活:全年城镇居民人均可支配收入 42632 元,同比增长 8.1%。区属单位在岗职工年平均工资为 83190 元,同比增长 27.1%。

八、城市建设和环境保护

城市建设:全年共清掏窨井 13677 座(次),维修窨井 379 座,更换井构件 1134 套(件),新建窨井 160 座,维修各类路面 78368 平方米,维修补栽路沿石 2964 米,机械疏通下水道 301800 米,清运余土淤泥 2112 立方米。辖区小街巷安装路灯 986 套。

园林绿化:截至年底,区内园林绿地面积 479.93 公顷,绿化覆盖面积 472.06 公顷,城区绿化覆盖率为 29.67%,人均公共绿地面积 7.18 平方米。

环境保护:全年环境空气质量优良天数为 321 天,优良率为 87.9%;空气综合质量指数为 4.04,集中式饮用水源水质达标率为 100%;区域环境噪声监测面积 36.2 平方公里,全年等效声级 54.3 分贝。实施道路交通噪声监测的交通干线为 20 条,测点为 63 个,交通噪声均值 68.6 分贝。

说明:

1. 本公报中数据为初步统计数,部分数据因四舍五入的原因,存在着分项与合计不等的情况;正式统计数据以《东湖统计年鉴—2018》为准。

2. 地区生产总值、各产业增加值和人均生产总值绝对数按当年价格计算,增长速度按可比价格计算。

3. 物价水平、人口和人民生活数据为全市反馈数。

(区统计局)

2018 年中共东湖区委颁发的文件目录

2018 年中共东湖区委颁发的文件目录

表 36

文件标题	文件号
关于成立东湖区军民融合发展委员会的通知	东字〔2018〕1 号
中共东湖区委转发《中共江西省委关于认真学习贯彻习近平总书记全国“两会”期间重要讲话精神的通知》的通知	东字〔2018〕2 号
关于同意区监察委开立涉案暂扣款专用账户的批复	东字〔2018〕3 号
关于恳请协调将南昌苏宁广场项目现场作为全省重大重点项目集中开工仪式主会场的请示	东字〔2018〕4 号
关于恳请协调省委书记、省长刘奇会见苏宁控股集团董事长张近东的请示	东字〔2018〕5 号
关于恳请市领导出席南昌苏宁广场暨 2018 年东湖区重大重点项目签约、开工仪式的请示	东字〔2018〕6 号

续表 36

文件标题	文件号
关于刘闯等6名同志赴英国、荷兰、德国访问的请示	东字〔2018〕7号
关于同意对朱上求同志违纪问题立案审查的批复	东字〔2018〕8号
关于同意对谢斌同志违纪问题立案审查的批复	东字〔2018〕9号
关于同意对李青峰同志违纪问题立案审查的批复	东字〔2018〕10号
关于同意对黄芝义同志违纪问题立案审查的批复	东字〔2018〕11号
中共东湖区委　关于调整区委副书记贾彧超同志分工的通知	东字〔2018〕12号
关于将中共南昌市东湖区国家税务局、地方税务局联合委员会改设为中共国家税务总局南昌市东湖区税务局委员会的批复	东字〔2018〕13号
关于贾彧超等十位同志应邀赴台的请示	东字〔2018〕14号
关于恳请将原东湖区人武部办公用房暂借我区的请示	东字〔2018〕15号
关于邀请市领导出席省、市、区人大代表联系群众活动的请示	东字〔2018〕16号
关于同意对李青峰同志给予党内警告处分的批复	东字〔2018〕17号
关于审议《南昌市东湖区机构改革方案》的请示	东字〔2018〕18号
关于给予黄芝义同志党内警告处分的请示	东字〔2018〕19号
关于同意对谢斌同志给予党内严重警告处分的批复	东字〔2018〕20号
关于成立东湖区第十六届人民代表大会第四次会议临时党委和各代表团成立临时党支部的决定	东字〔2018〕21号
关于成立政协东湖区第九届委员会第四次会议临时党委和各讨论组成立临时党支部的决定	东字〔2018〕22号
关于印发《东湖区经济建设和国防建设融合发展的实施方案》的通知	东发〔2018〕1号
关于表彰2017年度全区社会治安综合治理目标管理先进单位、先进集体及先进工作者的决定	东发〔2018〕2号
关于嘉奖2017年度全区社会治安综合治理目标管理先进单位综治责任人及综治办主任的决定	东发〔2018〕3号
关于印发《中共东湖区委常委会2018年工作要点》的通知	东发〔2018〕4号
中共东湖区委关于贯彻落实全面从严治党要求加强和改进机关党建工作的实施意见	东发〔2018〕5号
关于推进安全生产领域改革发展意见的实施方案	东发〔2018〕6号
中共东湖区委关于表彰优秀共产党员及优秀党务工作者、先进党组织的决定	东发〔2018〕7号
区委、区政府印发《关于稳步推进农村集体产权制度改革的实施方案》的通知	东发〔2018〕8号
关于印发东湖区全面推进殡葬综合改革实施意见的通知	东发〔2018〕9号
关于印发《东湖区庆祝改革开放40周年活动总体方案》的通知	东发〔2018〕10号
关于表彰东湖区（2018年度）文明单位、文明村镇、文明社区的决定	东发〔2018〕11号
关于进一步加强和改进新形势下宗教工作的实施意见	东发〔2018〕12号
印发《关于加大城镇贫困群众脱贫解困力度的实施意见》的通知	东发〔2018〕13号
印发《关于在我区宗教界深入开展培育和践行社会主义核心价值观活动的实施意见》的通知	东发〔2018〕14号
中共东湖区委印发《东湖区关于"三重一大"事项集体决策的实施办法》的通知	东发〔2018〕15号
中共东湖区委关于废止和宣布失效一批党内规范性文件的决定	东发〔2018〕16号

（李怡璇）

2018 年东湖区人民政府颁发的文件目录

2018 年东湖区人民政府颁发的文件目录

表 37

文件标题	文件号
关于印发东湖区建立完善守信联合激励和失信联合惩戒制度加快推进社会诚信建设实施方案的通知	东府发〔2018〕1 号
关于印发东湖区政府性债务风险应急处置预案的通知	东府发〔2018〕2 号
关于印发东湖区民兵改革工作实施方案的通知	东府发〔2018〕3 号
印发关于在市场体系建设中建立公平竞争审查制度的实施意见的通知	东府发〔2018〕4 号
关于印发东湖区绿色殡葬专项行动实施方案的通知	东府发〔2018〕5 号
关于印发《2018 年东湖区民生工程安排意见》的通知	东府发〔2018〕6 号
关于做好 2018 年度退役士兵安置工作的意见	东府发〔2018〕7 号
关于印发在全区政府系统大力开展忠诚型创新型担当型服务型过硬型政府建设加快推动东湖高质量跨越式发展的实施方案的通知	东府发〔2018〕8 号
关于进一步精简区级行政权力事项的决定	东府发〔2018〕9 号
关于调整东湖区人民政府征兵工作领导小组成员的通知	东府字〔2018〕1 号
关于夏小兰等同志职务任免的通知	东府字〔2018〕2 号
关于下达东湖区 2018 年经济发展计划的通知	东府字〔2018〕3 号
关于成立东湖区民兵调整改革工作领导小组的通知	东府字〔2018〕4 号
关于黄赏辉同志职务任职的通知	东府字〔2018〕5 号
关于认真做好第四次全国经济普查工作的通知	东府字〔2018〕6 号
关于市人大第十五届三次会议第 99 号建议的回复	东府字〔2018〕7 号
关于市人大第十五届三次会议第 161 号建议的回复	东府字〔2018〕8 号
关于程航等同志职务任职的通知	东府字〔2018〕10 号
关于调整区政府领导同志分工的通知	东府字〔2018〕11 号
关于市人大第十五届三次会议第 31 号建议的回复	东府字〔2018〕12 号
关于市人大第十五届三次会议第 162 号建议的回复	东府字〔2018〕13 号
关于同意聘请褚宏启等六位教育专家为东湖区教育发展顾问的批复	东府字〔2018〕14 号
关于邓联实等同志正式任职的通知	东府字〔2018〕15 号
关于神敏等同志职务任免的通知	东府字〔2018〕16 号
关于杨峰同志免职的通知	东府字〔2018〕17 号
关于胡刚等同志任职的通知	东府字〔2018〕18 号
关于徐振华等同志任职的通知	东府字〔2018〕19 号
关于黄赏辉等同志职务任免的通知	东府字〔2018〕20 号

（丁　一）

索　　引

主题索引

说明：本索引为综合性主题索引，索引标目按汉语拼音字母顺序排列，同音字按声调顺序排列，同音同声调则按笔画顺序排列。标目后数字为页码，字母 a 为左栏，b 为右栏。该年鉴的彩页、特载、大事记、重要文献、人物、经济社会统计资料、表格等未标索引。

0—9

"01365"基层党员管理模式　285b
"1% 工程"志愿服务　150b
"12309"检察服务中心揭牌　159a
2018 东湖区洪城创业故事汇　215b
2018 年东湖区中小学生田径运动会　233a
2018 年区工商联第一次常委会　146a
2018 年新春免费文化培训班　239a
2 所校园篮球特色学校　234a
"5・12"防震减灾科普宣传活动　231a
"7・28"防震减灾科普宣传活动　231a

A

艾滋病综合防治城市示范区建设　253b
爱国卫生运动　255a
"爱卫月"活动　255a
"爱心桥"系列助残公益项目　142b
安保任务完成　156a
安全生产工作　210b、263b、281a
安全生产监督管理　199b
安全生产监督管理执法　200a
安全生产文化普及活动　200a
安全生产责任体系建设　199b
安置房建设项目　172a
案件信息公开　159b
案件执行工作　160b
"案卷评查月活动"活动　155b

B

八一大桥　81a
八一公园　79a
八一公园管理　206a
八一公园景观亮化工程　175b
八一广场　80a
八一建军节主题系列活动　240b
八一南昌起义暨建军 91 周年纪念活动　240b
八一起义纪念塔　80a
八一桥街办　81b
八一桥街道办事处　260a
"百场科普报告进社区"活动　143a
百花洲　79a
百花洲街办　81b
百花洲街道办事处　268a
百花洲景区提升改造项目　173a

百日安全活动　165b
办文办会工作　128b
邦信小额贷款公司　189a
帮扶助困工作　137b
保障民生领域财政资金　191b
“缤纷秋日收获季”系列少儿活动　241b
殡葬改革　217a、259a
殡葬综合改革　87a
病媒生物防制工作　255b
博爱送万家活动　144a
“捕诉合一”工作　158b
“不见面审批”　187a
不忘初心牢记使命党性锤炼培训　104b

C

财政　191a
财政收支　83b
财政同级审计　203b
财政投资评审　192a
财政预算绩效管理　191b
参政议政　146b、148a、149a、150a、151b
餐饮服务“洁厨亮灶”工作　198a
餐饮业　182a
餐饮业与互联网技术融合　182a
餐饮油烟治理　206b
残疾人工作　141b
残疾人家庭医生签约　142a
残疾人就业帮扶　142a
残疾预防综合试验区试点中期评估　142a
“厕所革命”　208a
谌家坊幼儿园项目　220a
成品油市场治理　177a
城管行政审批工作　208b
城区环境
城市房产管理　210a
城市管理　207a
城市环境保护　206a
城市基层党建　87a、262b
城市基层党建工作　94a
城市基层党建工作联席会议　272a
城市基层党建共同体　94a
城市基层党建新品牌打造　271a
城市建设　204b
城市建设和管理项目　173a
城市交通管理　211b
城市居民生活水平　84a
城市绿化和管理　205b
城乡环境综合整治　208a
城乡居民生活水平　84a
城镇居民消费情况　84b
城镇贫困群众脱贫解困　87a
城镇贫困群众脱贫解困工作　217a
《充分发挥检察职能服务和保障辖区经济社会发展工作实施方案》　158a
出版物市场业主大会　243a
处置固体废弃物　82a
传承红色基因牢记初心使命专题报告会　87b
传递家庭正能量系列活动　140a
传染病疫情管理　253a
“创五无、保稳定”活动　166a
创业担保贷款服务进校园　215a
春风行动　215b
春节文化旅游活动　246a
村(居)委会换届选举　217b
村(社区)“两委”换届女性成员增加　140b
错时延时服务工作制启动　196b

D

打字复印店专项整治　243a
大案要案处理　160b
大院街办　81b
大院街道办事处　272a
代表工作　110a
担保公司　189b
档案馆藏　248b
档案利用　248b
档案事业统计年报工作　248a
档案宣传活动　248b
档案执法检查工作　248b
党风廉政建设　263a

“党纪书屋”　90b
“党建＋干部素质提升”工程　283a
“党建＋文化惠民”工程　283a
党建带队建　157a
“党建带侨建”活动　97b
党建工作　93a、280b
党建宣传片《时间银行》获奖　269b
党史宣传教育工作　103a
党史与地方志工作　102b
党外代表人士队伍建设　97a
党校工作　104a
党员电教片《引领》获奖　285b
党员电教片获奖　94b
党员发展对象培训班　104b
党员政治生日会　267b
党员志愿服务站揭牌　151a
党章专题辅导报告会　88a
道路安全隐患排查整改　212a
道路周边立面改造项目　174a
地籍数据库汇交工作　209a
地理位置　76b
地名普查成果转化　217b
地形地貌　76b
地震 VR 体验项目“四进”活动　231b
地震宏观观测体系信息化平台打造　231b
第 28 个“全国助残日”宣传活动　223a
第八届读好书活动　239b
第八届头脑奥林匹克竞赛　228a
第二次全国残疾预防日活动　142b
第二次全国地名普查工作通过验收　217b
第九届“大伯大妈”歌手 PK 赛　239a
第三次全国国土调查启动　209a
第三届滕王阁金婚典范活动　246a
第十一届“绿博会”　177b
调查研究　92b
调研视察　133a
叠山路农贸市场升级改造工程　178b
“东湖大讲堂”大型公益活动　242a
《东湖大事记（2017）》编印　103a
《东湖年鉴（2017）》获评全省年鉴质量二等年鉴　103a
《东湖年鉴（2018）》编纂工作方案　103b
《东湖年鉴（2018）》出版发行　103b
“东湖区百花洲街道办事大厅”小程序上线　269b
东湖区干部人才信息库建立　93b
东湖区纪委十二届三次全体会议　90a
东湖区旅游宣传推介片拍摄　246a
东湖区青少年篮球队　235a
《东湖区人民法院刑事案件认罪认罚从宽制度实施细则》　161a
东湖区少年军校夏令营　139a
东湖区税务局挂牌成立　193b
东湖区特殊教育成效　223a
东湖区委十二届六次全体（扩大）会议　86a
东湖区委十二届五次全体（扩大）会议　86a
东湖区义务教育成果显著　222a
东湖书院　78b
“东湖掌上法院”微信小程序上线　161a
董家窑街办　81b
董家窑街道办事处　273a
豆芽巷文化街区综合改造项目　174a
督促检查　92b
对台工作　98b
对外友好交流合作　130a
墩子塘街办　81b
墩子塘街道办事处　265a
多党合作事业发展　97a
“多证合一”实施　187a

E

儿童保健管理　254a
二次供水卫生监管　254b

F

“法律六进”活动全覆盖　162a
法院　160a
法制服务　155b
法制工作纳入决策　155b
法治东湖建设　109a

法治街道建设 263b
法治文化普及 162b
法治政府建设 155a
法治政府建设 258b
反恐防暴风险化解 153a
方志敏广场 80b
方志敏广场多举措促文明创建 242a
方志敏广场获评示范基地 241b
“方志敏精神进校园”系列活动 241b
防汛勘察 164b
防汛抗旱工作 285b
防震减灾知识培训会 231b
房产管理工作 210b
房地一体调查 209b
“放管服”改革 211b
“放牛班的春天”夏令营活动 221b
非法集资专项整治活动 199a
非公经济事中事后监管 187b
非公经济信用信息系统建设 187b
非公经济准入诚信风险防控 187a
非公经济组织登记流程精简 186b
非公经济组织设立时间压缩 186b
非公有制经济发展 97b
非物质文化遗产 244b
非物质文化遗产知识竞赛 245a
非遗展示活动 245a
“奋斗中的幸福”专题故事会 142b
风景名胜 77b
扶贫帮困工作 165b
扶贫助学 139a
扶贫助学资金发放仪式 100a
服务社会 149b
服务业 83b
服务业品牌建设 198a
福利机构安全管理工作 218a
妇女儿童发展服务项目 139b
妇女工作 139b
妇幼卫生保健 253b
赴台经贸交流 99a

G

改革开放40周年歌咏比赛 142a
感恩月系列少儿活动 241b
干部谈心调研 93b
干部选拔任免 93a
“赣发绣”2018年新春展 244b
赣江东湖段排污口整治 206b
岗位建功 149a
高校毕业生就业服务月活动 215b
高新技术企业培育和认定 226b
个私民营、中小企业服务管理服务 186b
耕地保护 209a
工商联工作 144b
工作会议 116b
公安 156a
公办幼儿园年审工作 220a
公共场所卫生监督管理 255a
公共机构节能工作 105a
公共卫生应急处置 253a
公务员年度考核 94a
公园街办 81b
公园街道办事处 270a
贡院(贡院井) 78b
沟管、化粪池维护管理 211a
固体废物大排查 207a
关爱儿童系列活动 140b
关心下一代工作调研会 99b
《关于实施区政府民生实事项目人大代表票决制工作的决定》 109b
馆库安全管理 248a
光彩事业活动 145a
“光明红心驿站”建设 278a
归国华侨工作 140b
规范“两业”税收征缴 191b
规范医疗机构执业 250a
国安工作 152b
国际志愿者主题活动 144b
“国家慢性病综合防控示范区”建设 253b
国家食品安全示范城市创建工作 198b

国家义务教育质量监测工作　221b
国家义务教育质量监测协议区　221a
国库集中支付　192a
国土资源管理　209a

H

和谐共建　149b
河流湖泊　76b
贺龙指挥部旧址　79b
弘扬传统文化专题学习会　89b
红色电影展播活动　267b
“红色家书”诵读交流系列活动　240a
《红色家书》朗诵会　99b
《红色家书》诵读比赛　142b
《红色家书》诵读活动　100b、104b、272b
《红色家书》学习诵读活动　93b
红色文艺轻骑兵走基层系列巡演　239a
红十字会工作　143b
红十字日纪念活动　144a
宏观经济管理　194b
“洪城科创券”　227a
“互联网+业务”便民模式　216a
花园角二号　79b
“华应龙数学名师培养基地”落户东湖区　225b
欢度端午主题活动　240a
环境质量主要指标　82a
环境综合整治　258b、278b
环境综合整治工作　271b
环民德路地块二期房屋征收工作　271b
环卫工作调研　134a
环卫作业机械化　207a
会议接待服务保障工作　105a
会员维权服务　146b
婚姻家庭辅导服务　218b
婚育综合服务中心打造　214b
霍乱监测、食源性疾病监测工作　253a

J

机构编制工作　102a
机构编制管理　102a
机关档案工作规范化管理　248b
机关党组织书记和党务干部培训班　100a
机关干部无偿献血活动　144a
机关事务管理和接待工作　105a
机关事业单位养老保险制度改革　216a
基本药物制度落实　252a
基层党建工作　257b
基层党组织换届　94a
基层工会组织建设　136b
基层公共文化阵地建设　266b
基层老年教育工作流动现场会　99b
基层文化骨干数字信息培训班　240b
基层文化活动示范点授牌　242a
基层消防能力建设　166b
基层综治中心实体化建设　271a
疾病预防控制　252b
“集体一等功”　159b
计划生育基层工作网络强化　214a
计划生育综合监管　254b
计生政策全面落实　213b
纪检监察职能延伸　91b
纪律检查与行政监察工作　90a
纪律讲堂活动　89a
“纪念改革开放40周年”知识竞赛　100a
技术合同认定登记　226b
加油站地下油罐更新改造　207a
家风建设　91b
家庭医生责任制　252a
价格服务　201b
价格管理　200b
价格监管　201a
价格举报　201a
监督工作　108a
监督执纪　91a
检察　157b
建成街道党建服务中心　260a
建筑行业管理　205a
建筑外立面景观亮化提升改造工程　175b
建筑业　84a
健康教育工作　256a

健全劳动关系三方协调机制　163a
健身气功进社区活动　232b
江柴社区成立　264b
江西革命烈士纪念堂　80a
江西省博物馆　80b
江西省第一届智力残疾人秋季运动会　223a
江西省科技馆　80b
江西书画名家东湖新春作品展　238b
江纸集团家委会属地管理　275a
“僵尸户”吊销　187b
蒋介石南昌行营　80a
交通安全宣传　212b
交通运输市场管理　205a
“教育发展”考评第一　221a
教育教学科研　224a
教育平台拓展　90b
教育信息化工作　225a
街道“大工委”和社区“大党委”试点　94a
街道党建服务中心打造　271a
街道党建服务中心投入运行　264b
街道党建工作　269a
街道公共法律服务工作站建设　272b
节约型公共机构示范单位创建　105a
捷信小额贷款公司　188b
巾帼志愿服务系列活动　140a
禁毒工作　156b
禁养区整治　206b
经济工作　195b、211a
经济运行概述　83a
经济责任审计监督　203a
“精神湿地·文化长廊”展览活动　242b
精神文明创建活动　266a
精神文明建设工作　101a
竞技体育　234b
九三学社南昌市东湖区支社　151a
旧城改造工作　210b
旧城改造土地出让情况　209a
旧改拆迁成本资金审核　203b
居家养老“时间银行”志愿服务　216b
居家养老志愿服务　86b
居民收入　84a
军队士官就业安置工作　102b

K

《开展降低企业成本优化发展环境专项行动工作方案》　178b
开展提高组织凝聚力活动　149a
考核制约机制完善　213b
科级领导干部十九大精神轮训班　104a
科技成果与奖励　229b
科技管理　226a
科技活动　227a
科技活动获奖情况　228a
科技计划项目验收工作　227b
科普工作　142b
科普进社区活动　276b
科协组织改革　143a
垦区危房改造　285a
控违工作　258a
扩大职工卡普惠活动　137a

L

垃圾分类管理　207b
垃圾分类示范点建设　273b
垃圾广告专项整治　208a
垃圾中转站日常管理　207b
劳动技能竞赛活动　137b
劳资双方权益维护工作　163b
老干部工作　99a
老年大学教学成果汇报演出　99a
老年大学提升改造项目　100a
“老字号”不断发展壮大　177b
“老字号”挖掘　177a
雷锋精神传承馆开馆　275b
离退休干部形势报告会　99a
李诗沣　235b
理论宣讲活动　148a
理想信念教育　145b
历史沿革　76b
廉洁文明社区打造　276a

两处省级文物保护单位　244a
“两集中、三到位”改革　196a
亮化惠民行动　270a
聆江社区建立青年空间　265b
领导接访下访　98a
刘将军庙老旧小区改造项目　174b
留守儿童权益保障工作　159a
流动人口基本公共卫生计生服务工作　214b
娄妃墓　79a
楼宇(总部)经济　178a
楼宇经济发展调研　133b
楼宇网格化信息管理机制建立　178a
落实司法救助　161b
旅馆住宿业　181a
旅馆住宿业发展状况　181b
旅游安全隐患排查　246a
旅游管理与服务　245b
屡破现案要案　156b
履行参政议政职能　148b
履行教育职责督导评价　220b
绿化项目　205b

M

马骏调研东湖区青少年科普工作　227a
“马路本色”行动　207b
媒体走进光明社区　279b
免费婚前医学检查　254a
免疫规划工作　252b
民办教育　223a
民办培训机构清理整顿　223b
民办学校办学水平督导评估　223b
民办学校年审工作　223b
民兵和预备役部队　164a
民间文艺团队　246b
民生档案远程共享平台全覆盖　248a
民生改善　109a
民生实事　258b
民声通道　93a
民巷社区侨胞侨属联谊会成立　141a
民政领域扫黑除恶专项斗争　218a
民政事业　216b
民主监督　135a
民主联谊活动　135b
民主评议党员和不合格党员处置工作　94a
民族·宗教　82a
民族宗教工作　129a
民族宗教界代表人士培训班　97b
名师工作室年度考评工作　224b
“名著小书包”捐赠活动　272b
母婴设施建设　214a

N

纳税服务　192b
“南昌东湖区发布”新媒体品牌　95b
南昌红色记忆展示馆　96a
南昌清音传承培训　244b
南昌市第八届迎新健步走活动　233a
南昌市第六届幼儿科技节活动承办　227b
《南昌市东湖区历史文化建筑》整理　244b
南昌市个私民营企业信用担保有限责任公司　190a
南昌市科技担保有限责任公司　189b
南昌市民俗博物馆　80a
南昌市相关教育科研活动承办　224b
南昌市游泳预选赛　233a
泥塑体验课　244b
年度接处警　165b
“鸟语花香雷锋季”系列少儿活动　239b
宁王府　78b
农村集体产权制度改革　259b、283b
农村卫生服务规范化建设　250b
农垦国有土地使用权确权登记发证　285a
农垦系统国有土地确权发证　209b
农贸市场管理　179a
农贸市场建设　178b
“暖心助侨聚侨心”活动　140b

P

排污口截污工程项目　175a

培育精神文明先进典型　101b
彭家桥街办　81b
彭家桥街道办事处　277
批复的政府投资项目　195a
品牌商标培育　197b
“品孝堂”成立　285b
平安创建　153b、279a
平安街道建设　264a
平安农贸市场创建活动　179b
“平台之外无审批”　195a
“破解‘三大难题’保障‘舌尖安全’”　159b
普惠性民办幼儿园认定工作　220a

Q

企业备案实现“一次不跑”　195a
企业退休人员基本养老金调整待遇工作　216a
企业研发活动统计调查　227a
企业资产管理　195b
气候　76b
签约台湾大鲁阁集团　98b
枪弹专项清查整治　164b
强化安全基础能力建设　199b
强化网吧暑期管理工作　243a
“侨企走访月”活动　141a
勤务机制改革　157a
青山湖风景区　81a
青少年工作　138a
青少年科技培训活动　227b
青少年纸飞机选拔赛　228a
清明追思活动暨豫章诗歌会　239b
“情暖冬日·书香童行”系列少儿活动　242a
庆国庆系列活动　241b
庆五一干部职工劳动竞赛　239b
区党员发展　101a
区纪检监察干部监督工作暂行办法　92a
区监委挂牌成立　91b
区教育学会第十一届三次年会　225b
区十六届人大常委会第十次会议　107a
区十六届人大常委会第十二次会议　107a
区十六届人大常委会第十六次会议　108a
区十六届人大常委会第十七次会议　108a
区十六届人大常委会第十三次会议　107b
区十六届人大常委会第十四次会议　107b
区十六届人大常委会第十五次会议　107b
区十六届人大常委会第十一次会议　107a
区十六届人大三次会议　106b
区税务局机关党委纳入工委管理　101a
区图书馆公共服务能力建设　245b
区委办公室工作　92a
区委常委会专题学习会　88b
区委中心组理论学习　87b
区委重要会议　86a
区委重要决策　86b
区政府办公例会　115b
区政府办公室工作　128a
区政府常务会议　112b
区政府会议　112b
区政协九届八次常委会议　132a
区政协九届九次常委会议　132a
区政协九届七次常委会议　132a
区政协九届十次常委会议　132b
区政协九届十一次常委会议　132b
区直机关党的工作　100a
区直机关党建工作　101a
区直机关系列文体活动　100b
全国“两会”精神专题学习会　150b
全国残疾预防综合试验区南部片区研讨会　141b
全国第四次经济普查　202a
“全国文明城市”创建工作　101a
“全国中小学校责任督学挂牌督导创新县(市、区)”创建核查　222a
全科医学培训　252b
全面从严治党学习　90b
全民诵读系列活动　240b
全省百县青少年足球运动会一等奖　235a
全省首个跨行政区划金融法庭设立　160b
全员人口信息质量管理　214a
群众满意度提升　159a
群众体育　232a
群众性精神文明创建活动　281b

R

燃煤锅炉整治 206b
燃气安全监管 205a
人才服务工作 215a
人才活动周 94b
人才综合信息库建设 94b
人大常委会组成人员联系代表制度 110a
人大代表履职保障 110a
人大代表意见建议办理 110a
人防队伍建设 168b
人防工程的维护管理 168b
人防通信警报设施建设 168b
人防知识宣传教育 168a
人口发展状况 82b
人口和计划生育 213a
人口及其变动情况 82b
人力资源和社会保障 214b
人民防空 168a
人民公园应急避难场所建设 231b
人民调解工作 162b
人民武装工作 261a、263b
人事任免 110b
日用百货经营 180a
融警机制改革 157a

S

“三大攻坚战” 158b
三大教育集团成立 222a
“三风”+志愿服务活动 101b
“三风”公益活动 151a
“三风”活动 135b
“三风”活动实施方案研究会议 148b
“三风”建设 266b
“三风”进社区 281b
“三风”主题活动 151b
“三重一大”事项集体决策 87b
散工劳务服务工作 215a
“扫黑除恶”专项斗争 267a
扫黑除恶专项斗争 155a、158a、160a
扫黑除恶专项督查 91a
“扫黄打非”系列活动 243b
扇绘义卖活动 144a
商旅文融合发展调研 134b
商贸街及商贸活动 177a
商贸业管理服务 176b
商业街建设打造 177a
上门纳税服务 269b
上沙窝236号老旧庭院改造 265a
上沙窝精品社区打造项目 174a
上营坊街头小游园项目 172b
少数民族与宗教活动场所 82b
佘山家委会属地管理 274b
社会保险征缴工作 216a
社会保障服务 278b
社会服务 151b
社会服务活动 149a
社会工作人才队伍建设 218b
社会火灾防控能力建设 166b
社会救助 217a
社会面管控 153a
社会事业和民生实事项目 172a
社会体育指导员培训 233a
社会稳定工作 153a
社会消费品零售情况 176b
社会治安综合治理工作现场会 269b
社会治理网格化管理 155a
社会综合治理 158b、259a
社区“两委”换届工作 264a
社区档案工作调研 248a
社区公共卫生服务专项资金管理 251b
社区网络春晚文艺演出活动 273a
社区微改造 261a
社区卫生服务 251b
社区卫生服务机构建设 252a
社区中医药服务体系建设 250b
涉军停偿案件处理 160a
涉区属企业维稳工作 195b
审查调查制度制定 91a
审计管理 202b

生活饮用水　82a
“生命至上、安全发展”主题活动　200a
生态文明建设　109a
声环境　82a
省、市年鉴2018卷组稿工作　103a
省级非遗项目豫章绣进高校　244b
省委、市委全委会精神学习报告会　89b
圣诞期间娱乐场所专项整治行动　243b
胜利路北段综合改造工程　175a
胜利路步行街商贸活动　177b
“时间银行”分行运行　286b
“时间银行”居家养老志愿服务工作　269a
“时间银行”区校共建模式　138b
“时间银行”志愿活动　99b
实行“红色物业”品牌　283b
实施基本公共卫生服务项目　251b
食品安全科普活动　143a
食品安全宣传周活动　198a
食品药品检验检测　198b
世界VR产业大会安保任务　212a
市场和质量监督管理　197a
市场监管工作　108b
市场监管执法　199a
市政设施维护管理　205b
事业单位公务用车制度改革　105a
手机摄影大赛　241a
首个“医疗卫生行业城市基层党建联席会”组建　275a
首批国家义务教育质量监测结果应用实验区　221b
首长机关训练考核　165a
书画艺术边疆行活动　240a
“书香八一”全民读书系列活动　261a
暑期免费培训班　240b
数字城管运行平台　205b
“双打”系列活动　243b
“双告知”制度　187a
“双随机、一公开”工作　254b
水环境综合治理　86b
税收占比创新高　191a
税收征收管理　193a
税务　192a
司法行政　162a
司法所规范化建设　163a
司法责任制改革　154b
四方画院的十二篇　276b
“四风”问题　90b
“送法进社区”活动　140b
送科技进农村活动　143b
苏宁红孩子母婴用品项目签约仪式　184a
诉讼服务中心全面升级　161a
随行付小额网络贷款公司　189b

T

台南商会访东湖区　98b
台湾迪克森教育项目落户　98b
谭翠兰红色文化馆　275b
探索村集体经济多元化发展　283a
特色活动策划　95a
特色楼宇培育　178a
特色选题采写　95a
特殊教育　222b
特种设备安全监管　198b
“滕阁讲堂”开讲　281a
滕王阁　78a
滕王阁保育院获评省级示范园　220a
“滕王阁杯”青少年体育联赛　235b
“滕王阁杯”青少年体育系列联赛　234a
“滕王阁杯”体传校乒乓球比赛　234a
“滕王阁杯”体传校田径比赛　233b
滕王阁街办　82a
滕王阁街道办事处　280a
滕王阁景区晋升为国家AAAAA级　246a
提案办理　135a
提案办理工作　132b
提案工作　132b
体育、艺术2+1展示活动　233b
停车场建设项目　174b
统计法治建设　202b
统计管理　201b
统计调研分析　202a

统计预警监测 201b
统一战线工作 96b
投资大厦总部集聚效应 178a
投资规模 83a
图片摄影大赛 141a
土壤环境数据库建立 206b
土壤污染预防 206b
“团的基层组织建设规范年”活动 139a
团建带队建 139b
团结联谊 135b
推进职工服务中心建设 137a

V

VR 产业大会东湖签约 12 个项目 184a

W

外出招商活动 145a
外事·侨务工作 130a
外向型经济 84a
完善创新创业机制 226b
网吧监控软件安装工作 244a
网格化监管 197b
网络消费持续性增长 176b
网信管理 96b
为侨服务 130a
维护经济秩序 156b
卫生行政执法 254a
卫生计生工作 278b
卫生计生监督协管服务工作 254b
卫生监督能力建设 254a
卫生投诉举报案件处置 254a
文稿起草 92b
文化和旅游部到东湖区调研文化志愿服务工作 241a
“文化和自然遗产日”活动 245a
文化活动 238a
文化建筑保护信息化建设 244a
文化旅游发展 108b
文化市场 242b
文化市场安全生产大排查行动 242b
文化市场业主大会 243a
文化市场专项整治 242b
文化娱乐场所安全专项检查 243a
文教路北社区提升基层治理能力 278a
文明创建工作 264a
文明旅游主题活动 245b
文物·博物 244a
文物安全保护工作 244a
文物建筑保护性修缮工作 244a
文艺创作 238a
稳步推进机构改革工作 193a
污染防治攻坚战 87b
“无传销社区”创建 199a
五届三次执委会 145a
五届四次执委会 146b
五四青年节活动 139a
“五心”主题教育活动 97a
“五型”政府建设 263a
物业管理工作 211a

X

习近平全面深化改革重要思想学习会 90a
洗马池 78b
系列教研业务活动 224a
系列科普活动 143a
辖区教育资源 225b
辖区体育资源 235b
辖区文化资源 246b
辖区医疗资源 256b
贤士湖公园提升改造项目 173b
贤士湖公园综合改造工程 175a
贤士湖管理处 282a
贤士湖管理处 82a
贤士花园智慧农贸市场打造工程 178b
“县级优秀组织单位”荣誉 222a
线上线下联动促销 180b
宪法专题辅导 88b
相思林公园 81a
项目审批“一项一码” 195a

消防部队 165b
消防执法 166b
消费品市场 83b
消费者维权案件办理 197b
“小创客·创益集市”开市 246a
小额贷款公司 188b
小学生语言文字素养检测展演活动 225a
校园基础设施提升改造项目 172b
校园体育活动督查工作 234b
校园周边文化市场整治 243b
邪教防范工作 152b
心愿交换所 286b
新春活动 98b
新归国人员创新创业调研 141a
新会员 148b
“新时代全民健身动起来”全民健身日活动 232b
新时代意识形态工作 263b
新闻宣传联动大格局构建 95b
新修订的《纪律处分条例》学习会 92a
新一轮机构改革 102b
信访工作 97b
信访工作责任制落实 98a
信访矛盾化解攻坚战 98a
信息工作 92b
信息化建设工作 130a
信息宣传工作 146a
行政复议应诉工作 155b
行政区划 81a
行政审批 196a
行政执法行为规范 155b
杏花楼(曾名水观音亭) 77b
宣传工作 94b
选举、任免情况 110b
选派干部挂职锻炼 93b
“学、查、训、整”活动 165a
学前教育 219b
学前教育获奖情况 220a
学前教育三年行动计划 219b
学前教育调研 134a
学习贯彻中共十九大精神专题讲座 99b
学校体育 233a
学校卫生监管 254b
巡察机构改革 91b

Y

“烟草和心脏病”主题宣传活动 255b
扬尘污染治理 206b
扬农管理处 284a
扬农管理处 82a
扬子洲镇 257a
扬子洲镇 81b
“阳明先锋”社区党群服务典范打造 267b
养老保险参保缴费“一站式”服务 216b
养老保险实现手机 APP 缴费 216b
养老服务改革工作视察活动 135a
药品药械监管 198b
业务能力提升培训 104b
叶挺指挥部旧址 79b
“一体两翼”社区矫正官试点运行制度在全省推广 162b
“一校一品”德育特色展示活动 221b
医疗从业人员管理工作 250a
医疗从业人员培训 250b
医疗机构监管 254b
医疗民生工程管理 251a
医疗维权事件处理 251b
医药改革 108b
医政管理 250a
依法行政学习培训 156a
义务教育 220b
因公出国(境)审批 130a
迎新春系列活动 239a
营商政策宣传 178a
应急管理工作 128b
应急救护培训活动 144a
用地预审 209a
优抚安置工作 218a
优化统计资料 202a
优秀课展示获奖 225a
幼教跨区教研活动 220a

佑民寺　77b
佑民寺钟楼　78a
舆情处置　96a
育新学校教育集团女子篮球队　235a
豫章街办　81b
豫章街道办事处　261a
豫章绣体验课　245a
元旦文艺汇演　238b
园林绿化养护管理　206a
园林宿舍平安小区打造　275b
原创廉文化小品《兄弟》　238a
原创小品《“卡门”和谐曲》　238b
原生态文化创意画室　141b
月度大事记编写和信息上报工作　103a
悦读悦美成长梦服务宣传周活动　240a
悦读悦美成长梦暑期系列少儿活动　240b
孕前优生健康检查　214b

Z

渣土清运管理　207b
招才引智工作　184b
招商东湖意库项目合作签约仪式　183b
招商引资　183a
招生简章和广告备案工作　223b
肇事肇祸精神病人管理服务　155a
镇域经济发展　257b
征兵“宣传月”活动　165a
征兵工作　164b
征兵形象大使进高校宣传活动　165a
政法工作信息化建设　154b
政法委及综治　152b
政法综治项目建设　154a
政法综治宣传工作　154a
政府采购监管　192a
政府建设投资项目审计　203a
政府门户网、政务服务网建设　130b
政务督查督办工作　128a
政务服务工作专题调研　134a
政务服务网建设　196b
政务公开和电子政务工作　128b
政务网络安全保障　130b
政协东湖区第九届委员会第三次会议　132a
政治巡察　91b
知识产权　230a
知识产权知识竞赛　230b
知识产权执法　230b
直属支部和十中支部人事调整会议　150a
职工帮扶　196a
职工工作　136b
职工维权服务工作　137b
职工文体活动　137a
职业技能培训和创业培训工作　215a
职业指导活动　215b
秩序整治攻坚战　211b
“智慧残联”微信公众号上线　141b
智慧城管　207a
智慧警务改革　157a
中高考期间网吧市场专项治理　243a
中共十九大会议精神轮训班　93a
中共十九大精神宣讲　104a
中国民主促进会南昌市东湖区总支委员会　149b
中国民主建国会南昌市东湖区总支委员会　149a
中国农工民主党南昌市东湖区总支委员会　150b
中秋暨“三风”文艺晚会　241a
中秋月少儿活动　241a
“中小学教师网络学习空间创建”培训活动　224b
中小学生棋类比赛　233b
中小学生专利基础知识讲座　227b
中央第四环保督察“回头看”工作　206a
钟鼓楼　78a
仲裁　163a
仲裁机构实体化建设　163a
仲裁制度建设　163b
重大活动食品安全保障工作　198a
重大项目建设
重大政策措施落实情况跟踪审计　203b
重大重点项目集中开工(签约)仪式　183b
重点行业专项整治　200b
重点信访事项实行领导包案　98a
重点学法对象全覆盖　162a

重要会议　106b、132a
朱德军官教育团旧址　79b
朱湖路“三风”文化街区打造　275b
主题读书会　150b
主题活动　149b
主席(会长)会　145a
主要经济发展指标　260b
住房保障工作　210a
驻区单位区域化大党委成立　275a
专项对外宣传　95b
专项行动　156b
专项执法检查　255a
状元桥　78a
资产监管　195b
资金监督检查　191b
紫金城社区基层党建　276a
自然环境　76b
自然灾害　76b
自然资源资产任中审计　203a
综治宣传工作　281b
综治中心实体化建设　153b
总支委员会　148a
走访慰问　139b
组建“正航”助矫工作室　162b
组织工作　93a
组织制度建设　148b
“最多跑一次”改革　196b
最美滕阁人评选　281a
尊老敬老活动　144b
作风建设　91a
做好“七一”表彰推荐工作　100b
做好 VR 大会公共卫生工作　254b
做好权责清单动态管理　102b